Breyer/Mehle/Osnabrügge/Schaefer   PraxisAusbildung Strafprozessrecht

Herausgegeben von
Richter am Landgericht Frank-Michael Goebel,
Koblenz

Strafprozessrecht

Von
Staatsanwalt Steffen Breyer, Koblenz,
Rechtsanwalt Prof. Dr. Volkmar Mehle, Bonn,
Rechtsanwalt Dr. Stephan Osnabrügge, Bonn
und Vorsitzender Richter am Landgericht
Michael Schaefer, Koblenz

DeutscherAnwaltVerlag

Copyright 2005 by Deutscher Anwaltverlag, Bonn
Satz: Cicero Computer GmbH, Bonn
Druck: Hans Soldan Druck GmbH, Essen
ISBN 3-8240-0700-2

Bibliografische Information der Deutschen Bibliothek
Die Deutsche Bibliothek verzeichnet diese Publikation in der Deutschen
Nationalbibliografie; detaillierte bibliografische Daten sind im Internet über
http://dnb.ddb.de abrufbar.

Vorwort

Die Neuordnung der juristischen **Ausbildung** und der schnelle Übergang in die **Praxis** zwingen dazu, in der Ausbildungsliteratur neue Wege zu gehen. Mehr Praxisnähe und eine stärkere Orientierung an den rechtsberatenden Berufen, insbesondere dem Tätigkeitsfeld der Rechtsanwältin und des Rechtsanwalts, müssen auch bei der Darstellung des Ausbildungsstoffs und der Auswahl der relevanten Themen Berücksichtigung finden. Dabei gilt es nicht in das andere Extrem zu verfallen und die für das **Examen** immer noch wichtige richterliche Sichtweise gänzlich zu vernachlässigen.

Für die **Rechtsreferendarin und den Rechtsreferendar** soll das vorliegende Werk daher das Strafprozessrecht in seinen praktischen Erscheinungsformen und in den verschiedenen Prüfungssituationen darstellen und aufbereiten. Dabei steht neben der **Wissensvermittlung** vor allem die Schulung der **Problemsensibilität** und der **Kompetenz zur sachgerechten Falllösung** im Vordergrund. Entsprechend der Ausrichtung des juristischen Vorbereitungsdienstes und des Zweiten Juristischen Staatsexamens erfolgt dabei auch eine Konzentration auf die Sicht der obergerichtlichen Rechtsprechung. Rechtsprechung und Gesetzgebung sind bis Anfang Februar 2005 berücksichtigt.

Das Strafprozessrecht stellt einen Kernbereich des juristischen Vorbereitungsdienstes sowie des Zweiten Juristischen Staatsexamens im **Pflichtfach** dar und ist zugleich wesentliche Grundlage der Wahlfachgruppenausbildung. Dabei sind die prozessualen Vorkenntnisse aus dem Studium häufig gering, während im **Examen** zumindest eine schriftliche Prüfungsaufgabe mit einem prozessualen Schwerpunkt und eine weitere mit Bezügen zum Strafprozessrecht zu erwarten sind.

Es ist daher das Bemühen des Herausgebers der Reihe **PraxisAusbildung** im Deutschen Anwaltverlag sowie der Autoren, die Stoffpläne und die Prüfungsordnungen der Bundesländer für den **Pflichtfachbereich Strafprozessrecht** so weit zu erfassen, dass die Rechtsreferendarin und der Rechtsreferendar in die Lage versetzt werden, den Stoff der Arbeitsgemeinschaft zu vertiefen und dort, wo die Arbeitsgemeinschaft den Stoff aufgrund

- des gedrängten Vorbereitungsdienstes,
- von Urlaubs- oder sonstigen Fehlzeiten sowie
- von vermehrt möglichen auswärtigen Stationen

nicht mehr vollständig abdeckt, sich diesen auch im Selbststudium zu erarbeiten, um im **Examen** hinreichend gerüstet zu sein. Als Arbeitsgemeinschaftsleiter wissen die Autoren hier um die Unzulänglichkeiten des Vorbereitungsdienstes aufgrund der erheblichen Stofffülle im Verhältnis zur beschränkten Zeit.

Das vorliegende Buch möchte und muss dann den Versuch unternehmen, **Querverbindungen zum allgemeinen Strafrecht und innerhalb des Strafprozessrechts** herzustellen, d.h. deutlich zu machen, in welchen Fallgestaltungen oder Prüfungssituationen der konkret erarbeitete Stoff relevant werden kann. Die Praxis der Arbeitsgemeinschaften zeigt, dass so ein vertiefendes Verständnis des Strafprozessrechts gelingt und den Rechtsreferendarinnen und Rechtsreferendaren die praktische Anwendung des Lernstoffs – im **Examen** aber auch in der weiteren **Praxis** – erleichtert wird. Dies bringt im Einzelfall zuweilen eine mehrfache Wiederholung des Stoffs, jedoch in unterschiedlichen Konstellationen mit sich. Dies wurde bewusst in Kauf genommen.

Ein besonderes Augenmerk wurde darauf gelegt, die nicht nur ausbildungsrelevanten, sondern in der **Praxis** wichtigen Sichtweisen des Richters und der rechtsberatenden Berufe, insbesondere der Rechtsanwältin und des Rechtsanwalts, in die Gesamtdarstellung einzubinden, d.h. nicht nur den **Wissenshorizont**, sondern auch den **Anwendungshorizont** zu erweitern und fassbar zu machen. Dabei sollen auch die **Anwendungsbeispiele** helfen.

Im Studium spielt das Strafprozessrecht nur eine untergeordnete Rolle, weil dessen Bedeutung häufig übersehen wird. Im juristischen Vorbereitungsdienst steht das Rechtsgebiet dann in kurzer Zeit mit vielen anderen Anforderungen an die Rechtsreferendarin und den Rechtsreferendar in Konkurrenz. Insbesondere die **junge Rechtsanwältin** und der **junge Rechtsanwalt** werden dann nicht selten mit ihnen systematisch wie in den Einzelheiten unbekannten Fragen konfrontiert. Mit dem vorliegenden Werk soll der Versuch unternommen werden, auch hier noch Hilfestellungen über den juristischen Vorbereitungsdienst hinaus zu geben und so einen „Mehrwert" für den Nutzer zu schaffen.

Jedes Ausbildungsbuch muss einen **roten Faden** haben, an dem – ungeachtet der Möglichkeit, Einzelprobleme zu erarbeiten – sich der Nutzer orientieren kann. Das Buch folgt hier den Anforderungen des Strafprozessrechts an die Rechtsanwältin und den Rechtsanwalt als Verteidiger, an die staatlichen Strafverfolgungsbehörden und schließlich an den entscheidenden Richter in den Ausgangs- und Rechtsmittelverfahren. Es werden die rechtlichen Voraussetzungen und praktischen Ausprägungen dargestellt und in den Gesamtrechtszusammenhang gestellt. Dies wird ergänzt um umfassende **Beispiele von schriftlichen Prüfungsaufgaben**. Am Ende soll der Leser ein **klares systematisches Verständnis des Strafprozessrechts** gewonnen haben, das in Ausbildung und Praxis die Bewältigung strafprozessualer Problemstellungen ohne Schwierigkeiten ermöglicht. Der Leser ist dabei insoweit gefordert, als ein konsequentes Lesen der einschlägigen Normen unabdingbar ist.

Herausgeber und Autoren haben eine gewisse Verschiebung des Erscheinens des Werkes in Kauf genommen, um die prozessualen Änderungen durch das zum 1.9.2004 in Kraft getretene **Justizmodernisierungsgesetz** (BGBl I 2004, S. 2198) und die Rechtslage aufgrund des am 1.7.2004 in Kraft getretenen **Kostenrechtsmodernisierungsgesetzes** (BGBl I 2004, S. 718) mit dem neuen **RVG**, dem neuen **GKG** und dem **Justizvergütungs- und Entschädigungsgesetz** einzuarbeiten und damit „up to date" zu sein. Dabei war im Einzelfall abzuwägen, sowohl das bisherige Recht als auch das neue Recht darzustellen, da aufgrund der Prüfungsabläufe und der notwendigen zeitlichen Gliederung von **Examensaufgaben** damit zu rechnen ist, dass viele Klausuren noch nach altem Recht zu bearbeiten sind. Im Zweifel wurden beide Varianten dargestellt.

Nichts ist so gut, dass es nicht noch besser werden könnte. Aus diesem Grunde sind Herausgeber und Autoren für Hinweise und Anregungen dankbar, wo die Darstellung zu breit und wo zu verkürzt ist. Gleiches gilt für Anregungen, wo praktische Hinweise noch wünschenswert erscheinen.

Rhens, im Februar 2005

Frank-Michael Goebel
Herausgeber
frank@goebel-rhens.de
www.goebel-rhens.de

Autorenverzeichnis

Steffen Breyer, Staatsanwalt bei der Staatsanwaltschaft Koblenz, ist Arbeitsgemeinschaftsleiter für Rechtsreferendare im Straf- und Strafprozessrecht sowie Autor bei Zeitschriften für das Strafprozess- und Kostenrecht.

Prof. Dr. Volkmar Mehle, Rechtsanwalt und Fachanwalt für Strafrecht, lehrt seit 1992 an den Universitäten Halle und Bonn. Er ist Mitglied des Landesjustizprüfungsamtes im Ministerium der Justiz des Landes Sachsen-Anhalt und war bis zum Jahr 2004 Vorsitzender des Geschäftsführenden Ausschusses der Arbeitsgemeinschaft Strafrecht des Deutschen Anwaltvereins.

Dr. Stephan Osnabrügge, Rechtsanwalt in Bonn, war Wissenschaftlicher Mitarbeiter am Strafrechtlichen Institut in Bonn und wurde im Strafrecht promoviert. Er ist an der Universität Bonn langjähriger Arbeitsgemeinschaftsleiter im Strafrecht und Dozent für Strafrecht am Goethe-Institut.

Michael Schaefer, Vorsitzender Richter am Landgericht in Koblenz und langjähriger Vorsitzender einer Straf- und Jugendstrafkammer. Arbeitsgemeinschaftsleiter im Pflicht- und Wahlfach Straf- und Strafprozessrecht. Prüfer im Ersten und Zweiten Juristischen Staatsexamen beim Landesprüfungsamt Rheinland-Pfalz.

Inhaltsverzeichnis

Abkürzungsverzeichnis

a.A.	andere Ansicht	d.A.	der Akten
a.a.O.	am angegebenen Ort	DAR	Deutsches Autorecht
Abs.	Absatz	ders.	derselbe
a.E.	am Ende	d.h.	das heißt
AG	Amtsgericht	DNA	Desoxyribonuklein-
Alt.	Alternative		säure
AO	Abgabenordnung	DÖV	Die Öffentliche Ver-
Art.	Artikel		waltung
Aufl.	Auflage	DRiG	Deutsches Richter-
Az.	Aktenzeichen		gesetz
BAK	Blutalkoholkonzen-	DVBl	Deutsches Verwal-
	tration		tungsblatt
BayGerOrgG	Gesetz über die Or-	EDV	Elektronische Daten-
	ganisation der ordent-		verarbeitung
	lichen Gerichte im	EGGVG	Einführungsgesetz zum
	Freistaat Bayern		Gerichtsverfassungs-
BayObLG	Bayerisches Oberstes		gesetz
	Landgericht	EGMR	Europäischer Gerichts-
BerlVerfGH	Berliner Verfassungs-		hof für Menschen-
	gerichtshof		rechte
BGB	Bürgerliches Gesetz-	Einl.	Einleitung
	buch	EMRK	Europäische Men-
BGH	Bundesgerichtshof		schenrechtskonvention
BGHSt	Entscheidungen des	etc.	et cetera
	Bundesgerichtshofs in	EuGHMR	Europäischer Gerichts-
	Strafsachen		hof für Menschen-
Bl.	Blatt		rechte
BtMG	Betäubungsmittelgesetz	f.	folgende (Seite)
BRAK	Bundesrechtsanwalts-	ff.	folgende (Seiten)
	kammer	GA	Goltdammer's Archiv
BRAK-Mitt.	BRAK-Mitteilungen		für Strafrecht
Buchst.	Buchstabe	gem.	gemäß
BVerfG	Bundesverfassungs-	GG	Grundgesetz
	gericht	ggf.	gegebenenfalls
BVerfGE	Entscheidungen des	GS	Gedenkschrift; Großer
	Bundesverfassungs-		Senat
	gerichts	GVG	Gerichtsverfassungs-
BVerwGE	Entscheidungen des		gesetz
	Bundesverwaltungs-	Hs.	Halbsatz
	gerichts	HV	Hauptverhandlung
BZR	Bundeszentralregister	i.d.R.	in der Regel
BZRG	Bundeszentralregister-	i.F.d.	in Folge des
	gesetz	InsO	Insolvenzordnung
bzw.	beziehungsweise	i.S.d.	im Sinne des/der

i.V.m.	in Verbindung mit	PolG	Polizeigesetz
JA	Juristische Arbeits-	POM	Polizeiobermeister
	blätter	PsychKG	Gesetz über Hilfen und
JGG	Jugendgerichtsgesetz		Schutzmaßnahmen bei
JMBl.NW	Justizministerialblatt		psychisch Kranken
	für das Land Nordrhein-	RGSt	Entscheidungen des
	Westfalen		Reichsgerichts in
JR	Juristische Rundschau		Strafsachen
JuMoG	Justizmodernisierungs-	RiStBV	Richtlinien für das
	gesetz		Straf- und Bußgeld-
Jura	Juristische Ausbildung		verfahren
JuS	Juristische Schulung	Rn	Randnummer
JVA	Justizvollzugsanstalt	RPflG	Rechtspflegergesetz
JZ	Juristen-Zeitung	Rspr.	Rechtsprechung
Kap.	Kapitel	S.	Satz; Seite
KG	Kammergericht	SchwurG	Schwurgericht
KOK	Kriminaloberkommis-	SGB	Sozialgesetzbuch
	sar	sog.	so genannte/r
KVEKG	Kostenverzeichnis zum	st.	ständig
	Gerichtskostengesetz	StA	Staatsanwalt; Staats-
LG	Landgericht		anwaltschaft
m.w.N.	mit weiteren Nach-	StGB	Strafgesetzbuch
	weisen	StPO	Strafprozessordnung
MDR	Monatsschrift für	str.	strittig
	Deutsches Recht	StVollzG	Strafvollzugsgesetz
MiStra	Anordnung über Mit-	StrEG	Strafverfolgungsent-
	teilungen in Straf-		schädigungsgesetz
	sachen	StrFo	Strafverteidigerforum
NJW	Neue Juristische	StV	Strafverteidiger
	Wochenschrift	u.a.	und andere; unter an-
Nr.	Nummer		derem
NStZ	Neue Zeitschrift für	U.m.A.	Urschriftlich mit Akten
	Strafrecht	vgl.	vergleiche
NStZ-RR	Neue Zeitschrift für	VRS	Verkehrsrechtliche
	Strafrecht, Recht-		Sammlung
	sprechungs-Report	wistra	Zeitschrift für Wirt-
	Strafrecht		schafts- und Steuer-
NVwZ	Neue Zeitschrift für		strafrecht
	Verwaltungsrecht	z.B.	zum Beispiel
NW	Nordrhein-Westfalen	ZPO	Zivilprozessordnung
o.g.	oben genannt	ZStW	Zeitschrift für die
OLG	Oberlandesgericht		gesamte Strafrechts-
OWiG	Ordnungswidrigkeiten-		wissenschaft
	gesetz	z. Zt.	zurzeit

Literaturverzeichnis

Alsberg/Nüse/Meyer, Der Beweisantrag im Strafprozess, 5. Auflage 1988

Beulke, Strafprozessrecht, 7. Auflage 2004

Brüssow/Gatzweiler/Krekeler/Mehle, Strafverteidigung in der Praxis, 2 Bände, 3. Auflage 2004

Hirsch/Kaiser/Marquardt (Hrsg.), Gedächtnisschrift für Hilde Kaufmann, 1986

KMR, Kommentar zur Strafprozessordnung, Loseblatt, Stand: 2004, (zit.: KMR-*Bearbeiter*)

Lesch, Strafprozessrecht, 2. Auflage 2001

Löwe/Rosenberg, StPO – Strafprozessordnung und das Gerichtsverfassungsgesetz, 25. Auflage 1997 ff. (zit.: LR-*Bearbeiter*)

Meyer-Goßner, Strafprozessordnung (StPO), 47. Auflage 2004

Mutzbauer, Strafprozessuale Revision, 5. Auflage 2003

Pfeiffer, Karlsruher Kommentar zur Strafprozessordnung und zum Gerichtsverfassungsgesetz mit Einführungsgesetz, 5. Auflage 2003, (zit.: KK-*Bearbeiter*)

Roxin, Strafverfahrensrecht, 15. Auflage 1998

Rudolphi/Frisch/Rogall, Systematischer Kommentar zur Strafprozessordnung und zum Gerichtsverfassungsgesetz, Loseblatt, Stand: 2004 (zit.: SK-*Bearbeiter*)

Kapitel 1: Grundlagen des Strafverfahrens

§ 1 Strafverfahren im Überblick einschließlich Funktion und Verfahrensgrundsätze

A. Stadien des Strafverfahrens

I. Ermittlungsverfahren

Das Strafverfahren beginnt mit dem Ermittlungsverfahren. Das Ermittlungsverfahren wird durch die **Staatsanwaltschaft** geführt. Diese ist **Herrin des Ermittlungsverfahrens.** Das **Ermittlungsverfahren beginnt,** sobald die Staatsanwaltschaft durch eine Anzeige oder auf einem anderen Weg von dem Verdacht einer Straftat Kenntnis erlangt hat, § 160 Abs. 1 StPO. Es besteht darin, dass die Staatsanwaltschaft den Sachverhalt erforscht, um zur Entscheidung darüber zu kommen, ob die öffentliche Klage zu erheben ist oder nicht.   1

Das Ermittlungsverfahren kann beginnen, wenn die Staatsanwaltschaft selber oder eine Ermittlungsperson der Staatsanwaltschaft (vgl. § 163 StPO) Kenntnis von einer Straftat erlangt. Hierbei handelt es sich um eine **amtliche Wahrnehmung.** Es kann weiterhin dadurch beginnen, dass ein Bürger der Staatsanwaltschaft Kenntnis von einem Sachverhalt verschafft, der Anlass zur Einleitung eines Ermittlungsverfahrens bietet. Bei einer solchen Kenntnisverschaffung handelt es sich um eine **Strafanzeige.** Eine Strafanzeige kann, da es sich um einen bloßen Vorgang der Wissensvermittlung handelt, jedermann erstatten. Er muss insbesondere nicht selber von der Straftat betroffen sein. Zu unterscheiden ist die Strafanzeige von dem **Strafantrag.** Hierbei handelt es sich um den formellen Antrag gem. § 77 Abs. 1 StGB, der nach dieser Norm auch nur dem Verletzten oder, in den Fällen des § 77 a StGB, dem Dienstvorgesetzten zusteht.   2

Nach Kenntniserlangung obliegt es allein der Staatsanwaltschaft, ob sie die **Ermittlungen** durch eine **Einstellung des Verfahrens** oder durch **Erheben der öffentlichen Klage abschließen möchte.** Stellt die Staatsanwaltschaft das Verfahren ein, so kann dies   3

- mangels hinreichendem Tatverdacht gem. § 170 Abs. 2 StPO geschehen,
- mangels öffentlichen Interesses bei Privatklagedelikten (vgl. § 24 Rn 2) oder
- aus Opportunitätsgründen gem. §§ 153 ff. StPO (vgl. § 8 Rn 19 ff.).

Entschließt sich die Staatsanwaltschaft zur **Erhebung der öffentlichen Klage,** so findet mit der Erhebung der öffentlichen Klage gem. § 170 StPO das Vorverfahren seinen Abschluss. Die Erhebung der öffentlichen Klage   4

- kann durch Einreichung einer Anklageschrift bei dem zuständigen Gericht geschehen (§§ 170 Abs. 1, 199 Abs. 2 StPO),
- durch Antrag auf Erlass eines Strafbefehls (§§ 407 ff. StPO) oder
- durch Antrag auf Entscheidung im beschleunigten Verfahren (§§ 417 ff. StPO).

5   Vor Beginn des Ermittlungsverfahrens wird der einer Straftat Verdächtige als **Verdächtigter** bezeichnet. Während des Vorverfahrens lautet die Bezeichnung **Beschuldigter**. Vom Zeitpunkt der Erhebung der öffentlichen Klage ändert sich diese Bezeichnung gem. § 157 StPO in **Angeschuldigter**.

6   **Stellt** die Staatsanwaltschaft **das Verfahren ein**, so hat sie gem. § 157 StPO den Abschluss der Ermittlungen zu verfügen und – im Falle des Vorliegens eines Strafantrags – den Antragsteller unter Angaben der Gründe zu bescheiden. Der Antragsteller im Strafverfahren hat die Möglichkeit, gegen die Einstellung im **Klageerzwingungsverfahren** vorzugehen, soweit er zugleich der Verletzte ist (§§ 172 ff. StPO).

II. Zwischenverfahren

7   Hat die Staatsanwaltschaft die öffentliche Klage erhoben, so folgt das **Zwischenverfahren**. In diesem Verfahren entscheidet das Gericht darüber, ob das Hauptverfahren eröffnet wird. Im Zwischenverfahren erhält der Angeschuldigte – so er nicht vorher bereits vernommen worden ist – zwingend Kenntnis von der Anklageschrift und die Möglichkeit, sich hierzu zu äußern. Gem. § 201 StPO hat der Vorsitzende des Gerichts, bei dem die Anklage erhoben worden ist, dem Angeschuldigten die Anklageschrift mitzuteilen, und ihn aufzufordern, innerhalb einer zu bestimmenden Frist zu erklären, ob er die Vornahme einzelner Beweiserhebungen vor der Entscheidung über die Eröffnung des Hauptverfahrens beantragen oder Einwendungen gegen die Eröffnung des Hauptverfahrens vorbringen möchte. Das Gericht kann auch von Amts wegen eine **weitere Sachverhaltsaufklärung** durch Beweiserhebungen anordnen, § 202 StPO.

8   Sowohl die Entscheidung über entsprechende Anträge des Angeschuldigten gem. § 201 Abs. 1 StPO als auch eine entsprechende Anordnung des Gerichts gem. § 202 StPO ergeht durch **Beschluss**. Der entsprechende Beschluss ist nicht anfechtbar, §§ 201 Abs. 2, 202 S. 2 StPO. Entsprechende weitere Sachverhaltsaufklärungen können durch die Staatsanwaltschaft auf Beschluss des Gerichts durchgeführt werden. Hierzu kann das Gericht die Staatsanwaltschaft bitten, selbst oder durch Ermittlungspersonen die erforderlichen Ermittlungen vorzunehmen. Verpflichtet ist die Staatsanwaltschaft hierzu aber nicht.[1]

9   Das Zwischenverfahren dient damit vor allen Dingen zwei **Zwecken**:
- **Es hat eine Kontrollfunktion.** Das Gericht, das bislang nicht mit der Sache betraut wurde, soll die Ergebnisse der Staatsanwaltschaft daraufhin überprüfen, ob tatsächlich ein hinreichender Tatverdacht geben ist.
- Das Zwischenverfahren dient der Sicherstellung des **rechtlichen Gehörs**.

10   **Das Zwischenverfahren kann wie folgt ausgehen:**
- **Das Gericht kann die Eröffnung des Hauptverfahrens ablehnen**, wenn es der Auffassung ist, dass aus tatsächlichen oder rechtlichen Gründen die Voraussetzungen für die Eröffnung des Hauptverfahrens (ein hinreichender Tatverdacht) nicht vorliegen. Eine entsprechende Ablehnung erfolgt durch Beschluss (so genannter **Nichteröffnungsbeschluss**). Der Beschluss hat Gründe zu enthalten und ist gem. § 204 Abs. 2 StPO dem Angeschuldigten bekannt zu machen.

---

1 *Meyer-Goßner*, § 202 Rn 3.

■ Hält sich das Gericht für sachlich unzuständig (vgl. §§ 209 Abs. 2, 209 a StPO), ergeht kein Nichteröffnungsbeschluss. Vielmehr hat das Gericht das Verfahren an das zuständige Gericht abzugeben.

Hinweis

Eine Nichteröffnung aus **rechtlichen Gründen** kommt in Betracht, wenn ein Verfahrenshindernis vorliegt, der Sachverhalt keinen Straftatbestand erfüllt oder eine Verurteilung des Angeschuldigten aus rechtlichen Gründen ausscheidet, z.B. bei Vorliegen eines Rechtfertigungstatbestands. **Tatsächliche Gründe** liegen vor, wenn aufgrund der von der Staatsanwaltschaft ermittelten Beweise kein hinreichender Tatverdacht gegen den Angeschuldigten zu begründen ist.

Das Gericht kann weiterhin das Verfahren wegen Vorliegens von vorübergehenden **11** Verfahrenshindernissen **vorläufig einstellen**, § 205 StPO. Der gesetzlich hierfür vorgesehene Grund ist, dass der Durchführung der Hauptverhandlung ein in der Person des Angeschuldigten liegendes Hindernis für längere Zeit entgegensteht. Dies kann ein rechtliches oder tatsächliches Hindernis sein, z.B. die längere Abwesenheit des Angeschuldigten. Fällt das Hindernis weg, so kann das Verfahren jederzeit fortgesetzt werden, und zwar von Amts wegen oder auf Antrag der Staatsanwaltschaft.[2]

Der Vorsitzende hat gem. § 205 S. 2 StPO die Beweise zu sichern. Er kann die Be- **12** weise selbst erheben und die Beweiserhebung anordnen. Eine vorläufige Einstellung gem. § 205 StPO kommt nicht in Betracht, wenn das Strafverfahren aufgrund eines nicht in der Person des Angeschuldigten liegenden Hindernisses nicht durchgeführt werden kann. Steht beispielsweise ein Zeuge oder ein Sachverständiger auf absehbare Zeit nicht zur Verfügung, so kommt eine vorläufige Einstellung gem. § 205 StPO nicht in Betracht. Notfalls ist das Verfahren ohne die Zeugenaussage durchzuführen.

Das Gericht kann weiterhin das Verfahren jederzeit aus **Opportunitätsgründen** **13** nach §§ 153 ff. StPO **einstellen**. Dies ergibt sich aus §§ 153 Abs. 2, 153 a Abs. 2 StPO. Da die Staatsanwaltschaft Herrin des Vorverfahrens ist, bedarf es allerdings in diesem Stadium des Verfahrens der **Zustimmung der Staatsanwaltschaft** und **des Angeschuldigten**. Die Einstellung erfolgt durch Beschluss des Eröffnungsgerichts.

Das Gericht kann schließlich einen **Eröffnungsbeschluss** erlassen, § 203 StPO. Es **14** beschließt die Eröffnung des Hauptverfahrens, wenn nach den Ergebnissen des vorbereitenden Verfahrens der Angeschuldigte einer Straftat **hinreichend verdächtig** erscheint. In dem Eröffnungsbeschluss lässt das Gericht die Anklage zur Hauptverhandlung zu und bezeichnet das Gericht, vor dem die Hauptverhandlung stattfinden soll, § 207 Abs. 1 StPO.

Das Gericht ist frei darin, durch den Eröffnungsbeschluss die **Anklage nur** **15** **geändert zuzulassen**. Dies kommt in Betracht, wenn die Anklage sich auf mehrere Taten bezieht und wegen Einzelner von Ihnen die Eröffnung des Hauptverfahrens abgelehnt wird (§ 207 Abs. 2 Nr. 1 StPO), das Gericht die Verfolgung gem. § 154 a StPO beschränkt oder entsprechend abgetrennte Teile wieder einbezieht (§ 207 Abs. 2 Nr. 2 StPO) oder wenn es die Tat rechtlich abweichend von der Anklageschrift würdigt (§ 207 Abs. 2 Nr. 3 StPO).

Der Eröffnungsbeschluss erfolgt durch Beschluss des Gerichts, wobei der Gerichtsbe- **16** schluss des Schöffengerichts oder der großen Strafkammer ohne Schöffen getroffen

---

2 *Meyer-Goßner*, § 205 Rn 5.

wird, was sich aus §§ 30 Abs. 2, 76 Abs. 1 S. 2 GVG ergibt. Der Beschluss über die Eröffnung des Hauptverfahrens oder über die Nichteröffnung oder die Einstellung ist eine Entscheidung außerhalb der Hauptverhandlung.

III. Hauptverfahren

17   Mit Erlass des Eröffnungsbeschlusses beginnt das Hauptverfahren. Gem. § 157 StPO wird der Angeschuldigte ab dem Zeitpunkt der Eröffnung des Hauptverfahrens als **Angeklagter** bezeichnet. Das **Hauptverfahren** besteht aus der Vorbereitung der Hauptverhandlung (§§ 213 ff. StPO) und der Hauptverhandlung selber. Die **Vorbereitung der Hauptverhandlung** besteht darin, dass der Vorsitzende den Termin zur Hauptverhandlung bestimmt, § 213 StPO. Weiterhin sind gem. § 214 StPO die für die Hauptverhandlung erforderlichen Ladungen auszubringen. Gem. § 215 StPO wird dem Angeklagten der Beschluss über die Eröffnung der Hauptverhandlung spätestens mit der Ladung zugestellt. Der Angeklagte ist gem. § 216 StPO zu laden. Für alle Ladungen gilt, dass die **Ladungsfrist** gem. § 217 StPO einzuhalten ist. Die Ladungsfrist beträgt mindestens eine Woche. Hat sich bereits ein Verteidiger bestellt, so ist dieser gem. § 218 StPO zu laden.

18   Der **Angeklagte** hat auch nach Zustellung des Eröffnungsbeschlusses die Möglichkeit, **weitere Beweiserhebungen** zu verlangen. Geschieht dies, so hat das Gericht diese zu bescheiden und die entsprechende Verfügung dem Angeklagten und der Staatsanwaltschaft mitzuteilen, § 219 StPO. Der Angeklagte kann zur Hauptverhandlung auch selber Zeugen laden, und zwar unabhängig davon, ob er deren Ladung vorher beantragt hat oder nicht. Allerdings sind durch den Angeklagten unmittelbar geladene Personen nur dann zum Erscheinen verpflichtet, wenn sie mit der Ladung die Reisekosten sowie die gesetzlich vorgesehene Zeugenentschädigung erhalten oder die Hinterlegung dieser Beträge nachgewiesen ist. Eine Erstattung dieser, durch den Angeklagten zu verauslagenden Beträge, erfolgt nur dann, wenn das Gericht in der Hauptverhandlung erkennt, dass die Vernehmung der durch den Angeklagten geladenen Personen zur Aufklärung der Sache dienlich war, § 220 Abs. 3 StPO.

> *Hinweis*
> Möchte der Angeklagte weitere Zeugen laden, so sollte er durch seinen Rechtsanwalt auf das Kostenrisiko nach § 220 Abs. 1 StPO hingewiesen werden.

19   Das Gericht hat den Angeklagten darüber zu informieren, welche Zeugen durch das Gericht geladen worden sind. Das Gericht kann **Zeugenvernehmungen** bereits vor Eröffnung der Hauptverhandlung durchführen oder kann durch beauftragte oder ersuchte Richter anordnen, wenn das Erscheinen von Zeugen oder Sachverständigen in der Hauptverhandlung für eine längere oder ungewisse Zeit in Frage steht, § 223 StPO. Hiervon sind der Angeklagte, sein Verteidiger und die Staatsanwaltschaft gem. § 224 StPO in Kenntnis zu setzen. Das Gericht hat auch die Möglichkeit, vor der Hauptverhandlung bereits einen Augenschein vorzunehmen, § 225 StPO.

20   Für die **Hauptverhandlung** gilt der **Mündlichkeits- und der Unmittelbarkeitsgrundsatz**. Einen Überblick über den Ablauf der Hauptverhandlung verschafft die folgende Übersicht:

Übersicht: Ablauf der Hauptverhandlung

- Aufruf der Sache, § 243 Abs. 1 StPO
- Feststellung der Anwesenheit des Angeklagten, des Verteidigers, der Zeugen und Sachverständigen, § 243 Abs. 1 StPO
- Belehrung der Zeugen und Sachverständigen
- Zeugen verlassen den Sitzungssaal, § 243 Abs. 2 StPO
- Vernehmung des Angeklagten zur Person, § 243 Abs. 2 StPO
- Verlesung des Anklagesatzes durch den StA, § 243 Abs. 3 StPO
- Belehrung des Angeklagten über seine Aussagefreiheit, § 243 Abs. 4 StPO
- Vernehmung des Angeklagten zur Sache, § 243 Abs. 4 StPO
- Beweisaufnahme, § 244 StPO
- Schlussplädoyers, § 258 StPO
- Letztes Wort des Angeklagten, § 258 Abs. 2 StPO
- Geheime Beratung und Abstimmung, §§ 192 ff. GVG, § 260 StPO
- Urteilsverkündung, § 260 Abs. 1 StPO

Die Hauptverhandlung endet durch Urteil, das innerhalb der Hauptverhandlung zu verkünden ist, § 260 StPO. Während der gesamten Dauer der Hauptverhandlung hat das Gericht weiterhin die Möglichkeit, gem. §§ 154 Abs. 2, 154 a Abs. 2 StPO das Verfahren durch Beschluss mit Zustimmung der Staatsanwaltschaft und des Angeklagten **einzustellen**. Durch das Urteil oder die Einstellung endet das gesamte erstinstanzliche Erkenntnisverfahren. Gegen das Urteil stehen dem Angeklagten Rechtsmittel zu (vgl. §§ 16 ff.).

B. Funktionen des Strafverfahrens und Verfahrensgrundsätze

I. Funktionen des Strafverfahrens

Das Strafverfahren dient mehreren **Funktionen**, die im Einzelfalle unterschiedlich   21
gewichtet sein können. Diese Funktionen sind die Folgenden.

1. Feststellung und Durchsetzung des staatlichen Strafanspruchs

Nach deutschem Verständnis steht das Recht, Straftaten zu ahnden, ausschließlich   22
dem Staat zu.[3] Dieser Anspruch wird als **Strafmonopol des Staats** bezeichnet.
Daher hat der Staat die Verpflichtung, das dem Privaten zugefügte Unrecht zu
ahnden, da dieser die Ahndung auf Grund des Strafmonopols nicht in die eigenen
Hände nehmen darf. Diese Pflicht gegenüber dem Rechtsunterworfenen wird als
Justizgewährleistungsanspruch bezeichnet.[4]

3 BVerfGE 20, 45, 49.
4 *Beulke*, § 1 Rn 3.

2. Sicherung eines rechtsstaatlichen Verfahrens

23   Das Strafverfahren dient dem Schutz eines jeden Einzelnen vor dem staatlichen Eingriff, in dem es ein **rechtsstaatliches Verfahren** gewährt. Es dient dazu, dass die den Einzelnen in seinen Grundrechten einschränkende Entscheidung prozessual ordnungsgemäß zustande kommt.

3. Schaffung von Rechtsfrieden

24   Das Strafverfahren dient zur **Schaffung von Rechtsfrieden**. Es dient zum Ausgleich des Anspruchs des Rechtsunterworfenen auf Ahndung eines ihm zugefügten Unrechts mit dem Interesse des Täters, nur eine schuldangemessene Strafe erleiden zu müssen. Das Interesse an Rechtsfrieden ist weiterhin ein Interesse der Allgemeinheit daran, unter relativer Rechtssicherheit zu leben.

II. Verfahrensgrundsätze

25   Den Zwecken des Strafverfahrens dienen die im Strafverfahren geltenden Verfahrensgrundsätze. Diese Verfahrensgrundsätze sind im Wesentlichen die Folgenden.

1. Offizialmaxime nach § 152 Abs. 1 StPO

26   Die Offizialmaxime besagt, dass die Strafverfolgung grundsätzlich dem Staat obliegt und nicht dem einzelnen Bürger.[5] Eine **Ausnahme** vom Offizialprinzip gilt für die **Privatklagedelikte**, bei denen der Staat von einer Rechtsverfolgung zugunsten einer Verfolgung durch den Privaten (allerdings ebenfalls mittels der Gerichte) absieht. Auch wenn es zu weiteren Untersuchungsmaßnahmen ohne Beteiligung der Staatsanwaltschaft kommen kann (insbesondere im Steuerstrafverfahren, vgl. § 400 AO), liegt eine **Durchbrechung des Offizialprinzips** des § 152 Abs. 1 StPO vor.

27   Der Staatsanwaltschaft steht gem. § 152 Abs. 1 StPO das alleinige Recht zur Erhebung der öffentlichen Klage zu. Nicht erfasst ist hiermit aber auch das Recht, in jedem Falle Anklage erheben zu dürfen. Insoweit wird das Offizialprinzip **eingeschränkt**. Die wesentliche Einschränkung sind die **absoluten Antragsdelikte** (§§ 77 ff. StGB), bei denen die Erhebung der öffentlichen Klage – nicht bereits die Durchführung von Ermittlungen! – einen wirksamen Strafantrag voraussetzt. Ohne einen solchen Strafantrag darf keine öffentliche Klage erhoben werden. Bei den **relativen Antragsdelikten** sind die Einschränkungen geringer, da hier die Staatsanwaltschaft bei Vorliegen eines öffentlichen Interesses den Mangel eines Strafantrags überwinden kann. Schließlich wird das Offizialprinzip bei den **Ermächtigungsdelikten** eingeschränkt, bei denen die Strafverfolgung von der Ermächtigung einer bestimmten Person abhängig ist, so z.B. die Strafverfolgung wegen Verunglimpfung des Bundespräsidenten gem. § 90 Abs. 4 StGB von der Ermächtigung des Bundespräsidenten.

---

5 *Meyer-Goßner*, § 152 Rn 1; *Beulke*, § 2 Rn 16.

2. Legalitätsprinzip nach § 152 Abs. 2 StPO und Opportunitätsprinzip

Gem. § 152 Abs. 2 StPO ist die Staatsanwaltschaft verpflichtet, wegen aller verfolgbaren Straftaten einzuschreiten, sofern zureichende tatsächliche Anhaltspunkte hierfür vorliegen und soweit nicht gesetzlich ein anderes bestimmt ist. Das Legalitätsprinzip konstituiert einen **Verfolgungszwang**, und zwar gegen jeden Verdächtigen.[6] Das Legalitätsprinzip konkretisiert den Grundsatz der Gleichheit vor dem Gesetz gem. Art. 3 Abs. 1 GG.[7] Die Verpflichtung der Staatsanwaltschaft ist abhängig vom Bestehen eines **Anfangsverdachts**, der sich bereits durch konkrete Tatsachen äußert.[8]   **28**

Das Legalitätsprinzip wird durch das **Opportunitätsprinzip** überlagert. Hiernach steht es der Staatsanwaltschaft unter bestimmten Umständen frei, von der Erhebung der öffentlichen Klage abzusehen, und stattdessen das Strafverfahren einzustellen. Es handelt sich insoweit um eine **Ausnahme zum Legalitätsprinzip**.   **29**

3. Anklagegrundsatz nach § 151 StPO

§ 151 StPO enthält den Anklagegrundsatz, oder auch **Akkusationsprinzip**. Es bedeutet, dass es nur auf Anklage der Staatsanwaltschaft zu einer gerichtlichen Untersuchung kommen kann. Die Strafgerichte dürfen eine Untersuchung nicht von Amts wegen einleiten. Das Akkusationsprinzip schränkt gleichzeitig den Untersuchungsgegenstand des Gerichts ein. Ist eine Tat nicht durch die Staatsanwaltschaft angeklagt, so kann das Gericht hierüber nicht urteilen. Werden während des Verfahrens Taten bekannt, die nicht von der prozessualen Tat der Anklage erfasst sind, so kann eine Aburteilung nur dann erfolgen, wenn eine gesonderte Anklage erfolgt, z.B. im Wege der **Nachtragsanklage** nach § 266 StPO.   **30**

Das Akkusationsprinzip ist gleichzeitig auch Ausdruck der Gewaltenteilung, indem es die Institutionen des Anklägers und die des Richters voneinander trennt. Fallen Ankläger und Richter zusammen, so wird dies als Ausdruck des **Inquisitionsprinzips** bezeichnet. Als Ausdruck des Anklageprinzips hat die **Anklageschrift** bestimmten Mindestanforderungen zu genügen. Insbesondere muss sie gem. § 200 Abs. 1 StPO die Tat nach Zeit und Ort der Begehung genau umschreiben. Nur sofern die Tat angeklagt ist, darf gem. § 151 StPO das Gericht auch entscheiden.   **31**

4. Untersuchungsgrundsatz

Der Untersuchungsgrundsatz, auch **Ermittlungsgrundsatz**, findet sich in mehreren Formen in der StPO, insbesondere aber in § 244 StPO. Er begründet eine **Amtsaufklärungspflicht** hinsichtlich des wahren Sachverhalts. Die Aufklärungspflicht reicht so weit, wie die dem Gericht oder wenigstens dem Vorsitzenden bekannt gewordenen Tatsachen zum Gebrauch von Beweismitteln drängen oder diesen nahe   **32**

---

6 BVerfG NStZ 1982, 430.
7 *Meyer-Goßner*, § 152 Rn 2.
8 *Meyer-Goßner*, § 152 Rn 4.

legen.[9] Der Grundsatz schließt ein, dass das Gericht sich um den bestmöglichen Beweis bemühen muss.[10]

5. Grundsatz der freien richterlichen Beweiswürdigung nach § 261 StPO

33 Der Grundsatz der freien Beweiswürdigung stammt bereits aus dem 19. Jahrhundert. Es gibt keine Vorschriften darüber, unter welchen Voraussetzungen der Richter eine Tatsache für bewiesen bzw. nicht bewiesen zu halten hat.[11] Der Grundsatz erstreckt sich auf alle Beweismittel. Keine Einschränkung des Grundsatzes der freien richterlichen Beweiswürdigung ist die Existenz von **Beweisregeln**. Eine solche ist z.B., dass Verstöße gegen wesentliche Förmlichkeiten der Hauptverhandlung nur mittels des Sitzungsprotokolls nachgewiesen werden können, § 274 StPO. Solche Beweisregeln beschränken die Quelle des Beweises, ohne den Richter innerhalb der zulässigen Beweismittel in seiner freien richterlichen Beweiswürdigung zu beschränken.[12]

34 Eine echte **Einschränkung des Grundsatzes der freien richterlichen Beweiswürdigung** ist im Hinblick auf die Wahrnehmung von Rechten durch den Angeklagten gegeben. Die Möglichkeit der Wahrnehmung bestimmter Rechte darf nicht dazu führen, dass aus dieser Wahrnehmung nachteilige Konsequenzen für den Angeklagten abgeleitet werden.

> *Beispiel*
> Macht der Beschuldigte von seinem Aussagungsverweigerungsrecht Gebrauch, so darf ihm dies nicht nach dem Grundsatz „wer nichts zu verbergen hat, kann auch aussagen" zum Nachteil gelangen.[13] Demgegenüber darf ein **teilweises Schweigen eines Angeklagten** als Beweisanzeichen verwertet werden.[14] Wirkt der Beschuldigte in einigen Teilpunkten an der Aufklärung des Sachverhalts mit, erwähnt aber einzelne Tat- oder Begleitumstände nicht, so darf das Gericht hieraus nachteilige Schlüsse ziehen. Kein Teilschweigen in diesem Sinne liegt aber dann vor, wenn der Angeklagte nur zu einzelnen Tatvorwürfen aussagt, andere Tatvorwürfe aber komplett ausspart.[15]

6. Mündlichkeitsprinzip nach §§ 250, 261, 264 StPO

35 Der **Grundsatz der Mündlichkeit** besagt, dass nur der mündlich vorgetragene und erörterte Prozessstoff dem Urteil zugrunde gelegt werden darf.[16] Alle Tatsachen, die Gegenstand der richterlichen Beweiswürdigung sein sollen, müssen demgemäß in den Prozess eingeführt werden. Den Beteiligten muss entsprechend Gelegenheit zur Stellungnahme gegeben werden. Dies erstreckt sich auch auf allgemein- oder gerichtsbekannte Tatsachen.[17] Dem entspricht, dass Urkunden und andere als Beweismittel

---

9 BGHSt 3, 169, 175; BGHSt 10, 116, 118; *Meyer-Goßner*, § 244 Rn 12.
10 *Meyer-Goßner*, § 244 Rn 12.
11 BGHSt 29, 18; *Meyer-Goßner*, § 261 Rn 11.
12 A.A. *Beulke*, § 2 Rn 22.
13 BGHSt 34, 324, 326.
14 BGHSt 20, 298.
15 *Meyer-Goßner*, § 261 Rn 17.
16 BGH NStZ 1990, 229.
17 BGH NStZ 1998, 98.

dienende Schriftstücke in der Hauptverhandlung zu verlesen sind, vgl. § 249 Abs. 1 StPO.

7. Grundsatz der Unmittelbarkeit

Der Grundsatz der Unmittelbarkeit gilt nur im Rahmen der **Hauptverhandlung**. Er besagt, dass sich das Gericht einen möglichst direkten und unvermittelten Eindruck vom Tatgeschehen zu verschaffen hat.[18] Er enthält **den Vorrang des Personalbeweises** gem. § 250 StPO. Will das Gericht die Wahrnehmung einer Person zugrunde legen, so ist diese Person grundsätzlich persönlich in der Hauptverhandlung zu vernehmen. Die Vernehmung kann nicht durch Verlesung eines Protokolls über eine frühere Vernehmung ersetzt werden.   36

Ob das Gericht sich mit einem **Zeugen vom Hörensagen** begnügen kann, ist eine Frage der Aufklärungspflicht. Dies ist möglich, wenn die Vernehmung des Zeugen zu anderweitigen Nachteilen führen kann, z.B., wenn es sich hierbei um einen V-Mann der Polizei handelt. Im Gegensatz zur Vernehmung eines Zeugen, die unmittelbar in die Beweiswürdigung einfließen darf, dürfen die Urteilsfeststellungen in einem solchen Fall aber nicht allein auf der Zeugenaussage beruhen. Sie dürfen hierauf nur gestützt werden, wenn die Bekundungen des Zeugen vom Hörensagen durch andere wichtige Beweisanzeichen bestätigt worden sind.[19]   37

8. Unschuldsvermutung

Die Unschuldsvermutung ist gesetzlich in Art. 6 Abs. 2 EMRK enthalten. Sie besagt, dass bis zum gesetzlichen Nachweis der Schuld vermutet wird, dass der wegen einer strafbaren Handlung Angeklagte unschuldig ist. Die Unschuldsvermutung folgt schon aus dem Rechtsstaatprinzip.[20] Sie besagt auch, dass Maßnahmen, die den vollen Nachweis der Schuld erfordern,   38

Beispiel
Die Einleitung einer Vollstreckungshaft.

nicht getroffen werden, bevor dieser volle Nachweis erbracht ist.[21] Die Unschuldsvermutung endet mit der Rechtskraft der Verurteilung.[22]

9. Grundsatz in dubio pro reo

Der Grundsatz in dubio pro reo ergibt sich ebenfalls aus dem Rechtsstaatprinzip. Er beinhaltet, dass eine staatliche Bestrafung nur dann zulässig ist, wenn die Voraussetzungen der Bestrafung positiv (zur vollen Überzeugung des Gerichts) nachgewiesen sind.[23] Der Grundsatz in dubio pro reo ist **keine Beweisregel**; er ist immer erst nach abgeschlossener Beweiswürdigung anzuwenden. Bleiben nach der Beweiswürdigung   39

---

18 *Beulke*, § 2 Rn 24.
19 BVerfG NStZ 1995, 600.
20 BVerGE 22, 254, 265.
21 BGH NJW 1975, 1829, 1831.
22 BVerfGE 35, 202, 232.
23 *Lesch*, 2. Kap. Rn 193.

Zweifel an der Täterschaft des Angeklagten, so ist nach dem Grundsatz in dubio pro reo davon auszugehen, dass der Angeklagte nicht Täter war.

40   Der Grundsatz in dubio pro reo gilt nur für die **Schuldfeststellung**. Darüber hinaus ist umstritten, welchen Anwendungsbereich er findet. Auf die Frage der **Prozessvoraussetzungen** ist der Grundsatz anwendbar.[24] Bestehen beispielsweise Zweifel daran, ob die Strafklage verbraucht ist, so wirken sich diese zugunsten des Angeklagten aus.[25] Bestehen Zweifel am Vorliegen eines ordnungsgemäßen Strafantrags, so ist im Zweifel davon auszugehen, dass ein solcher nicht vorliegt.[26] Nach der herrschenden Meinung gilt der Grundsatz in dubio pro reo nicht bei **Verfahrensfehlern**.[27]

10. Beschleunigungsgebot nach Art. 20 Abs. 3 GG, Art. 6 Abs. 1 EMRK

41   Bereits aus dem Rechtsstaatsprinzip ergibt sich das Gebot der beschleunigten Durchführung von Strafverfahren.[28] Art. 6 Abs. 1 EMRK verpflichtet den Staat dazu, dafür Sorge zu tragen, dass ein Strafverfahren in angemessener Frist abgeschlossen ist. Was angemessen ist, hängt von den Umständen des Einzelfalls ab, konkret von der Schwere des Tatvorwurfs, dem Umfang und der Schwierigkeit des Verfahrens, der Art und Weise der Ermittlungen, den Belastungen durch das Verfahren für den Beschuldigten und dem eigenen Verhalten des Beschuldigten.[29]

42   Eine **überlange Verfahrensdauer** des Strafverfahrens stellt allerdings nach der Rechtsprechung **kein Verfahrenshindernis** dar. Das Verfahren ist daher nicht gem. § 260 Abs. 3 StPO einzustellen. Die Dauer des Verfahrens ist vielmehr nur im Rahmen der **Strafzumessung** mildernd zu berücksichtigen.[30] Eine Einstellung des Strafverfahrens wird allenfalls dann in Betracht kommen, wenn durch den Zeitablauf das Interesse an der Strafverfolgung entfallen ist und somit eine Fortsetzung des Strafverfahrens rechtsstaatlich nicht mehr hinnehmbar ist.[31]

11. Grundsatz der Öffentlichkeit nach § 169 S. 1 GVG, Art. 6 Abs. 1 EMRK

43   Der Grundsatz der Öffentlichkeit besagt, dass die Verhandlung vor dem erkennenden Gericht, einschließlich der Verkündung der Urteile und Beschlüsse, öffentlich ist. Die Wahrung der Öffentlichkeit erfordert, dass zu den Verhandlungen der **Zutritt der Öffentlichkeit** grundsätzlich möglich ist, wobei es nicht hindert, wenn die Anzahl umständehalber beschränkt wird. Insoweit darf allerdings keine Auswahl der Zuhörer stattfinden. Es muss vielmehr das **Prioritätsprinzip** (First Come First Serve) gelten. § 169 GVG enthält somit kein Recht auf unbeschränkte Öffentlichkeit. Es existieren

---

24 *Beulke*, § 2 Rn 25.
25 BGHSt 46, 349, 352.
26 *Beulke*, § 2 Rn 25; *Stuckenberg*, JA 2000, 568.
27 BGHSt 16, 164, 166.
28 BVerfG NJW 2001, 2702.
29 BVerfG NJW 1992, 2472; EuGHMR NJW 1986, 647.
30 BGHSt 35, 137, 141; BGH NJW 2000, 748.
31 BVerfG NStZ 1984, 182; BVerfG StV 1993, 352.

zahlreiche Schranken des Öffentlichkeitsprinzips, z.B. dort, wo eine geordnete Verhandlung nicht mehr durchführbar ist[32] oder zum Schutz widerstreitender Grundrechte (vgl. §§ 171 a ff. GVG). Der Grundsatz der Öffentlichkeit umfasst auch die Garantie, sich über Zeit und Ort der Verhandlung informieren zu können.

Beispiel

Verlegt der Richter kurzfristig die Verhandlung in ein anderes Sitzungszimmer, so muss am bisherigen Sitzungszimmer ein Anschlag angebracht werden.

Die ungesetzliche Beschränkung der Öffentlichkeit ist gem. § 338 Nr. 6 StPO ein **absoluter Revisionsgrund**.

12. Gebot eines fairen Strafverfahrens nach Art. 20 Abs. 3 GG, Art. 6 Abs. 1 EMRK

Das Recht auf ein faires rechtsstaatliches Verfahren ist Ausfluss des Rechtsstaatsprinzips.[33] Es handelt sich um einen allgemeinen Grundsatz des Verfahrensrechts.[34] Die Rechtsprechung greift in vielfacher Hinsicht auf den Grundsatz des „**Fair Trial**" zurück. Sie leitet hieraus beispielsweise ab, dass in das Strafverfahren Geheimdienste nicht hineinwirken dürfen,[35] dass von vornherein nicht tatgeneigte Personen nicht durch eine von einem Amtsträger geführte Vertrauensperson (Lockspitzel) zur Tat provoziert werden dürfen[36] oder auch das Recht des Beschuldigten, Zugang zu den Beweismitteln zu erhalten.[37]   44

13. Grundsatz des gesetzlichen Richters nach Art. 101 GG

Der Grundsatz des gesetzlichen Richters fordert eine objektive und generelle Regelung hinsichtlich der Zuständigkeit der Strafgerichte.[38] Hiernach muss aufgrund abstrakt-genereller Regelungen von vornherein festgelegt werden, welcher Richter für die Aburteilung der Straftat zuständig ist. Diesem Grundsatz folgend regeln die StPO und das GVG die örtliche, sachliche und funktionelle Zuständigkeit. Ein Verstoß gegen den Grundsatz des gesetzlichen Richters führt unter den Voraussetzungen des § 338 Nr. 1 und Nr. 4 StPO zum Vorliegen eines **absoluten Revisionsgrunds**.   45

Hinweis

Die genauen Konsequenzen differenziert nach örtlicher, sachlicher und funktioneller Zuständigkeit sind im Einzelnen umstritten, vgl. § 2 Rn 4.

---

32 BGHSt 24, 72.
33 BVerfGE 26, 66, 71; BVerfGE 63, 380, 390; BVerfGE 66, 313, 318.
34 *Meyer-Goßner*, Einl. Rn 19.
35 LG Berlin JZ 1992, 159.
36 BGHSt 45, 321, 335.
37 BGH StV 2001, 4.
38 BVerfGE 95, 322, 327.

14. Grundsatz des rechtlichen Gehörs nach Art. 103 Abs. 1 GG

46 Art. 103 Abs. 1 GG gewährleistet, dass vor Gericht jedermann Anspruch auf rechtliches Gehör hat. Hiernach muss dem Angeklagten Gelegenheit gegeben werden,
sich dem Gericht gegenüber zu den Vorwürfen zu äußern, Anträge zu stellen und
Ausführungen zu machen, die das Gericht bei seiner Entscheidung zu berücksichtigen
hat.[39] Der Grundsatz des rechtlichen Gehörs findet in der StPO in vielen Vorschriften
Ausdruck, z.B. in § 201 StPO, wonach das Gericht dem Angeschuldigten die Anklageschrift vor Eröffnung der Hauptverhandlung mitzuteilen und diesem Gelegenheit
zu geben hat, sich hierzu zu äußern bzw. Beweisanträge zu stellen.

---

39 BVerfGE 6, 19, 20; BVerfG NJW 1996, 3202.

§ 2 Aufbau der Strafgerichtsbarkeit, Aufbau und Aufgaben der Staatsanwaltschaft

A. Aufbau der Strafgerichtsbarkeit

I. Grundsatz

Art. 102 Abs. 2 GG zwingt den Staat dazu, einen gesetzlichen Richter für jeden 1
Fall durch eine abstrakt generelle und im Voraus erlassene Regelung festzusetzen.
Entsprechende abstrakte Regelungen zur Zuständigkeit der einzelnen Gerichte finden
sich im GVG. Zu unterscheiden ist nach der sachlichen und der örtlichen funktionellen
Zuständigkeit.

II. Örtliche Zuständigkeit

Die örtliche Zuständigkeit ist in §§ 7 ff. StPO geregelt. Sie bestimmt sich grundsätz- 2
lich nach dem **Tatort**, § 7 Abs. 1 StPO. Tatort ist nach § 9 StGB der Ort, an dem
der Täter gehandelt hat oder im Falle des Unterlassens hätte handeln müssen, oder an
dem der zum Tatbestand gehörende Erfolg eingetreten ist oder nach Vorstellung des
Täters eintreten sollte. Gem. § 8 StPO ist ein weiterer Gerichtsstand bei dem Gericht
begründet, in dessen Bezirk der Angeschuldigte zur Zeit der Erhebung der Klage
seinen **Wohnsitz** hat, und im Falle des Fehlens eines Wohnsitzes der Ort, in dem
er seinen gewöhnlichen Aufenthalt hat. Gem. § 9 StPO ist schließlich ein weiterer
Gerichtsstand bei dem Gericht begründet, in dessen Bezirk der Beschuldigte ergriffen worden ist. **Ergreifung** ist hierbei jede befugte und gerechtfertigte Festnahme
durch Beamte oder Privatpersonen zum Zweck der Strafverfolgung, die zumindest
zur Einleitung eines Ermittlungsverfahrens führt.[1] Treffen mehrere Gerichtsstände
zusammen, so ist derjenige Gerichtsstand der maßgebliche, bei dem die Untersuchung
zuerst eröffnet worden ist. Die Eröffnung der Untersuchung in diesem Sinne erfolgt
i.d.R. durch den Erlass des Eröffnungsbeschlusses gemäß § 203 StPO.[2]

III. Funktionelle Zuständigkeit

Unter dem Begriff der funktionellen Zuständigkeit werden alle Zuständigkeitsrege- 3
lungen zusammengefasst, die nicht zur sachlichen oder örtlichen Zuständigkeit, zur
Zuständigkeit besonderer Strafkammern oder zur geschäftsplanmäßigen Zuständigkeit
gehören.[3] Eine Frage der funktionellen Zuständigkeit ist zum **Beispiel**
■ die Übertragung von Aufgaben auf den Vorsitzenden bei einem Kollegialgericht,[4]
■ die Zuständigkeit von Strafvollstreckungskammern (§§ 78 a, 78 b GVG),
■ die Zuständigkeit des Ermittlungsrichters im Ermittlungsverfahren, z.B. gem.
§ 125 StPO.

---

1 BGHSt 44, 347; *Meyer-Goßner*, § 17 Rn 2.
2 *Meyer-Goßner*, § 12 Rn 3.
3 *Meyer-Goßner*, Vor § 1 Rn 8.
4 *Meyer-Goßner*, Vor § 1 Rn 8.

IV. Sachliche Zuständigkeit

1. Bedeutung

4   Die sachliche Zuständigkeit ist die Verteilung der Strafsache nach Art und Schwere unter den erstinstanzlichen, unterschiedlich besetzten Gerichten verschiedener Ordnung.[5] Gem. § 6 StPO hat das Gericht die sachliche Zuständigkeit in jeder Lage des Verfahrens von Amts wegen zu prüfen. Die sachliche Zuständigkeit des Gerichts ist eine **Prozessvoraussetzung**.[6] Fehlt die sachliche Zuständigkeit, so darf keine Entscheidung in der Sache ergehen.

> *Hinweis*
> Gem. § 338 Nr. 4 StPO ist die zu Unrecht angenommene Zuständigkeit des Gerichts ein **absoluter Revisionsgrund**. Die Vorschrift betrifft sowohl die örtliche als auch die sachliche und die besondere Zuständigkeit gleichrangiger Gerichte. Die sachliche Zuständigkeit hat infolge § 6 StPO insoweit keine Bedeutung, da die sachliche Zuständigkeit **Prozessvoraussetzung** ist. Sie ist daher ein von Amts wegen zu beachtendes Verfahrenshindernis.[7] Die dargestellte Ansicht ist indes zwischen dem vierten und dem ersten Senat des Bundesgerichtshofs streitig. Während der vierte Senat ein von Amts wegen zu prüfendes Verfahrenshindernis annimmt,[8] hält der erste Senat die sachliche Zuständigkeit für eine normale Verfahrensrüge.[9] Als **absolute Revisionsgründe** kommen daher nicht die sachliche, sondern nur die örtliche oder funktionelle Zuständigkeit sowie Verstöße gegen den Geschäftsverteilungsplan in Betracht. Diese Verstöße gegen die Zuständigkeitsordnung müssen in der Revision durch die **Verfahrensrüge** angegriffen werden.

5   Die sachliche Zuständigkeit der Gerichte wird durch das Gesetz über die Gerichtsverfassung (GVG) bestimmt, § 1 StPO. Sie unterscheidet sich nach der Zuständigkeit
- der Amtsgerichte,
- der Landgerichte,
- der Oberlandesgerichte und
- des Bundesgerichtshofs.

2. Zuständigkeit des Amtsgerichts

6   **Spruchkörper** am Amtsgericht sind der Einzelrichter, § 22 GVG, und das Schöffengericht, § 29 GVG. Das Amtsgericht ist gem. § 24 Abs. 1 GVG zuständig, wenn nicht
- die Zuständigkeit des Landgerichts oder des Oberlandesgerichts begründet ist;
- im Einzelfall eine höhere Strafe als **vier Jahre Freiheitsstrafe** zu erwarten ist oder
- die Staatsanwaltschaft wegen der besonderen Bedeutung des Falls Anklage beim Landgericht erhebt, § 24 GVG.

7   Innerhalb des Amtsgerichts entscheidet der Einzelrichter (**Strafrichter**) gem. § 25 GVG
- bei Vergehen, deren Rechtsfolge im Einzelfall nicht mehr als zwei Jahre Freiheitsstrafe erwarten lässt, § 25 Nr. 2 GVG und
- bei Privatklagedelikten, § 25 Nr. 1 GVG.

---

5 *Meyer-Goßner*, Vor § 1 Rn 8.
6 BGHSt GS 18, 79, 81.
7 *Mutzbauer*, Rn 64.
8 BGHSt 34, 36.
9 BGHSt 43, 53, 55.

Stellt sich die vorweggenommene Straferwartung als falsch heraus, so hat der Einzelrichter gleichwohl eine Strafgewalt von vier Jahren, § 24 Abs. 2 GVG. Eine Verweisung an das Schöffengericht aufgrund einer nach Erlass des Eröffnungsbeschlusses korrigierten Rechtsfolgenerwartung kommt nicht in Betracht.[10]

Das **Schöffengericht** entscheidet alle Fälle, die der sachlichen Zuständigkeit des   8
Amtsgerichts zugewiesen sind, und die nicht der Einzelrichter entscheidet. Dies bedeutet, dass das Schöffengericht zuständig ist für alle Verbrechen und Vergehen, bei denen im Einzelfall eine Freiheitsstrafe von mehr als zwei, jedoch weniger als vier Jahren zu erwarten ist. Das Schöffengericht ist besetzt mit einem Berufsrichter und zwei ehrenamtlichen Richtern (Schöffen). Gem. § 29 Abs. 2 GVG kann das Schöffengericht auf Antrag der Staatsanwaltschaft durch einen weiteren Berufsrichter ergänzt werden, wenn dessen Mitwirkung an dem Umfang der Sache notwendig erscheint.

Eine zwei- oder drittinstanzliche Zuständigkeit des Amtsgerichts existiert nicht. Zur   9
Zuständigkeit der Amtsgerichte abschließend die folgende Übersicht:

Übersicht: Amtsgericht

Grundsätzliche Zuständigkeit des AG	
§ 24 GVG regelt die grundsätzliche Zuständigkeit des AG. Es ist allzuständig, es sei denn, eine der folgenden **Ausnahmen** liegt vor: • bei Zuständigkeit der SchwurG und bei Staatsschutzsachen, § 24 Abs. 1 Nr.1 GVG • bei einer die Strafgewalt des AG übersteigenden Rechtsfolgenerwartung (Strafe höher als vier Jahre), § 24 Abs. 1 Nr. 2 GVG • bei besonderer Bedeutung des Falls, § 24 Abs. 1 Nr. 3 GVG	
Besetzung des Spruchkörpers	
Einzelrichter, § 22 GVG 	Erweitertes Schöffengericht, § 29 GVG
Instanzenzuständigkeit	
I. Instanz	
§ 25 GVG Zuständigkeit des Einzelrichters (Strafrichters) • Privatklagedelikte, § 25 Nr. 1 GVG • Vergehen mit einer Rechtsfolgenerwartung von nicht mehr als 2 Jahren Freiheitsstrafe, § 25 Nr. 2 GVG	**§ 28 GVG Zuständigkeit des Schöffengerichts** besteht soweit nicht der Einzelrichter gem. § 25 GVG entscheidet
II. Instanz ---	
III. Instanz ---	

---

10 OLG Düsseldorf NStZ-RR 2001, 222.

3. Zuständigkeit des Landgerichts

a) Spruchkörper

10   Die Spruchkörper bei den Landgerichten heißen **Strafkammern**. Gebildet werden große und kleine Strafkammern. Die **große Strafkammer** setzt sich grundsätzlich aus drei Richtern einschließlich des Vorsitzenden und zwei Schöffen zusammen. Eine solchermaßen gebildete große Strafkammer kann entweder als große Strafkammer oder als besondere Strafkammer, z.B. als **Schwurgericht** gem. § 74 Abs. 2 GVG für die dort aufgelisteten Kapitaldelikte entscheiden. Das Schwurgericht ist dabei eine besondere Strafkammer, die mit besonderen Schöffen ausgestattet ist, in der sachlichen Zuständigkeitsordnung den anderen Strafkammern gleichsteht, die aber den Vorrang hat, § 74 e GVG.

11   Entscheidet die große Strafkammer nicht als besondere Strafkammer, so hat sie gem. § 76 Abs. 2 GVG mit Eröffnung der Hauptverhandlung zu beschließen, dass sie mit zwei Richtern einschließlich des Vorsitzenden und zwei Schöffen besetzt ist, wenn nicht die Strafkammer als Schwurgericht zuständig ist oder nach dem Umfang oder der Schwierigkeit der Sache die Mitwirkung eines dritten Richters notwendig erscheint.

> *Hinweis*
> Nach der Fassung des § 76 Abs. 2 GVG ist die grundsätzliche Besetzung der großen Strafkammer mit zwei Berufsrichtern und zwei Schöffen anzugeben. Dies ist nur dann anders, wenn der Umfang oder die Schwierigkeit der Sache ausnahmsweise die Mitwirkung eines dritten Richters notwendig erscheinen lässt. Ungeachtet dieses Regel-/Ausnahmeverhältnisses lautet die Legaldefinition der großen Strafkammer, dass diese mit drei Richtern einschließlich des Vorsitzenden und zwei Schöffen besetzt ist, § 76 Abs. 1 GVG.

Die **kleine Strafkammer** ist gem. § 76 Abs. 1 Hs. 2 GVG mit dem Vorsitzenden und zwei Schöffen besetzt. Sowohl für die kleine als auch für die große Strafkammer gilt, dass bei Entscheidungen außerhalb der Hauptverhandlung die Schöffen nicht mitwirken.

b) Sachliche Zuständigkeit

12   **Große Strafkammern** sind gem. § 74 Abs. 1 GVG zuständig für
- alle Verbrechen, die nicht zur Zuständigkeit des Amtsgerichts oder des Oberlandesgerichts gehören;
- alle Straftaten mit höherer Straferwartung als vier Jahre;
- Fälle mit besonderer Bedeutung (§ 24 Abs. 1 Nr. 3 GVG).

Die großen Strafkammern sind als **Schwurgerichte** zuständig für alle im § 74 Abs. 2 Nr. 1 bis 26 GVG enumerativ aufgezählten Straftaten, z.B. Kapitaldelikte, wie den sexuellen Missbrauch von Kindern mit Todesfolge, den Totschlag, den Mord, die Freiheitsberaubung mit Todesfolge u.a. Die **kleinen Strafkammern** haben keine erstinstanzliche Zuständigkeit. Sie sind gem. § 76 Abs. 1 S. 1 Hs. 2 GVG für Berufungen zuständig. Zu beachten ist noch, dass gem. § 76 Abs. 3 GVG in Verfahren über Berufungen gegen ein Urteil des erweiterten Schöffengerichts (§ 29 Abs. 2 GVG), ein zweiter Richter zur kleinen Strafkammer hinzuzuziehen ist. Auch insoweit gilt, dass außerhalb der Hauptverhandlung der Vorsitzende allein entscheidet. Das Landgericht hat keine drittinstanzliche Zuständigkeit.

Zur Zuständigkeit des Landgerichts vergleiche abschließend die nachfolgende Über- 13
sicht:

Übersicht: Landgericht

Besetzung des Spruchkörpers	
Große Strafkammer	**Kleine Strafkammer**
§§ 76 Abs. 1 Hs. 1, 76 Abs. 2 GVG	§ 76 Abs. 1 Hs. 2, Abs. 3 GVG
• Legaldefinition: drei Berufsrichter, zwei Schöffen • Grundsätzliche Besetzung: zwei Berufsrichter, zwei Schöffen, § 76 Abs. 2 GVG • Erweiterung auf drei Berufsrichter und zwei Schöffen möglich, § 76 Abs. 1 GVG • Allgemeine und besondere große Strafkammer (z.B. Schwurgerichte)	
Instanzenzuständigkeit	
I. Instanz	
Als große Strafkammer, § 74 Abs. 1 GVG: • Alle Verbrechen, die nicht zur Zuständigkeit des AG oder OLG gehören • Alle Strafsachen mit höherer Straferwartung als vier Jahre • Fälle mit besonderer Bedeutung Als große Strafkammer (Schwurgericht) in den Fällen des § 74 Abs. 2 Nr. 1–26 GVG, z.B.: • des sexuellen Missbrauchs von Kindern mit Todesfolge, Nr. 1 • der sexuellen Nötigung und Vergewaltigung mit Todesfolge, Nr. 2 • des Totschlags, Nr. 5 • der Geiselnahme mit Todesfolge, Nr. 12	———————
II. Instanz	
———————	• Zuständigkeit für Verhandlungen und Entscheidungen über das Rechtsmittel der Berufung gegen die Urteile des Strafrichters und des Schöffengerichts, § 74 Abs. 1 Hs. 2 GVG • Zuständigkeit als erweitertes Schöffengericht i.F.d. § 74 Abs. 3 GVG
--- III. Instanz ---	

4. Zuständigkeit des Oberlandesgerichts

a) Spruchkörper

Der **Spruchkörper** beim Oberlandesgericht heißt Senat. Ist das Oberlandesgericht in 14
erster Instanz zuständig, entscheidet der Senat mit drei bzw. fünf Berufsrichtern. Der
Spruchkörper ist mit drei Richtern besetzt,
■ wenn das Hauptverfahren noch nicht eröffnet ist, § 122 Abs. 1 GVG;

■ während des Hauptverfahrens, wenn die Mitwirkung der anderen beiden Richter nach dem Umfang und dem Schwierigkeitsgrad nicht notwendig erscheint, § 122 Abs. 2 GVG.

Der Spruchkörper entscheidet mit fünf Richtern,
■ bei der Entscheidung über die Eröffnung des Hauptverfahrens, § 122 Abs. 2 GVG;
■ während des Hauptverfahrens, wenn die Mitwirkung der anderen beiden Richter nach dem Umfang und dem Schwierigkeitsgrad notwendig erscheint, § 122 Abs. 2 GVG.

Entscheidet das Oberlandesgericht als **Rechtsmittelinstanz**, so ist der Senat mit drei Berufsrichtern besetzt, § 122 Abs. 1 GVG.

b) Sachliche Zuständigkeit

15 Das Oberlandesgericht ist **erstinstanzlich** in den in § 120 Abs. 1 Nr. 1–8 und Abs. 2 Nr. 1–3 GVG enumerativ aufgezählten Straftaten zuständig. Gem. § 9 EGGVG haben die Bundesländer die Möglichkeit, im Falle der Existenz mehrerer Oberlandesgerichte ein **oberstes Landesgericht** einzurichten. Hiervon hat allein Bayern Gebrauch gemacht, wo es deshalb das Bayerische Oberste Landesgericht (BayObLG) gibt (Art. 1 BayGerOrgG). Dem BayObLG waren bis zum 31.12.2004 die erstinstanzlichen Strafsachen des § 120 GVG sowie die OLG-Revisionssachen für Bayern und die Rechtsbeschwerdesachen im Bußgeldverfahren übertragen. Nach dem Gerichtsauflösungsgesetz vom 25.10.2004[11] wird das BayObLG nach Abwicklung der „Altfälle" zum 30.06.2006 aufgelöst. Gem. § 120 Abs. 5 GVG können die Länder sich darauf verständigen, ein **gemeinsames Oberlandesgericht** zu bilden. Dies ist in den Bundesländern Bremen und Hamburg (Hanseatisches OLG) geschehen. Das Oberlandesgericht ist als **Rechtsmittelgericht** zweitinstanzlich für die Überprüfung von Entscheidungen des Landgerichtes zuständig,
■ die mit der **einfachen Beschwerde** (§ 304 StPO),
■ der **sofortigen Beschwerde** (§ 311 StPO) und
■ der **weiteren Beschwerde** (§ 310 StPO)
angefochten werden, § 121 Abs. 1 Nr. 2 GVG.

> *Hinweis*
> Eine Berufung gegen die Entscheidungen der Landgerichte ist in der StPO nicht vorgesehen. Die einzige Berufungsinstanz ist das Landgericht selbst.

16 Das Oberlandesgericht entscheidet **drittinstanzlich** über die Revisionen gegen ein Berufungsurteil der Strafkammern, § 121 Abs. 1 Nr. 1 b GVG. Darüber hinaus entscheidet das Oberlandesgericht drittinstanzlich über die **Sprungrevisionen** (vgl. § 353 StPO) gegen erstinstanzliche Urteile des Amtsgerichts. Zur sachlichen Zuständigkeit der Oberlandesgerichte vergleiche abschließend die nachfolgende Übersicht:

---

11 BayGVBl 2004 S. 400.

Übersicht: Oberlandesgericht

Besetzung des Spruchkörpers: Senat, § 116 GVG		
Senat als Gericht des ersten Rechtszugs **§ 120 GVG**		**Senat als Rechtsmittelgericht** **§ 121 GVG**
Der Spruchkörper entscheidet in der Besetzung mit drei Richtern einschließlich des Vorsitzenden: • vor der Eröffnung des Hauptverfahrens, **§ 122 Abs. 1 GVG** • während des Hauptverfahrens, wenn die Mitwirkung der anderen beiden Richter nach dem Umfang und dem Schwierigkeitsgrad der Sache nicht notwendig erscheint, **§ 122 Abs. 2 GVG**	Der Spruchkörper entscheidet in der Besetzung mit fünf Richtern einschließlich des Vorsitzenden: • über die Eröffnung des Hauptverfahrens, **§ 122 Abs. 2 GVG** • während des Hauptverfahrens, wenn die Mitwirkung der anderen beiden Richter nach dem Umfang und dem Schwierigkeitsgrad der Sache notwendig erscheint, **§ 122 Abs. 2 GVG**	Der Spruchkörper entscheidet in der Besetzung mit drei Richtern einschließlich des Vorsitzenden • über die Rechtsmittel, **§ 122 Abs. 1 GVG**
Instanzenzuständigkeit		
I. Instanz		
• OLG verhandelt und entscheidet im ersten Rechtszug in den Fällen des **§ 120 Abs. 1 Nr. 1–8 GVG** und den Fällen des **§ 120 Abs. 2 Nr. 1–3 GVG**, wenn der Generalbundesanwalt wegen der besonderen Bedeutung des Falls die Verfolgung übernimmt • OLG trifft bei Zuständigkeit gem. **§ 120 Abs. 1, Abs. 2 GVG** Nebenentscheidungen nach § 73 Abs. 1 GVG (Beschluss- und Beschwerdezuständigkeit), **§ 120 Abs. 3 GVG** • OLG entscheidet über Beschwerden gegen Verfügungen und Beschlüsse der StaatsschutzStrfK (Beschwerdezuständigkeit in § 74 a StPO – Strafsachen), **§ 120 Abs. 4 GVG** OLG übt in den Fällen des § 120 Abs. 1, Abs. 2 StPO die Bundesgerichtsbarkeit aus, wenn und solange der Generalbundesanwalt das Amt der Staatsanwaltschaft ausübt (§ 142 a GVG), **§ 120 Abs. 6 GVG**		———————
II. und III. Instanz		
———————		• Revisionsgericht gegen die mit der Berufung nicht anfechtbaren Urteile, **§ 121 Abs. 1 Nr. 1 a GVG** • Revisionsgericht gegen Berufungsurteile der kleinen und großen Strafkammern, **§ 121 Abs. 1 Nr. 1 b GVG** • Berufungsgericht gegen die Urteile des LG im ersten Rechtszug, wenn die Revision ausschließlich auf die Verletzung einer in den Landesgesetzen enthaltenen Rechtsnorm gestützt wird, **§ 121 Abs. 1 Nr. 1 c GVG** • Beschwerdegericht, wenn Entscheidungen des LG mit einer einfachen, sofortigen oder weiteren Beschwerde angefochten werden. Entscheidet über Beschwerden gegen die Beschlüsse des AG, wenn es selbst für die Erstentscheidung zuständig gewesen wäre, **§ 121 Abs. 1 Nr. 2 GVG** • Rechtsbeschwerdegericht für die Rechtsbeschwerde gegen Entscheidungen der StrafvollstreckungsKr in Vollzugsangelegenheiten, **§ 121 Abs. 1 Nr. 3 GVG**

5. Zuständigkeit des Bundesgerichtshofs

a) Spruchkörper

17 Die Spruchkörper beim Bundesgerichtshof sind die **Senate**, § 130 GVG. Die Senate entscheiden grundsätzlich in der Besetzung von **fünf Berufsrichtern**, es sei denn, sie entscheiden über Beschwerden und Anträge auf gerichtliche Entscheidungen (§ 161 a Abs. 3 StPO). In diesem Falle entscheiden sie in der Besetzung von drei Berufsrichtern einschließlich des Vorsitzenden. Eine Gegenausnahme ist die Entscheidung über Beschwerden gegen Beschlüsse, durch welche die Eröffnung des Hauptverfahrens abgelehnt oder das Verfahren wegen eines Verfahrenshindernisses eingestellt wird. In diesem Falle entscheiden die Senate wiederum mit fünf Berufsrichtern einschließlich des Vorsitzenden (§ 139 GVG).

b) Sachliche Zuständigkeit

18 Der Bundesgerichtshof hat keine erstinstanzliche Zuständigkeit. Er entscheidet in zweiter und dritter Instanz über:

- Revisionen gegen die erstinstanzliche Urteile des Oberlandesgerichts, § 135 Abs. 1 GVG;
- die Revisionen gegen die erstinstanzlichen Urteile der großen Strafkammern des Landgerichts, § 135 Abs. 1 GVG i.V.m. § 121 Abs. 1 Nr. 1 c GVG;
- Beschwerde gegen Beschlüsse, durch die die Eröffnung des Hauptverfahrens abgelehnt oder das Verfahren wegen eines Verfahrenshindernisses eingestellt wird, § 139 Abs. 2 GVG.

Darüber hinaus entscheidet der Bundesgerichtshof in der reduzierten Besetzung der Senate mit drei Berufsrichtern über Beschwerden und Anträge auf gerichtliche Entscheidungen (§ 161 a Abs. 3 StPO). Zur Zuständigkeit des Bundesgerichtshofs vergleiche die abschließende Übersicht:

Übersicht: Bundesgerichtshof

Spruchkörper	
Die Senate entscheiden in der Besetzung von fünf Mitgliedern einschließlich des Vorsitzenden, **§ 139 Abs. 1 GVG**	Die Senate entscheiden über Beschwerden und Anträge auf gerichtliche Entscheidungen in der Besetzung von drei Mitgliedern einschließlich des Vorsitzenden, **§ 139 Abs. 2 S. 1 GVG**

Instanzenzuständigkeit	
I. Instanz	
II./III. Instanz	
Zuständigkeit des BGH als Revisionsgericht, **§ 135 Abs. 1 GVG** • gegen die Urteile des OLG im ersten Rechtszug • gegen die Urteile des LG im ersten Rechtszug, soweit nicht die Zuständigkeit des OLG begründet ist	Beschwerdezuständigkeit des BGH, **§ 135 Abs. 2 GVG** • wenn das OLG als Gericht des ersten Rechtszugs in Staatsschutzstrafsachen nach § 120 Abs. 1, Abs. 2 GVG tätig war • in Fällen, in denen eine weitere Beschwerde nach § 130 Abs. 1 StPO zulässig ist, kann auch die vom OLG nach § 120 Abs. 3 GVG erlassene Beschwerdeentscheidung mit weiterer Beschwerde beim BGH angefochten werden • gegen Beschlüsse und Verfügungen eines Ermittlungsrichters des BGH, § 169 Abs. 1 S. 2 StPO

B. Aufbau und Aufgaben der Staatsanwaltschaft

I. Aufbau der Staatsanwaltschaft

Die Staatsanwaltschaft ist eine hierarchisch aufgebaute staatliche Behörde, die gem. 19 § 141 GVG parallel zu den Gerichten konkret bei jedem Gericht bestehen soll. Die Bezeichnung des Gerichts ist im administrativen Sinn zu verstehen. Staatsanwaltschaften bestehen bei den Landgerichten. Die Staatsanwaltschaft wird dadurch geprägt, dass sie **hierarchisch** aufgebaut ist. Auf **Landesebene** gliedert sich die Staatsanwaltschaft in die Staatsanwaltschaften bei den Landgerichten und die Generalstaatsanwaltschaft bei dem Oberlandesgericht. Die Staatsanwaltschaft bei den Landgerichten wird durch den **leitenden Oberstaatsanwalt** geführt. Organisatorisch bei den Staatsanwaltschaften bei den Landgerichten angesiedelt ist die **Amtsanwaltschaft**, die gem. § 142 Abs. 1 Nr. 3 GVG die staatsanwaltschaftlichen Aufgaben bei den Amtsgerichten wahrnimmt. Die Ansiedelung der Amtsanwaltschaft bei den Landgerichten widerspricht der Systematik des § 142 Abs. 1 Nr. 3 GVG, ist jedoch gängige Praxis. Bei den Oberlandesgerichten existiert eine **Generalstaatsanwaltschaft**. Die Generalstaatsanwaltschaft wird geleitet durch den Generalstaatsanwalt. Auf Bundesebene existiert in paralleler Ordnung zum Bundesgerichtshof die **Bundesanwaltschaft**, die vom Generalbundesanwalt geleitet wird. Unterstellt sind dem Generalbundesanwalt weitere Bundesanwälte.

II. Zuständigkeiten der Staatsanwaltschaft

20 Die Zuständigkeiten der Staatsanwaltschaften sind parallel zu den Zuständigkeiten der Gerichte angeordnet, denen die Staatsanwaltschaften zugeordnet sind. Die sachliche Zuständigkeit ergibt sich aus § 142 GVG. Die Staatsanwaltschaft bei den Landgerichten ist sachlich zuständig für die Ausübung aller staatsanwaltschaftlichen Tätigkeit am Landgericht als erst- und zweitinstanzlichem Strafgericht. Die sachliche Zuständigkeit der Generalstaatsanwaltschaft betrifft die erst-, zweit- und drittinstanzlichen Zuständigkeiten des Oberlandesgerichts. Darüber hinaus ist der Generalstaatsanwalt die zur Aufsicht und Leitung der Staatsanwaltschaft des Landgerichts berufene Aufsichtsbehörde, § 147 GVG. Die Aufsicht über die Generalstaatsanwaltschaft wird durch die Landesjustizverwaltung geführt, § 147 Nr. 2 GVG. Die Generalbundesanwaltschaft wird durch den Bundesminister der Justiz beaufsichtigt und geleitet, § 147 Nr. 1 GVG.

21 Die Leitung der Staatsanwaltschaften beinhaltet das umfassende Recht zur Erteilung von **Weisungen**. Herausgelesen wird aus § 147 GVG auch die **Berichtspflicht** der Staatsanwälte an den jeweiligen vorgesetzten Staatsanwalt. Im Gegensatz zu Richtern unterliegen Staatsanwälte den Weisungen ihrer dienstlichen Vorgesetzten, § 146 GVG. Die **Grenzen des Weisungsrechts** ergeben sich aus dem Legalitätsprinzip. Für die Würdigung der Beweise in der Hauptverhandlung können dem Sitzungsvertreter von einem nicht teilnehmenden Vorgesetzten grundsätzlich keine speziellen Weisungen für die Beweiswürdigung oder Rechtsfolgenbemessung gegeben werden, soweit die Anträge hierzu von dem Ergebnis der Beweisaufnahme und dem Inbegriff der Verhandlung abhängen.[12]

> *Hinweis*
> Weisungen sind nur im dienstlichen Innenverhältnis bindend. Handelt ein Staatsanwalt entgegen ausdrücklichen Weisungen seines Dienstvorgesetzten, so wird die hierbei aufgeführte Prozesshandlung nicht unwirksam.

22 Die Staatsanwaltschaft ist Herrin des Ermittlungsverfahrens, Anklagevertreterin im Zwischen- und Hauptverfahren und Strafvollstreckungsbehörde. Sie ist gem. § 160 Abs. 2 StPO nicht nur für die Ermittlung von den Beschuldigten belastenden Umständen zuständig, sondern hat auch die zur Entlastung dienenden Umstände zu ermitteln und für die Erhebung der Beweise Sorge zu tragen, deren Verlust zu besorgen ist. Als Ausfluss des Legalitätsprinzips ist die Staatsanwaltschaft verpflichtet, öffentliche Klage zu erheben, wenn die Ergebnisse der Ermittlungen einen hinreichenden Tatverdacht ergeben, § 170 Abs. 1 StPO. Ist dies nicht der Fall, hat die Staatsanwaltschaft das Verfahren einzustellen, § 170 Abs. 2 StPO.

23 In der Hauptverhandlung ist der Staatsanwalt notwendiger Beteiligter gem. § 226 StPO. Er hat die Anklageschrift zu verlesen (§ 243 Abs. 3 StPO), sich an der Beweisaufnahme zu beteiligen und hat das Fragerecht während der Beweisaufnahme sowie das Beweisantragsrecht. Der Staatsanwalt hält gem. § 258 Abs. 1 StPO nach

12 *Meyer-Goßner*, § 146 GVG Rn 4; KK-*Schoreit*, § 146 GVG Rn 9.

dem Schluss der Beweisaufnahme einen Schlussvortrag. Die Staatsanwaltschaft hat das Rechtsmittelrecht, § 296 StPO. Das Rechtsmittelrecht besteht im Hinblick auf das Legalitätsprinzip sowohl zugunsten als auch zu Lasten des Angeklagten.

Gem. § 451 StPO leitet die Staatsanwaltschaft die Strafvollstreckung. 24

§ 3 Rechtsanwalt als Strafverteidiger

A. Verteidiger als Beistand und als Organ der Rechtspflege

1 Die Aufgabe des Verteidigers ist in ihrem rechtlichen und tatsächlichen Spannungsfeld komplex und vielfältig. Der Verteidiger ist in erster Linie **Beistand des Beschuldigten**, wie sich bereits aus § 137 Abs. 1 StPO ergibt. Das Recht des Beschuldigten, sich eines Beistands zu bedienen, soll die Waffengleichheit zwischen den staatlichen Strafverfolgungsorganen und dem Beschuldigten sicherstellen. Diese **Waffengleichheit** ist ein grundsätzlich anzustrebendes Verfahrensziel.[1] Dem liegt zugrunde, dass die staatlichen Strafverfolgungsorgane gehalten sind, umfassend und in alle Richtungen zu ermitteln (vgl. § 160 Abs. 2 StPO). Gleichwohl stellt dies nicht sicher, dass der Beschuldigte mit ausreichendem Gegengewicht gegen den staatlichen Strafverfolgungsapparat[2] handeln und sich verteidigen kann. Das Recht, sich eines Beistands zu bedienen, gleicht dieses Defizit aus. Die Aufgabe des Verteidigers ist es damit, die **strukturelle Unterlegenheit des Beschuldigten** durch Beratung, Beistand bei der Ausübung prozessualer Rechte und – soweit dies vorgesehen ist – durch Vertretung des Beschuldigten zu kompensieren.

2 Neben dieser, die persönlichen Rechte des Beschuldigten sichernden Aufgabe des Verteidigers, nimmt dieser eine Aufgabe im System der Rechtspflege wahr. Nach der **herrschenden Organtheorie**[3] ist der Verteidiger, neben seiner privatrechtlichen Aufgabe, als Beistand Erfüller eines gesetzlichen Auftrags, der nicht nur im Interesse des Beschuldigten, sondern auch im Interesse einer am Rechtsstaatsgedanken ausgerichteten Strafrechtspflege liegt. Er ist selbständiges, dem Gericht und der Staatsanwaltschaft gleichgeordnetes Organ der Rechtspflege. Der Verteidiger fungiert gleichzeitig als Beistand des Beschuldigten und als Mandatar auch öffentlicher Interessen.[4]

3 Diese Stellung des Verteidigers als Organ der Strafrechtspflege begründet sich daraus, dass nur durch diese systemimmanent herbeigeführte **Waffengleichheit** ein rechtsstaatliches Strafverfahren überhaupt gewährleistet ist. Diese Garantie der Waffengleichheit kommt somit, neben dem konkret Beschuldigten, auch der Allgemeinheit zu gute. Der Verteidiger wacht auch im Interesse aller Bürger darüber, dass alle Verfahrensvorschriften beachtet werden und für einen fairen Prozess gesorgt wird, indem die Erforschung der materiellen Wahrheit Raum greifen kann.[5]

4 Die Organtheorie[6] ist in der strafrechtlichen Literatur nicht unumstritten. Ihr stehen die **Parteiinteressenvertretertheorie**, die **Vertragstheorie** und die **verfassungsrechtlich-prozessuale Theorie** entgegen. Nach der **Parteiinteressenvertretertheorie**[7] definieren ausschließlich die Interessen des Beschuldigten die Aufgaben des Verteidigers. Hiernach ist dem Verteidiger all das erlaubt, was der Beschuldigte selbst ohne

---

1 BVerfGE 63, 45, 61; EGMR NJW 2000, 2883.
2 *Beulke*, § 9 Rn 148.
3 BVerfGE 38, 105, 119; 53, 207, 214; *Meyer-Goßner*, Vor § 137 Rn 1 m.w.N.; *Brüssow/Gatzweiler/Krekeler/ Mehle*, § 1 Rn 8 ff.
4 *Brüssow/Gatzweiler/Krekeler/Mehle*, § 1 Rn 8.
5 *Beulke*, § 9 Rn 150.
6 *Brüssow/Gatzweiler/Krekeler/Mehle*, § 1 Rn 8 ff.
7 *Ostendorf*, NJW 1978, 1349; *Ostendorf*, StraFo 1999, 226.

Bestrafungsrisiko tun darf, z.B. auch die Lüge zugunsten seines Mandanten. Nach der **Vertragstheorie**[8] ist der Verteidiger zwar grundsätzlich nur Interessensvertreter des Beschuldigten. Ihm soll aber das Recht auf eine Lüge versperrt bleiben. Nach der **verfassungsrechtlich-prozessualen Theorie**[9] liegt den Grenzen einer gesetzeskonformen Strafverteidigung das verfassungsrechtliche Recht auf Handlungsfreiheit nach Art. 2 Abs. 1 GG zugrunde. Hiernach sei jede Prozesshandlung statthaft, solange sie vom Verteidigungszweck getragen werde und kein ausdrückliches gesetzliches Verbot entgegenstehe.[10]

> *Hinweis*
> Die Frage, nach welchem System sich die Stellung des Verteidigers im System der Strafrechtspflege bestimmt, ist maßgeblich dafür, wie man die Grenzen des erlaubten Verteidigerhandelns bestimmt. Der junge **Rechtsanwalt** sollte sich insbesondere mit dieser Frage und dem Selbstverständnis als Strafverteidiger auseinander setzen. Als Grundlage hierfür bieten sich z.B. die ausführlichen Darstellungen von *Kempf*[11] an. Dem jungen Rechtsanwalt sollte vor allem klar sein, dass die Aufgabe des Strafverteidigers nicht darin besteht, dem Beschuldigten unter allen Umständen und mit allen Mitteln zu einem Freispruch zu verhelfen. Ihm sollte darüber hinaus bewusst sein, dass das Recht auf Hinzuziehung eines Beistands ein **elementares Verfahrensrecht** ist, auf das jeder, ungeachtet des konkreten Delikts, einen Anspruch hat. Der sich als Organ der Rechtspflege verstehende Verteidiger wird sich daher verpflichtet sehen, eine Verteidigung auch dann zu übernehmen, wenn er persönlichen Widerwillen gegen das konkrete Delikt aufbringt.

B. Rechte und Pflichten des Verteidigers im Überblick

Die StPO und das GVG weisen dem Verteidiger eine Anzahl von Rechten zu, die   5
im Wesentlichen Ausdruck der Tatsache sind, dass der Verteidiger ein nachhaltiges Gegengewicht gegen die staatliche Strafverfolgung darstellen soll. Der Verteidiger hat zunächst das **Kontaktrecht** mit dem Beschuldigten. Er hat das Recht, während des gesamten Verfahrens schriftlichen und mündlichen Kontakt mit dem Beschuldigten zu pflegen. Dieser Kontakt mit dem Beschuldigten ist **unüberwachbar**.

> *Hinweis*
> Das Bundesverfassungsgericht hat jüngst in seinem Urteil zum „großen Lauschangriff" erneut die Stellung des Verteidigers gestärkt. Werden private Räume abgehört und besteht die Gefahr, dass hierbei Gespräche zwischen dem Verteidiger und einem Verdächtigen oder Beschuldigten mit abgehört werden, so hat – entgegen der bisherigen gesetzlichen Fassung – die Fortsetzung der Abhörung sofort zu unterbleiben.[12]

Das Kontaktrecht setzt sich fort in dem **Verbot der Beschlagnahme von Unterlagen**, z.B. Briefen zwischen Verteidiger und Beschuldigtem sowie einschlägigen Aufzeichnungen des Verteidigers über die ihm vom Beschuldigten anvertrauten Mitteilungen.

Der Verteidiger hat ein umfassendes **Anwesenheitsrecht**. Ihm ist bei jeder richterli-   6
chen Vernehmung des Beschuldigten die Anwesenheit gestattet, § 168 c Abs. 1 StPO.

---

8 LR-*Lüderssen*, Vor § 137 Rn 33 ff.; *Lüderssen*, StV 1999, 537.
9 *Bernsmann*, StraFo 1999, 226.
10 *Bernsmann*, StraFo 1999, 226.
11 *Brüssow/Gatzweiler/Krekeler/Mehle*, § 1 Rn 1 ff.
12 BVerfG NStZ 2004, 270 = NJW 2004, 999; vgl. *Arnold*, StraFo 2005, 1, 4.

Gleiches gilt für Vernehmungen durch den Staatsanwalt, §§ 163 a Abs. 3, 168 c Abs. 1 StPO. Der Verteidiger hat ein Anwesenheitsrecht

- bei Zeugenvernehmungen vor dem Richter, § 168 c Abs. 2 StPO,
- bei richterlicher Augenscheinsnahme, § 168 d StPO sowie
- nach § 168 c Abs. 2 StPO analog bei der Vernehmung eines Mitbeschuldigten.[13]

> *Hinweis*
> Ein Verstoß gegen die Anwesenheitsrechte gem. § 168 c StPO führt zu einer Unverwertbarkeit der Aussage des Beschuldigten.[14] Der Verwertung einer Niederschrift über die Vernehmung muss allerdings in der Hauptverhandlung durch den Verteidiger widersprochen werden.[15]

7   Der Verteidiger hat ein eigenes **Beweisantragsrecht**.[16] Der Verteidiger hat das Recht, **eigene Ermittlungen** anzustellen.[17] Der Verteidiger hat das Recht, für den Beschuldigten **Stellung zu nehmen**.[18]

> *Hinweis*
> Es ist dem Verteidiger nach der Rechtsprechung des Bundesverfassungsgerichts auch zugestanden, ehrenrührige Tatsachen über Dritte zu behaupten, selbst dann, wenn es ihm nicht möglich ist, den Wahrheitsbeweis zu erbringen, solange dies zur Verteidigung des Beschuldigten notwendig ist.[19]

8   Der Verteidiger hat gem. § 147 StPO ein **Akteneinsichtsrecht**. Die staatlichen Strafverfolgungsbehörden sind gehalten, insbesondere während Zeiten, in denen Fristen laufen, die Akten zur Einsichtnahme durch den Verteidiger bereitzuhalten (Nr. 160 RiStBV).

> *Hinweis*
> Während § 147 StPO den Verteidiger lediglich zur Akteneinsicht ermächtigt, regelt Nr. 189 RiStBV, dass Rechtsanwälten und Rechtsbeiständen auf Antrag die Akten, mit Ausnahme der Beweisstücke, zur Einsichtnahme mitzugeben oder zu übersenden sind, soweit nicht wichtige Gründe entgegenstehen. Der Verteidiger ist deshalb nicht darauf verwiesen, die Akten in den Diensträumen der Staatsanwaltschaft einzusehen.

9   Der Verteidiger hat gem. § 297 StPO das Recht, für den Beschuldigten **Rechtsmittel** einzulegen. Hierbei handelt es sich um einen echten Fall der Vertretung für den Beschuldigten, die allerdings gem. § 297 StPO nicht gegen den Willen des Beschuldigten vorgenommen werden kann. Korrespondierend mit seinen Rechten treffen den Verteidiger **auch Pflichten**. Er ist dem Mandanten aus dem zugrunde liegenden Mandatsvertrag verpflichtet. Ihn trifft eine **strafrechtliche Verschwiegenheitspflicht** (§ 203 StGB). Ihn treffen nicht zuletzt die berufsrechtliche **Wahrheitspflicht** und die Pflicht, keine Beweismittel zu verfälschen.[20]

---

13 OLG Karlsruhe StV 1996, 302; a.A. BGHSt 42, 391, 393.
14 *Meyer-Goßner*, § 168 c Rn 9.
15 BGH NJW 1996, 2239, 2241.
16 BGH NJW 1953, 134.
17 BGHSt 46, 1, 4.
18 *Beulke*, § 9 Rn 159.
19 BVerfGE NJW 2000, 199.
20 *Beulke*, § 9 Rn 164.

C. Rechtliche Grenzen der Verteidigung

Strafverteidigung ist eine gefährliche Gratwanderung zwischen erlaubtem und straf- 10
barem Tun.[21] Es ist gerade die rechtsstaatliche Aufgabe des Verteidigers, staatlichen
Ermittlungseifer in rechtsstaatliche Bahnen zu lenken und notfalls auch zu bremsen.
Dass hierdurch das Strafverfahren möglicherweise erschwert und der staatliche Strafanspruch in rechtsstaatlichen Grenzen beeinträchtigt wird, ist als Ausdruck der Rechte
des Beschuldigten hinzunehmen. Solange sich der Verteidiger deshalb prozessual
zulässiger Mittel bedient, kann er sich nicht strafbar machen.[22] Demgegenüber kann
ein prozessrechtswidriges Verhalten leicht den Straftatbestand der Strafvereitelung
gem. § 258 StGB erfüllen.

> *Hinweis*
> Der junge **Rechtsanwalt** sollte sich unbedingt mit den rechtlichen Grenzen des erlaubten
> Verteidigerverhaltens auseinander setzen. Auch insoweit sei die Gesamtdarstellung bei
> *Kempf*[23] empfohlen.

Im Wesentlichen unstreitig treffen den Verteidiger die **Wahrheitspflicht** („alles was 11
er sagt, muss wahr sein, allerdings muss – und darf[24] – er nicht alles sagen, was
er weiß"[25]) und das Verbot, Beweismittel und Spuren zu beseitigen oder zu verfälschen.[26] Darüber hinaus lässt sich nur exemplarisch aufzählen, welche Handlungen
verboten und welche erlaubt sind.[27] Sinngemäß ist dem Verteidiger z.B. **verboten**:
- Das Erfinden von Lügen für den Angeklagten sowie der Rat zu lügen,[28] und
- die Benennung eines nach Kenntnis des Verteidigers zum Meineid entschlossenen
  Zeugen.[29]

Erlaubt ist dem Verteidiger hingegen:
- Der Rat an den Beschuldigten, zu schweigen;[30]
- eine Beratung, wie die durch den Beschuldigten jeweils geschilderte Tatversion
  rechtlich zu beurteilen ist;[31]
- die Beantragung eines Freispruchs, auch dann, wenn der Verteidiger den Angeklagten selber für schuldig hält, nach seiner Ansicht der Schuldnachweis im Verfahren
  aber nicht erbracht werden konnte;[32]
- der Hinweis darauf in der Stellungnahme des Verteidigers, dass die Ermittlungen
  der Staatsanwaltschaft nach Aktenlage keinen hinreichenden Tatverdacht ergeben,
  auch dann, wenn der Verteidiger selber positiv weiß, dass der Beschuldigte oder
  Angeschuldigte die Tat begangen hat;

---

21 *Beulke*, § 9 Rn 174.
22 *Beulke*, § 9 Rn 174; differenzierend *Brüssow/Gatzweiler/Krekeler/Mehle*, § 1 Rn 56 ff.
23 *Brüssow/Gatzweiler/Krekeler/Mehle*, § 1 Rn 56 ff.
24 *Bottke*, ZStW 96 [1984], 726 ff.
25 *Dahs*, StraFo 2000, 181.
26 So bereits RGSt 50, 346, 366.
27 Auflistung nach *Beulke*, § 9 Rn 176.
28 BGHSt 2, 375, 378; a.A. *Bernsmann*, StraFo 1999, 226, 230.
29 BGHSt 29, 99, 107.
30 BGH MDR 1982, 970; ausführlich *Brüssow/Gatzweiler/Krekeler/Mehle,* § 1 Rn 92 ff.
31 *Beulke*, § 9 Rn 176.
32 RGSt 66, 316, 325.

- die Vereinbarung von Schmerzensgeldzahlungen mit dem Geschädigten, um diesen zu einer entlastenden Aussage zu motivieren,[33] und zwar unabhängig davon, ob der Verteidiger die entsprechende Aussage des Geschädigten für wahr oder unwahr hält.

---

33 BGHSt 46, 53, 54.

Kapitel 2: Ermittlungsverfahren

Literatur: Blau, Beweisverbote und rechtsstaatliche Begrenzung der Aufklärungspflicht im Strafprozess, Jura 1993, 234; **Binder/Seemann**, Die zwangsweise Verabreichung von Brechmitteln zur Beweissicherung, NStZ 2002, 234; **Marberth-Kubicki**, Die Akteneinsicht in der Praxis, StraFo 2003, 366; **Miebach**, Der teilschweigende Angeklagte, NStZ 2000, 285; **Rode**, Soll sich der Beschuldigte außerhalb der Hauptverhandlung äußern und gegebenenfalls wie?, StraFo 2003, 42.

§ 4 Ermittlungsverfahren im Überblick

A. Beginn und Ziel des Ermittlungsverfahrens

I. Grundsätze

Das Ermittlungsverfahren kann auf unterschiedliche Weise eingeleitet werden. 1
Zuständig für die **Einleitung** sind die Staatsanwaltschaft, die Polizei sowie die
Finanzbehörden. Gem. § 165 StPO kann auch der Richter erforderliche Untersuchungshandlungen ohne den grundsätzlich erforderlichen Antrag der Staatsanwaltschaft anordnen (sog. Notstaatsanwalt). Dies wird jedoch aufgrund der technischen
Möglichkeiten, die Erreichbarkeit zu gewährleisten, und den bei vielen Staatsanwaltschaften eingerichteten Bereitschaftsdiensten regelmäßig nicht erforderlich sein.

Anlass für den **Beginn eines Ermittlungsverfahrens** können 2
- eine Strafanzeige,
- ein Strafantrag oder aber
- sonstige Kenntniserlangung von Umständen, die einen Anfangsverdacht begründen (Einleitung von Amts wegen),

sein.

Ein **Anfangsverdacht** ist jedoch mindestens erforderlich, um überhaupt die Durch- 3
führung von Ermittlungen zu rechtfertigen, so dass diese Hürde den Bürger auch
davor schützt, Ziel staatlicher Untersuchungshandlungen zu werden. Bei dienstlicher
Kenntnisnahme von strafbaren Handlungen ist die jeweilige Strafverfolgungsbehörde
aufgrund des Legalitätsprinzips zur Einleitung eines Ermittlungsverfahrens von Amts
wegen verpflichtet (§ 152 Abs. 2 StPO).

Herrin des Ermittlungsverfahrens ist gem. §§ 152 Abs. 1 und 2, 160 StPO, un- 4
abhängig davon, wer es eingeleitet hat, die Staatsanwaltschaft. Ihre Aufgabe ist es, im
Rahmen des Ermittlungsverfahrens zu prüfen, welche Beweise zur Überprüfung des
Verdachts zu erheben sind, diese selbst zu erheben oder aber durch ihre Ermittlungspersonen erheben zu lassen, um abschließend zu prüfen, ob ein hinreichender Tatverdacht gegen den Beschuldigten begründet werden kann (§ 160 Abs. 1 StPO). Sie hat
jedoch, was nicht vergessen werden darf, auch auf die **Rechtsstaatlichkeit des Verfahrens** zu achten. Die **Sicherung der Beweise** gegen einen möglichen Verlust oder
eine spätere Unverwertbarkeit gehört ebenfalls zu den Aufgaben im Ermittlungsverfahren. Das Ermittlungsverfahren ist förmlich durch eine **abschließende Verfügung**

zu beenden. Im Rahmen des Ermittlungsverfahrens hat die Staatsanwaltschaft gem. § 160 Abs. 2 StPO nicht nur die belastenden, sondern auch die entlastenden Umstände aufzuklären.

II. Sog. Vorermittlungen

5   Oft wird in der Presse von **Vorermittlungen** gesprochen. Dies kann nur das Stadium des Verfahrens betreffen, in dem die Staatsanwaltschaft aufgrund der ihr vorliegenden Informationen prüft, ob überhaupt der Anfangsverdacht einer Straftat gegeben ist. Sobald ein Anfangsverdacht bejaht wird, ist aufgrund des Legalitätsprinzips zwingend ein förmliches Ermittlungsverfahren einzuleiten. Ermittlungen außerhalb der Förmlichkeiten eines Ermittlungsverfahrens sind im Hinblick auf die Regelung des § 152 Abs. 2 StPO als unzulässig anzusehen. Dies muss auch für die Durchführung von Vernehmungen gelten,[1] da ansonsten eventuell Schweigerechte (z.B. § 52 StPO) umgangen werden könnten, die nur im Ermittlungsverfahren bestehen. Das Ermittlungsverfahren gibt daher der Staatsanwaltschaft nicht nur Eingriffsbefugnisse, sondern sichert auch die Bürger vor unrechtmäßigen Eingriffen, indem die Durchführung der Ermittlungen streng geregelt und auch durch die Gewährung von Rechten ausgestaltet wird.

B. Verdachtsstufen

I. Unterscheidung

6   Die Strafprozessordnung unterscheidet verschiedene **Verdachtsstufen**. So reicht für die Einleitung des Verfahrens als solche das Vorliegen eines Anfangsverdachts aus. Bei dem Erlass eines Haftbefehls ist dagegen das Vorliegen eines dringenden Tatverdachts erforderlich (§ 112 Abs. 1 StPO); die Erhebung der öffentlichen Klage schließlich ist nur nach Bejahung hinreichenden Tatverdachts zulässig (§ 170 Abs. 1 StPO). Die Unterschiedlichkeit ergibt sich aus der Intensität des Eingriffs in die Rechte des Beschuldigten oder Dritter. **Verfahrenshindernisse** sind ebenfalls bei der Prüfung des Verdachts zu berücksichtigen, da bei deren Vorliegen keine weiteren Ermittlungen geführt werden dürfen. Einzige **Ausnahme** hiervon ist das Vorliegen eines behebbaren Verfahrenshindernisses.

> *Beispiel*
> Ein erforderlicher Strafantrag kann noch gestellt werden; vgl. aber Nr. 6 Abs. 1 RiStBV.

II. Anfangsverdacht

7   Ein Anfangsverdacht (§ 152 Abs. 2 StPO) liegt vor, wenn konkrete Tatsachen es nach kriminalistischer Erfahrung als möglich erscheinen lassen, dass eine verfolgbare

---

1 A.A. LG Offenburg NStZ 1993, 506.

Straftat vorliegt. Bloße Vermutungen reichen hierfür nicht aus.[2] Ein Ermessen steht der Staatsanwaltschaft hierfür nicht zu, jedoch ein Beurteilungsspielraum.[3]

III. Dringender Tatverdacht

Dringender Tatverdacht ist anzunehmen, wenn aufgrund bestimmter Tatsachen die   8
Wahrscheinlichkeit groß ist, dass der Beschuldigte Täter oder Teilnehmer einer (verfolgbaren) Straftat ist.[4] Die Bejahung des dringenden Tatverdachts basiert auf dem bisherigen Ermittlungsstand, der sich nachträglich noch ändern kann. Vom Verdachtsgrad ist der dringende stärker als der hinreichende Tatverdacht.

IV. Hinreichender Tatverdacht

Hinreichender Tatverdacht liegt vor, wenn bei vorläufiger Bewertung der Tat auf-   9
grund des Akteninhalts eine spätere Verurteilung des Beschuldigten wahrscheinlich ist.[5] Hierbei ist zu prüfen, ob die Beweislage eine Verurteilung wahrscheinlich erscheinen lässt.

> *Hinweis*
> In der **Klausur** ist darauf zu achten, dass nur solche Beweise für die Bejahung des hinreichenden Tatverdachts herangezogen werden, die auch in der Hauptverhandlung verwertbar sind. So ist z.B. die polizeiliche Aussage eines zeugnisverweigerungsberechtigten Zeugen, der jetzt von seinem Zeugnisverweigerungsrecht Gebrauch macht, nicht zu verwerten.

C. Beschuldigter, Angeschuldigter, Angeklagter

Die **Bezeichnung des Betroffenen** eines Strafverfahrens ändert sich während des   10
Verlaufs des Verfahrens. Die entsprechende Regelung ergibt sich aus § 157 StPO. Danach ist zunächst derjenige, gegen den sich ein Ermittlungsverfahren richtet, als Beschuldigter zu bezeichnen. Erhebt die Staatsanwaltschaft öffentliche Klage (Anklageerhebung oder Strafbefehlsantrag), wird der Beschuldigte zum Angeschuldigten. Mit Eröffnung des Hauptverfahrens wird der Angeschuldigte schließlich zum Angeklagten.

> *Hinweis*
> In der **Klausur** sollte diese Unterscheidung streng beachtet werden.

D. Polizei als sog. Ermittlungspersonen der Staatsanwaltschaft

Die Staatsanwaltschaft hat selbst keine Organe, die vollstreckend tätig werden könn-   11
ten. Aus diesem Grund sieht das Gesetz (§ 152 Abs. 2 GVG i.V.m. der jeweiligen Landesverordnung) vor, dass bestimmte Polizeibeamte **Ermittlungspersonen der**

---

2 *Meyer-Goßner*, § 152 Rn 4.
3 BGH NStZ 1997, 398.
4 *Meyer-Goßner*, § 112 Rn 5.
5 *Meyer-Goßner*, § 203 Rn 2.

Staatsanwaltschaft sind. Zwar ist die Staatsanwaltschaft nicht vorgesetzte Behörde, da die Polizei dem Innenressort unterstellt ist, jedoch haben die Ermittlungspersonen das Ersuchen und die Anordnungen der Staatsanwaltschaft gem. § 161 S. 2 StPO zu befolgen. Dies ergibt sich bereits daraus, dass die Staatsanwaltschaft Herrin des Ermittlungsverfahrens ist und selbst über dessen Ablauf zu bestimmen, bzw. die Verantwortung hierfür zu übernehmen hat.

Hinweis
Durch das Justizmodernisierungsgesetz wurde der bisherige Begriff des **Hilfsbeamten** ersetzt. Nach der Änderung der Vorschrift des § 152 Abs. 2 GVG sowie der jeweils diesen Begriff enthaltenden Vorschriften der StPO, werden die entsprechenden Beamten nunmehr **Ermittlungspersonen** genannt. Faktisch ändert sich hierdurch jedoch nichts.

E. Beweiserhebungsverbote und Beweisverwertungsverbote

12   Die StPO stellt an einigen Stellen Verbote auf, bestimmte Beweise zu erheben (Beweiserhebungsverbot). Aus diesen Beweiserhebungsverboten resultieren jedoch nicht zwingend auch Beweisverwertungsverbote, das heißt, Verbote, den entsprechenden Beweis einem späteren Urteil zugrunde zu legen. Dies ist vielmehr anhand des Zwecks des Erhebungsverbots (sog. Rechtskreistheorie) sowie der Schwere des Eingriffs in das geschützte Recht zu beurteilen. Die einzelnen Verbote sollen an der entsprechenden Stelle, an der sie relevant werden, besprochen werden.

Überblick:

I.   Staatsanwaltschaft ist sog. Herrin des Ermittlungsverfahrens
Polizeibeamte sind Ermittlungspersonen der Staatsanwaltschaft.

II.   Einleitung des Ermittlungsverfahrens
1.   von Amts wegen (Legalitätsprinzip)
2.   Strafanzeige
3.   Strafantrag
durch Staatsanwaltschaft, Polizei, Finanzbehörde.

III. Erhebung und Sicherung von Beweisen, soweit erforderlich durch Anwendung von Zwangsmitteln
1.   Vernehmung des Beschuldigten
2.   Vernehmung von Zeugen
3.   Beauftragung von Sachverständigen
4.   Sicherstellung/Beschlagnahme von Urkunden und Augenscheinsobjekten
5.   soweit erforderlich Sicherung des Verfahrens durch Haft des Beschuldigten
6.   vorläufige Maßnahmen gem. §§ 111 a ff. StPO

Alle Beweise müssen in verwertbarer Form gesichert werden.

IV. Abschluss des Ermittlungsverfahrens
1.   Erhebung der öffentlichen Klage (z.B. Anklage, Strafbefehlsantrag)
2.   Einstellung des Verfahrens

§ 5 Tätigkeit der Staatsanwaltschaft und des Ermittlungsrichters im Ermittlungsverfahren

A. Beweiserhebung im Ermittlungsverfahren

I. Bedeutung

Ziel der Beweiserhebung ist es, den **Verdacht** gegen den Beschuldigten zu 1
überprüfen (§ 160 Abs. 1 StPO), wobei gem. § 160 Abs. 2 StPO sowohl be- als
auch entlastende Umstände zu berücksichtigen sind. Im Ermittlungsverfahren ist
darauf zu achten, dass alle Beweise in verwertungsfähiger Form gesichert werden,
so dass sie in der Hauptverhandlung verwertet werden können, da nur dann ein
hinreichender Tatverdacht begründet und eine spätere Verurteilung erreicht werden
kann. Der Staatsanwalt läuft ansonsten Gefahr, dass er in der Hauptverhandlung
einen Freispruch hinnehmen muss, obwohl die Tat tatsächlich von dem Angeklagten
begangen wurde, nur weil er die Beweise nicht ordnungsgemäß gesichert hat und es
deshalb zu einem Verwertungsverbot gekommen ist.

> *Hinweis*
> Hinsichtlich der Art und Weise der Durchführung des Ermittlungsverfahrens ergeben
> sich hilfreiche Hinweise aus den **RiStBV**, die auch zur **Examensvorbereitung** einmal
> vollständig gelesen werden sollten.

Die RiStBV stellen bundeseinheitliche Verwaltungsvorschriften dar, die für die Staatsanwaltschaft bindend sind, für die Gerichte hingegen aufgrund deren Unabhängigkeit
bloße Empfehlungen darstellen.

II. Vernehmungen

1. Grundsätze der Durchführung

Bei der Durchführung der Vernehmungen können im Ermittlungsverfahren Fehler 2
begangen werden, die später im Rahmen der Hauptverhandlung nicht oder nur
schwer wieder korrigiert werden können. Insbesondere aus der Art der Durchführung
der Vernehmung und dem Inhalt der Belehrung bzw. der Erhebung des Beweises
können **Verwertungsverbote** resultieren. Deshalb soll bereits an dieser Stelle auf die
Thematik eingegangen werden. Selbstverständlich gelten die Belehrungspflichten und
die Folgen bei nicht ordnungsgemäßer Belehrung auch im Rahmen einer eventuellen
späteren Hauptverhandlung.

Die **Vernehmungen von Beschuldigten und Zeugen** werden meist nicht durch den 3
zuständigen Staatsanwalt selbst, sondern durch **Polizeibeamte als Ermittlungspersonen der Staatsanwaltschaft** durchgeführt, die diese entweder aufgrund von § 163
Abs. 1 StPO in eigener Initiative oder nach Beauftragung durch die Staatsanwaltschaft
durchführen. Zwar wäre die Durchführung von Vernehmungen aufgrund des persönlichen Eindrucks, den der Vernehmungsbeamte von der vernommenen Person erhält,
für den Staatsanwalt wünschenswert, jedoch lässt die Arbeitsbelastung nur Raum
für die notwendigsten Vernehmungen. Führt die Polizei die Ermittlungen durch, hat
der Staatsanwalt darauf zu achten, dass prozessordnungsgemäß verfahren wird. Die

Staatsanwaltschaft trägt die Verantwortung für das Ermittlungsverfahren.[1] Fehler, die der Polizei unterlaufen, sind auch der Staatsanwaltschaft zuzurechnen.

> *Hinweis*
> Es empfiehlt sich daher, in der **Verfügung**, in der der Polizei ein Ermittlungsauftrag erteilt wird, auf eventuell bestehende Besonderheiten des Falls hinzuweisen oder auf nicht offensichtliche Belehrungspflichten aufmerksam zu machen. Dies sollte seitens der Polizei nicht als Misstrauen verstanden werden, sondern als Hinweis, auch zur eigenen Rechtssicherheit. Aufgrund der **Sachleitungskompetenz** der Staatsanwaltschaft gegenüber der Polizei reicht ein Ermittlungsauftrag, der lediglich um die Aufnahme von Ermittlungen bittet, nicht aus; der Auftrag ist vielmehr konkret zu bezeichnen (vgl. Nr. 11 Abs. 1 RiStBV).

2. Pflicht zum Erscheinen

4   Weder der Beschuldigte noch Zeugen haben die Pflicht, bei der Polizei zu erscheinen. Hingegen kann die Staatsanwaltschaft nach Ladung das Erscheinen ebenso wie die Aussage von Zeugen erzwingen. Hierbei stehen dem **Staatsanwalt** dieselben Rechte wie dem Richter zu (§§ 161 a, 51 Abs. 1, 70 Abs. 1 StPO). Lediglich **Ordnungshaft** als freiheitsentziehende Maßnahme darf nicht durch den Staatsanwalt, sondern nur durch den Richter angeordnet werden (§ 161 a Abs. 2 S. 2 StPO). Der Zeuge kann nach unentschuldigtem Nichterscheinen aufgrund eines durch die Staatsanwaltschaft erlassenen **Vorführungsbefehls** vorgeführt werden, gegen ihn kann ein **Ordnungsgeld** festgesetzt werden und ihm können die **Kosten seiner Säumnis** auferlegt werden. Gegen diese Entscheidung des Staatsanwalts kann die richterliche Entscheidung gem. §§ 161 a Abs. 3, 163 a Abs. 3 S. 3 StPO beantragt werden.

5   Das Erscheinen des Beschuldigten kann ebenso durch die Staatsanwaltschaft erzwungen werden (§§ 133 ff. StPO, die gem. § 163 a Abs. 3 StPO auch auf die Staatsanwaltschaft anwendbar sind), jedoch kann aufgrund des **Schweigerechts des Angeklagten** (§§ 163 a Abs. 3, 136 Abs. 1 S. 2 StPO) eine Aussage nicht erzwungen werden. Aus diesem Grund wird eine Vorführung des Beschuldigten regelmäßig aus Verhältnismäßigkeitsgründen nicht in Betracht kommen, wenn dieser bereits angekündigt hat, von seinem Schweigerecht Gebrauch machen zu wollen, da dann ein Erscheinen nicht erforderlich und sinnlos wäre. Jedoch kann er vorgeführt werden, um beispielsweise Zeugen gegenübergestellt zu werden,[2] da dann ein aktives Tun des Beschuldigten, das nicht erzwungen werden kann, nicht erforderlich ist. Zu einem bloßen Dulden kann der Beschuldigte, sofern die StPO dies vorsieht, jedoch verpflichtet werden.

> *Beispiel*
> Körperliche Eingriffe im Sinne von § 81 a StPO.

6   **Zeuge** in einem bestimmten Verfahren ist derjenige, der aus eigener Anschauung Bekundungen machen kann, und gegen den sich das Verfahren nicht richtet. Somit ist auch ein früherer Mitbeschuldigter, dessen Verfahren förmlich abgetrennt wurde, in dem Verfahren gegen den verbleibenden Beschuldigten als Zeuge anzusehen; er hat jedoch möglicherweise auch als Zeuge ein Schweigerecht (vgl. Rn 53).

---

1 BGH NStZ 2004, 51, 52.
2 BGH NStZ 1993, 246.

Angesichts des sonstigen Arbeitsanfalls muss der **Staatsanwalt** im Einzelfall ent- 7
scheiden, ob die Vernehmung zur Aufklärung des Sachverhalts erforderlich ist. Nur
in diesen Fällen wird es aufgrund der knappen Zeit überhaupt möglich sein, dass der
Staatsanwalt selbst die entsprechende Vernehmung durchführt.

3. Vernehmung des Beschuldigten

a) Fehlerquellen

Bei der **Beschuldigtenvernehmung** sind insbesondere folgende Fehlerquellen von 8
Relevanz:
- fehlende oder unvollständige Belehrung nach § 136 Abs. 1 StPO,
- Anwendung verbotener Vernehmungsmethoden,
- Vereitelung der Kontaktaufnahme zum Verteidiger.

b) Belehrung

aa) Grundsätze

Vor Beginn der (ersten) Vernehmung ist der Beschuldigte über seine sich aus § 136 9
Abs. 1 StPO ergebenden Rechte zu **belehren**. Diese Vorschrift ist über § 163 a
Abs. 3 S. 2 und Abs. 4 S. 2 StPO auch auf staatsanwaltschaftliche und polizeiliche
Vernehmungen anwendbar. Danach hat der Beschuldigte folgende Rechte:
- Das Recht, **keine Angaben** zu machen;
- Das Recht, **Beweiserhebungen** zu seiner Entlastung zu beantragen;
- Das Recht, jederzeit einen **Verteidiger** seiner Wahl zu befragen.

In einfacheren Fällen oder in solchen Fällen, die eine genauere Kenntnis der Akten 10
voraussetzen, kann sich der Beschuldigte auch schriftlich äußern, worauf er hinzuweisen ist. Richter und Staatsanwalt müssen darüber hinaus die in Betracht kommenden Strafvorschriften benennen. Hierbei ist darauf zu achten, derer die Tat, der der
Beschuldigte verdächtig ist, möglichst genau bezeichnet wird. Dies dient zum einen
dazu, dass der Beschuldigte vom Tatvorwurf Kenntnis erlangen und seine eventuelle Verteidigung darauf einrichten kann; eine derartige Eröffnung des Tatvorwurfs
bewirkt jedoch auch eine Unterbrechung der Verfolgungsverjährung (§ 78 c Abs. 1
S. 1 Nr. 1 StGB), wobei allein die Eröffnung als solche bereits verjährungsunterbrechende Wirkung hat, wenn es ohne große zeitliche Verzögerungen dann auch zu
einer Beschuldigtenvernehmung kommt. Die entsprechende Belehrung ist deshalb
aktenkundig zu machen. Optimal ist es, wenn der Beschuldigte den entsprechenden
Belehrungstext unterschreibt, da dann der entsprechende Nachweis am einfachsten
gelingt. Dies ist jedoch nicht unbedingt erforderlich und berührt die Wirksamkeit der
Belehrung nicht.

Wird die Belehrung unterlassen, kann diese Einlassung des Beschuldigten in einer 11
späteren Hauptverhandlung etwa durch **Vernehmung des Polizeibeamten**, der die
Vernehmung durchgeführt hat, nicht verwertet werden. Vielmehr ist die Aussage
unverwertbar (**Beweisverwertungsverbot**). Diese Frage war lange Zeit umstritten.
Der BGH sah die Belehrungspflicht hinsichtlich des Schweigerechts lange Zeit

lediglich als bloße Ordnungsvorschrift an. Diese Rechtsprechung wurde jedoch zu Recht aufgegeben.[3]

12   Ein **Verwertungsverbot** besteht auch dann, wenn der Beschuldigte, etwa aufgrund Krankheit oder Minderbegabung, nicht in der Lage war, die Belehrung zu verstehen.[4] Etwas anderes gilt nur dann, wenn feststeht, dass dem Beschuldigten seine Rechte bekannt waren oder in der **Hauptverhandlung** der Angeklagte, der jedoch verteidigt sein muss, der Verwertung dieser ohne Belehrung gewonnen Aussage zustimmt oder der Verwertung nicht widerspricht. Ein derartiger **Widerspruch** ist in unmittelbarem zeitlichen Zusammenhang mit der Beweiserhebung geltend zu machen, beispielsweise im Rahmen einer Erklärung nach § 257 StPO (vgl. hierzu und zu Einzelheiten der sog. Widerspruchslösung § 11 Rn 22 ff.). Erfolgt kein Widerspruch, darf die in die Hauptverhandlung eingeführte Aussage des damals Beschuldigten verwertet werden.[5] Eine Geltendmachung des Beweisverwertungsverbots in der Revision ist ausgeschlossen. Etwaige Zweifel an der ordnungsgemäßen Belehrung können, wie im Übrigen alle prozessualen Mängel, im **Freibeweisverfahren** (vgl. § 12 Rn 3) in der Hauptverhandlung geklärt werden.[6] Der Grundsatz „in dubio pro reo" gilt nicht.

> *Hinweis*
> Es ist **nicht erforderlich**, dass es sich um eine **förmliche Vernehmung** handelt, um Angaben des Beschuldigten verwerten zu können. Vielmehr können **alle Angaben des Beschuldigten**, gleichgültig wann und aus welchem Anlass sie gemacht wurden, grundsätzlich **verwertet werden**. Voraussetzung ist selbstverständlich immer, dass – soweit eine Belehrungspflicht gegeben war – diese auch ordnungsgemäß vorgenommen wurde (dazu näher im Folgenden).

13   Die Frage, ob auch die Nichtbelehrung über das Recht, einen Verteidiger zu befragen, zu einem **Verwertungsverbot** führt, ist, trotz in der Vergangenheit nicht immer eindeutiger Äußerungen in der Rechtsprechung des BGH,[7] zu bejahen. Es sind keine Anhaltspunkte dafür ersichtlich, dass der Gesetzgeber dieses Recht als gegenüber dem Schweigerecht geringer ansehen wollte.[8] Das Unterlassen der Belehrung ist dann unschädlich, wenn feststeht, dass der Beschuldigte seine Rechte **kannte**.[9]

bb) Zeitpunkt der Belehrung

14   Eine **Pflicht zur Belehrung** und damit ein späteres **Verwertungsverbot** bei Verstoß hiergegen ergeben sich jedoch nur dann, wenn ein konkretisierter Verdacht (**Anfangsverdacht**) gegen die Person vorliegt, um deren Angaben es geht. Begibt sich beispielsweise die Polizei zu einem Tatort und verschafft sich dort zunächst durch **informatorische Befragung** der Anwesenden einen Überblick über das Geschehene, kann sie die anwesenden Personen ohne vorherige Belehrung befragen, da überhaupt noch nicht klar ist, ob eine Straftat vorliegt und gegebenenfalls wer in eine solche verwickelt sein könnte. Die im Rahmen dieser Befragung gewonnenen Erkenntnisse

---

3 BGHSt 38, 214; *Herrmann*, NStZ 1997, 209.
4 BGHSt 39, 349.
5 BGHSt 42, 15; *Burhoff*, StraFo 2003, 267, 268 m.w.N.
6 BGH NStZ 1997, 609.
7 Offengelassen BGH NStZ 1997, 609; BGHSt 47, 172; wohl bejaht BGHSt 42, 15.
8 *Meyer-Goßner*, § 136 Rn 21; jetzt auch BGH NJW 2002, 975.
9 BGHSt 38, 214.

sind verwertbar, da in diesen Fällen die Befragung dazu dient, sich ein Bild über das Geschehene zu verschaffen, ohne das bereits Verdachtsmomente gegen eine bestimmte, namentlich bekannte Person, vorlägen.

Dies ändert sich jedoch dann, wenn sich herausstellt, dass eine bestimmte Person als 15 Täter einer Straftat in Betracht kommt. Ein genauer Zeitpunkt, wann diese Grenze überschritten ist und eine Belehrung zu erfolgen hat, lässt sich nicht allgemein gültig ziehen. Es ist vielmehr danach zu unterscheiden, ob bereits Maßnahmen ergriffen werden, die dazu dienen, diese Person wegen einer Straftat zu verfolgen[10] und ob die Person aufgrund der Stärke des Verdachts als Täter einer Straftat in Betracht kommt.[11] Hierbei steht den Strafverfolgungsbehörden ein **Beurteilungsspielraum** zu, der nur beschränkt später gerichtlich überprüft werden kann. Erst wenn sich herausstellt, dass der Betreffende als Täter einer Straftat möglicherweise in Betracht kommt, muss er belehrt werden. Dies muss dann jedoch auch umgehend erfolgen. Spätestens dann, wenn seitens der Strafverfolgungsbehörden Maßnahmen getroffen werden, die darauf zielen, eine bestimmte Person wegen einer Straftat zu verfolgen, erlangt diese den Status eines Beschuldigten.[12]

Beispiel
Antrag auf richterliche Vernehmung eines Zeugen, der bereits zuvor belastende Angaben im Hinblick auf diese Person gemacht hat.

cc) Spontanäußerungen

Ebenfalls verwertbar ist ein Geständnis, das der Beschuldigte spontan gegenüber dem 16 Vernehmungsbeamten vor der beabsichtigten Vernehmung[13] oder aus anderem Anlass abgibt. Hierbei ist es seine freie Entscheidung, sich äußern zu wollen, ohne dass er hierzu aufgefordert worden wäre. Lässt sich der Beschuldigte, nachdem er eine Aussage verweigert hat, auf ein **formloses Gespräch** mit den Polizeibeamten ein, so können im Rahmen dieses Gesprächs erlangte Erkenntnisse vollständig verwertet werden, da auch in diesem Fall der Beschuldigte aufgrund der der Vernehmung vorangegangenen Belehrung wusste, dass er keine Angaben machen musste. Dass es sich bei dem Gespräch nicht um eine förmliche Vernehmung gehandelt hat, spielt keine Rolle.[14]

dd) Äußerungen gegenüber Privatpersonen

Eine Unverwertbarkeit kommt weiterhin nicht in Betracht, wenn es sich um Äußerun- 17 gen des Beschuldigten im privaten Kreis handelt. Dies gilt selbst dann, wenn es sich um **verdeckt arbeitende Polizeibeamte** handelt. Es besteht nur dann eine Belehrungspflicht, wenn der Staat in Form des Vernehmungsbeamten dem Beschuldigten offen gegenübertritt[15] und dieser somit in die Gefahr gerät, eine Aussagepflicht anzunehmen. Nur dann liegt nach Auffassung des BGH eine **Vernehmung** vor und der

10 BGH NStZ 1997, 398.
11 BGHSt 37, 48.
12 BGH StraFo 2003, 423.
13 BGH StV 1990, 194.
14 BGH NStZ 1995, 353.
15 BGHSt 42, 139 = NJW 1996, 2940.

Beschuldigte läuft Gefahr, eine Aussagepflicht anzunehmen, die jedoch tatsächlich nicht besteht. Das Schweigerecht schützt nur die Freiheit des Beschuldigten, an dem Ermittlungsverfahren mitzuwirken. Er hat kein Recht auf Freiheit von Irrtum.[16]

> *Beispiel*
> Wird der Beschuldigte auf Initiative der Polizei von einer Privatperson angerufen und zur Tat befragt, während ein Polizeibeamter das Gespräch an einer Mithöreinrichtung verfolgt, kann ein im Rahmen dieses Telefongesprächs abgegebenes Geständnis verwertet werden,[17] jedenfalls soweit es sich um eine erhebliche Straftat handelt und andere Ermittlungsmaßnahmen nicht oder weniger Erfolg versprechend wären.[18]

Der Staat darf jedoch Privatpersonen nicht so weitgehend instrumentalisieren, dass diese in § 136 a StPO (vgl. Rn 22 ff.) beschriebene Methoden anwenden. Dies muss sich der Staat zurechnen lassen, was zu einem Verwertungsverbot führt.[19] War der Beschuldigte, etwa aufgrund von Trunkenheit, nicht Herr seiner Sinne als er die Spontanäußerung getätigt hat, so ist diese nicht verwertbar.[20]

ee)   Weitere Einzelheiten

18   Die Strafverfolgungsbehörden werden bei der Frage, ob die **Belehrung** ordnungsgemäß erteilt wurde, als Einheit gesehen. So kann sich die Staatsanwaltschaft nicht darauf berufen, die Polizei habe versehentlich den Beschuldigten als Zeugen belehrt oder zu spät den Beschuldigtenstatus bejaht. Dies wird ihr vielmehr zugerechnet und ein eventuelles Verwertungsverbot greift ein. Im Übrigen dürfen auch nicht verwertbare Geständnisse zum Anlass genommen werden, weitere Ermittlungen durchzuführen. Insoweit kennt die StPO, wie auch bei rechtswidrig erlangten Kenntnissen aus anderen Quellen, nicht die Unverwertbarkeit derartiger Erkenntnisse (**sog. Früchte des verbotenen/vergifteten Baums**), wie dies in anderen Rechtssystemen teilweise der Fall ist.

19   Wurde der Beschuldigte in diesem oder einem anderen Verfahren zunächst, da möglicherweise der Tatverdacht noch nicht konkret war, als Zeuge vernommen, ist seine damalige Aussage nur dann nach den Grundsätzen einer Beschuldigtenvernehmung verwertbar, wenn er zum damaligen Zeitpunkt über sein Recht zur **Auskunftsverweigerung** nach § 55 StPO informiert war. In diesem Fall hat zu keinem Zeitpunkt die Gefahr bestanden, der Beschuldigte könne eine nicht bestehende Aussagepflicht annehmen und sich ungewollt belasten.

20   Aus dem Verhalten des Beschuldigten dürfen grundsätzlich keine für ihn **nachteiligen Schlüsse** gezogen werden. Dies gilt insbesondere dann, wenn er keine Angaben machen möchte. Er ist nicht verpflichtet, in irgendeiner Form an dem Ermittlungsverfahren mitzuwirken.

> *Beispiel*
> Er muss eine Durchsuchung oder körperliche Untersuchung nur dulden, er muss jedoch keine Hilfe leisten.

---

16 BGH NStZ 1995, 353.
17 BGH NStZ 1995, 353.
18 Diese Rechtsprechung des BGH wird möglicherweise im Hinblick auf die Rechtsprechung des EuGHMR zu Art. 8 EMRK aufgegeben werden müssen; EuGHMR StV 2004, 1.
19 BGH NStZ 1999, 147 m. Anm. *Roxin*.
20 BGHSt 39, 349.

Der Beschuldigte darf auch lügen, ohne dass dies für ihn, anders als für Zeugen, strafrechtliche Konsequenzen hätte. Seine Grenze findet dieses Recht allerdings dort, wo er andere zu Unrecht belastet, deren Beteiligung an einer Straftat oder aber eine Straftat vortäuscht. In diesen Fällen gelten für den Beschuldigten dieselben Grundsätze wie für Zeugen (insb. §§ 145 d, 164 StGB). **21**

Hinweis
Wird in der **Klausur** nach der Strafbarkeit gefragt, so ist auch auf diese Frage einzugehen. Der Staatsanwalt (Klausurbearbeiter) ist in diesen Fällen aufgrund des Legalitätsprinzips verpflichtet, ein neues Verfahren einzuleiten.

Beispiel
Soll in einem Beschluss gem. § 81 a StPO die Entnahme einer Blutprobe zur DNA-analytischen Auswertung bei dem Beschuldigten angeordnet werden, muss in diesen Beschluss auch aufgenommen werden, dass dies durch freiwillige Abgabe einer Speichelprobe (als milderes Mittel) abgewendet werden kann. Dies gebietet das **Verhältnismäßigkeitsgebot**. Hierzu kann der Beschuldigte aufgrund seiner fehlenden Mitwirkungspflicht jedoch nicht gezwungen werden, so dass die Blutprobeentnahme daneben angeordnet werden muss, falls sich der Beschuldigte weigert. Für die Bestimmung der Fahruntüchtigkeit aufgrund Alkoholkonsums reicht hingegen die (aufgrund der fehlenden Mitwirkungspflicht) freiwillig abgegebene Atemalkoholprobe nicht aus, um einen Tatnachweis führen zu können.[21] Sie kann nur entlastende Funktion zur Vermeidung einer Blutprobe haben.

Insbesondere dürfen an den **Zeitpunkt der Einlassung** keine negativen Folgen geknüpft werden. Der Zeitpunkt, zu dem sich der Beschuldigte einlassen will, ist Teil seines Rechts, gänzlich zu schweigen (Einzelheiten zum Schweigen des Angeklagten vgl. § 14 Rn 32).

c) Verbotene Vernehmungsmethoden

Die StPO zählt in § 136 a StPO verbotene Vernehmungsmethoden auf. Aussagen, die unter Anwendung derartiger Mittel gewonnen wurden, sind grundsätzlich in einer Hauptverhandlung (und damit auch für die Bejahung eines hinreichenden Tatverdachts) **unverwertbar**, soweit sie für die Entstehung der Aussage ursächlich waren. Hierbei ist insbesondere darauf zu achten, dass der Einsatz der verbotenen Methoden nicht zur Disposition des Beschuldigten steht (§ 136 a Abs. 3 StPO). Der Beschuldigte kann also nicht etwa in die Verabreichung einer enthemmenden „Wahrheitsdroge" einwilligen. Die Verbote im Einzelnen sind: **22**

- Ermüdung,
- körperlicher Eingriff,
- Verabreichung von Mitteln,
- Quälerei,
- Täuschung,
- Hypnose,
- unzulässiger Zwang,
- unzulässige Drohung,
- Versprechen eines gesetzlich nicht vorgesehenen Vorteils,

---

21 OLG Naumburg StraFo 1998, 199; BGH DAR 2001, 275.

wobei die Aufzählung des Gesetzes nicht abschließend ist, sondern auch eine analoge Anwendung des § 136 a StPO möglich ist.

> *Hinweis*
> In der **Klausur** sollte damit jedoch vorsichtig umgegangen werden.

23 Im Rahmen der Prüfung, ob unzulässige Methoden angewendet wurden und damit möglicherweise ein **Verwertungsverbot** vorliegt, ist jedoch zu beachten, dass es z.B. nicht unzulässig ist, lange, auch nächtliche Vernehmungen durchzuführen. Dies kann geboten sein, um eilbedürftige weitere Ermittlungen aufgrund der Aussage durchführen zu können. Vielmehr tritt eine Unverwertbarkeit erst dann ein, wenn der Vernehmungsbeamte die Ermüdung des Beschuldigten bewusst zur Gewinnung einer Aussage einsetzt.

24 Eine verbotene **Täuschung** ist abzugrenzen von der zulässigen **List**. So kann es vorkommen, dass ein bei dem Beschuldigten bestehender Irrtum ausgenutzt wird.

> *Beispiel*
> Ein bestimmter Zeuge habe den Beschuldigten bereits erheblich belastet oder die Leiche des Opfers sei bereits aufgefunden.

Dieser Irrtum darf jedoch nicht bewusst herbeigeführt oder erweitert werden. Auch wie weit die Kenntnis des Vernehmungsbeamten vom Sachverhalt reicht, muss nicht offen gelegt werden. Unzulässig ist es dagegen, dem Beschuldigten vorzutäuschen, sein Mittäter habe bereits ein Geständnis abgelegt oder es lägen sowieso erdrückende Beweise gegen ihn vor und sein Bestreiten sei deshalb zwecklos.[22]

25 Ein **Verabreichen von Mitteln** liegt auch dann vor, wenn der Beschuldigte nicht durch die Ermittlungsbehörden selbst in einen derartigen, die freie Willensbildung ausschließenden Zustand versetzt wurde, sondern sich zum Zeitpunkt der Vernehmung in einem solchen befindet.

> *Beispiel*
> BAK von 4,44 Promille.[23]

26 Eine **Drohung mit unzulässigen Mitteln** liegt vor, wenn dem Beschuldigten eine rechtlich nicht zulässige Konsequenz in Aussicht gestellt wird (z.B. Folter). Auch die Ankündigung, der Beschuldigte werde in Untersuchungshaft kommen, erfüllt diesen Tatbestand, da ein fehlendes Geständnis oder die Stellung von Beweisanträgen[24] grundsätzlich eine sachfremde Erwägung für die Frage, ob ein Haftbefehl beantragt werden soll, ist. Es ist jedoch zu beachten, dass ein Geständnis den möglicherweise bestehenden Haftgrund der **Verdunkelungsgefahr** beseitigen kann, da dann eine Einflussnahme auf Zeugen nicht mehr Erfolg versprechend ist. In diesem Fall läge keine unzulässige Drohung vor, sondern lediglich der Hinweis auf eine gesetzlich vorgesehene und zulässige Möglichkeit. Der Beschuldigte bleibt in seiner Entscheidung frei.

27 Ein **Vorteil** kann dem Beschuldigten dann versprochen werden, wenn die Gewährung dieses Vorteils in die Zuständigkeit und Kompetenz des Vernehmungsbeamten fällt und die Gewährung auch zulässig ist. Generell zulässig, da immer zutreffend, ist

---

22 BGHSt 35, 328.
23 OLG Köln StV 1989, 520.
24 BGH StraFo 2004, 417.

die Aussage, dass ein abgelegtes Geständnis sich strafmildernd auswirkt, wobei jedoch konkrete Strafmilderungen nicht zugesagt werden dürfen, da diese nicht zur Disposition des Vernehmenden, gleich ob Polizeibeamter oder Staatsanwalt, steht. Nicht zulässig ist in diesem Zusammenhang das Versprechen, von der Strafverfolgung abzusehen, wenn der Beschuldigte Angaben zu seinen Mittätern macht.[25]

Die Zulässigkeit des Einsatzes von **Polygraphen** (Lügendetektoren) wurde früher ebenfalls unter die Vorschrift des § 136 a Abs. 1 StPO gefasst. Zwischenzeitlich hat der BGH jedoch entschieden, dass es sich bei den Ergebnissen aus der Anwendung eines Polygraphen um ein völlig ungeeignetes Beweismittel im Sinne von § 244 Abs. 3 S. 2 StPO handelt.[26]   28

Wird nach dem Einsatz verbotener Vernehmungsmethoden zu einem späteren Zeitpunkt erneut ein Geständnis, diesmal ordnungsgemäß, abgelegt, bedarf es zu dessen Verwertbarkeit grundsätzlich einer **qualifizierten Belehrung**. Dies bedeutet, dass der Beschuldigte zuvor darauf hingewiesen werden muss, dass seine frühere Aussage nicht verwertbar ist.[27] Denn nur dann ist der Beschuldigte frei in seiner Entscheidung, Angaben machen zu wollen, und die Beeinflussung wirkt sich nicht auf diese spätere Vernehmung aus. Ansonsten besteht die Gefahr, dass der Beschuldigte nur deshalb weiter gehende Angaben macht, weil er seine durch die frühere Aussage herbeigeführte Situation als ausweglos einschätzt. Eine qualifizierte Belehrung ist jedoch auch dann nicht erforderlich, wenn beispielsweise die Täuschung durch Aufklärung weggefallen ist und zwischenzeitlich Rücksprache mit einem Verteidiger erfolgt ist.[28]   29

Hinweis
Es kommt also entscheidend darauf an, ob der Verstoß gegen § 136 a StPO zum Zeitpunkt der späteren Vernehmung noch fortwirkt. Die ursprüngliche Vernehmung ist aufgrund des Beweiserhebungsverbots und des daraus resultierenden Beweisverwertungsverbots jedenfalls nicht verwertbar. Wird in einer späteren Revision ein **Verwertungsverbot** geltend gemacht, so wird eine Verletzung des § 136 a Abs. 3 S. 2 StPO gerügt. Wird dagegen geltend gemacht, ein Verwertungsverbot habe nicht vorgelegen, sondern die Aussage des früheren Beschuldigten hätte in die Hauptverhandlung eingeführt werden müssen, so ist eine Verletzung des § 244 Abs. 2 StPO zu rügen, da dann das Gericht ein tatsächlich zur Verfügung stehendes Beweismittel nicht in die Hauptverhandlung eingeführt hat.

d) Verwertungsverbot aufgrund Behinderung der Kontaktaufnahme zu einem Verteidiger

Da der Verteidiger gem. § 168 c Abs. 1 StPO bei richterlichen und über die Verweisungsvorschrift des § 163 a Abs. 3 S. 2 StPO auch bei staatsanwaltschaftlichen Beschuldigtenvernehmungen ein **Anwesenheitsrecht** hat, kann, soweit dieses beispielsweise durch **Nichtbenachrichtigung des Verteidigers** vereitelt wird, dies ebenfalls ein **Verwertungsverbot** der bisher gewonnenen Aussage nach sich ziehen.[29] Bei polizeilichen Vernehmungen hat der Verteidiger dagegen kein Anwesenheitsrecht, der   30

---

25 OLG Hamm StV 1984, 456 f.
26 BGH NJW 1999, 657.
27 LG Bad Kreuznach StV 1994, 293; grundsätzlich auch BGH NStZ 1996, 290.
28 BGH NStZ 1996, 290 = StraFo 1996, 81.
29 BGH StraFo 1996, 81.

Verteidiger kann jedoch zugelassen werden. Letztlich kann im Falle der Nichtzulassung jedoch durch Schweigen entweder die Zulassung oder die staatsanwaltschaftliche/richterliche Vernehmung erreicht werden, soweit eine Vernehmung überhaupt durch die Verteidigung gewünscht ist.

> *Hinweis*
> Der **Verteidiger** sollte dann, wenn aus seiner Sicht der persönliche Eindruck des Beschuldigten von Bedeutung für die Beurteilung der Tat oder der Person des Beschuldigten ist, auf eine staatsanwaltschaftliche Vernehmung drängen. Der **Staatsanwalt** ist jedoch nicht verpflichtet, dieser Bitte nachzukommen, da bereits die Möglichkeit, bei der Polizei eine Aussage zu machen, ausreichendes rechtliches Gehör gewährt.

31 Vereitelt jedoch die Ermittlungsbehörde die **Kontaktaufnahme zu einem Verteidiger**, obwohl dies von dem Beschuldigten gewünscht wird (Verstoß gegen § 137 Abs. 1 S. 1 StPO), kann auch dadurch ein Verwertungsverbot entstehen.[30] Dem Beschuldigten muss, soweit dies von ihm gewünscht wird, bei einer Kontaktaufnahme geholfen werden. Eine **Pflichtverteidigerbestellung** muss bereits im Ermittlungsverfahren zwar dann vorgenommen werden, wenn mit der Erhebung schwerwiegender Vorwürfe zu rechnen ist, wobei jedoch das Vorliegen eines bloßen Verdachts, eines Verbrechens oder schweren Vergehens für diese Verpflichtung nicht ausreichend ist (Einzelheiten zur Pflichtverteidigerbestellung vgl. Rn 33 ff.).

32 Nach einer neueren Entscheidung des BGH[31] ist es nicht erforderlich, den Beschuldigten auf einen eventuell bestehenden anwaltlichen Notdienst hinzuweisen, wenn nicht die Hinzuziehung eines Verteidigers verlangt wird. Der BGH[32] geht davon aus, dass es grundsätzlich erforderlich sein kann, dass vor weiteren Befragungen des Beschuldigten dieser davon zu unterrichten ist, dass ihm ein Verteidiger zu bestellen ist. Im konkreten Fall handelte es sich um eine Tatrekonstruktion, wobei jedoch nach einer vorgenommenen Abwägung ein Verwertungsverbot verneint wurde.

> *Hinweis*
> In der **Praxis** kommt es gelegentlich vor, dass ein Rechtsanwalt, der nicht als Verteidiger bestellt ist, bei der Polizei erscheint und mit dem vorläufig festgenommenen Beschuldigten sprechen möchte (z.B. aufgrund einer Information durch die Angehörigen). Hat der Beschuldigte klar zum Ausdruck gebracht, dass er z.Zt. keinen Verteidiger wünscht, muss dem Wunsch des Rechtsanwalts nicht entsprochen werden. Der Beschuldigte kennt vielmehr seine Rechte und kann diese in eigener Verantwortung wahrnehmen oder auf diese verzichten.

e) Pflichtverteidigerbestellung im Ermittlungsverfahren

aa) Grundsätze

33 Dem Beschuldigten, der keine Kontaktaufnahme zu einem Verteidiger wünscht, muss unter Umständen dennoch bereits für das Ermittlungsverfahren ein **Pflichtverteidiger** bestellt werden. Wird der entsprechende Antrag durch die Staatsanwaltschaft unterlassen, führt dies nicht in allen Fällen, in denen die Mitwirkung eines Verteidigers gem. § 140 Abs. 1 oder Abs. 2 StPO im Hauptverfahren voraussichtlich erforderlich sein

---

30 BGHSt 42, 15.
31 BGHSt 47, 233 = StV 2002, 180.
32 BGH StV 2002, 117.

wird, zu einem Verwertungsverbot. Ein solches wird vielmehr nur dann vorliegen, wenn ein **schwerwiegender Vorwurf** erhoben wird und der Beschuldigte seine **Verteidigung** nur dann **effektiv wahrnehmen** kann, wenn ihm ein Verteidiger zur Seite steht[33] (obwohl aus § 141 Abs. 3 S. 1 und S. 2 StPO auch das Gegenteil gefolgert werden könnte). Zuständig für die **Bestellung des Pflichtverteidigers** ist der Vorsitzende desjenigen Gerichts, das für das Hauptverfahren zuständig wäre (§ 141 Abs. 4 StPO). Dies wäre für den Fall, dass dem Beschuldigten ein Tötungsdelikt vorgeworfen wird, der Vorsitzende der Schwurgerichtskammer. Die Bestellung erfolgt auf Antrag der Staatsanwaltschaft.

> *Hinweis*
> Gelegentlich wird durch den Beschuldigten oder den bisherigen Wahlverteidiger der Antrag bei der Staatsanwaltschaft gestellt, bereits für das Ermittlungsverfahren eine **Pflichtverteidigerbestellung** vorzunehmen. In diesem Fall ist die Staatsanwaltschaft nicht verpflichtet, die Akten zur Entscheidung über diesen Antrag dem Gericht vorzulegen, sondern der Antrag ist grundsätzlich lediglich als Anregung anzusehen, der Staatsanwalt möge einen entsprechenden Antrag stellen.[34] Die ablehnende Entscheidung der Staatsanwaltschaft ist nicht anfechtbar.[35]

bb) Vernehmung des sog. zentralen Belastungszeugen

Der BGH hat über diese genannten Fälle hinaus die Bestellung eines Pflichtverteidigers auch dann für erforderlich gehalten, wenn der **sog. zentrale Belastungszeuge, dem ein Zeugnisverweigerungsrecht zusteht,** durch den **Ermittlungsrichter** vernommen werden soll und der Beschuldigte von dieser Vernehmung gem. § 168 c Abs. 3 StPO ausgeschlossen wird.[36]   34

> *Hinweis*
> Selbstverständlich nur, soweit der Beschuldigte nicht schon verteidigt ist.

Dies wird auf Art. 6 Abs. 3 Buchst. d EMRK gestützt, der es gebietet, dem Beschuldigten das Recht einzuräumen, Fragen an Belastungszeugen zu stellen oder stellen zu lassen. Wird also dem Beschuldigten selbst diese Möglichkeit durch den Ausschluss von der Vernehmung nicht gewährt, so muss diese Verkürzung seiner Rechte dadurch ausgeglichen werden, dass ein **Verteidiger** an der Vernehmung des sog. zentralen Belastungszeugen teilnehmen und Fragen an diesen stellen kann. Der durch den Bundesgerichtshof entschiedene Fall betraf die Vernehmung eines zeugnisverweigerungsberechtigten Zeugen und wurde bislang auch nur hinsichtlich dieses Falls entschieden.

> *Hinweis*
> Wird entgegen dieser Rechtsprechung der Belastungszeuge unter Ausschluss des Beschuldigten richterlich vernommen, ohne dass der Beschuldigte verteidigt wäre, so hat dies **kein Beweisverwertungsverbot** zur Folge, sondern der Aussage wird lediglich ein geringerer Beweiswert zugebilligt. Dies bedeutet, dass später eine Verurteilung nur dann auf diese Aussage gestützt werden darf, wenn sie ebenfalls durch andere Umstände außerhalb der Aussage gestützt wird.[37]

---

33 BGHSt 42, 15; im Einzelnen auch *Sowada*, NStZ 2005, 1 ff.
34 *Meyer-Goßner*, § 241 Rn 5.
35 OLG Karlsruhe NStZ 1998, 315.
36 Grundlegend BGH NStZ 2001, 212 m. Anm. *Kunert*.
37 BGH NStZ 2001, 212; *Detter*, NStZ 2003, 1, 3.

f) Äußerungen des Beschuldigten gegenüber Dritten

aa) Zulässigkeit der Verwertung

35 Wie bereits erwähnt, ist die Verwertung von Äußerungen des Beschuldigten gegenüber Privatpersonen grundsätzlich zulässig, da er sich frei entschließen konnte, diese Angaben zu machen. Es sind jedoch auch Situationen vorstellbar, in denen den Beschuldigten entweder eine rechtliche oder zumindest eine faktische Verpflichtung trifft, Angaben gegenüber Dritten, die nicht den Strafverfolgungsbehörden angehören, zu machen.

bb) Insolvenzverfahren

36 Gerade in Wirtschaftsstrafverfahren können Angaben, die der Beschuldigte im Rahmen eines gleichzeitig **anhängigen Insolvenzverfahrens** gemacht hat, von Interesse sein. In diesem Verfahren ist der Beschuldigte/Schuldner aufgrund der Vorschrift des § 97 Abs. 1 InsO verpflichtet, gegenüber dem Insolvenzgericht und verschiedenen anderen Beteiligten wahrheitsgemäße Angaben zu machen. Dies gilt auch für strafrechtlich relevante Bereiche. Aufgrund dieser weit reichenden Verpflichtung bestimmt § 97 Abs. 1 S. 3 InsO, dass die gemachten Angaben nur mit Zustimmung des Beschuldigten in einem Ermittlungs- oder Strafverfahren verwertet werden dürfen. Dies muss nach dem Sinn der Vorschrift auch für diejenigen Angaben gelten, die nicht auf Anordnung des Insolvenzgerichts, sondern im Rahmen des Insolvenzverfahrens gegenüber anderen Beteiligten gemacht wurden.[38]

cc) Zivilverfahren

37 Ist gegen den Beschuldigten ein **Zivilverfahren** anhängig, in dem er Beklagter ist, so trifft ihn faktisch eine Äußerungspflicht, da er, anders als im Ermittlungsverfahren, einerseits der Wahrheitspflicht unterliegt und er sich andererseits aber erklären muss, um eine Verurteilung aufgrund fehlender Verteidigung zu vermeiden. Angaben des Beschuldigten in diesem Verfahren sind grundsätzlich verwertbar. Auch Aussagen, die der **Beschuldigte als Zeuge** in einem anderen Verfahren macht, können verwertet werden. In den Verfahrensordnungen existieren jedoch Vorschriften, die es erlauben, dass der Beschuldigte das Zeugnis verweigern darf, wenn er eigenes strafrechtlich relevantes Verhalten offenbaren müsste (z.B. § 384 Nr. 2 ZPO).

4. Vernehmung von Zeugen

a) Bedeutung

38 Zeugenaussagen stellen eine der wichtigsten Erkenntnisquellen dar, obwohl sie zugleich eines der unzuverlässigsten Beweismittel sind. Als **Zeuge** wird diejenige Person bezeichnet, die aufgrund eigener Anschauung Angaben zu einem Sachverhalt machen kann, so dass auch der sachverständige Zeuge hierunter zu fassen ist. Der Zeuge ist verpflichtet, bereits im Ermittlungsverfahren wahrheitsgemäße Angaben zu machen. Zwar ist eine falsche Aussage vor Polizei oder Staatsanwaltschaft nicht gem.

---

38 *Rode*, StraFo 2003, 42, 44.

§ 153 StGB als falsche uneidliche Aussage strafbar aber es kann sich eine Strafbarkeit wegen (versuchter) Strafvereitelung oder falscher Verdächtigung ergeben. Ein Recht zur Vereidigung steht weder Polizei noch Staatsanwaltschaft, sondern nur dem Richter zu.

Ob bei fehlender oder fehlerhafter **Belehrung** von Zeugen ein Beweisverwertungs-   39
verbot vorliegt, ist danach zu beurteilen, ob durch den Verstoß der „Rechtskreis"
des Beschuldigten berührt wird. Die **Rechtskreistheorie** besagt, dass ein in Zusammenhang mit einem Verfahrensverstoß gewonnenes Beweismittel dann unverwertbar
ist, wenn die verletzte Vorschrift zumindest auch dem Schutz des Rechtskreises des
Beschuldigten zu dienen bestimmt ist.[39] Die **Abwägung** ist danach vorzunehmen,
welches Gewicht der Verfahrensverstoß hat, welchem Zweck die Vorschrift dient und
unter Berücksichtigung der Tatsache, dass die Wahrheit nicht um jeden Preis erforscht
werden muss. Es ist jedoch auch zu beachten, dass durch diese Einschränkung die
effektive Strafverfolgung eingeschränkt wird.

b) Zeugnisverweigerungsrechte

aa) Grundsätze und Zeugnisverweigerungsrechte aufgrund persönlicher Beziehung

Zeugen kann unter bestimmten Voraussetzungen ein **Zeugnisverweigerungsrecht** zu-   40
stehen. Diese Rechte ergeben sich abschließend aus den §§ 52, 53 und 53 a StPO. Das
Zeugnisverweigerungsrecht der Ehegatten bzw. Partner einer gleichgeschlechtlichen
Partnerschaft besteht nach deren Auflösung fort, während ehemalige Verlobte nach
Lösung des Verlöbnisses zur Aussage verpflichtet sind. Die einzelnen Zeugnisver-
weigerungsrechte aufgrund enger persönlicher Bindung ergeben sich aus § 52 Abs. 1
StPO.

> *Hinweis*
> Wird ein Verlöbnis geltend gemacht und besteht Anlass zu Zweifeln an dieser Tatsache, so
> empfehlen sich Nachfragen, wann und unter welchen Umständen das angebliche Verlöbnis
> geschlossen wurde. Der Zeuge ist verpflichtet, sein Zeugnisverweigerungsrecht **glaubhaft**
> **zu machen** (§ 56 StPO).

bb) Umfang des Zeugnisverweigerungsrechts

Das Zeugnisverweigerungsrecht ist umfassend und erstreckt sich nicht nur auf ein-   41
zelne Teile des Lebenssachverhalts.[40] Der Zeuge kann jederzeit seine Aussagebereitschaft **widerrufen** (§ 52 Abs. 3 S. 2 StPO). In diesem Fall bleibt jedoch, jedenfalls
bei richterlichen Vernehmungen, die bisherige Aussage verwertbar. In diesem Fall ist
jedoch eine **Vereidigung** des Zeugen durch den Richter unzulässig, da mit Ablegung
des Eids auch zum Ausdruck gebracht wird, dass die Aussage vollständig war.[41] Nach
Beendigung der Aussage ist ein Widerruf des Verzichts auf das Zeugnisverweigerungsrecht nicht mehr möglich. Macht der Zeuge nicht von seinem Zeugnisverweige-

---

39 BGHSt 11, 213.
40 BGH NStZ 1983, 564.
41 BGH NJW 1988, 716.

rungsrecht Gebrauch, muss er vollständige und wahrheitsgemäße Angaben machen. Eine Falschaussage ist wie bei jedem anderen Zeugen mit Strafe bedroht.

cc) Zeugnisverweigerungsrecht der Berufsgeheimnisträger

42 §§ 53, 53 a StPO regeln das Zeugnisverweigerungsrecht der **Berufsgeheimnisträger** und deren Helfer. Die Tatsache, über die der Zeuge bekunden soll, muss diesem gerade in seiner beruflichen Eigenschaft **anvertraut** worden sein. Hierunter ist alles zu fassen, was dem Berufsgeheimnisträger in unmittelbarem Zusammenhang mit seiner Berufsausübung bekannt geworden ist.

> *Beispiel*
> Bei Ärzten auch die Frage, ob überhaupt ein Patientenverhältnis bestanden hat.[42]

Dieses besteht unabhängig von der Frage, ob die Tatsache dem Zeugen von dem Beschuldigten oder einer anderen Person anvertraut wurde. So kann beispielsweise der Arzt, der das Opfer einer Straftat, also einen anderen Zeugen, behandelt hat, sich auf das Recht aus § 53 StPO berufen.

43 Eine Belehrungspflicht sieht das Gesetz nicht vor, da davon ausgegangen wird, dass der Berufsgeheimnisträger sein Zeugnisverweigerungsrecht kennt und ggf. von selbst hiervon Gebrauch macht. Ist jedoch offenbar, dass der Zeuge sein Zeugnisverweigerungsrecht aus § 53 StPO nicht kennt, ist er aufgrund der Fürsorgepflicht des Gerichts darauf hinzuweisen.[43]

Zu unterscheiden hiervon sind Kenntnisse, die der Berufsgeheimnisträger in seiner Eigenschaft als von Staatsanwaltschaft oder Gericht beauftragter **Sachverständiger** erlangt hat. Diese unterfallen selbstverständlich nicht dem Schweigerecht.

> *Hinweis*
> Es empfiehlt sich, in Verfahren, in denen die Möglichkeit besteht, dass der Beschuldigte möglicherweise gegenüber dem beauftragten **Sachverständigen** relevante Angaben machen wird, den Sachverständigen darauf hinzuweisen, dass dieser den Beschuldigten darüber belehrt, dass er ihm gegenüber keine Angaben machen muss und der Sachverständige nicht dem **Schweigerecht** unterliegt. Dann können in einer späteren Hauptverhandlung diese Angaben des Beschuldigten gegenüber dem Sachverständigen durch dessen ergänzende Vernehmung als Zeugen eingeführt werden.

44 Hauptfall des Berufsgeheimnisträgers als Sachverständiger ist der Arzt. Dieser kann z.B. als Sachverständiger bei der Entnahme einer Blutprobe gem. § 81 a StPO (hierbei wird es wohl eher selten zu Angaben des Beschuldigten kommen) oder hinsichtlich der Begutachtung zur Frage der strafrechtlichen Verantwortlichkeit i.S.d. §§ 20, 21 StGB beauftragt werden.

45 Wird der Berufsgeheimnisträger von seiner **Schweigepflicht entbunden**, so muss er in den Fällen des § 53 Abs. 1 S. 1 Nr. 2 bis 3 b StPO Angaben machen und kann sich nicht mehr auf sein Zeugnisverweigerungsrecht berufen (§ 53 Abs. 2 S. 1 StPO). Dies trägt dem Umstand Rechnung, dass das Zeugnisverweigerungsrecht zum Schutz des jeweiligen Beschuldigten/Zeugen besteht und nicht zum Schutz des Berufsgeheimnisträgers (anders in den Fällen des § 52 Abs. 1 StPO!).

---

42 BGH JZ 2000, 683 m. Anm. *Kühne.*
43 OLG Dresden NStZ-RR 1997, 238.

Sagt der Zeuge aus, ohne von seiner Schweigepflicht entbunden worden zu sein, so **46** ist seine Aussage, auch wenn evtl. eine Strafbarkeit gem. § 203 Abs. 1 Nr. 1 StGB daraus resultiert, in vollem Umfang verwertbar.[44] Sagt der Zeuge in diesem Fall aus, so kommt ein Rechtfertigungsgrund aus § 34 StGB in Betracht. Dies ist z.B. der Fall, wenn eigene Interessen zu schützen sind oder das Interesse der Allgemeinheit an der Aussage höher wiegt als die Geheimhaltung (z.B. bei Kapitalverbrechen). Jedoch ist auch in diesen Fällen eine Aussage nicht erzwingbar. Im Gegensatz dazu ist die Frage der **Beschlagnahmefähigkeit** (§ 97 StPO) ausschließlich danach zu beurteilen, ob es sich bei dem Patienten oder Mandanten um den Beschuldigten handelt. Gegenstände, die sich auf Zeugen oder Dritte beziehen, sind immer beschlagnahmefähig.

Beispiel
Gegen Arzt A ist ein Verfahren wegen Abrechnungsbetrugs anhängig. Zur Überprüfung des Verdachts ist die Auswertung der Patientenkartei erforderlich. Diese kann im Verfahren gegen den Arzt beschlagnahmt werden.

Gem. § 53 a Abs. 1 StPO steht auch den **Berufshelfern** von Berufsgeheimnisträgern **47** ein Zeugnisverweigerungsrecht zu.

Beispiel
Die Arzthelferin oder die Angestellte des Rechtsanwalts.

Um das Berufsgeheimnis umfassend zu schützen und es nur zur Disposition des Berufsträgers selbst zu stellen, darf nur dieser selbst (neben dem Entbindungsberechtigten) darüber entscheiden, ob der Berufshelfer Angaben machen darf oder nicht (§ 53 a Abs. 1 S. 2 StPO). Der Berufshelfer ist an diese Entscheidung gebunden. Im Verfahren gegen den Berufsgeheimnisträger selbst steht dem Berufshelfer kein Zeugnisverweigerungsrecht zu, wenn sich die Schweigepflicht nicht auf eine dritte Person bezieht.[45]

dd) Belehrung

Der Zeuge ist in jedem Stadium des Verfahrens auf sein eventuell bestehendes **48** Zeugnisverweigerungsrecht hinzuweisen und entsprechend zu **belehren** (Ausnahme §§ 53, 53 a StPO). Im Ermittlungsverfahren kann im Falle der Berufung auf § 52 StPO die bis zu diesem Zeitpunkt gemachte Aussage insgesamt nicht verwertet werden, während in den Fällen des § 53 StPO das Vernehmungsprotokoll verlesbar ist und die Aussage bis zu diesem Zeitpunkt verwertbar bleibt.[46] Dies ergibt sich hinsichtlich § 52 StPO aus § 252 StPO. Eine Ausnahme wird von der Rechtsprechung für die Fälle gemacht, in denen der Zeuge **richterlich vernommen** wurde und somit in der Hauptverhandlung der **Ermittlungsrichter als Zeuge** über diese Vernehmung gehört werden kann (vgl. § 12 Rn 21).

Hinweis
In der **Klausur** ist, soweit nach einer staatsanwaltschaftlichen Entscheidung im Ermittlungsverfahren gefragt ist, daran zu denken, dass zur Beweissicherung eine **richterliche Zeugenvernehmung** beantragt werden muss. Auch die Beweissicherung ist Zweck des

---

44 *Meyer-Goßner*, § 53 Rn 6.
45 *Meyer-Goßner*, § 53 a Rn 9.
46 BGHSt 18, 146.

> Ermittlungsverfahrens und Aufgabe des **Staatsanwalts**. Auch wenn der zeugnisverweigerungsberechtigte Zeuge zum jetzigen Zeitpunkt nicht von seinem Zeugnisverweigerungsrecht Gebrauch macht und augenscheinlich „mit dem Beschuldigten gebrochen" hat, sollte dennoch und immer eine richterliche Vernehmung durch den **Staatsanwalt** veranlasst werden. Es ist häufig zu beobachten, dass Beschuldigter und Zeuge/Opfer sich später wieder versöhnen und deshalb von dem Zeugen keine weiteren Angaben gemacht werden.

49 Selbstverständlich gilt das Verwertungsverbot des § 252 StPO nur dann, wenn es sich tatsächlich um eine Vernehmung handelte. Liegt beispielsweise eine **Spontanäußerung** des zeugnisverweigerungsberechtigten Zeugen gegenüber einem Polizeibeamten vor, so ist diese Aussage durch Vernehmung des Polizeibeamten in die Hauptverhandlung einzuführen und auch verwertbar. Insoweit gelten dieselben Grundsätze wie bei der Beschuldigtenvernehmung bereits erörtert.

50 Wird bei einer richterlichen Vernehmung die erforderliche **Belehrung unterlassen**, so ist die entsprechende Aussage weder unmittelbar noch mittelbar

> *Beispiel*
> Durch Vernehmung des vernehmenden Richters in der späteren Hauptverhandlung.

verwertbar.[47] Dies gilt unabhängig davon, ob dem Gericht die Voraussetzungen für das Vorliegen des Zeugnisverweigerungsrechts überhaupt bekannt waren.[48] Nur wenn feststeht, dass der Zeuge auch bei ordnungsgemäßer Belehrung ausgesagt hätte, ist die Aussage verwertbar. Macht der Zeuge keine Angaben, dürfen hieraus **keine negativen Schlüsse** gezogen werden. Dies gilt auch dann, wenn er später doch noch Angaben macht. Der Zeuge kann nur so selbst entscheiden, ob und ggf. wann er Angaben machen will.[49]

ee) Verfahren gegen mehrere Beschuldigte

51 Richtet sich das Verfahren gegen mehrere Beschuldigte, so besteht das Zeugnisverweigerungsrecht gegenüber allen Beschuldigten gleichermaßen, da die Beschuldigten durch einen **identischen Lebenssachverhalt** miteinander verbunden sind. Dies gilt auch dann, wenn das Verfahren abgetrennt wurde. Eine Ausnahme ist jedoch für den Fall zu machen, dass das Verfahren gegen den Mitbeschuldigten, wegen dem das Zeugnisverweigerungsrecht besteht, bereits **rechtskräftig abgeschlossen**, oder der Beschuldigte **verstorben** ist.[50] In diesem Fall kann eine wahrheitsgemäße Aussage die durch das Gesetz geschützte enge persönliche Bindung zwischen Zeugen und Beschuldigtem nicht mehr beeinträchtigen. Anders verhält es sich nur dann, wenn hinsichtlich des anderen **weitere prozessuale Taten** Gegenstand der Vernehmung sein sollen, in die der Angehörige des Zeugen nicht verwickelt ist. Dann muss der Zeuge Angaben machen.

---

47 BGHSt 6, 279.
48 BGH StV 1988, 89.
49 BGH StraFo 2003, 171.
50 BGH NStZ 1992, 291.

ff) Minderjährige als Zeugnisverweigerungsberechtigte

Handelt es sich bei dem Zeugnisverweigerungsberechtigten um einen **Minderjähri-** 52
gen oder geistig/psychisch **Kranken**, so ist zu prüfen, ob dieser über die erforderliche
Verstandesreife verfügt, um die Tragweite seiner Entscheidung überblicken zu können
(§ 52 Abs. 2 S. 1 StPO). In diesem Fall ist der gesetzliche Vertreter zur Entscheidung
über das Zeugnisverweigerungsrecht berufen, wobei der Zeuge selbst über seine Aussagebereitschaft entscheidet. Ist der gesetzliche Vertreter selbst Beschuldigter, kann
er über die Ausübung des Rechts nicht entscheiden.

> *Beispiel*
> So wenn ein Elternteil Beschuldigter ist und beide Elternteile gesetzliche Vertreter sind, da
> in diesem Falle beide einwilligen müssten; § 52 Abs. 2 S. 2 StPO.

Dem Zeugen ist, da eine Entscheidung herbeigeführt werden muss, gem. § 1909
Abs. 1 S. 1 BGB ein **Ergänzungspfleger** zu bestellen, der über die Ausübung des
Rechts entscheidet. Den entsprechenden **Antrag** muss die Staatsanwaltschaft oder
das Gericht stellen.

c) Auskunftsverweigerungsrecht

Gem. § 55 Abs. 1 StPO kann der Zeuge die Auskunft auf solche Fragen verweigern, 53
deren wahrheitsgemäße Beantwortung ihn oder einen in § 52 Abs. 1 StPO bezeichneten Angehörigen in die Gefahr bringen würde, wegen einer Straftat oder Ordnungswidrigkeit verfolgt zu werden. Im Gegensatz zum Zeugnisverweigerungsrecht ist das
Auskunftsverweigerungsrecht grundsätzlich nicht umfassend. Vielmehr muss der
Zeuge zunächst die Fragestellung abwarten, um dann entscheiden zu können, ob
er diese Frage beantwortet. Sind nur Fragen an den Zeugen denkbar, durch deren
Beantwortung er sich einer Verfolgungsgefahr aussetzen würde, so kann das Auskunftsverweigerungsrecht praktisch zu einem Zeugnisverweigerungsrecht erstarken.[51]

> *Beispiel*
> Wenn ein früherer Mitbeschuldigter, dessen eigenes Verfahren noch nicht abgeschlossen
> ist, aussagen soll.

Macht der Zeuge zunächst Angaben, verweigert aber in der Folge die Auskunft,
sind seine bis zu diesem Zeitpunkt gemachten Angaben verwertbar und können entsprechend den hierfür einschlägigen Vorschriften in die spätere Hauptverhandlung
eingeführt werden (z.B. Vernehmung des vernehmenden Beamten in der Hauptverhandlung). Das Auskunftsverweigerungsrecht besteht nicht mehr, wenn das Verfahren, bezüglich dessen das Recht besteht, **rechtskräftig abgeschlossen** wurde oder
endgültig gem. § 153 a Abs. 1 oder 2 StPO **eingestellt** wurde, da dann eine Strafverfolgung hieraus wegen (beschränkten) **Strafklageverbrauchs** nicht mehr drohen
kann. Wurde das Verfahren mit einem Freispruch beendet, so steht dem Zeugen das
Auskunftsverweigerungsrecht aus § 55 StPO immer noch zu, da seine Angaben einen
Wiederaufnahmegrund gem. § 362 Nr. 4 StPO darstellen können.[52]

Ist der Zeuge nicht über sein Auskunftsverweigerungsrecht belehrt worden, so kann 54
sich der Beschuldigte/Angeklagte nicht auf die Unverwertbarkeit dieser Aussage

---

51 BGH NJW 1998, 1728.
52 So im Ergebnis auch LG Baden-Baden StraFo 2004, 315.

berufen. Nach der Rechtsprechung ist nur der **Rechtskreis des Zeugen** betroffen und § 55 StPO dient nur dessen Schutz.[53] Wenn jedoch der Zeuge zu Unrecht nicht weiter befragt wird, weil das Gericht annimmt, diesem stehe ein umfassendes Auskunftsverweigerungsrecht zu, so kann dies der Angeklagte in der Revision rügen,[54] da dann möglicherweise entlastende Angaben des Zeugen nicht erlangt werden können (evtl. Verletzung des § 244 Abs. 2 StPO). Die Rechte aus §§ 52, 53, 53 a StPO können mit denen aus § 55 StPO zusammentreffen. Dann ist über beide Rechte zu belehren. Wenn der Zeuge sich dazu entschließt, Angaben zu machen, müssen diese wahrheitsgemäß sein.

> *Hinweis*
> Macht der Zeuge ohne erforderliche Belehrung gem. § 55 StPO Angaben, die ihn selbst belasten, dürfen diese in dem gegen ihn selbst gerichteten Verfahren selbstverständlich nicht verwertet werden.[55] Dies würde eine Umgehung des Grundsatzes darstellen, dass niemand sich selbst belasten muss.

d) Aussagegenehmigung und Sperrerklärung

55 Gem. § 54 Abs. 1 StPO benötigen Richter, Beamte und andere Angehörige des öffentlichen Dienstes dann eine **Aussagegenehmigung**, wenn sie als Zeuge zu Umständen befragt werden sollen, bezüglich derer sie der **Schweigepflicht** unterliegen. Diejenige Stelle, die die Vernehmung durchführen möchte, muss die Aussagegenehmigung beschaffen. Wird diese durch den Dienstherrn nicht erteilt (**Sperrerklärung**), liegt ein Beweiserhebungsverbot vor. Macht der Zeuge trotz fehlender Aussagegenehmigung eine Aussage, bleibt seine Aussage verwertbar, da der Rechtskreis des Beschuldigten nicht betroffen ist. Der Zeuge muss jedoch befürchten, wegen **Verletzung des Dienstgeheimnisses** verfolgt zu werden. Es besteht auch die Möglichkeit, Schriftstücke durch eine Sperrerklärung zu schützen. Dies geschieht gem. § 96 StPO durch die oberste Dienstbehörde.

56 Insbesondere im Bereich der organisierten Kriminalität und der Betäubungsmitteldelikte besteht zur effektiven Strafverfolgung die Notwendigkeit, **Ermittlungen verdeckt führen** zu können. Zu diesem Zweck sieht das Gesetz in § 110 a Abs. 2 StPO die Möglichkeit des Einsatzes von **verdeckten Ermittlern** vor. Darunter sind Polizeibeamte zu verstehen, die unter einer Legende Ermittlungen durchführen. **Informanten** sind Privatpersonen, denen in einem besonderen Einzelfall durch die Strafverfolgungsbehörden Vertraulichkeit zugesichert wurde, während **V-Männer** längere Zeit hinweg mit den Strafverfolgungsbehörden zusammenarbeiten. Die beiden letztgenannten Formen der verdeckten Ermittlungsführung sind gesetzlich nicht geregelt, deren Zulässigkeit ist jedoch allgemein anerkannt[56] und wird aus dem allgemeinen Rechtsgedanken der §§ 161, 163 Abs. 1 StPO hergeleitet.

---

53 *Meyer-Goßner*, § 55 Rn 17 m.w.N. auch zur Gegenmeinung.
54 BGH NStZ 2002, 607; BGH StraFo 2003, 132.
55 OLG Celle NStZ 2002, 386.
56 BGH NJW 2000, 1123.

III. Weitere Beweismittel

Der **Urkundsbeweis** ist erst im Rahmen der Hauptverhandlung wegen dessen 57
Zulässigkeit problematisch. Daher soll erst an diesem Punkt darauf eingegangen werden. Im Rahmen des Ermittlungsverfahrens muss jedenfalls die erforderliche Urkunde
als Beweismittel gesichert werden (§§ 94 Abs. 1 und Abs. 2, 95 Abs. 1 StPO). Bereits
im Ermittlungsverfahren ist, soweit erforderlich, ein Sachverständiger zu beauftragen.
Dies kann erforderlich werden, um beispielsweise den Beschuldigten als Spurenleger
einer Blutspur im Rahmen einer DNA-Analyse (§ 81 e StPO) oder als Urheber einer
Handschrift identifizieren zu können. In der **Praxis** kommt es auch häufig vor,
dass der Beschuldigte auf seine strafrechtliche Verantwortlichkeit zu untersuchen ist
(§§ 20, 21 StGB). Ein weiterer **wichtiger Fall** ist die Beauftragung eines Arztes zur
Blutentnahme bei dem Beschuldigten (§ 81 a StPO), um die Blutprobe auf deren
Alkoholgehalt untersuchen zu können. Hinsichtlich des Sachverständigenbeweises
ist im Rahmen des Ermittlungsverfahrens lediglich darauf hinzuweisen, dass letztlich
gegenüber beauftragten Sachverständigen der Staatsanwaltschaft ähnliche Rechte
zustehen wie gegenüber Zeugen (§ 72 StPO). Der Sachverständige ist gem. § 75
StPO zur Erstattung seines Gutachtens verpflichtet. Im Falle der Weigerung können
Ordnungsmaßnahmen gegen ihn ergriffen werden.

B. Ermittlungsrichter

Die Staatsanwaltschaft als Herrin des Ermittlungsverfahrens erhebt alle Beweise in 58
eigener Zuständigkeit und Verantwortung. Teilweise sind jedoch Zwangsmaßnahmen
zu treffen, deren Anordnung der Gesetzgeber aufgrund der Intensität des Eingriffs
in Rechte unter **Richtervorbehalt** gestellt hat. Zu diesem Zweck sieht die StPO
das Amt des **Ermittlungsrichters** vor. Dies ist der nach § 21 e GVG aufgrund der
Geschäftsverteilung für die entsprechenden Aufgaben bestimmte Richter.

Gem. § 162 Abs. 1 S. 1 StPO beantragt die Staatsanwaltschaft bei demjenigen Amts- 59
gericht, in dessen Bezirk sie eine Ermittlungshandlung durchführen möchte, die nur
durch einen Richter angeordnet werden darf, die Vornahme dieser Handlung anzuordnen. Sollen mehrere Handlungen in unterschiedlichen Amtsgerichtsbezirken vorgenommen werden, so ist gem. § 162 Abs. 1 S. 2 StPO das Amtsgericht zuständig, in
dessen Bezirk die Staatsanwaltschaft ihren Sitz hat. Hierbei ist es nicht erforderlich,
dass beide Maßnahmen gleichzeitig beantragt werden.[57] In diesem Fall tritt gem.
§ 162 Abs. 1 S. 2 StPO eine **Zuständigkeitskonzentration** ein. Dies bedeutet auch,
dass, falls später weitere Anträge gestellt werden, diese Zuständigkeit bestehen bleibt
(§ 162 Abs. 2 StPO). Der Ermittlungsrichter hat gem. § 162 Abs. 3 StPO lediglich
zu prüfen, ob die beantragte Maßnahme **rechtlich zulässig** ist. Da er selbst keine
Sachherrschaft hat, darf er nicht beurteilen, ob die Maßnahme beispielsweise ermitt-
lungstaktisch geboten erscheint (**Zweckmäßigkeit**). Auch darf der Ermittlungsrichter
nicht über den Antrag der Staatsanwaltschaft hinausgehen. Im Falle der rechtlichen
Zulässigkeit muss der Richter die Anordnung erlassen.

---

57 BGH NStZ 2003, 163.

Beispiel

Hält es der **Ermittlungsrichter** für erforderlich, dass zunächst eine Durchsuchung durchgeführt wird, bevor die beantragte richterliche Zeugenvernehmung stattfindet, so darf er den Antrag dennoch, soweit im Übrigen rechtlich zulässig, nicht ablehnen. Beantragt die Staatsanwaltschaft die Aufhebung eines Haftbefehls, so ist der Ermittlungsrichter daran auch **gebunden**, wenn er selbst die Fortdauer der Untersuchungshaft für erforderlich hält. In der **Praxis** muss der **Staatsanwalt**, der die Fortdauer der Untersuchungshaft für nicht erforderlich hält oder deren Voraussetzungen weggefallen sind, zwar die Aufhebung des Haftbefehls beantragen. Er muss jedoch bereits vor Stellung des Antrags veranlassen, dass der Beschuldigte sofort aus der Haft entlassen wird (vgl. § 120 Abs. 3 S. 2 StPO), da der Ermittlungsrichter an den **Antrag des Staatsanwalts** gebunden ist.

60 Im Hinblick auf § 252 StPO spielt die Möglichkeit der **richterlichen Vernehmung** von zeugnisverweigerungsberechtigten Zeugen eine besondere Rolle. Die Aussage des zeugnisverweigerungsberechtigten Zeugen kann, sofern er in der späteren Hauptverhandlung von seinem Zeugnisverweigerungsrecht Gebrauch macht, nur durch die **Vernehmung des Ermittlungsrichters**, der den Zeugen im Ermittlungsverfahren vernommen hat, eingeführt werden. Wichtig für eine spätere Verwertbarkeit ist es jedoch, dass der Ermittlungsrichter die **Anwesenheitsrechte** der Beteiligten beachtet hat oder aber die Anwesenheit ordnungsgemäß ausgeschlossen hat (vgl. § 12 Rn 23 f.).

61 Der **Ermittlungsrichter** muss, um eine spätere Verwertbarkeit seines Protokolls zu gewährleisten, zunächst die Vernehmung ordnungsgemäß und auch selbst durchführen. Dies bedeutet, dass er die Vorschriften über die Belehrung zu beachten hat und es nicht ausreichend ist, dass der Beschuldigte oder Zeuge lediglich pauschal auf eine frühere polizeiliche Vernehmung Bezug nimmt. Der Richter muss vielmehr selbst die Angaben entgegennehmen und diese in seinem **Protokoll** niederlegen, wobei er jedoch, jedenfalls in Teilen, auf das polizeiliche Protokoll Bezug nehmen kann. Es muss sich aus der Niederschrift erkennen lassen, dass der Richter eine eigene Vernehmung durchgeführt hat.

Hinweis

In **Klausuren** wird teilweise bei einer ermittlungsrichterlichen Vernehmung sowohl eine Beschuldigten- als auch eine Zeugenbelehrung gem. § 52 StPO (z.B. wenn die Ehefrau Mitbeschuldigte ist) in der Aufgabenstellung vorgegeben. Dies wird damit begründet, dass der Richter vorsorglich darauf hinweist, dass auch für den Fall, dass der Beschuldigte nach einer evtl. Verfahrenseinstellung gegen ihn Zeugenstatus erlangt, die gemachte Aussage angeblich trotz eines dann bestehenden Zeugnisverweigerungsrechts verwertet werden kann. Eine derartige Belehrung ist unzulässig. Es ist immer auf den Status in der jetzigen konkreten Situation abzustellen. Dies bedeutet, dass in dem gebildeten Fall nur eine Beschuldigtenbelehrung erforderlich und zulässig war. Die zusätzlich vorgenommene Zeugenbelehrung hat keine Auswirkungen. Sollte also der jetzige Mitbeschuldigte später tatsächlich Zeugenstatus erlangen, liegt keine richterliche (Zeugen-)Vernehmung vor. Die Beschuldigtenvernehmung kann nicht verwertet werden, da er zu dem späteren Zeitpunkt dann nicht mehr in der Rolle des Beschuldigten ist.

C. Gewährung von Akteneinsicht

I. Akteneinsichtsrecht des Verteidigers

1. Gewährung und Versagung von Akteneinsicht

Der **Verteidiger** wird i.d.R. bemüht sein, zu einem möglichst frühen Zeitpunkt Einsicht in die Akten der Staatsanwaltschaft zu erhalten, um sich umfassend über den Tatvorwurf und die vorliegenden Beweise informieren zu können. Nur so kann er sinnvoll eine **Verteidigungsstrategie** aufbauen. Gem. § 147 Abs. 1 StPO steht dem Verteidiger grundsätzlich das Recht hierzu zu. Beweismittel darf er besichtigen, hat jedoch keinen Anspruch darauf, dass ihm diese mit der Akte übersandt werden. Die Akteneinsicht wird in der Praxis regelmäßig durch Übersendung der Akte in die Kanzleiräume des Verteidigers gewährt. Ist die Akte nicht entbehrlich, da, beispielsweise in Haftsachen, die Fortführung der Ermittlungen bzw. deren Abschluss keinen Aufschub duldet, so kann eine **Zweitakte** angefertigt werden und Einsicht in diese gewährt werden. **62**

Gem. § 147 Abs. 2 StPO kann Akteneinsicht jedoch dann verweigert werden, wenn der **Zweck der Ermittlungen** aufgrund der Gewährung von Akteneinsicht **gefährdet** wäre. Dies ist beispielsweise dann der Fall, wenn sich aus der Akte ergibt, dass noch eine Telefonüberwachung läuft oder eine Durchsuchung geplant ist. In diesem Fall wäre der Erfolg der laufenden oder geplanten Maßnahmen gefährdet, da der Verteidiger im Zweifel befugt und sogar verpflichtet ist, seinen Mandanten über den Inhalt der Akten zu informieren.[58] **63**

Formulierungsbeispiel
Ein Schreiben an den Verteidiger, in dem die Gewährung von Akteneinsicht abgelehnt wird und eine ausführliche Begründung ebenfalls den Untersuchungszweck gefährden würde, könnte etwa wie folgt aussehen:

„Akteneinsicht kann Ihnen zurzeit nicht gewährt werden. Bei ordnungsgemäßer Wahrnehmung Ihres Mandats wären Sie möglicherweise verpflichtet, Ihren Mandanten umfassend über den Inhalt der Akten zu informieren. Hieraus könnte dieser Rückschlüsse auf noch vorzunehmende Ermittlungshandlungen ziehen und so auf die zu treffenden Maßnahmen einwirken. Hierdurch würde der Untersuchungszweck gefährdet (§ 147 Abs. 2 StPO)."

Seitens der Verteidiger wird zwar oft gerügt, ein derartiges Schreiben sei formelhaft und nichts sagend. Zweck ist es jedoch, den Ermittlungserfolg nicht zu gefährden. Konkrete Hinweise könnten dies vereiteln. Die Kritik ist somit nicht berechtigt.

Dem Verteidiger sind die Akten jedoch spätestens zu dem Zeitpunkt zugänglich zu machen, in dem in diesen der **Abschluss der Ermittlungen** durch die Staatsanwaltschaft in Form eines Vermerks festgestellt wird (§ 147 Abs. 2 StPO), da dann mangels noch vorzunehmender Ermittlungen deren Zweck auch nicht mehr gefährdet werden kann. Niemals vorenthalten werden dürfen dem Verteidiger gem. § 147 Abs. 3 StPO **64**
- Vernehmungsniederschriften des Beschuldigten,
- Niederschriften über richterliche Handlungen, bei denen dem Verteidiger ein Anwesenheitsrecht zustand,
- sowie Sachverständigengutachten.

In **Haftsachen** muss unabhängig von der Frage, ob der weitere Untersuchungszweck gefährdet wird, Einsicht in diejenigen Aktenbestandteile gewährt werden, die dem **65**

---

58 BGHSt 29, 99, 102.

Ermittlungsrichter bei dem Erlass des Haftbefehls vorlagen. Wird die Akteneinsicht verweigert, kann dies zur Aufhebung des Haftbefehls zwingen.[59] Der Verteidiger soll in die Lage versetzt werden, gegen den Haftbefehl vorgehen zu können, was ihm nur bei Kenntnis der Sachlage überhaupt gelingen kann. Der **Staatsanwalt** kann in diesen Fällen einen Sonderband Akteneinsicht anlegen, in den diejenigen Aktenbestandteile aufgenommen werden, in die Akteneinsicht gewährt werden kann und soll. Er muss jedoch mitteilen, dass es sich nicht um die vollständige Akte handelt und warum er den Antrag auf Akteneinsicht teilweise ablehnt.

> *Formulierungsbeispiel*
> In dem o.g. Formulierungsbeispiel könnte somit der Bescheid der Staatsanwaltschaft im Fall der teilweisen Akteneinsicht wie folgt ergänzt werden:
>
> „Die Aktenbestandteile gem. § 147 Abs. 3 StPO befinden sich in dem anbei übersandten Sonderband. Weitere Aktenteile im Sinne dieser Vorschrift liegen nicht vor."

> *Hinweis*
> Es empfiehlt sich, für die Gewährung von **Teilakteneinsicht** einen Sonderband Akteneinsicht anzulegen, damit nicht vor jeder Einsichtnahme Aktenteile aus der Akte genommen werden müssen, sondern auf den Sonderband zurückgegriffen werden kann.

Zuständig für die Entscheidung über die Gewährung von Akteneinsicht ist im Ermittlungsverfahren immer die **Staatsanwaltschaft**, auch wenn die Akte einem anderen Beteiligten, wie beispielsweise dem Ermittlungsrichter im Haftprüfungsverfahren, vorliegt.

2. Rechtsmittel gegen die Versagung von Akteneinsicht

66   Gegen die (teilweise) Versagung von Akteneinsicht im Ermittlungsverfahren ist nur die **Dienstaufsichtsbeschwerde** zulässig.[60] Lediglich in drei Fällen ist gem. § 147 Abs. 5 S. 2 StPO ein Antrag auf **gerichtliche Entscheidung** zulässig:

- Versagung von Akteneinsicht, obwohl der Abschluss der Ermittlungen bereits in der Akte vermerkt ist,
- Vorenthalten von Aktenbestandteilen im Sinne von § 147 Abs. 3 StPO und
- Haft des Beschuldigten.

II. Akteneinsicht des Beschuldigten

67   Dem nicht verteidigten Beschuldigten selbst steht kein Akteneinsichtsrecht zu. Ihm können – und im Hinblick auf den Grundsatz des fairen Verfahrens müssen – **Auskünfte und Abschriften** aus der Akte erteilt werden. Dies wurde früher in der Rechtsprechung anerkannt[61] und ist seit dem Jahr 2000 auch durch § 147 Abs. 7 S. 1 StPO gesetzlich entsprechend geregelt.

---

59 Grundlegend EuGHMR NJW 2002, 2013 ff.; BVerfG NStZ 1994, 465.
60 *Meyer-Goßner*, § 247 Rn 39; *Marberth-Kubicki*, StraFo 2003, 366, 372.
61 LG Regensburg NStZ 1996, 100.

III. Akteneinsicht durch den Verletzten der Straftat

Das Akteneinsichtsrecht des Verletzten der Straftat ist durch § 406 e StPO dem Akteneinsichtsrecht des Verteidigers entsprechend geregelt. Der Verletzte muss darüber hinaus ein **berechtigtes Interesse** an der Akteneinsicht geltend machen, was i.d.R. aufgrund des möglichen Bestehens von zivilrechtlichen Ansprüchen gegen den Beschuldigten regelmäßig gegeben sein wird. Bei der Entscheidung, ob dem Rechtsanwalt des Verletzten Einsicht in die Akte gewährt wird, sind die Persönlichkeitsrechte des Beschuldigten und anderer Beteiligter gegen das Interesse an der Erlangung der Informationen aus der Akte abzuwägen (§ 406 e Abs. 2 S. 1 StPO). Eine Akteneinsicht kann jedoch auch aufgrund anderer gesetzlicher Bestimmungen unzulässig sein. Hierbei ist insbesondere an das Steuergeheimnis des § 30 AO und das Sozialgeheimnis des § 35 SGB I zu denken.

Beispiel
Wurden beispielsweise in einem Ermittlungsverfahren wegen Verletzung der Unterhaltspflicht (§ 170 StGB) Auskünfte des Sozial- und Arbeitsamts eingeholt, kann dies ein schutzwürdiges Interesse des Beschuldigten an der Geheimhaltung dieser Daten begründen. Andererseits ist der Geschädigte daran interessiert, möglichst umfassende Kenntnisse zur Durchsetzung seiner zivilrechtlichen Forderungen zu erlangen. Im Einzelfall ist eine Abwägung vorzunehmen.

§ 6 Zwangsmittel

A. Freiheitsentzug

I. Überblick

1 Der staatliche Freiheitsentzug ist ein Eingriff in das **Grundrecht aus Art. 2 Abs. 2 S. 2 GG**. In dieses Grundrecht darf nur aufgrund eines Gesetzes eingegriffen werden. Ein solches Gesetz ist die StPO, die in §§ 112 ff. die Voraussetzungen der Haft sowie das weitere Verfahren regelt. Über die Zulässigkeit und Fortdauer einer Freiheitsentziehung darf nur der Richter entscheiden, Art. 104 Abs. 2 S. 1 GG. Für Fälle der Freiheitsentziehung ohne vorherige richterliche Anordnung sieht das Grundgesetz bestimmte Voraussetzungen vor, vgl. Art. 104 Abs. 2 S. 2 ff. GG. Zu unterscheiden ist daher zunächst **der richterliche (Untersuchungs-)Haftbefehl** (vgl. Rn 4 ff.) von der **vorläufigen Festnahme** (vgl. Rn 48 ff.) ohne vorherigen richterlichen Beschluss. Nach der Zielrichtung des Freiheitsentzugs kann nach der Haft im Rahmen des Ermittlungsverfahrens (Untersuchungshaft) und der Haft im Rahmen der Strafvollstreckung (Vollstreckungshaft) unterschieden werden.

2 Die **Untersuchungshaft** wird grundsätzlich durch einen richterlichen Beschluss legitimiert (vgl. Art. 104 Abs. 2 S. 1 GG, § 114 StPO). Ausnahmsweise ist auch eine Haft ohne einen solchen Beschluss zulässig (vgl. Art. 104 Abs. 2 S. 1 GG, §§ 127, 163 c, 164 StPO). In diesem Fall gelten jedoch weitere Verfahrensvorschriften (z.B. § 128 StPO, vgl. genauer Rn 51). Die Haft als **Vollstreckungsmaßnahme** ist in §§ 449 ff. StPO sowie dem StrafvollzugsG geregelt. Sie erfolgt aufgrund eines rechtskräftigen (vgl. § 449 StPO) Strafurteils. Zuständige Strafvollstreckungsbehörde ist die Staatsanwaltschaft als Vollstreckungsbehörde (§ 451 StPO). Die Vollstreckungshaft wird nicht weiterer Gegenstand dieses Werkes sein. Sie ist in den meisten Bundesländern ausschließlich Stoff des Wahlfachs.

3 Nicht weiter behandelt werden auch die **präventiven freiheitsentziehenden Maßnahmen** nach § 81 StPO sowie nach den Polizeigesetzen der Bundesländer. Eine weitere Sonderrolle spielt die Haft zu besonderen Zwecken. Hierzu gehört beispielsweise der **Vorführbefehl** nach § 230 Abs. 2 StPO

> *Beispiel*
> Bei nicht genügend entschuldigtem Ausbleiben des Angeklagten in der Hauptverhandlung; Vollstreckung nicht früher als notwendig, um den Angeklagten zur Hauptverhandlung zu bringen; keine weiteren Voraussetzungen.

und der (**Hauptverhandlungs-)Haftbefehl** nach § 230 Abs. 2 StPO.

> *Beispiel*
> Bei nicht genügend entschuldigtem Ausbleiben des Angeklagten in der Hauptverhandlung und Nichtausreichen eines Vorführbefehls; keine weiteren Voraussetzungen.

Erwähnt werden soll weiterhin die **Hauptverhandlungshaft im beschleunigten Verfahren** nach § 127 b StPO.

Beispiel

Durchführung der Hauptverhandlung binnen einer Woche nach Festnahme und tatsachen-begründete Befürchtung, dass der Festgenommene im Fall seiner Freilassung der Haupt-verhandlung fernbleiben wird.

Hinweis

Examensrelevant sind ausschließlich die vorläufige Festnahme sowie der richterliche (Untersuchungs-)Haftbefehl. Die Strafvollstreckung ist Wahlfachstoff. Für die **mündliche Prüfung** sollten allerdings zumindest die oben dargestellten Grundkenntnisse vorhanden sein.

Übersicht: Arten freiheitsentziehender Maßnahmen

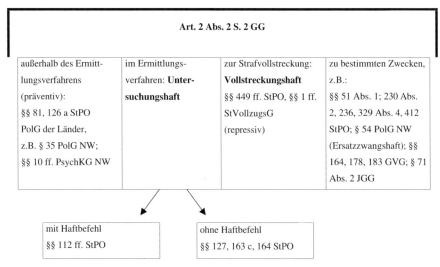

Art. 2 Abs. 2 S. 2 GG			
außerhalb des Ermitt-lungsverfahren (präventiv): §§ 81, 126 a StPO PolG der Länder, z.B. § 35 PolG NW; §§ 10 ff. PsychKG NW	im Ermittlungs-verfahren: **Unter-suchungshaft**	zur Strafvollstreckung: **Vollstreckungshaft** §§ 449 ff. StPO, §§ 1 ff. StVollzugsG (repressiv)	zu bestimmten Zwecken, z.B.: §§ 51 Abs. 1; 230 Abs. 2, 236, 329 Abs. 4, 412 StPO; § 54 PolG NW (Ersatzzwangshaft); §§ 164, 178, 183 GVG; § 71 Abs. 2 JGG

mit Haftbefehl §§ 112 ff. StPO	ohne Haftbefehl §§ 127, 163 c, 164 StPO

II. Untersuchungshaft

1. Zweck

Die Untersuchungshaft dient ausschließlich der **Sicherung des Strafverfahrens** 4
sowie der späteren **Strafvollstreckung**.[1] Sie ist als Eingriff in das Grundrecht aus Art 2 Abs. 2 S. 2 GG an strenge Voraussetzungen gebunden. Die Berechtigung der Aufrechterhaltung der Untersuchungshaft wird in bestimmten, gesetzlich geregelten Abständen kontrolliert.

Hinweis

Die Voraussetzungen der Untersuchungshaft gehören zu den absolut notwendigen Grund-lagen des **Examenswissens**. Für den **Rechtsanwalt** ist die anwaltliche Tätigkeit im frühen Stadium der Untersuchungshaft ein wesentliches Element der Strafverteidigung. Über die richtige anwaltliche Taktik sollte sich insbesondere der junge Rechtsanwalt deshalb rechtzeitig informieren.[2]

---

1 BGHSt 34, 362, 363; *Beulke*, § 11 Rn 208; *Lesch*, 4. Kap. Rn 2.
2 *Brüssow/Gatzweiler/Krekeler/Mehle*, § 5 Rn 6 ff.

2. Voraussetzungen der Untersuchungshaft und des Haftbefehls

a) Schriftlicher Haftbefehl

5   Voraussetzung der Untersuchungshaft ist gem. § 114 StPO ein durch einen Richter angeordneter schriftlicher **Haftbefehl**. Dieser muss gem. § 114 Abs. 2 StPO enthalten:

- Den Namen des Beschuldigten,
- die Tat, derer er dringend verdächtig, konkretisiert nach Zeit und Ort ihrer Begehung, den gesetzlichen Merkmalen der Straftat und den anzuwendenden Strafvorschriften,
- den Haftgrund sowie
- die Tatsachen, aus denen sich der dringende Tatverdacht und der Haftgrund ergeben, soweit nicht dadurch die Staatssicherheit gefährdet wird.
- Erläuterungen zur Verhältnismäßigkeit des Haftbefehls, wenn für eine mögliche Unverhältnismäßigkeit Anhaltspunkte vorliegen.

6   Materielle Voraussetzungen für den Erlass eines Haftbefehls sind gem. § 112 Abs. 1 StPO

- ein **dringender Tatverdacht**,
- ein **Haftgrund**.

Als weitere Voraussetzung wird häufig die **Verhältnismäßigkeit** der Freiheitsentziehung unter Bezugnahme auf § 112 Abs. 1 S. 2 StPO genannt. Die Verhältnismäßigkeit ist jedoch nach dem Wortlaut des Gesetzes („darf nicht angeordnet werden …") nicht positive Voraussetzung der Untersuchungshaft. Vielmehr ist die Unverhältnismäßigkeit ein **Haftausschließungsgrund**.[3] Zu den Konsequenzen vgl. Rn 26.

b) Dringender Tatverdacht

7   Der dringende Tatverdacht ist zunächst zu unterscheiden von den anderen Verdachtsstufen, die im Rahmen der StPO eine Rolle spielen. Der **Anfangsverdacht** ist die geringste Verdachtsstufe. Sie ist Voraussetzung dafür, dass die Staatsanwaltschaft ein Ermittlungsverfahren einleitet. Der Anfangsverdacht ist gegeben, wenn zureichende tatsächliche Anhaltspunkte für die Begehung einer Straftat vorliegen, § 152 Abs. 2 StPO. Zureichende Anhaltspunkte sind gegeben, wenn die der Staatsanwaltschaft bekannt gewordenen Tatsachen es nach den kriminalistischen Erfahrungen als möglich erscheinen lassen, dass eine verfolgbare Straftat vorliegt.[4] Dabei reichen nicht bloße Vermutungen, sehr wohl aber entfernte Indizien.[5] Vgl. zum Anfangsverdacht § 4 Rn 7.

> *Hinweis*
> Gegen die Eröffnung des Ermittlungsverfahrens stehen dem Beschuldigten keine Rechtsmittel zur Verfügung. Sie ist eine interne Entscheidung der Staatsanwaltschaft.

8   Der **hinreichende Tatverdacht** ist gesetzlich in § 203 StPO verankert. Er ist Voraussetzung für den Erlass eines Eröffnungsbeschlusses durch das Gericht. Da das Gericht den Eröffnungsbeschluss nach den Ergebnissen des Ermittlungsverfahrens und ausschließlich auf Grundlage einer staatsanwaltlichen Anklage (Anklagegrundsatz, § 151 StPO) erlässt, ist der hinreichende Tatverdacht auch das Maß der Anklageerhebung

---

3   *Meyer-Goßner,* § 112 Rn 8; *Beulke,* § 11 Rn 216; *Lesch,* 4. Kap. Rn 9.
4   *Bruns,* in: GS H. Kaufmann 1986, S. 866; *Freund,* GA 1995, 13; *Meyer-Goßner,* § 152 Rn 4.
5   *Meyer-Goßner,* § 152 Rn 4.

nach § 170 StPO. Danach ist der hinreichende Tatverdacht gegeben, wenn genügender Anlass zur Erhebung der öffentlichen Klage besteht. Dies ist der Fall, wenn nach dem gesamten Akteninhalt bei vorläufiger Tatbewertung (Prognose!) die Verurteilung des Beschuldigten mit Wahrscheinlichkeit zu erwarten ist.[6]

Hinweis
Mit Erhebung der öffentlichen Klage endet das Vorverfahren und beginnt das Zwischenverfahren. Die Bezeichnung des Beschuldigten ändert sich in Angeschuldigter. Der Angeschuldigte erhält – möglicherweise das erste Mal – rechtliches Gehör (§ 201 StPO). Der Eröffnungsbeschluss kann von dem (dann) Angeklagten nicht angefochten werden, § 210 StPO. Auch im Rahmen der Revision kann die Fehlerhaftigkeit des Eröffnungsbeschlusses nicht geltend gemacht werden, vgl. §§ 336, 210 StPO. Für den Rechtsanwalt bietet das Zwischenverfahren die Möglichkeit, das Gericht davon zu überzeugen, dass die Anklage bereits nicht schlüssig ist, also kein hinreichender Tatverdacht vorliegt. Die Aufforderung des Gerichts gem. § 201 Abs. 1 StPO sollte durch den Verteidiger daher auch genutzt werden. Lehnt das Gericht die Eröffnung des Hauptverfahrens ab, steht der Staatsanwaltschaft dagegen die sofortige Beschwerde zu, § 210 Abs. 3 StPO. Das zuständige Beschwerdegericht ergibt sich für den Normalfall aus §§ 73, 121 GVG.

Der **dringende Tatverdacht** verlangt demgegenüber ein erhöhtes Maß des Tatverdachts. Grund hierfür ist der u.a. durch diese Verdachtsstufe legitimierte Grundrechtseingriff. Der dringende Tatverdacht liegt vor, wenn nach dem gegenwärtigen Ermittlungsstand eine hohe Wahrscheinlichkeit dafür gegeben ist, dass der Beschuldigte Täter oder Teilnehmer einer Straftat ist[7] und sich hieraus strafbar gemacht hat. Damit hindern (wahrscheinlich) vorliegende Tatbestandsausschließungs-, Rechtfertigungs-, Entschuldigungs- und Strafausschließungsgründe das Vorliegen eines hinreichenden Tatverdachts.[8]   9

Hinweis
Die Prüfung, ob die Voraussetzungen für den Erlass eines Haftbefehls vorliegen, eignet sich damit hervorragend als prozessualer Einstieg in eine materiell-rechtlich geprägte **Klausur**. Im Rahmen des dringenden Tatverdachts sind die materiell-rechtlichen Voraussetzungen der Strafbarkeit zu prüfen.

Nicht entscheidend ist dagegen, ob die Wahrscheinlichkeit einer späteren Verurteilung   10 gegeben ist.[9] Denn der dringende Tatverdacht muss zu jedem Zeitpunkt der Ermittlungen beurteilt werden, ohne dass es deshalb Voraussetzung sein kann, dass der spätere Verfahrensablauf eingeschätzt werden kann.[10]

---

6 BGHSt StV 2001, 579; BGHSt 23, 306, 306; *Meyer-Goßner*, § 170 Rn 1.

7 *Meyer-Goßner*, § 112 Rn 5; *Beulke*, § 11 Rn 210.

8 *Meyer-Goßner*, § 112 Rn 5; *Schlothauer*, StV 1996, 283, weshalb es nicht ausreicht, dass sich der Täter materiell strafbar gemacht hat. Vielmehr dürfen auch keine Strafausschließungsgründe (Rechtsfolgenseite!) vorliegen.

9 BGH NStZ 1981, 94; *Meyer-Goßner*, § 112 Rn 5; *Beulke*, § 11 Rn 210. A.A. SK-*Paeffgen*, § 112 Rn 9; *Roxin*, § 37 Rn 15; *Lesch*, 1. Kap. Rn 9 und 4. Kap. Rn 4.

10 *Beulke*, § 11 Rn 210.

Hinweis

Obwohl der Verdachtsgrad des dringenden Tatverdachts stärker ist als der des hinreichenden, setzt der dringende Tatverdacht nicht voraus, dass auch ein hinreichender Tatverdacht
besteht. Grund hierfür ist der **Beurteilungszeitraum.** Der hinreichende Tatverdacht wird
auf Grundlage der abgeschlossenen Ermittlungen beurteilt (vgl. § 203 StPO), der dringende
Tatverdacht demgegenüber auf Grundlage des jeweils aktuellen Ermittlungsstands.

c) Haftgründe

aa) Regelungsbereich

11   Die Haftgründe für die Untersuchungshaft sind **abschließend** in §§ 112, 112 a StPO
geregelt.

Übersicht: Haftgründe

**Gesetzliche Systematik der Haftgründe für die Untersuchungshaft, §§ 112
Abs. 2, 112 a StPO**
- Flucht (§ 112 Abs. 2 Nr. 1 StPO)
- Fluchtgefahr (§ 112 Abs. 2 Nr. 2 StPO)
- Verdunklungsgefahr (§ 112 Abs. 2 Nr. 3 StPO)
- Wiederholungsgefahr (§ 112 a StPO)
- Verdacht eines Kapitaldelikts (§ 112 Abs. 3 StPO).

Je nachdem, ob man Flucht und Fluchtgefahr zusammenrechnet, kommt man somit
auf vier oder fünf Haftgründe für die Untersuchungshaft.

bb) Flucht nach § 112 Abs. 2 Nr. 1 StPO

12   Gem. § 112 Abs. 2 Nr. 1 StPO besteht der Haftgrund der Flucht, wenn der Beschuldigte flüchtig ist oder sich verborgen hält. Erforderlich ist, dass der Beschuldigte mit
mindestens bedingtem Vorsatz im Hinblick auf die **Verhinderung der Strafverfolgung** während oder nach der Tat seine Wohnung aufgibt oder sich in das Ausland mit
der Wirkung absetzt, dass er für die Ermittlungsbehörden und Gerichte unerreichbar
und ihrem Zugriff entzogen ist.[11]

13   Objektiv entscheidend ist es, dass sich der Beschuldigte durch die Flucht dem
Zugriff entzieht. Deshalb spielt es keine Rolle, ob der Beschuldigte trotz der Flucht
für Ladungen etc. postalisch erreichbar ist.[12] Es muss sich um eine Flucht, also
eine mit der Tat im Zusammenhang stehende willentliche Handlung, handeln. Nicht
ausreichend ist es deshalb, dass sich der Beschuldigte durch Ortsveränderung den
Ermittlungen entzieht. So ist ein Ausländer, der sich in sein Heimatland zurückbegibt,
ohne dass dies im Zusammenhang mit der Tat stünde, nicht flüchtig.[13] Ebenso hält
sich ein des Raubes Beschuldigter, der sich verbirgt, um die Herausgabe eines
Kindes an das andere Elternteil zu verhindern, nicht verborgen i.S.d. § 112 Abs. 2
Nr. 1 StPO.[14] Gleiches gilt für den Beschuldigten, der sich versteckt hält, um sich
ausländerpolizeilichen Maßnahmen zu entziehen.[15]

---

11 OLG Düsseldorf NJW 1996, 2204, 2205; *Meyer-Goßner*, § 112 Rn 13.
12 OLG Düsseldorf NJW 1996, 2204, 2205; *Meyer-Goßner*, § 112 Rn 13.
13 OLG Brandenburg StV 1996, 381; OLG Bremen StV-RR 1997, 334; *Meyer-Goßner*, § 112 Rn 13 m.w.N.
14 OLG Schleswig MDR 1980, 1042.
15 LG Hamburg StV 1987, 399.

In subjektiver Hinsicht muss sich der Beschuldigte absetzen, um für das Strafverfahren unerreichbar zu sein, also eine auf Verfahrensvereitelung oder Verfahrenserschwerung gerichtete Tätigkeit entfalten, wobei es ausreicht, dass dieser für möglich erkannte Erfolg lediglich in Kauf genommen wird.[16] Die Voraussetzung der bestimmten Tatsachen, aufgrund derer die Flucht festgestellt wird, ist allerdings bereits gegeben, wenn nach den Umständen die Annahme einer Flucht in diesem Sinne näher liegt als eine andere Erklärung für die Unerreichbarkeit des Beschuldigten.[17]

14

Hinweis
Systematisch entfällt der Haftgrund der Flucht mit der Festnahme aufgrund des Haftbefehls, denn der Beschuldigte hält sich in diesem Moment ja nicht mehr verborgen. Damit wäre dieser gem. § 120 Abs. 1 StPO eigentlich aufzuheben. Jedoch wird durch die vorherige Flucht in aller Regel nun der Haftgrund der Fluchtgefahr indiziert sein. Sollte der Haftbefehl allerdings als Haftgrund nur die Flucht enthalten (vgl. § 114 Abs. 2 Nr. 3 StPO), wäre er wegen Fortfalls des Haftgrunds nach § 120 Abs. 1 StPO aufzuheben, bzw. auf den Haftgrund der Fluchtgefahr zu ändern. Deshalb wird der Haftbefehl in der **Praxis** in aller Regel neben dem Haftgrund der Flucht (§ 112 Abs. 2 Nr. 1 StPO) auch den der Fluchtgefahr (§ 112 Abs. 2 Nr. 2 StPO) enthalten.

cc) Fluchtgefahr

Fluchtgefahr i.S.d. § 112 Abs. 2 Nr. 2 StPO besteht, wenn die Würdigung der Umstände des Falls es wahrscheinlicher macht, dass der Beschuldigte sich dem Strafverfahren entzieht, als dass er sich ihm zur Verfügung halten werde.[18] Hinsichtlich des **zu befürchtenden Verhaltens** (Flucht) ist auf die obigen Ausführungen, vgl. Rn 12 ff., zu verweisen. Die Gefahr, dass sich der Täter durch Selbstmord dem Strafverfahren entzieht, soll nicht für die Annahme der Fluchtgefahr ausreichen,[19] wohl aber die Gefahr, dass sich der Täter durch die Einnahme von Drogen in einen Zustand länger dauernder Verhandlungsunfähigkeit versetzt[20] oder dieses Ziel droht, durch die Nichteinnahme aufgrund seines Gesundheitszustands notwendiger Tabletten zu erreichen.[21]

15

Die Gefahr, dass der Beschuldigte flüchten werde, muss im Rahmen einer **Prognoseentscheidung** unter Berücksichtigung aller Umstände des Einzelfalls festgestellt werden. Hierbei sprechen gegen eine Fluchtgefahr z.B.
- starke familiäre oder berufliche Bindungen,
- hohes Alter oder
- ein schlechter Gesundheitszustand.

16

Für eine Fluchtgefahr können sprechen
- das Fehlen fester familiärer oder beruflicher Bindungen,
- das Fehlen einer festen Wohnung oder auch
- Vermögen oder Bindungen im Ausland.[22]

---

16 OLG Düsseldorf NJW 1996, 2204, 2205; *Meyer-Goßner*, § 112 Rn 13.
17 *Meyer-Goßner*, § 112 Rn 15.
18 OLG Köln NJW 1959, 544; OLG Köln StV 1997, 642; *Meyer-Goßner*, § 112 Rn 17; *Beulke*, § 11 Rn 212.
19 OLG Oldenburg NJW 1961, 1984; *Paeffgen*, NStZ 1995, 21.
20 KG Berlin JR 1974, 165; *Wendisch*, StV 1990, 166, 167; *Meyer-Goßner*, § 112 Rn 18.
21 OLG Oldenburg StV 1990, 165 f.; kritisch hierzu *Lesch*, 4. Kap. Rn 15.
22 *Meyer-Goßner*, § 112 Rn 20 f.

Die Straferwartung im Falle einer Verurteilung kann, genauso wie die Wahrscheinlichkeit des Widerrufs einer Bewährung, Berücksichtigung finden, allerdings die Fluchtgefahr nicht allein begründen.[23] Je höher allerdings die Straferwartung ist, desto stärker wird die hieraus resultierende und andere Indizien verstärkende Wirkung.[24] Das **Maß der Gefahr** ist gesetzlich nicht geregelt. Sie muss realistisch bestehen. Im Falle der Katalogtaten des § 112 Abs. 3 StPO reicht allerdings schon eine verhältnismäßig geringe oder entfernte Gefahr dieser Art aus,[25] vgl. Rn 24. Eine Einschränkung der Anwendbarkeit des Haftgrunds der Fluchtgefahr enthält § 113 Abs. 2 StPO als gesetzlicher Ausdruck der Verhältnismäßigkeit für Straftaten mit geringer Strafandrohung, vgl. Rn 26.

dd) Verdunkelungsgefahr

17   Verdunkelungsgefahr ist nach der Legaldefinition des § 112 Abs. 2 Nr. 3 StPO gegeben, wenn das Verhalten des Beschuldigten den dringenden Verdacht begründet, er werde
- Beweismittel vernichten, verändern, beiseite schaffen, unterdrücken oder fälschen oder
- auf Mitbeschuldigte oder Zeugen oder Sachverständige in unlauterer Weise einwirken oder
- andere zu einem solchen Verhalten veranlassen und
- wenn deshalb die Gefahr droht, dass die Ermittlung der Wahrheit erschwert wird.

Erforderlich ist zunächst der **dringende Verdacht**. Dies setzt eine große Wahrscheinlichkeit[26] der Begehung der enumerativ aufgezählten Handlungen voraus; die bloß vorstellbare Möglichkeit, dass es dazu kommen werde, reicht nicht.[27]

18   Das Verhalten des Beschuldigten muss grundsätzlich **prozessordnungswidrig** und **anstößig** sein. Daher begründet prozessual zulässiges Verhalten wie das Bestreiten der Tat, das Schweigen oder die sonstige Weigerung zur Mitwirkung keine Verdunkelungsgefahr. Zulässig ist es auch zu versuchen, Zeugen zu überreden, von ihrem Aussageverweigerungsrecht Gebrauch zu machen, solange dies nicht unter Druckausübung geschieht.[28] Die Vernichtung von Beweismaterial erfasst insbesondere auch solche Beweismittel, über die der Beschuldigte die rechtliche Verfügungsgewalt hat.[29]

19   Hinzukommen muss zu der konkret befürchteten Handlung stets, dass diese die **Ermittlung der Wahrheit erschweren** würde. Deshalb kann der Haftgrund der Verdunkelungsgefahr nicht mehr vorliegen, wenn der Sachverhalt vollständig aufgeklärt ist.[30] Da die Ermittlung der Wahrheit Sache der Hauptverhandlung ist, muss der **Haftbefehl** i.d.R. nach Abschluss der letzten Tatsacheninstanz **aufgehoben** werden.[31] Eine Einschränkung der Anwendbarkeit des Haftgrunds der Verdunkelungsgefahr enthält

---

23 OLG Bremen StV 1985, 95.
24 *Meyer-Goßner*, § 112 Rn 25.
25 OLG Düsseldorf StraFo 2000, 67.
26 OLG Bremen NJW 1955, 1891; OLG Köln NJW 1959, 544.
27 OLG Köln StV 1992, 383; OLG München StV 1995, 86.
28 *Lesch*, 4. Kap. Rn 21.
29 *Meyer-Goßner*, § 112 Rn 32.
30 *Meyer-Goßner*, § 112 Rn 33.
31 OLG Celle NJW 1963, 1264; *Meyer-Goßner*, § 112 Rn 35.

§ 113 Abs. 1 StPO als gesetzlicher Ausdruck der Verhältnismäßigkeit für Straftaten mit geringer Strafandrohung, vgl. Rn 26.

ee) Wiederholungsgefahr nach § 112 a StPO

Die Gefahr der Begehung von Straftaten ist grundsätzlich kein Haftgrund. Der **20** Bereich der Prävention ist den Polizeigesetzen der Bundesländer zugewiesen. Dort gibt es Sondervorschriften für präventive freiheitsentziehende Maßnahmen. Obwohl es sich bei der Haft aufgrund Wiederholungsgefahr um eine Maßnahme mit präventiv-polizeilicher Natur handelt, ist § 112 a StPO mit dem GG vereinbar.[32] Da Art. 5 Abs. 1 Buchst. c EMRK die Haft zum Zwecke der Verhinderung der Begehung von Straftaten ausdrücklich vorsieht, verstößt § 112 a StPO auch nicht gegen die EMRK.[33]

Eine Ausnahme hiervon ist in § 112 a StPO normiert. In den dort aufgezählten **21** **Katalogtaten** reicht die durch bestimmte Tatsachen begründete Gefahr aus, dass der Beschuldigte vor rechtskräftiger Aburteilung weitere erhebliche Taten gleicher Art begeht oder die Straftat fortsetzt. Die Katalogtaten des § 112 a StPO sind solche, die nach den Kriminalstatistiken erfahrungsgemäß besonders häufig von Serientätern begangen werden. Grundsätzlich findet § 112 a StPO nur Anwendung bei einer zu erwartenden **Mindestfreiheitsstrafe** von mindestens einem Jahr. Eine Ausnahme hiervon gilt in bestimmten Fällen von Straftaten gegen die sexuelle Selbstbestimmung, vgl. § 112 a Abs. 1 Nr. 1 StPO. Die Anwendung des § 112 a StPO ist gegenüber den Haftgründen des § 112 StPO **subsidiär**. Nach § 112 a Abs. 2 StPO darf ein Haftbefehl nicht auf Wiederholungsgefahr gestützt werden, wenn ein Haftgrund nach § 112 StPO vorliegt. Dies **schließt auch aus**, den auf § 112 StPO gestützten Haftbefehl **hilfsweise** auf § 112 a StPO zu stützen.[34]

ff) Verdacht eines Kapitaldelikts nach § 112 Abs. 3 StPO

Nach dem Wortlaut des § 112 Abs. 3 StPO liegt ein Haftgrund auch ohne Vorlie- **22** gen eines Haftgrunds nach § 112 Abs. 2 StPO vor, wenn der Beschuldigte dringend verdächtig ist, eine Katalogtat nach § 112 Abs. 3 StPO begangen zu haben. Das **BVerfG**[35] hat diese Entscheidung des Gesetzgebers im Hinblick auf den Grundrechtsschutz des Beschuldigten jedoch in verfassungskonformer Auslegung korrigiert. Aus dem Grundsatz der Verhältnismäßigkeit folge, dass die Anordnung der Untersuchungshaft an deren Zweck orientiert werde. Dieser sei die Sicherung der Durchführung des Strafverfahrens. Der dringende Tatverdacht der Begehung einer Katalogtat rechtfertige daher an sich entgegen dem Wortlaut des § 12 Abs. 3 StPO nicht die Anordnung von Untersuchungshaft. Vielmehr müssten stets Umstände vorliegen, die die Gefahr begründeten, dass ohne Festnahme die alsbaldige Aufklärung und Ahndung der Tat gefährdet sein könnte.[36]

Im Falle der Katalogtaten des § 112 Abs. 3 StPO soll jedoch im Gegensatz zu § 112 **23** Abs. 2 StPO der zwar nicht mit bestimmten Tatsachen belegbare, aber nach den

---

32 BVerfGE 19, 342, 349 ff.; 35, 185.
33 Ebenso *Meyer-Goßner*, § 112 a Rn 1; a.A. SK-*Paeffgen*, § 112 a StPO Rn 4; *Wolter*, ZStW 1993, 485.
34 LG Bonn StV 1988, 439; *Meyer-Goßner*, § 112 a Rn 17.
35 BVerfGE 19, 342.
36 BVerfGE 19, 342, 350.

Umständen des Falls doch nicht auszuschließende Fluchtverdacht oder Verdunkelungsverdacht unter Umständen bereits ausreichen, um Grundlage eines Haftbefehls zu sein. Ebenso könne in den Katalogfällen die ernstliche Befürchtung, dass der Beschuldigte weitere Verbrechen ähnlicher Art begeht, für den Erlass eines Haftbefehls genügen. § 112 Abs. 3 StPO sei in engem Zusammenhang mit Absatz 2 zu sehen; er lasse sich damit rechtfertigen, dass mit Rücksicht auf die Schwere der dort bezeichneten Straftaten die strengen Voraussetzungen der Haftgründe des Absatzes 2 gelockert werden sollen, um die Gefahr auszuschließen, dass gerade besonders gefährliche Täter sich der Bestrafung entziehen.[37]

24   § 112 Abs. 3 StPO enthält nach dieser Interpretation somit **keinen eigenständigen Haftgrund**. Seine Bedeutung liegt vielmehr darin, den an die Prognose im Rahmen des § 112 Abs. 2 Nr. 2 und 3 StPO sowie § 112 a StPO anzulegenden Maßstab zu lockern und diese Haftgründe im Falle der Katalogtaten unter vereinfachten Voraussetzungen zum Tragen kommen zu lassen. Demgemäß ergibt sich **in der Rechtswirklichkeit** eine vom Gesetzeswortlaut abweichende **Systematisierung der Haftgründe**.

Übersicht: Haftgründe

Rechtstatsächliche Systematik der Haftgründe für die Untersuchungshaft, §§ 112 Abs. 2, 112 a StPO

- Flucht (§ 112 Abs. 2 Nr. 1 StPO)
- Wiederholungsgefahr (§ 112 a StPO)
- Fluchtgefahr (§ 112 Abs. 2 Nr. 2 StPO)
- Verdunkelungsgefahr (§ 112 Abs. 2 Nr. 3 StPO)

Bei gleichzeitiger Reduzierung der notwendigen Wahrscheinlichkeit, wenn der Täter der Begehung eines Kapitaldelikts gem. dem Katalog des § 112 Abs. 3 StPO dringend verdächtig ist.

§ 112 Abs. 3 StPO gilt auch für den Verdacht der Beihilfe oder Anstiftung zu einer der dort aufgezählten Straftaten und unabhängig davon, ob die Straftat vollendet wurde oder im Versuch stecken geblieben ist.[38]

25   Die Haftgründe sind Ausdruck des Verhältnismäßigkeitsgrundsatzes. § 112 Abs. 3 StPO widerspricht diesem Grundsatz eindeutig. Das BVerfG legt deshalb § 112 a Abs. 3 StPO **verfassungskonform** aus.[39] Hiernach ist der Erlass eines Haftbefehls nur zulässig, wenn zusätzlich Umstände vorliegen, die das Vorliegen eines weiteren Haftgrunds nach § 112 Abs. 2 StPO wahrscheinlich macht. Allerdings sind bei Vorliegen eines Kapitaldelikts dann geringere Anforderungen an die Feststellung des Haftgrunds nach § 112 Abs. 2 StPO gegeben. Ausreichend ist bei Vorliegen eines solchen Kapitaldelikts somit die Feststellung, dass zumindest eine **verhältnismäßig geringe oder entfernte Gefahr** der Flucht, der Verdunkelung oder der Wiederholung besteht.[40]

---

37 BVerfGE 19, 342, 350 f.
38 *Meyer-Goßner*, § 112 Rn 36.
39 BVerfGE 19, 342, 350; BVerfG NJW 1966, 772.
40 OLG Düsseldorf StraFo 2000, 67.

Hinweis
Soll der Haftbefehl auf das Vorliegen eines Kapitaldelikts gestützt werden, so muss zusätzlich auch das Vorliegen eines anderen Haftgrundes angeführt und begründet werden.

d) Verhältnismäßigkeit

Nach § 112 Abs. 1 S. 2 StPO darf Untersuchungshaft nicht angeordnet werden, wenn   26
sie zu der Bedeutung der Sache und der zu erwartenden Strafe oder Maßregel der Besserung und Sicherung außer Verhältnis steht. Die Verhältnismäßigkeit ist nach dem Wortlaut des Gesetzes („darf nicht angeordnet werden …") nicht positive Voraussetzung der Untersuchungshaft. Vielmehr ist die **Unverhältnismäßigkeit ein Haftausschließungsgrund.**[41] Dies hat zur Konsequenz, dass die Anordnung von Untersuchungshaft nur dann ausgeschlossen ist, wenn die Unverhältnismäßigkeit positiv feststeht. Der Grundsatz **in dubio pro reo** gilt deshalb nicht.[42] Eine besondere Ausprägung des Verhältnismäßigkeitsgrundsatzes findet sich in **§ 113 StPO** für Straftaten mit Straferwartung von Freiheitsstrafe bis zu sechs Monaten oder Geldstrafe. Die Anordnung der Haft wegen Verdunkelungsgefahr ist in diesen Fällen überhaupt nicht, wegen Fluchtgefahr nur unter den weiteren Voraussetzungen des § 113 Abs. 2 StPO zulässig. Unverhältnismäßig ist die Haft weiter, wenn die vollständige Aufklärung der Tat oder die rasche Durchführung des Verfahrens auch anders gesichert werden kann.[43]

Beispiel
Wenn der Beschuldigte freiwillig Beschränkungen auf sich nimmt, die hierzu ausreichen, z.B. die Ablieferung der Personaldokumente.[44]

Neben der Schwere der Tat und der zu erwartenden Strafe sind die Konsequenzen für die Lebensführung des Beschuldigten abzuwägen. Ob der drohende Tod ein Ausschlussgrund für die Untersuchungshaft sein kann, ist streitig.[45]

3. Verfahren

a) Antrag auf Erlass des Haftbefehls

Im **Ermittlungsverfahren** wird der Haftbefehl grundsätzlich nur auf Antrag der   27
Staatsanwaltschaft erlassen; diese ist die **Herrin des Ermittlungsverfahrens.** Eine Ausnahme hierzu gilt nur bei Gefahr im Verzug und Unerreichbarkeit eines Staatsanwalts, § 125 Abs. 1 StPO. **Nach Erhebung der öffentlichen Klage** kann das Gericht den Haftbefehl vom Amts wegen erlassen. Gem. § 33 Abs. 2 StPO ist vorher die Staatsanwaltschaft zu hören.

---

41 *Meyer-Goßner*, § 112 Rn 8; *Beulke*, § 11 Rn 216; *Lesch*, 4. Kap. Rn 9.
42 *Meyer-Goßner*, § 112 Rn 8.
43 BVerfGE 20,144, 147.
44 OLG Frankfurt/M. JR 1951, 92; *Meyer-Goßner*, § 112 Rn 10.
45 Fall Honecker, BerlVerfGH NJW 1993, 515; a.A. mit beachtlichen Argumenten und m.w.N. *Bartelsperger*, DVBl 1993, 346; *Berkmann*, NVwZ 1993, 409; *Meyer-Goßner*, § 112 Rn 11 a.

b) Erlass des Haftbefehls

28   Während des **Ermittlungsverfahrens** ist für den Erlass des Haftbefehls nach § 125 StPO der Untersuchungsrichter (Geschäftsverteilungsplan!) beim Amtsgericht (sachlich funktional) zuständig, in dessen Bezirk der Gerichtsstand (örtlich) begründet ist, § 125 Abs. 1 StPO. **Nach Erhebung der öffentlichen Klage** ist das mit der Sache befasste Gericht für den Erlass des Haftbefehls zuständig, im Falle der Revision allerdings das letzte Tatsachengericht, § 125 Abs. 2 S. 1 StPO. Grundsätzlich haben die Gerichte in der Kammer zu entscheiden; eine Entscheidung nur durch den Vorsitzenden ist nur in dringenden Fällen zulässig, § 125 Abs. 2 S. 2 StPO. Die für den Erlass des Haftbefehls zuständigen Richter sind gem. § 126 StPO jeweils auch für **weitere Entscheidungen** zuständig, die die Haft betreffen, z.B. Entscheidungen nach §§ 116, 117, 118, 118 a, 119, 123, 124 StPO und Maßnahmen nach § 119 StPO. Grundsätzlich wäre der Beschuldigte gem. § 33 Abs. 3 StPO vor Erlass des Haftbefehls **anzuhören**. Wenn jedoch – wie regelmäßig – die vorherige Anhörung den Zweck der Maßnahme beeinträchtigen würde, kann gem. § 33 Abs. 4 StPO eine Anhörung unterbleiben.

c) Vollstreckung des Haftbefehls

29   Zuständig für die Vollstreckung des Haftbefehls ist die **Staatsanwaltschaft**, § 36 Abs. 2 StPO. Diese wird sich hierzu ihrer Hilfsbeamten (§ 152 GVG) oder anderer Beamten der Polizei (§ 161 StPO) bedienen. Durch den Haftbefehl wird gleichzeitig gestattet, zum Zweck der Vollstreckung die **Wohnung** des Beschuldigten zu **betreten**, nicht aber, diese auch zu durchsuchen,[46] denn §§ 102, 105 StPO sind insoweit lex specialis. Ein **Zufallsfund** darf bei dieser Gelegenheit aber gemacht werden. Bei der Verhaftung ist der Haftbefehl dem Beschuldigten **bekannt zu geben**, § 114 a StPO. Die Bekanntmachung ist wegen § 35 Abs. 2 S. 2 StPO grundsätzlich **formlos** möglich. Jedoch erhält der Beschuldigte gem. § 114 a Abs. 2 StPO eine (beglaubigte) **Abschrift des Haftbefehls** in einer für ihn verständlichen Sprache (Art. 5 Abs. 2 EMRK), vgl. Nr. 181 Abs. 2 RiStBV. Ist eine solche Bekanntmachung nicht möglich, so ist dem Beschuldigten zumindest zu eröffnen, welcher Tat er verdächtig ist.

> *Hinweis*
> Unterbleibt die Bekanntmachung, so hat dies **keine verfahrensrechtlichen Konsequenzen**, es ist insbesondere kein Revisionsgrund. Die Bekanntmachung ist nachzuholen.

Da der Beschuldigte sich vom Zeitpunkt der Festnahme nicht mehr auf freiem Fuß befindet, ist ihm gem. § 35 Abs. 3 StPO der Haftbefehl auf Verlangen vorzulesen.

d) Weiteres Verfahren

30   Gem. Art. 104 GG ist von jeder richterlichen Entscheidung über die Anordnung oder die Fortdauer einer Freiheitsentziehung unverzüglich ein Angehöriger des Festgehaltenen oder eine Person seines Vertrauens zu berichten. Seine einfachgesetzliche Ausprägung findet dieser Grundsatz in § 114 b StPO. Die Vorschrift dient nicht in erster Linie dem Interesse des Beschuldigten, sondern dem Schutz der Allgemeinheit vor dem Verschwinden von Menschen ohne Kenntnis unabhängiger Dritter.

---

46 Str., so auch SK-*Paeffgen*, § 114 Rn 14; a.A. *Meyer-Goßner*, § 114 Rn 20.

Die Person des **Empfängers der Benachrichtigung** bestimmt der Richter. Er ist an 31
die Vorschläge des Beschuldigten nicht gebunden. Angehöriger kann jede Person sein,
die mit dem Festgenommenen in einem (wenn auch weiten) verwandtschaftlichen
Verhältnis steht. Es handelt sich nicht um einen terminus technicus i.S.d. §§ 52 Abs. 1,
11 Abs. 1 Nr. 1 StGB. **Vertrauensperson** kann jeder von dem Beschuldigten als
solche benannte Person sein. Stets Vertrauensperson ist lediglich der Wahlverteidiger,
nicht aber der Pflichtverteidiger. Dieser wird nur durch ausdrückliche Benennung zu
einer Vertrauensperson. Zu informieren ist entweder ein Angehöriger oder die Vertrauensperson. Eine bestimmte **Form** ist für die Benachrichtigung nicht vorgeschrieben. Ausnahmen von der Benachrichtigungspflicht gibt es nicht, selbst dann nicht, wenn
Staatsschutzinteressen dies gebieten. Gem. § 114 b Abs. 2 StPO ist **zusätzlich** dem
Verhafteten die Gelegenheit zu geben, einen Angehörigen oder eine Person seines
Vertrauens zu benachrichtigen. Diese Möglichkeit steht unter dem Vorbehalt, dass der
Zweck der Untersuchung dadurch nicht gefährdet wird. Eine Benachrichtigung durch
den Verhafteten selbst gem. § 114 b Abs. 2 StPO ersetzt nicht die Benachrichtigung
gem. § 114 b Abs. 1 StPO.

Das Recht **zur Beschwerde** gegen die Entscheidung des Richters, eine Benachrich- 32
tigung zu unterlassen oder an eine bestimmte Person zu richten, steht gem. § 304
Abs. 1 StPO der Staatsanwaltschaft und dem Beschuldigten zu, dem Beschuldigten
aber nicht mehr, wenn er bereits selber eine Benachrichtigung nach § 114 b Abs. 2
StPO vorgenommen hat.[47] Gleiches gilt auch dann, wenn der Verteidiger anderweitig
Kenntnis von der Festnahme erlangt hat.

Jeder Festgenommene ist gem. Art. 104 Abs. 3 GG spätestens am Tag nach der 33
Festnahme einem Richter vorzuführen, der ihm die Gründe der Festnahme mitzu-
teilen, ihn zu vernehmen und ihm Gelegenheit zu Einwendungen zu geben hat. Der
Richter entscheidet dann auch über die Freilassung oder erlässt einen schriftlichen
Haftbefehl. Einfachgesetzliche Ausprägung findet Art. 104 Abs. 3 GG in § 115 StPO.
Gem. § 115 Abs. 1 StPO ist der Festgenommene unverzüglich dem zuständigen Rich-
ter vorzuführen. **Unverzüglich** bedeutet ohne jede vermeidbare Verzögerung. Das
Merkmal der Unverzüglichkeit stellt strengere Anforderungen als Art. 104 Abs. 3 GG.
Die Vorführung darf nicht bis zum Ablauf des Tages nach der Festnahme verzögert
werden, es sei denn, eine frühere Vorführung ist nicht möglich.

> *Hinweis*
> Trotz der strengen (auch verfassungsrechtlichen) Vorgaben zwingt eine Überschreitung der
> Frist nicht zur Aufhebung des Haftbefehls.

Zuständiger Richter ist gem. § 126 Abs. 1 S. 1 StPO der Richter, der den Haftbefehl 34
erlassen hat. Ist eine Vorführung vor diesen Richter nicht spätestens am Tag nach der
Ergreifung möglich, so muss gem. § 115 a StPO der Festgenommene einem Richter
des **nächsten Amtsgerichts** vorgeführt werden. Diesem Richter steht gem. § 115
Abs. 2 S. 3 StPO das Recht zu, den Festgenommenen freizulassen, wenn der Haftbefehl aufgehoben oder der Ergriffene nicht die in dem Haftbefehl bezeichnete Person
ist. Aus anderen Gründen darf dieser sog. nächste Richter den Festgenommenen aber
nicht freilassen. Liegen andere Bedenken gegen den Haftbefehl vor, so hat der Richter
gem. § 115 a Abs. 2 S. 4 StPO dies dem zuständigen Richter (vgl. § 126 Abs. 1 S. 2
StPO) mitzuteilen. Vor dem Richter, sei es der zuständige oder der sog. nächste

---

47 *Meyer-Goßner*, § 114 b Rn 10.

Richter, ist der Festgenommene **zu vernehmen.** Der Richter hat die Vernehmung **unverzüglich** einzuleiten, spätestens aber am nächsten Tag.

> *Beispiel*
> Findet eine Festnahme am Dienstag um 01:15 Uhr statt, so muss die Vernehmung – so eine schnellere Vorführung und Vernehmung nicht möglich ist – bis spätestens mit Ablauf des Mittwoch, also bis 24.00 Uhr stattgefunden haben.

35   Bei der Vernehmung ist der Beschuldigte gem. § 115 Abs. 3 StPO auf die ihm belastenden Umstände und sein Recht hinzuweisen, sich zur Beschuldigung zu äußern oder nichts zur Sache auszusagen. Ihm ist Gelegenheit zu geben, die Verdachts- und Haftgründe zu entkräften und die Tatsachen geltend zu machen, die zu seinen Gunsten sprechen. Handelt es sich um die erste Vernehmung in der Sache, so gilt § 136 StPO. Der Beschuldigte ist grundsätzlich auch darüber zu belehren, dass er jederzeit einen Wahlverteidiger beauftragen kann.[48] Entscheidet sich der Festgenommene, einen Verteidiger hinzuzuziehen, so ist die Vernehmung bis maximal zum Ablauf der Frist des § 115 Abs. 2 StPO zurückzustellen.

36   Da das Verfahren sich noch im Vorverfahren befindet, ist die Bestellung eines **Pflichtverteidigers** auch bei Vorliegen der Voraussetzungen des § 140 StPO noch nicht zwingend. Lediglich kann die Staatsanwaltschaft dies beantragen, wenn sie der Auffassung ist, dass die Mitwirkung eines Verteidigers nach § 140 Abs. 1 oder 2 StPO notwendig sein wird, § 141 Abs. 3 S. 2 StPO. Zwingend muss ein Pflichtverteidiger erst dann bestellt werden, wenn die Untersuchungshaft mindestens drei Monate gedauert hat und die Staatsanwaltschaft oder der Beschuldigte oder sein gesetzlicher Vertreter es beantragt, § 117 Abs. 4 StPO.

37   Der Richter, und zwar wegen § 115 a Abs. 3 StPO nur der gem. § 126 Abs. 1 StPO zuständige Richter, entscheidet über Aufhebung oder Aufrechterhaltung der Haft. Entscheidet der Richter, die Haft aufrecht zu erhalten, so ist der Festgenommene gem. § 115 Abs. 4 StPO über das Recht der Beschwerde und die sonstigen Rechtsbehelfe, insbesondere die Möglichkeit der Haftprüfung gem. § 117 StPO und den Ablauf gem. § 118 Abs. 1, 2 StPO, zu belehren. Über die Möglichkeit der weiteren Beschwerde nach § 310 Abs. 1 StPO braucht er dagegen nicht belehrt zu werden.[49]

e)   Aussetzung gegen Auflagen nach §§ 116, 116 a StPO

38   Der Richter hat gem. § 116 StPO den Haftbefehl jederzeit auszusetzen, wenn die dortigen Voraussetzungen vorliegen. **Aussetzung** bedeutet, dass der Haftbefehl als solches bestehen bleibt. Lediglich der Vollzug des Haftbefehls wird ausgesetzt. Dies wird gerechtfertigt durch die Festsetzung milderer Mittel, durch die der Haftzweck ebenfalls erreicht wird.

> *Hinweis*
> Terminologisch zu unterscheiden sind die Aussetzung des Vollzugs des Haftbefehls und die Aufhebung des Haftbefehls. Der Beschuldigte kann mit der Haftprüfung, vgl. Rn 41 ff., sowohl die Aussetzung des Vollzugs als auch die Aufhebung des Haftbefehls verfolgen.

---

48 *Meyer-Goßner*, § 115 Rn 8.
49 *Meyer-Goßner*, § 115 a Rn 12.

Auch die Staatsanwaltschaft kann beantragen, den Haftbefehl außer Vollzug zu setzen. Hieran ist das Gericht – im Gegensatz zu dem Antrag auf Aufhebung des Haftbefehls vor Erhebung der öffentlichen Klage – zu keinem Zeitpunkt des Verfahrens gebunden.

f) Aufhebung des Haftbefehls

Der Haftbefehl ist zu **jedem Zeitpunkt des Verfahrens** aufzuheben, sobald die **39** Voraussetzungen der Untersuchungshaft nicht mehr vorliegen. Gleiches gilt auch dann, wenn die Bedeutung der Sache und der zu erwartenden Strafe oder Maßregel zu der weiteren Untersuchungshaft außer Verhältnisses steht, § 120 Abs. 1 StPO. Über das Vorliegen der Voraussetzungen entscheidet **bis zur Erhebung der öffentlichen Klage** der Untersuchungsrichter, der gem. § 125 StPO den Haftbefehl erlassen hat, § 126 Abs. 1 S. 1 StPO. **Nach Erhebung der öffentlichen Klage** ist das Gericht zuständig, das mit der Sache befasst ist, § 126 Abs. 2 StPO. Funktionell zuständig ist **das Gericht**, also die Kammer. In dringenden Fällen kann aber auch der Vorsitzende allein den Haftbefehl aufheben, wenn die Staatsanwaltschaft zustimmt, § 126 Abs. 2 S. 3 und S. 4 StPO. Stimmt die Staatsanwaltschaft nicht zu, ist unverzüglich die Entscheidung des Gerichts herbeizuführen, § 126 Abs. 2 S. 4 Hs. 2 StPO.

Der Haftbefehl ist zwingend aufzuheben, wenn **40**
- vor Erhebung der öffentlichen Klage die Staatsanwaltschaft die Aufhebung beantragt;
- die Eröffnung des Hauptverfahrens abgelehnt wird, § 120 StPO;
- das Verfahren nicht bloß vorläufig eingestellt wird, § 120 StPO;
- der Beschuldigte freigesprochen wird, § 120 StPO;
- die Haft länger als sechs Monate gedauert hat, kein Urteil ergangen ist, das auf Freiheitsstrafe oder freiheitsentziehende Maßnahmen erkennt, die besondere Schwierigkeit oder der besondere Umfang der Ermittlungen die Fortdauer der Haft nicht rechtfertigt und die Aussetzung des Vollzugs des Haftbefehls nach § 116 StPO nicht in Betracht kommt, es sei denn, das Oberlandesgericht hat die Fortdauer der Untersuchungshaft angeordnet oder die Akten sind diesem gem. § 122 Abs. 3 StPO bereits übersandt worden.

Im Rahmen dieser zwingenden Fälle der Aufhebung des Haftbefehls sind insbesondere die Fälle der Fortdauer der Untersuchungshaft über sechs Monate zu beachten. Einzelheiten zu den aufgezählten Voraussetzungen der Aufhebung des Haftbefehls in diesen Fällen finden sich in § 121 StPO sowie in Nr. 56 RiStBV.

4. Rechtsschutz und Haftprüfung

a) Grundsätze

Neben den Vorschriften zur Aussetzung des Vollzugs der Untersuchungshaft sowie **41** der Aufhebung des Haftbefehls (vgl. Rn 38 ff.) sieht die StPO eine regelmäßige Prüfung vor, ob die Voraussetzungen der Untersuchungshaft noch vorliegen. Hierbei handelt es sich um die obligatorische **Haftprüfung**, die durchzuführen ist, wenn der Beschuldigte dies beantragt oder, so er dies nicht beantragt, auch von Amts wegen durchgeführt wird. Ungeachtet der gesetzlich angeordneten Sicherung der Rechte des Beschuldigten ist nach der Rechtsprechung auch darüber hinaus die Rechtschutzintensität zu verstärken. So kann nach § 147 Abs. 2 StPO die Akteneinsicht des Verteidigers

vor Abschluss der Ermittlungen versagt werden, wenn hierdurch der Untersuchungszweck gefährdet werden könnte. Befindet sich jedoch der Beschuldigte in Untersuchungshaft, so ist die Versagung des vollständigen Akteneinsichtsrechts nicht mehr
zulässig. Bereits früher hat das BVerfG an die Beschränkung des Akteneinsichtsrechts
bei in Haft befindlichen Beschuldigten hohe Anforderungen gestellt.[50] Der EGMR
hat diese Rechtsprechung noch verschärft, indem er eine Verletzung des Art. 5 Abs. 4
EMRK darin gesehen hat, dass dem Verteidiger des inhaftierten Beschuldigten die
Einsicht in Beweismittel vorenthalten wurde.

> *Hinweis*
> Verstößt die Staatsanwaltschaft gegen diese Rechtschutzverstärkung und hat sich der
> Beschuldigte vergeblich gem. § 147 Abs. 5 StPO auf dem Rechtswege um Akteneinsicht
> bemüht, so ist der Haftbefehl aufzuheben.[51]

b) Haftprüfung auf Betreiben des Beschuldigten

42   Der Beschuldigte kann gem. § 117 Abs. 1 StPO jederzeit die gerichtliche Prüfung
beantragen, ob der Haftbefehl aufzuheben oder dessen Vollzug nach § 116 StPO
auszusetzen ist (Legaldefinition für Haftprüfung, vgl. § 117 Abs. 1 StPO). Bei der
Haftprüfung gem. § 117 StPO handelt es sich um ein **förmliches Verfahren**, das – im
Gegensatz zu der von Amts wegen ständig durchzuführenden Überprüfung der Haft –
aktenkundig zu machen ist. Der Beschuldigte ist gem. § 115 Abs. 4 StPO über die
Möglichkeit der Haftprüfung zu belehren.

43   Der Antrag auf Haftprüfung bedarf **keiner Form**. Er kann sowohl mündlich als auch
schriftlich oder zur Protokoll des Urkundsbeamten der Geschäftsstelle des zuständigen
Gerichts erklärt werden. Zuständiges Gericht kann in diesem Falle gem. § 299 StPO
das Amtsgericht sein, in dessen Bezirk die Haftanstalt liegt, wo sich der Beschuldigte befindet. **Antragsvoraussetzung** ist lediglich, dass der Haftbefehl vollzogen
wird, über dessen Aufrechterhaltung oder Außervollzugssetzung entschieden werden
soll.[52] Er setzt also insbesondere Untersuchungshaft voraus. Befindet sich der Beschuldigte in Vollstreckungshaft, findet § 117 StPO keine Anwendung.

44   Die **Entscheidung des Gerichts** kann nach mündlicher Verhandlung ergehen, wenn
der Beschuldigte dies beantragt oder das Gericht es für nötig hält, § 118 Abs. 1 StPO.
Ansonsten kann die Entscheidung auch nach Aktenlage ergehen. Der Richter hat
die Möglichkeit der **Beweiserhebung**. Gem. § 33 Abs. 2 StPO ist vor der Entscheidung die Staatanwaltschaft zu hören. Prüfungsmaßstab ist die Rechtmäßigkeit der
Aufrechterhaltung des Haftbefehls. Insbesondere müssen **alle Voraussetzungen** für
den Haftbefehl vorliegen, also ein dringender Tatverdacht sowie ein Haftgrund. Die
Aufrechterhaltung der Haft darf nicht unverhältnismäßig sein.

> *Hinweis*
> Die Entscheidung über einen Antrag auf Haftprüfung bietet sich für die **Klausur** an, um
> inzidenter die Voraussetzungen der Untersuchungshaft abprüfen zu können.

45   Der Haftrichter hat die Entscheidungsmöglichkeiten, den Haftbefehl aufrecht zu
erhalten, ihn aufzuheben (vgl. § 120 StPO) oder seinen Vollzug nach § 116 StPO

---

50 BVerfG NStZ-RR 1998, 108; OLG Hamm NStZ-RR 2001, 254.
51 BVerfG NStZ 1994, 551.
52 *Meyer-Goßner*, § 117 Rn 4.

auszusetzen. Die richterliche Entscheidung ergeht durch **Beschluss**. Dieser ist gem. § 34 StPO mit Gründen zu versehen. Der Beschluss ist dem Beschuldigten und der Staatsanwaltschaft **formlos** bekannt zu machen, da durch ihn keine Fristen in Gang gesetzt werden. **Rechtsmittel** gegen den Beschluss sind die **Beschwerde** sowie die **weitere Beschwerde**.

c) Haftbeschwerde auf Betreiben des Beschuldigten

Alternativ zum Antrag auf Haftprüfung kann der Beschuldigte **Beschwerde** 46 erheben. Voraussetzungen und Inhalt sowie zulässige Entscheidungen der Haftbeschwerde ergeben sich aus §§ 304, 120, 116 StPO. Die Haftbeschwerde ist gegenüber dem Antrag auf Haftprüfung **subsidiär**. Die gleichzeitig oder vor oder nach dem Haftprüfungsantrag eingelegt Beschwerde ist unzulässig, wenn mit ihr dasselbe Rechtschutzziel verfolgt wird wie mit der Haftprüfung, nämlich entweder die Aufhebung oder die Aussetzung der Vollziehung des Haftbefehls.[53] Diese Subsidiarität ergibt sich aus § 117 Abs. 2 S. 1 StPO. Sie gilt allerdings nur für die Beschwerde außerhalb des Haftprüfungsverfahrens. Das Recht der Beschwerde gegen die Entscheidung im Haftprüfungsverfahren bleibt unberührt.

d) Haftprüfung von Amts wegen

Gem. § 117 Abs. 5 StPO ist von Amts wegen eine Haftprüfung durchzuführen, wenn 47 die Untersuchungshaft drei Monate gedauert hat, ohne dass der Beschuldigte die Haftprüfung beantragt oder Haftbeschwerde eingelegt hat. Ist der Beschuldigte durch einen Verteidiger vertreten, so findet ebenfalls keine Haftprüfung von Amts wegen statt, § 117 Abs. 5 Hs. 2 StPO. Auch diese Haftprüfung ist ein **förmliches Verfahren**. Es richtet sich nach demselben Prüfungsmaßstab wie die Haftprüfung auf Initiative des Beschuldigten.

III. Vorläufige Festnahme

Im Gegensatz zur Vollstreckung eines bereits erlassenen Haftbefehls bezeichnet die 48 vorläufige Festnahme diejenigen Fälle der Festnahme, denen kein Haftbefehl zugrunde liegt. Die Rechtmäßigkeit der vorläufigen Festnahme richtet sich nach §§ 127, 127 b StPO. Gesetzlich wird danach unterschieden, ob die Festnahme durch jedermann erfolgt oder durch Staatsanwaltschaft oder Polizei. Die vorläufige Festnahme durch jedermann ist gem. § 127 Abs. 1 StPO zulässig, wenn jemand auf frischer Tat betroffen oder verfolgt wird und er der Flucht verdächtig ist oder seine Identität nicht sofort festgestellt werden kann. Der sog. Jedermann-Paragraph des § 127 Abs. 1 StPO kommt grundsätzlich jedem zugute, auch Beamten der Staatsanwaltschaft oder der Polizei. Insoweit aber die Feststellung der Identität der Grund für die Festnahme gem. § 127 Abs. 1 StPO ist, sind die Vorschriften der §§ 163 b und 163 c StPO lex specialis.

Die **Staatsanwaltschaft** und die **Beamten des Polizeidienstes** sind auch ungeachtet 49 des „Auf-frischer-Tat-betroffen-seins" zur vorläufigen Festnahme berechtigt, wenn die Voraussetzungen für den Erlass eines Haftbefehls vorliegen und Gefahr im Verzug

---

53 OLG Hamburg MDR 1984, 72.

ist, § 127 Abs. 2 StPO. Gefahr im Verzug liegt vor, wenn die Festnahme infolge der Verzögerung gefährdet wäre, die durch das Erwirken eines richterlichen Haft- oder Unterbringungsbefehls eintreten würde. Hat bereits ein Richter den Erlass des Haftbefehls abgelehnt, so ist eine vorläufige Festnahme nach § 127 Abs. 2 StPO wegen derselben Straftat ausgeschlossen, es sei denn, es liegen neue Tatsachen vor.

50 Eine weitere Möglichkeit der vorläufigen Festnahme durch Staatsanwaltschaft und Polizei ist die vorläufige Festnahme zur Durchführung der Hauptverhandlung im beschleunigten Verfahren gem. § 127 b StPO. Im Rahmen des Ermittlungsverfahrens sind somit die nachfolgenden Möglichkeiten von Staatsanwaltschaft und Polizei zur vorläufigen Festnahme zu unterscheiden.

Übersicht: vorläufigen Festnahme

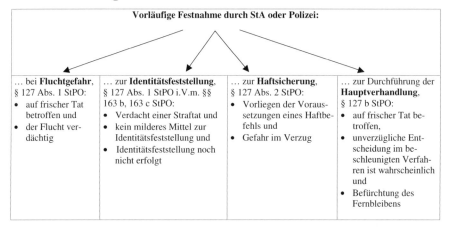

Vorläufige Festnahme durch StA oder Polizei:

... bei **Fluchtgefahr**, § 127 Abs. 1 StPO:	... zur **Identitätsfeststellung**, § 127 Abs. 1 StPO i.V.m. §§ 163 b, 163 c StPO:	... zur **Haftsicherung**, § 127 Abs. 2 StPO:	... zur Durchführung der **Hauptverhandlung**, § 127 b StPO:
• auf frischer Tat betroffen und • der Flucht verdächtig	• Verdacht einer Straftat und • kein milderes Mittel zur Identitätsfeststellung und • Identitätsfeststellung noch nicht erfolgt	• Vorliegen der Voraussetzungen eines Haftbefehls und • Gefahr im Verzug	• auf frischer Tat betroffen, • unverzügliche Entscheidung im beschleunigten Verfahren ist wahrscheinlich und • Befürchtung des Fernbleibens

51 Für **alle Möglichkeiten der vorläufigen Festnahme** gilt, dass der Festgenommene spätestens am Tag nach der Festnahme dem Richter bei dem Amtsgericht, in dessen Bezirk er festgenommen worden ist, vorzuführen ist, § 128 Abs. 1 S. 1 StPO. Der Richter vernimmt den Vorgeführten gem. § 115 Abs. 3 StPO. Der Richter hat die Möglichkeit, den Festgenommenen freizulassen. Lässt er ihn nicht frei, so erlässt er auf Antrag der Staatsanwaltschaft oder, wenn ein Staatsanwalt nicht erreichbar ist, von Amts wegen einen **Haftbefehl**. Das weitere Verfahren sowie die Verpflichtung zur Rechtsmittelbelehrung richtet sich nach § 115 StPO, vgl. Rn 30 ff. Ist gegen den vorläufig Festgenommenen bereits die öffentliche Klage erhoben, so ist er entweder sofort, spätestens jedoch auf Verfügung des Richters, dem er zunächst vorgeführt worden ist, **dem zuständigen Gericht vorzuführen**. Zuständiges Gericht ist gem. § 125 Abs. 2 StPO das Gericht, das mit der Sache befasst ist. Dieses Gericht hat spätestens am Tage nach der Festnahme über die Freilassung, Verhaftung oder einstweilige Unterbringung des Festgenommenen zu entscheiden, § 129 StPO.

B. Weitere Zwangsmittel

I. Grundsatz

Die körperliche Untersuchung von Personen (in der Umgangssprache: Durchsuchung) **52** differenziert sich in ihren Voraussetzungen danach, ob der Beschuldigte untersucht wird oder eine dritte Person.

II. Untersuchung von Personen

Die Untersuchung des Beschuldigten wird geregelt durch §§ 81, 81 a, 81 b, 81 e, 81 f **53** StPO. Nach **§ 81 StPO** kann ein Beschuldigter in ein öffentliches psychiatrisches Krankenhaus gebracht und dort beobachtet werden. Der Schwerpunkt der Maßnahme liegt in dem Fall auf der Beobachtung, weshalb die Vorschrift systematisch nicht den freiheitsentziehenden Maßnahmen, sondern der Beobachtung und Untersuchung von Personen zuzuordnen ist.

Gem. **§ 81 b StPO** ist es zulässig, zum Zweck der Durchführung des Strafverfahrens **54** oder für die Zwecke des Erkennungsdienstes Lichtbilder und Fingerabdrücke des Beschuldigten zu fertigen. Insoweit § 81 b StPO Maßnahmen für erkennungsdienstliche Zwecke gestattet, handelt es sich um in die StPO als Fremdkörper aufgenommenes materielles Polizeirecht.[54] Die Vorschrift ist aber – auch im Hinblick auf die Gesetzgebungskompetenz – **verfassungsgemäß**, da der Bund hierfür gem. Art. 74 Nr. 1 GG und dem Sachzusammenhang die Gesetzgebungskompetenz hat.[55] Die Nutzung der Kompetenzen des § 81 b StPO darf somit sowohl der Überführung des Beschuldigten in einem bestimmten Strafverfahren dienen als auch der vorsorglichen Bereitstellung von sächlichen Hilfsmitteln für die Erforschung und Aufklärung von Straftaten.

> *Hinweis*
> Die Rechtmäßigkeit der Errichtung einer flächendeckenden **Gen-Datenbank** ist somit am Maßstab des § 81 b StPO zu messen.

Im Schwerpunkt der Maßnahmen gegenüber dem Beschuldigten steht die Kompetenz- **55** norm des **§ 81 a StPO**. § 81 a StPO unterscheidet zwischen der **körperlichen Untersuchung** des Beschuldigten (§ 81 a Abs. 1 S. 1 StPO) und **anderen körperlichen Eingriffen** (§ 81 a Abs. 1 S. 2 StPO). Generell gilt, dass der Beschuldigte im Rahmen des § 81 a StPO nicht zu einer **aktiven Beteiligung** an der Untersuchung verpflichtet ist oder gezwungen werden kann. Nach ganz herrschender Meinung[56] widerspräche es dem „nemo tenetur-Grundsatz", wollte man den Beschuldigten zwingen, aktiv an der Aufklärung mitzuwirken. Die herrschende Meinung zieht deshalb die Grenze der Mitwirkung zwischen der aktiven Mitwirkung und der passiven Duldung.[57]

---

54 BVerwGE 11, 181; OVG Münster DÖV 1983, 603.
55 BVerwGE 26, 169, 171.
56 BGHSt 34, 39, 46; OLG Düsseldorf JZ 1988, 984; OLG Hamm NJW 1974, 713; BGH VRS 29, 203; *Meyer-Goßner*, § 81 a Rn 11 m.w.N.
57 BGH St 34, 39, 45 f.; OLG Frankfurt/M. StV 1996, 651, 652; a.A. *Lesch*, 4. Kap. Rn 53 ff.

> *Beispiel*
> Der Beschuldigte ist somit nicht gezwungen, zum Zweck eines Trinkversuchs Alkohol zu trinken, Kontrastmittel für Röntgenuntersuchungen einzunehmen, Brechmittel einzunehmen, die Knie zu beugen, die Arme auszustrecken, Gehproben vorzunehmen etc.

Für den gesamten § 81 a StPO bedeutet der Begriff des **Beschuldigten** nicht, dass bereits ein Ermittlungsverfahren anhängig sein muss. Vielmehr müssen hinreichende Anhaltspunkte i.S.d. § 152 Abs. 2 StPO für eine Straftat vorliegen.

56 Für jede Maßnahme im Rahmen des § 81 a StPO gilt, dass die Anordnung dem **Richter** bei Gefährdung des Untersuchungszwecks durch Verzögerung auch der **Staatsanwaltschaft und ihren Ermittlungspersonen** zusteht. Dabei gilt, dass die Anordnung schwerer Eingriffe stets dem Richter vorbehalten ist.[58] Zuständig ist im Vorverfahren gem. § 162 StPO der **Ermittlungsrichter**. Nach Anklageerhebung entscheidet das jeweils mit der Sache befasste Gericht unter Mitwirkung der Schöffen.

57 Für die **Vollziehung der richterlichen Anordnung** ist gem. § 36 Abs. 2 S. 1 StPO die Staatsanwaltschaft zuständig. Die entsprechenden Anordnungen der Staatsanwaltschaft sind **zwangsweise** durchsetzbar. Dies bedeutet z.B., dass zu ihrer Durchführung der Beschuldigte vorübergehend festgenommen werden darf, zwangsweise in ein Krankenhaus eingeliefert oder zur Entnahme einer Blutprobe festgeschnallt werden darf.

58 Die **einfache körperliche Untersuchung** gem. § 81 a Abs. 1 S. 1 StPO erschöpft sich darin, dass der Körper des Beschuldigten zum Augenscheinsobjekt gemacht wird. Die Untersuchung dient dem Zweck, die vom Willen des Beschuldigten unabhängige Beschaffenheit seines Körpers oder einzelner Körperteile, das Vorhandensein von Fremdkörpern in den natürlichen Körperöffnungen oder auch den psychischen Zustand des Beschuldigten und die Arbeitsweise des Gehirns, auch die körperbedingten psychischen Funktionen durch sinnliche Wahrnehmung ohne körperliche Eingriffe festzustellen.[59] Gegenstand der Körperoberfläche sind auch die natürlichen Körperöffnungen. Die Untersuchung muss **nicht durch einen Arzt** vorgenommen werden. Der Beschuldigte ist nach § 81 a Abs. 1 S. 1 StPO verpflichtet, die Untersuchung zu dulden. Hierzu gehört auch, dass er verpflichtet ist, sich für die Untersuchung zu entkleiden.[60]

59 Da Gegenstand des § 81 a Abs. 1 S. 1 StPO die allgemeine Betrachtung des Beschuldigten ist, fällt unter diese Kompetenznorm auch die **Gegenüberstellung** des Beschuldigten mit einem Zeugen.[61] Im Zusammenspiel mit § 81 b StPO („ähnliche Maßnahmen") ist es auch gestattet, zum Zwecke dieser Gegenüberstellung im Rahmen des § 81 a Abs. 1 S. 1 StPO den Beschuldigten äußerlich zu verändern.

> *Beispiel*
> Aufsetzen eines Huts, Ankleben eines Barts etc.

60 Im Gegensatz zu der einfachen körperlichen Untersuchung gem. § 81 a Abs. 1 S. 1 StPO bedürfen **andere körperliche Eingriffe** gem. § 81 a Abs. 1 S. 2 StPO der Vornahme durch einen Arzt nach den Regeln der ärztlichen Kunst zu Untersuchungszwecken. Gegen den Willen des Beschuldigten ist eine solche Untersuchung nur

---

58 BVerfGE 16, 194.
59 *Meyer-Goßner*, § 81 a Rn 9 a.
60 LG Düsseldorf NJW 1973, 1931.
61 *Odenthal*, NStZ 1985, 433 ff.; *Lesch*, 4. Kap. Rn 67.

zulässig, wenn kein Nachteil für dessen Gesundheit zu befürchten ist, § 81 a Abs. 1 S. 2 StPO a.E.

Der körperliche Eingriff beschränkt sich nicht auf die Untersuchung, sondern erstreckt **61** sich auch auf den tatsächlichen Eingriff in die Körperintegrität, z.B. die **Entnahme natürlicher Körperbestandteile**. Mit diesen kann dann gem. §§ 81 e f. StPO eine DNA-Analyse durchgeführt werden. Die Untersuchung der natürlichen Körperöffnungen fällt dagegen unter § 81 a Abs. 1 S. 1 StPO. Der Eingriff muss nach den Regeln der ärztlichen Kunst vorgenommen werden und gesundheitliche Nachteile müssen mit an Sicherheit grenzender Wahrscheinlichkeit ausgeschlossen sein. Hinzu kommt, dass als Ausfluss des **Verhältnismäßigkeitsgrundsatzes** der Maß des Tatverdachts die Maßnahme rechtfertigen muss.[62] Vornahme durch einen **Arzt** bedeutet, dass ein solcher öffentlich-rechtlich zur Ausübung des Arztberufes berechtigt sein muss. Ein Medizinstudent reicht deshalb nicht aus. Auch Ärzte, deren Fachgebiet fern ab der konkreten Maßnahme liegt, wie Tierärzte, Zahnärzte etc., zählen nicht als Arzt i.S.d. Vorschrift. Besonders gefährliche Eingriffe müssen sogar von einem Facharzt vorgenommen werden.

Standardmaßnahme i.S.d. § 81 Abs. 1 S. 2 StPO ist die Entnahme einer **Blutprobe**. **62**

> *Hinweis*
> **Examensrelevant** ist aber insbesondere auch die Gabe von **Brechmitteln**.

Entgegen der wohl herrschenden Meinung vertritt das OLG Frankfurt/M. die Auffassung, die zwangsweise Gabe von Brechmitteln sei unzulässig.[63] Das OLG Frankfurt/ M. meint, die Gabe von Brechmitteln verstoße gegen den „nemo tenetur-Grundsatz", da der Beschuldigte zur aktiven Mitwirkung (Brechen) gezwungen werde. Dies dürfte unzutreffend sein, da das Brechen ein Reflex und daher nach der allgemeinen Handlungslehre des Strafrechts gerade keine Handlung in diesem Sinne ist. Darüber hinaus meint das OLG Frankfurt/M., ein Verbot der Gabe von Brechmitteln aus einer Parallele zu § 136 a Abs. 1 S. 1 StPO herleiten zu können, da die Freiheit der Willensentschließung und der Willensbetätigung betroffen sei. Dieses Argument ist dagegen eher zirkulär, da § 136 StPO die Vernehmung im Rahmen eines rechtsförmlichen Verfahrens durchaus zulässt. Ob die Gabe von Brechmitteln sich im Rahmen dieses rechtsförmlichen Verfahrens nach § 81 a StPO bewegt oder nicht, ist aber gerade die zu klärende Frage.

> *Hinweis*
> Insgesamt wird die Gabe von Brechmitteln grundsätzlich zulässig sein. Zu achten ist jedoch auf die **konkreten Zuführungsmodalitäten**. Nach § 81 a Abs. 1 S. 2 StPO darf kein Nachteil für die Gesundheit zu befürchten sein. Darüber hinaus wird die Vorschrift durch den Verhältnismäßigkeitsgrundsatz eingeschränkt. Die Gabe von Brechmitteln beispielsweise durch eine **Magensonde** soll jedoch erheblich gefährdend sein, da die Sonde bei unmotivierten Bewegungen des Beschuldigten geeignet ist, innere Verletzungen hervorzurufen. Entsprechende Angaben müssen sich jeweils im Sachverhalt finden, es werden keine medizinischen Vorkenntnisse im **Examen** verlangt.

Für den Beschuldigten sind gegen die richterliche Anordnung die **Beschwerde** nach **63** § 304 Abs. 1 StPO zulässig und – wenn die Maßnahme bereits durchgeführt ist und

---

62 BVerfGE 16, 194, 202.
63 OLG Frankfurt/M. StV 1996, 651.

es sich bei der Maßnahme um tief greifende, tatsächlich jedoch nicht mehr fortwirkende Grundrechtseingriffe gehandelt hat – auch die sog. Fortsetzungsfeststellungsbeschwerde.[64] Verstöße gegen § 81 a StPO machen die Untersuchungsergebnisse **i.d.R. nicht unverwertbar**.[65] Zur Unverwertbarkeit führt es aber, wenn ein körperlicher Eingriff ohne Anordnung und auch ohne Einwilligung vorgenommen worden ist oder wenn zur Gewinnung des Untersuchungsergebnisses Methoden angewendet worden sind, die gegen die Grundsätze eines an Gerechtigkeit und Billigkeit orientierten Verfahrens verstoßen.

Hinweis
Die Revision kann nur darauf gestützt werden, dass das Untersuchungsergebnis im Urteil berücksichtigt worden ist, obwohl es unverwertbar war.

III.   Untersuchung anderer Personen nach § 81 c StPO

64   Untersuchungen an anderen Personen als dem Beschuldigten sind **grundsätzlich unzulässig** und nur ausnahmsweise im Rahmen des § 81 c StPO zugelassen. Dieser Wertmaßstab resultiert aus den grundrechtlichen Gewährleistungen der körperlichen Integrität in Art. 2 Abs. 1 GG. Gem. § 81 c Abs. 1 StPO dürfen andere Personen als der Beschuldigte ohne ihre Einwilligung untersucht werden, soweit zur Erforschung der Wahrheit festgestellt werden muss, ob sich an ihrem Körper eine bestimmte Spur oder Folge einer Straftat befindet. Weitere Voraussetzung ist aber, dass die Person als **Zeuge** in Betracht kommt.

65   Gem. § 81 c Abs. 2 StPO sind Untersuchungen **zur Feststellung der Abstammung** und die **Entnahme von Blutproben** ohne Einwilligung des zu Untersuchenden zulässig, wenn kein Nachteil für seine Gesundheit zu befürchten ist und die Maßnahme zur Erforschung der Wahrheit unerlässlich ist. Voraussetzung ist, dass diese Untersuchung durch einen Arzt vorgenommen worden ist. Generelle Voraussetzung für alle Maßnahmen im Rahmen des § 81 c Abs. 1 und Abs. 2 StPO ist die Anordnung durch einen Richter oder, bei Gefährdung des Untersuchungszwecks durch Verzögerung, durch die Staatsanwaltschaft oder ihre Ermittlungspersonen.

66   Sowohl die Maßnahme nach § 81 c Abs. 1 StPO als auch § 81 c Abs. 2 StPO können aus den gleichen Gründen wie das Zeugnis **verweigert werden**, § 81 c Abs. 3 StPO. Alle Maßnahmen stehen weiterhin unter dem Vorbehalt, dass sie dem zu Untersuchenden **zumutbar** sind, § 81 c Abs. 4 StPO. Verweigert der Betroffene die Mitwirkung, so wird durch § 81 c Abs. 6 StPO der § 70 StPO für anwendbar erklärt. Es kann somit ein Ordnungsgeld oder auch Ordnungshaft angeordnet werden. Unmittelbarer Zwang kommt dagegen gem. § 81 c Abs. 6 StPO nur auf besondere Anordnung des Richters in Betracht.

Hinweis
Standardfall des § 81 c StPO ist die Anordnung, dass die gesamte männliche Bevölkerung eines Dorfes sich einem Speicheltest unterziehen möge, um festzustellen, wer Beschuldigter einer konkreten Sexualstraftat ist. Ermittelt wird dann i.d.R. insbesondere gegen diejenigen, die zur Abgabe der Probe nicht erschienen sind. Die Anordnung einer solchen Untersuchung wird grundsätzlich durch § 81 c Abs. 2 StPO gedeckt, wenn und soweit

---

64 BVerfGE 96, 27; *Roxin*, StV 1997, 654; *Meyer-Goßner*, vor § 296 Rn 18 a m.w.N.
65 BGHSt 24, 125, 128.

die Maßnahme zur Erforschung der Wahrheit unerlässlich ist. Die Unerlässlichkeit der Maßnahme ist an der Aufklärungspflicht zu messen, wobei allerdings nicht vorausgesetzt wird, dass zuvor alle andere Beweismöglichkeiten versagt haben.

Übersicht: Zulässigkeit der Maßnahmen zur Beobachtung und Untersuchung von Personen

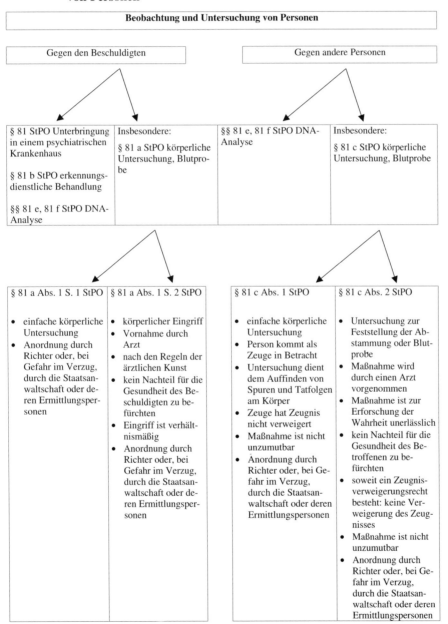

Beobachtung und Untersuchung von Personen			
Gegen den Beschuldigten		**Gegen andere Personen**	
§ 81 StPO Unterbringung in einem psychiatrischen Krankenhaus § 81 b StPO erkennungsdienstliche Behandlung §§ 81 e, 81 f StPO DNA-Analyse	Insbesondere: § 81 a StPO körperliche Untersuchung, Blutprobe	§§ 81 e, 81 f StPO DNA-Analyse	Insbesondere: § 81 c StPO körperliche Untersuchung, Blutprobe
§ 81 a Abs. 1 S. 1 StPO	§ 81 a Abs. 1 S. 2 StPO	§ 81 c Abs. 1 StPO	§ 81 c Abs. 2 StPO
• einfache körperliche Untersuchung • Anordnung durch Richter oder, bei Gefahr im Verzug, durch die Staatsanwaltschaft oder deren Ermittlungspersonen	• körperlicher Eingriff • Vornahme durch Arzt • nach den Regeln der ärztlichen Kunst • kein Nachteil für die Gesundheit des Beschuldigten zu befürchten • Eingriff ist verhältnismäßig • Anordnung durch Richter oder, bei Gefahr im Verzug, durch die Staatsanwaltschaft oder deren Ermittlungspersonen	• einfache körperliche Untersuchung • Person kommt als Zeuge in Betracht • Untersuchung dient dem Auffinden von Spuren und Tatfolgen am Körper • Zeuge hat Zeugnis nicht verweigert • Maßnahme ist nicht unzumutbar • Anordnung durch Richter oder, bei Gefahr im Verzug, durch die Staatsanwaltschaft oder deren Ermittlungspersonen	• Untersuchung zur Feststellung der Abstammung oder Blutprobe • Maßnahme wird durch einen Arzt vorgenommen • Maßnahme ist zur Erforschung der Wahrheit unerlässlich • kein Nachteil für die Gesundheit des Betroffenen zu befürchten • soweit ein Zeugnisverweigerungsrecht besteht: keine Verweigerung des Zeugnisses • Maßnahme ist nicht unzumutbar • Anordnung durch Richter oder, bei Gefahr im Verzug, durch die Staatsanwaltschaft oder deren Ermittlungspersonen

IV. Durchsuchung von Sachen und Personen nach §§ 102 ff. StPO

1. Regelungsbereich

67 Die Durchsuchung von Sachen, insbesondere der Wohnung ist in §§ 102 ff. StPO geregelt. Zu unterscheiden ist die Durchsuchung beim Verdächtigen, § 102 StPO, von der Durchsuchung bei anderen Personen, § 103 StPO. Für alle Durchsuchungen gilt, dass Durchsuchungen grundsätzlich nur zur **Tagzeit** vorgenommen werden dürfen. Eine **nächtliche Hausdurchsuchung** ist nur unter den Maßgaben des § 104 StPO möglich, nämlich bei Verfolgung auf frischer Tat oder bei Gefahr im Verzug oder dann, wenn es sich um die Wiederergreifung eines entwichenen Gefangenen handelt. Nachtzeit ist im Zeitraum vom 1. April bis zum 30. September die Zeit von 21.00 Uhr bis 4.00 Uhr und im Zeitraum vom 1. Oktober bis zum 31. März die Zeit von 21.00 Uhr bis 6.00 Uhr, § 104 Abs. 3 StPO.

68 Weitere Voraussetzung für alle Durchsuchungen ist die Anordnung durch den Richter, bei Gefahr im Verzug auch durch die Staatsanwaltschaft und ihre Ermittlungspersonen, § 105 Abs. 1 StPO. Darüber hinaus ist während der Durchsuchung die **Anwesenheit eines Richters** oder des **Staatsanwalts** obligatorisch. Ist keiner dieser Personen anwesend, so sind, wenn möglich, ein Gemeindebeamter oder **zwei weitere Zeugen** hinzuzuziehen. Der Inhaber der zu durchsuchenden Räume darf gem. § 106 StPO ebenfalls der Durchsuchung beiwohnen.

> *Hinweis*
> Die Tatsache einer rechtsfehlerhaften Durchsuchung ist als solche **kein Revisionsgrund**. In **Klausuren** wird die Frage der Rechtmäßigkeit der Durchsuchung immer im Zusammenhang mit der Frage eine Rolle spielen, ob die bei Gelegenheit der Durchsuchung beschlagnahmten Gegenstände verwertbar sind oder nicht. Dass ein Gegenstand aufgrund einer rechtsfehlerhaften Durchsuchung erlangt worden ist, steht der Beschlagnahme und Verwertung grundsätzlich nicht entgegen, anderes gilt, wenn es sich um einen besonders schweren Verstoß handelt. Für Gegenstände, die lediglich bei Gelegenheit einer Durchsuchung gefunden werden (Zufallsfunde), gibt es eine gesonderte Vorschrift, § 108 StPO.

2. Durchsuchung beim Verdächtigen nach § 102 StPO

69 Ob der Eigentümer der durchsuchten Gegenstände bereits den Status des Beschuldigten erlangt haben muss, oder nicht, ist streitig. Letztlich kann dies aber auch dahinstehen, da mit der ersten Ermittlungshandlung der von den Ermittlungen Betroffene den Status des Beschuldigten erlangt. Mit Erlass der Durchsuchungsanordnung wird der Besitzer oder Eigentümer des zu durchsuchenden Gegenstands also gleichzeitig auch Beschuldigter. **Gegenstand** der Durchsuchung sind
- Wohnungen und Räume,
- Personen,
- sonstige Sachen (Kleidungsstücke etc.) und
- EDV-Anlagen.

70 **Durchsuchungszweck** ist das Ergreifen eines Verdächtigen oder das Auffinden von Beweismitteln. Zu Beweismitteln gehören Sachen und Personen, die zu Beweiszwecken in Augenschein genommen werden sollen, nicht aber Personen, die nur als Zeugen gesucht werden.[66] Nach der Rechtsprechung des BVerfG ist bei Durch-

---

66 *Meyer-Goßner*, § 102 Rn 13.

suchungen im Hinblick auf die grundrechtlichen Gewährleistungen der **Verhält-nismäßigkeitsgrundsatz** besonders zu beachten. Die Durchsuchung muss in einem angemessenen Verhältnis zu Schwere der Straftat und zur Stärke des Tatverdachts stehen.[67] Zu beachten sind auch die weiteren grundrechtlichen Gewährleistungen. So kann eine Durchsuchung von Redaktionsräumen oder auch von Kirchen besonders schnell unverhältnismäßig sein.

3. Durchsuchung bei anderen Personen

Andere Personen sind solche, die nicht tat- oder teilnahmeverdächtig sind oder die   71
wegen Vorliegens von Schuld- oder Strafausschließungsgründen nicht weiter verfolgt werden können.[68] Nach Maßgabe des § 103 StPO dürfen auch Diensträume von Behörden durchsucht werden, wobei aber § 105 Abs. 3 StPO zusätzliche Voraussetzungen aufstellt.

Durchsuchungszwecke sind die Ergreifung des Beschuldigten und das Auffinden von   72
Spuren oder Beweismitteln. Die Ergreifung des Beschuldigten setzt voraus, dass der Tatverdacht sich soweit konkretisiert hat, dass auch tatsächlich ein Beschuldigter als solcher ausfindig gemacht werden kann. Das Auffinden von Spuren und Beweismitteln muss in einem Mindestmaß **zielgerichtet sein**. Ein Zeugnisverweigerungsrecht der Person, bei der durchsucht werden soll, steht der Anordnung und Durchführung der Durchsuchung nicht entgegen,[69] wohl steht aber ein Beschlagnahmeverbot nach § 97 StPO der Beschlagnahme und damit auch bereits der Durchsuchung entgegen. Auch bei der Durchsuchung bei oder von anderen Personen ist der **Verhältnismäßigkeitsgrundsatz** besonders zu beachten, vgl. Rn 70. Zur Durchsuchung vergleiche abschließend die nachfolgende Übersicht:

---

67 BVerfGE 20, 162, 187; 42, 212, 220; 59, 95.
68 *Meyer-Goßner*, § 103 Rn 1.
69 *Meyer-Goßner*, § 103 Rn 7.

Übersicht: Durchsuchung

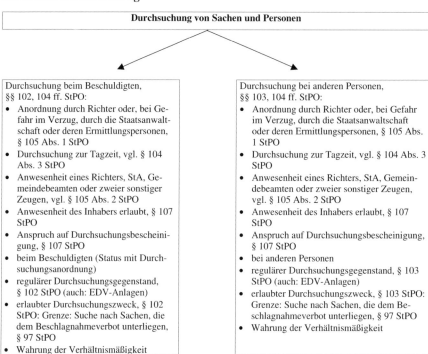

Durchsuchung von Sachen und Personen

Durchsuchung beim Beschuldigten, §§ 102, 104 ff. StPO:
- Anordnung durch Richter oder, bei Gefahr im Verzug, durch die Staatsanwaltschaft oder deren Ermittlungspersonen, § 105 Abs. 1 StPO
- Durchsuchung zur Tagzeit, vgl. § 104 Abs. 3 StPO
- Anwesenheit eines Richters, StA, Gemeindebeamten oder zweier sonstiger Zeugen, vgl. § 105 Abs. 2 StPO
- Anwesenheit des Inhabers erlaubt, § 107 StPO
- Anspruch auf Durchsuchungsbescheinigung, § 107 StPO
- beim Beschuldigten (Status mit Durchsuchungsanordnung)
- regulärer Durchsuchungsgegenstand, § 102 StPO (auch: EDV-Anlagen)
- erlaubter Durchsuchungszweck, § 102 StPO: Grenze: Suche nach Sachen, die dem Beschlagnahmeverbot unterliegen, § 97 StPO
- Wahrung der Verhältnismäßigkeit

Durchsuchung bei anderen Personen, §§ 103, 104 ff. StPO:
- Anordnung durch Richter oder, bei Gefahr im Verzug, durch die Staatsanwaltschaft oder deren Ermittlungspersonen, § 105 Abs. 1 StPO
- Durchsuchung zur Tagzeit, vgl. § 104 Abs. 3 StPO
- Anwesenheit eines Richters, StA, Gemeindebeamten oder zweier sonstiger Zeugen, vgl. § 105 Abs. 2 StPO
- Anwesenheit des Inhabers erlaubt, § 107 StPO
- Anspruch auf Durchsuchungsbescheinigung, § 107 StPO
- bei anderen Personen
- regulärer Durchsuchungsgegenstand, § 103 StPO (auch: EDV-Anlagen)
- erlaubter Durchsuchungszweck, § 103 StPO: Grenze: Suche nach Sachen, die dem Beschlagnahmeverbot unterliegen, § 97 StPO
- Wahrung der Verhältnismäßigkeit

V. Sicherstellung und Beschlagnahme

73 Die **Sicherstellung** ist der Oberbegriff für die Beschlagnahme sowie jede sonstige Herstellung der staatlichen Gewalt über das Beweismittel.[70] Unter Beschlagnahme wird die förmliche Sicherstellung eines Gegenstands durch Überführung in amtlichen Gewahrsam oder auf andere Weise verstanden, aber auch die Anordnung dieser Sicherstellung.[71] Anordnung und Vollzug der Beschlagnahme können zeitlich zusammen fallen.

74 Die Beschlagnahme ist die förmliche Inverwahrsamsnahme eines Gegenstands **gegen den Willen** des Inhabers der Sachherrschaft. Maßgebliches **Abgrenzungskriterium** zwischen einer einfachen Sicherstellung und einer Beschlagnahme ist damit die Frage, ob der Inhaber der tatsächlichen Sachherrschaft die Sache freiwillig herausgibt oder nicht, § 94 Abs. 2 StPO. Die Sicherstellung kann sich auf Beweismittel richten (§§ 94 ff. StPO) oder auf Verfalls- und Einziehungsgegenstände, die möglicherweise Gegenstand von im Urteil gem. §§ 73, 73 b, 74, 74 d StGB zu verhängender Rechtsfolgen sein können. Die Beschlagnahme von Verfalls- und Einziehungsgegenständen erfolgt nach §§ 111 b ff. StPO.

---

70 *Meyer-Goßner*, § 94 Rn 11.
71 *Meyer-Goßner*, vor § 94 Rn 3.

Die Beschlagnahme darf nur durch den Richter, bei Gefahr im Verzug auch durch 75 die Staatsanwaltschaft und ihre Ermittlungspersonen angeordnet werden, § 98 StPO. Die Anordnung der Beschlagnahme ergeht i.d.R. ohne vorherige Anhörung (vgl. § 33 Abs. 4 S. 1 StPO) in der Form eines Beschlusses, der schriftlich abgefasst und begründet wird. Da die Beschlagnahme nur zum Zweck der Sicherung von Beweisgegenständen möglich ist, erfordert der Beschluss auch eine entsprechende Begründung. Gegen die richterliche Anordnung ist die Beschwerde nach § 304 StPO zulässig. Darüber hinaus kann der Betroffene jederzeit die richterliche Entscheidung gem. § 98 Abs. 2 S. 2 StPO beantragen.

Ist die Beschlagnahme ohne vorherigen richterlichen Beschluss erfolgt, so hat eine 76 entsprechende **Bestätigung der Beschlagnahme** gem. § 98 Abs. 2 StPO innerhalb von drei Tagen ab Beschlagnahme zu erfolgen. Wird die Beschlagnahme angeordnet, so trifft den Inhaber des Gewahrsams eine öffentlich rechtliche **Herausgabepflicht** gem. § 95 StPO. Weigert er sich, die Sachen herauszugeben, so können die in § 70 StPO bestimmten Ordnungs- und Zwangsmittel festgesetzt werden. Hierzu gehört insbesondere die Anwendung unmittelbaren Zwangs.

> *Hinweis*
> Beweisgegenstände, die dadurch erlangt worden sind, dass trotz befugter Weigerung des Beschuldigten oder des Zeugnisverweigerungsberechtigten Zwang angewandt worden ist, unterliegen einem **Verwertungsverbot**.

Zu beachten sind die **Beschlagnahmeverbote** des § 97 StPO. Der Beschlagnahme 77 unterliegen insbesondere nicht schriftliche Mitteilungen zwischen dem Beschuldigten und seinem Verteidiger und alle Aufzeichnungen, die der Verteidiger über ihm anvertraute Mitteilungen oder über andere Umstände gemacht hat, auf die sich das Zeugnisverweigerungsrecht erstrecken. Die weiteren Personen, die nach § 97 StPO privilegiert sind, sind unmittelbar § 97 Abs. 1 und Abs. 2 StPO zu entnehmen.

> *Hinweis*
> Ein Verstoß gegen das Beschlagnahmeverbot des § 97 StPO hat ein **Verwertungsverbot** zur Folge. Ein zulässigerweise beschlagnahmter Gegenstand darf nur in dem Umfang verwertet werden, in dem die Beschlagnahmevoraussetzungen vorgelegen haben. Er darf deshalb nicht zum Beweis für eine andere Tat verwendet werden, für deren Untersuchung er nicht hätte beschlagnahmt werden dürfen.

Keine Besonderheit gilt für den **Führerschein** als körperliche Sache. Dieser wird 78 gem. § 94 Abs. 3, Abs. 1, 2 StPO beschlagnahmt.

> *Hinweis*
> Die dingliche Beschlagnahme des Führerscheins ist nicht zu verwechseln mit der vorläufigen Entziehung der Fahrerlaubnis gem. § 111 a StPO. Während die Wegnahme des Führerscheins der reinen Sicherstellung der Sache dient (wenn auch – was im Rahmen des § 93 StPO eher systemwidrig ist – zum Zwecke des späteren Verfalls) richtet sich die vorläufige Entziehung der Fahrerlaubnis auf den Entzug der behördlichen Berechtigung, ein Fahrzeug zu führen. Gem. § 111 a Abs. 3 StPO wirkt allerdings die vorläufige Entziehung der Fahrerlaubnis zugleich als Anordnung oder Bestätigung der Beschlagnahme des Führerscheins.

Zur Sicherstellung und Beschlagnahme vergleiche abschließend die nachfolgende Übersicht:

Übersicht: Sicherstellung und Beschlagnahme

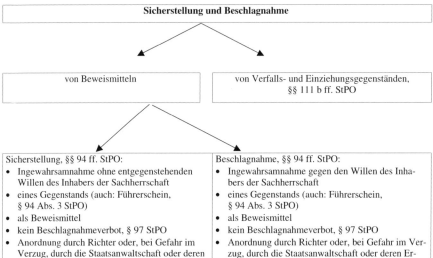

VI. Sonstiges

79 Die StPO kennt über die ausführlich dargestellten Zwangsmittel hinaus noch eine Reihe anderer Zwangsmittel und Ermittlungsmethoden, die jeweils separat geregelt sind.

> *Hinweis*
> Zum Zweck des **Examens** empfiehlt es sich, sich über die Regelungen durch Durchlesen der Vorschriften einen Überblick zu verschaffen.

Da nahezu jede Maßnahme der Ermittlung einen Grundrechtsbetreff hat, hat der Gesetzgeber die einzelnen Maßnahmen in Voraussetzungen, Reichweite und Konsequenzen detailliert geregelt. Ein Eingehen auf alle Einzelmaßnahmen würde deshalb den Rahmen dieses Werkes sprengen. Zum Zwecke der Übersicht seien nachfolgend die einzelnen Ermittlungsmaßnahmen mit den korrespondierenden Vorschriften aufgelistet:

■ Rasterfahndung, §§ 98 a, 98 b StPO;

■ Herstellung von Lichtbildern und Bildaufzeichnungen, § 100 c Abs. 1 Nr. 1 a StPO;

- Verwendung von technischen Mitteln für Observationszwecke, § 100 c Abs. 1 Nr. 1 b StPO;
- Abhören und Aufzeichnung des nicht öffentlich gesprochenen Wortes außerhalb von Wohnungen (sog. kleiner Lauschangriff), § 100 c Abs. 1 Nr. 2 StPO;
- Abhören und Aufzeichnen des nicht öffentlich gesprochenen Wortes innerhalb von Wohnungen (sog. großer Lauschangriff), § 100 c Abs. 1 Nr. 3 StPO;
- Einsatz verdeckter Ermittler außerhalb bzw. innerhalb von Wohnungen, §§ 110 a, 110 c StPO;
- Errichtung von Kontrollstellen, § 111 StPO;
- Ausgabe eines Steckbriefes, § 131 StPO;
- Einsatz von V-Männern oder Informanten, §§ 160 Abs. 1, 161, 163 Abs. 1 StPO;
- allgemeine Identitätsfeststellung, §§ 163 b, 163 c StPO;
- Schleppnetzfahndung, § 163 d StPO;
- Polizeiliche Beobachtung, § 163 e StPO.

Das BVerfG hat durch Urteil vom 3.3.2004 – 1 BvR 2378/98 und 1 BvR 1084/ 99 –[72] über zwei Verfassungsbeschwerden gegen die akustische Wohnraumüberwachung (sog. **großer Lauschangriff**) entschieden. Das BVerfG hat insoweit „einen erheblichen Teil" der Vorschriften der Strafprozessordnung zur Durchführung des großen Lauschangriffs für verfassungswidrig erklärt, und zwar §§ 100 c Abs. 1 Nr. 3, 100 d Abs. 3, 100 d Abs. 5 S. 2 und 100 f Abs. 1 StPO im Hinblick auf Art. 13 Abs. 1, Art. 2 Abs. 1 und Art. 1 Abs. 1 GG; § 101 Abs. 1 S. 1 und 2 StPO im Hinblick auf Art. 19 Abs. 4 GG; § 101 Abs. 1 S. 3 StPO im Hinblick auf Art. 103 Abs. 1 GG und § 100 d Abs. 4 S. 3 StPO i.V.m. § 100 b Abs. 6 StPO im Hinblick auf Art. 19 Abs. 4 GG. Hintergrund ist, dass der Bundesgesetzgeber das Grundgesetz in Art. 13 GG durch Einfügung der Absätze 3 bis 6 geändert hat, um den großen Lauschangriff zur Bekämpfung der organisierten Kriminalität verfassungsgemäß zu machen. Das BVerfG befand, dass die akustische Überwachung von Wohnraum nicht in den Kernbereich der höchstpersönlichen Privatsphäre eingreifen dürfe, und zwar auch nicht im Interesse der Effektivität der Strafrechtspflege und der Erforschung der Wahrheit. Nach den gegebenen gesetzlichen Vorschriften finde aber eine Abwägung nach Maßgabe des Verhältnismäßigkeitsgrundsatzes zwischen der Unverletzlichkeit der Wohnung und dem Strafverfolgungsinteresse nicht statt. Selbst überwiegende Interessen der Allgemeinheit könnten einen Eingriff in diese Freiheit zur Entfaltung in den höchstpersönlichen Angelegenheiten nicht rechtfertigen. Jede Überwachung müsse eine Verletzung der Menschenwürde ausschließen. Die Anforderungen an die Rechtmäßigkeit der Wohnraumüberwachung seien umso strenger, je größer das Risiko sei, dass mit ihnen Gespräche höchstpersönlichen Inhalts erfasst werden könnten. Bestünden Anhaltspunkte, dass die Menschenwürde durch die Maßnahmen verletzt würde, müsse die Überwachung von vornherein unterbleiben. Führe die Überwachung unerwartet zur Erhebung von absolut geschützten Informationen, so müsse sie sofort abgebrochen werden und die Aufzeichnungen müssten gelöscht werden. Jede **Verwendung** solcher **im Rahmen der Strafverfolgung** erhobener absolut geschützter Daten sei **absolut ausgeschlossen**.

Das BVerfG weist darauf hin, dass das Risiko, solche Daten zu erfassen, typischerweise beim Abhören von Gesprächen mit engsten Familienangehörigen und sonsti-

---

72 BVerfG NStZ 2004, 270 = NJW 2004, 999; vgl. *Arnold*, StraFo 2005, 2, 4.

gen engsten Vertrauten und Personen bestünde, zu denen ein besonderes Vertrauensverhältnis bestehe (z.B. Pfarrern, Ärzten, Strafverteidigern). Bei diesem Personenkreis
dürften Überwachungsmaßnahmen nur ergriffen werden, wenn konkrete Anhaltspunkte dafür bestünden, dass die Gesprächsinhalte zwischen den Beschuldigten und
diesen Personen keinen absoluten Schutz erforderten, so bei einer Tatbeteiligung der
das Gespräch führenden Person. Nach dem BVerfG besteht eine **Vermutung** dafür,
dass Gespräche mit engsten Vertrauten in der Privatwohnung zum Kernbereich privater Lebensgestaltung gehören. Die fraglichen Normen der Strafprozessordnung sind
somit insoweit **verfassungswidrig**, als sie die Erhebungsverbote nicht ausreichend
konkretisieren. Es fehlten hinreichende gesetzliche Vorkehrungen dafür, dass die
Überwachung abgebrochen werde, wenn unerwartet eine Situation eintrete, die dem
unantastbaren Kernbereich privater Lebensgestaltung zuzurechnen sei. Auch fehlen
ein Verbot der Verwertung und ein Gebot unverzüglicher Löschung rechtswidrig erhobener Informationen. Ferner müsse gesichert sein, dass Informationen aus dem unantastbaren Bereich privater Lebensgestaltung weder im Hauptsachverfahren verwertet,
noch zum Anknüpfungspunkt weiterer Ermittlungen werden können. Darüber hinaus
sei das Grundrecht der Unverletzlichkeit der Wohnung auch **verfahrensrechtlich** zu
sichern, so insbesondere durch die Einschaltung des Richters. In der Anordnung seien
Art, Dauer und Umfang der Maßnahme zu bestimmen. Das Gericht soll auch zur
Sicherung der Beweisverwertungsverbote einzuschalten sein.

Entgegen § 101 StPO in der derzeitigen Fassung haben Grundrechtsträger somit
grundsätzlich einen Anspruch darauf, über Maßnahme der akustischen Wohnraumüberwachung **informiert zu werden**. Zu benachrichtigen seien neben dem
Beschuldigten die Inhaber und Bewohner einer Wohnung, in denen Abhörmaßnahmen
durchgeführt worden seien. Dies gelte auch für Drittbetroffene, es sei denn, durch
Recherchen über ihre Namen und Adressen würde der Eingriff in das Persönlichkeitsrecht vertieft. Soweit nach der Entscheidung des BVerfG die angegriffenen
Vorschriften der Strafprozessordnung unvereinbar mit dem Grundgesetz sind, wurde
der Gesetzgeber durch das BVerfG verpflichtet, einen verfassungsgemäßen Rechts-
zustand bis spätestens zum 30.6.2005 herzustellen. Bis zu diesem Termin können
die beanstandeten Normen unter Berücksichtigung des Schutzes der Menschenwürde
und des Grundsatzes der Verhältnismäßigkeit **weiterhin angewandt werden**. Für
§ 100 d Abs. 3 S. 5 StPO gilt während dieser Zeit die Maßgabe, dass das in § 100 d
Abs. 2 S. 1 StPO genannte Gericht von Amts wegen über die weitere Verwertbarkeit
der Erkenntnisse im vorbereitenden Verfahren entscheidet. Die Entscheidungen nach
§ 100 d Abs. 4 S. 1 und § 101 Abs. 1 S. 2 StPO liegen auch nach Erhebung der
öffentlichen Klage ebenfalls bei dem in § 100 d Abs. 2 S. 1 StPO genannten Gericht.

> *Hinweis*
> Von **Examenskandidaten** wird die Kenntnis dieser Rechtsprechung des Bundesverfas-
> sungsgerichts verlangt werden. Demgemäß sind in **Klausuren** die entsprechenden Normen
> unter Berücksichtigung des Urteils des Bundesverfassungsgerichts anzuwenden.

VII. Rechtsschutz

80 Der Rechtschutz gegen Maßnahme der Ermittlungsbehörden unterscheidet sich danach, ob er durch den Richter, durch die Staatsanwaltschaft bzw. einen ihrer Ermittlungspersonen angeordnet worden ist und danach, ob die Maßnahme bereits durch-

geführt wurde oder noch bevorsteht. **Anordnungen des Richters** können mit der Beschwerde gem. §§ 304 ff. StPO angegriffen werden. **Anordnungen der Staatsanwaltschaft und ihrer Hilfsbeamten** können, wenn es um das **Ob** der Maßnahme geht durch Anrufung des Richters (§ 98 Abs. 2 S. 2 und S. 3 StPO) angegriffen werden. Geht es um das **Wie** der Maßnahme, so kann analog § 98 Abs. 2 S. 2 StPO in jedem Falle die richterliche Entscheidung beantragt werden.

Ist die Maßnahme **bereits durchgeführt und abgeschlossen**, so ist danach zu   **81** unterscheiden, ob es sich um einen Fall eines tief greifenden Grundrechtseingriffs handelt. Ist dies nicht der Fall, so steht eine Rechtschutzmöglichkeit nicht mehr zur Verfügung. Unbenommen bleibt selbstverständlich, im Rahmen der strafprozessualen Revision den Verfahrensfehler zu rügen, soweit er sich im Verfahren fortgesetzt hat. Liegt dagegen ein tief greifender Grundrechtseingriff vor, so bleibt nach der Rechtsprechung des BVerfG[73] die Beschwerde trotz der prozessualen Überholung statthaft.[74]

---

73 BVerfGE 96, 27; BVerfG StV 1997, 505.
74 A.A. Rechtsweg nach §§ 23 ff. EGGVG; *Lesch*, 4. Kap. Rn 109 f.

§ 7 Aufgaben des Strafverteidigers im Ermittlungsverfahren

A. Allgemeine Hinweise

1 Das **Ermittlungsverfahren** im deutschen Strafprozess ist noch immer weitgehend als ein solches mit nur beschränkten Einwirkungsmöglichkeiten der **Verteidigung** ausgestaltet. Mitwirkungs- und Gestaltungsrechte des Beschuldigten und seines Verteidigers sind eher fragmentarisch geregelt. Auf den Gang der Ermittlungen kann nur beschränkt Einfluss genommen werden. So haben der **Beschuldigte** und sein **Verteidiger** etwa kein **Anwesenheitsrecht** bei der Vernehmung von Zeugen und Sachverständigen, es sei denn, eine solche Vernehmung wird durch den Ermittlungsrichter vorgenommen, § 168 c Abs. 2 StPO. Ein Anwesenheitsrecht bei der Vernehmung eines Mitbeschuldigten besteht in keinem Fall.[1] Ein Anspruch des Beschuldigten auf Erhebung eines bestimmten Beweises besteht nach h.M. nicht.[2] Insbesondere gelten nicht die Vorschriften über das **Beweisantragsrecht** in der Hauptverhandlung, § 244 Abs. 3 bis 5 StPO. Vielmehr beurteile die Staatsanwaltschaft die Beweiserheblichkeit i.S.v. § 163 a Abs. 2 StPO nach pflichtgemäßem Ermessen.[3] **Das Recht auf Akteneinsicht**, das für eine wirksame Verteidigung unerlässlich ist, kann im Ermittlungsverfahren ohne Angabe von Gründen mit einem schlichten Hinweis auf den Wortlaut des Gesetzes umfassend und bis zum Abschluss der Ermittlungen mit der Angabe versagt werden, die Akteneinsicht könne den Untersuchungszweck gefährden, § 147 Abs. 2 StPO.

2 Es ist inzwischen allgemeine Erkenntnis, dass die entscheidenden Weichen für den Gang des Strafverfahrens, aber auch für dessen Endergebnis bei rechtskräftigem Abschluss im **Ermittlungsverfahren** gestellt werden. In der **Hauptverhandlung**, die dem Beschuldigten (Angeklagten) ungleich größere Mitwirkungsrechte einräumt, ist eine Korrektur in aller Regel nicht mehr möglich. Hat sich erst einmal die **Arbeitshypothese der Ermittlungsbehörden**, die auf einen bestimmten Verdacht hin tätig werden, § 160 Abs. 1 StPO, verstärkt, so ist in diese Vorprägung einer Überzeugungsbildung umso schwieriger einzugreifen, je später eine solche Korrektur angestrebt wird. *Barton*[4] hat diese Erkenntnis eindrucksvoll belegt und damit die besondere Bedeutung der **aktiven Teilhabe** des **Beschuldigten** und seines **Verteidigers** schon im Ermittlungsverfahren bestätigt. Es geht also nicht nur um eine möglichst rasche Erledigung des Tatverdachts im Interesse des Mandanten. Vielmehr müssen Weichenstellungen verhindert werden, die eine **Überzeugungsbildung** der Ermittlungsbehörden (und später des Gerichts) **zulasten des Mandanten** prägen. Daher ist der **Verteidiger** verpflichtet, alle ihm vom Gesetz eingeräumten Möglichkeiten einer

---

1 So jedenfalls BGHSt 42, 391.
2 *Meyer-Goßner*, § 163 a Rn 15; KK-*Wache*, § 163 a Rn 8.
3 KK-*Wache*, § 163 a Rn 8; *Meyer-Goßner*, § 163 a Rn 15; a.A. LR-*Rieß*, § 163 a Rn 107, 112; *Krekeler*, NStZ 1991, 367.
4 *Barton*, StraFo 1993, 11.

aktiven Mitgestaltung des Ermittlungsverfahrens auszunutzen, mögen diese auch beschränkt sein.

B. Verteidigungsziel / Verteidigungsstrategie

Das **Ziel der Verteidigung** im Ermittlungsverfahren kann sein: 3
- Einstellung des Verfahrens gem. § 170 Abs. 2 StPO;
- einvernehmliche Einstellung des Verfahrens gem. §§ 153, 153 a StPO;
- Strafbefehlsverfahren;
- Minimierung einer nicht vermeidbaren Anklage.

Dieses Ziel ist im Ergebnis vom Mandanten zu bestimmen. Dem **Verteidiger** als dem rechtskundigen Beistand des Beschuldigten kommt aber die überragend wichtige **Aufgabe** zu, den Mandanten bei der **Bestimmung dieses Ziels intensiv zu beraten** und **eigene Vorschläge zu unterbreiten**. Dies sollte aber nie dazu führen, dass der **Verteidiger gegen den erklärten Willen des Mandanten** (nach Beratung) seine Vorstellungen von dem zu erreichenden Ziel durchsetzt. Lässt sich Einvernehmen insoweit nicht herstellen, muss der Verteidiger das Mandat niederlegen.

Das **Verteidigungsziel** braucht im Übrigen nicht durchweg fixiert zu sein. Es kann 4 sich nach Maßgabe der Entwicklung der Ermittlungen durchaus variabel gestalten. Ursprüngliche Maximalvorstellungen sind zu relativieren, wenn sich eine zunächst nur ungewisse Verdachtslage zum Nachteil des Mandanten verfestigt. Der Dynamik des Ermittlungsverfahrens müssen sich daher die Verteidigungsbemühungen anpassen.

Das Verteidigungsziel bestimmt die **Strategie**. Wird eine Einstellung des Verfahrens 5 angestrebt, so wird häufig das **Schweigen des Mandanten** sinnvoll sein, zumal ihm nicht nur das Ob, sondern auch der Zeitpunkt einer Einlassung freisteht, ohne dass ihm hieraus ein verfahrensrechtlicher Nachteil erwachsen darf. Wird dagegen eine **einvernehmliche Beendigung** schon des Ermittlungsverfahrens angestrebt, so drängt sich oft die aktive Mitwirkung der Verteidigung auf, dies durchaus auch in Form einer Aussage des Mandanten bei der Staatsanwaltschaft oder vor dem Ermittlungsrichter.

Nicht selten will die **Staatsanwaltschaft** vor einer Entscheidung nach § 153 a StPO 6 sich einen **persönlichen Eindruck vom Mandanten** verschaffen. Ist Verteidigungsziel eine solche Einstellung – und nicht diejenige nach § 170 Abs. 2 StPO, so sollte man diese Anregung aufgreifen. Schwierig sind die Fälle zu entscheiden, bei denen die Staatsanwaltschaft ihre Entscheidung einer **Einstellung nach § 153 a StPO** von einem **vorherigen Geständnis des Mandanten** abhängig macht. Zu Bedenken ist, dass ein einmal abgelegtes Geständnis den Mandanten (von extremen Ausnahmefällen abgesehen) für alle Zukunft im Verfahren bindet (vgl. § 15 Rn 1 ff.). Dieser Weg wird nur dann zu empfehlen sein, wenn nach Einschätzung des Verteidigers ohnehin kaum eine Möglichkeit besteht, den Schuldspruch abzuwenden.

Allen diesen fragmentarischen Fallgestaltungen ist jedoch gemein, dass eine **Festle-** 7 **gung des Verteidigungsziels** und der sich danach auszurichtenden **Strategie** in aller Regel nicht vor **Einsicht in die Ermittlungsakten** erfolgen kann. Einen **Ausnahmefall** stellt hier die **Aussage des geständniswilligen Mandanten** dar, wobei das Geständnis nach vorläufiger Einschätzung (auch ohne Akteneinsicht) sinnvoll ist. Die

Rechtsprechung[5] bewertet ein **Geständnis** in besonderem Maß als **strafmildernd**, wenn es frühzeitig und nicht erst aus prozesstaktischen Gründen oder wegen Aussichtslosigkeit des Leugnens abgelegt wird.

C. Informationsquellen

I. Akteneinsicht

1. Bedeutungsgehalt

8 Die wichtigste Informationsquelle ist die **Akteneinsicht**. Sie ist grundlegende Voraussetzung, dass der **Beschuldigte** seinen **Anspruch auf rechtliches Gehör** nach Art. 103 Abs. 1 GG wahrnimmt.[6] Dabei steht das Recht auf Akteneinsicht dem Beschuldigten selbst zu. Es wird jedoch durch den **Verteidiger** ausgeübt.[7]

2. Zeitpunkt der Akteneinsicht

9 Für eine wirksame Verteidigung ist eine **frühestmögliche Akteneinsicht** erforderlich. Ein solcher Anspruch besteht, sobald die **Verteidigerstellung begründet** ist, also durch **Wahl**, § 137 Abs. 1 StPO, oder durch **Bestellung**, die auch schon im Ermittlungsverfahren erfolgen kann, wenn abzusehen ist, dass im gerichtlichen Verfahren ein Verteidiger notwendig ist, § 141 Abs. 3 StPO. Dabei sollte stets der Einblick in die **Originalakten** beansprucht werden.

> *Hinweis*
> Bei Fertigung von Aktendoppeln besteht die Gefahr, dass beschriftete Rückseiten versehentlich nicht fotokopiert werden.

3. Umfang der Akteneinsicht

10 Gem. § 147 Abs. 1 StPO umfasst das Recht auf Akteneinsicht alle Akten, die dem Gericht vorliegen oder diesem im Falle der Erhebung der Anklage vorzulegen wären, ferner die amtlich verwahrten Beweisstücke.[8] Ein Anspruch auf Einsicht in sog. Spurenakten besteht nach Auffassung des BGH nicht.[9]

4. Ausübung des Akteneinsichtsrechts

11 Ein **Rechtsanspruch auf Überlassung der Akten** besteht nach der Rechtsprechung nicht.[10] Jedoch wird die Soll-Vorschrift des § 147 Abs. 4 StPO in der **Praxis** durchweg so gehandhabt, dass die Akten dem Verteidiger zur Einsicht herausgegeben werden. Davon sind ausdrücklich ausgenommen die **Beweisstücke**. Dies bereitet bei **Umfangsverfahren** häufig große Schwierigkeiten. Hier kann es angebracht sein, ein

---

5 BGH StV 1991, 108.
6 BVerfGE 18, 404.
7 BVerfGE NJW 1980, 1677; *Meyer-Goßner*, § 147 Rn 3; a.A. EuGHMR NStZ 1998, 429, wonach der Beschuldigte einen unmittelbaren Anspruch auf Akteneinsicht hat.
8 *Brüssow/Gatzweiler/Krekeler/Mehle*, § 4 Rn 157.
9 BGH NStZ 1983, 228; BVerfG StV 1983, 177.
10 BGH NStZ 1994, 227.

eigenes transportables Kopiergerät in die Diensträume der Staatsanwaltschaft mitzu-
bringen, um dort die entsprechenden Kopien fertigen zu lassen.

5. Unterrichtung des Mandanten über den Akteninhalt

Nach einer grundlegenden Entscheidung des BGH[11] ist der **Verteidiger** berechtigt 12
und sogar verpflichtet, den **Mandanten** vollständig über den **Akteninhalt** zu informieren. Dabei steht ihm der Weg der Information frei. Er darf ihm also **Kopien der
Akten** aushändigen. Nie darf er jedoch das **Original der Akten** dem Mandanten
überlassen.[12] Selbst wenn die Gefahr besteht, dass eine so vermittelte Aktenkenntnis vom Mandanten benutzt wird, Absprachen mit anderen Verfahrensbeteiligten,
etwa Zeugen, herbeizuführen, wird dieses Recht nicht beschränkt. Der **Verteidiger**
sollte sich jedoch eine **schriftliche Erklärung des Mandanten** unterzeichnen lassen,
wonach die ihm überlassenen Kopien nur für eigene Verteidigungszwecke benutzt
werden dürfen. Ein solcher Hinweis empfiehlt sich insbesondere bei einem in **Untersuchungshaft** befindlichen Mandanten.

Das Recht des Verteidigers, den Mandanten uneingeschränkt über den Akteninhalt 13
zu informieren, gilt absolut. Er darf alles, was er in zulässiger Weise durch die **Akteneinsicht** oder aus anderen **Informationsquellen** erfahren hat, an den Mandanten
weitergeben.[13] Müsste der Mandant besorgen, dass sein Verteidiger ihm Informationen
vorenthält, wäre das Vertrauensverhältnis irreparabel zerstört. Die in einem „obiter
dictum" geäußerte **Rechtsauffassung des BGH**, es dürften solche **Informationen**
nicht weitergegeben werden, die den **Untersuchungszweck gefährden**,[14] ist daher
abzulehnen. Andererseits ist der Verteidiger nicht verpflichtet, bei der **Rekonstruktion von Ermittlungsakten** mitzuwirken, die im Verantwortungsbereich der Ermittlungsbehörden verloren gegangen sind.[15] Eine solche Verpflichtung dürfte jedoch anzunehmen sein, wenn die **Originalakten** im Einflussbereich des Verteidigers verloren
gegangen sind.

6. Versagung der Akteneinsicht und Rechtsmittel

Solange das **Ermittlungsverfahren** nicht abgeschlossen ist, kann die **Staatsanwalt-** 14
schaft die **Akteneinsicht** unter Hinweis auf den Wortlaut des § 147 Abs. 2 StPO
versagen. Eine konkrete **Begründung** ist nicht erforderlich.[16] Ein uneingeschränktes
Akteneinsichtrecht besteht erst nach **Abschluss der Ermittlungen**. Von dieser Beschränkung ausgenommen sind die in § 147 Abs. 3 StPO genannten **Niederschriften**
(Vernehmung des Beschuldigten generell, sowie Niederschriften über richterliche Untersuchungshandlungen).[17] Als **Rechtsmittel** gegen die Versagung der Akteneinsicht

---

11 BGHSt 29, 99, 102.
12 BGHSt 29, 99.
13 OLG Hamburg BRAK-Mitt. 1987, 163 m. Anm. *Dahs*; LR-*Lüderssen*, § 147 Rn 127; *Mehle*, NStZ 1983,
   557.
14 BGHSt 29, 99, 107.
15 *Waldowski*, NStZ 1984, 448; *Mehle*, in: FS Karl Peters, S. 201.
16 *Meyer-Goßner*, § 147 Rn 25.
17 Dies gilt auch für Vernehmungen, bei denen der nunmehr Beschuldigte noch als Zeuge vernommen worden
   war, OLG Hamm StV 1995, 571 m. Anm. *Mehle/Hiebl*.

im Ermittlungsverfahren bleibt nur die **Dienstaufsichtsbeschwerde**.[18] Bei Verletzung des § 147 Abs. 3 StPO ist der Rechtsweg über §§ 23 ff. EGGVG eröffnet.[19]

7. Besonderheiten der Akteneinsicht bei Untersuchungshaft

15 Befindet sich der Mandant in **Untersuchungshaft**, so ist die Möglichkeit der Staatsanwaltschaft, Akteneinsicht unter Berufung auf § 147 Abs. 2 StPO zu versagen, erheblich eingeschränkt. Zwar verbleibt es bei der alleinigen Kompetenz der **Staatsanwaltschaft** als Herrin des Ermittlungsverfahrens, über ein **Akteneinsichtsgesuch** zu befinden. Jedoch dürfen Erkenntnisse aus den Ermittlungsakten nicht zur **Begründung eines Haftbefehls** herangezogen werden, sofern diese Erkenntnisse dem Verteidiger und dem Beschuldigten wegen Beschränkung der Akteneinsicht vorenthalten werden.[20] Dies bedeutet, dass der **Ermittlungsrichter** einen **Haftbefehl** ggf. nicht erlassen darf oder einen bestehenden aufheben muss.

II. Mandant als Erkenntnisquelle

16 Neben der Akteneinsicht ist der **Mandant** die wichtigste **Erkenntnisquelle**. Er ist derjenige, hinsichtlich dessen jedenfalls die konkrete Möglichkeit besteht, er sei in die historischen Vorgänge persönlich eingebunden gewesen, unbeschadet der Frage nach der Schuld. Alles was in solchen **Mandantengesprächen** erörtert wird, unterliegt uneingeschränkt der strafbewehrten (vgl. § 203 Abs. 1 Nr. 3 StGB) **Verschwiegenheitspflicht des Verteidigers**. Die **Angaben des Mandanten** sind stets mit äußerster Vorsicht zu bewerten. Dies bedeutet nicht, man müsse als Verteidiger Misstrauen hegen, man werde vom Mandanten belogen. Die unmittelbare und eigene Betroffenheit des Mandanten lässt rein objektiv besorgen, sein Erinnerungsbild, das auch von Erwartungshaltungen für das laufende Verfahren geprägt ist, könne den damaligen historischen Sachverhalt nicht oder nur teilweise zutreffend wiedergeben. Daher sind die **Angaben des Mandanten** am **Akteninhalt** abzugleichen. Dies bedeutet, dass das erste sinnvolle Gespräch mit dem Mandanten nach Einsicht in die **Ermittlungsakten** erfolgt, wobei der **Mandant** selbst volle **Aktenkenntnis** haben muss.

17 Bei einem solchen Gespräch wäre das Zurückhalten von Bedenken gegen die Darstellung des Mandanten im Hinblick auf den Akteninhalt eher schädlich. Der **Mandant** sollte darauf hingewiesen werden, in welchen Punkten seine **Darstellung** mit den **Ermittlungsergebnissen** nicht in Einklang zu bringen ist oder ihnen sogar diametral zuwiderläuft. Sodann ist zu überlegen, ob überhaupt ein **Sachvortrag** durch die **Verteidigung** erfolgen soll und was Inhalt der Verteidigungsschrift wird (damit ist die Entscheidung über eine persönliche Aussage des Mandanten noch nicht getroffen).

18 Bei einem solchen **Mandantengespräch** kann nicht selten eine für den **Verteidiger** schwierige Situation entstehen. Einerseits ist er darauf angewiesen, dass der Mandant ihm den Sachverhalt wahrheitsgemäß so schildert, wie er ihn in Erinnerung hat. Nur

---

18 OLG Hamm NStZ 1984, 280.

19 Dies gilt auch für den Fall einer überlangen Dauer der Einsichtsverweigerung generell, OLG Hamm NStZ-RR 1979, 179.

20 EuGHMR StV 1993, 283; BVerfG StV 1994, 465.

so kann der Verteidiger Schwachstellen erkennen und versuchen, diesen entgegenzuwirken. Andererseits kann gerade eine offene und ehrliche Auskunft des Mandanten dazu führen, dass der Verteidiger in seinen rechtlichen Möglichkeiten beschränkt wird. Nach ständiger Rechtsprechung des BGH ist der Verteidiger zwar berechtigt (und sogar verpflichtet) zu Gunsten seines Mandanten alles vorzutragen, auch wenn er für möglich hält, dass dieser Vortrag unrichtig ist.[21] Er kann also einen ihm vom Mandanten benannten Alibizeugen durch einen entsprechenden Beweisantrag in das Verfahren einführen, selbst wenn er an dem Wahrheitsgehalt einer solchen Zeugenaussage konkret zweifelt.[22] Denn zu einer **Nachprüfung der Angaben** seines **Mandanten** ist er i.d.R. nicht in der Lage, er würde also anderenfalls zu Lasten seines Mandanten dessen Rechte nicht wahrnehmen dürfen. Andererseits liegt die eindeutige Grenze bei dem direkten Vorsatz.[23] Ist der Verteidiger auf Grund einer internen Information des Mandanten – oder aus anderer Erkenntnis – sicher, der Alibizeuge werde lügen, so darf er ihn nicht benennen. Hier gibt es keine taktischen Verhaltensregeln für den Verteidiger.

> *Hinweis*
> Bei allem Bemühen, die Rechte seines Mandanten aktiv wahrzunehmen, darf der Verteidiger in keinem Fall die von der Rechtsprechung vorgegebenen Grenzen überschreiten; denn damit schadet er seinem Mandanten und sich selbst.

III. Eigene Ermittlungen des Verteidigers

Das – früher bestrittene – **Recht des Verteidigers auf eigene Ermittlungen** ist nunmehr allgemein, insbesondere von der ständigen Rechtsprechung des BGH, anerkannt.[24] Der Verteidiger sollte daher von diesem eigenen Ermittlungsrecht durchaus Gebrauch machen. Dies empfiehlt sich insbesondere bei **Zeugen**, die der Mandant ihm benennt. Hier gebietet es die Sorgfaltspflicht, sich diese Zeugen selbst anzuhören, um sicherzustellen, dass hier nicht etwa belastende Angaben in das Verfahren eingeführt werden. Dem Mandanten fehlt nicht selten die notwendige Distanz, dieses zu erkennen. **19**

Die Zeugenbefragung selbst sollte sehr förmlich geschehen, dies mit dem Ziel, ein zu fertigendes Protokoll notfalls in das Verfahren einzuführen. Die Darstellung der Einzelheiten würde hier zu weit führen.[25] Der Wert einer ordnungsgemäß schriftlich fixierten **Zeugenaussage** gegenüber dem Verteidiger als **Beweismittel** für die künftige Hauptverhandlung wird jedoch durch die neuere Rechtsprechung erheblich eingeschränkt. Danach dürfen Angaben eines Zeugen, die dieser vor einem Verteidiger gemacht hat, nicht verwertet werden, wenn sich der Zeuge in der Hauptverhandlung auf ein **Zeugnisverweigerungsrecht** beruft, auch wenn er vom Anwalt ordnungsgemäß über sein umfassendes Schweigerecht belehrt worden ist.[26] **20**

---

21 BGH NStZ 1983, 503; BGHSt 38, 345; 46, 53, 56.
22 BGHSt 46, 53, 55.
23 BGHSt 46, 53, 56.
24 Vgl. dazu die bereits vorstehend zitierte Entscheidung BGHSt 46, 53, 56, die dieses eigene Ermittlungsrecht noch einmal besonders betont.
25 *Brüssow/Gatzweiler/Krekeler/Mehle*, § 4 Rn 189 ff.
26 BGHSt 46, 1.

IV. Kontakt zu anderen Verfahrensbeteiligten

21   Hierbei unproblematisch ist der **Kontakt zu Staatsanwaltschaft und Gericht**. Ein solcher Kontakt empfiehlt sich in vielen Fällen. Während des **Ermittlungsverfahrens** ist der **Staatsanwalt** der wichtigste Ansprechpartner. Dies gilt auch bei **Haftentscheidungen**, die durch den **Ermittlungsrichter** zu treffen sind, denn auf Antrag der Staatsanwaltschaft ist der **Haftbefehl** aufzuheben, § 120 Abs. 3 StPO. Dies gilt nach überwiegender Meinung auch für einen Antrag auf **Haftverschonung**.[27] Der Kontakt zum Gericht schon während des Ermittlungsverfahrens drängt sich in allen Verfahrenssituationen auf, bei denen eine gerichtliche Entscheidung zu treffen ist, wie bei

- Verfahren der Beschwerde bei Durchsuchung und Beschlagnahme,
- Verfahren der Beschwerde und der weiteren Beschwerde in Haftsachen.

Ein Kontakt ist auch grundsätzlich erlaubt zu Verteidigern von **Mitbeschuldigten**. Hier dürfen auch Informationen von inhaftierten Mitbeschuldigten ausgetauscht werden.[28] Auch hier sind jedoch die **Grenzen der zulässigen Abstimmung** peinlich zu beachten.

D. Mitwirkungs- und Gestaltungsrechte

I. Grundsatz

22   Das **Ermittlungsverfahren** zeichnet sich (noch) dadurch aus, dass die Verteidigung (und der Beschuldigte) nur in sehr begrenztem Maß den Inhalt des Verfahrens mitgestalten können. Zu den Einzelheiten wird auf die Einführung zu den Aufgaben des Strafverteidigers im Ermittlungsverfahren (vgl. § 7 Rn 1 ff.) verwiesen.

> *Hinweis*
> Es kann nur dringend angeraten werden, die vorhandenen Mitwirkungsrechte intensiv zu nutzen.

II. Einlassung des Mandanten/Verteidigungsschrift

23   Beide Arten der Mitwirkung sind streng voneinander zu trennen. Die **Verteidigungsschrift** hat mit der Einlassung des Mandanten nichts gemein. Sie ist ein eigenes Werk des Verteidigers. Die Erkenntnisquellen sind vielfältig,

- etwa der Akteninhalt,
- weitere eigene Ermittlungen des Verteidigers,
- Verwertung gerichts- und allgemein bekannter Tatsachen,
- Rechtsausführungen und
- sicherlich auch Informationen, die vom Mandanten stammen.

24   Diese **Eigenständigkeit** der Verteidigungsschrift ist allgemein anerkannt.[29] Die Ausführungen des Verteidigers können daher dem Beschuldigten/Angeklagten auch

---

27 BGH NJW 2000, 967; *Nehm*, in: FS Meyer-Goßner, S. 291.
28 LG Frankfurt/M. NStZ 1981, 145; OLG Düsseldorf StV 2002, 533.
29 BGH StV 1993, 623.

nicht als dessen eigene Darstellung vorgehalten werden.[30] Die Verteidigungsschrift ist auch nicht verlesbar. Dies kann vom Gericht nur dann umgangen werden, wenn der Angeklagte in der Hauptverhandlung befragt wird, ob die tatsächlichen Angaben in einer Verteidigungsschrift auf seinen Informationen beruhen, und er dies bejaht. Dann – und nur dann – darf das Gericht dem Angeklagten in der Hauptverhandlung den tatsächlichen Vortrag in der Verteidigungsschrift zur Behebung von Widersprüchen vorhalten.

III. Aussage des Mandanten im Ermittlungsverfahren

Ob dem **Mandanten** eine **Aussage** bei   25
- der Polizei,
- der Staatsanwaltschaft oder
- dem Ermittlungsrichter

zu empfehlen ist – dies ggf. neben oder anstatt einer Verteidigungsschrift –, hängt von einer Vielzahl von Faktoren ab. Maßgeblich ist zunächst das im Ermittlungsverfahren verfolgte Ziel. Wird eine **Einstellung nach § 170 Abs. 2 StPO** angestrebt, erscheint eine Aussage des Mandanten nur dann sinnvoll, wenn sie geeignet ist, den bestehenden Anfangsverdacht (oder einen zwischenzeitlich eingetretenen höheren Verdachtsgrad) zu beseitigen. Hier ist große Vorsicht geboten. Nur selten vermag eine Aussage des Beschuldigten den **Tatverdacht** zu entkräften oder ihn auch nur zu mindern. Die **Nachteile einer Einlassung** liegen auf der Hand. Sagt der Beschuldigte nach ordnungsgemäßer Belehrung aus, so ist seine Aussage grundsätzlich verwertbar, auch wenn er später in der Hauptverhandlung schweigt. Dies gilt sowohl für polizeiliche als auch für staatsanwaltschaftliche Vernehmungen. Hier wird der Inhalt der früheren Aussage durch die Vernehmung der Verhörsperson eingeführt. Bei einer richterlichen Vernehmung kann zusätzlich das Protokoll verlesen werden, § 254 StPO. Bei einer persönlichen Vernehmung des Mandanten ist kein Fall denkbar, bei dem der Verteidiger ihn nicht zu dieser Vernehmung begleitet.

Ist Verteidigungsziel eine **Einstellung nach §§ 153, 153 a StPO**, so ist die Frage   26
der Vernehmung nach Lage des Einzelfalls zu entscheiden. Ist zu besorgen, dass der Mandant nur der persönliche Eindruck zur Grundlage in einer einvernehmlichen Verfahrensbeendigung gefordert, kann man sich dem kaum entziehen. Der Mandant ist dabei darauf einzustellen, dass er das vom Verteidiger schriftlich vorzubereitende Gespräch mit der Staatsanwaltschaft nicht dazu nutzt, sich über die Verfahrensmethoden zu beschweren oder ein bereits durch den Verteidiger schriftsätzlich vorgetragenes Geständnis wieder in Abrede zu stellen. Wird das Ermittlungsverfahren konfrontativ geführt, weil die Staatsanwaltschaft erkennbar die Verdachtslage anders beurteilt und auch rechtlich kein Konsens mit ihr gefunden werden kann, so ist von einer persönlichen Vernehmung des Mandanten grundsätzlich abzuraten.

---

30 BGH StV 1993, 623.

IV. Verteidigungsschrift

27   Das Einreichen einer **Verteidigungsschrift** für den Mandanten ist grundsätzlich empfehlenswert. Sie darf allerdings immer erst nach vollständiger Akteneinsicht zu den
Akten gereicht werden. Eine schriftliche Äußerung des Verteidigers empfiehlt sich
zunächst immer dann, wenn der Mandant schweigt. Hier kann der Verteidiger den
gesamten Sachverhalt darstellen und bewerten, wie er sich aus dem Akteninhalt
ergibt. Dabei kann er zusätzliche Informationen verwerten. Nicht selten empfehlen
sich auch Rechtsausführungen, wobei der **höchstrichterlichen Rechtsprechung** eine
überragende Bedeutung zukommt. Die Ausführungen des Verteidigers können, wie
dargelegt, auch zum Sachverhalt nicht zum Nachteil des Beschuldigten verwertet
werden. Häufig empfiehlt es sich auch, eine umfassende Verteidigungsschrift mit
der **Anregung an die Staatsanwaltschaft** zu verbinden, ein gemeinsames **Rechts-
gespräch** zu führen, anlässlich dessen der weitere Verfahrensablauf erörtert werden
kann (zur Frage der Verständigung schon im Ermittlungsverfahren vgl. § 7 Rn 35 ff.).

28   Der **Verteidigungsschrift** sollte stets ein **Antrag** (Einstellung nach § 170 Abs. 2
StPO) oder eine **Anregung** (einvernehmliche Beendigung des Verfahrens) vorangestellt werden, um das Ziel der Verteidigung zu verdeutlichen. Zu empfehlen ist,
dass die Endfassung der Verteidigungsschrift dem Mandanten zur Kenntnisnahme und
Billigung zugeleitet wird, bevor sie eingereicht wird.

29   Wie bereits einleitend dargestellt ist, hat der **Verteidiger** nur wenige Möglichkeiten, an **Ermittlungshandlungen der Strafverfolgungsorgane** teilzunehmen. Die
überragende Bedeutung des Ermittlungsverfahrens für die Gestaltung des weiteren
Prozessverlaufs bis hin zur Hauptverhandlung zwingt den Verteidiger, alle **Möglichkeiten der Teilnahme** auszuschöpfen, die sich ihm bieten. Nur so kann er durch
Fragen und Vorhalte etwa den Verlauf von Vernehmungen mitgestalten. Das bisweilen
hiergegen angeführte Argument, das Ergebnis dieser Ermittlungshandlung könne in
der Hauptverhandlung kaum noch angegriffen werden, wenn der Verteidiger zugegen
gewesen sei, ist ein Scheinargument. Denn die Verfahrenswirklichkeit zeigt, dass auch
bei **Vernehmungen ohne Verteidiger** die Ergebnisse der Aussagen von Zeugen und
Mitbeschuldigten in der Hauptverhandlung nur schwer angreifbar sind. Im Übrigen
kann er dann in der Hauptverhandlung sein Fragerecht umfassend ausüben.

30   Bei **polizeilichen Ermittlungen** wie etwa
   ■   der Vernehmung des Beschuldigten,
   ■   eines Zeugen oder
   ■   eines Sachverständigen
besteht kein **Anwesenheitsrecht**. Dies ergibt sich zwingend unmittelbar aus dem
Gesetz, das Anwesenheitsrechte des Verteidigers nur für die Vernehmung durch den
Staatsanwalt und den Ermittlungsrichter vorsieht, §§ 163 a Abs. 3, 163 a Abs. 3 S. 2
i.V.m. §§ 133 bis 136a, 168 c Abs. 1 und 5 StPO. Die Präsenz bei der **Vernehmung
des eigenen Mandanten**, der im Übrigen nicht verpflichtet ist, auf Ladung bei der
Polizei zu erscheinen, kann der Verteidiger schon dadurch erzwingen, dass er mitteilt,
sein Mandant werde nur in seiner Gegenwart aussagen (auf die vorstehend geäußerten
Bedenken gegen eine polizeiliche Einvernahme des Mandanten wird verwiesen). Bei
der Vernehmung des Mandanten durch die Staatsanwaltschaft hat der Verteidiger ein
Anwesenheitsrecht, §§ 163 a Abs. 3 S. 2, 168 c Abs. 1 StPO. Ein solches steht ihm
nicht zu bei der Vernehmung von Zeugen und Mitbeschuldigten.

Bei **richterlichen Ermittlungshandlungen** hat der Verteidiger ein **Anwesenheits-** 31
recht bei der Vernehmung seines Mandanten sowie der von Zeugen und Sachverständigen, schließlich bei der Einnahme eines Augenscheins, §§ 168 c Abs. 1
und 2, 168 d Abs. 1 StPO. Umstritten ist die Rechtslage bei der Vernehmung eines
Mitbeschuldigten.[31] Die Praxis der Amtsgerichte differiert stark, ohne dass man sich
an (nicht bindende) Vorgaben des örtlichen Oberlandesgerichts halten würde.

> *Hinweis*
> Der Verteidiger muss sich daher bei den zuständigen Ermittlungsrichtern erkundigen, wie
> das Anwesenheitsrecht bei der Vernehmung von Mitbeschuldigten gehandhabt wird.

Auch der **Beschuldigte** selbst hat grundsätzlich ein **Anwesenheitsrecht** bei der Ver- 32
nehmung von Zeugen und Sachverständigen sowie der Einnahme eines Augenscheins,
§§ 168 c Abs. 2, 168 d Abs. 1 StPO. Hier erscheint es häufig nicht sinnvoll, dass
der Mandant an einer solchen Vernehmung neben dem Verteidiger teilnimmt. Unbe-
dachte Aktionen des Mandanten bei Ausübung des auch ihm zustehenden Fragerechts
könnten schaden (vgl. dazu die grundsätzlichen Einwendungen gegen eine Aussage
des Mandanten im Ermittlungsverfahren). Andererseits kann bei schwierig gelagerten
Sachverhalten das Wissen des Mandanten eine bessere Befragung des Zeugen pp.
ermöglichen.

> *Hinweis*
> Sollte der Verteidiger sich dazu entschließen, zusammen mit dem Mandanten das Anwesen-
> heitsrecht auszuüben, muss dieser vorab auf die Vernehmungssituation und ihre möglichen
> nachteiligen Folgen genau vorbereitet werden.

V. Anträge auf Vornahme von Ermittlungshandlungen (Beweisanträge)

§ 163 a Abs. 2 StPO begründet einen **Anspruch des Beschuldigten**, dass die zu 33
seiner Entlastung von ihm beantragte **Beweiserhebung** durchzuführen ist, wenn sie
von Bedeutung ist. Die konditionale Einschränkung bedeutet in der Praxis, dass die
Erhebung der beantragen Beweise im freien Ermessen der Staatsanwaltschaft liegt.
Einen **Beweiserhebungsanspruch** hat der Beschuldigte demnach im Ermittlungsverfahren nicht; insbesondere gelten nicht die Vorschriften für die Beweisaufnahme
in der Hauptverhandlung, die dem Angeklagten ein unbeschränktes Antragsrecht
einräumen, sofern kein Beweisverbot besteht und die abschließend aufgezählten Ablehnungsgründe eingreifen, § 244 Abs. 3 bis 5 StPO.[32] Im Ergebnis ist also das Antragsrecht des Beschuldigten (und seines Verteidigers) so wirksam, wie es sich mit
der Rechtsauffassung des zuständigen Staatsanwalts zur Frage der Erheblichkeit des
beantragen Beweises deckt. Ein **Rechtsmittel** gegen die Nichtvornahme der Beweiserhebung existiert ohnehin nicht.

Angesichts der überragenden Bedeutung einer Einflussnahme auf das Ermittlungs- 34
verfahren sollten den **Verteidiger** diese Schwierigkeiten nicht daran hindern, jeden
Antrag zu stellen, der das **Beweisergebnis** beeinflussen könnte. Es empfiehlt sich,

---

31 Bejahend OLG Karlsruhe StV 1996, 302, 303; verneinend BGH NStZ 1997, 351.
32 *Meyer-Goßner*, § 163 a Rn 15 m.w.N.; a.A. LR-*Rieß*, § 163 a Rn 107; *Krekeler*, NStZ 1993, 263.

die Anträge entsprechend ausführlich zu begründen, um auch bei der Staatsanwaltschaft die Überzeugung von der Notwendigkeit der beantragten Beweiserhebung zu schaffen.

VI. Verständigung im Ermittlungsverfahren

35 Dieses Thema wird ausführlich in § 13 behandelt. Schon aus Raumgründen sollen daher hier nur einige wenige Anmerkungen aus der Sicht der Verteidigung erfolgen. Zunächst ist zu differenzieren zwischen den **Absprachen**, die das Gesetz selbst in mehreren Fällen ausdrücklich vorsieht, §§ 265 a, 470 S. 2, 153 a StPO. Davon zu unterscheiden sind die vom Gesetz nicht erfassten Absprachen zwischen Verteidiger und Staatsanwalt im Ermittlungsverfahren (wie im Hauptverfahren zwischen diesen Verfahrensbeteiligten und dem Gericht). Wesen dieser Absprachen ist es, den Verfahrensstoff zu begrenzen und – nicht selten gegen ein volles oder ein Teilgeständnis – sich hinsichtlich der Art und Höhe der Sanktion zu einigen.

36 Die prozessualen, aber auch verfassungsrechtlichen Bedenken gegen ein solches Vorgehen sind mannigfaltig und – auch aus Verteidigersicht – dem Grunde nach berechtigt. Vorschnelle Absprachen sind für den Mandanten oft schädlich. Die Einhaltung der Verfahrensgarantien, die durch solche Absprachen unterlaufen werden, dient in erster Linie dem Schutz des Beschuldigten. Dies muss der Verteidiger bedenken, wenn er in sog. **Verhandlungen mit der Staatsanwaltschaft** eintritt. Nicht selten ist das Ziel einer schnellen **Verfahrenserledigung** verlockend, wird der Mandant doch – gegen eine letztlich hinnehmbare Sanktion – von der Last des Verfahrens befreit, die andernfalls noch für eine unabsehbare Zeit andauern würde.

37 Diese Überlegung verleitet oft zur mangelnden **Vorbereitung** einer solchen **Verständigung**. Vorschnell wird ein Ergebnis akzeptiert, das bei entsprechendem prozessualem Bemühen des Verteidigers und der Wahrnehmung der ihm und seinem Mandanten verfassungsrechtlich verbürgten prozessualen Rechte ohnehin hätte erzielt werden können. Einer Absprache hätte es daher gar nicht bedurft. Eine Absprache ohne eine derartige Vorbereitung wäre leichtfertig, weil sie Möglichkeiten nicht auslotet, zu einem für den Mandanten noch besseren Ergebnis zu gelangen.

> *Hinweis*
> Zu einer Absprache darf daher der Verteidiger nur bereit sein, wenn er nach sorgfältigster Bearbeitung der Angelegenheit zu dem Ergebnis gelangt, dass mit hoher Wahrscheinlichkeit die streitige Durchführung des Verfahrens dem Mandanten ein schlechteres Ergebnis bringen würde als das mit der Verständigung auszuhandelnde.

38 Es versteht sich von selbst, dass der **Mandant** schon vor konkreten Gesprächen über eine derartige **Einigung**, allemal vor deren Abschluss, in allen Einzelheiten über den Inhalt und den Sinn der Verständigung informiert werden muss. Er ist insbesondere auf die **Rechtsfolgen** hinzuweisen, die mit einer Erledigung nach §§ 153, 153 a StPO außerhalb des Strafverfahrens verbunden sind. Denkbar sind hier etwa die Konsequenzen für ein Beamtenverhältnis oder eine sonstige Arbeitsstelle. Ein besonderes Problem stellen auch die vielfältigen **öffentlich-rechtlichen Genehmigungen** für die Ausübung bestimmter Tätigkeiten dar. Diese Genehmigungen sind nahezu ausnahmslos auf das Kriterium der **persönlichen Zuverlässigkeit** des Genehmigungsinhabers

gestützt.[33] Eine solche persönliche Zuverlässigkeit wird häufig schon bei nur geringfügigen Delikten verneint. Der Verteidiger muss daher in aller Regel durch eine geeignete schriftliche Erklärung aktenkundig machen, dass mit der Zustimmung zu einer Einstellung nach § 153 a StPO[34] kein Schuldeingeständnis verbunden ist. Hier empfiehlt sich auch häufig ein entsprechender Verweis auf die **ständige Rechtsprechung des BVerfG**, wonach durch ein solches Verfahren die Unschuldsvermutung nicht berührt wird.[35]

Hinweis
Ein schriftlicher Hinweis des Verteidigers auf diese Rechtsprechung ist angebracht.

VII. Besonderheiten der Verteidigung bei Untersuchungshaft

Die vorgegebene Beschränkung der Darstellung lässt zu diesem extrem wichtigen **39** Ausschnitt der Tätigkeit des Verteidigers bei **inhaftierten Mandanten** nur einige rudimentäre Anmerkungen zu; im Übrigen ist auf die vorzüglichen Darstellungen von *Münchhalffen/Gatzweiler*[36] sowie *Schlothauer/Weider*[37] zu verweisen. Die folgenden **Grundsätze**, die angesichts der Platzbeschränkung nahezu willkürlich erscheinen müssen, sind zu beachten.

Untersuchungshaft bedeutet Freiheitsentzug und stellt den schwerstwiegenden Eingriff **40** staatlicher Gewalt dar, der der Sicherung des Strafverfahrens dient. Die berufliche Einbindung des Mandanten in das bürgerliche Leben, seine familiären und sozialen Beziehungen werden jäh unterbrochen – ein Ergebnis das oft irreparabel ist. **Haftsachen** müssen daher für den **Verteidiger** unter allen Umständen **Priorität** haben. Dies bedeutet, dass er auf schnellstem Weg Kontakt zum inhaftierten Mandanten herstellen muss. Besteht das Mandatsverhältnis bereits, ist dies unproblematisch. Soll es erst auf Grund eines entsprechenden Wunsches des Mandanten (oder einer ihm nahe stehenden Person) begründet werden, bedarf es der **Besuchserlaubnis** durch den Ermittlungsrichter (oder der Staatsanwaltschaft, soweit die Besuchsregelung auf diese einvernehmlich übertragen worden ist).

Der Verteidiger hat hier in besonderem Maße darauf hinzuwirken, dass der **Mandant** **41** nicht vorschnell eine **Aussage** macht, die auch dann gegen ihn verwendbar bleibt, wenn er später sein Schweigerecht ausübt. Dies ist gerade in der Situation der Untersuchungshaft nur schwer zu vermitteln. Eine Aussage sollte in keinem Fall vor Akteneinsicht durch den Verteidiger erfolgen.

Auch wenn der Ermittlungsrichter den Haftbefehl erlässt, ist doch der **Staatsan-** **42** **walt** im **Ermittlungsverfahren** bei vollzogener Untersuchungshaft der **wichtigste Ansprechpartner**. Zu Beginn der Haftsituation wird man häufig nur gegen die Haftgründe argumentieren können. Hier ist insbesondere auszuloten, ob einvernehmlich eine **Haftverschonung** zu erreichen ist. Schwierig wird es bei **Verdunkelungsgefahr**. Hier wird oft argumentiert, allein die Aussage (das Geständnis) des Inhaftierten

---

33 Vgl. als Beispiel für die vielfältigen Genehmigungspflichten §§ 18, 19 Rettungsgesetz NRW, wonach für die Genehmigung einer Teilnahme am Rettungsdienst (oder auch nur Krankentransport u.a.) die persönliche Zuverlässigkeit der Unternehmensleitung gefordert ist.
34 Das Verfahren nach § 153 Abs. 1 StPO setzt keine Zustimmung des Betroffenen voraus.
35 BVerfG NStZ-RR 1996, 168.
36 *Münchhalffen/Gatzweiler*, Das Recht der Untersuchungshaft, 2. Auflage, NJW-Schriftenreihe, Band 30.
37 *Schlothauer/Weider*, Untersuchungshaft, 3. Auflage (Praxis der Strafverteidigung).

sei in der Lage, diesen Haftgrund zu beseitigen. Soll ein solcher Weg beschritten werden, muss der Mandant insbesondere über die Bindungswirkung einer solchen Aussage aufgeklärt werden; die Entscheidung nach ausführlicher Erörterung liegt bei ihm.

43 Wird in einer **Verteidigungsschrift** gegen die **materiellen Haftvoraussetzungen** (dringender Tatverdacht) argumentiert, muss deutlich gemacht werden, dass eine einfache Verdachtslage nicht genügt, sondern ein dringender Tatverdacht, also eine hohe Wahrscheinlichkeit zu fordern ist, der Mandant habe die ihm zur Last gelegte Tat schuldhaft begangen. Schon in diesem Zusammenhang ist auf **Verwertungsverbote** zu achten, die der Berücksichtigung einzelner Beweisergebnisse entgegenstehen. Auch der Umstand, dass ein bestehendes **Zeugnisverweigerungsrecht** ausgeübt wird, kann den dringenden Verdacht entfallen lassen. Der Verteidiger ist befugt, auf ein solches Zeugnisverweigerungsrecht hinzuwirken.[38]

> *Hinweis*
> Zu beachten ist insbesondere, dass der Anspruch auf mündliche Verhandlung (Haftprüfung) beschränkt ist.[39] Zur Haftprüfung sollte der Verteidiger geeignete Beweismittel (insbesondere Zeugen) bereitstellen, dies auch zur Frage der Haftgründe.

44 Nach Erschöpfung des **Rechtswegs – Beschwerde** und weitere Beschwerde gegen den Haftbefehl, §§ 304, 310 StPO, – ist **Verfassungsbeschwerde** zu erwägen. Nicht selten sieht das BVerfG den Beschleunigungsgrundsatz verletzt.[40]

45 Der Verteidiger hat vielfältige Möglichkeiten, dem **Mandanten** das Leben in der **Untersuchungshaft** zu erleichtern; auf die Einzelheiten bei *Münchhalffen/Gatzweiler*[41] wird verwiesen.

46 Gem. § 148 Abs. 1 StPO ist dem Verteidiger der
- freie,
- unüberwachte,
- schriftliche und
- mündliche

Verkehr mit dem inhaftierten Beschuldigten gestattet.[42] Er sollte dieses Recht nicht leichtsinnig gefährden, indem er es missbraucht. Nicht selten wünscht der Mandant, dass **Schriftstücke** an der Briefkontrolle vorbei mit Hilfe des Verteidigers transportiert werden. Einem solchen Ansinnen muss sich der Verteidiger in jedem Fall widersetzen; ein derartiges Verhalten verstößt nicht nur gegen § 115 OWiG. Der Inhalt der verbotswidrig vom Verteidiger mitgenommenen Schriftstücke kann darüber hinaus durchaus die Gefahr begründen, dass er selbst in den Verdacht einer Strafvereitelung gem. § 258 StGB gerät.

> *Hinweis*
> Um sicherzustellen, dass der schriftliche Verkehr mit dem Mandanten auch tatsächlich unüberwacht bleibt, müssen alle gewechselten Schriftstücke außen deutlich sichtbar den Vermerk Verteidigerpost tragen. Hierauf ist der Mandant besonders hinzuweisen.

---

38 BGHSt 10, 393.
39 Vgl. § 118 Abs. 3 StPO zu den Voraussetzungen; von der Möglichkeit einer mündlichen Verhandlung im Beschwerdeverfahren, § 118 Abs. 2 StPO, macht die Praxis so gut wie nie Gebrauch.
40 BVerfG NJW 1980, 1448.
41 *Münchhalffen/Gatzweiler*, Das Recht der Untersuchungshaft, 2. Auflage, Rn 460–591.
42 Zu den Ausnahmen vgl. § 148 Abs. 2 StPO.

§ 8 Abschlussverfügung der Staatsanwaltschaft

Literatur: Heinrich, Die gerichtliche Nachprüfbarkeit von Entscheidungen der Staatsanwaltschaft im Zusammenhang mit der Anklageerhebung, NStZ 1996, 110; **Heintschel-Heinegg**, Die Teileinstellung in der staatsanwaltschaftlichen Abschlussverfügungsklausur, JA (Übungsblätter) 1990, 111, 132; **Solbach**, Zu drei Fragen aus der staatsanwaltschaftlichen Praxis, NStZ 1987, 350; **Wolters/Gubitz**, Die staatsanwaltschaftliche Abschlussverfügung in der Assessorklausur, JuS 1999, 378; Die Anklageschrift in der strafrechtlichen Assessorklausur, JuS 1999, 792.

A.   Prüfung des hinreichenden Tatverdachts

I.   Grundsätze

Die Staatsanwaltschaft muss nach Durchführung aller erforderlichen Ermittlungen   1
prüfen, ob ein **hinreichender Tatverdacht** gegen den Beschuldigten besteht (§ 170 StPO). Dies ist, um dies nochmals zu wiederholen, dann der Fall, wenn eine Verurteilung in einer Hauptverhandlung nach Aktenlage wahrscheinlich ist. Bei dieser Prüfung, nicht erst in der Hauptverhandlung, ist der Grundsatz **in dubio pro reo** jedenfalls **mittelbar** zu beachten. Dies bedeutet aber nicht, dass letzte Zweifel an der Tatbegehung durch den Beschuldigten ausgeräumt sein müssen (daher keine unmittelbare Anwendung dieses Grundsatzes). Vielmehr setzt hinreichender Tatverdacht zwar eine Wahrscheinlichkeit der Verurteilung, aber noch nicht die Überzeugung von der Täterschaft voraus. Nur wenn feststeht, dass sich durchgreifende Zweifel auch in der Hauptverhandlung nicht werden ausräumen lassen, kann ein hinreichender Tatverdacht nicht begründet werden. Ansonsten kann der **Staatsanwalt** die Erwartung haben, dass Widersprüche oder Unklarheiten in der Hauptverhandlung geklärt werden können.[1]

Es soll hier auch nochmals darauf hingewiesen werden, dass im Falle des Vorliegens   2
von **Beweisverwertungsverboten** das entsprechende Beweismittel bzw. die entsprechende Beweistatsache nicht für die Bejahung des hinreichenden Tatverdachts herangezogen werden darf. Der jeweilige Beweis muss vielmehr außer Betracht bleiben und es muss geprüft werden, ob auch ohne dieses Beweismittel eine Verurteilung wahrscheinlich erscheint.

> *Hinweis 1*
> In der **Klausur** ist die Beweiswürdigung bzw. das Vorliegen des entsprechenden Verwertungsverbots bei der Prüfung des entsprechenden Tatbestandsmerkmals, welches zweifelhaft erscheint, vorzunehmen.

> *Hinweis 2*
> Im **Gutachten der Klausur** ist, anders als im ersten Staatsexamen, der Obersatz der Abschlussverfügung wie in folgendem Beispiel zu formulieren:
>
> „A könnte sich gem. § 263 Abs. 1 StGB eines Betrugs **hinreichend verdächtig** gemacht haben."
>
> Die Strafbarkeit selbst wird erst in der Hauptverhandlung geklärt.

---

1 OLG Dresden StV 2001, 581.

3   Bei der rechtlichen Bewertung der Tat ist die Staatsanwaltschaft an die **Gesetze** und bei deren Auslegung an die **höchstrichterliche Rechtsprechung** gebunden.[2] Dies wird damit begründet, dass es Aufgabe der Gerichte sei, letztlich verbindlich festzustellen, wie die Gesetze auszulegen sind. Dies bedeutet jedoch nicht, dass die Staatsanwaltschaft gegen Urteile, die der ständigen Rechtsprechung entsprechen, kein Rechtsmittel einlegen dürfte, um die Frage durch die Gerichte überprüfen zu lassen. Kann kein hinreichender Tatverdacht begründet werden, so muss das Verfahren ohne Verzögerung gem. § 170 Abs. 2 StPO eingestellt werden. Hierauf hat der Beschuldigte einen Anspruch. Besteht hingegen hinreichender Tatverdacht, so besteht gem. § 170 Abs. 1 StPO genügender Anlass zur Erhebung der **öffentlichen Klage**.

4   Daneben sieht das Gesetz jedoch auch die Möglichkeit einer Verfahrenseinstellung nach den **Opportunitätsvorschriften** der §§ 153 ff. StPO vor. Diese Regelungen stellen eine Durchbrechung des Legalitätsprinzips des § 152 Abs. 2 StPO dar. Eine weitere Möglichkeit ist die Einstellung gem. § 170 Abs. 2 StPO mit Verweisung des Anzeigerstatters auf den **Privatklageweg**, soweit es sich um ein Privatklagedelikt i.S.d. § 374 StPO handelt (vgl. § 24 Rn 1). Beachtet werden muss, dass innerhalb einer **prozessualen Tat** (zu diesem Begriff vgl. § 11 Rn 9 ff.) nicht gleichzeitig ein Delikt angeklagt und ein anderes gem. § 170 Abs. 2 StPO eingestellt werden kann. Nur wenn mehrere prozessuale Taten vorliegen, kann eine Teileinstellung in Betracht kommen.

Übersicht: Grundsätzliche Entscheidungsmöglichkeiten nach Abschluss der Ermittlungen

1. Hinreichender Tatverdacht besteht nicht
   Einstellung des Verfahrens gem. § 170 Abs. 2 StPO.

2. Hinreichender Tatverdacht besteht
   a) Erhebung der öffentlichen Klage gem. § 170 Abs. 1 StPO.
   b) Einstellung des Verfahrens nach den Opportunitätsvorschriften der §§ 153 ff. StPO.
   c) Einstellung gem. § 170 Abs. 2 StPO, wenn bei Privatklagedelikt hinreichender Tatverdacht mit Ausnahme des öffentlichen Interesses besteht.

II. Prozessvoraussetzungen

1. Bedeutung

5   Da es für die Verneinung des hinreichenden Tatverdachts ausreichend ist, wenn eine Voraussetzung für eine mögliche Strafbarkeit des Beschuldigten nicht vorliegt, wird zunächst das Vorliegen der Prozessvoraussetzungen überprüft. Hierbei sind **folgende Punkte**, soweit Anlass zu Zweifeln hieran besteht, **besonders klausurrelevant**.

---

2 BGHSt 15, 155; in der Lit. wird die Frage teilweise abweichend beantwortet.

2. Strafantrag, besonderes öffentliches Interesse an der Strafverfolgung und Ermächtigung

Handelt es sich um **Antragsdelikte** (z.B. §§ 185, 223, 303 StGB), so ist Prozessvor- 6
aussetzung, dass der erforderliche Strafantrag innerhalb der Frist des § 77 b StGB
durch den Antragsberechtigten gestellt wurde. Dies gilt uneingeschränkt bei reinen
Antragsdelikten, bei denen eine Verfolgung nur mit Strafantrag möglich ist (z.B.
§§ 242, 247 StGB; **absolutes Antragsdelikt**). Solange die Frist für die Stellung des
Strafantrags des § 77 b Abs. 1 S. 1 StGB noch läuft, können dennoch Ermittlungen
durchgeführt werden (vgl. aber Nr. 6 Abs. 1 RiStBV). Erst wenn feststeht, dass ein
Antrag nicht gestellt werden wird (z.B. Verzicht) oder die Frist abgelaufen ist, dürfen
keine weiteren Ermittlungshandlungen veranlasst werden.

Ist dagegen in der entsprechenden Vorschrift auch die Möglichkeit der Bejahung eines 7
besonderen öffentlichen Interesses vorgesehen (**relatives Antragsdelikt**), so fehlt eine
Prozessvoraussetzung nur dann, wenn sowohl ein Strafantrag nicht gestellt wurde
als auch das **besondere öffentliche Interesse an der Strafverfolgung** durch die
Staatsanwaltschaft verneint wird. Für die Beantwortung der Frage, ob ein besonderes
öffentliches Interesse an der Strafverfolgung vorliegt, sind beispielsweise die Auswirkungen der Straftat auf den Rechtsfrieden oder die Vorstrafen des Beschuldigten von
Interesse. Die Entscheidung der Staatsanwaltschaft kann gerichtlich nicht überprüft
werden. Es gibt auch Delikte (z.B. § 353 b Abs. 1 bis 3 i.V.m. Abs. 4 StGB), die nur
mit **Ermächtigung** (§ 77 e StGB) verfolgbar sind. In diesen Fällen hat die Staatsanwaltschaft vor weiteren Maßnahmen die Ermächtigung der zuständigen Behörde
einzuholen.

3. Verjährung

Ein Prozesshindernis liegt auch vor, wenn Verfolgungsverjährung gem. §§ 78 bis 78 c 8
StGB eingetreten ist. Die Verjährungsfristen sind für die verschiedenen Tatbestände
nach deren Strafandrohung unterschiedlich bemessen. Kommt der Staatsanwalt zu
dem Ergebnis, dass grundsätzlich Verfolgungsverjährung eingetreten ist, so muss er
prüfen, ob nicht möglicherweise die Verjährung gem. § 78 b StGB geruht hat oder
gem. § 78 c StGB unterbrochen wurde.

> *Beispiel*
> Wichtigste Beispiele aus der **Praxis** sind für das **Ruhen** der Verfolgungsverjährung die
> Tatsache, dass das Opfer einer Tat gem. §§ 176 bis 179 StGB noch nicht achtzehn Jahre
> alt ist, und für die Unterbrechung die Anordnung der Beschuldigtenvernehmung (§ 78 b
> Abs. 1 Nr. 1 bzw. § 78 c Abs. 1 S. 1 Nr. 1 StGB).

Hierbei ist darauf zu achten, dass es keine Rolle spielt, ob der Beschuldigte, etwa weil
er bereits unbekannt verzogen war, überhaupt hiervon Kenntnis erlangt hat. Nur in den
Fällen, in denen offensichtlich die Anordnung sinnlos war, da sie keine Aussicht auf
Erfolg hatte, tritt eine verjährungsunterbrechende Wirkung nicht ein.

4. Strafklageverbrauch

9   Gem. Art. 103 Abs. 3 GG darf niemand für dieselbe Straftat zweimal bestraft werden („ne bis in idem"). Ob Tatidentität mit einem früher bereits gegen den Beschuldigten durchgeführten Verfahren besteht, wird danach entschieden, ob es sich um dieselbe Tat im prozessualen Sinne handelt. Es kann also vorkommen, dass zwar nunmehr ein geschichtlich anderer Sachverhalt Gegenstand des Verfahrens ist, aber dennoch der Sachverhalt eine prozessuale Tat mit der Tat der vorangegangenen Verurteilung bildet, so dass das Prozesshindernis des Strafklageverbrauchs vorliegt. Wurde das Verfahren bereits zu einem früheren Zeitpunkt gem. § 170 Abs. 2 oder § 153 Abs. 1 StPO eingestellt, können die Ermittlungen jederzeit wieder aufgenommen werden, ohne dass dies einer besonderen Begründung bedürfte. Wurde das Verfahren hingegen gem. §§ 153 Abs. 2, 153 a Abs. 1 oder 2 StPO eingestellt, liegt (beschränkter) Strafklageverbrauch vor. Einzelheiten dazu sollen in Zusammenhang mit den Ausführungen zu der jeweiligen Vorschrift erörtert werden.

B. Verfahrenseinstellung

I. § 205 StPO analog, Hindernis in der Person des Beschuldigten

10   § 205 StPO ist von seinem Wortlaut her nur auf eine Verfahrenseinstellung durch das Gericht nach Erhebung der öffentlichen Klage anwendbar. Ist der Beschuldigte jedoch bereits im Ermittlungsverfahren **unbekannten Aufenthalts** oder liegt ein sonst in seiner Person liegendes **Hindernis** (z.B. Verhandlungsunfähigkeit) zur Durchführung des Verfahrens vor, kann das Verfahren gem. § 205 StPO analog durch die Staatsanwaltschaft eingestellt werden. Bevor eine solche Einstellung jedoch erfolgt, ist der Tatvorwurf so weit wie möglich aufzuklären. Es ist nicht erforderlich, eine vorläufige Verfahrenseinstellung durchzuführen, wenn bereits nach Durchführung der möglichen Ermittlungen feststeht, dass auch nach Wegfall des Hindernisses eine Verfahrenseinstellung erfolgen wird.

11   Zur Verfahrenssicherung werden ebenfalls **Fahndungsmaßnahmen** eingeleitet. Diese bestehen i.d.R. aus einer Ausschreibung des Beschuldigten entweder zur Aufenthaltsermittlung oder, soweit ein Haftbefehl vorliegt, zur Festnahme im polizeilichen Fahndungssystem und der Niederlegung eines Suchvermerks beim Bundeszentralregister. Somit ist gesichert, dass andere Behörden ihre Erkenntnisse über einen Aufenthalt des Beschuldigten zu dem vorläufig eingestellten Verfahren weiterleiten.

Beispiel einer Verfügung
Verfügung:
1. **Vermerk:** Der Beschuldigte ist unbekannten Aufenthalts.
2. Das Verfahren wird vorläufig gem. § 205 StPO analog eingestellt.
3. Schreiben an Anzeigerstatter, Bl. 1 d.A.:
    Das Ermittlungsverfahren habe ich vorläufig gem. § 205 StPO analog eingestellt, da der Aufenthaltsort des Beschuldigten nicht ermittelt werden konnte.
    Sobald der Aufenthalt des Beschuldigten feststeht, werde ich die Ermittlungen von Amts wegen wieder aufnehmen.
4. Beschuldigten zur Aufenthaltsermittlung ausschreiben.
5. Suchvermerk beim Bundeszentralregister niederlegen.

6. Statistik.

7. Wiedervorlage: zwei Jahre.

Datum, Unterschrift

II. § 152 Abs. 2 StPO, kein Anfangsverdacht

Die Vorschrift des § 152 Abs. 2 StPO verpflichtet die Staatsanwaltschaft nur dann zur 12
Durchführung von Ermittlungen, wenn **zureichende tatsächliche Anhaltspunkte** für
das Vorliegen einer Straftat bestehen. Ist dies nicht der Fall, werden keine Ermittlungen eingeleitet, sondern deren Durchführung abgelehnt. Insoweit stellt § 152 Abs. 2
StPO keine Vorschrift über eine Einstellung eines Verfahrens dar. Vielmehr wird durch
ihre Anwendung bereits die Einleitung eines Ermittlungsverfahrens **abgelehnt**. Die
Durchführung von Ermittlungen ohne das Vorliegen eines Anfangsverdachts kann
den Straftatbestand der Verfolgung Unschuldiger (§ 344 StGB) erfüllen. Wird in
diesem Fall dem Anzeigeerstatter ein Bescheid darüber erteilt, dass von der Einleitung eines Ermittlungsverfahrens abgesehen wurde, ist „der Beschuldigte" durch
„der Angezeigte" zu ersetzen, da Beschuldigter nur derjenige ist, gegen den sich ein
Ermittlungsverfahren richtet.

III. § 170 Abs. 2 StPO, kein genügender Anlass zur Erhebung der öffentlichen Klage

1. Regelungsbereich

Bejaht die Staatsanwaltschaft keinen hinreichenden Tatverdacht, nachdem sie alle 13
möglichen und erforderlichen Ermittlungen durchgeführt hat, so ist, wie bereits
dargestellt, das Verfahren gem. § 170 Abs. 2 StPO einzustellen. Als Grund für die
Einstellung kommen **tatsächliche und rechtliche Umstände** in Betracht. Gründe,
die eine Einstellung aus rechtlichen Gründen bedingen, sind:

- Die verfahrensgegenständliche Tat fällt nicht unter einen Straftatbestand.
- Es besteht ein Verfahrenshindernis.
- Eine Strafbarkeit des Beschuldigten ist nicht gegeben, da Rechtfertigungs-, Schuldausschließungs-, Strafaufhebungs- oder Strafausschließungsgründe vorliegen.

Aus tatsächlichen Gründen ist das Verfahren einzustellen, wenn die vorhandenen
(verwertbaren) Beweise nicht ausreichen, um eine Täterschaft des Beschuldigten
nachzuweisen und eine Verurteilung zu erreichen (kein hinreichender Tatverdacht).

2. Einstellungsverfügung

a) Grundsätze

In der Einstellungsverfügung, durch die das Ermittlungsverfahren eingestellt wird, ist 14
der Grund hierfür aktenkundig zu machen. Für die Form, in der dies zu geschehen
hat, kommt es darauf an, ob das Verfahren von Amts wegen oder aufgrund einer
Strafanzeige eingeleitet wurde. In letzterem Fall ist der **Anzeigeerstatter** gem. § 171
S. 1 StPO zu bescheiden, wobei ihm in auch für den juristischen Laien verständlicher

Form, mitgeteilt werden muss, warum ein hinreichender Tatverdacht verneint wurde (Nr. 89 Abs. 4 RiStBV). Hingegen ist es bei einem von Amts wegen eingeleiteten Verfahren ausreichend, die ausschlaggebenden Gründe für die Einstellung in einem Vermerk zu Beginn der Verfügung niederzulegen. Dies ermöglicht eine Überprüfbarkeit und ein Nachvollziehen der Entscheidung.

b) Bescheid an den Anzeigeerstatter

15   Ist der Anzeigeerstatter zu bescheiden, so ist ihm zunächst mitzuteilen, dass und nach welcher Vorschrift das Ermittlungsverfahren eingestellt wurde. Anschließend empfiehlt es sich, den angezeigten Sachverhalt in den wesentlichen Zügen zusammengefasst wiederzugeben. Dies verdeutlicht dem Anzeigeerstatter, dass der Staatsanwalt alle relevanten Umstände des Sachverhalts berücksichtigt und zur Kenntnis genommen hat. In der Folge ist darzulegen, ob und ggf. wie sich der Beschuldigte zu dem Tatvorwurf eingelassen hat. Hat sich der Beschuldigte nicht eingelassen, sollte jedenfalls bei juristischen Laien als Anzeigeerstatter ein kurzer Hinweis darauf gegeben werden, dass hieraus keine negativen Schlüsse gezogen werden dürfen. Anschließend wird ausgeführt, zu welchem Ergebnis die durchgeführten Ermittlungen geführt haben. Eine eventuelle Beweiswürdigung, sowie die Frage, warum ein bestimmter Beweis, der für die Begründung eines hinreichenden Tatverdachts erforderlich gewesen wäre, nicht verwertet werden kann, werden an dieser Stelle ebenfalls vorgenommen. Da viele Laien fälschlicherweise davon ausgehen, dass die Staatsanwaltschaft auch ihnen zustehende zivilrechtliche Ansprüche durchsetzen kann, erscheint ein abschließender Hinweis darauf, dass zivilrechtliche Ansprüche von dem Einstellungsbescheid unberührt bleiben, sinnvoll.

16   Ist der Anzeigeerstatter zugleich auch der **Verletzte der Tat** und handelt es sich nicht um ein Privatklagedelikt (§ 347 StPO), so ist ihm gem. § 171 S. 2 StPO eine **Rechtsmittelbelehrung** zu erteilen. In diesem Fall ist gem. § 172 Abs. 1 S. 1 StPO die Beschwerde zulässiges Rechtsmittel. Eine Belehrung ist immer dann zu erteilen, wenn in letzter Konsequenz ein Klageerzwingungsverfahren gem. § 172 StPO zulässig wäre. Aus diesem Grund ist bei Privatklagedelikten eine Belehrung nicht zu geben (§ 172 Abs. 2 S. 3 StPO). Die Einzelheiten zum Beschwerde- und Klageerzwingungsverfahren und damit dem Erfordernis einer Belehrung werden unter Rn 60 f. dargestellt.

c) Einstellungsnachricht an den Beschuldigten

17   Gem. § 170 Abs. 2 S. 2 StPO ist dem Beschuldigten eine Nachricht über die Einstellung des Verfahrens zu erteilen, wenn er als Beschuldigter vernommen worden ist, Haftbefehl gegen ihn bestand, er um eine solche Nachricht gebeten hat oder er ein sonstiges Interesse an der Mitteilung hat. Diese Nachricht ergeht grundsätzlich ohne Angabe von Gründen.

Beispiel einer Einstellungsverfügung
Verfügung:
1. Das Ermittlungsverfahren wird aus den Gründen des Bescheids zu 2.) gem. § 170 Abs. 2 StPO eingestellt.
2. Schreiben an Anzeigeerstatter, Bl. 1 d.A.:

Das Ermittlungsverfahren habe ich gem. § 170 Abs. 2 StPO aus tatsächlichen Gründen eingestellt.

In Ihrer Strafanzeige vom 11.10.2003 tragen Sie vor, der Beschuldigte habe am 4.10.2003 gegen 12.30 Uhr aus Ihrem nicht verschlossenen Pkw Ihre Brieftasche mit 300 Euro Bargeld entwendet.

Der Beschuldigte hat den Tatvorwurf abgestritten. Er hat angegeben, am Tattag bei seinen Eltern in Neustadt gewesen zu sein.

Diese Einlassung wird gestützt durch die Aussage der Eltern des Beschuldigten, die diese Einlassung bestätigt haben. Sie haben angegeben, der Beschuldigte sei von 8 bis 22 Uhr bei ihnen gewesen. Eine bei dem Beschuldigten durchgeführte Hausdurchsuchung hat nicht zum Auffinden der Ihnen entwendeten Brieftasche geführt. Zeugen, die sachdienliche Angaben hätten machen können, konnten ebenfalls nicht ermittelt werden. Der von Ihnen benannte Zeuge Müller hat angegeben, er habe an Ihrem Pkw eine Person beobachtet, deren auffälliger Körperbau dem des Beschuldigten gleiche. Dies allein reicht nicht aus, um eine strafgerichtliche Verurteilung zu erreichen, da durchgreifende Zweifel an der Täterschaft des Beschuldigten verbleiben.

Unter diesen Umständen ist zu Gunsten des Beschuldigten von der Richtigkeit seiner Einlassung auszugehen.

Gegen diesen Bescheid steht Ihnen gem. § 172 Abs. 1 StPO das Rechtsmittel der Beschwerde zu. Diese ist innerhalb binnen zwei Wochen ab Zugang dieses Bescheids bei der Generalstaatsanwaltschaft … oder der hiesigen Behörde einzulegen.
3. Einstellungsnachricht an den Beschuldigten.
4. Statistik.
5. 1 Monat (Beschwerde?).

Datum, Unterschrift

3. Teileinstellungsverfügung

Eine Teileinstellung kann erforderlich werden, wenn **mehrere prozessuale Taten** Gegenstand des Ermittlungsverfahrens sind. Dann kann es vorkommen, dass bezüglich der einen Tat ein hinreichender Tatverdacht nicht begründet werden kann, während hinsichtlich der anderen öffentliche Klage erhoben werden soll. Dies kann auch dann der Fall sein, wenn sich das Verfahren gegen **mehrere Beschuldigte** richtet und nicht gegen alle öffentliche Klage erhoben werden soll. In diesen Fällen ist nur auf den einzustellenden Teil (entweder die prozessuale Tat oder den entsprechenden Beschuldigten) in dem zu fertigenden Vermerk oder Bescheid einzugehen. Um einer eventuellen Beschwerde vorzubeugen, empfiehlt es sich, darauf hinzuweisen, dass die Einstellung nur einen Teil der Strafanzeige betrifft, während hinsichtlich des übrigen Teils (Tat oder Beschuldigter) öffentliche Klage erhoben wurde. An den einstellenden Teil der Verfügung schließt sich unmittelbar die Begleitverfügung für die Anklage an. Diese wird unter Rn 54 dargestellt. 18

Beispiel der Verfügung
Verfügung:
1. Das Verfahren wird, soweit der Vorwurf des Betrugs betroffen ist, gem. § 170 Abs. 2 StPO eingestellt.
2. Schreiben an Anzeigeerstatter, Bl. 1 d. A.:

   …

   Das Ermittlungsverfahren war daher insoweit einzustellen. Bezüglich der ebenfalls von Ihnen angezeigten Urkundenfälschung habe ich bei dem zuständigen Amtsgericht den Erlass eines Strafbefehls beantragt.
   Rechtsmittelbelehrung
3. Einstellungsnachricht an Beschuldigten, „… soweit der Vorwurf des Betruges betroffen ist."
4. … (Begleitverfügung; vgl. Rn 54) …

Ist die Handlung, bezüglich derer hinreichender Tatverdacht nicht angenommen wird, Teil der prozessualen Tat, die zur Anklage kommt, so erfolgt keine Teileinstellung, da die Handlung als solche angeklagt wird und daher für eine Einstellung „nichts mehr übrig bleibt".

Hinweis
In diesem Fall empfiehlt es sich, einen Vermerk zu fertigen, aus dem hervorgeht, warum nur dieser bestimmte Tatbestand als verwirklicht angesehen wird.

IV. Einstellung nach dem Opportunitätsprinzip

1. Bedeutung

19   Einstellungen nach dem Opportunitätsprinzip haben **keine hohe Klausurrelevanz**, da die Anwendung dieser Vorschriften durch den **Bearbeitervermerk** regelmäßig ausgeschlossen wird.

Hinweis
Selbst wenn deren Anwendung zugelassen ist, wird der Beschuldigte in der **Klausur** so viele Straftaten begangen haben, dass eine Einstellung, jedenfalls nach den §§ 153, 153 a StPO, schon aus diesem Grund nicht in Betracht kommt.

Die übrigen hier nicht genannten und aufgeführten Einstellungsvorschriften haben **keine Examensrelevanz**, so dass es ausreichend erscheint, insoweit den Gesetzestext der einzelnen Vorschriften zu lesen, um diese jedenfalls einmal gehört zu haben. Die einzelnen Vorschriften enthalten zum Großteil in ihrem Absatz 2 die Möglichkeit, die entsprechende Einstellung auch noch nach Erhebung der öffentlichen Klage vornehmen zu können. Hierauf soll jedoch hier nicht näher eingegangen werden.

2. § 153 Abs. 1 StPO, Geringfügigkeit und kein öffentliches Interesse

20   Die Vorschrift des § 153 Abs. 1 StPO eröffnet der Staatsanwaltschaft bereits im Ermittlungsverfahren die Möglichkeit, Vergehen, die **als geringfügig anzusehen** sind, nicht weiter zu verfolgen. Hierbei ist es nicht Voraussetzung, dass hinreichender Tatverdacht besteht. Vielmehr können Teile der Tat unaufgeklärt bleiben, wenn feststeht, dass auch bei umfassender Aufklärung die Voraussetzungen des § 153 Abs. 1 StPO weiterhin erfüllt bleiben. Voraussetzung ist zunächst, dass es sich um ein Vergehen und nicht um ein Verbrechen handelt. Weiterhin muss die Schuld des

Beschuldigten, also insbesondere die Folgen der Tat, als gering anzusehen sein. Ausreichend ist es, dass die Schuld als gering anzusehen wäre,[3] so dass selbst die Frage der örtlichen Zuständigkeit der Staatsanwaltschaft nicht endgültig geklärt werden muss.

Einer **Zustimmung** zu der Einstellung durch das für die Eröffnung des Hauptverfah- **21** rens zuständige Gericht bedarf es grundsätzlich. Eine Ausnahme wird in § 153 Abs. 1 S. 2 StPO für den Fall bestimmt, dass es sich nur um Bagatelldelikte handelt. Liegt ein Privatklagedelikt vor, so hat die Verweisung auf den Privatklageweg Vorrang. Wird das Verfahren gem. § 153 Abs. 2 StPO durch das Gericht eingestellt, so kommt es zu einem **beschränkten Strafklageverbrauch**, so dass das Verfahren nur aufgrund neuer Tatsachen oder Beweismittel wieder aufgenommen werden kann.[4] Dies wird damit begründet, dass ein Sachverhalt, der durch ein Gericht bereits gewürdigt wurde, nicht jederzeit wieder in einem neuen Verfahren erneut zum Gegenstand richterlicher Prüfung werden soll (Vertrauensschutz). Eine Wiederaufnahme ist daher nur dann zulässig, wenn neue Tatsachen oder eine abweichende rechtliche Würdigung des Sachverhalts die Tat nunmehr als Verbrechen darstellt. Bei Vergehen kommt eine Wiederaufnahme nicht in Betracht.[5]

3. § 153 a Abs. 1 StPO, Geringfügigkeit, aber öffentliches Interesse

Auch für eine Anwendbarkeit des § 153 a Abs. 1 StPO muss es sich bei dem Delikt **22** um ein Vergehen handeln. Weitere Voraussetzungen sind das Bestehen hinreichenden Tatverdachts sowie eines öffentlichen Interesses an der Strafverfolgung. Die **Schwere der Schuld** darf einer Einstellung nicht entgegenstehen. Vielmehr sind dem Beschuldigten Auflagen oder Weisungen zu erteilen, die geeignet sind, das **öffentliche Interesse an der Strafverfolgung zu beseitigen**. Auf die Zustimmung des Gerichts kann unter denselben Umständen wie im Fall des § 153 Abs. 1 StPO verzichtet werden (§§ 153 a Abs. 1 S. 7, 153 Abs. 1 S. 2 StPO).

> *Hinweis*
> In der **Praxis** wird dem Beschuldigten meist eine Geldzahlung oder die Schadenswiedergut-machung auferlegt. Im **Examen** und in der **Praxis** spielt jedoch der **Täter-Opfer-Ausgleich** eine immer größer werdende Rolle (§ 153 a Abs. 1 S. 2 Nr. 5 StPO). .

Die Einzelheiten zum Täter-Opfer-Ausgleich sollen unter § 14 Rn 55 besprochen werden.

Soll eine Einstellung nach § 153 a Abs. 1 StPO erfolgen, so ist zunächst das Verfahren **23** vorläufig einzustellen, um dem Beschuldigten Gelegenheit zur Erfüllung der Auflagen oder Weisungen innerhalb einer festgelegten Frist zu geben. Für diese vorläufige Einstellung ist auch die Zustimmung des Beschuldigten erforderlich. Erfüllt der Beschuldigte innerhalb der Frist die Auflage, so wird das Verfahren endgültig eingestellt.

---

3 BVerfGE 82, 106.
4 *Meyer-Goßner*, § 153 Rn 37 und 38.
5 Zu diesem Thema mit lesenswerten Argumenten BGH NStZ 2004, 218 = StraFo 2004, 16 = NJW 2004, 375.

Hinweis 1

Durch die endgültige Einstellung des Verfahrens gem. § 153 a Abs. 1 StPO tritt **beschränkter Strafklageverbrauch** ein (§ 153 a Abs. 1 S. 5 StPO). Die Tat ist grundsätzlich nicht mehr verfolgbar. Die Staatsanwaltschaft darf also die Ermittlungen nicht wieder aufnehmen und möglicherweise Anklage erheben, weil sich weitere, den Beschuldigten belastende Umstände herausgestellt haben. Ergibt sich jedoch nach endgültiger Einstellung, dass es sich bei der Tat um ein Verbrechen und nicht um ein Vergehen handelt, steht einer Wiederaufnahme der Ermittlungen ein Strafklageverbrauch jedoch nicht entgegen. In der **Klausur** kann es daher vorkommen, dass ein Teil der Taten aufgrund einer früheren Einstellung gem. § 153 a StPO bereits einem Strafklageverbrauch unterliegt und nicht weiter zu prüfen ist.

Hinweis 2

Der **Staatsanwalt** sollte die Frage des hinreichenden Tatverdachts genau prüfen. Er sollte nicht vorschnell das Angebot zur Zahlung eines Geldbetrags durch den Beschuldigten oder den Verteidiger aufgreifen, sondern erst nach Bejahung des hinreichenden Tatverdachts eine vorläufige Einstellung gem. § 153 a Abs. 1 StPO vornehmen. Wird die Auflage nämlich nicht erfüllt, muss er die Ermittlungen wieder aufnehmen und aufgrund des bereits bejahten hinreichenden Tatverdachts öffentliche Klage erheben. Wenn er erst zu diesem Zeitpunkt erkennt, dass eigentlich kein hinreichender Tatverdacht besteht und er das Verfahren gem. § 170 Abs. 2 StPO einstellt, zeigt er, dass seine frühere Entscheidung falsch war.

4. §§ 154 Abs. 1, 154 a Abs. 1 StPO, Beschränkung der Strafverfolgung

a) Regelungsbereich

24   Die §§ 154, 154 a StPO ermöglichen es, bei einer Vielzahl von Straftaten einzelne Delikte auszuscheiden und die Verfolgung auf die wesentlichen Punkte zu **beschränken**. Dies dient vor allem der Vereinfachung und Beschleunigung. Die §§ 154 und 154 a StPO unterscheiden sich dadurch, dass § 154 StPO beim Vorliegen mehrerer selbständiger Taten zur Anwendung kommen kann, während § 154 a StPO eine Beschränkung innerhalb einer Tat ermöglicht (z.B. tateinheitlich verwirklichte Tatbestände). Da § 154 a StPO für eine Beschränkung innerhalb einer prozessualen Tat angewendet wird, handelt es sich nicht um eine Einstellungsvorschrift.

b) Beschränkung gem. § 154 Abs. 1 StPO

25   Bei einer Einstellung nach dieser Vorschrift kann es sich um eine vorläufige oder eine endgültige handeln. Die Einstellung kann erfolgen, wenn eine **andere Strafe oder Maßregel der Besserung und Sicherung** gegen den Beschuldigten entweder bereits verhängt wurde oder zu erwarten ist. So kann die Einstellung auch in Erwartung einer Strafe aus einem Verfahren, das sich noch im Ermittlungsstadium befindet, erfolgen. Sie kann jedoch auch eine Tat desselben Verfahrens erfassen. Ist die der Strafe zugrunde liegende Entscheidung noch nicht rechtskräftig, erfolgt die Einstellung zunächst vorläufig. Bleibt die später tatsächlich verhängte Strafe hinter der erwarteten zurück oder erfolgt Freispruch, so ist das Verfahren fortzuführen. Ist dagegen Rechtskraft bereits eingetreten, so kann die Einstellung endgültig erfolgen.

Beispiel

Der Beschuldigte A wurde im August 2004 wegen gefährlicher Körperverletzung zu einer Freiheitsstrafe von zwei Jahren und sechs Monaten rechtskräftig verurteilt. Im September 2004 wird gegen ihn Strafanzeige wegen Diebstahls einer geringwertigen Sache erstattet. Die aus einer Verurteilung zu erwartende Strafe fällt gegenüber der bereits in der anderen Sache verhängten nicht ins Gewicht, so dass eine Einstellung gem. § 154 Abs. 1 StPO sinnvoll ist. Ausreichend für eine Einstellung wäre es beispielsweise auch, wenn sich im Laufe der Ermittlungen wegen des Diebstahls ergibt, dass bei einer anderen Staatsanwaltschaft ein Verfahren wegen eines Tötungsdelikts gegen den Beschuldigten geführt wird.

Wurde die Strafverfolgung im Hinblick auf eine zu erwartende Strafe vorläufig beschränkt und ist das Bezugsverfahren nunmehr rechtskräftig abgeschlossen, bestimmt § 154 Abs. 4 StPO, dass eine Wiederaufnahme nur innerhalb einer Frist von drei Monaten erfolgen kann. Dies dient der Rechtssicherheit des Beschuldigten.

c) Beschränkung gem. § 154 a Abs. 1 StPO

Die Vorschrift des § 154 a StPO beschränkt den Gegenstand der Verfolgung **inner-** **26** **halb einer prozessualen Tat**. Insoweit handelt es sich nicht um eine sog. richtige Einstellung, da grundsätzlich nur Taten insgesamt eingestellt werden können. Genau wie bei § 154 StPO kann hier die Einstellung eine vorläufige oder eine endgültige sein.

Beispiel

B hat seine Frau mit einer erlaubnispflichtigen Waffe getötet. In diesem Fall kann der neben dem Tötungsdelikt tateinheitlich begangene Verstoß gegen das Waffengesetz gem. § 154 a Abs. 1 StPO eingestellt und so die Verfolgung auf den wesentlichen Tatbestand beschränkt werden.

5. § 153 b Abs. 1 StPO, Absehen von Strafe

Bereits im Ermittlungsverfahren kann die Staatsanwaltschaft von der weiteren Ver- **27** folgung einer Tat absehen, wenn Voraussetzungen vorliegen, unter denen das Gericht **von Strafe absehen** könnte und das Gericht der Einstellung zugestimmt hat. Möglichkeiten für das Gericht, von Strafe abzusehen ergeben sich aus dem StGB (z.B. §§ 46 a, 60, 157 StGB). Auch bei dieser Vorschrift spielt der Täter-Opfer-Ausgleich eine große Rolle.

Beispiel 1

A, der fahrlässig eine Brandstiftung begangen hat, erhält von seiner Versicherung keinen Ersatz für seinen verbrannten Hausrat im Wert von 100.000 EUR. In diesem Fall sind die Folgen der Tat für A so gravierend, dass das Verfahren gem. § 153 b Abs. 1 StPO, § 60 S. 1 StGB eingestellt werden kann.

Beispiel 2

B hat C durch einen Faustschlag eine Rippenprellung zugefügt. Bereits kurz nach der Tat hat er C freiwillig ein hohes Schmerzensgeld sowie Schadensersatz gezahlt. Weiterhin hat er sich bei dem Geschädigten persönlich entschuldigt. In diesem Fall könnte gem. § 46 a StGB von Strafe abgesehen werden.

Gem. § 155 a StPO soll die Staatsanwaltschaft jederzeit prüfen, ob die Möglichkeit für die Durchführung eines **Täter-Opfer-Ausgleichs** besteht und in geeigneten Fällen darauf hinwirken, dass ein solcher durchgeführt wird. Hierzu kann sie sich gem. § 155 b StPO einer von ihr zu beauftragenden Stelle bedienen, die die erforderlichen Schritte einleitet und versucht, einen Ausgleich zwischen Täter und Opfer herbeizuführen. Wird der Ausgleich durchgeführt, so kann anschließend das Verfahren gem. § 153 b StPO eingestellt werden.

6. § 154 d StPO, zivilrechtliche Vorfrage

28 Die Vorschrift des § 154 d StPO dient dazu, einen Missbrauch der Staatsanwaltschaft zur **Klärung zivil- oder verwaltungsrechtlicher Fragen** zu verhindern. Die Staatsanwaltschaft hat zwar derartige Fragen in eigener Zuständigkeit soweit erforderlich mit zu überprüfen. Liegt jedoch ein Vergehen vor und ist die zivil- oder verwaltungsrechtliche Frage für die Strafbarkeit des Beschuldigten relevant, so kann die Staatsanwaltschaft dem Anzeigeerstatter eine Frist zur **gerichtlichen Klärung** dieser Vorfrage setzen. Verstreicht diese Frist fruchtlos, kann das Verfahren endgültig gem. § 154 d S. 3 StPO eingestellt werden.

> *Beispiel*
> Gegen U wird ein Verfahren wegen Unterschlagung eines Pkw geführt. U behauptet in seiner Einlassung, der Pkw sei ihm durch den Anzeigeerstatter V übereignet worden und trägt vor, wann und wie dies geschehen sein soll. V bestreitet den Vortrag des U und trägt vor, die Übereignung sei wegen Anfechtung unwirksam gewesen. Es handelt sich somit um die zivilrechtliche Frage, wer Eigentümer des Pkw ist. Diese Frage kann die Staatsanwaltschaft der **Klärung durch die Zivilgerichte** überlassen. Vielfach wird in diesen Fällen jedoch der **Vorsatz** des Beschuldigten zu verneinen sein, wenn es sich um komplexe Rechtsfragen handelt.

7. § 154 e StPO, Gegenanzeige wegen falscher Verdächtigung oder Beleidigung

29 Um sich **widersprechende Entscheidungen** zu verhindern, sieht § 154 e StPO die Möglichkeit vor, bei falscher Verdächtigung oder Beleidigung dann das Verfahren vorläufig einzustellen, wenn wegen des zugrunde liegenden Sachverhalts ein Straf- oder Disziplinarverfahren anhängig ist. Die Beurteilung des Bezugsverfahrens hängt entscheidend von dem Ausgang des anderen Verfahrens ab.

> *Beispiel*
> A erstattet gegen B Strafanzeige wegen Diebstahls. Im Rahmen seiner Beschuldigtenvernehmung streitet B die Tat ab und zeigt A wegen falscher Verdächtigung an. In diesem Fall kann die Staatsanwaltschaft das Verfahren gegen A vorläufig gem. § 154 e StPO einstellen und zunächst abwarten, welchen Ausgang das Verfahren gegen B nimmt. Je nach Ausgang des Verfahrens ist dann das Verfahren gegen A entweder gem. § 170 Abs. 2 StPO einzustellen oder weitere Ermittlungen durchzuführen.

V. Privatklagedelikte

1. Grundsätze

30 Eine weitere Einstellungsmöglichkeit aufgrund von Opportunitätserwägungen ist die Verweisung des Anzeigeerstatters auf den **Privatklageweg**, obwohl es sich um eine

Einstellung nach § 170 Abs. 2 StPO handelt. Bei welchen Delikten es sich um Privatklagedelikte handelt, ergibt sich aus § 374 Abs. 1 StPO. Voraussetzung für die Erhebung der öffentlichen Klage ist bei Privatklagedelikten über den hinreichenden Tatverdacht hinaus gem. § 376 StPO, dass die Staatsanwaltschaft ein **öffentliches Interesse an der Strafverfolgung** bejaht.

Hinweis
Diese Prozessvoraussetzung muss also zusätzlich in der **Klausur** geprüft werden.

Öffentliche Klage wird nur bei Vorliegen sowohl hinreichenden Tatverdachts als auch des öffentlichen Interesses erhoben. In den übrigen Fällen soll es dem Verletzten der Straftat selbst überlassen bleiben, weitere Maßnahmen (Privatklage) zu treffen. Das Verfahren wird in diesem Fall gem. § 170 Abs. 2 StPO eingestellt und der Anzeigeerstatter auf den Privatklageweg verwiesen. Die Kriterien für die Prüfung des öffentlichen Interesses ergeben sich aus Nr. 86 Abs. 2 RiStBV.

Beispiel einer Verfügung
Verfügung:
1. Das Verfahren wird gem. § 170 Abs. 2 StPO eingestellt.
2. Schreiben an Anzeigeerstatter, Bl.1 d.A.:
   Das Ermittlungsverfahren habe ich gem. § 170 Abs. 2 StPO eingestellt.
   In Ihrer Strafanzeige vom 13.3.2004 tragen Sie vor, der Beschuldigte, der Ihr Nachbar ist, habe Sie am 10.3.2004 als „Blöde Sau" tituliert. Gleichzeitig haben Sie Strafantrag gegen den Beschuldigten gestellt.
   An der Erhebung der öffentlichen Klage besteht jedoch kein öffentliches Interesse, da es sich um rein private Auseinandersetzungen zwischen Nachbarn handelt. Das Verhalten des Beschuldigten hatte keine über den privaten Kreis hinausgehenden Folgen, so dass die Allgemeinheit kein Interesse an einer Strafverfolgung haben kann. Es bleibt daher Ihnen überlassen, selbst Anklage gegen den Beschuldigten auf dem Privatklageweg zu erheben. Dem hat jedoch gem. § 380 StPO ein Sühneversuch voranzugehen.
3. Einstellungsnachricht an Beschuldigten.
   Zusatz: Ich habe den Anzeigeerstatter auf den Privatklageweg verwiesen.
4. Statistik.
5. Weglegen (Beschwerde nicht möglich; vgl. Rn 60).

Datum, Unterschrift

Das **besondere öffentliche Interesse**, das bei relativen Antragsdelikten den fehlenden   31
Strafantrag als Prozessvoraussetzung ersetzen kann, ist nicht identisch mit dem öffentlichen Interesse bei Privatklagedelikten, sondern weiter gehend.[6] Wird das besondere öffentliche Interesse bejaht, liegt darin jedoch ebenfalls die Bejahung des öffentlichen Interesses im Sinne von § 376 StPO. Wird also beispielsweise bei einer Körperverletzung, bezüglich derer hinreichender Tatverdacht, jedoch kein Strafantrag vorliegt, das besondere öffentliche Interesse an der Strafverfolgung bejaht, so scheidet eine Verweisung auf den Privatklageweg aus. Es ist öffentliche Klage zu erheben.

---

6 *Meyer-Goßner*, § 376 Rn 3.

2. Zusammentreffen von Offizial- und Privatklagedelikt

32   Sind mehrere prozessuale Taten Gegenstand des Verfahrens, ist jede für sich zu behandeln und eine abschließende Entscheidung zu treffen.

> *Beispiel*
> Gegen A wird wegen Nötigung und Beleidigung ermittelt, wobei es sich um zwei prozessuale Taten handelt. Hinsichtlich der Nötigung besteht kein hinreichender Tatverdacht. Bezüglich der Beleidigung besteht zwar hinreichender Tatverdacht, aber das öffentliche Interesse an der Verfolgung wird verneint. Das Verfahren wird daher insgesamt gem. § 170 Abs. 2 StPO eingestellt.

Ist Gegenstand des Verfahrens eine prozessuale Tat, die aus Offizial- und Privatklagedelikten besteht, stellt sich die Frage, ob eine **Teileinstellung** in Betracht kommt. Zur Beantwortung dieser Frage ist danach zu unterscheiden, für welches Delikt, Offizial- oder Privatklagedelikt, hinreichender Tatverdacht bejaht werden kann.

33   Besteht hinsichtlich des Offizialdelikts hinreichender Tatverdacht, so ist, da das Offizialdelikt immer vorrangig ist,[7] die gesamte Tat anzuklagen oder aber das Privatklagedelikt gem. § 154 a Abs. 1 StPO auszuscheiden. Es entsteht hinsichtlich des Privatklageverfahrens ein Verfahrenshindernis. Ist insgesamt kein hinreichender Tatverdacht gegeben, erfolgt eine einheitliche Einstellung gem. § 170 Abs. 2 StPO. Eine Verweisung auf den Privatklageweg erfolgt nicht, da Voraussetzung hierfür das Vorliegen hinreichenden Tatverdachts wäre. Liegt hinsichtlich des Offizialdelikts hinreichender Tatverdacht vor, nicht jedoch für das Privatklagedelikt, ist in einem Vermerk niederzulegen, aus welchen Gründen der Verdacht verneint wurde und im Übrigen öffentliche Klage zu erheben. Der Anzeigeerstatter erhält hierüber keinen Bescheid, da die von ihm angezeigte Tat im prozessualen Sinn angeklagt wurde.

34   Besteht hingegen nur hinsichtlich des Privatklagedelikts hinreichender Tatverdacht, nicht jedoch für das Offizialdelikt, ist eine weitere Unterscheidung erforderlich, ob ein öffentliches Interesse an der Verfolgung des Privatklagedelikts besteht. Wird das öffentliche Interesse an der Verfolgung des Privatklagedelikts verneint, erfolgt eine Einstellung des Verfahrens gem. § 170 Abs. 2 StPO. Es erfolgt jedoch eine Verweisung auf den Privatklageweg, da hinreichender Tatverdacht gegeben ist. Wird dagegen das öffentliche Interesse bejaht, ist hinsichtlich des Offizialdelikts ein Vermerk über die Gründe für die Verneinung des hinreichenden Tatverdachts zu fertigen und das Privatklagedelikt anzuklagen. Auch hier erhält der Anzeigeerstatter keinen Bescheid, da die Tat als solche angeklagt wird.

C. Erhebung der öffentlichen Klage

I. Funktionen und Folgen der Erhebung der öffentlichen Klage

35   Aufgrund des **Akkusationsprinzips** ist die Erhebung der öffentlichen Klage, wozu im Wesentlichen
- Anklageerhebung,
- Antrag auf Erlass eines Strafbefehls und
- Antrag auf Entscheidung im beschleunigten Verfahren

---

7 *Meyer-Goßner*, § 376 Rn 10.

zählen, **Prozessvoraussetzung**. Der in der Anklageschrift bzw. dem Strafbefehl beschriebene Lebenssachverhalt ist für das Gericht bindend, es darf nur über diesen Prozessgegenstand verhandeln (**Umgrenzungsfunktion**). Allerdings ist es an die rechtliche Würdigung nicht gebunden (§ 206 StPO). Weiterhin hat die Anklageschrift die Funktion, die Verfahrensbeteiligten, insbesondere auch den Angeschuldigten über den konkreten Tatvorwurf zu informieren (**Informationsfunktion**).

§ 147 Abs. 2 StPO bestimmt, dass spätestens zum jetzigen Zeitpunkt dem Verteidiger 36 umfassende **Akteneinsicht** zu gewähren ist, da die Ermittlungen abgeschlossen sind und daher eine Gefährdung des Ermittlungszwecks nicht mehr bestehen kann. Im Übrigen geht zu diesem Zeitpunkt die Verfahrensherrschaft auf das Gericht über und die Klage kann nur noch bis zur Eröffnung des Hauptverfahrens zurückgenommen werden (§ 156 StPO).

> *Hinweis*
> In der **Klausur** sollte, wenn nicht besondere Hinweise vorliegen, immer eine Anklageschrift erstellt werden. Ein Antrag auf Entscheidung im beschleunigten Verfahren wird schon deshalb nicht angezeigt sein, weil der Sachverhalt nicht rechtlich bzw. tatsächlich einfach sein wird (§ 417 StPO; Nr. 146 Abs. 1 RiStBV). Hinsichtlich eines Strafbefehlsantrags gilt, dass in der **Klausur** regelmäßig nicht sicher beurteilbar sein wird, ob gem. § 407 Abs. 1 S. 2 StPO, Nr. 175 RiStBV eine Hauptverhandlung entbehrlich erscheint. In der **Klausur** soll der Bearbeiter zeigen, dass er in der Lage ist, eine Anklageschrift zu entwerfen.

II. Formen der öffentlichen Klage

1. Anklageschrift

a) Bestandteile

Die **Bestandteile einer Anklageschrift** ergeben sich aus den §§ 199 Abs. 2, 200 StPO 37 und den Vorschriften der RiStBV (Nr. 110 bis 114). Die Anklageschrift beginnt mit dem Kopf der Staatsanwaltschaft, dem Aktenzeichen sowie dem Datum. Weiterhin erfolgt ein Hinweis, falls es sich um eine Haftsache und damit eine eilbedürftige Sache handelt. Unter diesen Angaben wird das Gericht benannt, bei dem Anklage erhoben werden soll. Hierbei wird auch das funktionell zuständige Gericht (z.B. Strafrichter oder Schöffengericht) benannt.

> *Hinweis*
> In der **Klausur** ist im prozessualen Teil des Gutachtens, in der **Anklageklausur** auf die Frage der sachlichen Zuständigkeit des Gerichts, bei dem angeklagt wird, einzugehen. Die Zuständigkeit bestimmt sich einerseits nach der Straferwartung, andererseits bei manchen Delikten auch nach Sondervorschriften des GVG (vgl. § 2 Rn 4 ff.).

b) Anklagesatz

aa) Erforderliche Angaben

Der **Anklagesatz** ist derjenige Teil der Anklageschrift, der am strengsten formalisiert 38 ist. Er wird später in der Hauptverhandlung verlesen (§ 243 Abs. 3 S. 1 StPO). Der Anklagesatz wird in § 200 Abs. 1 S. 1 StPO definiert (vgl. Nr. 110 Abs. 2 RiStBV). Danach sind die Tat, die dem Angeschuldigten zur Last gelegt wird, mit Tatzeit und Tatort sowie ihre gesetzlichen Merkmale und die einschlägigen Vorschriften anzugeben. Der Anklagesatz wird üblicherweise mit Anklageschrift überschrieben. Bei den Personalien des Angeschuldigten sind diese vollständig, mit

- Beruf,
- Geburtsdatum,
- Geburtsort,
- Staatsangehörigkeit und
- Familienstand

anzugeben (Nr. 110 Abs. 2 a RiStBV). Handelt es sich um Jugendliche, sind auch der oder die gesetzlichen Vertreter anzugeben.

39   Daneben ist darauf hinzuweisen, wenn sich der Angeschuldigte in Haft befindet, wann er festgenommen wurde, das Datum des Haftbefehls mit Angabe des Gerichts, das ihn erlassen hat sowie der Ort der JVA, in der sich der Angeschuldigte befindet mit Hinweis auf den nächsten Haftprüfungstermin. Weiterhin ist es anzugeben, wenn der Angeschuldigte die Tat als Jugendlicher oder Heranwachsender begangen hat. Unter den Personalien folgt die Angabe des Verteidigers. Darunter werden die Worte „wird angeklagt" gesetzt.

40   Tatzeit und Tatort sind ebenfalls anzugeben, um die Tat zu individualisieren. Oft ist es jedoch nicht möglich, die Tatzeit genau anzugeben, da nur ein Zeitraum bekannt ist, in dem die Tat begangen worden ist. Dann ist es ausreichend, diesen Zeitraum so zu benennen. Kann die Tatzeit überhaupt nicht eingegrenzt werden, steht aber fest, dass noch keine Verfolgungsverjährung eingetreten ist, kann die Tatzeit mit „in nicht rechtsverjährter Zeit" angegeben werden. Die Tat wird auch durch die Angabe des Tatorts individualisiert. Handelt es sich, wie beispielsweise bei Serienstraftaten, um eine Vielzahl von Tatorten, ist es ausreichend, denjenigen Tatort anzugeben, der die Zuständigkeit des angerufenen Gerichts begründet und daran anzuschließen „und anderen Orten".

Formulierungsbeispiel

Staatsanwaltschaft Koblenz   15.12.2003
2030 Js 1144/03

An das   **HAFT!**
Amtsgericht
– Strafrichter –
Koblenz

Anklageschrift

Der Arbeiter Hans Meier,
geboren am 12.12.1957 in Koblenz, wohnhaft Goethestr. 3a, 56077 Koblenz,
Deutscher, ledig,
z.Zt. JVA Koblenz,

– in dieser Sache vorläufig festgenommen am 12.8.2003 und seit dem 13.8.2003 in Untersuchungshaft in der JVA Koblenz aufgrund Haftbefehls des Amtsgerichts Koblenz vom selben Tage (30 Gs 332/03) – nächster Haftprüfungstermin gem. § 121 StPO: 12.2.2004

Verteidiger: Rechtsanwalt M. Meier, Bachstr. 8, 56068 Koblenz

wird angeklagt,

zu nicht näher feststellbaren Zeitpunkten zwischen dem 12.6.2003 und dem 16.7.2003 in Koblenz, Mainz und anderen Orten

...

bb) Abstrakter Anklagesatz

Anschließend sind die verletzten **gesetzlichen Vorschriften** zu zitieren (**abstrakter**   41 **Anklagesatz**). Dabei muss darauf geachtet werden, dass nur der reine Gesetzeswortlaut wiedergegeben wird. Durch das Voransetzen der Worte „fahrlässig handelnd" wird deutlich gemacht, wenn es sich um eine Fahrlässigkeitstat handelt. Bei mehreren Tatbestandsalternativen

Beispiel
§ 267 StGB: Herstellen einer unechten oder Verfälschen einer echten Urkunde.

ist nur die einschlägige Alternative anzugeben. Bei tatmehrheitlich begangenen Taten empfiehlt sich die Nummerierung mit römischen Ziffern, während es bei tateinheitlicher Begehung ausreichend ist, zwischen die einzelnen Vorschriften den Hinweis „tateinheitlich hierzu" zu setzen. Wenn im abstrakten Anklagesatz eine Nummerierung vorgenommen wird, sollte diese zur besseren Übersichtlichkeit auch im konkreten Anklagesatz beibehalten werden, um eine Zuordnung zu ermöglichen.

Hinweis
In der **Klausur** ist darauf zu achten, dass jede Norm nur einmal im abstrakten Anklagesatz auftauchen darf. So kann beispielsweise, wenn der Angeschuldigte A zwei Körperverletzungen begangen hat, während der Angeschuldigte B drei Körperverletzungen und eine hiervon in Tateinheit mit Beleidigung begangen hat, wie folgt formuliert werden:

„Der Angeschuldigte A durch zwei, der Angeschuldigt B durch drei rechtlich selbständige Handlungen ... (Körperverletzung) ... zu haben, der Angeschuldigte B tateinheitlich hierzu in einem Fall ... (Beleidigung) ... zu haben."

Beispiel
Es ist wie folgt zu formulieren:
„...
durch zwei rechtlich selbständige Handlungen
I. gemeinschaftlich handelnd
   eine fremde, bewegliche Sache einem anderen in der Absicht weggenommen zu haben,
   die Sache sich rechtswidrig zuzueignen,
II. eine fremde Sache beschädigt zu haben.
..."

Formulierungsbeispiele
- **Mittäterschaft** (§ 25 Abs. 2 StGB): „gemeinschaftlich handelnd"
- **Beihilfe** (§ 27 StGB): „einem anderen zu dessen vorsätzlich rechtswidriger Tat, nämlich Betrug, Hilfe geleistet zu haben"
- **Anstiftung** (§ 26 StGB): „einen anderen zu dessen vorsätzlich rechtswidriger Tat, nämlich Betrug, bestimmt zu haben"
- **Versuch**: „versucht zu haben, einem anderen eine fremde bewegliche Sache ..." oder „..., wobei es beim Versuch blieb"
- **Mittelbare Täterschaft** (§ 25 Abs. 1 2. Alt. StGB): „durch einen anderen"

- **Jugendlicher, Heranwachsender**: „als Jugendlicher mit Verantwortungsreife", „als Heranwachsender"
- **Fahrlässigkeitstat (soweit nicht bereits im gesetzlichen Tatbestand enthalten)**: „fahrlässig handelnd" oder „fahrlässig im Verkehr ein Fahrzeug geführt zu haben, obwohl …"
- **Idealkonkurrenz**: „durch eine Handlung" oder „tateinheitlich"
- **Realkonkurrenz**: „durch … rechtlich selbständige Handlungen" oder „tatmehrheitlich"
- **Verminderte Schuldfähigkeit (§ 21 StGB)**: „im Zustand verminderter Schuldfähigkeit"
- **Qualifikation**: „einen anderen mittels eines gefährlichen Werkzeugs körperlich misshandelt zu haben" oder „unter Anwendung von Drohungen mit gegenwärtiger Gefahr für Leib oder Leben eine fremde bewegliche Sache einem anderen in der Absicht weggenommen zu haben, die Sache sich zuzueignen, wobei er eine Waffe bei sich führte."
- **Regelbeispiele für besonders schwere Fälle**: „eine fremde bewegliche Sache, die durch eine Schutzvorrichtung gegen Wegnahme besonders gesichert war, …" oder „…, wobei er gewerbsmäßig handelte"
- **Wahlfeststellung**: „entweder … (Diebstahl) oder … (Hehlerei)"
- **Unterlassungstat**: „durch Unterlassen".

42 Sind **mehrere Angeschuldigte** und **mehrere Taten** anzuklagen, so ist eine Gliederung vorzunehmen, die durch römische und arabische Ziffern bzw. Kleinbuchstaben unterteilt wird. Das Delikt mit der höchsten Strafandrohung sollte vorangestellt werden, da somit auf den ersten Blick festgestellt werden kann, wie die Anklage einzuordnen ist.

Beispiel
Es ist wie folgt zu formulieren:
„…A und B…
werden angeklagt
in der Zeit von 15.1. bis 16.2.2004 in Koblenz
durch insgesamt vier rechtlich selbständige Handlungen
I. die Angeschuldigten A und B durch zwei Handlungen
    gemeinschaftlich handelnd
    eine fremde bewegliche Sache, die durch ein verschlossene Behältnis gegen Wegnahme besonders gesichert war, einem anderen in der Absicht weggenommen zu haben, die Sache sich rechtswidrig zuzueignen
    tateinheitlich hierzu
    eine fremde Sache beschädigt zu haben.
II. der Angeschuldigte B durch zwei weitere Handlungen
    1. eine andere Person körperlich misshandelt zu haben
    2. vorsätzlich ein Kraftfahrzeug geführt zu haben, obwohl er die dazu erforderliche Erlaubnis nicht hatte."

cc) Konkreter Anklagesatz

43 Nach Nennung der gesetzlichen Vorschriften ist gem. § 200 Abs. 1 StPO der **Lebenssachverhalt**, bezüglich dessen hinreichender Tatverdacht besteht, anzugeben (**konkreter Anklagesatz**). Da gem. § 157 StPO der Beschuldigte mit Anklageerhebung zum Angeschuldigten wird, ist dieser in der Sachverhaltsschilderung bereits als solcher zu bezeichnen. In dieser Sachverhaltsschilderung ist der Lebensvorgang so konkret zu beschreiben, dass sich daraus alle gesetzlichen Merkmale der Tat ergeben. Der Gesetzeswortlaut darf nicht verwendet werden

Beispiel

Nie „… einem anderen weggenommen …" bei § 242 StGB, sondern genaue Beschreibung der Wegnahme „… steckte das Buch unter seine Jacke und verließ damit den Kassenbereich".

Hierbei ist der Vorgang aus der Sicht eines objektiven Dritten, der das Geschehen miterlebt hat, zu schildern.

Beispiel

Handelt es sich um mehrere Angeschuldigte, sind diese mit ihrem Namen zu benennen, nicht etwa „der Angeschuldigte zu 1.), der Angeschuldigte zu 2.)".

Der konkrete Anklagesatz soll **nicht ausufernd** das Vor- und Nachtatgeschehen 44 wiedergeben, sondern in verständlicher Form den Lebenssachverhalt so schildern, dass sämtliche Merkmale des gesetzlichen Tatbestands darunter subsumiert werden können. Insbesondere muss darauf geachtet werden, dass auch der **subjektive Tatbestand berücksichtigt** wird. Auch diejenigen Umstände, die eine Qualifikation oder ein Regelbeispiel begründen, sind anzugeben.

Beispiel

Wird im konkreten Anklagesatz ausgeführt, der Angeschuldigte habe unter Alkoholeinfluss ein Fahrzeug im Straßenverkehr geführt, ohne dass weitere Ausführungen gemacht werden, bleibt offen, ob er dies vorsätzlich oder fahrlässig getan hat. Bei einer Vorsatztat könnte beispielsweise formuliert werden:
„Der Angeschuldigte war, was er auch wusste, aufgrund seines Alkoholgenusses nicht mehr in der Lage, das Fahrzeug zu beherrschen."

Hinweis

Es empfiehlt sich daher, nach Fertigstellung des konkreten Anklagesatzes in der **Klausur** nochmals alle Tatbestandsmerkmale, die auch in dem Gutachten geprüft wurden, erneut zu subsumieren, um zu prüfen, ob zu jedem erforderlichen Merkmal Ausführungen gemacht wurden.

Weitere relevante Umstände, die jedoch für die Subsumtion nicht herangezogen werden, insbesondere Umstände, die lediglich der Beweisführung dienen, können im wesentlichen Ergebnis der Ermittlungen mitgeteilt werden. Dennoch soll der konkrete Sachverhalt **aus sich heraus verständlich** bleiben.

Nicht erforderlich ist es hingegen, Ausführungen zur Frage der Rechtswidrigkeit und 45 der Schuld zu machen, wenn keine Anhaltspunkte dafür vorliegen, dass insoweit Probleme bestehen.

Beispiel

Kommt eine Entziehung der Fahrerlaubnis in Betracht (§ 69 StGB), so wird dies im konkreten Anklagesatz durch die Formulierung:
„Der Angeschuldigte hat sich durch diese Tat als ungeeignet zum Führen von Kraftfahrzeugen erwiesen"
zum Ausdruck gebracht.

Der Lebenssachverhalt muss so konkret wiedergegeben werden, dass der geschichtliche Vorgang aufgrund der genannten Merkmale von anderen abgrenzbar und individualisierbar wird. Deshalb müssen, soweit bekannt, Tatzeit und Tatort hier nochmals angegeben werden. Wird die Tat nicht ausreichend bestimmt, so führt dies zu einem **Mangel der Anklage**. Wird dieser Mangel auch später, etwa durch einen Hinweis des Gerichts gem. § 265 StPO in der Hauptverhandlung, nicht behoben, so hat dies, da auch der Eröffnungsbeschluss, der sich auf die Anklage bezieht, mangelhaft ist, die Notwendigkeit der Verfahrenseinstellung gem. § 260 Abs. 3 StPO in der Rechtsmittelinstanz zur Konsequenz.[8]

> *Beispiel eines konkreten Anklagesatzes*
> Es ist wie folgt zu formulieren:
> „…
> wird angeklagt
> am 14.1.2004 in Koblenz
> eine fremde bewegliche Sache einem anderen in der Absicht weggenommen zu haben, die Sache sich rechtswidrig zuzueignen.
> Am 14.1.2004 gegen 10.45 Uhr begab sich der Angeschuldigte in das Kaufhaus Kaufhof in Koblenz. Dort nahm er eine Bohrmaschine der Marke Bosch im Wert von 150 EUR aus dem Regal und steckte diese in eine mitgeführte Plastiktasche. Anschließend verließ er das Kaufhaus, ohne die Ware bezahlt zu haben. Die Bohrmaschine wollte er fortan für eigene Zwecke nutzen. Kurz nach Verlassen des Kaufhauses wurde er durch den Kaufhausdetektiv Müller gestellt.
> …"

dd) Anzuwendende Strafvorschriften, Strafantrag, besonderes öffentliches Interesse, Einziehung

46 Unter dem konkreten Anklagesatz sind die **Strafvorschriften** zu benennen, die zur Anwendung kommen sollen. Die **Reihenfolge**, in der die Normen aufgezählt werden, ist Folgende:

- Vorschriften des Besonderen Teils des StGB,
- vor denen des Allgemeinen Teils,
- vor Nebengesetzen,
- vor Maßregeln der Besserung und Sicherung.

Innerhalb der jeweiligen Gruppe werden die Vorschriften numerisch aufsteigend zitiert. Bei Jugendlichen oder Heranwachsenden sind die §§ 1 ff. und 105 ff. JGG ebenfalls anzuführen. Sind Qualifikationen verwirklicht, wird der Grundtatbestand mitzitiert. Mittäterschaft, mittelbare Täterschaft, Anstiftung, Beihilfe und Versuch werden ebenfalls kenntlich gemacht. Nur der Regelfall der Alleintäterschaft wird nicht besonders aufgeführt. Ein eventuell anzuordnender Verfall oder eine Einziehung, Nebenstrafen oder Vorschriften über das Erfordernis eines Strafantrags oder eines besonderen öffentlichen Interesses werden angeführt. Auch Tateinheit bzw. Tatmehrheit werden kenntlich gemacht. Eine Unterteilung nach Vergehen und Verbrechen sollte nicht erfolgen, da dadurch sehr schnell ein Fehler begangen werden kann, wenn die Angabe nicht zutreffend ist.[9]

> *Beispiel*
> A hat mittels eines Messers eine versuchte gefährliche Körperverletzung begangen, darüber hinaus hat er eine Sachbeschädigung begangen, wobei der Geschädigte Strafantrag gestellt hat. Weiterhin ist er ohne Fahrerlaubnis gefahren. Das Messer soll eingezogen werden.
> …

---

8 BGH NStZ 1992, 553; OLG Karlsruhe NStZ 1993, 147.
9 BGH NJW 1986, 1117.

Anzuwendende Strafvorschriften: §§ 223 Abs. 1, 224 Abs. 1 Nr. 2, 303 Abs. 1, 303 c, 22, 23, 53, 69 a, 74 StGB, § 21 Abs. 1 Nr. 1 StVG.

…

Handelt es sich um mehrere Angeschuldigte, kann auch in den Strafvorschriften differenziert werden: „Bezüglich des Angeschuldigten A: …, bezüglich des Angeschuldigten B: …". Handelt es sich um ein Antragsdelikt, muss unter den Strafvorschriften angegeben werden, dass Strafantrag gestellt wurde. Wird stattdessen oder darüber hinaus das besondere öffentliche Interesse an der Strafverfolgung bejaht, so wird dies ebenfalls an dieser Stelle angegeben. **47**

Beispiel
Es ist wie folgt zu formulieren:

…

„Strafantrag ist gestellt. Darüber hinaus besteht auch ein besonderes öffentliches Interesse an der Strafverfolgung."

…

Soll ein Gegenstand in dem späteren Urteil eingezogen werden (§ 74 StGB oder § 56 WaffG) wird dies ebenfalls angegeben. **48**

Beispiel
Es ist wie folgt zu formulieren:

…

„Die Einziehung des sichergestellten Küchenmessers wird gem. § 74 StGB beantragt werden."

…

c) Beweismittel

Nach dem Anklagesatz sind gem. § 200 Abs. 1 S. 2 StPO, Nr. 111 RiStBV alle Beweismittel aufzuführen, die für die Schuld- und Strafzumessungsfrage von Belang sind. Dabei sind auch entlastende Beweismittel zu benennen. Folgende **Reihenfolge** ist üblich: **49**

- Einlassung,
- Zeugen,
- Sachverständige,
- Urkunden,
- Augenscheinsobjekte.

Die einzelne Beweismittelgruppe wird mit römischen Ziffern, das einzelne Beweismittel innerhalb der Gruppe mit arabischen Ziffern bezeichnet. Hat sich der Angeschuldigte im Ermittlungsverfahren nicht eingelassen, wird dieser Punkt auch nicht aufgeführt.

Beispiel
Es ist wie folgt zu formulieren:

…

„**Beweismittel**:

I. Einlassung
II. Zeugen:
   1. PHM Klaus Meier, zu laden über die Polizeiinspektion Koblenz
   2. Helga Müller, ….

III. Sachverständiger:
  Dr. med. Hans Otto, …
IV. Urkunden:
  1. Brief des Angeschuldigten an Helga Müller, Bl. 76 d.A.
  2. Ärztliches Attest vom 14.11.2003, Bl. 24 d.A.
V. Augenscheinsobjekt:
  Eine Pistole Walther Kal. 9 mm."
…

d) Wesentliches Ergebnis der Ermittlungen

50 Gem. § 200 Abs. 2 S. 1 StPO ist auch das wesentliche Ergebnis der Ermittlungen in der Anklage mitzuteilen, soweit es sich nicht um eine Anklage zum Strafrichter handelt (§ 200 Abs. 2 S. 2 StPO). Hierin sind alle in Zusammenhang mit der Person des Angeschuldigten oder der Tat stehenden Umstände mitzuteilen, die für die **Urteilsfindung des Gerichts von Bedeutung** sind. Es ist jedoch nicht erforderlich, alle Ermittlungshandlungen und Ermittlungsergebnisse im Einzelnen wiederzugeben. Ausreichend ist es vielmehr, **zusammenfassend** die wesentlichen Umstände in nachvollziehbarer Form darzustellen. Es soll ermöglicht werden, dass auch ohne Kenntnis der Akten ein erster Eindruck von der Person des Angeschuldigten, der Tat sowie der Beweislage möglich ist. Dies dient nicht zuletzt auch der Information des Angeschuldigten. Zwar bestehen keine Vorschriften für den Aufbau des wesentlichen Ergebnisses der Ermittlungen, jedoch ist folgender **Aufbau üblich**, der im Wesentlichen auch dem des **Plädoyers des Staatsanwalts** sowie der **Urteilsgründe** entspricht:
1. Person des Angeschuldigten
2. Angaben zur Tat
3. Einlassung des Angeschuldigten
4. Beweismittel mit Würdigung
5. Evtl. Rechtsfragen.

51 Zunächst wird der **Angeschuldigte**, soweit Angaben vorliegen, vorgestellt. Dies bedeutet, dass zum einen seine persönlichen Verhältnisse dargestellt werden, aber auch etwaige Vorstrafen angegeben werden. Hinsichtlich der Tat kann zunächst auf den konkreten Anklagesatz verwiesen werden, um nicht diese Ausführungen nochmals machen zu müssen. Das **Vor- und Nachtatgeschehen** sowie eventuelle **Hintergründe** sind hier zu schildern. Es ist derjenige Sachverhalt wiederzugeben, der nach dem Ergebnis der Ermittlungen angenommen wird, bezüglich dessen also hinreichender Tatverdacht besteht. Auf mögliche Sachverhaltsalternativen wird später eingegangen.

52 Hat der Angeschuldigte ein **Geständnis** abgelegt, so wird diese Tatsache mit einem Satz angegeben. Bestreitet er hingegen die Tat, ist seine Einlassung in den wesentlichen Zügen darzustellen. Anschließend muss erörtert werden, warum und aufgrund welcher **Beweismittel** diese Einlassung als widerlegt anzusehen ist. Auf **Rechtsfragen** soll im wesentlichen Ergebnis der Ermittlungen grundsätzlich nicht eingegangen werden. Nur wenn der Fall besondere Streitfragen oder sehr ungewöhnliche Rechtsfragen aufwirft, sollten Ausführungen dazu in knapper Form gemacht werden (z.B. Verjährung).

Beispiel
Es ist wie folgt zu formulieren:
„…

Wesentliches Ergebnis der Ermittlungen:
Der Angeschuldigte wurde am 20.4.1967 in Stuttgart geboren. Er ist seit 2002 von seiner Frau, der Zeugin Müller, die er 1996 geheiratet hatte, geschieden. Nachdem er 1987 sein Abitur gemacht hatte, begann er zunächst ein Studium, das er jedoch kurze Zeit später wieder abbrach. Anschließend absolvierte er eine Lehre zum Bankkaufmann. Seit Anfang 2003 ist er arbeitslos und lebt von Sozialhilfe.
Der Angeschuldigte ist vorbestraft.
Durch das Amtsgericht Koblenz wurde er am 22.11.2001 wegen Betrugs zu einer Freiheitsstrafe von neun Monaten verurteilt, deren Vollstreckung für die Dauer von drei Jahren zur Bewährung ausgesetzt wurde.
Am 14.1.2004 gegen 10.45 Uhr ging der Angeschuldigte in den Kaufhof in Koblenz. Da er Renovierungsarbeiten in seiner Wohnung durchzuführen hatte, jedoch weder über Werkzeug noch Geld verfügte, nahm er eine Bohrmaschine der Marke Bosch im Wert von 150 EUR aus dem Regal und steckte diese in eine Plastiktasche, die er von zu Hause mitgebracht hatte. Bei der Tatausführung wurde er durch den Zeugen Müller, der als Kaufhausdetektiv im Kaufhof arbeitet, beobachtet. Anschließend verließ der Angeschuldigte das Kaufhaus, ohne die Ware bezahlt zu haben. Kurz nach Verlassen des Kaufhauses wurde er durch den Kaufhausdetektiv Müller gestellt und gab bereitwillig die Bohrmaschine zurück.
Der Angeschuldigte hat sich im Rahmen seiner polizeilichen Vernehmung geständig eingelassen. Er hat angegeben, er sei gezwungen gewesen, die Maschine zu stehlen, da er aufgrund Drucks seines Vermieters die Wohnung habe renovieren müssen und er niemanden kenne, der ihm entsprechendes Werkzeug hätte leihen können.
Der Angeschuldigte wird jedoch auch aufgrund der angegebenen Beweismittel überführt werden können. Der Zeuge Müller hat den Angeschuldigten während der gesamten Zeit beobachtet.
…"

Hinweis
In der **Praxis** wird im wesentlichen Ergebnis der Ermittlungen der konkrete Anklagesatz nicht nochmals wiederholt, sondern es wird dorthin verwiesen. Diese Vorgehensweise ist auch in der **Klausur** zulässig.

So könnte beispielsweise formuliert werden:
„Hinsichtlich des Sachverhalts wird auf den konkreten Anklagesatz verwiesen."

e) Anträge

Am Ende der Anklageschrift sind die erforderlichen **Anträge** zu stellen. Auf jeden Fall ist an dieser Stelle die **Eröffnung des Hauptverfahrens** zu beantragen (§ 199 Abs. 2 S. 1 StPO). Darüber hinaus sind auch, soweit angezeigt, weitere Anträge zu stellen. Hierbei kommen insbesonders in Betracht: **53**

- Bestellung eines **Pflichtverteidigers** (§ 140 StPO),
- **vorläufige Entziehung der Fahrerlaubnis** (§ 111 a StPO),
- **Fortdauer der Untersuchungshaft** (§ 207 Abs. 4 StPO),
- **Verbindung** zu einer bereits anhängigen Sache (§ 237 StPO).

Der Antrag auf Erlass/Aufhebung eines **Haftbefehls** (§ 112 StPO) wird hingegen in der Begleitverfügung gestellt.

Hinweis

Wurde also im prozessrechtlichen Teil des Gutachtens in der **Klausur** der entsprechende Punkt als erforderlich angesehen, muss hier auch der entsprechende Antrag gestellt werden.

Darunter unterschreibt der Anklageverfasser mit seiner Amtsbezeichnung.

Beispiel

Es ist wie folgt zu formulieren:

…

„Es wird beantragt,

- ■ das Hauptverfahren vor dem Amtsgericht – Strafrichter – in Koblenz zu eröffnen,
- ■ dem Angeschuldigten einen Pflichtverteidiger beizuordnen und
- ■ Fortdauer der Untersuchungshaft anzuordnen.

Unterschrift, Staatsanwalt.“

f) Begleitverfügung

54   Da es sich im Zweiten Juristischen **Staatsexamen** um Aufgabenstellungen aus der Praxis handelt, ist regelmäßig auch das Fertigen der **Begleitverfügung** Aufgabe in der Anklageklausur. Alle erforderlichen Anweisungen für die Geschäftsstelle sind darin aufzunehmen sowie der Abschluss der Ermittlungen darin zu vermerken. Es muss gewährleistet sein, dass dem Gericht mehrere Ausfertigungen der Anklageschrift vorgelegt werden (für Angeschuldigten, Verteidiger, Vorsitzenden, Beisitzer usw.), dass sich für den Sitzungsvertreter eine Ausfertigung bei der Handakte befindet und dass die Akte auch tatsächlich an das Gericht übersandt wird. Auch der Antrag auf Eröffnung des Hauptverfahrens ist in der Begleitverfügung ebenfalls zu stellen. Weiterhin kann es nach der **MiStra** erforderlich sein, die Anklageerhebung bestimmten Stellen mitzuteilen (z.B. Ausländerbehörde, bewährungsführendes Gericht, Dienstherr des Beamten). In diesem Zusammenhang ist es empfehlenswert, die MiStra durchzugehen, ob möglicherweise eine Mitteilungspflicht vorliegt. Daneben ist auch die Widervorlagefrist für die Handakte zu verfügen. Handelt es sich um eine Haftsache, ist die Akte spätestens in angemessener Zeit vor dem nächsten Haftprüfungstermin vorzulegen.

Beispiel

Es ist wie folgt zu formulieren:

„**Verfügung:**

1. Vermerk: Die Ermittlungen sind abgeschlossen.
2. Anklageschrift gem. anliegendem Entwurf mit fünf Überstücken fertigen.
3. Entwurf und ein Abdruck der Anklageschrift zur Handakte nehmen.
4. Abdruck der Anklageschrift gem. Nr. 42 MiStra an Ausländerbehörde der Stadt Koblenz.
5. Statistik.
6. U.m.A. (= Urschriftlich mit Akten)
   dem Amtsgericht
   – Strafrichter –
   Koblenz
   mit dem Antrag aus der Anklageschrift übersandt.
7. Wiedervorlage: zwei Monate.
   Koblenz, Datum
   Unterschrift, Staatsanwalt.“

Handelt es sich um eine Teileinstellung, so schließt sich diese Verfügung an den einstellenden Teil der Verfügung an.

2. Strafbefehlsantrag

Liegt ein Vergehen vor, hält die Staatsanwaltschaft die Durchführung einer Haupt- 55 verhandlung nicht für erforderlich (§ 407 Abs. 1 S. 2 StPO, Nr. 175 RiStBV) und sollen nur die in § 407 Abs. 2 StPO genannten Sanktionen verhängt werden, kann statt der Erhebung einer Anklage auch der **Antrag auf Erlass eines Strafbefehls** bei dem zuständigen Amtsgericht gestellt werden (§ 407 Abs. 1 und 2 StPO). Der Strafbefehlsantrag, der gem. § 407 Abs. 1 S. 4 StPO der Erhebung der öffentlichen Klage entspricht, ist schriftlich zu stellen, wobei der Strafbefehl im **Entwurf** beigefügt wird. Der Inhalt des Strafbefehls und damit auch der Antrag muss den Erfordernissen des § 409 Abs. 1 StPO entsprechen, der im Wesentlichen die Bestandteile einer Anklageschrift i.S.d. § 200 Abs. 1 StPO enthält, nur dass bereits eine **konkrete Rechtsfolge** angegeben werden muss. Bejaht das Gericht den hinreichenden Tatverdacht ebenfalls, so erlässt es den Strafbefehl. Es liegt an dem Angeklagten, ob der Strafbefehl rechtskräftig wird, oder es zu einer Hauptverhandlung kommt, nachdem fristgerecht **Einspruch** eingelegt wurde (§ 410 StPO). Wesentlicher Unterschied zur Anklageschrift ist, dass der Tatvorwurf in der zweiten und nicht in der dritten Person abgefasst wird und der Strafbefehl bereits eine Sanktion festlegt. Auch ein wesentliches Ergebnis der Ermittlungen ist nicht vorgesehen.

Die Begleitverfügung entspricht derjenigen für eine Anklageschrift, wobei der Erlass 56 des im Entwurf beigefügten Strafbefehls beantragt wird. Hinsichtlich der Formalien ist der Strafbefehl an den Angeschuldigten direkt adressiert. Weiterhin enthält er, da eine Hauptverhandlung nicht stattgefunden hat, einen Hinweis darauf, dass der im Strafbefehl wiedergegebene Sachverhalt nicht feststeht, sondern so seitens der Staatsanwaltschaft angenommen wird.

Beispiel
Es ist wie folgt zu formulieren:
„Ihnen wird nach dem von der Staatsanwaltschaft ermittelten Sachverhalt Folgendes zur Last gelegt:"

In der Sachverhaltsschilderung wird der Angeschuldigte persönlich angesprochen.

Beispiel
Es ist wie folgt zu formulieren:
„Am Abend des 31.1.2004 begaben Sie sich zu dem Haus des ...."

3. Beschleunigtes Verfahren

Die Staatsanwaltschaft kann bei hinreichendem Tatverdacht bezüglich **sehr einfach** 57 **gelagerter Sachverhalte** oder bei **klarer Beweislage** gem. § 417 StPO einen Antrag auf Entscheidung im beschleunigten Verfahren stellen. Gem. § 419 Abs. 1 S. 2 StPO darf jedoch keine Freiheitsstrafe von mehr als einem Jahr und auch keine Maßregel der Besserung und Sicherung in Betracht kommen. Der Antrag kann, anders als im gewöhnlichen Verfahren, gem. § 418 Abs. 3 S. 1 StPO auch **mündlich** gestellt werden, was jedoch in der **Praxis** unüblich ist und nach Nr. 146 Abs. 2 RiStBV auch nicht die Regel sein soll. Wird eine schriftliche Anklage erhoben, so entspricht sie der oben bereits besprochenen Form, schließt jedoch nicht mit dem **Antrag**, das Hauptverfahren zu eröffnen, sondern, **im beschleunigten Verfahren zu entscheiden**.

4. Übrige Formen der öffentlichen Klage

58   Die weiteren Formen der öffentlichen Klage haben grundsätzlich **keine Examensrelevanz**. Es handelt sich dabei
- um das Sicherungsverfahren, geregelt in den §§ 413 ff. StPO,
- das Einziehungsverfahren, das durch die §§ 430 ff. StPO ausgestaltet wird,
- sowie das vereinfachte Jugendverfahren gem. §§ 76 ff. JGG.

Es erscheint für diese Konstellationen ausreichend, sich die Vorschriften durchzulesen, um jedenfalls eine grundsätzliche Kenntnis von der jeweiligen Verfahrensart zu haben.

D.   Beschwerde und Klageerzwingungsverfahren

I.   Überblick

59   Da das Strafrecht vom **Legalitätsprinzip** bestimmt wird, muss auch eine gerichtliche Überprüfung möglich sein, wenn die Staatsanwaltschaft das Ermittlungsverfahren mangels hinreichenden Tatverdachts einstellt. Diesem Zweck dient das für bestimmte Fälle in §§ 172 bis 177 StPO geregelte Klageerzwingungsverfahren, dem jedoch eine Beschwerde gegen den Bescheid der Staatsanwaltschaft vorgeschaltet ist (sog. **Vorschaltbeschwerde**). Gem. § 172 Abs. 1 S. 1 StPO steht demjenigen Anzeigerstatter, der zugleich auch der Verletzte der Tat ist, gegen den Bescheid, mit dem das Ermittlungsverfahren durch die Staatsanwaltschaft gem. § 170 Abs. 2 StPO eingestellt wurde, grundsätzlich die Beschwerde zu. Hilft die Staatsanwaltschaft ihr nicht ab, entscheidet über diese Beschwerde die vorgesetzte Behörde der Staatsanwaltschaft, also die **Generalstaatsanwaltschaft**. Sie kann die Wiederaufnahme der Ermittlungen anordnen oder die Beschwerde zurückweisen. In diesem Fall steht dem Beschwerdeführer grundsätzlich die Möglichkeit eines Klageerzwingungsverfahrens bei dem **Oberlandesgericht** offen. Das Oberlandesgericht kann die Erhebung der öffentlichen Klage anordnen.

II.   Rechtsmittelbelehrung

60   Gem. § 171 S. 2 StPO ist dem Anzeigerstatter, der zugleich **Verletzter der Straftat** ist, eine Rechtsmittelbelehrung zu erteilen, wenn das Verfahren gem. § 170 Abs. 2 StPO eingestellt wird. Dies gilt jedoch nur dann, wenn letztlich ein Klageerzwingungsverfahren zulässig ist (§ 172 Abs. 2 S. 3 StPO). Danach ist bei allen Einstellungen nach dem Opportunitätsprinzip (§§ 153 ff. StPO und Privatklagedelikte) das Klageerzwingungsverfahren ausgeschlossen und somit auch keine Rechtsmittelbelehrung zu erteilen. Beschwerden gegen derartige Einstellungen sind als **Gegenvorstellung bzw. Dienstaufsichtsbeschwerde** anzusehen.[10] Aus diesem Grund wird auch bei

---

10 *Meyer-Goßner*, § 172 Rn 18.

Einstellung von Verfahren, die sich gegen Unbekannt richten, jedoch bereits nach dem Sachvortrag keine Straftat beinhalten, eine Rechtsmittelbelehrung nicht erteilt. Sind mehrere prozessuale Taten Gegenstand des Verfahrens, ist jede für sich zu behandeln.

Beispiel
Gegen A wird wegen Nötigung und Beleidigung ermittelt, wobei es sich um zwei prozessuale Taten handelt. Hinsichtlich der Nötigung besteht kein hinreichender Tatverdacht. Bezüglich der Beleidigung besteht zwar hinreichender Tatverdacht, aber das öffentliche Interesse an der Verfolgung wird verneint. Das Verfahren wird daher insgesamt gem. § 170 Abs. 2 StPO eingestellt (vgl. Rn 32). Hinsichtlich der Nötigung wird eine Rechtsmittelbelehrung über die Beschwerdemöglichkeit erteilt, während wegen der Beleidigung eine Verweisung auf den Privatklageweg erfolgt und keine Rechtsmittelbelehrung gegeben wird. Die Belehrung ist also eingeschränkt zu erteilen. Dies kann beispielsweise mit folgender Formulierung erfolgen:
„Gegen diesen Bescheid steht Ihnen, soweit der Vorwurf der Nötigung betroffen ist, das Rechtsmittel der Beschwerde zu … (weitere Belehrung über Stelle, wo die Beschwerde einzulegen ist). Soweit der Vorwurf der Beleidigung betroffen ist … (Verweisung auf den Privatklageweg)."

Treffen innerhalb einer prozessualen Tat **Offizialdelikt und Privatklagedelikt** zusammen, stellt sich die Frage, ob im Falle der Einstellung des Verfahrens eine Rechtsmittelbelehrung zu erteilen ist. Innerhalb einer prozessualen Tat ist das Offizialdelikt immer vorrangig.[11] Dies bedeutet, dass bei fehlendem hinreichendem Tatverdacht bezüglich beider Tatbestände eine einheitliche Rechtsmittelbelehrung gem. § 171 S. 2 StPO zu geben ist. Es wird somit **kein einschränkender Hinweis** in dem Einstellungsbescheid auf das Offizialdelikt gegeben, wenn die Verfolgung der prozessualen Tat als solche gem. § 170 Abs. 2 StPO eingestellt wird, da nur eine Verfolgung der Tat insgesamt in Betracht kommt. In einem eventuellen Beschwerde- und Klageerzwingungsverfahren wird die prozessuale Tat insgesamt überprüft. Im Falle des Erfolgs muss der Staatsanwalt die Tat insgesamt neu bewerten. **61**

Beispiel
Gegen A wird wegen Diebstahls in Tateinheit mit Hausfriedensbruch ermittelt. Im Laufe der Ermittlungen stellt sich heraus, dass A nicht der Täter war. Das Verfahren gegen ihn wird daher gem. § 170 Abs. 2 StPO eingestellt. Dem Anzeigeerstatter wird eine Rechtsmittelbelehrung insgesamt erteilt. Es wird nicht darauf hingewiesen, dass es sich bei dem Hausfriedensbruch um ein Privatklagedelikt handelt, und somit wird auch keine beschränkte Rechtsmittelbelehrung erteilt.

III. Verletzter der Straftat

Da der Verletzte einer Straftat aufgrund des **Anklagemonopols** der Staatsanwaltschaft grundsätzlich keine Möglichkeit hat, selbst gegen den Täter vorzugehen, soll ihm das Klageerzwingungsverfahren offen stehen. Da es jedoch nur den Interessen des Verletzten zu dienen bestimmt ist, soll auch nur er antragsberechtigt sein. Als Verletzter ist derjenige anzusehen, der durch die behauptete Tat unmittelbar in einem seiner **Rechtsgüter** verletzt wird,[12] wobei der Begriff weit gefasst wird. So reicht **62**

---

11 *Meyer-Goßner*, § 376 Rn 10.
12 OLG Koblenz NJW 1985, 1409.

es beispielsweise aus, dass eine Partei im Zivilprozess aufgrund einer angeblichen Falschaussage des Beschuldigten eine ihr nachteilige Entscheidung hinnehmen musste.[13]

IV. Beschwerdeentscheidung

63   Nachdem gegen den Einstellungsbescheid der Staatsanwaltschaft Beschwerde binnen zwei Wochen nach Bekanntmachung des Bescheids (§ 172 Abs. 1 S. 1 StPO) eingelegt wurde, prüft der **Dezernent** zunächst, ob seine Entscheidung unter Zugrundelegung der Beschwerdebegründung, die möglicherweise auch neue Tatsachen oder Beweismittel enthält, weiterhin richtig ist. Hält er weitere Ermittlungen für erforderlich oder bejaht hinreichenden Tatverdacht, so nimmt er die Ermittlungen wieder auf. Hilft er der Beschwerde nicht ab, werden die Akten der Generalstaatsanwaltschaft zur Entscheidung hierüber vorgelegt (§ 172 Abs. 1 S. 1 StPO). Hält die Generalstaatsanwaltschaft die Beschwerde für begründet, so reicht sie die Akten der Staatsanwaltschaft zurück und ordnet die Wiederaufnahme der Ermittlungen an, was ihr als vorgesetzte Behörde zusteht. Hält sie die Beschwerde ebenfalls für unbegründet, erlässt sie einen ablehnenden Bescheid. Dieser hat gem. § 172 Abs. 2 S. 2 StPO eine **Rechtsmittelbelehrung** zu enthalten, in der auf die Möglichkeit des Klageerzwingungsverfahrens hingewiesen wird. Wird gerichtliche Entscheidung in der Folge nicht beantragt, verbleibt es bei der Einstellung.

V. Klageerzwingungsverfahren

64   Wird nach der ablehnenden Entscheidung der Generalstaatsanwaltschaft Antrag auf gerichtliche Entscheidung gem. § 172 Abs. 2 S. 1 StPO innerhalb der Frist von einem Monat gestellt, werden die Akten dem Oberlandesgericht zur Entscheidung vorgelegt (§ 172 Abs. 4 StPO). Der Antrag muss gem. § 172 Abs. 3 S. 2 StPO durch einen Rechtsanwalt gestellt werden und gem. Satz 1 alle Tatsachen und Beweismittel enthalten, die für die Entscheidung von Belang sind. Dies bedeutet, dass die **Sachverhaltsschilderung aus sich heraus verständlich** sein muss und den bisherigen Ermittlungsverlauf ebenso wiedergeben muss wie den Inhalt der bislang ergangenen **Entscheidungen von Staatsanwaltschaft und Generalstaatsanwaltschaft**.[14] Es müssen sämtliche Umstände dargelegt werden, die eine Erhebung der öffentlichen Klage begründen.

> *Beispiel*
> Das Datum, wann Strafantrag gestellt wurde.

Bezugnahmen sind generell unzulässig.[15]

> *Hinweis*
> Zwar ist es nicht erforderlich, die Bescheide wörtlich wiederzugeben,[16] jedoch sollte der Rechtsanwalt darauf nicht verzichten, um eine Unzulässigkeit seines Antrags zu umgehen.

---

13 OLG Düsseldorf StraFo 2001, 165.
14 OLG Stuttgart NStZ-RR 2002, 79.
15 OLG Koblenz NJW 1977, 1461.
16 BVerfG NJW 1993, 382.

> Er läuft ansonsten Gefahr, dass das Oberlandesgericht der Auffassung ist, dass der Inhalt der Bescheide nicht ordnungsgemäß. wiedergegeben wurde und den Antrag als unzulässig verwirft.

Das Oberlandesgericht kann gem. § 173 Abs. 3 StPO eigene Ermittlungen durch-   65
führen, bevor es eine Entscheidung trifft. Verneint das Gericht bei Vorliegen eines zulässigen Antrags das Vorliegen eines hinreichenden Tatverdachts, verwirft es den Antrag gem. § 174 Abs. 1 StPO als unbegründet. Dieser Beschluss hat gem. § 174 Abs. 2 StPO **beschränkten Strafklageverbrauch** zur Folge. Wird dagegen hinreichender Tatverdacht bejaht, so ordnet das Gericht gem. § 175 S. 1 StPO die Erhebung der öffentlichen Klage an. Diese ist sodann von der Staatsanwaltschaft zu erheben. Aufgrund des Anklagemonopols der Staatsanwaltschaft kann der Beschluss des Oberlandesgerichts die Anklage selbst nicht ersetzen. Da die **Anordnung der Wiederaufnahme der Ermittlungen** ein Minus gegenüber der Anordnung der Klageerhebung darstellt, kann der Antrag auch darauf gerichtet sein.[17]

---

17 OLG Köln NStZ 2003, 682 m.w.N.

Kapitel 3: Zwischenverfahren, Strafbefehlsverfahren sowie Vorbereitung der Hauptverhandlung

§ 9 Funktion und Ablauf des Zwischenverfahrens und Strafbefehlsverfahrens sowie Vorbereitung der Hauptverhandlung

A. Zwischenverfahren

I. Funktion des Zwischenverfahrens

Das Zwischenverfahren wird in den §§ 199 bis 211 StPO geregelt. Nachdem die 1
Anklage bei Gericht eingegangen ist, hat das **Gericht** (nur die Berufsrichter) gem.
§ 199 Abs. 1 StPO darüber zu entscheiden, ob das Hauptverfahren durch Beschluss zu
eröffnen ist. Sinn dieser gerichtlichen Überprüfung ist es, in einem **nichtöffentlichen**
Verfahren zu überprüfen, ob gegen den Angeschuldigten tatsächlich hinreichender
Tatverdacht besteht (§ 203 StPO). So soll er vor den Belastungen einer eventuell
nicht gerechtfertigten Hauptverhandlung bewahrt werden. Auch der Angeschuldigte
soll nochmals Gelegenheit erhalten, zu den gegen ihn erhobenen Vorwürfen **Stellung**
zu nehmen und **Beweiserhebungen** zu beantragen.

Eine Ausnahme hiervon bildet das beschleunigte Verfahren, bei dem es bereits nach 2
Abschluss der Ermittlungen und Anklageerhebung direkt zu einer Hauptverhandlung
kommt (§ 418 Abs. 1 StPO). Auch im Strafbefehlsverfahren findet ein Zwischenverfahren im eigentlichen Sinn nicht statt. Das Gericht prüft zwar auch hier, ob
hinreichender Tatverdacht vorliegt (§ 408 Abs. 3 S. 1 StPO), aber es findet gem. § 407
Abs. 3 StPO keine vorherige Anhörung des Angeschuldigten statt und das Gericht
erlässt auch keinen Eröffnungsbeschluss, sondern der erlassene Strafbefehl tritt an die
Stelle des Eröffnungsbeschlusses.

> *Hinweis*
> Das Vorliegen des Eröffnungsbeschlusses ist ebenso wie die Anklage **Prozessvorausset-**
> **zung**. Ist der Eröffnungsbeschluss nichtig oder unheilbar mangelhaft, so kann die an-
> schließende Hauptverhandlung zwar ordnungsgemäß durchgeführt worden sein. Dennoch
> wird auf die Revision das Urteil der Aufhebung unterliegen (Prozesshindernis). In der
> **Klausur** sollte deshalb immer dann, wenn der Eröffnungsbeschluss abgedruckt ist, genau
> geprüft werden, ob dieser ordnungsgemäß ist und eine eventuelle Mangelhaftigkeit geheilt
> wurde (vgl. Rn 16 f.).

II. Ablauf des Zwischenverfahrens

1. Beginn und Verlauf

Das Zwischenverfahren beginnt mit **Eingang der Anklageschrift** bei Gericht. Der 3
Beschuldigte wird gem. § 157 StPO zum Angeschuldigten. Mit Anklageerhebung hat

die Staatsanwaltschaft gem. § 199 Abs. 2 StPO die Eröffnung des Hauptverfahrens beantragt und dem Gericht alle vorzulegenden Akten und Aktenteile (außer den Handakten) vorgelegt. Das Gericht ist somit in der Lage, den Sachverhalt umfassend zu überprüfen.

4   Zunächst muss der **Vorsitzende** gem. § 201 Abs. 1 StPO dem Angeschuldigten und, soweit bestellt, dessen Verteidiger, die Anklageschrift mitteilen, indem er sie diesem **zustellt**. Gleichzeitig hat er ihn aufzufordern, innerhalb einer bestimmten Frist Beweiserhebungen oder Einwendungen vorzubringen. Liegt ein Fall notwendiger Verteidigung vor, so bestellt der Vorsitzende dem Angeschuldigten einen Pflichtverteidiger gem. § 141 Abs. 1 StPO.

Dies geschieht vor der Prüfung, ob hinreichender Tatverdacht besteht.

> *Hinweis*
> Wurde dem Angeschuldigten die Anklage vor der Hauptverhandlung nicht mitgeteilt, so dass er Gelegenheit hatte, seine Verteidigung darauf einzurichten, so begründet dies zwar einen **Verfahrensmangel**, verhandelt der Angeklagte in der Hauptverhandlung dann jedoch **rügelos**, so ist hierin ein Verzicht auf die spätere Geltendmachung des Fehlers in der Revision zu sehen.[1] Der **Verteidiger** sollte daher, falls er dies für erforderlich hält, bereits zu Beginn der Hauptverhandlung gem. § 265 Abs. 4 StPO analog einen Antrag auf **Aussetzung oder Unterbrechung der Hauptverhandlung** stellen (§ 228 StPO). Es empfiehlt sich jedoch, auch im Interesse des Angeklagten an einer schnellen Durchführung der Hauptverhandlung, einen solchen Antrag nur dann zu stellen, wenn tatsächlich die Vorbereitungszeit benötigt wird.

5   Bringt der Angeschuldigte Einwendungen vor oder beantragt er Beweiserhebungen, so entscheidet das Gericht hierüber nach pflichtgemäßem Ermessen und gem. § 201 Abs. 2 StPO durch unanfechtbaren Beschluss. **Anträge** des Angeschuldigten im Zwischenverfahren dürfen nicht nur nach den Regeln des § 244 Abs. 3 StPO wie in der Hauptverhandlung (vgl. § 12 Rn 41 ff.), sondern nach **Ermessen des Gerichts** abgelehnt werden. Das Gericht kann jedoch auch von sich aus gem. § 202 S. 1 StPO Ermittlungen selbst durchführen oder die Polizei hiermit beauftragen. Etwaige Beweiserhebungen können im Freibeweisverfahren (vgl. § 12 Rn 3) durchgeführt werden. Diese Ermittlungen können sich jedoch nur auf eng begrenzte Einzelfragen beschränken. Besteht bei Anklageerhebung überhaupt kein hinreichender Tatverdacht, kann nur eine Rückgabe der Akte an die Staatsanwaltschaft zu weiteren Ermittlungen oder die Nichteröffnung in Betracht kommen. Das Verfahren nach § 202 StPO ist hierfür nicht gedacht.[2]

> *Hinweis*
> Unterlässt das Gericht Beweiserhebungen im Zwischenverfahren, die zur Aufklärung erforderlich gewesen wären, kann dies später mit der Revision nicht gerügt werden, da das Urteil darauf **nicht beruhen** kann. Die eigentliche Beweisaufnahme findet im Rahmen der Hauptverhandlung statt.

---

1 BGH NStZ 1982, 125.
2 LG Berlin NStZ 2003, 504 mit zum Verhältnis Staatsanwaltschaft und Polizei lesenswerter Anm. *Lilie*, NStZ 2003, 568.

2. Entscheidung des Gerichts

a) Örtliche und sachliche Zuständigkeit

aa) Grundsatz

Das Gericht prüft zunächst seine örtliche (§ 16 StPO) und sachliche (§ 209 StPO)   6
Zuständigkeit. Bejaht nämlich das Gericht **willkürlich** seine Zuständigkeit, so entzieht
es dem Angeschuldigten den ihm zustehenden **gesetzlichen Richter**.[3]

bb) Örtliche Zuständigkeit

Kommt das Gericht zu dem Ergebnis, dass es örtlich nicht zuständig ist, so kommt   7
eine Ablehnung der Eröffnung des Hauptverfahrens nicht in Betracht. Vielmehr erklärt
sich das Gericht lediglich für örtlich unzuständig. Es **reicht** dann die Akten an die
Staatsanwaltschaft **zurück**, die sodann Anklage vor dem örtlich zuständigen Gericht
erheben kann.

cc) Sachliche Zuständigkeit

(1) Regelungsbereich

Das Verfahren bei sachlicher Unzuständigkeit wird in § 209 StPO geregelt. Danach   8
wird grundsätzlich danach unterschieden, ob ein Gericht höherer oder niedrigerer
Ordnung sachlich zuständig ist. Die sachliche Zuständigkeit des Gerichts wird in den
§§ 1 ff. StPO jeweils i.V.m. den Vorschriften des GVG geregelt (vgl. § 2 Rn 4 ff.).
Innerhalb desselben Gerichts (z.B. mehrere Strafrichter bei einem Amtsgericht) kann
aus Geschäftsverteilungsgründen eine Abgabe **formlos** innerhalb dieses Gerichts
erfolgen.

(2) Sog. Eröffnung nach unten

Hält sich das Gericht, bei dem das Verfahren anhängig ist, für sachlich unzuständig   9
und ein niedrigeres Gericht für zuständig, so lehnt es nicht die Eröffnung des
Hauptverfahrens ab, sondern **eröffnet** gem. § 209 Abs. 1 StPO das Hauptverfahren
vor diesem Gericht. **Rangfolge** von oben nach unten ist hierbei:

- Oberlandesgericht,
- Landgericht,
- Schöffengericht,
- Strafrichter.

Dies gilt, obwohl Schöffengericht und Strafrichter demselben Amtsgericht angehören.
Zu beachten ist in diesem Zusammenhang insbesondere auch die Vorschrift des
§ 209 a StPO (vgl. Rn 10). Das ranghöhere Gericht kann vor jedem niedrigeren
Gericht eröffnen. Es darf auch mehr als „eine Stufe tiefer" eröffnen. Das niedrigere
Gericht ist an diese Entscheidung jedenfalls bis zur Hauptverhandlung gebunden
(danach gilt § 270 StPO).

---

3 BGHSt 38, 212.

(3) Sog. Vorlage nach oben

10   Ist nach diesen Vorschriften ein höheres Gericht desselben Bezirks für die Entscheidung zuständig, so hat das Gericht gem. § 209 Abs. 2 StPO diesem die Akten zur Entscheidung **vorzulegen**. Es darf nicht selbst über die Eröffnung des Hauptverfahrens entscheiden, sondern muss diese Entscheidung dem ranghöheren Gericht überlassen. Ranghöher ist in diesem Zusammenhang das Schöffengericht gegenüber dem Strafrichter, die Strafkammer gegenüber dem Schöffengericht. Gem. § 209 a StPO stehen die Strafkammern des Landgerichts, denen eine besondere Zuständigkeit durch die §§ 74 ff. GVG zugewiesen ist, gegenüber den anderen Strafkammern ebenfalls einem höherrangigen Gericht gleich. Die Rangfolge untereinander ergibt sich aus § 74 e GVG. Hält das höhere Gericht seine sachliche Zuständigkeit nicht für gegeben, sondern die des vorlegenden Gerichts, so **eröffnet** es das Hauptverfahren gem. § 209 Abs. 1 StPO „nach unten" vor diesem.

b) Prozesshindernisse

11   Danach prüft das Gericht, ob Prozesshindernisse vorliegen. Stellt es ein vorübergehendes Hindernis fest,

> *Beispiel*
> Unbekannter Aufenthalt des Angeschuldigten.

so stellt es das Verfahren vorläufig gem. § 205 StPO ein, bis das Hindernis in Wegfall gerät. In diesem Fall besteht, soweit die übrigen Voraussetzungen hierfür vorliegen, grundsätzlich hinreichender Tatverdacht, da die Tat nach Wegfall des Hindernisses verfolgbar ist. Handelt es sich um ein nicht behebbares Verfahrenshindernis (z.B. Verjährung), so lehnt es die Eröffnung des Hauptverfahrens gem. § 204 Abs. 1 StPO ab, da aufgrund der Nichtbehebbarkeit hinreichender Tatverdacht nicht besteht. Die Vorschrift des § 206 a StPO gilt schon vom Wortlaut her erst nach Eröffnung des Hauptverfahrens.

c) Ablehnende Entscheidung

12   Das Gericht kann einen hinreichenden Tatverdacht jedoch auch aus anderen rechtlichen oder tatsächlichen Gründen verneinen. In diesem Fall lehnt es die Eröffnung des Hauptverfahrens gem. § 204 StPO ab. Da der Angeschuldigte durch einen solche **Nichteröffnung** nicht beschwert ist, steht ihm auch kein Rechtsmittel dagegen zu. Gem. § 210 Abs. 2 StPO kann die **Staatsanwaltschaft** jedoch gegen einen ablehnenden Beschluss **sofortige Beschwerde** erheben. Nach Ablauf der Beschwerdefrist tritt gem. § 211 StPO Rechtskraft und damit **beschränkter Strafklageverbrauch** ein. Die Staatsanwaltschaft kann also eine neue Anklage nur dann erheben, wenn neue Tatsachen oder Beweismittel vorliegen, die bei der ablehnenden Entscheidung des Gerichts diesem noch nicht bekannt waren. Gleichgültig ist es hierbei, ob sie schon bestanden oder hätten bekannt sein können.

> *Beispiel*
> Das **Gericht** hat die Eröffnung des Hauptverfahrens abgelehnt, da es davon ausging, der angeklagte Sachverhalt stelle keine Straftat dar. Die **Staatsanwaltschaft** hat hiergegen kein Rechtsmittel eingelegt. Wird nun bei gleichem Sachstand erneut Anklage erhoben,

darf das Gericht, auch wenn es jetzt anderer Auffassung ist, das Hauptverfahren nicht eröffnen, sondern muss die Eröffnung erneut ablehnen, da weder eine neue Tatsache, noch ein neues Beweismittel vorliegen. Allein entscheidend ist die Sicht des damaligen Richters, selbst wenn es sich um dieselbe Person handelt. Macht dagegen ein Zeuge, der sich bislang auf sein Zeugnisverweigerungsrecht berufen hat, jetzt nicht mehr von diesem Gebrauch, sondern ist zur Aussage bereit, so liegt eine **neue Tatsache** vor, die das Verfahrenshindernis des (beschränkten) Strafklageverbrauchs entfallen lässt. Auch bei Wegfall eines vorübergehenden Prozesshindernisses liegt eine neue Tatsache vor.

Wird der Erlass eines Strafbefehls im Strafbefehlsverfahren abgelehnt, so steht dies einer Nichteröffnung gem. § 408 Abs. 2 S. 2 StPO gleich.

d) Eröffnung des Hauptverfahrens

Liegen keine Prozesshindernisse vor und ist auch im Übrigen die Wahrscheinlichkeit   13
einer späteren Verurteilung des Angeschuldigten in einer Hauptverhandlung gegeben (hinreichender Tatverdacht), so hat das Gericht das Hauptverfahren gem. § 203 StPO zu eröffnen. Dies geschieht durch einen **Beschluss**, in dem die erhobene Anklage zur Hauptverhandlung zugelassen wird und das Gericht des Hauptverfahrens bezeichnet wird (§ 207 Abs. 1 StPO). In dem Beschluss wird der hinreichende Tatverdacht nicht ausdrücklich bejaht. Das Gericht ist gem. § 206 StPO nicht an die rechtliche Würdigung der Staatsanwaltschaft gebunden. Sieht es daher einen anderen Straftatbestand als erfüllt an, so kann es das Hauptverfahren **abweichend eröffnen** (§ 207 Abs. 2 Nr. 3 StPO).

> *Beispiel*
> Die Staatsanwaltschaft legt dem Angeschuldigten in der Anklage einen Diebstahl zur Last. Das Gericht ist der Auffassung, dass es sich um eine Unterschlagung handelt. Es eröffnet das Hauptverfahren mit der rechtlich abweichenden Würdigung, dass statt des angeklagten Diebstahls eine Unterschlagung vorliegt. Dies ist in dieser Form in dem Beschluss auszusprechen.

Gegen die Eröffnung des Hauptverfahrens steht dem **Angeschuldigten**, der durch die Eröffnung gem. § 157 StPO zum Angeklagten geworden ist, **kein Rechtsmittel** zu (§ 210 Abs. 1 StPO).

3. Mängel des Eröffnungsbeschlusses

Ist der Eröffnungsbeschluss **fehlerhaft**, so muss geprüft werden, welche Konsequen-   14
zen dies für seine Wirksamkeit hat und ob der Fehler geheilt werden kann. Nichtig ist der Beschluss nur dann, wenn er offensichtliche und schwerwiegende Mängel aufweist.

> *Beispiel*
> Nur zwei Mitglieder einer Strafkammer unterschreiben den Eröffnungsbeschluss. In diesem Fall ist der Eröffnungsbeschluss unwirksam. Wirkt ein befangener Richter an der Beschlussfassung mit, macht dies den Eröffnungsbeschluss nicht unwirksam, sondern nur fehlerhaft. Der Eröffnungsbeschluss muss grundsätzlich **schriftlich** erlassen werden. Es muss klar werden, dass das Gericht tatsächlich den Willen hatte, das Hauptverfahren zu eröffnen. Die Ladung und Terminierung allein kann die Eröffnung nicht ersetzen.[4]

---

4 OLG Zweibrücken StV 1998, 66 f.

15   Vergisst der Strafrichter auf einem von ihm zur Eröffnung des Hauptverfahrens verwendeten **Formular** zu unterschreiben, kann dies unbeachtlich sein, wenn sich aus den Umständen ergibt, dass jedenfalls ein Beschluss über die Eröffnung tatsächlich gefasst worden ist und es sich nicht nur um einen Entwurf handelt.[5] Diese Umstände müssen jedoch mit Sicherheit festgestellt werden. Diese Frage kann im Freibeweisverfahren geklärt werden.

> *Beispiel*
> Der Strafrichter benutzt für die Eröffnung des Hauptverfahrens sowie die Ladung der Verfahrensbeteiligten ein Formular, das auch hinsichtlich beider Punkte unterteilt ist. Die Ladungsverfügung wird durch den Richter unterschrieben, in dem Feld Eröffnungsbeschluss nimmt er keine Eintragungen vor. In diesem Fall kann nicht festgestellt werden, ob das Hauptverfahren eröffnet werden sollte.[6]

Durch den Eröffnungsbeschluss wird faktisch der **Inhalt des Anklagesatzes zum Inhalt des Eröffnungsbeschlusses gemacht**. Fehler, die in der Anklage bereits angelegt sind, wirken somit auch in dem Eröffnungsbeschluss fort. Ist die Strafkammer, die den Eröffnungsbeschluss erlassen hat, nicht ordnungsgemäß besetzt, so hat dies nicht die Unwirksamkeit des Eröffnungsbeschlusses zur Folge.[7]

4. Heilung von Mängeln

16   **Mängel** des Eröffnungsbeschlusses können, solange sich das Verfahren in erster Instanz befindet, geheilt werden, indem ein ordnungsgemäßer Beschluss erlassen wird. Das kann auch noch in der **laufenden Hauptverhandlung** geschehen,[8] jedoch nicht mehr, wenn sich das Verfahren in der Berufungsinstanz befindet.

> *Hinweis*
> Befindet sich das Verfahren bereits in der Berufungs- oder Revisionsinstanz, kommt auch eine **Zurückverweisung nicht in Betracht**. Vielmehr ist das Verfahren gem. §§ 206 a Abs. 1, 260 Abs. 3 StPO durch Urteil einzustellen, was jedoch keinen Strafklageverbrauch zur Folge hat (vgl. § 14 Rn 1). In dem Urteil ist dann entsprechend die **Einstellung des Verfahrens** zu tenorieren.

17   Wird der Eröffnungsbeschluss in der laufenden Hauptverhandlung nachgeholt, steht dem **Angeklagten** und dem **Verteidiger** gem. §§ 217 Abs. 2, 218 StPO bis zum Beginn der Vernehmung des Angeklagten zur Sache ein **Aussetzungsrecht** zu, wenn dies beantragt wird. Das ergibt sich daraus, dass gem. § 215 StPO der Eröffnungsbeschluss spätestens mit der Ladung zuzustellen ist. Wenn der Eröffnungsbeschluss nicht wirksam war, kann somit auch die Ladung nicht ordnungsgemäß sein. Gem. § 217 Abs. 3 StPO kann jedoch auf die Einhaltung der Ladungsfrist verzichtet werden. Dies ermöglicht es, den Eröffnungsbeschluss in der Hauptverhandlung zu erlassen und sofort weiterzuverhandeln. Über die Möglichkeit, die Aussetzung der Hauptverhandlung zu beantragen, ist gem. § 228 Abs. 3 StPO zu belehren, soweit nicht auf die Ladungsfrist verzichtet wurde.

---

5 *Meyer-Goßner*, § 207 Rn 11.
6 OLG Karlsruhe StraFo 2003, 273 = NStZ-RR 2003, 332.
7 *Meyer-Goßner*, § 207 Rn 11.
8 *Meyer-Goßner*, § 203 Rn 3.

Beispiel eines Eröffnungsbeschlusses
Es ist wie folgt zu formulieren:
„Amtsgericht Koblenz

Aktenzeichen:

Beschluss

In dem Strafverfahren

gegen Hans Müller, geboren am 1.3.1942 in Koblenz,

Hauptstr. 14, 56068 Koblenz,

wegen Betrugs

Verteidiger: Rechtsanwalt Müller, Koblenz

wird die Anklage der Staatsanwaltschaft Koblenz vom 14.11.2003 zur Hauptverhandlung zugelassen und das Hauptverfahren vor dem Amtsgericht – Strafrichter – Koblenz eröffnet.

Koblenz, Datum

Unterschrift des Richters."

5. Examensrelevante Konstellationen

a) Grundsatz

Der Eröffnungsbeschluss kann in folgenden Konstellationen in einer **Klausur** zu 18 prüfen sein. Hierbei ist es wichtig, dass zunächst erkannt wird, dass die Frage der Form und des Erfordernisses eines Eröffnungsbeschlusses überhaupt erörterungsbedürftig ist.

b) Beschleunigtes Verfahren

Gem. § 418 Abs. 1 StPO ist bei Durchführung eines beschleunigten Verfahrens ein 19 Eröffnungsbeschluss nicht erforderlich. Die **Prozessvoraussetzungen** werden jedoch dennoch durch das Gericht überprüft. Fehlt eine Prozessvoraussetzung oder besteht kein hinreichender Tatverdacht, wird die Entscheidung im beschleunigten Verfahren abgelehnt[9] (§ 419 Abs. 1 S. 1 StPO). Jedoch auch dann, wenn sich das Verfahren nach Auffassung des Gerichts nicht zur Entscheidung im beschleunigten Verfahren eignet, lehnt es dies ab.[10] Hat das Gericht die Entscheidung im beschleunigten Verfahren abgelehnt, muss es nunmehr entscheiden, ob im **gewöhnlichen Verfahren** fortgefahren werden soll. Liegen alle Prozessvoraussetzungen vor und besteht auch hinreichender Tatverdacht, so hat das Gericht, soweit es die Akten nicht zur Nachreichung einer schriftlichen Anklage an die Staatsanwaltschaft zurückgibt, nach den §§ 201 ff. StPO zu verfahren (§ 419 Abs. 3 S. 1 StPO). Es hat dem Angeschuldigten zunächst den Anklagevorwurf zu eröffnen und anschließend das **Hauptverfahren zu eröffnen**. Es ist unzulässig, ohne Erlass eines Eröffnungsbeschlusses einfach weiterzuverhandeln.[11] Dieser ist, da es sich nunmehr um das Regelverfahren handelt, Prozessvoraussetzung.

---

9 *Meyer-Goßner*, § 418 Rn 2; OLG Köln NStZ 2004, 281.
10 Zu den Eignungskriterien *Meyer-Goßner*, § 419 Rn 3.
11 *Meyer-Goßner*, § 419 Rn 9.

20   Nach der Änderung der StPO durch das JuMoG bestimmt § 418 Abs. 1 StPO, dass zwischen dem Eingang des Antrags bei Gericht und der Durchführung der Hauptverhandlung nicht mehr als sechs Wochen liegen sollen. Dies soll bewirken, dass auch tatsächlich **beschleunigt** entschieden wird. Ein Verstoß gegen diese Soll-Vorschrift ist jedoch kein Revisionsgrund.

c) Verweisung gem. § 270 StPO

21   Stellt sich erst während einer Hauptverhandlung heraus, dass das Gericht sachlich unzuständig ist und ein höheres Gericht zuständig wäre, ist das Verfahren gem. § 270 Abs. 1 S. 1 StPO durch Beschluss an dieses Gericht zu **verweisen**. Das höhere Gericht ist an diese Verweisung gebunden.[12] Der Beschluss hat gem. § 270 Abs. 3 StPO die Wirkungen eines Eröffnungsbeschlusses, so dass es nur konsequent ist, dass Absatz 2 bestimmt, dass er dem Inhalt nach § 200 Abs. 1 S. 1 StPO entsprechen muss, da ja hinsichtlich der nunmehr zutage getretenen Umstände eine Anklageschrift nicht vorliegt. Die Beachtung des § 200 Abs. 1 S. 1 StPO ist deshalb schon aus Informationsgründen geboten, um dem Angeklagten zu ermöglichen, seine Verteidigung darauf einzurichten. Verstößt der **Verweisungsbeschluss** gegen § 270 Abs. 2 StPO, so liegt kein wirksamer Eröffnungsbeschluss vor und das Verfahren ist, soweit der Eröffnungsbeschluss nicht nachgeholt wird, gem. §§ 206 a Abs. 1, 260 Abs. 3 StPO in der Rechtsmittelinstanz einzustellen.

> *Beispiel*
> A, der sich bislang nicht eingelassen hat, wird vor dem Strafrichter wegen gefährlicher Körperverletzung zum Nachteil des B angeklagt. Im Laufe der Hauptverhandlung legt A ein Geständnis ab und berichtet, er habe B eigentlich töten wollen, was ihm jedoch wegen Hinzukommens von Zeugen nicht gelungen sei. In diesem Fall besteht der hinreichende Verdacht eines Tötungsdelikts gegen A, so dass gem. § 74 Abs. 2 GVG die Schwurgerichtskammer des Landgerichts zuständig ist. Der Strafrichter hat daher das Verfahren gem. § 270 Abs. 1 S. 1 StPO an die Schwurgerichtskammer des Landgerichts zu verweisen und in dem Beschluss bereits, wie in einer Anklageschrift, einen abstrakten und konkreten Anklagesatz niederzulegen. Unterlässt er dies und wird A durch die Schwurgerichtskammer dennoch verurteilt, so wird das Verfahren in der Revisionsinstanz eingestellt werden.

Wird dagegen das Verfahren vor Eröffnung an das höhere Gericht **vorgelegt**, muss dieses im Falle der Übernahme das Hauptverfahren eröffnen. Ein bloßer Übernahmebeschluss ist nicht ausreichend.[13]

B. Vorbereitung der Hauptverhandlung

I. Terminbestimmung

22   Die Aufgaben des Gerichts zur Vorbereitung der Hauptverhandlung ergeben sich aus den §§ 213 ff. StPO. Der **Vorsitzende** hat nach oder mit Eröffnung des Hauptverfahrens einen Termin zu deren Durchführung zu bestimmen (§ 213 StPO). Er legt auch bereits zu diesem Zeitpunkt fest, welche **Beweismittel** voraussichtlich benötigt

---

12 BGH NStZ 1988, 236.
13 BGH StraFo 2003, 54.

werden und veranlasst deren Herbeischaffung oder verfügt die **Ladung** der entsprechenden Zeugen und Sachverständigen (§ 221 StPO). Ist bereits jetzt absehbar, dass die Hauptverhandlung nicht an einem Tag vollständig durchgeführt werden kann, bestimmt der Vorsitzende auch **Fortsetzungstermine** in ausreichender Zahl. Für die zeitlichen Abstände zwischen den einzelnen Terminen ist § 229 StPO zu beachten, der regelt, welche Unterbrechungsfristen maximal zulässig sind. Der Staatsanwaltschaft wird ebenfalls eine Terminsnachricht übersandt.

Hinweis

Aufgrund der **Neuregelung** des JuMoG wurde die Vorschrift des § 229 Abs. 1 StPO dahin gehend geändert, dass nunmehr nicht mehr lediglich eine Unterbrechung der Hauptverhandlung von, wie bisher, zehn Tagen, sondern grundsätzlich von drei Wochen zulässig ist. Neu eingeführt wurde ebenfalls, dass der Ablauf der zulässigen Unterbrechungsfristen nicht nur, wie bisher, für den Fall einer Erkrankung des Angeklagten, sondern auch bei Erkrankung eines Richters oder Schöffen gehemmt wird (§ 229 Abs. 3 S. 1 StPO).

Zu beachten bleibt allerdings, dass eine zu häufige Unterbrechung und Ausnutzung der Unterbrechungsfristen einen Verstoß gegen Art. 6 Abs. 1 EMRK darstellen kann, der mit der Revision gerügt werden kann.[14]

II. Ladung des Angeklagten und des Verteidigers

Für die Ladung des Angeklagten bestimmt § 217 Abs. 1 StPO, dass zwischen Zustellung der Ladung und Beginn der Hauptverhandlung eine **Frist** von mindestens einer Woche liegen muss. Wird diese Frist nicht eingehalten, so kann der Angeklagte in der Hauptverhandlung bis zum Beginn seiner Vernehmung zur Sache gem. § 217 Abs. 2 StPO einen Antrag auf **Aussetzung der Hauptverhandlung** stellen.

23

Hinweis

In der **Praxis** kann es vorkommen, dass noch kurz vor Beginn der Hauptverhandlung weitere Anklagen gegen den Angeklagten bei Gericht eingehen, so dass zwar die Eröffnung möglicherweise noch vorgenommen, jedoch die Ladungsfrist nicht mehr eingehalten werden kann. In diesen Fällen ist es, gerade bei geständigen Angeklagten, sinnvoll, gem. § 217 Abs. 3 StPO auf die Ladungsfrist zu verzichten, um alle Vorwürfe in einer umfassenden Hauptverhandlung behandeln zu können.

Ist die Ladung dagegen unterblieben oder mangels Zustellung nicht nachweisbar und erscheint der Angeklagte nicht, kann gegen ihn nicht verhandelt werden (§ 230 Abs. 1 StPO). Für die Ladung des **Verteidigers** gilt § 218 StPO, der jedoch in Absatz 1 S. 2 auf § 217 StPO verweist. Somit gelten auch in diesem Fall die Ladungsfrist und die Möglichkeit, einen **Aussetzungsantrag** zu stellen.

III. Bestellung eines Pflichtverteidigers

Spätestens im Zwischenverfahren ist in den Fällen **notwendiger Verteidigung** dem noch nicht verteidigten Angeschuldigten ein **Pflichtverteidiger** zu bestellen (§ 141 Abs. 1 StPO).

24

---

14 BGH NStZ 2004, 504 f.

Die Fälle der notwendigen Verteidigung werden durch § 140 StPO bestimmt. Dessen Absatz 1 zählt konkrete Fälle auf, in denen das Gesetz davon ausgeht, dass ein Verteidiger in der Hauptverhandlung erforderlich ist, während Absatz 2 der Vorschrift als Auffangtatbestand fungiert. Die Regelung des Absatz 2 kann somit nur dann relevant werden, wenn es sich um ein Vergehen handelt, das vor dem Amtsgericht zu Hauptverhandlung kommt oder um ein Berufungsverfahren gegen solche Urteile. Die Entscheidung liegt im pflichtgemäßen Ermessen des **Vorsitzenden des Gerichts**.

25   Die Voraussetzung der **Schwere der Tat** liegt dann vor, wenn die zu erwartende Freiheitsstrafe bei mindestens einem Jahr liegt,[15] selbst wenn deren Vollstreckung zur Bewährung ausgesetzt wird. Die **Schwierigkeit der Sach- und Rechtslage** als weitere Möglichkeit für das Vorliegen einer notwendigen Verteidigung ist aus der Sicht des Angeschuldigten zu beurteilen. Sie wird i.d.R. gegeben sein, wenn es sich voraussichtlich um eine längere Beweisaufnahme oder eine Vielzahl von Einzeltaten handelt. Die Voraussetzung ist auch dann erfüllt, wenn es zu einem umfangreichen Indizienprozess mit sich widersprechenden Zeugenaussagen und Sachverständigen kommen wird. Der Angeschuldigte ist dann **nicht fähig, sich selbst zu verteidigen**, wenn er hierzu aufgrund

- seiner geistigen Fähigkeiten,
- seines Gesundheitszustands oder
- sonstiger Umstände

nicht in der Lage ist. Zweifel hieran genügen bereits, um einen Fall notwendiger Verteidigung anzunehmen. Dies gilt auch, wenn es sich um einen sprachunkundigen Ausländer handelt, wobei jedoch immer eine Einzelfallprüfung vorzunehmen ist.[16] Zuständig für die Entscheidung über die Bestellung ist in jedem Fall der **Vorsitzende** des Gerichts allein (§ 141 Abs. 4 StPO).

26   Der Angeschuldigte kann gem. § 142 Abs. 1 S. 2 und 3 StPO einen **Verteidiger seines Vertrauens** vorschlagen, wobei er jedoch keinen Anspruch auf Beiordnung des von ihm benannten Verteidigers hat.[17] Der Vorschlag ist jedoch im Rahmen der Ermessensausübung zu berücksichtigen, so dass regelmäßig der benannte Verteidiger zu bestellen sein wird. Hat der Angeschuldigte bereits einen **Wahlverteidiger**, so kann ihm dennoch ein (zweiter) **Pflichtverteidiger** beigeordnet werden.[18] Dies kommt insbesondere dann in Betracht, wenn es voraussichtlich zu einer längeren Hauptverhandlung kommen wird und nicht sicher ist, ob der Wahlverteidiger alle Termine wahrnehmen können wird (**sog. Sicherungspflichtverteidiger**).

C.   Strafbefehlsverfahren nach Eingang des Antrags bei Gericht

27   Die Voraussetzungen für den Antrag auf und den Erlass eines Strafbefehls wurden bereits unter § 8 Rn 55 dargestellt. Nach Eingang des Antrags auf Erlass des Strafbefehls, der seitens der Staatsanwaltschaft im Entwurf beigefügt wurde, prüft das Gericht, ob hinsichtlich der vorgeworfenen Tat hinreichender Tatverdacht besteht. Nicht erforderlich ist, dass das Gericht bereits zu einer Überzeugungsbildung von

---

15 OLG Köln StraFo 2000, 20.
16 BGH NJW 2001, 309.
17 BGH StV 1997, 564.
18 BVerfG NStZ 1984, 561.

der Täterschaft gelangt. Bestehen auch keine sonstigen Bedenken gegen den Erlass des Strafbefehls, hat ihn das Gericht gem. § 408 Abs. 3 S. 1 StPO zu erlassen. Dies bedeutet, dass er von dem zuständigen **Richter** unterschrieben wird. Der Erlass des Strafbefehls steht der Eröffnung des Hauptverfahrens gleich, so dass der Angeschuldigte mit Erlass zum Angeklagten wird. Verneint das Gericht das Vorliegen eines hinreichenden Tatverdachts wird der Erlass gem. § 408 Abs. 2 S. 1 StPO abgelehnt. Hält es dagegen eine Hauptverhandlung für erforderlich oder will es von den durch die Staatsanwaltschaft vorgegebenen Rechtsfolgen abweichen, wobei die Staatsanwaltschaft jedoch an ihrem Antrag festhält, wird gem. § 408 Abs. 3 S. 2 StPO eine Hauptverhandlung anberaumt und dem Angeschuldigten der Strafbefehl ohne die darin enthaltene Rechtsfolge zugestellt (§ 408 Abs. 3 S. 3 StPO).

Nach Erlass des Strafbefehls wird eine **Ausfertigung dem Angeklagten** oder (soweit vorhanden) dessen **Verteidiger** zugestellt. Hiergegen steht diesem binnen zwei Wochen ab Zustellung der **Rechtsbehelf des Einspruchs** zu (§ 410 Abs. 1 S. 1 StPO). Wird kein Einspruch eingelegt, wird der Strafbefehl rechtskräftig und steht dann gem. § 410 Abs. 3 StPO einem rechtskräftigen Urteil gleich. Mit zulässiger Einlegung des Einspruchs wird der Strafbefehl hinsichtlich seiner festgesetzten Rechtsfolgen hinfällig und es wird gem. § 411 Abs. 1 S. 2 StPO Termin zur Hauptverhandlung bestimmt, womit die oben bereits dargestellte Vorgehensweise zur Anwendung kommt. **28**

Erscheint der Angeklagte in der Hauptverhandlung trotz ordnungsgemäßer Ladung nicht und ist er auch nicht gem. § 411 Abs. 2 StPO durch einen mit schriftlicher Vollmacht versehenen **Verteidiger** vertreten, wird der Einspruch gem. § 412 S. 1 StPO **verworfen**. Der Strafbefehl mit den zuvor festgelegten Rechtsfolgen erwächst in **Rechtskraft**. Die Verwerfung erfolgt gem. §§ 412 S. 1, 329 Abs. 1 StPO durch Urteil. Da der Einspruch gegen den Strafbefehl nur ein Rechtsbehelf ist, der die Funktion hat, die durch den Erlass ausgesprochene aufschiebend bedingte Verurteilung zu beseitigen, gilt im Rahmen der Verurteilung das Verbot einer **reformatio in peius nicht** (§ 411 Abs. 4 StPO). **29**

Hinweis
Das Strafbefehlsverfahren hat für den Angeklagten den klaren Vorteil, dass das Verfahren ohne eine ihn belastende öffentliche Hauptverhandlung zum Abschluss gebracht werden kann. Handelt es sich um mehrere Taten, die geahndet werden sollen, wobei insgesamt eine höhere Freiheitsstrafe als ein Jahr mit Aussetzung der Vollstreckung zur Bewährung in Aussicht steht, kann ein Gespräch des Verteidigers mit der Staatsanwaltschaft mit folgendem Vorschlag sinnvoll sein: Die einzelnen Taten werden abgetrennt. Anschließend wird für die verschiedenen Taten jeweils ein Strafbefehl mit einem Jahr Freiheitsstrafe beantragt. Anschließend wird aus diesen Einzelstrafen eine Gesamtfreiheitsstrafe gebildet. Die Bereitschaft des zuständigen Staatsanwalts hierzu wird allerdings nur in den seltensten Fällen bestehen, da auch gewichtige Argumente dafür sprechen, alle Vorwürfe gegen eine Person in einem Verfahren abzuhandeln.

Aufgrund der Ergänzung der StPO durch das JuMoG eröffnet § 411 Abs. 1 StPO nunmehr die Möglichkeit, über einen Einspruch, der sich lediglich gegen die Höhe der bei einer Geldstrafe festgesetzten Tagessätze richtet, durch Beschluss, also ohne Durchführung einer Hauptverhandlung zu entscheiden. Voraussetzung ist es allerdings, dass der Angeklagte, sein Verteidiger und die Staatsanwaltschaft dieser Vorgehensweise zustimmen. Gegen diesen Beschluss ist das Rechtsmittel der sofortigen Beschwerde statthaft. Sinn dieser Regelung ist es, die Justiz für diejenigen Fällen zu **30** entlasten, in denen das Einkommen des Angeklagten bei Beantragung und Erlass des Strafbefehls geschätzt wurde (§ 40 Abs. 3 StGB) oder sich nachträglich verschlechtert hat, im Übrigen aber sowohl Schuldspruch als auch die Strafzumessung im eigentlichen Sinne (Zahl der Tagessätze) anerkannt werden sollen. Hierzu ist der Aufwand einer Hauptverhandlung nicht erforderlich.

§ 10 Anwaltliche Taktik im Zwischenverfahren

A. Vorbemerkung

Ist Anklage erhoben und hat der Verteidiger eine Einstellung des Verfahrens schon 1
im Ermittlungsverfahren angestrebt – oder wird der Verteidiger erst nach Zustellung
der Anklage mandatiert, so ist bereits eine wesentliche Etappe auf dem Weg zu einer
Verurteilung abgeschlossen. Die weitaus überwiegende Zahl der **Anklagen** wird zur
Hauptverhandlung zugelassen. Hauptverhandlungen enden – gleichfalls – weitaus
überwiegend mit einer **Verurteilung**. Allein dies belegt, dass das Ermittlungsverfahren in seiner Bedeutung für den Gesamtprozess nicht hoch genug eingeschätzt werden
kann (vgl. § 7 Rn 1 f.).

Anklageerhebung bedeutet aber nicht zwingend, dass auch eine Hauptverhandlung 2
stattfindet. Vielmehr ist das **Zwischenverfahren** ein eigenständiger Abschnitt, in dem
das für die Durchführung des Hauptverfahrens zuständige Gericht selbständig und aus
seiner Sicht prüft, ob die Anklage zuzulassen ist. Voraussetzung hierfür ist der sog.
hinreichende Tatverdacht, § 203 StPO. Dieser hinreichende Tatverdacht ist mit dem
sog. **genügenden Anlass** zur Erhebung der öffentlichen Klage, § 170 Abs. 1 StPO,
gleichzusetzen.[1]

Es ist das Verdienst von *Rieß*, der in seiner Kommentierung zur 24. Auflage des 3
Löwe/Rosenberg[2] die **eigenständige Bedeutung** des **Zwischenverfahrens** in das Bewusstsein der Verfahrensbeteiligten, namentlich auch der Gerichte, zurückgerufen und
damit eine Renaissance des Zwischenverfahrens bewirkt hat. Dieser **Eigenständigkeit**
sollte sich der Verteidiger bewusst werden. Er hat daher stets ernsthaft zu prüfen,
ob er eine **Verteidigungsschrift** mit dem **Ziel** einreicht, die **Nichteröffnung des
Verfahrens** zu erreichen. Dies sollte immer dann ernsthaft in Erwägung gezogen
werden, wenn nach der vom Verteidiger zu treffenden Verfahrensprognose ein entsprechender Antrag nicht aussichtslos erscheint. Denn noch in diesem Stadium kann
er das Hauptverfahren und damit die öffentliche Hauptverhandlung gegen den Mandanten verhindern. Die Zulassung der Anklage bedeutet – gerade auf Grund der
eigenen Bewertung durch den Richter – eine gewisse Festlegung im Hinblick auf den
Schuldspruch. Zudem dient die **Filterfunktion** des Zwischenverfahrens auch dazu,
den Mandanten vor den stets negativen Belastungen und Folgen einer öffentlichen
Hauptverhandlung zu bewahren.

B. Verteidigungsmöglichkeiten im Zwischenverfahren

I. Formale Voraussetzungen

Mit der Mitteilung der Anklageschrift an den Angeschuldigten wird diesem zugleich 4
eine **Frist zu einer Stellungnahme** gesetzt, § 201 Abs. 1 StPO. Die Frist muss angemessen sein, kann aber auch bei einfach gelagerten Fällen lediglich eine Woche

---

1 Allgemeine Meinung, *Meyer-Goßner*, § 170 Rn 1 m.w.N.
2 Dort insbesondere die Kommentierung zu § 203 StPO.

betragen. Nach Ablauf der Frist ergeht die **Entscheidung über die Eröffnung**. Ist das Hauptverfahren eröffnet, so ist der Weg in die Hauptverhandlung unausweichlich; der Beschluss ist nicht anfechtbar, § 210 Abs. 1 StPO. Aber auch wenn die Fristversäumnis nicht unmittelbar zum Eröffnungsbeschluss führt, sondern der Verteidiger noch rechtzeitig vor einem solchen Beschluss Einwendungen i.S.v. § 201 Abs. 1 StPO vorbringt, müssen diese Einwendungen und Anträge nicht mehr beschieden werden, § 201 Abs. 2 StPO. Damit ist eine wichtige Möglichkeit vertan, die Rechtsauffassung des Gerichts zum Verteidigungsvorbringen zu erfahren, denn der Eröffnungsbeschluss wird nicht begründet (vgl. § 204 Abs. 1 StPO, wonach nur bei Nichteröffnung eine Begründung erforderlich ist).

5 Der **Verteidiger** muss daher unverzüglich eine **Verlängerung der Frist** beantragen, um das Ob und Wie einer Verteidigungsschrift zu prüfen und eine solche dann – ausgerichtet an der Anklage – auch fristgerecht einzureichen. War er schon im **Ermittlungsverfahren mandatiert**, wird ihm gem. § 145 a Abs. 1 und 3 StPO jedenfalls eine formlose Abschrift der Anklage übermittelt. Er hat dann unverzüglich Fristverlängerung zu beantragen. Häufig wird das Mandat erst erteilt, wenn die Anklageschrift dem (zukünftigen) Mandanten zugestellt worden ist. Hier ist unverzügliches Handeln notwendig. Per Telefonat und/oder Fax muss dem Gericht das Mandat mitgeteilt und zugleich eine Fristverlängerung beantragt werden. Selbst wenn die dem Angeschuldigten gesetzte Frist bereits abgelaufen ist, sollte jedenfalls versucht werden, mit dem Vorsitzenden des Gerichts die Möglichkeit einer Stellungnahme im Zwischenverfahren auszuhandeln (was in aller Regel gelingt, sofern noch kein Eröffnungsbeschluss vorliegt). Zugleich mit dem **Antrag auf Fristverlängerung** muss erstmalig oder erneut **Akteneinsicht** beantragt werden.

> *Hinweis*
> Die die Anklageerhebung begleitende **Abschlussverfügung der Staatsanwaltschaft** bietet oft wichtige **Anhaltspunkte** für den Verteidiger, die bei Abfassung der (weiteren) Verteidigungsschrift zu berücksichtigen sind.

II. Einwendungen gegen die Anklage

1. Formelle Mängel

6 Den notwendigen **Inhalt** einer **Anklageschrift** gibt § 200 StPO vor. Im **Anklagesatz**, § 200 Abs. 1 StPO, ist insbesondere die **Tat im strafprozessualen Sinn** (vgl. § 264 StPO) als historisches Ereignis mit Zeit und Ort in einer Weise zu schildern, dass die Identität des gemeinten geschichtlichen Vorgangs klargestellt wird.[3] Hier finden sich – in formaler Hinsicht – häufig **Angriffspunkte**, mit denen die **Unwirksamkeit der Anklageschrift** geltend gemacht werden kann (sog. **funktioneller Mangel**). Fehlt es an der genügenden Identifizierung der Tat oder des Angeschuldigten, muss das Gericht die Anklageschrift zurückgeben.[4] Verweigert die **Staatsanwaltschaft** eine **Nachbesserung**, so wird die Eröffnung des Hauptverfahrens abgelehnt.[5] Wird ein

---

3 BGHSt 5, 227; 16, 47; 29; 124, 126.
4 BGH NJW 1954, 360.
5 OLG Frankfurt/M. NStZ-RR 2003, 146.

derartiger Mangel nicht behoben, so sind Anklageschrift und Eröffnungsbeschluss unwirksam. Dies führt entweder im Hauptverfahren oder aber im Rechtsmittelverfahren zur **Einstellung**.[6]

> *Hinweis*
> Diese **Umgrenzungsfunktion der Anklage** ist von überragender Bedeutung, weil nur bei hinreichend konkretem Anklagesatz deutlich wird, was Gegenstand der Urteilsfindung i.S.v. § 264 Abs. 1 StPO in der späteren Hauptverhandlung ist und welchen Umfang der Strafklageverbrauch entfaltet.

2. Hinreichender Tatverdacht

Hier muss der Verteidiger berücksichtigen, dass dieser **Begriff zwei Komponenten** 7 aufweist. Es muss nach dem Ergebnis des vorbereitenden Verfahrens bei vorläufiger Tatbewertung wahrscheinlich sein, dass der Angeschuldigte die ihm zur Last gelegte Tat begangen hat (**materieller Tatverdacht**). Hinzutreten muss eine **Verurteilungswahrscheinlichkeit**, nämlich eine solche, bei der zu erwarten steht, dass nach Aktenlage bei den gegebenen Beweismöglichkeiten ein Schuldspruch in der Hauptverhandlung erfolgt.[7] Es muss also auf allen Ebenen der Straftat (Tatbestand / Rechtswidrigkeit / Schuld) wahrscheinlich genügender Beweis für eine Verurteilung vorliegen. In diesem Zusammenhang sind insbesondere **Beweisverwertungsverbote** zu berücksichtigen, etwa die Unverwertbarkeit eines Geständnisses oder die sichere Aussicht, dass ein Tatzeuge von seinem Aussageverweigerungsrecht Gebrauch macht. Gleiches gilt für **Verfahrenshindernisse**, die zwar stets von Amts wegen zu berücksichtigen sind, auf die der Verteidiger jedoch immer hinweisen muss. In diesem vorgenannten Rahmen gilt auch der Grundsatz **in dubio pro reo**.[8] Der Verteidiger hat in seiner Verteidigungsschrift zunächst eine Schlüssigkeitsprüfung der Anklage vorzunehmen und selbständig auch die (wahrscheinliche) Beweisbarkeit des erhobenen Vorwurfs zu bewerten.

III. Einwendungen und Anträge nach § 201 Abs. 2 StPO

Die **Einwendungen** gegen die Eröffnung des Hauptverfahrens wurden vorstehend 8 als wesentlicher Inhalt der Verteidigungsschrift im Zwischenverfahren dargelegt. **Anträgen auf Beweiserhebung** ist zu entsprechen, wenn diese für die Beurteilung des hinreichenden Tatverdachts erheblich sind.[9] Auch hier gelten die Ablehnungsgründe des § 244 Abs. 3 und 4 StPO nicht.

Eine weitere Einschränkung des Antragsrechts ergibt sich aus § 202 StPO. Danach 9 kann das Gericht von Amts wegen vor der Entscheidung über die Eröffnung des Hauptverfahrens **einzelne Beweiserhebungen** anordnen. Dies legt zugleich auch den Umfang einer Beweiserhebung auf Antrag der Verteidigung fest. Mit dieser Vorschrift soll vermieden werden, dass die gesamte Aufklärung, die in einer Hauptverhandlung stattfinden soll, in das Zwischenverfahren vorgelagert wird.

---

6 BGH NStZ 1991, 2716; BGH NStZ 1992, 553.
7 BayObLG NStZ 1983, 123; *Meyer-Goßner*, § 203 Rn 2.
8 BayObLG NStZ 1983, 123.
9 OLG Köln JMBl. NW 1960, 221.

Hinweis
Mit dieser Maßgabe sollte der Verteidiger von seinem Antragsrecht Gebrauch machen.

10   Insbesondere ein Antrag auf Einholung eines **Sachverständigengutachtens**

Beispiel
Etwa zur Schuldfrage oder zur rechtlichen Beurteilung komplizierter wirtschaftlicher Vorgänge.

ist im **Zwischenverfahren** angezeigt. Dies kann mit dem Hinweis verbunden werden, dass ein solcher Antrag in einer Hauptverhandlung wiederholt würde, was die Gefahr mit sich bringt, dass die laufende Hauptverhandlung wegen des mit der Gutachtenerstattung verbundenen Zeitaufwands ausgesetzt werden müsste, §§ 228, 229 StPO.

IV. Kontakt zu anderen Verfahrensbeteiligten

11   Im Stadium des Zwischenverfahrens ist erster **Ansprechpartner** nicht mehr die Staatsanwaltschaft, sondern das mit der Eröffnungsentscheidung befasste **Gericht**. Beide Verfahrensbeteiligte sind notwendige Adressaten einer angestrebten einvernehmlichen weiteren Verfahrensgestaltung. Dies gilt insbesondere für Beschränkungen des Verfahrensstoffs nach §§ 154, 154 a StPO. Auch für die bereits mehrfach angesprochenen sog. **Absprachen** bietet das Zwischenverfahren nicht selten Anlass. Über eine formale Begrenzung des Verfahrensstoffs hinaus kann in geeigneten Fällen – und insbesondere unter strenger Beachtung der Notwendigkeit intensiver eigener Vorbereitung des Verteidigers – eine sinnvolle Verständigung im Hinblick auf einen Schuldspruch und eine Rechtsfolgenentscheidung angestrebt werden.

Hinweis
Auch hier gilt, dass eine vorschnelle Einigung ohne intensivste Prüfung von verfahrensrechtlichen Gestaltungsmöglichkeiten zu Gunsten des Mandanten im kontradiktorischen Verfahren sich nicht selten als Kunstfehler erweist.

Kapitel 4: Erstinstanzliches Strafverfahren

Literatur: **Bauer**, Der prozessuale Tatbegriff, NStZ 2003, 174; **Brögelmann**, Methodik der Strafzumessung, JuS 2002, 903, 1005; **Burhoff**, Praktische Fälle der „Widerspruchslösung", StraFo 2003, 267; **Detter**, Der Zeuge vom Hörensagen – eine Bestandsaufnahme, NStZ 2003, 1; **ders.**, Häufige Fehler in der Strafzumessung, JA 1997, 586; **Krumm**, Verfassungsrechtliches Übermaßverbot und kurze Freiheitsstrafe, NJW 2004, 328; **Mansdörfer/Timmerbeil**, Grundfälle zur Tenorierung strafrechtlicher Entscheidungen, JuS 2001, 1102, 1209; **Meyer-Goßner**, Der gescheiterte Deal, StraFo 2003, 401; **Miebach**, Der teilschweigende Angeklagte, NStZ 2000, 234; **Schwaben**, Die Rechtsprechung des BGH zwischen Aufklärungspflicht und Verwertungsverbot, NStZ 2002, 288; **Senge**, Missbräuchliche Inanspruchnahme verfahrensrechtlicher Gestaltungsmöglichkeiten – wesentliches Merkmal der Konfliktverteidigung? Abwehr der Konfliktverteidigung, NStZ 2002, 225; **Sowada**, Die Entziehung der Fahrerlaubnis (§ 69 StGB) bei Taten der allgemeinen Kriminalität, NStZ 2004, 169; **Wieder**, Der aufgezwungene Deal, StraFo 2003, 406; **Wolff**, Grundfälle zur Gesamtstrafe, JuS 1999, 800.

§ 11 Hauptverhandlung

A. Überblick

In der Hauptverhandlung wird durch das Gericht darüber befunden, ob über den bereits durch den Eröffnungsbeschluss festgestellten hinreichenden Tatverdacht hinaus eine **Überzeugung** von der Täterschaft des Angeklagten gewonnen werden kann oder ob dieser freizusprechen ist. In diesem Verfahrensstadium wird es wichtig, ob im Ermittlungsverfahren die Beweise ordnungsgemäß und in verwertbarer Form gesichert wurden, da diese ansonsten nicht zulässig in die Hauptverhandlung eingebracht und verwertet werden können. **Überzeugung**, die für eine Verurteilung erforderlich ist, liegt dann vor, wenn das Gericht **vernünftige Zweifel** an der Tatbegehung durch den Angeklagten nicht mehr hat (vgl. § 14 Rn 28 ff.). **1**

Eine der zentralen Vorschriften, die im Rahmen der Beweisaufnahme beachtet werden muss und die auch in **Examensklausuren** häufig zu prüfen sein wird, ist § 250 S. 1 StPO (**Unmittelbarkeitsgrundsatz**). Danach muss immer dann, wenn ein Zeuge zu einer Tatsache Bekundungen machen kann, dieser auch gehört werden. Es ist grundsätzlich nicht zulässig, seine Wahrnehmungen durch Verlesen einer schriftlichen Erklärung oder andere Beweismittel in die Hauptverhandlung einzuführen (Ausnahmen und Einzelheiten vgl. § 12 Rn 15 ff.). **2**

> *Hinweis*
> Soweit eine revisionsrechtliche **Klausur** zu bearbeiten ist, stellen sich immer Probleme, die aus einer Hauptverhandlung bzw. des Protokolls entstammen. Die Kenntnis des genauen Ablaufs einer Hauptverhandlung ist deshalb unerlässlich, um überhaupt die möglichen Verfahrensverstöße und somit Probleme zu bemerken.

3   Der **Ablauf** ergibt sich in den wesentlichen Teilen aus den §§ 243, 244, 257 und 258 StPO. Dieser soll zunächst kurz skizziert werden:
1. Aufruf der Sache
2. Persönliche Verhältnisse des Angeklagten
3. Verlesung des Anklagesatzes
4. Belehrung des Angeklagten
5. Eventuelle Einlassung des Angeklagten
6. Beweisaufnahme
7. Schlussvorträge und letztes Wort des Angeklagten
8. Urteilsberatung und -verkündung.

4   In der Hauptverhandlung wird gem. § 273 Abs. 1 StPO ein **Protokoll** geführt. Darin sind u.a. die wesentlichen Förmlichkeiten der Hauptverhandlung zu erfassen. Das Protokoll gewinnt durch die Vorschrift des § 274 StPO eine besondere Bedeutung, da es als alleiniges Beweismittel für die Beachtung der Förmlichkeiten der Hauptverhandlung dient (vgl. Rn 15 ff.).

5   Nach Aufruf der Sache wird die **Anwesenheit** der Verfahrensbeteiligten festgestellt. Der Grundsatz, dass ohne den Angeklagten eine Hauptverhandlung gegen ihn nicht stattfindet (§ 230 Abs. 1 StPO) wird lediglich durch die §§ 231 Abs. 2, 231 a und b, 232 sowie 233 StPO durchbrochen. Den Verfahrensbeteiligten steht ein Recht zu, an der Hauptverhandlung teilzunehmen (z.B. auch nach Ausschluss der Öffentlichkeit), wobei daraus, jedenfalls für den Angeklagten, grundsätzlich auch die Pflicht hierzu besteht. Das Recht des Angeklagten wird für bestimmte Fälle durch § 247 StPO eingeschränkt. Weitere Ausnahmen bilden die §§ 231 c, 232, 233 StPO, die jedoch **keine hohe Examensrelevanz** besitzen. Die Feststellung der persönlichen Verhältnisse sollte sich, da diese vor Belehrung vorgenommen wird, auf die allgemeinen Personalien beschränken.

> *Hinweis*
> Bereits die Erörterung der Einkommensverhältnisse kann für die Strafzumessung von Bedeutung sein. Dennoch wird dies in der **Praxis** oft nicht beachtet.

6   Danach verliest der **Sitzungsvertreter der Staatsanwaltschaft** den Anklagesatz (§ 243 Abs. 3 S. 1 StPO). Dies stellt eine wesentliche Förmlichkeit der Hauptverhandlung dar, so dass gem. § 273 Abs. 1 StPO eine Protokollierungspflicht besteht. Wird dies nicht beachtet, liegt zwar ein Verstoß gegen diese Vorschrift vor, das Urteil wird jedoch regelmäßig nicht darauf beruhen, da dem Angeklagten und seinem Verteidiger der Inhalt der Anklage bereits vor Beginn der Hauptverhandlung bekannt ist.

> *Hinweis*
> Wird der Anklagesatz entgegen § 243 Abs. 3 S. 1 StPO nicht verlesen (wesentliche Förmlichkeit, die in das Protokoll aufgenommen werden muss), so stellt dies einen Revisionsgrund dar. Das Urteil beruht jedoch nur dann darauf, wenn es sich nicht um einen einfachen und leicht zu erfassenden Sachverhalt handelt, der dem Angeklagten vorgeworfen wurde, oder wenn die Verfahrensbeteiligten nicht auf andere Weise von dem Verfahrensgegenstand Kenntnis nehmen konnten.[1] Diese Grundsätze gelten auch, wenn es sich um einen der deutschen Sprache nicht mächtigen Angeklagten handelt.

---

1 OLG Hamm NStZ-RR 1999, 276.

Daran schließen sich (nach Belehrung) die **Einlassung** des Angeklagten sowie die 7
eigentliche **Beweisaufnahme** an. Es folgen nach Ende der Beweisaufnahme die
Schlussvorträge gem. § 258 Abs. 1 und 2 StPO. Hierin soll das Ergebnis der Hauptverhandlung sowohl in tatsächlicher als auch in rechtlicher Hinsicht gewürdigt werden, wobei die Staatsanwaltschaft auch verpflichtet ist, Anträge zu stellen. Gem. § 258
Abs. 2 StPO ist dem Angeklagten das **letzte Wort** zu erteilen.

Hinweis
Es ist nicht ausreichend, dass dem Angeklagten überhaupt das letzte Wort gewährt
wurde, sondern ihm muss tatsächlich als letztem der Verfahrensbeteiligten die Möglichkeit
zur Äußerung eingeräumt worden sein. Es ist deshalb **immer zu prüfen**, ob nach der
Gewährung des letzten Wortes noch weiterverhandelt wurde und ob es dann erneut gewährt
wurde.

Beispiel
Nachdem dem Angeklagten A das letzte Wort gewährt wurde, erwidert der Verteidiger des
Mitangeklagten B darauf. Daraufhin wird B das letzte Wort gewährt und das Gericht zieht
sich zur Beratung zurück. In diesem Fall hätte A erneut das letzte Wort gewährt werden
müssen.[2]

Das Gericht zieht sich sodann zur geheimen **Beratung** zurück, bei der ein Urteil 8
gefunden werden muss, das eine Mehrheit auf sich vereinigt (§ 263 StPO). Dieses
Urteil wird gem. § 268 Abs. 2 S. 1 StPO verkündet durch Verlesen der Urteilsformel
und der Eröffnung der Urteilsgründe.

B. Gegenstand der Hauptverhandlung sowie des späteren Urteils

I. Begriff der prozessualen Tat

Gegenstand der Hauptverhandlung ist gem. § 264 Abs. 1 StPO zunächst derjenige 9
Sachverhalt, der dem Angeklagten aufgrund des Inhalts der Anklageschrift vorgeworfen wird. Über diesen Sachverhalt ist Beweis zu erheben. Es sind jedoch Situationen
denkbar, in denen sich in der Hauptverhandlung herausstellt, dass der Angeklagte über
den bereits bekannten und angeklagten Sachverhalt hinaus noch andere Handlungen
begangen hat. In diesem Fall stellt sich die Frage, ob diese Handlung auch durch
die Anklage erfasst und aufgrund des Eröffnungsbeschlusses zur Hauptverhandlung
zugelassen ist. Ist dies nicht der Fall, kann darüber grundsätzlich nicht verhandelt und
entschieden werden. Entscheidend für die Beurteilung dieser Frage ist, ob der neu
bekannt gewordene Sachverhalt mit dem angeklagten **eine prozessuale Tat** bildet.
Hierbei bleibt die Frage, ob gem. §§ 52 und 53 StGB materiell-rechtlich eine Tat oder
Handlung vorliegt, außer Betracht.

Eine prozessuale Tat liegt vor, wenn es sich bei dem Tatgeschehen, unabhängig von 10
der rechtlichen Bewertung, bei natürlicher Betrachtungsweise um einen **einheitlichen
Lebensvorgang** handelt[3] und eine Unterteilung in mehrere Taten eine unnatürliche
Aufspaltung des Geschehens bedeuten würde. Anhaltspunkte dafür können Tatort und

---

2 BGH NStZ 2003, 382.
3 *Meyer-Goßner*, § 264 Rn 2 m.w.N.

-zeit, Zielrichtung der Handlung des Täters sowie Tatobjekt und -erfolg sein.[4] Letztlich erscheint die Frage, ob verschiedene Handlungen eine prozessuale Tat darstellen nur unter Betrachtung des Einzelfalls entscheidbar zu sein, wobei die o.g. Argumente angeführt werden können.[5] Die Frage, ob eine prozessuale Tat vorliegt ist jedoch nicht nur für die Frage, was Gegenstand der Hauptverhandlung und des späteren Urteils sein darf, sondern auch für die Frage, ob Strafklageverbrauch eingetreten ist, von Bedeutung, da, wenn dieselbe Tat bereits abgeurteilt wurde, dieses Verfahrenshindernis einer erneuten Strafverfolgung entgegensteht (Art. 103 Abs. 3 GG; „ne bis in idem"). Von folgendem **Grundsatz** kann jedoch ausgegangen werden:

- Liegen mehrere tateinheitlich begangene Taten vor, so ist grundsätzlich eine prozessuale Tat anzunehmen.
- Handelt es sich um tatmehrheitliche Taten, sind im Zweifel mehrere prozessuale Taten anzunehmen.

11 Eine Ausnahme von diesem Grundsatz wurde jedoch in der Rechtsprechung für den Fall gemacht, dass es sich um ein sog. **Organisationsdelikt** des § 129 a StGB handelt. In diesem Fall hat der BGH mehrere prozessuale Taten angenommen.[6] Besonders bedeutsam ist die Frage, ob es sich um eine oder verschiedene prozessuale Taten handelt auch für den Fall, dass alternative Handlungsabläufe in Betracht kommen (Wahlfeststellung).

Beispiel
Wurde dem Angeklagten in der Anklage vorgeworfen, einen Pkw gestohlen zu haben, so darf er, wenn sich nunmehr in der Hauptverhandlung herausstellt, dass er diesen möglicherweise nicht selbst gestohlen, sondern von dem Dieb gekauft hat, nicht wahlfeststellend wegen Diebstahls oder Hehlerei verurteilt werden, da die Hehlerei eine andere prozessuale Tat wäre.

Der klassische Fall für die Annahme einer prozessualen Tat trotz Vorliegens von Tatmehrheit ist der Verkehrsunfall unter Alkoholeinfluss.

Beispiel
Der Angeklagte A wird wegen Straßenverkehrsgefährdung in der Stadt C rechtskräftig verurteilt, da er dort unter Alkoholeinfluss einen Unfall verursacht hat. Wird später bekannt, dass der Angeklagte die Unfallstelle sofort verlassen hat, ohne seiner Wartepflicht nachzukommen (Unfallflucht), so steht dem ein Strafklageverbrauch entgegen, da beide Ereignisse (Unfall und anschließende Flucht) einen einheitlichen Lebenssachverhalt bilden. Die Ereignisse gehen ineinander über, da A ohne anzuhalten sofort weitergefahren ist. Wird später ermittelt, dass A nach seiner Unfallflucht in der Stadt D infolge seiner Fahruntüchtigkeit einen weiteren Unfall verursacht hat, liegt dagegen eine weitere prozessuale Tat vor. Es liegt ein anderer Lebenssachverhalt vor. Es handelt sich um ein vollständig selbständiges Unfallgeschehen.[7] Dies wird so beurteilt, obwohl A während des gesamten Tatablaufs auch den Tatbestand des § 316 StGB erfüllt hat.

---

4 *Bauer*, NStZ 2003, 174 m.w.N.
5 Kritisch *Bauer*, NStZ 2003, 174 m.w.N.
6 BGHSt 29, 288.
7 Grundlegend BGHSt 23, 141.

II. Nachtragsanklage und rechtlicher Hinweis

Stellt sich in der Hauptverhandlung heraus, dass gegen den Angeklagten hinreichender 12
Tatverdacht wegen einer weiteren, bislang nicht angeklagten prozessualen Tat besteht,
so kann gem. § 266 StPO eine **Nachtragsanklage** erhoben werden. Dies setzt voraus, dass das Gericht, bei dem die Nachtragsanklage erhoben werden soll, sachlich
zuständig ist, der Angeklagte der Einbeziehung zustimmt und ein **Einbeziehungsbeschluss**, der die Wirkungen und Inhalte eines Eröffnungsbeschlusses hat, erlassen
wird. Eine Nachtragsanklage kann gem. § 266 Abs. 2 S. 1 StPO auch mündlich erhoben werden.

> *Hinweis*
> In der **Klausur** kann die Frage gestellt werden, was der **Staatsanwalt** in der Hauptverhand-
> lung zu tun hat. Ist in diesen Fällen eine weitere nicht angeklagte prozessuale Tat in dem
> Protokoll über die Hauptverhandlung ersichtlich, so muss der Staatsanwalt Nachtragsan-
> klage erheben und versuchen, die Zustimmung des Angeklagten hierzu zu erreichen. Diese
> wird allerdings in der **Praxis** regelmäßig nicht erteilt werden, so dass nur die Erhebung
> einer weiteren Anklage außerhalb der Hauptverhandlung und die anschließende Verbindung
> zu dem bereits anhängigen Verfahren in Betracht kommt, soweit dieses zu diesem Zeitpunkt
> noch nicht abgeschlossen ist. Hierbei sind jedoch wiederum Fristen für die Ladung zu
> beachten.

Bildet der neue Sachverhalt jedoch mit dem bereits angeklagten eine prozessuale Tat, 13
so kann über ihn mitverhandelt und entschieden werden. Aufgrund des Grundsatzes
des fairen Verfahrens bestimmt § 265 StPO, dass der Angeklagte jedoch darauf hinzuweisen ist, um sich auf die Veränderung einstellen zu können (**rechtlicher Hinweis**). Dies kann der Fall sein, wenn das Gericht von der bisherigen, in Anklage und
Eröffnungsbeschluss angenommenen, rechtlichen Beurteilung abweichen will (§ 265
Abs. 1 StPO). Der Angeklagte hat aufgrund eines solchen Umstands auf Antrag gem.
§ 265 Abs. 3 StPO einen Anspruch auf **Aussetzung der Hauptverhandlung**, wenn
er die neu bekannt gewordenen Umstände bestreitet und behauptet, auf die Verteidigung insoweit nicht vorbereitet zu sein. Das Gericht darf diese Behauptung nicht
überprüfen.[8] Bei Einbeziehung eines weiteren Sachverhalts innerhalb der prozessualen Tat wird die Vorschrift des § 265 StPO analog angewendet.

Ein **rechtlicher Hinweis** ist auch erforderlich, wenn 14
- eine Strafrahmenverschiebung (Qualifikationen und Regelbeispiele; Absatz 2),
- eine Nebenfolge oder Nebenstrafe (soweit weitere Umstände als die in der Anklage
  niedergelegten Voraussetzung für deren Verhängung sind; Absatz 2 analog),
- Anordnung einer Maßregel der Besserung und Sicherung,
- Vorsatz statt Fahrlässigkeit,
- Versuch statt Vollendung,
- Beihilfe statt Täterschaft oder
- eine Änderung der Konkurrenzverhältnisse
in Betracht kommt. Auch wenn ein von der Anklage abweichender Tatzeitpunkt
angenommen werden soll, ist zuvor ein Hinweis erforderlich. Ein derartiger Hinweis
ist als **wesentliche Förmlichkeit** gem. § 273 Abs. 1 StPO in das Hauptverhandlungsprotokoll aufzunehmen.

---

8 *Meyer-Goßner*, § 265 Rn 36.

> *Hinweis*
>
> In **Revisionsklausuren** ist somit regelmäßig zu prüfen, ob ein möglicherweise erteilter Hinweis ausreichend war oder ob eine Nachtragsanklage erforderlich gewesen wäre. In diesem Fall würde es an einer **Verfahrensvoraussetzung** fehlen, so dass das Verfahren gem. § 260 Abs. 3 StPO einzustellen ist (vgl. § 14 Rn 1). Bei unterlassenem rechtlichen Hinweis, obwohl dieser erforderlich gewesen wäre, ist die Frage, ob das Urteil auf diesem Verstoß gegen § 265 StPO beruht, besonders zu prüfen. Dies ist dann nicht der Fall, wenn die Verteidigung des Angeklagten auch bei entsprechendem Hinweis nicht anders hätte agieren können.

C. Hauptverhandlungsprotokoll

I. Inhalt des Protokolls

15   Gem. § 271 Abs. 1 S. 1 StPO muss über die Hauptverhandlung ein **Protokoll** angefertigt werden, das von dem Vorsitzenden und dem Urkundsbeamten zu unterzeichnen ist. Der Inhalt des Protokolls ergibt sich aus § 272 StPO. Daneben muss es auch gem. § 273 Abs. 1 StPO die **wesentlichen Förmlichkeiten** enthalten. Dazu gehören insbesondere diejenigen Umstände, welche die Gesetzmäßigkeit des Verfahrens betreffen, z.B.

- Belehrungen,
- Entscheidung über Vereidigung,
- Ausschluss der Öffentlichkeit,
- Anträge,
- Gewährung des letzten Worts.

Das Protokoll wird nur bei den Amtsgerichten als **Wortprotokoll** geführt (§ 273 Abs. 2 StPO). Kommt es auf den Wortlaut einer Aussage oder auf die Feststellung eines Vorgangs in der Hauptverhandlung an, so kann gem. § 273 Abs. 3 S. 1 StPO die wörtliche Protokollierung durch den **Vorsitzenden** angeordnet werden. Dies kann auch auf Antrag eines Verfahrensbeteiligten geschehen, wobei gegen die Weigerung die **Entscheidung des Gerichts** gem. § 273 Abs. 3 S. 2 StPO beantragt werden kann.

II. Wörtliche Protokollierung von Zeugenaussagen

16   Gem. § 273 Abs. 2 StPO ist bei den Hauptverhandlungen vor dem Strafrichter und dem Schöffengericht grundsätzlich der wesentliche Inhalt der Vernehmungen in dem Protokoll wiederzugeben. Dies bedeutet, dass es zum einen vor dem Landgericht eine derartige Protokollierung regelmäßig nicht gibt und andererseits ein Wortprotokoll nicht geführt wird. Kommt es hingegen auf den **Wortlaut einer Aussage oder Äußerung** an, so besteht gem. § 273 Abs. 3 S. 1 StPO ein Anspruch auf wörtliche Protokollierung. Diese Vorschrift hat insbesondere im Hinblick auf ein eventuelles Revisionsverfahren Bedeutung, da das Revisionsgericht keine Wiederholung der Beweisaufnahme durchführt, also keine Rekonstruktion der Hauptverhandlung vornimmt. Kann jedoch die entsprechende Aussage auch in dem Protokoll der Hauptverhandlung gefunden werden, so kann hierdurch der Gegenbeweis gegen Feststellungen in dem schriftlichen Urteil geführt werden.[9]

9 BGH NStZ 1997 296.

Hinweis

Der **Verteidiger** sollte daher bei ihm wichtig erscheinenden Aussagen schriftlich einen Antrag auf wörtliche Protokollierung stellen und im Falle der Ablehnung durch den Vorsitzenden einen **Gerichtsbeschluss** gem. § 273 Abs. 3 S. 2 StPO herbeiführen. Dieser Antrag ist gem. § 273 Abs. 1 StPO als Anlage zum Protokoll zu nehmen. Regelmäßig wird der Antrag jedoch abzulehnen sein, da es nicht auf den Wortlaut, sondern auf den Inhalt einer Aussage ankommen wird. Wird die wörtliche Protokollierung zu Unrecht abgelehnt, stellt dies regelmäßig keinen Revisionsgrund dar, da das Urteil hierauf nicht beruhen wird.[10]

III. Beweiskraft des Protokolls

Um den Beweis für die Beachtung oder Nichtbeachtung von wesentlichen Förmlichkeiten erbringen zu können, steht gem. § 274 S. 1 StPO grundsätzlich nur das Protokoll als Beweismittel zur Verfügung. Dies bedeutet, dass alle Vorgänge, die im Protokoll enthalten sind, als geschehen angesehen werden müssen, während alle nicht erwähnten Förmlichkeiten als nicht stattgefunden gelten (**positive und negative Beweiskraft**). Eine Ausnahme hiervon wird nur für den Fall gemacht, dass das Protokoll Widersprüche aufweist, lückenhaft ist, Vorsitzender bzw. Urkundsbeamter das Protokoll für fehlerhaft hält oder es gefälscht ist. Dies gilt auch dann, wenn der Urkundsbeamte eine Förmlichkeit nicht für protokollierungsbedürftig gehalten hat. **17**

In diesen Fällen hat das Protokoll nicht die Beweiskraft des § 274 StPO. Es kann vielmehr durch das Revisionsgericht im **Freibeweisverfahren** geklärt werden, ob der durch den Revisionsführer geltend gemachte Verfahrensfehler tatsächlich vorliegt (häufigste Möglichkeit: Einholung dienstlicher Stellungnahmen). **Fehler des Protokolls** können, wenn Vorsitzender und Urkundsbeamter übereinstimmend den Fehler anerkennen, von Amts wegen oder auf Antrag berichtigt werden. Ist jedoch bereits eine Verfahrensrüge erhoben, so darf dieser durch eine nachträgliche Änderung des Protokolls nicht „der Boden entzogen werden."[11] **18**

IV. Fertigstellung des Protokolls und Zustellung des Urteils

Das Protokoll ist, wie bereits erwähnt, durch den Vorsitzenden und den Urkundsbeamten zu unterzeichnen. Derjenige, der das Protokoll zuletzt unterzeichnet, i.d.R. der Vorsitzende, vermerkt, wann das Protokoll fertig gestellt wurde (§ 271 Abs. 1 S. 2 StPO). Gem. § 273 Abs. 4 StPO darf das schriftliche Urteil erst ab diesem Zeitpunkt zugestellt werden. **19**

Hinweis

In der **Revisionsklausur** ist im Rahmen der Fristenprüfung darauf zu achten, ob das Protokoll alle erforderlichen Unterschriften enthält. Ist dies nicht der Fall, ist es noch nicht fertig gestellt, das Urteil durfte nicht zugestellt werden und somit hat die Revisionsbegründungsfrist noch nicht angefangen zu laufen. Die Revisionsbegründungsfrist beginnt gem. § 345 Abs. 1 S. 2 StPO erst mit Zustellung des schriftlichen Urteils.

---

10 BGH bei *Kusch*, NStZ 1994, 25.
11 BGH NStZ 2002, 160.

D. Entscheidungen des Vorsitzenden und des Gerichts

I. Sachleitung des Vorsitzenden

20 Gem. § 238 Abs. 1 StPO leitet der **Vorsitzende** die Verhandlung, er vernimmt den Angeklagten und erhebt die übrigen Beweise. Unter der Verhandlungsleitung sind alle Maßnahmen der Durchführung der Hauptverhandlung zu verstehen. Dies bedeutet, dass er über alle Vorgänge zunächst allein entscheidet, wenn im Gesetz nichts anderes bestimmt ist (z.B. § 244 Abs. 6 StPO).

II. Beanstandungsrecht gem. § 238 Abs. 2 StPO

21 Ist ein Verfahrensbeteiligter der Ansicht, die von dem Vorsitzenden getroffene Entscheidung zur Verhandlungsleitung sei unzulässig, so kann er gem. § 238 Abs. 2 StPO die Entscheidung des Gerichts hierüber beantragen (**Zwischenrechtsbehelf**). Daraufhin muss das Gericht über die Entscheidung des Vorsitzenden entscheiden, wobei der Vorsitzende an diese Entscheidung des Gerichts gebunden ist.

> *Hinweis*
> Wird eine Sachleitungsanordnung des Vorsitzenden von einem Verfahrensbeteiligten als rechtsfehlerhaft angesehen, so muss er einen Antrag gem. § 238 Abs. 2 StPO stellen. Unterlässt er dies, so verwirkt er sein Recht, später mit der Revision die entsprechende Verfahrenrüge zu erheben.[12] Zulässig ist es jedoch, durch entsprechenden Gerichtsbeschluss beispielsweise festzulegen, dass alle, also auch noch folgende Fragen, des Angeklagten/ Verteidigers zu einem bestimmten Beweisthema nicht zugelassen werden. In diesem Fall muss nicht immer wieder nach jeder Frage erneut entschieden werden.[13]

E. Sog. Widerspruchslösung

I. Grundsätze

22 Der BGH geht in seiner Rechtsprechung zunehmend davon aus, dass es dem **Verteidiger** und dem **Angeklagten** zusteht, selbst zu bestimmen, welche rechtswidrig erhobenen Beweise in die Hauptverhandlung eingeführt und auch verwertet werden dürfen. Hierbei handelt es sich regelmäßig um Beweise, die bereits im Ermittlungsverfahren erhoben wurden und bezüglich derer aufgrund fehlerhafter Erhebung eigentlich ein Beweisverwertungsverbot besteht. Die Rechtsprechung geht davon aus, dass es in bestimmten Fällen erforderlich ist, dass der **Verteidiger** oder der **Angeklagte** der Verwertung des Beweises **widerspricht**, da dieser ansonsten verwertet werden darf. Erfolgt kein Widerspruch, kann eine Verwertung des Beweismittels nicht mehr mit der Revision gerügt werden (**Rügeverlust**).

23 Der Widerspruch ist spätestens im Rahmen einer Erklärung gem. § 257 StPO zu erklären. Dies bedeutet, dass beispielsweise ein Zeuge noch nicht entlassen worden sein darf, da der Widerspruch ansonsten verfristet ist.[14] Werden beispielsweise

---

12 *Meyer-Goßner*, § 238 Rn 22 m.w.N.
13 BGH NStZ 2004, 163.
14 BGHSt 42, 86, 90; *Leipold*, StraFo 2001, 300, 301.

mehrere Vernehmungsbeamten vernommen, so muss bezüglich jedes Einzelnen der Widerspruch erklärt werden.[15] Diese Grundsätze gelten selbstverständlich nur, wenn der Angeklagte einen **Verteidiger** hat, da nicht davon ausgegangen werden kann, dass der Angeklagte über die erforderlichen Rechtskenntnisse verfügt. Nur wenn der Angeklagte durch das Gericht über die Möglichkeit eines Widerspruchs belehrt wurde, gilt auch in diesem Fall die Widerspruchslösung.[16] Ein eventuell bereits im Ermittlungsverfahren erklärter Widerspruch, muss in der **Hauptverhandlung** wiederholt werden.[17] Der Widerspruch ist auch nicht in einem späteren Verfahrensstadium (z.B. in der Berufungsverhandlung) nachholbar.[18]

Hinweis
Der BGH hat die Fälle, in denen ein **Widerspruch** für eine Unverwertbarkeit erforderlich ist, immer mehr ausgedehnt. Es steht auch zu erwarten, dass er dies noch in weiteren Fällen als erforderlich ansehen wird. Dem **Verteidiger** kann deshalb nur empfohlen werden, in allen Fällen, in denen nach seiner Ansicht ein Beweis rechtswidrig erhoben wurde und eigentlich ein Beweisverwertungsverbot besteht, einen Widerspruch gegen die Verwertung zu erklären und diesen auch protokollieren zu lassen. Ansonsten läuft er Gefahr, dass ausgerechnet „sein Fall" in der Folge ebenfalls unter die Fälle der „Widerspruchslösung" gefasst wird und eine Rüge in der Revision erfolglos bleibt. Ordnet der Vorsitzende trotz Widerspruchs die entsprechende Beweisaufnahme an, muss der **Verteidiger** einen Gerichtsbeschluss gem. § 238 Abs. 2 StPO herbeiführen.

II. Fälle der sog. Widerspruchslösung

Bislang hat der BGH in folgenden wichtigen **Fallkonstellationen** einen Widerspruch für erforderlich gehalten. Dies bedeutet jedoch keinesfalls, dass zukünftig nicht auch in anderen Fällen ein Widerspruch für erforderlich gehalten werden wird: 24
- Wurde der Angeklagte im Ermittlungsverfahren nicht ordnungsgemäß belehrt und verweigert er in der Hauptverhandlung die Aussage, kann der Vernehmungsbeamte gehört werden, der die damalige Vernehmung durchgeführt hat, wenn kein Widerspruch erfolgt.[19] Bei Widerspruch bleibt es bei dem eigentlich bestehenden Beweisverwertungsverbot. Dies gilt auch, soweit der damalige Beschuldigte nicht über sein Recht zur Verteidigerkonsultation belehrt wurde.[20]
- Diese Grundsätze gelten auch, wenn der Angeklagte aufgrund seines geistig-seelischen Zustands die Belehrung nicht verstanden hat.[21]
- Wurden Benachrichtigungspflichten vor der Durchführung von richterlichen Vernehmungen verletzt, kann der Richter dennoch als Zeuge in der Hauptverhandlung über die Vernehmung gehört werden, wenn kein Widerspruch erfolgt.[22]
- Die Aussage des Angeklagten, der zunächst als Zeuge gehört wurde und nicht auf sein Auskunftsverweigerungsrecht gem. § 55 StPO hingewiesen wurde, kann

---

15 BGH StV 2004, 57.
16 BGH NStZ 1992, 504; BGH NJW 1996, 1547.
17 BGH NStZ 1997, 502.
18 BayObLG NJW 1997, 404; OLG Celle StV 1997, 68.
19 BGH NStZ 1997, 609.
20 BGH StV 2004, 57.
21 BGH NJW 1994, 333.
22 BGH StV 2002, 350.

durch Vernehmung des Vernehmungsbeamten in die Hauptverhandlung eingeführt werden, wenn kein Widerspruch gegen die Verwertung erfolgt.[23]

■ Sollen Erkenntnisse aus einer Telefonüberwachung, die in einem anderen Verfahren durchgeführt wurde, unzulässigerweise gegen den Angeklagten verwertet werden, ist ebenfalls ein Widerspruch erforderlich.[24]

■ Gleiches gilt, wenn geltend gemacht werden soll, ein verdeckter Ermittler sei entgegen § 110 a StPO ohne Anfangsverdacht eingesetzt worden.[25]

F. Anwesenheit der Verfahrensbeteiligten

I. Anwesenheit des Angeklagten

25   Eine Hauptverhandlung gegen einen **nicht anwesenden Angeklagten** findet gem. § 230 Abs. 1 StPO grundsätzlich nicht statt. Eine wichtige Ausnahme hiervon wird für eine Hauptverhandlung aufgrund Einspruchs gegen einen Strafbefehl gemacht. Gem. § 411 Abs. 2 StPO kann sich der Angeklagte durch einen **Verteidiger** vertreten lassen, der dem Gericht eine schriftliche Vollmacht vorlegt.

> *Hinweis*
> Da gem. § 236 StPO auch in den Fällen der Hauptverhandlung aufgrund Einspruchs gegen einen Strafbefehl das Gericht das persönliche Erscheinen anordnen kann, sollte hiervon Gebrauch gemacht werden. Einen Eindruck von dem Angeklagten kann sich das Gericht nur auf diese Weise verschaffen. Der **Verteidiger** sollte nicht von der Möglichkeit des § 411 Abs. 2 StPO Gebrauch machen, da nur so dem Gericht ein eventueller positiver Eindruck von der Person des Angeklagten vermittelt werden kann. Diese Chance sollte nicht ungenutzt bleiben.

Erscheint der Angeklagte nicht, so kann gegen ihn gem. § 230 Abs. 2 StPO **Haft- oder Vorführungsbefehl** erlassen werden. Haftgrund für den Erlass des Haftbefehls ist das Nichterscheinen in der Hauptverhandlung. In der bereits begonnenen Hauptverhandlung kann das Gericht ein Entfernen des Angeklagten gem. § 231 Abs. 1 S. 2 StPO verhindern. Wurde er jedoch bereits zur Sache vernommen und ist das Gericht der Ansicht, dass die weitere Anwesenheit nicht erforderlich ist, kann gem. § 231 Abs. 2 StPO ohne den Angeklagten weiterverhandelt werden. Eine weitere Möglichkeit, die durch das JuMoG noch erweitert wurde, stellt der Erlass eines Strafbefehls gem. § 408 a StPO dar. Danach kann in der Hauptverhandlung gegen den abwesenden Angeklagten der Erlass eines Strafbefehls beantragt und dieser auch erlassen werden. Hiergegen ist dann, wie im normalen Strafbefehlsverfahren, der Einspruch statthaft. Der Antrag auf Erlass des Strafbefehls kann mündlich gestellt werden. Durch das JuMoG wurde nunmehr klargestellt, dass diese Möglichkeit auch im beschleunigten Verfahren besteht (§ 418 Abs. 3 StPO n.F.). Dies war bislang nicht möglich, da § 408 a StPO das Vorliegen eines Eröffnungsbeschlusses voraussetzt, was im beschleunigten Verfahren nicht der Fall ist.

26   Eine **Prozessvoraussetzung** stellt weiterhin die Verhandlungsfähigkeit des Angeklagten dar. Er muss in der Lage sein, seine Interessen, insbesondere seine Verteidigung,

---

23 BayObLG StV 2002, 179.
24 BGH StV 2001, 546.
25 BGH NStZ-RR 2001, 260.

ordnungsgemäß wahrzunehmen und Prozesshandlungen vorzunehmen. Versetzt sich der Angeklagte vorsätzlich in einen Zustand der Verhandlungsunfähigkeit, so steht er einem nicht erschienenen Angeklagten gleich.

> *Beispiel*
> A hat gegen einen gegen ihn erlassenen Strafbefehl Einspruch eingelegt. Am Abend vor der Hauptverhandlung betrinkt sich A derart, dass er am nächsten Morgen weder in der Lage ist, in der Hauptverhandlung zu erscheinen, noch irgendwelche Erklärungen abzugeben. Das Gericht ist in diesem Fall berechtigt, den Einspruch gem. § 412 StPO zu verwerfen. A wird auch keine Wiedereinsetzung in den vorigen Stand gewährt werden, da er nicht unverschuldet gehindert war, in der Hauptverhandlung zu erscheinen.

II. Anwesenheit der übrigen Verfahrensbeteiligten

Die übrigen Verfahrensbeteiligten   27

- Richter,
- Schöffen,
- Urkundsbeamter (Ausnahme § 226 Abs. 2 StPO n.F.),
- Vertreter der Staatsanwaltschaft

müssen ebenfalls gem. § 226 StPO in der Hauptverhandlung anwesend sein. Der Urkundsbeamte sowie der Vertreter der Staatsanwaltschaft sind austauschbar, was für die Richter und Schöffen selbstverständlich nicht gilt. Handelt es sich um einen Fall der notwendigen Verteidigung, muss ein Verteidiger ebenfalls anwesend sein.

> *Hinweis*
> Hat der Angeklagte einen Wahlverteidiger, ist jedoch absehbar, dass dieser möglicherweise nicht an allen Terminen zur Hauptverhandlung teilnehmen kann (z.B. umfangreiche Beweisaufnahme über mehrere Tage/Monate), so sollte dem Angeklagten ein Pflichtverteidiger neben dem Wahlverteidiger beigeordnet werden, um das Verfahren zu sichern. Bei der Auswahl ist ebenfalls § 142 Abs. 1 StPO zu beachten.

Unter Anwesenheit im Sinne dieser Vorschrift ist jedoch nicht nur die körperliche, sondern auch die geistige Anwesenheit zu verstehen. Dies bedeutet, dass beispielsweise ein schlafender Schöffe als nicht anwesend anzusehen ist.[26]

Durch das JuMoG wurde die Vorschrift des § 226 StPO geändert. Der bisherige   28
Wortlaut wurde Absatz 1. In dem neuen Absatz 2 wurde normiert, dass der Strafrichter durch unanfechtbaren Beschluss auf die Hinzuziehung eines Urkundsbeamten in der Hauptverhandlung verzichten kann. In diesem Fall stellt die Abwesenheit somit keinen Revisionsgrund mehr dar.

G. Erklärungen gem. § 257 StPO

Nach der Vorschrift des § 257 StPO ist dem Angeklagten, seinem Verteidiger und   29
der Staatsanwaltschaft nach jeder Beweiserhebung Gelegenheit zur **Abgabe einer Erklärung** zu geben. Gem. § 257 Abs. 3 StPO darf in dieser Erklärung jedoch der Schlussvortrag nicht vorweggenommen werden, sondern der Erklärende muss sich auf eine Stellungnahme zu der soeben durchgeführten Beweisaufnahme beschränken.

---

26 BGH NStZ 1982, 41.

Für das Hauptverhandlungsprotokoll ist es ausreichend, wenn aufgenommen wird, dass die Vorschrift des § 257 StPO beachtet wurde. Nicht erforderlich ist es, dass das Gericht nach jeder Beweiserhebung nachfragt, ob eine Erklärung abgegeben werden soll.

§ 12 Beweis und Beweismittel im Strafprozess

A. Vernehmung des Angeklagten

Da sich an die Verlesung des Anklagesatzes die erstmalige Möglichkeit für den Ange- **1**
klagten zur Einlassung in der Hauptverhandlung anschließt, ist dieser zuvor über seine
Rechte zu **belehren** (§ 243 Abs. 4 S. 1 StPO). Wie bereits erörtert, sind die Angaben,
die der Angeklagte macht, nur dann verwertbar, wenn er ordnungsgemäß belehrt
wurde. Macht er keine Angaben, so darf dies nicht gegen ihn verwertet werden. Für
die Frage, ob eine teilweise Einlassung Rückschlüsse zur Tat insgesamt zulässt, kann
auf die Ausführungen im Rahmen der Erörterung der Beweiswürdigung im Urteil (vgl.
§ 14 Rn 32) verwiesen werden. Eine gegenseitige Befragung von Mitangeklagten ist
gem. § 240 Abs. 2 S. 2 StPO unzulässig.

B. Beweisaufnahme und zulässige Beweismittel

I. Grundsätze

An die Einlassung des Angeklagten schließt sich die Beweisaufnahme an. Das Gericht **2**
hat gem. § 244 Abs. 2 StPO alle relevanten Beweise von Amts wegen zu erheben
und dadurch den Sachverhalt aufzuklären. Dies geschieht in eigener Zuständigkeit
des Gerichts ohne Bindung an die durch die übrigen Verfahrensbeteiligten benannten
Beweismittel. In der StPO gilt der Grundsatz des **Strengbeweises**. Dies bedeutet,
dass alle Beweise nur in der Form, wie sie die StPO vorsieht, erhoben werden dürfen.
Danach stehen folgende Beweismittel zur Verfügung:
- Sachverständige,
- Augenschein,
- Vernehmung des Angeklagten (die letztlich auch als Beweismittel dient),
- Urkunden,
- Zeugen.

Das Gegenstück dazu stellt der **Freibeweis** dar. Nach diesen Grundsätzen sind alle **3**
Wege der Erkenntniserlangung erlaubt (z.B. Befragung eines Zeugen im Rahmen
eines Telefongesprächs; im Strengbeweisverfahren stünde dem § 250 S. 1 StPO
entgegen).

> *Hinweis 1*
> In der **Klausur** ist danach zu unterscheiden, ob es um Fragen der **Schuldfeststellung** und
> der **Strafzumessung** geht oder ob lediglich prozessrechtliche Fragen betroffen sind, da
> dann das Freibeweisverfahren zulässig ist (z.B. zur Frage der Verhandlungsfähigkeit des
> Angeklagten). Dies ist beispielsweise der Fall, wenn geklärt werden soll, ob der Angeklagte
> im Rahmen seiner Beschuldigtenvernehmung im Ermittlungsverfahren ordnungsgemäß be-
> lehrt wurde.

> *Hinweis 2*
> Bleibt auch nach einem Aufklärungsversuch im Freibeweisverfahren unklar, ob beispiels-
> weise die Beschuldigtenvernehmung ordnungsgemäß erfolgt ist, so ist, wie im Übrigen bei
> allen Verfahrensfragen, der Grundsatz in dubio pro reo grundsätzlich nicht anwendbar.[1]

II. Sachverständiger

4   Die Vorschriften über den Sachverständigenbeweis finden sich in den §§ 72 bis 80
     StPO. Darin werden die Art der Auswahl, der Ablehnung sowie die Pflichten des
     Sachverständigen festgelegt. Im Rahmen des Sachverständigenbeweises ist der Be-
     griff der **Anknüpfungstatsachen** von besonderer Bedeutung. Darunter werden die-
     jenigen Tatsachen verstanden, die der Sachverständige zur Beantwortung der an ihn
     gestellten Frage heranziehen kann bzw., die überhaupt zur Verfügung stehen. Diese
     werden wiederum unterteilt in **Befundtatsachen** und **Zusatztatsachen**. Befundtat-
     sachen sind solche, die der Sachverständige allein aufgrund seines Sachverstands
     erkennen kann, während Zusatztatsachen auch durch das Gericht selbst festgestellt
     werden könnten.

> *Beispiel*
> Hat ein Zeuge dem Sachverständigen im Rahmen seiner Tätigkeit mitgeteilt, dass der
> Angeklagte ihm gegenüber den Tatvorwurf eingeräumt habe, so handelt es sich um eine
> Zusatztatsache. Diese kann jedoch in die Hauptverhandlung nur durch Vernehmung des
> Sachverständigen als Zeugen eingeführt werden.

III. Augenschein

5   Der Augenschein wird in § 86 StPO geregelt. Unter einem **Augenscheinsobjekt** wird
     alles verstanden, was allein aufgrund sinnlicher Wahrnehmung erfasst werden kann.
     Unter einer Urkunde als Abgrenzung dazu werden Schriftstücke verstanden, auf deren
     Sinngehalt es ankommt. So zählen z.B. Tonaufnahmen zu Augenscheinsobjekten,
     obwohl es auf den Sinngehalt der Aufnahme ankommt, aber kein Schriftstück vorliegt.
     Urkunden sind dann Augenscheinsobjekte, wenn es lediglich auf ihre Beschaffenheit
     oder ihre Existenz und nicht auf ihren Inhalt ankommt (z.B. die Unterschrift unter
     einem Schriftstück).

IV. Zeuge

1. Belehrung, Vernehmung und Vereidigung

6   **Zeuge** ist derjenige, gegen den sich das konkrete Verfahren nicht richtet und der aus
     eigener Wahrnehmung Angaben zum Sachverhalt machen kann.

> *Hinweis*
> Der frühere Mitangeklagte A kann, nachdem sein Verfahren abgetrennt wurde, im Verfahren
> gegen B als Zeuge gehört werden. Er ist dann aber nach § 55 StPO zu belehren. In einer
> Anklageschrift wäre dann auch dieser Zeuge bei den Beweismitteln aufzuführen.

---

1 *Meyer-Goßner*, § 261 Rn 26 ff.

Der Zeuge ist vor seiner Vernehmung gem. § 57 StPO zu belehren. Er ist über seine **Wahrheitspflicht** sowie die strafrechtlichen Folgen einer Falschaussage aufzuklären. Soweit erforderlich, müssen außerdem Belehrungen gem. § 52 StPO und/oder § 55 StPO erteilt werden. Es empfiehlt sich, in diesen Fällen den Zeugen jedoch darauf hinzuweisen, dass er, wenn er sich zur Aussage entschließt, wahrheitsgemäße Angaben machen muss.

> *Hinweis*
> Ein Verstoß gegen die Belehrungspflicht nach § 55 StPO kann von dem Angeklagten nicht gerügt werden, da sie nur den Interessen des Zeugen zu dienen bestimmt ist (**sog. Rechtskreistheorie**).

Nach seiner Belehrung ist der Zeuge zur Sache zu vernehmen. Er muss wahrheits-   7
gemäße und vollständige Angaben machen. Gem. § 69 Abs. 1 S. 1 StPO soll der Zeuge zunächst ohne Zwischenfragen eine zusammenhängende Aussage machen können. Dem Zeugen ist es erlaubt, sich eigener Aufzeichnungen zur Erinnerung zu bedienen. Handelt es sich um Zeugen, die Wahrnehmungen im Rahmen ihrer dienstlichen Tätigkeit gemacht haben (z.B. Polizeibeamte), so können und müssen diese Einsicht in die bei ihrer Behörde noch vorhandenen Akten nehmen, um sich auf ihre Aussage vorzubereiten.[2] Ist die Befragung durch den Vorsitzenden beendet, so ist gem. § 240 Abs. 1 und 2 S. 1 StPO den übrigen Verfahrensbeteiligten **Gelegenheit zur Fragestellung** zu geben.

Im Anschluss an die Vernehmung ist über die **Vereidigung** des Zeugen zu entscheiden.   8
Die StPO geht nach der Rechtslage bis zum 31.8.2004 von dem Grundsatz aus, dass alle Zeugen zu vereidigen sind (§ 59 S. 1 StPO a.F.). Ausnahmen von diesem Grundsatz bestimmen die §§ 60 und 61 StPO. Im Falle der in § 60 aufgeführten **Vereidigungsverbote** darf eine Vereidigung nicht vorgenommen werden, während es in den Fällen des § 61 StPO im Ermessen des Gerichts steht (**Absehen von Vereidigung**). Über das Absehen von einer Vereidigung entscheidet zunächst der Vorsitzende; gegen seine Entscheidung kann jedoch die Entscheidung des Gerichts gem. § 238 Abs. 2 StPO (**Zwischenrechtsbehelf**) beantragt werden.

> *Hinweis* (**nur bezüglich Rechtslage bis 31.8.2004**)
> Soll auf eine Vereidigung nicht verzichtet werden und lässt der Vorsitzende den Zeugen dennoch unvereidigt, obwohl sonst keine Ausnahme von dem Grundsatz der Vereidigung gegeben ist, so muss der **Verteidiger** unbedingt gem. § 238 Abs. 2 StPO die Entscheidung des Gerichts herbeizuführen, da ansonsten eine Rüge mit der Revision nicht mehr möglich ist. Dies ist dann eine Zulässigkeitsvoraussetzung der Verfahrensrüge.

Das JuMoG bestimmt durch eine Änderung des § 59 StPO, dass die **Zeugen** nach ihrer   9
Vernehmung **nicht mehr grundsätzlich zu vereidigen** sind, wie es der bisherigen Regelung entsprach. Es steht jetzt im Ermessen des Gerichts, einen Zeugen zu vereidigen, wenn es der Aussage des Zeugen eine besondere Bedeutung beimisst. Dadurch wurde für das Revisionsverfahren eine wesentliche Fehlerquelle ausgeschlossen.

> *Hinweis*
> Im Übrigen verbleibt es aber bei den bisherigen Vereidigungsverboten, die in der **Klausur** weiterhin zu prüfen sein werden. Die entsprechenden Vorschriften wurden gegenüber der bisherigen Regelung redaktionell neu gefasst.

---

2 *Meyer-Goßner*, § 69 Rn 8 m.w.N.

10 Gem. § 60 StPO besteht in den dort genannten Fällen ein **Vereidigungsverbot**. Eine Vereidigung kommt dann unter keinen Umständen in Betracht und ist auch unabhängig vom Willen der Verfahrensbeteiligten.

> *Hinweis*
> Ein Vereidigungsverbot im Sinne von § 60 Nr. 2 StPO liegt jedoch erst dann vor, wenn der Zeuge bereits vor seiner jetzigen Vernehmung eine mögliche Straftat begangen hat (z.B. bereits erfolgte Vernehmung in einem vorangegangenen Hauptverhandlungstermin[3] oder in erster Instanz). Der Hauptfall ist die (versuchte) Strafvereitelung durch eine Falschaussage zugunsten des Angeklagten. Besteht lediglich der Verdacht, dass der Zeuge in seiner gerade erfolgten Vernehmung falsch ausgesagt hat, besteht kein Vereidigungsverbot und ein Absehen von der Vereidigung kann nicht mit § 60 Nr. 2 StPO begründet werden. In der **Klausur** kann es vorkommen, dass, obwohl ein Vereidigungsverbot bestand, auf eine Vereidigung im allseitigen Einvernehmen gem. § 61 Nr. 5 StPO a.F. verzichtet wurde. Dies ist jedoch unschädlich. Die Vereidigung ist jedenfalls zu Recht unterblieben. Das Urteil kann auf diesem Fehler nicht beruhen.

2. Zeugenschutz

11 Da der Zeuge vor seiner Vernehmung grundsätzlich umfassende Angaben zu seinen Personalien, wozu auch seine Anschrift gehört, machen muss, aber auch, weil es Situationen gibt, in denen sich der Zeuge durch den Angeklagten bedroht oder eingeschüchtert fühlt, sieht die StPO Maßnahmen zum Schutz des Zeugen vor. Zunächst können diejenigen Zeugen, die Wahrnehmungen in amtlicher Eigenschaft gemacht haben (z.B. Polizeibeamte) sich gem. § 68 Abs. 1 S. 2 StPO darauf beschränken, statt des Wohnorts den Dienstort anzugeben.

12 Bei Anlass zu der Annahme, der Zeuge oder eine andere Person könnte bei Angabe seines Wohnorts **gefährdet** sein, kann ihm gem. § 68 Abs. 2 StPO gestattet werden, eine andere ladungsfähige oder keine Anschrift anzugeben. Ist **Gefahr für Leib, Leben oder Freiheit** zu befürchten, so kann ihm sogar gestattet werden, überhaupt keine Angaben zu seiner Person oder nur zu einer früheren Identität zu machen (§ 68 Abs. 3 StPO). Immer muss der Zeuge jedoch dazu aussagen, in welcher Eigenschaft ihm die bekundeten Tatsachen bekannt geworden sind.

13 Eine weitere Möglichkeit, den Zeugen zu schützen, bietet § 247 StPO. Nach dieser Vorschrift kann der Angeklagte für die Dauer einer Vernehmung (auch eines Mitangeklagten) von der Hauptverhandlung **ausgeschlossen** werden, wenn zu befürchten steht, dass dadurch die Wahrheitsfindung beeinträchtigt wird oder bei Zeugen unter 16 Jahren Gefahr für deren Wohl (z.B. Kind als Opfer der Straftat) zu besorgen ist. Hierzu ist ein **Gerichtsbeschluss** erforderlich, die Entscheidung des Vorsitzenden allein ist nicht ausreichend.[4]

> *Hinweis*
> Wird im **Klausurfall** der Angeklagte zeitweise von der Hauptverhandlung ausgeschlossen, ist genau zu prüfen, ob seine Wiederzulassung rechtzeitig erfolgt ist, da ansonsten ein Verstoß gegen § 230 Abs. 1 StPO, der nicht mehr durch die Ausnahmevorschrift des § 247 StPO gedeckt war, vorliegt (absoluter Revisionsgrund; § 19 Rn 36 ff.). Auch dürfen andere als die in dem Beschluss nach § 247 StPO genannten Beweisaufnahmen oder Maßnahmen (z.B. Inaugenscheinnahme des Tatmessers) nicht durchgeführt werden.

3 BGH NStZ 2004, 97 f.
4 *Meyer-Goßner*, § 247 Rn 14.

Beispiel

Nachdem der Zeuge, während dessen Vernehmung der Angeklagte ausgeschlossen war, seine Aussage beendet hat, wird über dessen Vereidigung verhandelt. Danach wird der Angeklagte wieder zugelassen. Da die Verhandlung einen eigenständigen Teil darstellt, ist das Anwesenheitsrecht des Angeklagten verletzt.[5]

Auf die weiteren Einzelheiten soll im Rahmen der Revision eingegangen werden, da sie zu den absoluten Revisionsgründen zählen.

Unter den Voraussetzungen des § 68 b StPO kann dem Zeugen für die Dauer seiner **14** Vernehmung ein **Zeugenbeistand** beigeordnet werden. Die Regelung gilt über § 161 a Abs. 1 S. 2 StPO auch für staatsanwaltschaftliche Vernehmungen im Ermittlungsverfahren. Gerade in Verfahren wegen sexueller Übergriffe auf Kinder gibt § 247 a StPO die Möglichkeit, unter den darin genannten Voraussetzungen, den Zeugen unter Zuhilfenahme technischer Mittel (**audiovisuelle Zeugenvernehmung**) an einem anderen Ort als dem Sitzungssaal zu vernehmen, während die übrigen Verfahrensbeteiligten einschließlich des Gerichts sich im Sitzungssaal aufhalten.

V. Urkundsbeweis

Das Beweismittel der Urkunde spielt im **Examen** eine zentrale Rolle, da darunter **15** auch richterliche sowie nichtrichterliche Vernehmungsprotokolle fallen, wobei diese Unterscheidung wichtig ist, da hierfür teilweise unterschiedliche Vorschriften gelten. Zunächst gilt der Grundsatz des § 250 S. 2 StPO (**Beweisverbot**). Eine Vernehmung darf nicht durch Verlesung einer Urkunde, egal ob Protokoll oder Erklärung des Zeugen, ersetzt werden. Die §§ 251, 253, 254, 256 sowie 420 StPO bilden Ausnahmen von diesem Grundsatz, wobei § 252 StPO wiederum eine Ausnahme von § 251 StPO darstellt (vgl. Rn 21).

Hierbei ist der Unterschied zwischen einer **Verlesung** und einem **Vorhalt** zu beachten. **16** Wird eine Urkunde verlesen, so wird ihr Inhalt in die Hauptverhandlung eingeführt. Wird dagegen ein Vorhalt gemacht, so dient dies lediglich der Gedächtnisstütze für den Zeugen oder Sachverständigen. Erst dann, wenn der Zeuge oder Sachverständige sagt, dies sei so zutreffend, ist der Inhalt auch in die Hauptverhandlung eingeführt.

Hinweis

In **Revisionsklausuren** wird häufig der Fehler gemacht, dass nicht § 250 StPO, sondern eine der Ausnahmevorschriften als verletzte Norm zitiert wird. Vielmehr liegt immer eine Verletzung dieser Vorschrift vor, wenn nicht eine Ausnahme einschlägig ist.

In § 251 Abs. 1 bis 3 StPO a.F. werden **Ausnahmen** von dem Verlesungsverbot **17** zugelassen. Hierunter zu fassen sind auch die Fälle, in denen dem Zeugen keine Aussagegenehmigung gem. § 54 StPO gegeben wurde, da dann ein nicht zu beseitigendes Hindernis dem Erscheinen bzw. der Aussage entgegensteht.[6] Auch ist mit einem Erscheinen in der Hauptverhandlung dann nicht zu rechnen, wenn es sich um einen Zeugen im Ausland handelt,[7] da es auf das Erscheinen am Ort des Gerichts ankommt.

---

5 BGH NStZ 1999, 522.

6 BGHSt 33, 170.

7 *Meyer-Goßner*, § 251 Rn 7 m.w.N.

> *Hinweis 1*
> Wird ein Beweisantrag, der auf die Vernehmung eines Zeugen, der sich im Ausland aufhält,
> zielt, gestellt, so ist dieser nicht unerreichbar i.S.d. § 244 Abs. 3 S. 2 StPO, da versucht
> werden kann, ihn zu einem Erscheinen am Ort des Gerichts zu bewegen. Jedoch ist er
> bereits vor Ablehnung des Beweisantrags unerreichbar i.S.d. § 251 Abs. 1 Nr. 2 StPO a.F.

> *Hinweis 2*
> In der **Praxis** spielen § 251 Abs. 1 Nr. 4 und Abs. 2 S. 1 StPO eine Rolle, wenn z.B.
> in der Berufungsinstanz die Aussage erster Instanz verlesen werden soll. Hierbei wird
> es von den Interessen der jeweiligen Verfahrensbeteiligten bestimmt werden, ob einer
> Verlesung zugestimmt wird. Dies wird regelmäßig nur dann der Fall sein, wenn es um
> für den jeweiligen Prozessbeteiligten günstige Angaben geht. Es sollte jedoch, auch unter
> Kostengesichtspunkten, immer auch abgewogen werden, ob im Rahmen einer persönlichen
> Vernehmung ernstlich eine andere Aussage zu erwarten steht.

Zu beachten ist, dass die Grundsätze des Absatz 1 nur für richterliche, die in Absatz 2 genannten auch für andere, beispielsweise polizeiliche Vernehmungen galten (Rechtslage vor In-Kraft-Treten des JuMoG).

18   Das JuMoG hat die Absätze 1 und 2 des § 251 StPO geändert. Nach der Neuregelung bezieht sich Absatz 2 nunmehr auf die richterlichen Vernehmungen, während Absatz 1 allgemein Urkunden und Erklärungen erfasst (also auch richterliche Protokolle). Ansonsten handelt es sich im Wesentlichen um redaktionelle Änderungen. Einzige wesentliche Neuerung ist die Möglichkeit der Verlesbarkeit von Urkunden über einen entstandenen Vermögensschaden.

19   Erinnert sich der Zeuge oder Sachverständige nicht mehr an den Vorgang, so kann gem. § 253 Abs. 1 StPO zur Förderung der Erinnerung der betreffende Teil der früheren Vernehmung ebenfalls **verlesen** werden. Dies gilt auch, wenn in der Hauptverhandlung Widersprüche auftreten, um diese zu klären (§ 253 Abs. 2 StPO). Die Vorschrift ist auf eine Vernehmung desjenigen Zeugen, der eine frühere Vernehmung durchgeführt hat, nicht anzuwenden.

20   Eine weitere Ausnahme bildet § 254 Abs. 1 StPO, der bestimmt, dass Erklärungen des Angeklagten, die dieser zuvor gegenüber einem **Richter zu Protokoll erklärt** hat, verlesen werden dürfen. Dies gilt auch dann, wenn der Widerruf eines Geständnisses oder die Tatsache, dass überhaupt kein Geständnis abgelegt wurde, eingeführt werden sollen.[8] Entscheidend für die Frage, ob die Verlesung zulässig ist, ist die zum Zeitpunkt der Entscheidung bestehende Verfahrensposition als Angeklagter. Somit kann ein richterliches Protokoll auch dann verlesen werden, wenn er zum damaligen Zeitpunkt als Zeuge vernommen wurde.

> *Hinweis*
> In der Regel liegt kein richterliches Protokoll über die Vernehmung des Angeklagten, also
> des früheren Beschuldigten, vor. Seine Aussage muss und kann dann durch Vernehmung
> des Vernehmungsbeamten in die Hauptverhandlung eingeführt werden.

21   Eine besonders **examensrelevante Vorschrift** stellt § 252 StPO dar. Die Norm bestimmt ein **Verlesungsverbot**, obwohl eigentlich eine Ausnahme von dem Grundsatz des § 250 StPO vorliegen würde. Von ihrem Wortlaut wird lediglich ein Verlesungsverbot für eine frühere Aussage des zeugnisverweigerungsberechtigten Zeugen normiert. Nach ständiger Rechtsprechung enthält die Vorschrift jedoch ein **über**

---

8 *Meyer-Goßner*, § 254 Rn 2.

den Wortlaut hinausgehendes Beweisverwertungsverbot.[9] Dies ergibt sich daraus, dass bereits § 250 S. 2 StPO ein Verlesungsverbot enthält, so dass § 252 StPO nicht lediglich den Inhalt dieser Vorschrift wiederholen kann. So ist nicht nur die Verlesung unzulässig, sondern auch jede andere Form der Verwertung. Die grundsätzlich bestehende Möglichkeit, den früheren Vernehmungsbeamten in der Hauptverhandlung zu hören und auf diesem Wege die frühere Aussage einzuführen, ist demnach versperrt. Die Rechtsprechung macht nur für den Fall einer **richterlichen Vernehmung** eine Ausnahme hiervon. So kann der Richter, der den zeugnisverweigerungsberechtigten Zeugen vernommen hat, als Zeuge in der Hauptverhandlung gehört werden.[10] Begründet wird dies damit, dass der Gesetzgeber der richterlichen Vernehmung ein höheres Vertrauen entgegenbringt, wie sich aus den §§ 251 Abs. 1 und 2, 254 StPO ergibt. Dies gilt aber nur dann, wenn der Zeuge damals einerseits als solcher vernommen wurde und er andererseits ordnungsgemäß über sein Zeugnisverweigerungsrecht belehrt war, wobei es zum damaligen Zeitpunkt schon bestanden haben muss. Die Vernehmung kann auch im Rahmen eines Zivilprozesses stattgefunden haben.[11]

Hinweis
Hier wird wiederum die Vorschrift des § 253 StPO relevant. Erinnert sich der Richter nicht an die Vernehmung, so kann ihm sein Protokoll **vorgehalten** werden. Erinnert er sich auch dann nicht, sondern bekundet lediglich, dass er ordnungsgemäß protokolliert habe, so ist die Aussage des Zeugen nicht in die Hauptverhandlung eingeführt. Eine **Verlesung** scheidet aus, da § 253 StPO nur für den Zeugen selbst, nicht jedoch für den Vernehmungsbeamten, gilt.[12]

Macht der zeugnisverweigerungsberechtigte Zeuge, nachdem er sich zunächst auf sein **Zeugnisverweigerungsrecht** berufen hat, dennoch Angaben in der Hauptverhandlung, können auch seine früheren Angaben verwertet werden, da er hierdurch auf ein ihm zustehendes Recht verzichtet hat. Dies gilt auch, wenn er in der früheren Vernehmung nicht gem. § 52 StPO belehrt worden war. Es ist nicht von Bedeutung, ob der Zeuge dieser weitgehenden Verwertung seiner Aussage zustimmt, da er über die Verwertbarkeit als solche nicht entscheiden darf.[13]   22

Hinsichtlich aller vorgenannten Punkte gilt, dass das richterliche Protokoll nur dann   23
verlesen werden darf, wenn es ordnungsgemäß zustande gekommen ist. Der **Ermittlungsrichter**

Hinweis
Um dessen Vernehmungen wird es sich regelmäßig in **Klausuren** handeln.

muss die **Anwesenheitsrechte** beachtet haben. So bestimmt § 168 c Abs. 1 StPO, dass sowohl der Staatsanwaltschaft als auch dem Verteidiger bei der Vernehmung des Beschuldigten ein Anwesenheitsrecht zusteht. Nach Absatz 2 der Vorschrift gilt dies

---

9 *Meyer-Goßner*, § 252 Rn 12.
10 BGHSt 21, 218; BGHSt 27, 231.
11 A.A. *Ranft*, StV 2000, 520, 525.
12 BGH StV 2001, 386.
13 BGH NStZ 2003, 612; zur Frage, ob die polizeiliche Aussage eines zwischenzeitlich verstorbenen Zeugen, der nach seiner Zeugnisverweigerung gegenüber dem Ermittlungsrichter vor seinem Tod angekündigt hat, in der Hauptverhandlung aussagen zu wollen, verwertet werden kann, vgl. OLG Köln StraFo 2004, 382 mit abl. Anm. *Foth*.

auch für Vernehmungen von Zeugen und Sachverständigen, wobei hier der Beschuldigte von der Verhandlung **ausgeschlossen** werden kann, wenn dadurch der Untersuchungszweck gefährdet würde (§ 168 c Abs. 3 StPO). Dies ist beispielsweise der Fall, wenn bereits Anhaltspunkte für Verdunkelungshandlungen vorliegen. Auch dann, wenn ein Zeuge vernommen werden soll, dem Vertraulichkeit zugesichert wurde, darf eine Benachrichtigung nur dann unterbleiben, wenn die genannten Voraussetzungen vorliegen.[14]

24   In allen Fällen müssen die Anwesenheitsberechtigten gem. § 168 c Abs. 5 S. 1 StPO von dem Termin benachrichtigt werden, wobei Satz 2 auch hiervon eine Ausnahme zulässt, wenn der Untersuchungserfolg ansonsten gefährdet wäre. Eine zu Unrecht unterbliebene Benachrichtigung des Verteidigers oder des Beschuldigten führt zu einer **Unverwertbarkeit** des richterlichen Protokolls. Die Aussage kann auch nicht durch Vernehmung des Ermittlungsrichters ersetzt werden,[15] da dies eine Umgehung darstellen würde.

> *Hinweis*
> In der **Klausur** ist jedoch zu beachten, dass das Protokoll wie ein **nichtrichterliches Protokoll** behandelt werden und damit verlesen werden kann, soweit die Vorschriften über eine Verlesbarkeit von Urkunden dies erlauben.[16] Soll eine Vernehmung im Wege des Urkundsbeweises oder durch Vernehmung des Ermittlungsrichters in die Hauptverhandlung eingeführt werden, so ist immer zu prüfen, ob die Benachrichtigungs- und Anwesenheitsvorschriften beachtet wurden.

25   Im Falle einer **polizeilichen Vernehmung** haben weder der Beschuldigte noch sein Verteidiger ein Recht auf Anwesenheit oder Benachrichtigung (§ 163 a Abs. 4 StPO verweist nicht auf § 168 c StPO). Dies gilt auch für staatsanwaltschaftliche Zeugenvernehmungen, nicht jedoch Beschuldigtenvernehmungen (§ 163 a Abs. 3 S. 2 StPO). Für eine Unverwertbarkeit der Verlesung ist auch in diesem Fall ein rechtzeitiger (spätestens zum Zeitpunkt des § 257 StPO) **Widerspruch** in der Hauptverhandlung erforderlich.[17]

26   Eine weitere **Ausnahme** von dem Unmittelbarkeitsgrundsatz des § 250 S. 2 StPO bildet § 256 Abs. 1 StPO. Danach ist die Verlesung der in dieser Vorschrift genannten ärztlichen und behördlichen **Gutachten** ebenfalls zulässig. Ausdrücklich erwähnt und in der **Praxis** am häufigsten ist der Fall, dass ein Gutachten über die Auswertung einer Blutprobe auf deren Blutalkoholgehalt verlesen wird. Im Übrigen gilt dies jedoch nur dann, wenn es um den Nachweis einer Körperverletzung, die nicht zu den schweren gehört, geht. Soll der Nachweis eines anderen Delikts geführt werden, mit dem eine Körperverletzung lediglich einhergeht (z.B. ein versuchtes Tötungsdelikt), so ist die Verlesung unzulässig.[18] Die Verlesungsmöglichkeiten des § 256 StPO sind durch das JuMoG wesentlich erweitert worden. Insbesondere die Möglichkeit, in Urkunden enthaltene Erklärungen der Strafverfolgungsbehörden über Ermittlungshandlungen zu verlesen, soll die Polizeibeamten, die bislang häufig zu einfachen Lebenssachverhalten (z.B. Abstandsmessung zwischen Unfallfahrzeugen; Feststellungen während einer Durchsuchung) vernommen werden und deshalb in der

---

14 BGH StraFo 2003, 423.
15 BGH NStZ 1986, 207.
16 BGH NStZ 1998, 312 m. Anm. *Wönne.*
17 BGH NStZ-RR 2002, 110.
18 *Meyer-Goßner,* § 256 Rn 16 m.w.N.

Hauptverhandlung erscheinen mussten, entlastet werden. Im Übrigen kann auf den Wortlaut der Vorschrift verwiesen werden. Bei der Grenze des § 244 Abs. 2 StPO verbleibt es jedoch (vgl. Rn 28).

Prüfschema: Verstöße gegen das Unmittelbarkeitsprinzip des § 250 StPO

- **Grundsatz: § 250 StPO**; keine Ersetzung von Zeugenvernehmungen durch Verlesung von Urkunden.
- **Ausnahmen:**
  a) **§ 251 StPO**
  b) **§ 253 StPO**
  c) **§ 254 StPO**
  d) **§ 256 StPO**
  sowie die Besonderheiten des beschleunigten Verfahrens/Strafbefehlsverfahrens (§§ 420, 411 Abs. 2 S. 2 StPO).
- Liegt eine der vorgenannten Ausnahmen vor, ist zu prüfen, ob die Verlesung nach **§ 252 StPO** ausgeschlossen ist. **Aber**: Möglichkeit der Vernehmung des Ermittlungsrichters.
- Im Einzelfall kann die Verlesung zwar vom Gesetzeswortlaut zulässig sein, aber **§ 244 Abs. 2 StPO** (Aufklärungspflicht) gebietet möglicherweise dennoch die Vernehmung des Zeugen (vgl. Rn 29).

Der **Unmittelbarkeitsgrundsatz** gilt nur insoweit, als er es verbietet, die Angaben   27
eines Zeugen auf andere Art und Weise als durch einen Zeugenbeweis einzuführen.
§ 250 StPO gebietet es nicht, das jeweils unmittelbarste Beweismittel zu benutzen. So kann es zulässig sein, einen anderen Zeugen zu befragen, der nur **Zeuge vom Hörensagen** ist.[19] Diese Möglichkeit findet aber ihre Grenze in der Aufklärungspflicht des Gerichts.[20] Handelt es sich um eine Hauptverhandlung im beschleunigten Verfahren oder nach Einspruch gegen einen Strafbefehl, kann gem. § 420 StPO, der gem. § 411 Abs. 2 S. 2 StPO auch für das Strafbefehlsverfahren gilt, in erheblichem Umfang von dem Unmittelbarkeitsgrundsatz abgewichen werden.

C. Umfang der Beweisaufnahme

I. Aufklärungspflicht des Gerichts

Gem. § 244 Abs. 2 StPO hat das Gericht alle Beweise zu erheben, die für seine   28
Entscheidung erforderlich und von Bedeutung sind. Dies muss von Amts wegen geschehen. Diese **Aufklärungspflicht** reicht jedoch nur so weit, wie die bekannten Tatsachen, zum Gebrauch weiterer Beweismittel **drängen** oder diesen **nahe legen**.[21] Die Vorschrift des § 244 Abs. 2 StPO ist demnach nur dann verletzt, wenn eine weitere Beweisaufnahme unterblieben ist, obwohl sich aufgedrängt hat, dass zu diesem Punkt weiterer Aufklärungsbedarf besteht. Nach der Rechtsprechung ist der Umfang der Beweisaufnahme am Grundsatz der Verhältnismäßigkeit zu messen.[22] Dies bedeutet,

---

19 *Detter*, NStZ 2003, 1, 2.
20 BGH NStZ 2004, 50.
21 *Meyer-Goßner*, § 244 Rn 12.
22 BGH StraFo 2001, 88 f.

dass die Schwere des Tatvorwurfs und des zu erwartenden Beweiswerts gegen die Nachteile einer möglichen Verfahrensverzögerung abzuwägen ist.

> *Hinweis*
> Legt ein **Verfahrensbeteiligter** besonderen Wert auf eine Feststellung, die im Rahmen der Beweisaufnahme getroffen werden soll und erhebt das Gericht nicht von Amts wegen diesen gewünschten Beweis, so ist darauf zu achten, dass insoweit ein Beweisantrag (vgl. Rn 31 ff.) gestellt wird. Wird ein solcher nicht gestellt, so kann in der Revisionsinstanz lediglich die Verletzung der Aufklärungspflicht aus § 244 Abs. 2 StPO gerügt werden (**Aufklärungsrüge**), die jedoch keine Erhebung auch noch des letztmöglichen Beweises gebietet. Im Falle der Ablehnung eines Beweisantrags kann hingegen dies als zu Unrecht geschehen gerügt werden.

29   Die **Aufklärungspflicht** kann es auch gebieten, einen Zeugen zu vernehmen, obwohl eigentlich die Voraussetzungen der Verlesung einer früheren Vernehmung vorliegen, um sich einen unmittelbaren Eindruck von der Glaubwürdigkeit des Zeugen zu verschaffen. Dies kann beispielsweise der Fall sein, wenn es sich um den **einzigen Belastungszeugen** zu einer Tatsache handelt, die der Angeklagte bestreitet. Das Gericht muss deshalb immer prüfen, ob es sich um ein sachnäheres Beweismittel bemühen muss oder es sich mit dem sachferneren Beweismittel begnügen darf.[23] Dies ist auch dann zu beachten, wenn die Voraussetzungen des § 420 StPO vorliegen.

30   Soll ein **V-Mann** als Zeuge vor Gericht aussagen, dem jedoch entweder keine Aussagegenehmigung (§ 54 StPO) erteilt wurde oder dessen ladungsfähige Anschrift gem. § 96 StPO von der zuständigen Behörde nicht bekannt gegeben wird, so muss das Gericht im Hinblick auf seine Aufklärungspflicht zunächst darauf hinwirken, dass die Gründe für die **Sperrerklärung** bekannt gegeben werden und, wenn möglich, dennoch eine Aussage ermöglicht wird,[24] soweit die Aussage zur Sachaufklärung erforderlich ist. Ansonsten kann die Aussage des V-Mannes über eine Vernehmung des **V-Mann-Führers** in die Hauptverhandlung eingeführt werden, der als Zeuge vom Hörensagen vernommen wird. Allerdings sind in diesen Fällen besondere Anforderungen an die Beweiswürdigung des Gerichts zu stellen.[25] Wird die Sperrerklärung nicht zurückgenommen, kann der betroffene Prozessbeteiligte (nicht jedoch Gericht oder Staatsanwaltschaft) die Entscheidung gem. § 23 EGGVG (soweit der Justizminister oberste Behörde ist) oder vor dem Verwaltungsgericht anfechten (in den übrigen Fällen).[26]

II. Beweisantragsrecht

1. Begriff des Beweisantrags

31   Allen Verfahrensbeteiligten steht das Recht zu, **Beweisanträge** an das Gericht zu stellen. Unter einem Beweisantrag ist das Verlangen eine Prozessbeteiligten an das Gericht zu verstehen, über eine konkret zu bezeichnende Tatsache zur **Schuld- oder Rechtsfolgenfrage** durch ein prozessual zulässiges Beweismittel Beweis zu erheben.[27] Das Gericht muss auf einen Beweisantrag reagieren. Entweder wird es den

23   BGH StraFo 2003, 311 f.
24   BGHSt 32, 115.
25   BVerfG StV 1986, 193.
26   BGHSt 44, 107; BVerwG NJW 1987, 202.
27   BGHSt 6, 128.

gewünschten Beweis **erheben** oder der Antrag muss gem. § 244 Abs. 6 StPO durch **Gerichtsbeschluss abgelehnt** werden. Die Entscheidung zur Erhebung des Beweises trifft der Vorsitzende allein. Dagegen können die übrigen Verfahrensbeteiligten eine Entscheidung gem. § 238 Abs. 2 StPO beantragen. Eine Ablehnung des Beweisantrags ist nur aus den in § 244 Abs. 3 bis 5 StPO genannten Gründen durch Gerichtsbeschluss zulässig.

2. Form und Inhalt des Beweisantrags

Der Beweisantrag muss in der Hauptverhandlung mündlich gestellt werden. Gem. **32** § 257 a S. 1 StPO kann das Gericht jedoch anordnen, dass der Antrag schriftlich gestellt wird.

> *Hinweis*
> Dies wird in der **Praxis** regelmäßig auch ohne Anordnung der Fall sein, wobei der Antrag dennoch verlesen werden muss.

Eine Antragstellung ist zu jedem Zeitpunkt zulässig, selbst noch kurz vor Verkündung des Urteils. Hat die Verkündung des Urteils bereits begonnen, muss das Gericht den Beweisantrag nicht mehr entgegennehmen.[28] Hierüber entscheidet der Vorsitzende nach seinem Ermessen. Nimmt das Gericht ihn jedoch entgegen, so muss es über ihn auch entscheiden.[29] Das LG Hamburg[30] hat entschieden, dass es jedoch, jedenfalls in lang andauernden Prozessen, zulässig sei, eine Frist zu setzen, bis zu deren Ablauf Anträge gestellt werden können.

Ein Beweisantrag liegt zunächst nur dann vor, wenn eine **Tatsache** bestimmt behaup- **33** tet wird, ohne dass es hierfür auf die sprachliche Wahl (Konjunktiv oder Indikativ) ankäme. Die Beweistatsache muss so **konkret**, wie es dem Antragsteller möglich ist, bezeichnet werden. Ausreichend ist es jedoch, dass der Antragsteller eine bestimmte Tatsache nicht nur für wahrscheinlich hält oder diese vermutet. Nur dann, wenn die Tatsache **„ins Blaue hinein"** behauptet wird, fehlt es dem Antrag an der Qualität eines Beweisantrags.[31] Das Gericht muss jedoch genau darlegen, warum es davon ausgeht und darf nicht lediglich feststellen, dass es davon überzeugt ist, dass die Behauptung „ins Blaue hinein" aufgestellt wurde.[32]

> *Hinweis*
> In diesen Fällen ist es dem Gericht erlaubt, den Antragsteller darüber zu befragen, woher er diese Gewissheit oder Vermutung nimmt. Kann dies durch den Antragsteller nicht beantwortet werden, so muss der Antrag nicht beschieden werden, sondern kann als Beweisermittlungsantrag gewertet werden.

Werden **Negativtatsachen** behauptet (d.h. es wird behauptet, ein bestimmtes Ereignis **34** oder eine bestimmte Situation habe nicht stattgefunden), so ist ein solcher Antrag i.d.R. nicht als Beweisantrag zu werten. Vielmehr wird lediglich ein Beweisziel (d.h. das Ergebnis, das der Antragsteller von der Beweiserhebung erhofft) angegeben, das sich erst aufgrund weiterer zu ziehender Rückschlüsse ergeben soll.[33]

---

28 BGH NStZ 1986, 182.
29 BGH NStZ 1985, 398.
30 LG Hamburg StraFo 2004, 170 mit abl. Anm. *Durth/Meyer-Lohkamp.*
31 BGH NStZ 1999, 178.
32 BGH NStZ 2004, 51.
33 *Senge*, NStZ 2002, 225, 230 m.w.N.

> *Beispiel*
> Wird behauptet, die Nachbarn könnten bekunden, dass der wegen Fahrens ohne Fahrer-
> laubnis angeklagte Y am 31.1.2004 nicht mit seinem Pkw gefahren sei, so wird dies nicht
> möglich sein, da diese den Angeklagten wohl nicht ununterbrochen beobachtet haben. Hier
> müsste beispielsweise behauptet werden, dass sich der Angeklagte an diesem Tag dauernd
> bei dem Nachbarn N aufgehalten hat, da dann feststeht, dass er nicht mit seinem Wagen
> gefahren sein kann.

35   Nur dann kann bei Behauptung einer Negativtatsache ein Beweisantrag angenommen
werden, wenn es sich um einfach gelagerte Abläufe handelt, die sich darüber hinaus
in einer sehr kurzen Zeitspanne zugetragen haben.[34]

> *Beispiel*
> Der Antragsteller behauptet, der Angeklagte habe während des ihm vorgeworfenen
> Raubüberfalls keine Waffe in der Hand gehalten, sondern habe lediglich verbal mit
> Schlägen gedroht.

36   Weitere Voraussetzung für die Bejahung der Eigenschaft als Beweisantrag ist die
Angabe eines bestimmt bezeichneten **Beweismittels**. Hierfür ist es nicht erforderlich,
dass bei der Benennung von Zeugen diese konkret mit ladungsfähiger Anschrift
benannt werden. Erforderlich ist aber, dass der von dem Antragsteller gewünschte
Zeuge **identifizierbar und ermittelbar** ist. Er muss so genau bezeichnet werden,
dass er durch die genannten Merkmale von anderen Personen abgrenzbar ist. So ist es
beispielsweise nicht ausreichend, „einen Arbeitskollegen" als Zeugen zu benennen,
da dann der Zeuge aus dem Kreis der Arbeitskollegen des Angeklagten erst noch
ermittelt werden müsste.[35]

37   Wird ein Urkundsbeweis beantragt, reicht es nicht aus, beispielsweise eine bestimmte
Akte beizuziehen, sondern es muss das **konkrete Schriftstück**, das verlesen werden
soll, benannt werden.

> *Beispiel*
> Es ist wie folgt zu formulieren:
> „… wird die Verlesung des Urteils in dem Verfahren … beantragt."

Die Rechtsprechung fordert als weitere Voraussetzung eine **Konnexität** zwischen
Beweisbehauptung und Beweismittel. Diese fehlt dann, wenn aus dem Antrag heraus
nicht erkennbar ist, warum der Zeuge gerade zu diesem Beweisthema etwas bekunden
können soll.[36]

> *Beispiel*
> Wird die Vernehmung des Zeugen A, der bislang nie in den Akten genannt wurde, zum
> Beweis der Tatsache, dass sich der Angeklagte am Tattag bei ihm in einer von dem Tatort
> entfernten Stadt aufgehalten haben soll, beantragt, so ist dies nur dann als Beweisantrag
> anzusehen, wenn ersichtlich wird, warum dieser Zeuge hierzu etwas bekunden können
> soll. Der Beweisantrag könnte also dahin gehend ergänzt werden, dass A ein Freund des
> Angeklagten ist und beide am Tattag den Geburtstag des A gemeinsam gefeiert haben.

---

34 BGHSt 39, 251, 253; Thüringer OLG StraFo 2004, 422.
35 BGH StV 1994, 169 m. Anm. *Strate*.
36 BGH NStZ 1998, 97 m. abl. Anm. *Rose*.

3. Abgrenzung zum Beweisermittlungsantrag

Das Gegenstück dazu stellt der **Beweisermittlungsantrag** dar. In diesem Fall will 38
oder kann der Antragsteller keinen Beweisantrag stellen. Dies kann beispielsweise
aufgrund des Umstands sein, dass ihm genügende tatsächliche Anknüpfungspunkte
dafür fehlen, um eine bestimmte Tatsache behaupten zu können oder die Konnexität
zwischen Beweisbehauptung und Beweistatsache herstellen zu können. Ein solcher
Beweisermittlungsantrag muss nicht beschieden werden. Er ist nur in den **Grenzen
des § 244 Abs. 2 StPO** durch das Gericht zu beachten. So kann ein Beweisermittlungsantrag auch dann vorliegen, wenn er die äußere Form eines Beweisantrags hat.
Für die Beantwortung dieser Frage ist auf die Sicht eines verständigen Antragstellers
abzustellen.[37] Ein Antrag auf Beweiserhebung über sämtliche **prozessuale Fragestel-
lungen**

> *Beispiel*
> Verhandlungsunfähigkeit des Angeklagten, soweit nicht auch Fragen der Schuldfähigkeit
> betroffen sind.

ist immer als Beweisermittlungsantrag zu werten, da nichts über die Schuld- oder
Rechtsfolgenseite ausgesagt wird. Der entsprechende Beweis kann, soweit erforderlich, im Freibeweisverfahren erhoben werden. Ein weiterer **examensrelevanter Fall**
des Beweisermittlungsantrags stellt der Antrag auf Wiederholung der Beweisaufnahme dar.

> *Beispiel*
> Erneute Vernehmung eines Zeugen zu derselben Tatsache, zu der er bereits gehört wurde.

Ein Beweisermittlungsantrag liegt vor, wenn der Antrag lediglich der Vorbereitung
eines Beweisantrags dient, er die Beweistatsache nicht kennt oder das Beweismittel
nicht bestimmt bezeichnet werden kann.[38]

> *Beispiel*
> In diesen Fällen ist lediglich die **Aufklärungspflicht** des § 244 Abs. 2 StPO für das Gericht
> bindend. Ergeben sich also aus dem Beweisermittlungsantrag Anhaltspunkte dafür, dass
> ein bislang nicht als möglich erscheinender Sachverhalt in Betracht zu ziehen ist, so ist
> das Gericht, auch ohne dass die Qualität eines Beweisantrags vorliegt, zur Erhebung des
> erforderlichen Beweises verpflichtet.

> *Beispiel eines Beweisantrags*
> Es ist wie folgt zu formulieren:
> „An das   3.8.2004
>
> Landgericht
>
> – 3. große Strafkammer als
>
> Schwurgerichtskammer –
>
> Koblenz
>
> In dem Strafverfahren
>
> gegen Hans Bär wegen Mordes

---

37 BGH StV 2003, 428 f.
38 *Meyer-Goßner*, § 244 Rn 25.

wird zum Beweis der Tatsache, dass sich der Angeklagte am Tattag nicht in der Wohnung des späteren Opfers Albert Meier in Koblenz, sondern während des gesamten Tags bei seiner Schwester Helga Müller in Karlsruhe aufgehalten hat, die Verlesung des polizeilichen Protokolls der Vernehmung der Zeugin beantragt.

Die Zeugin wird bekunden, dass sich der Angeklagte bereits in den frühen Morgenstunden des Tattags bei ihr in der Wohnung eingefunden hat und mit ihr den gesamten Tag verbracht hat. Erst am darauf folgenden Tag hat der Angeklagte seine Schwester verlassen und ist nach Koblenz zurückgekehrt.

Unterschrift des Antragstellers"

4. Hilfsbeweisantrag und bedingter Beweisantrag

39 In der StPO sind dem Wortlaut nach Hilfsbeweisanträge nicht vorgesehen und daher auch nicht geregelt. Diese können jedoch für den Fall des **Nichteintreffens eines bestimmten Ereignisses** gestellt werden. In der **Praxis** werden Hilfsbeweisanträge i.d.R. im Rahmen des Schlussvortrags gestellt. So kann beispielsweise die Vernehmung eines bestimmten Zeugen für den Fall beantragt werden, dass das Gericht nicht zu einem freisprechenden Urteil gelangt. Derartige Hilfsbeweisanträge müssen nicht in der Hauptverhandlung beschieden werden, sondern es ist ausreichend, wenn, im Falle der Ablehnung, in der **Urteilsbegründung** die Ablehnung begründet wird.

40 Zu beachten ist, dass ein **Hilfsbeweisantrag** nicht gegen eine bestimmte Rechtsfolge im Falle eines Schuldspruchs gerichtet werden kann,[39] da das Gericht ansonsten abweichend von der zwingenden üblichen Reihenfolge zunächst eine Rechtsfolge festlegen müsste, um anschließend wiederum überprüfen zu müssen, ob über die Schuldfrage Beweis zu erheben ist. Die Rechtsprechung hat ein derartiges Verhalten als widersprüchlich bewertet.[40] **Beweisanträge im Schlussvortrag** können, auch wenn sie nicht so bezeichnet wurden, im Zweifel als Hilfsbeweisanträge gewertet und behandelt werden.[41]

> *Hinweis*
> Es erscheint aus Sicht des **Verteidigers** wenig sinnvoll, Hilfsbeweisanträge zu stellen. Der Antragsteller kann sein weiteres Prozessverhalten nicht auf die Entscheidung des Gerichts einstellen, da er von dieser erst durch die Urteilsbegründung erfährt. Hat das Gericht den Beweisantrag missverstanden, so kann der Antragsteller nicht mehr korrigierend eingreifen.

Ein, **wenig examensrelevanter, bedingter Beweisantrag** ist dann gegeben, wenn der Beweisantrag für den Fall des Eintretens eines bestimmten Ereignisses, z.B. des Eintretens einer bestimmten Prozesssituation, gestellt wird.

5. Ablehnung von Beweisanträgen

a) Zulässige Gründe

41 Nachdem durch das Gericht festgestellt wurde, dass tatsächlich ein Beweisantrag vorliegt, muss über diesen entschieden werden. Eine **Ablehnung** von Beweisanträgen ist gem. § 244 Abs. 6 StPO nur durch **Gerichtsbeschluss** zulässig. Die Ablehnung

---

39 BGH NStZ-RR 1998, 50.
40 BGH NStZ 1994, 144.
41 *Meyer-Goßner*, § 244 Rn 22 a.

muss begründet werden und ist nur aus den in § 244 Abs. 2 bis 5 StPO **abschließend** aufgeführten Gründen möglich. Dies sind:

- Unzulässigkeit der Beweiserhebung,
- Offenkundigkeit,
- Bedeutungslosigkeit,
- Tatsache schon erwiesen,
- Wahrunterstellung,
- Ungeeignetheit,
- Unerreichbarkeit,
- Prozessverschleppungsabsicht,
- eigene Sachkunde des Gerichts,

bei Augenschein und Auslandszeugen zusätzlich:

- zur Wahrheitsfindung nicht erforderlich (§ 244 Abs. 5 StPO),
- sowie die erleichterten Ablehnungsgründe zur Vernehmung eines weiteren Sachverständigen, wenn bereits ein Sachverständiger gehört wurde (§ 244 Abs. 4 S. 2 StPO).

Diese zulässigen Gründe erfahren bezüglicher präsenter Beweismittel gem. § 245 StPO eine Ausnahme, da in diesen Fällen die Ablehnung nur eingeschränkt möglich ist (vgl. Rn 57).

b) Unzulässigkeit der Beweiserhebung

Gem. § 244 Abs. 3 S. 1 StPO muss (kein Ermessen!) ein Beweisantrag abgelehnt **42** werden, wenn die Beweiserhebung **unzulässig** wäre. Dies kann der Fall sein, wenn ein in der StPO nicht vorgesehenes Beweismittel benannt wird oder ein Beweisthema genannt wird, das nicht Gegenstand der Beweisaufnahme sein kann oder darf, d.h. immer dann, wenn ein Beweisthema- oder Beweismittelverbot besteht.

> *Beispiele*
> - Wahrnehmungen der erkennenden Richter oder anderer Verfahrensbeteiligter in der laufenden Hauptverhandlung.[42]
> - Vernehmung eines Zeugen, der sich bereits auf sein Zeugnisverweigerungsrecht nach § 52 StPO berufen hat.
> - Vernehmung des Polizeibeamten, der einen Angehörigen des Angeklagten vernommen hat, wenn der Zeuge nunmehr von seinem Recht aus § 52 StPO Gebrauch macht (§ 252 StPO!).

c) Offenkundigkeit

Unter den Ablehnungsgrund der **Offenkundigkeit** (§ 244 Abs. 3 S. 2 StPO) fallen **43** alle Tatsachen, die entweder **allgemein- oder gerichtskundig** sind. Hierbei ist es unerheblich, ob die behauptete Tatsache selbst oder ihr Gegenteil offenkundig ist. Dabei sind Tatsachen und Erfahrungssätze als allgemeinkundig anzusehen, wenn erfahrene und verständige Menschen regelmäßig ohne weiteres Kenntnis von ihnen haben oder sich darüber aus allgemein zugänglichen zuverlässigen Quellen unschwer unterrichten können[43] (z.B. Zeitungen, Landkarten, Nachschlagewerke).

---

42 BGH NStZ 1995, 219.
43 *Meyer-Goßner*, § 244 Rn 50 m.w.N.

44 Als gerichtsbekannt kann all das angesehen werden, was der Richter anlässlich seiner amtlichen Tätigkeit zuverlässig in Erfahrung gebracht hat. Es scheiden somit solche Tatsachen aus, die dem Richter beispielsweise anlässlich eines privaten Anlasses bekannt geworden sind.

> *Beispiel*
> Der Richter begibt sich auf dem Weg vom Gericht nach Hause zum Tatort und macht hierbei Feststellungen.

Unerheblich ist es jedoch, ob die Kenntnis aus demselben oder einem anderen Verfahren stammt. Bei Kollegialgerichten ist es ausreichend, dass ein Richter diese Kenntnis erlangt hat und er diese an die übrigen Mitglieder vermittelt. Merkmale des gesetzlichen Tatbestands sowie unmittelbar beweiserhebliche Tatsachen dürfen nicht als offenkundig angesehen werden.[44]

d) Bedeutungslosigkeit

45 Ein Beweisantrag kann wegen **Bedeutungslosigkeit** gem. § 244 Abs. 3 S. 2 StPO abgelehnt werden. Dies ist dann der Fall, wenn die behauptete Tatsache, ihre Wahrheit unterstellt, **nicht geeignet** ist, Einfluss auf die Entscheidung des Gerichts zu haben. Dies kann aufgrund tatsächlicher oder rechtlicher Umstände der Fall sein, wobei in dem ablehnenden Gerichtsbeschluss angegeben werden muss, ob aus rechtlichen oder tatsächlichen Gründen abgelehnt wird. Die tatsächlichen Umstände müssen in dem Beschluss angegeben werden.[45]

46 Oft werden Hilfstatsachen (**Indizien**) unter Beweis gestellt, um mit diesen auf das Vorliegen anderer Umstände schließen zu können. In diesem Fall muss sich die Bedeutungslosigkeit aus der behaupteten Tatsache selbst ergeben. Das Gericht darf nicht die bislang durchgeführte Beweisaufnahme vorab werten und anhand dieses Ergebnisses erst die Bedeutungslosigkeit bejahen (**Verbot der Beweisantizipation**). Dies bedeutet auch, dass die Bedeutungslosigkeit nicht mit der Begründung angenommen werden darf, das Gegenteil der behaupteten Tatsache sei bereits erwiesen.[46] Vielmehr ist die Beweistatsache, wenn eine Ablehnung des Beweisantrags wegen Bedeutungslosigkeit der Tatsache erfolgt, im Urteil so zu behandeln, als sei sie erwiesen,[47] darf sich also nicht in Widerspruch setzen. Eine Ausnahme wird für den Fall gemacht, dass das Gericht angibt, dass es selbst im Falle der Bestätigung der Beweisbehauptung den von dem Antragsteller hieraus **gezogenen Schluss** nicht ebenfalls ziehen will,[48] da das Gericht gem. § 261 StPO eine freie Beweiswürdigung vorzunehmen hat. Dies ist in den Fällen denkbar, in denen der von dem Antragsteller gewünschte Schluss nicht zwingend zu ziehen ist.

---

44 *Meyer-Goßner*, § 244 Rn 52.
45 BGH NStZ-RR 2002, 68.
46 BGH StV 2001, 95.
47 BGH NStZ 2003, 380.
48 BGH NStZ 2003, 380.

e) Erwiesene Tatsache

Die Ablehnung eines Beweisantrags ist gem. § 244 Abs. 3 S. 2 StPO auch dann 47
zulässig, wenn die behauptete Tatsache bereits **erwiesen** ist. Im Hinblick auf das
oben bereits erwähnte Verbot der vorweggenommenen Beweiswürdigung ist es jedoch
nicht zulässig, die Ablehnung darauf zu stützen, das Gegenteil der Tatsache sei bereits
erwiesen.

> *Hinweis*
> Im Falle der Ablehnung eines Beweisantrags mit der Begründung, die Tatsache sei bereits
> erwiesen, ist darauf zu achten, dass sich das schriftliche Urteil hierzu nicht in Widerspruch
> setzt, indem es nicht von dieser, sondern von einer anderen Tatsache ausgeht.[49] In diesem
> Fall läge ein Verstoß gegen § 244 Abs. 3 S. 2 StPO vor.

f) Wahrunterstellung

Gem. § 244 Abs. 3 S. 2 StPO ist es ebenfalls zulässig, eine Beweiserhebung ab- 48
zulehnen und die behauptete Tatsache **als wahr zu unterstellen**. Dies ist jedoch
nur zulässig, wenn die Tatsache beweiserheblich ist,[50] die Wahrunterstellung den
Angeklagten entlastet und eine weitere Aufklärung nicht zu erwarten ist, da die
Aufklärungspflicht des Gerichts vorrangig ist.[51] Da die Beweistatsache erheblich sein
muss, schließen sich die Ablehnungsgründe der Bedeutungslosigkeit und der Wahrunterstellung gegenseitig aus. Es ist allerdings nicht erforderlich, dass die Tatsache
auch im Urteil selbst als erheblich dargestellt wird.

> *Hinweis*
> Von ihrer Richtigkeit muss jedoch auch im Urteil ausgegangen werden!

Wird eine Tatsache als wahr unterstellt, darf aus ihr daneben kein den Angeklagten
belastender Schluss gezogen werden.[52] Das Gericht ist jedoch nicht daran gehindert,
aus der als wahr unterstellten Tatsache **andere Schlüsse** zu ziehen als der Antragsteller. In dem ablehnenden Beschluss sollte jedoch darauf hingewiesen werden, dass der
von dem Antragsteller gezogene Schluss nicht zwingend ist.

g) Ungeeignetheit

Das Gericht soll weiterhin gem. § 244 Abs. 3 S. 2 StPO dann von einer Beweiserhe- 49
bung absehen können, wenn das von dem Antragsteller angestrebte Beweisziel durch
das angegebene Beweismittel nicht zu erreichen ist.

> *Beispiele*
> ■ Ein Zeuge soll zu Umständen bekunden, die nur ein Sachverständiger beurteilen kann.
> ■ Ein Zeuge ist aufgrund seines Geisteszustands nicht in der Lage, eine Aussage zu
>   machen.
> ■ Dem Sachverständigen fehlen für ein Gutachten jegliche Anknüpfungstatsachen.[53]

---

49 BGH NStZ 1989, 83.
50 BGH NStZ 2004, 51.
51 *Meyer-Goßner*, § 244 Rn 70.
52 Wohl h.M., *Meyer-Goßner*, § 244 Rn 70.
53 BGH NStZ 2003, 611, 612.

Bei diesem Fall der Ablehnung eines Beweisantrags ist es ausnahmsweise erlaubt, dass das Gericht im **Freibeweisverfahren** zunächst klärt, ob der benannte Zeuge oder Sachverständige als Beweismittel in Betracht kommt. So kann beispielsweise das Gericht vorab Erkundigungen bei dem Sachverständigen darüber einholen, ob das zur Verfügung stehende Tatsachenmaterial als Anknüpfungstatsachen für die Erstattung eines Gutachtens ausreichend ist. Dies ist eine teilweise Aufhebung des Verbots der Beweisantizipation. Nicht jedoch darf das Gericht die Ungeeignetheit deswegen annehmen, weil der Zeuge die behauptete Tatsache wahrscheinlich nicht bestätigen wird. Erscheint es aufgrund des Zeitablaufs zwischen der angeblichen Wahrnehmung des Zeugen und der Hauptverhandlung unmöglich, dass dieser hierzu noch Bekundungen machen kann, liegen ebenfalls die Voraussetzungen der Ungeeignetheit vor. Die bloße Unwahrscheinlichkeit reicht hierfür nicht aus.[54]

h)   Unerreichbarkeit

50   Auch die Unerreichbarkeit eines Beweismittels rechtfertigt gem. § 244 Abs. 3 S. 2 StPO die Ablehnung eines Beweisantrags. Wie bereits im Rahmen der Darstellung des § 251 Abs. 1 Nr. 2 StPO erörtert, ist diese Unerreichbarkeit nicht identisch mit der Unerreichbarkeit im Sinne dieser Vorschrift. Das Gericht muss, will es einen Beweisantrag wegen Unerreichbarkeit des Beweismittels ablehnen, zunächst alle Anstrengungen unternehmen, um den Beweis erheben zu können. So ist es beispielsweise erforderlich, zunächst Ermittlungen über den **Aufenthaltsort des Zeugen** anzustellen oder es muss versucht werden, eine **Sperrerklärung** gem. § 96 StPO aufheben zu lassen. Erst dann, wenn alle erforderlichen Bemühungen des Gerichts gescheitert sind, ist eine Unerreichbarkeit im Sinne von § 244 Abs. 3 S. 2 StPO gegeben.[55] Ein ausländischer Zeuge ist auf ein mögliches freies Geleit hinzuweisen, um ihn zum Erscheinen bewegen zu können (weitere Einzelheiten zum Auslandszeugen vgl. Rn 56). Ein für längere Zeit aufgrund von Krankheit vernehmungs- und verhandlungsunfähiger Zeuge ist ebenfalls als unerreichbar anzusehen.[56]

i)   Prozessverschleppungsabsicht

51   Prozessverschleppungsabsicht und damit ein weiterer Ablehnungsgrund für Beweisanträge (§ 244 Abs. 3 S. 2 StPO) liegt dann vor, wenn es dem Antragsteller lediglich auf die **Verfahrensverzögerung** selbst ankommt, wobei eine nicht unerhebliche Verzögerung zu erwarten sein muss. Um diese Voraussetzung bejahen zu können, muss das Gericht das bisherige Beweisergebnis einer **vorläufigen Wertung** unterziehen (weitere Ausnahme von dem Verbot der vorweggenommenen Beweiswürdigung). Es muss weiterhin feststehen, dass die erstrebte Beweiserhebung keine für den Angeklagten günstigen Umstände erbringen wird, dass sich der Antragsteller dessen bewusst ist und er den Antrag nur zum Zweck der Verfahrensverzögerung gestellt hat.[57]

---

54 BGH NStZ 2004, 508.
55 BGH bei *Holtz*, MDR 1980, 987; a.A. *Meyer-Goßner*, § 244 Rn 66, der von Unzulässigkeit der Beweiserhebung ausgeht.
56 BGH NStZ 2003, 562.
57 OLG Köln StV 2002, 238.

Die Verschleppungsabsicht muss in der **Person des Antragstellers** selbst vorliegen. **52**
Stellt beispielsweise der Verteidiger den Beweisantrag, so kommt es auf dessen
Absicht an. Es muss für das Gericht zweifelsfrei festgestellt werden können, dass der
Antragsteller in Verschleppungsabsicht handelt. Bleiben Zweifel hieran bestehen, so
ist eine Ablehnung unzulässig. Mit der Bejahung einer Prozessverschleppungsabsicht
ist deshalb äußerste Vorsicht geboten.

> *Hinweis*
> In der **Praxis** kommt diese Art der Ablehnung von Beweisanträgen deshalb sehr selten vor.

Wie bereits oben erwähnt, darf das Gericht einen Beweisantrag selbst im Termin zur
Urteilsverkündung nicht zurückweisen. Hieraus folgt, dass eine Ablehnung wegen zu
später Antragsstellung ausscheidet.

> *Ausnahme*
> Nach Beginn der Urteilsverkündung, wenn der Antrag nicht entgegengenommen wird.

j) Eigene Sachkunde des Gerichts

Gem. § 244 Abs. 4 S. 1 StPO kann ein Beweisantrag auf Vernehmung eines Sach- **53**
verständigen auch abgelehnt werden, wenn das Gericht selbst über die erforderliche
Sachkunde zur Beurteilung des Sachverhalts verfügt. Hierbei ist es unerheblich, ob
der jeweilige Richter sein Wissen dienstlich oder privat erlangt hat. Im Falle von
Kollegialgerichten ist es wiederum ausreichend, dass einer der Richter über das entsprechende Wissen verfügt und dieses den übrigen Richtern vermittelt.

> *Beispiel*
> Wird zum Beweis der **Unglaubwürdigkeit** eines Zeugen die Einholung eines Sach-
> verständigengutachtens beantragt, kann das Gericht diesen Antrag – gestützt auf seine
> eigene Sachkunde – ablehnen.[58] Es ist ureigene Aufgabe des Gerichts, die Glaubwürdigkeit
> von Zeugen zu beurteilen und die erhobenen Beweise zu würdigen. Dies ist der häufigste
> Fall der Ablehnung wegen eigener Sachkunde in der **Praxis**. Ausnahmen gelten nur dann,
> wenn außergewöhnliche Umstände vorliegen. Solche liegen beispielsweise vor, wenn es
> sich um psychisch kranke oder außergewöhnlich junge Zeugen handelt.

k) Antrag auf Vernehmung eines weiteren Sachverständigen

Wurde bereits ein Sachverständiger zu einem bestimmten Beweisthema gehört, so **54**
kann das Gericht gem. § 244 Abs. 4 S. 2 StPO einen Antrag auf Vernehmung eines weiteren Sachverständigen mit der Begründung ablehnen, das **Gegenteil** der
behaupteten Tatsache sei bereits erwiesen. Das Gegenteil muss dann jedoch aufgrund
der Vernehmung eines Sachverständigen, nicht jedoch eines anderen Beweismittels
feststehen.[59] Es ist allerdings nicht unbedingt erforderlich, dass es sich um einen
Sachverständigen derselben Fachrichtung handelt. Dies gilt jedoch dann nicht, wenn
die **Fachkunde** des bisherigen Gutachters zweifelhaft ist, er von **unzutreffenden
Tatsachengrundlagen** ausgegangen ist, sein Gutachten **Widersprüche** enthält oder
der neu benannte Sachverständige über bessere **Forschungsmittel** verfügt.

---

58 BGH NStZ 2000, 214.
59 OLG Koblenz StV 2001, 561.

55   Entscheidend für die Beurteilung der Frage, ob das Gutachten Widersprüche enthält, ist der mündliche Vortrag in der Hauptverhandlung, nicht jedoch das regelmäßig bereits vor Beginn der Hauptverhandlung vorliegende schriftliche Gutachten. Nur wenn das in der Hauptverhandlung erstattete Gutachten eklatant von den schriftlichen Ausführungen abweicht, kann ein Widerspruch angenommen werden.[60] Über bessere Forschungsmittel verfügt der neue Sachverständige nicht schon allein aufgrund längerer Berufserfahrung oder besseren Ansehens, sondern nur wenn tatsächlich die von ihm benutzten Mittel zur Beurteilung der Sachverständigenfrage besser sind als die des bisherigen Sachverständigen. Die Grenze der Ablehnbarkeit besteht wie immer in der Aufklärungspflicht des Gerichts aus § 244 Abs. 2 StPO. So kann es durchaus erforderlich sein, auch mehrere Sachverständige zu hören, wenn die Beweisfrage sich als sehr schwierig herausstellt.[61]

l) Augenschein und Auslandszeugen

56   Gem. § 244 Abs. 5 StPO kann der Antrag auf Einnahme eines Augenscheins dann abgelehnt werden, wenn es das Gericht als zur **Wahrheitsfindung** nicht erforderlich ansieht. Es kommt also darauf an, ob die Beweistatsache oder ihr Gegenteil bereits aufgrund der bislang durchgeführten Beweisaufnahme feststeht. Dieselben Grundsätze gelten nach dieser Vorschrift auch, wenn ein Zeuge im Ausland zu laden wäre. Beide Ablehnungsgründe stellen wiederum Ausnahmen von dem Verbot der Beweisantizipation dar.

> *Hinweis*
> Auch hier ist in der **Klausur** unbedingt darauf zu achten, dass die **Aufklärungspflicht** möglicherweise dennoch die Vernehmung des Zeugen gebietet. Dies ist beispielsweise dann der Fall, wenn es sich um einen Zeugen handelt, dessen Aussage nach dem Vortrag des Antragstellers von entscheidender Bedeutung ist. Eine entsprechende Klärung, ob der Zeuge überhaupt Angaben zu der Beweistatsache machen kann, darf im **Freibeweisverfahren** durchgeführt werden.[62]

m) Präsente Beweismittel

57   Das Gericht hat gem. § 245 Abs. 1 StPO alle von ihm selbst geladenen Zeugen und Sachverständigen zu vernehmen, ohne dass es hierfür eines Antrags bedürfte. Gem. § 220 Abs. 1 StPO ist der **Angeklagte** jedoch befugt, **selbst Ladungen** vorzunehmen. Erscheinen die entsprechenden Zeugen oder Sachverständigen in der Hauptverhandlung, so handelt es sich um präsente Beweismittel.

> *Hinweis*
> Erscheinen nach förmlicher Ladung ist Voraussetzung für diese Eigenschaft, da sonst nur **gestelltes Beweismittel**; § 220 i.V.m. § 38 StPO.

Das Gericht muss die entsprechenden Beweiserhebungen jedoch auch dann nur aufgrund eines Beweisantrags durchführen.

58   Anträge auf Beweiserhebung durch präsente Beweismittel lassen sich nur durch die in § 245 Abs. 2 S. 2 und 3 StPO benannten Gründe ablehnen. Danach muss der

---

60 EuGHMR StraFo 2002, 81.
61 *Meyer-Goßner*, § 244 Rn 77.
62 BGH NStZ 2002, 653 m. Anm. *Julius*.

entsprechende Antrag abgelehnt werden, wenn die Beweiserhebung unzulässig ist und sie kann abgelehnt werden,

- wenn die Beweistatsache schon erwiesen oder offenkundig ist,
- wenn kein Zusammenhang zwischen der behaupteten Tatsache und dem Tatvorwurf besteht,
- das Beweismittel völlig ungeeignet ist oder
- der Antrag in Prozessverschleppungsabsicht gestellt wird.

Wiederholt der Angeklagte/Verteidiger einen zuvor bereits abgelehnten Beweisantrag, wobei nunmehr das Beweismittel präsent ist, handelt es sich nicht um die (unzulässige) Wiederholung eines Beweisantrags, sondern das Gericht muss nunmehr neu über den Antrag entscheiden, wobei als Ablehnungsgründe nur die in § 245 Abs. 2 StPO genannten in Betracht kommen.

Hinweis
Der **Verteidiger** muss darauf achten, dass er dem Gericht zusammen mit seinem Beweisantrag Nachweise darüber vorlegt, dass der Zeuge/Sachverständige förmlich geladen wurde. Hierfür ist ein Ladungsnachweis des Gerichtsvollziehers erforderlich. Anderenfalls muss der Zeuge/Sachverständige nur als gestelltes Beweismittel behandelt werden.

6. Entscheidung des Gerichts

Die Entscheidung über einen Beweisantrag muss nicht sofort nach dessen Stellung   59
getroffen werden, sondern sie kann zunächst **zurückgestellt** werden. Sie muss jedoch spätestens **vor Ende der Beweisaufnahme** noch getroffen werden, damit der Angeklagte seine Verteidigung hierauf einrichten kann und eventuell weitere Anträge stellen kann.

Hinweis
Auch der **Staatsanwalt** sollte in der Hauptverhandlung darauf achten, dass alle Beweisanträge „erledigt" sind, d.h. entweder der entsprechende Beweis erhoben ist oder eine Ablehnung erfolgt ist. Oft werden Beweisanträge durch **Verteidiger** in umfangreiche Schriftsätze eingebaut, so dass schnell ein Antrag übersehen werden kann und der Bestand des Urteils in Gefahr gerät. Hilfreich ist in diesem Zusammenhang jedoch auch eine Nachfrage des Gerichts an die Verfahrensbeteiligten, ob Einigkeit darüber besteht, dass alle Anträge erledigt sind. Wird dies durch die Beteiligten bejaht, so wird von einer konkludenten Rücknahme der noch nicht erledigten Anträge auszugehen sein. Allein in einem **Schließen der Beweisaufnahme** im allseitigen Einvernehmen kann ein Verzicht auf das Beweismittel jedoch nicht gesehen werden.[63]

Wie bereits erwähnt, wird die Erhebung des beantragten Beweises durch den Vor-   60
sitzenden allein angeordnet. Im Falle der Ablehnung ist gem. § 244 Abs. 6 StPO ein Gerichtsbeschluss erforderlich. In diesem Beschluss muss eine, jedenfalls kurze, Begründung dafür angegeben werden, warum die Ablehnung erfolgt. So ist es im Fall der Ablehnung wegen Unerreichbarkeit des Beweismittels beispielsweise anzugeben, welche Möglichkeiten das Gericht erfolglos ausgeschöpft hat, um eine Einführung des Beweismittels in die Hauptverhandlung zu erreichen.

63 BGH NStZ 2003, 562.

Beispiel eines ablehnenden Gerichtsbeschlusses
Es ist wie folgt zu formulieren:
„Anlage I zum Hauptverhandlungsprotokoll vom 23.8.2004

In dem Strafverfahren

gegen Hans Bär wegen Diebstahls

wird der Antrag des Verteidigers des Angeklagten vom 3.8.2004 auf Verlesung des Protokolls über die polizeiliche Vernehmung der Zeugin Helga Müller abgelehnt, da die Beweiserhebung unzulässig ist (§ 244 Abs. 3 S. 2 StPO).

Die Zeugin Helga Müller ist eine Schwester des Angeklagten. In ihrer Vernehmung in
der Hauptverhandlung vom 1.8.2004 hat sie von dem ihr in ihrer Angehörigeneigenschaft
zustehenden Zeugnisverweigerungsrecht Gebrauch gemacht. Die Verlesung des Protokolls
über ihre polizeiliche Vernehmung ist daher gem. § 252 StPO unzulässig."

61   Die **Ablehnungsgründe** können nicht gegeneinander ausgetauscht werden. Dies bedeutet, dass das Revisionsgericht bei einer späteren Überprüfung nicht prüft, ob der
Beweisantrag aus anderen Gründen rechtsfehlerfrei hätte abgelehnt werden können,
sondern nur, ob er aus dem von dem Gericht angeführten Grund ordnungsgemäß abgelehnt werden konnte. Eine **Ausnahme** hiervon wird nur für den Fall gemacht, dass ein
Hilfsbeweisantrag in den Urteilsgründen mit unzutreffender Begründung abgelehnt
wird. In diesem Fall kann das Revisionsgericht prüfen, ob er auch mit anderer, zutref-
fender Begründung hätte abgelehnt werden können. Dies lässt sich damit erklären,
dass hier der Antragsteller durch die Form des Hilfsbeweisantrags gerade darauf
verzichtet, für den Fall der Ablehnung des Antrags weitere Verteidigungsmöglichkeiten in Anspruch zu nehmen. Das Gericht kann jedoch eine Beweistatsache, die
es bislang als wahr unterstellt hat, im Urteil als bedeutungslos zu behandeln, wenn
es die Verfahrensbeteiligten zuvor darauf hingewiesen hat, damit diese sich in ihrem
Prozessverhalten auf die geänderte Ansicht des Gerichts einstellen können. In diesem
Fall muss die Beweistatsache nicht als feststehend in den Urteilsgründen behandelt
werden.

§ 13 Absprache im Strafprozess

A. Grundsätze

Die StPO kennt das Institut der Absprache oder der Verständigung im Strafverfahren 1
grundsätzlich nicht.[1] Sie geht vielmehr davon aus, dass zunächst die Staatsanwaltschaft den Verdacht im Rahmen des Ermittlungsverfahrens überprüft und sodann
das Gericht unabhängig und unbefangen zunächst alle erforderlichen Beweise in der
Hauptverhandlung erhebt und sich erst dann eine Meinung bildet. Nur in wenigen
Ausnahmefällen geht auch die StPO von der Möglichkeit und Notwendigkeit einer
Verständigung aus. So müssen beispielsweise bei einer Einstellung des Verfahrens
gem. § 153 a Abs. 2 StPO alle Verfahrensbeteiligten einer bestimmten Verfahrensweise zustimmen, so dass vorab über die Beendigung gesprochen wird. In umfangreichen oder komplexen Verfahren, insbesondere Wirtschafts- und Betäubungsmit-
telverfahren, kommt es jedoch in einer Vielzahl von Fällen zu einer Verständigung
zwischen den Verfahrensbeteiligten. Dies lässt sich u.a. mit der immer stärker zu-
nehmenden Belastung der Justiz erklären. Die gebrauchte **Terminologie** ist hierbei
unterschiedlich, wobei im Wesentlichen die Ausdrücke **Verständigung, Absprache
und Deal** gebraucht werden.[2] **Gegenstand** derartiger Absprachen ist es regelmäßig,
dass der Beschuldigte bzw. Angeklagte ein Geständnis ablegt, um im Gegenzug eine
mildere, ihm vorher zugesicherte **Höchststrafe** oder eine bestimmte Verfahrensweise
zu erlangen.

B. Verständigung im Ermittlungsverfahren

Bereits im Ermittlungsverfahren kann es sinnvoll sein, dass es zu Gesprächen zwi- 2
schen **Staatsanwaltschaft** und **Verteidigung** kommt. Dies kann im Interesse der
Staatsanwaltschaft sein, wenn es sich um umfangreiche Ermittlungen handelt oder
es sich um eine Vielzahl von Tatkomplexen handelt. In diesen Fällen wird der
Staatsanwalt, soweit dies rechtlich vertretbar ist, versuchen, den Ermittlungsaufwand
möglichst gering zu halten. Aber auch der **Beschuldigte** bzw. dessen **Verteidiger**
profitieren von einer Abkürzung der Ermittlungen, da die Belastungen der Strafverfolgung früher wegfallen.

Im Ermittlungsverfahren wird es regelmäßig um Absprachen über eine Anwendung 3
der **Opportunitätsvorschriften** gehen, da nur insoweit im Hinblick auf das Legalitätsprinzip überhaupt eine Dispositionsbefugnis der Staatsanwaltschaft hinsichtlich einer Verfahrensbeendigung besteht. So kann es sinnvoll sein, einzelne prozessuale Taten gem. § 154 Abs. 1 StPO **auszuscheiden**. Denkbar ist jedoch auch
eine Verständigung darüber, bei Vorliegen der gesetzlichen Voraussetzungen, einen
Strafbefehl zu beantragen, statt Anklage zu erheben.

---

1 Es ist jedoch beabsichtigt, dieses Institut im Rahmen einer größeren Reform gesetzlich zu regeln.
2 *Meyer-Goßner*, StraFo 2003, 401 ff. spricht sich dafür aus, rechtmäßige Verständigungen als Absprache,
   rechtswidrige hingegen als Deal zu bezeichnen.

Hinweis

Der **Verteidiger** sollte darauf achten, dass der Inhalt der Verständigung schriftlich niedergelegt wird, da das abgelegte Geständnis jedenfalls auch im Falle des Scheiterns der Absprache verwertbar bleiben wird. Ein Verfahrenshindernis liegt auch für den Fall, dass sich die Staatsanwaltschaft später nicht an die Absprache hält, nicht vor.[3] Sinnvoll kann es daher sein, selbst einen entsprechenden **Schriftsatz** zu fertigen und diesen zur Akte zu reichen. Der **Verteidiger** muss sich jedenfalls darüber bewusst sein, dass er sich durch das Ablegen eines Geständnisses einer wesentlichen Verteidigungsmöglichkeit begibt, was durch entsprechende Vorteile für seinen Mandanten aufgewogen werden sollte. Weiterhin kann ein sinnvolles und zielführendes Gespräch erst dann geführt werden, wenn der konkrete Tatvorwurf bekannt ist, d.h., der Verteidiger Akteneinsicht hatte.

C. Verständigung in der Hauptverhandlung

4 Der BGH schließt in seiner Rechtsprechung zwar derartige Absprachen nicht aus, hat aber klare Vorgaben gemacht, in welchen Fällen diese zulässig sind und wie zu verfahren ist. Folgende **Voraussetzungen** müssen erfüllt sein:[4]

- Der Inhalt der Vorgespräche und der Absprache muss in **öffentlicher Hauptverhandlung** bekannt gegeben und die Absprache selbst muss auch protokolliert werden.
- Es darf **nicht** zu einer Absprache über den **Schuldspruch** selbst kommen.
- Das aufgrund der Verständigung abgegebene Geständnis des Angeklagten muss **glaubhaft** sein und darf den übrigen vorliegenden Beweismitteln nicht widersprechen.
- Das Gericht darf **keine bestimmte Rechtsfolge** zusagen, sondern nur eine Strafobergrenze, wobei diese aber schuldangemessen sein muss.
- Ein **Rechtsmittelverzicht** darf nicht Gegenstand der Absprache sein.
- Das Geständnis muss ohne **unzulässige Einflussnahme** im Sinne von § 136 a StPO abgegeben worden sein.[5]

5 **Gegenstand** derartiger Absprachen ist regelmäßig das Ablegen eines zumindest teilweisen Geständnisses bzw. der Verzicht oder die Rücknahme von Beweisanträgen, während als Gegenleistung eine mildere Strafe oder aber eine teilweise Beschränkung der Verfolgung nach Opportunitätsvorschriften zugesagt werden.

Hinweis

Hält das Gericht später, ohne dass sachliche Gründe hierfür vorlägen, die zugesagte Strafobergrenze nicht ein, liegt, da es sich um eine **verbindliche Zusage** handelt, ein Verstoß gegen den **Grundsatz des fairen Verfahrens** vor, der mit der Revision gerügt werden kann.

6 Die **Vorgehensweise** ist daher folgende. Zunächst finden (regelmäßig informelle) **Gespräche** zwischen den Verfahrensbeteiligten über die Möglichkeit einer Verständigung statt. Sodann hat das Gericht darüber zu beraten, welche **Höchststrafe** es für den Fall eines Geständnisses für angemessen hält. Diese Strafobergrenze wird den übrigen Verfahrensbeteiligten mitgeteilt. Der Angeklagte kann sich dann in Abstimmung mit seinem Verteidiger entscheiden, ob er ein entsprechendes **Geständnis** ablegt. Tut er

---

3 *Meyer-Goßner,* StraFo 2003, 401.
4 Grundlegend BGHSt 43,195 = StraFo 1997, 312 = NStZ 1998, 31.
5 BVerfG NStZ 1987, 419 m. Anm. *Gallandi.*

dies, muss in der Hauptverhandlung **protokolliert** werden, dass es zu Gesprächen gekommen ist, dass das Gericht nach Beratung eine Strafobergrenze für den Fall eines Geständnisses verbindlich zugesichert hat und dass sodann ein Geständnis abgelegt wurde. Diese Bekanntgabe in der Hauptverhandlung ist aufgrund des Öffentlichkeitsgrundsatzes erforderlich. Die Vereinbarung eines **Rechtsmittelverzichts** vor Urteilsverkündung ist **unzulässig**.[6]

Hinweis
Der **Verteidiger** muss ein hohes Interesse daran haben, dass eine ordnungsgemäße Protokollierung erfolgt. Tritt nämlich der Angeklagte durch die Abgabe eines Geständnisses in „Vorleistung" und wird in dem späteren Urteil von der vereinbarten Strafobergrenze abgewichen, sind die Aussichten für eine Anfechtung des Urteils gering. Die Beweiskraft des Protokolls (§ 274 StPO) ergibt, dass tatsächlich keine Absprache getroffen wurde. Es kann somit nicht die Absprachewidrigkeit des Urteils gerügt werden. Zwar ist insoweit, wie bei allen Verfahrensfragen, das Freibeweisverfahren zulässig, um das Treffen einer Absprache nachzuweisen. Der Verteidiger sollte sich hierauf jedoch nicht verlassen. Das abgegebene Geständnis wird zwar nicht verwertbar bleiben können,[7] jedoch muss die Hauptverhandlung mit allen Belastungen für den Angeklagten wiederholt werden, was durch Protokollierung des Inhalts der Absprache hätte vermieden werden können. Wird eine Protokollierung nicht vorgenommen, muss der **Verteidiger** die Entscheidung des Gerichts gem. § 238 Abs. 2 StPO herbeiführen.[8]

D. Praktische Probleme der Verständigung

I. Grundsätzlicher Hinweis

In der **Klausur** kann die Absprache im Rahmen der Verwertbarkeit von Geständnissen oder deren Glaubhaftigkeit und der Wirksamkeit eines eventuell abgegebenen Rechtsmittelverzichts zu prüfen sein. 7

II. Geständnis eines Mitangeklagten aufgrund einer Absprache

Wird ein Abgeklagter aufgrund des Geständnisses eines Mitangeklagten verurteilt, ist dies i.d.R. unproblematisch. Beruht das Geständnis jedoch auf einer Absprache, so kann zweifelhaft sein, ob es möglicherweise nur aufgrund der Zusage einer Strafobergrenze abgegeben wurde. Daher darf sich in einem solchen Urteil die **Beweiswürdigung** nicht darauf beschränken, dass lediglich das Geständnis des Mitangeklagten wiedergegeben wird. Es muss vielmehr ausgeführt werden, warum das Gericht von der Richtigkeit des Geständnisses überzeugt ist. Außerdem muss angegeben werden, wie die Absprache zustande gekommen ist. Das Urteil darf insoweit keine Lücken oder Unklarheiten enthalten. Der BGH geht davon aus, dass ansonsten anzunehmen ist, dass eine weitere Sachaufklärung nur deshalb nicht stattgefunden hat, um die Absprache nicht zu gefährden.[9] 8

---

6 BGH StraFo 1997, 312.
7 *Meyer-Goßner*, StraFo 2003, 401.
8 BGH StV 2003, 481; StV 2003, 268.
9 BGH NStZ 2003, 383 = BGH StraFo 2003, 241 f.; *Kölbel*, NStZ 2003, 232 ff.

III. Absprache ohne Beteiligung der Staatsanwaltschaft

9 Legt der Angeklagte im Hinblick auf eine Zusage des Gerichts ein Geständnis ab, ohne dass ein Verfahrensbeteiligter (dies kann regelmäßig nur die Staatsanwaltschaft sein) Kenntnis von den Vorgesprächen hatte oder dieser mit deren Ergebnis einverstanden gewesen ist, so kann sich der Angeklagte grundsätzlich dennoch darauf verlassen, dass die zugesagte Strafobergrenze eingehalten wird.[10] Eine Gegenansicht geht davon aus, dass die Zusage in diesem Fall unverbindlich bleiben muss und das Geständnis dennoch verwertet werden kann.[11] Dies wird damit begründet, dass die Zusage notwendigerweise unverbindlich sein muss, da das erforderliche Verfahren nicht eingehalten wurde. Es ist jedoch nicht erforderlich, dass alle Verfahrensbeteiligten, insbesondere die Staatsanwaltschaft, ihre Zustimmung zu dieser Verfahrensweise erklären, da das Finden des **richtigen Strafmaßes** ureigene Aufgabe des Gerichts ist. Eine derartige Absprache ohne Beteiligung aller Verfahrensbeteiligten kann jedoch eine Ablehnung der beteiligten Richter wegen der **Besorgnis der Befangenheit** begründen.

IV. Vorab vereinbarter Rechtsmittelverzicht

10 Die vorweggenommene Vereinbarung eines Rechtsmittelverzichts ist unzulässig.[12] Dies ergibt sich bereits daraus, dass eine **feste Strafe** nicht vereinbart werden darf und somit ein noch nicht feststehendes Ergebnis auch nicht vorab akzeptiert werden kann. Ist die Absprache nicht ordnungsgemäß zustande gekommen (z.B. Zusage einer festen Strafe), ergibt sich die Unzulässigkeit des vorab erklärten Rechtsmittelverzichts daraus, dass die Verzichtserklärung Bestandteil der vorangegangenen unzulässigen Absprache ist.[13] Dennoch wird in der **Praxis** immer noch häufig ein Rechtsmittelverzicht zum Gegenstand der Absprache gemacht. Bislang hat die Rechtsprechung dem Angeklagten einen Anspruch auf Wiedereinsetzung in den vorigen Stand gegen die Frist zur Einlegung der Revision gewährt (§ 44 S. 1 StPO).

Der Große Senat für Strafsachen des BGH hat nunmehr wie folgt entschieden:
- ▪ Das Gericht darf sich im Rahmen einer Absprache nicht an Erörterungen eines Rechtsmittelverzichts beteiligen oder auf einen solchen hinwirken. Geschieht dies dennoch, ist der Verzicht unwirksam.
- ▪ Basiert das Urteil auf einer Absprache, so muss nach dessen Verkündung eine qualifizierte Rechtsmittelbelehrung erteilt werden. Der Angeklagte ist darauf hinzuweisen, dass er ungeachtet der Absprache frei ist, Rechtsmittel einzulegen. Dies gilt auch dann, wenn der Rechtsmittelverzicht nicht Gegenstand der Absprache war.
- ▪ Wurde eine entsprechende Belehrung nicht erteilt, so ist ein erklärter Rechtsmittelverzicht unwirksam, mit der Folge, dass ein dennoch eingelegtes Rechtsmittel nicht unzulässig ist.

---

10 *Meyer-Goßner*, StraFo 2003, 401, 402.
11 BGH StV 2003, 481 (obiter dictum) m. abl. Anm. *Schlothauer*, NStZ 2003, 562, 563.
12 *Meyer-Goßner*, StraFo 2003, 401.
13 BGHSt 45, 227, 230 = NStZ 2000, 96, 97 m. Anm. *Rieß*.

Der Große Senat für Strafsachen hat den Gesetzgeber jedoch ausdrücklich zu einer gesetzlichen Regelung der Absprachepraxis aufgefordert.[14]

V. Nach Zusage neu bekannt gewordene Umstände

Das Gericht kann eine Strafobergrenze nur unter den ihm **bekannten Umständen** **11** (z.B. Vorstrafen des Angeklagten) zusagen. Werden später Tatsachen bekannt, so kann das Gericht nicht an seine Zusage gebunden sein, sondern es muss die zugesicherte Grenze überschreiten können. Das bereits abgelegte Geständnis bleibt dennoch **verwertbar**. Dies ergibt sich aus der Überlegung, dass derjenige Angeklagte, der ihm bekannte, ihm ungünstige, Umstände verschwiegen hat, um in den Genuss einer Strafmilderung zu kommen, nicht schutzwürdig ist. Dies gilt auch für den Fall, dass der Angeklagte entgegen der von ihm abgegebenen Zusage kein glaubhaftes Geständnis abgibt. In diesen Fällen muss das Gericht jedoch zunächst einen **Hinweis** dahin gehend geben, dass es sich an die zugesagt Obergrenze nicht mehr halten wird, damit die Verteidigung darauf eingerichtet werden kann. Der Hinweis muss auch protokolliert werden.[15] Eine Verurteilung aufgrund des Geständnisses ist nur möglich, wenn dieses auf seine Glaubhaftigkeit überprüft worden ist. Allein auf das Geständnis kann die Verurteilung nicht gestützt werden.

VI. Unzulässige Zusagen

Die Absprache ist auch dann nicht zulässig zustande gekommen, wenn dem Angeklag- **12** ten unzulässige Zusagen gemacht wurden. Nicht zulässig ist es beispielsweise, eine Absprache über die Nichtanordnung einer Sicherungsverwahrung zu treffen, da diese bei Vorliegen der gesetzlichen Voraussetzungen zwingend anzuordnen ist. Ebenfalls unzulässig ist es, die Anwendung von Jugendstrafrecht auf einen Heranwachsenden zu vereinbaren.

---

14 BGH GSSt, Beschl. v. 3.3.2005, GSSt 1/04, noch n.v., abzurufen unter www.bundesgerichtshof.de; der Beschluss enthält auch lesenswerte Hinweise zu der Frage der Wiedereinsetzung in die Versäumung der Rechtsmittelfrist; die Entscheidung geht zurück auf einen Vorlagebeschluss des 3. Strafsenats, StV 2003, 544 = StraFo 2003, 426.
15 BGH NStZ 2003, 563, 564; BGH StraFo 2004, 273.

§ 14 Erstinstanzliches Strafurteil

A. Sachurteil und Einstellungsurteil

1 Kommt es in der Hauptverhandlung nicht zu einer **Verfahrenseinstellung**, z.B. gem. §§ 153 Abs. 2, 153 a Abs. 2, 154 Abs. 2 StPO, so steht an ihrem Ende der Erlass eines Urteils. Dieses muss nicht zwingend über die Schuldfrage befinden, sondern es kann auch ein Einstellungsurteil gem. § 260 Abs. 3 StPO sein. Stellt sich in der Hauptverhandlung ein **Verfahrenshindernis** heraus, wie beispielsweise Verfolgungsverjährung oder das Fehlen einer Prozessvoraussetzung, so muss das Verfahren durch Urteil eingestellt werden. Ein derartiges **Einstellungsurteil** ergeht, ohne dass das Gericht die Schuldfrage bezüglich der angeklagten Tat geprüft hätte. Zu beachten ist jedoch, dass ein Freispruch, soweit die Tat angeklagt ist, immer Vorrang vor einer Einstellung hat, selbst wenn ein Prozesshindernis vorliegt.

> *Hinweis*
> In der **Klausur** kann bereits im Ermittlungsverfahren die Frage relevant werden, ob das Prozesshindernis des **Strafklageverbrauchs** vorliegt und deshalb das Verfahren bereits durch die Staatsanwaltschaft gem. § 170 Abs. 2 StPO einzustellen ist, weil es aufgrund identischen Sachverhalts bereits zu einem Einstellungsurteil gem. § 260 Abs. 3 StPO gekommen ist. In diesem Fall ist zu **unterscheiden**:
> - Ist die Einstellung aufgrund eines nicht behebbaren Verfahrenshindernisses, z.B. Verfolgungsverjährung, vorgenommen worden, so tritt insoweit Strafklageverbrauch ein (im Übrigen läge sowieso ein Verfahrenshindernis vor).
> - Lag dagegen ein behebbares Verfolgungshindernis vor und ist dieses zwischenzeitlich **behoben**, so kann die Tat im Rahmen eines neuen Verfahrens verfolgt werden. Dies ist beispielsweise der Fall, wenn eine Tat abgeurteilt wurde, die nicht Gegenstand der Anklage war. In diesem Fall kann die Staatsanwaltschaft Anklage wegen dieses Sachverhalts erheben, ohne dass ein Prozesshindernis entgegenstünde.[1]

B. Aufbau des erstinstanzlichen Urteils

I. Übersicht

2 Das Urteil besteht aus **Rubrum, Tenor, der Liste der angewendeten Strafvorschriften** sowie der **Urteilsbegründung**. Diese wiederum enthält fünf Elemente. Zunächst soll folgende Aufbauübersicht gegeben werden.

Übersicht: Grobaufbau eines erstinstanzlichen Urteils

1. Rubrum
2. Tenor mit Rechtsfolge und Nebenentscheidungen
3. Liste der angewendeten Strafvorschriften

---

1 *Meyer-Goßner*, § 260 Rn 48.

4. Urteilsgründe
   a) persönliche Verhältnisse des Angeklagten
   b) Sachverhalt, von dem das Gericht ausgeht
   c) Beweiswürdigung
   d) rechtliche Würdigung
   e) Strafzumessung sowie sonstige Maßnahmen.

II. Rubrum

Zunächst muss das schriftliche Urteil selbstverständlich den Namen des Angeklagten   3
enthalten. Gem. § 275 Abs. 3 StPO sind weiterhin der Tag der Hauptverhandlung, die
Namen der Richter, Schöffen, des Beamten der Staatsanwaltschaft, des Verteidigers
sowie des Urkundsbeamten der Geschäftsstelle, die an der Sitzung teilgenommen
haben, aufzunehmen. Regelmäßig wird auch die Straftat, aufgrund welcher der
Angeklagte verurteilt wurde, bezeichnet, wobei der Umstand, dass es sich um mehrere
Straftaten handelt, durch den Zusatz „u.a." gekennzeichnet wird.

III. Tenor

1. Entscheidung in der Hauptsache

In den Tenor wird zunächst im Falle der **Verurteilung** aufgenommen, weswegen der   4
Angeklagte verurteilt wird. Hierbei ist anzugeben, welche Beteiligungsform vorliegt
(Täterschaft, Anstiftung oder Beihilfe), Qualifikationsmerkmale, die verwirklicht wurden (z.B. Diebstahl mit Waffen), ob es sich um einen Versuch handelt sowie die Angaben der Konkurrenzen und einer eventuell vorgenommenen Wahlfeststellung. Nicht
aus dem Tenor ersichtlich ist, ob die Tat im Zustand verminderter Schuldfähigkeit
(§ 21 StGB) begangen wurde, es sich um einen besonders schweren Fall handelt (z.B.
Regelbeispiele des § 243 Abs. 1 StGB) oder wie die Begehungsweise der Tat war
(z.B. gemeinschaftlich).

> *Beispiel*
> Es ist wie folgt zu formulieren:
> „Der Angeklagte wird wegen Anstiftung zum Diebstahl mit Waffen in Tatmehrheit mit
> gefährlicher Körperverletzung zu … verurteilt."

Hinsichtlich der Bezeichnung des Delikts empfiehlt es sich, soweit vorhanden, die
Überschrift der jeweiligen Vorschrift aus dem Gesetz zu übernehmen.

Im Falle eines **Freispruchs** wird lediglich „Der Angeklagte wird freigesprochen"   5
tenoriert. Aus welchen Gründen der Freispruch erfolgt ist, etwa aus tatsächlichen
oder rechtlichen Gründen, ergibt sich erst aus den Urteilsgründen. Bei einem **Teilfreispruch** wird nach der Feststellung der Verurteilung der Satz angehängt: „Im Übrigen
wird der Angeklagte freigesprochen." Hierbei wird lediglich nach tatmehrheitlich
begangenen Taten unterschieden, so dass es keine Rolle spielt, ob diese Taten zu einer
prozessualen Tat gehören. Vielmehr muss, wenn eine tatmehrheitlich angeklagte Tat
nicht nachgewiesen werden konnte, auch dann insoweit freigesprochen werden, wenn
es sich um eine prozessuale Tat handelt.

6   Nach der Feststellung des Grundes der Verurteilung wird die festgesetzte **Rechtsfolge** genannt. So sind bei Verhängung einer Geldstrafe die Zahl der Tagessätze sowie deren Höhe, nicht jedoch die Gesamtsumme der Strafe anzugeben. Wird eine Bewährungsstrafe verhängt, so wird an die Rechtsfolge „..., deren Vollstreckung zur Bewährung ausgesetzt wird" angehängt. Daneben werden Nebenstrafen, Verfall, Einziehung von Gegenständen und Maßregeln der Besserung und Sicherung in den Tenor aufgenommen. So wird etwa eine angeordnete Entziehung der Fahrerlaubnis mit Länge der Sperrfrist gem. §§ 69, 69 a StGB oder die Verhängung eines Fahrverbots gem. § 44 StGB ebenfalls im Tenor erwähnt.

> *Beispiel*
> Es ist wie folgt zu formulieren:
> „Dem Angeklagten wird die Fahrerlaubnis entzogen. Sein Führerschein wird eingezogen. Die Verwaltungsbehörde wird angewiesen, ihm vor Ablauf von neun Monaten keine neue Fahrerlaubnis zu erteilen."

> *Hinweis*
> Da ein/eine eventuell angeordnete/s Fahrverbot/Entziehung der Fahrerlaubnis mit Rechtskraft des Urteils wirksam wird, sollte der **Verteidiger**, auch wenn das Urteil akzeptiert werden soll, in der Hauptverhandlung keinen Rechtsmittelverzicht erklären, da sein Mandant sonst möglicherweise nicht mehr mit dem Pkw nach Hause fahren kann. Es kann sich auch anbieten, aus taktischen Gründen zunächst ein Rechtsmittel einzulegen, um die Rechtskraft hinauszuzögern, so dass das Fahrverbot erst im Urlaub des Angeklagten wirksam wird.

2.   Nebenentscheidungen

a)   Zu treffende Feststellungen

7   Nach diesem Ausspruch folgt die gem. § 464 Abs. 1 StPO zu treffende Feststellung über die Kostenfolge sowie möglicherweise bereits mit dem Urteil zu treffende Entscheidungen nach dem **StrEG** (vgl. Rn 11 f.).

b)   Kostenentscheidung

8   Die Frage, wer die Kosten des Verfahrens sowie die notwendigen Auslagen des Angeklagten zu tragen hat, bestimmt sich grundsätzlich nach den §§ 465 und 467 StPO. Im Falle der Verurteilung hat der Angeklagte die Kosten des Verfahrens sowie seine eigenen Auslagen selbst zu tragen (§ 465 Abs. 1 StPO). Wird er freigesprochen, so übernimmt die Staatskasse die Verfahrenskosten und erstattet dem Angeklagten seine notwendigen Auslagen (§ 467 Abs. 1 StPO). In diesen Fällen wird wie folgt **tenoriert**.

> *Beispiel*
> Es ist wie folgt zu formulieren:
> „Der Angeklagte hat die Kosten des Verfahrens zu tragen." Hinsichtlich seiner Auslagen muss insoweit kein Ausspruch getroffen werden, da diese ohne ausdrücklichen Erstattungsanspruch bei ihm verbleiben.
>
> „Die Kosten des Verfahrens sowie die notwendigen Auslagen des Angeklagten werden der Staatskasse auferlegt."

Wenn hinsichtlich tateinheitlich begangener Taten **besondere Kosten** für Einzel- 9
verstöße innerhalb des Tatkomplexes entstanden sind und es aber letztlich nicht zu
einer Verurteilung des Angeklagten wegen dieses Delikts kommt, so ist gem. § 465
Abs. 2 StPO auszusprechen, dass insoweit die Staatskasse die Kosten sowie die
notwendigen Auslagen zu tragen hat. Dies kann beispielsweise der Fall sein, wenn
dem Angeklagten eine Trunkenheitsfahrt und ein tateinheitlich hierzu begangenes
Fahren ohne Fahrerlaubnis vorgeworfen wird, ihm aber letztlich nur das Fahren ohne
Fahrerlaubnis nachgewiesen werden kann, nicht jedoch, dass er unter Alkoholeinfluss
gefahren ist. Obwohl es in diesen Fällen nicht zu einem Teilfreispruch kommt, muss
die Kostenentscheidung aus Billigkeitsgründen gesplittet werden (unechter Teilfreispruch). So können beispielsweise die Sachverständigenkosten für die Entnahme der
Blutprobe und deren Untersuchung ausgeschieden werden.

> *Beispiel*
> Es ist wie folgt zu formulieren:
> „Der Angeklagte hat die Kosten des Verfahrens zu tragen. Diese sowie die notwendigen
> Auslagen des Angeklagten werden jedoch, soweit der Vorwurf der Trunkenheit im Verkehr
> betroffen ist, der Staatskasse auferlegt."

Daneben kommt gem. § 464 d StPO eine Aufteilung nach **Bruchteilen** in Betracht,
wenn es zu einer nur teilweisen Verurteilung und einem Teilfreispruch oder einer
Teileinstellung kommt. Dennoch kann auch in diesen Fällen eine Übernahme durch
die Staatskasse ausgeschlossen sein, wenn ein Fall des § 467 Abs. 2 bis 5 StPO
vorliegt.

In der **Praxis** wichtige abweichende Sonderregelungen treffen beispielsweise die 10
§§ 469 oder 470 StPO. Danach können dem Anzeigeerstatter bzw. Geschädigten die
Kosten sowie die notwendigen Auslagen auferlegt werden. Hat der Anzeigeerstatter
den Angeklagten im Sinne von § 164 StGB falsch verdächtigt oder die Anzeige
leichtfertig erstattet, so hat er gem. § 469 Abs. 1 StPO die Kosten zu tragen, nachdem
er angehört wurde. Nimmt der Geschädigte den **Strafantrag** zurück und tritt hierdurch
ein Verfahrenshindernis ein (bei reinen Antragsdelikten oder Verneinung des besonderen öffentlichen Interesses an der Strafverfolgung durch die Staatsanwaltschaft), so
sind dem Antragsteller gem. § 470 StPO die Kosten und die notwendigen Auslagen
des Angeklagten aufzuerlegen.

c) Entscheidungen nach StrEG

Ist es im Rahmen des Ermittlungsverfahrens oder des Hauptverfahrens zu **Strafver-** 11
folgungsmaßnahmen i.S.d. § 2 StrEG gegen den Angeklagten gekommen, so ist im
Falle eines Freispruchs oder den Fällen des § 4 StrEG zu prüfen, ob dem Angeklagten
eine Entschädigung zugesprochen werden muss. Die Entscheidung kann, muss jedoch
nicht zeitgleich mit dem Erlass des Urteils ergehen. Bei der Entscheidung ist immer
daran zu denken, ob möglicherweise ein **Versagungsgrund** gem. §§ 5 und 6 StrEG
vorliegt. In diesen Fällen geht das Gesetz davon aus, dass trotz Vorliegens einer
grundsätzlichen Entschädigungspflicht es der **Billigkeit** entspricht, den Anspruch
ganz oder teilweise entfallen zu lassen. Dies ist dann der Fall, wenn die betreffende
Strafverfolgungsmaßnahme vorsätzlich oder grob fahrlässig durch den Angeklagten
herbeigeführt wurde. Grobe Fahrlässigkeit liegt vor, wenn der Angeklagte die im
Verkehr erforderliche Sorgfalt in besonders hohem Maße außer Acht lässt. Dies be-

deutet, dass geprüft werden muss, wie sich ein verständiger Angeklagter in derselben Situation verhalten hätte, um weitere Maßnahmen abzuwenden. Der Grundsatz in dubio pro reo gilt hierfür nicht, da es sich nicht um die Frage der Schuldfeststellung oder Strafzumessung handelt.

> *Beispiele*
> - Abgabe eines falschen Geständnisses,
> - Verdunklungshandlungen (insb. Einwirken auf Zeugen).

12 § 6 StrEG nennt weitere Fälle, in denen dem Angeklagten die Entschädigung nach Ermessen versagt werden kann. Aufgrund der geringen Examensrelevanz sollen diese hier nicht weiter dargestellt werden.

> *Hinweis*
> Der **Staatsanwalt** hat in seinem Schlussvortrag bereits darauf hinzuweisen, ob eventuelle Versagungsgründe nach StrEG vorliegen, wenn voraussichtlich ein Freispruch erfolgen wird. Wird trotz Vorliegens eines Versagungsgrunds eine Entschädigungspflicht aus der Staatskasse festgestellt, so darf er **keinen Rechtsmittelverzicht** erklären, da dann auch diese Entscheidung in Rechtskraft erwachsen würde. Vielmehr ist in diesen Fällen gem. § 8 Abs. 3 S. 1 StPO die sofortige Beschwerde statthaft. Der Zusatz in § 8 Abs. 3 S. 1 StPO, dass dieses Rechtsmittel auch statthaft ist, wenn die Entscheidung im Übrigen unanfechtbar ist, gilt nicht für den Fall des Rechtsmittelverzichts, da dieser einen Verzicht auf alle Rechtsmittel beinhaltet, nicht nur die der Berufung oder Revision. Der Sitzungsvertreter sollte in zweifelhaften Fällen, in denen im Urteil ein Entschädigungsanspruch zugesprochen wurde, unmittelbar nach der Hauptverhandlung Kontakt mit dem zuständigen Dezernenten aufnehmen, um abzuklären, ob ein **Rechtsmittel** dagegen erforderlich ist.

IV. Liste der angewendeten Strafvorschriften

13 Gem. § 260 Abs. 5 StPO ist nach dem Tenor anzugeben, welche Vorschriften zur Anwendung gelangt sind. Zu zitieren sind, wie auch in der Anklageschrift, zunächst alle Vorschriften, die für die Schuldfeststellung von Bedeutung sind einschließlich eventueller Qualifikationen, Strafschärfungen oder Vorschriften über minderschwere Fälle. Anders als im Tenor selbst werden hier auch Regelbeispiele und die Vorschrift des § 21 StGB, soweit angewendet, benannt. Im Übrigen kann auf die Ausführungen zur Erstellung einer Anklageschrift verwiesen werden, vgl. § 8 Rn 37 ff. Zusätzlich ist im Urteil jedoch auch die Anwendung der §§ 41, 42, 56, 59 und 60 StGB sowie Maßregeln der Besserung und Sicherung anzugeben.

14 In der **Praxis** wird häufig übersehen, dass gem. § 260 Abs. 5 S. 2 StPO für den Fall, dass zumindest wesentliche Teile der abgeurteilten Straftat auf eine **Betäubungsmittelabhängigkeit** zurückzuführen sind und eine Freiheitsstrafe von nicht mehr als zwei Jahren verhängt wird, die Vorschrift des § 17 Abs. 2 BZRG ebenfalls aufgenommen werden muss. In diesen Fällen wird die Tatsache, dass die Tatbegehung auf der Abhängigkeit beruhte, in das Bundeszentralregister eingetragen.

> *Hinweis*
> In der **Urteilsklausur** empfiehlt es sich, wie auch zuvor bezüglich der **Anklageklausur** erwähnt, bereits bei der Erstellung des Gutachtens alle zur Anwendung kommenden Vorschriften zu notieren, um später keine Vorschrift zu übersehen.

V. Urteilsgründe

1. Wesentliche Bestandteile

Die Urteilsgründe (§ 267 StPO) sind ihrerseits in **fünf wesentliche Bestandteile** un-   15
tergliedert. Insoweit kann zunächst auf die unter Rn 2 gegebene Übersicht hingewiesen werden. Innerhalb der Gründe erscheint es sinnvoll, den jeweiligen Abschnitt mit
römischen Ziffern zu überschreiben,[2] ohne jedoch eine Überschrift hinzuzufügen.
Die Urteilsgründe des erstinstanzlichen Urteils, die später auch für das Revisionsgericht Grundlage einer Überprüfung bilden, sind so zu fassen, dass sie aus sich heraus
verständlich und nachvollziehbar sind. Der Leser muss in die Lage versetzt werden,
nur aufgrund der Urteilsgründe, ohne Heranziehung anderer Aktenbestandteile, wie
z.B. des Protokolls, beurteilen zu können, ob die Gründe den Tenor stützen. Nur
Bezugnahmen auf Abbildungen, die sich bei den Akten befinden, sind gem. § 267
Abs. 1 S. 3 StPO erlaubt. Sonstige Bezugnahmen sind nicht erlaubt.[3] Auf die Fassung
der Urteilsgründe ist besondere Sorgfalt zu verwenden, da zum einen nur sie Grundlage einer späteren Revision sind, nicht etwa die mündlich gegebene Begründung.
Außerdem kann ein ansonsten richtiges und zutreffendes Urteil schon deshalb der
Aufhebung durch das Revisionsgericht unterliegen, weil die Gründe lückenhaft oder
unvollständig sind[4] (**sog. Darstellungsrüge**). Die einzelnen Elemente sollen nachfolgend näher dargestellt werden.

2. Persönliche Verhältnisse des Angeklagten

Zu Beginn der Gründe wird mitgeteilt, wer der Angeklagte ist. Darzustellen ist, wann   16
und wo er geboren wurde, wie die familiären Verhältnisse waren, welche Schul- und
Berufsbildung er hat und in welchen Verhältnissen er zurzeit steht (insbesondere Arbeit). Daneben sind, soweit vorhanden, Vorstrafen des Angeklagten aufzuführen, die
sich aus dem Auszug aus dem Bundeszentralregister ergeben. Macht der Angeklagte
im Rahmen der Hauptverhandlung keine Angaben zu seinen persönlichen Verhältnissen, muss das Gericht versuchen, diese Erkenntnisse auf andere Art und Weise zu
gewinnen (z.B. durch Befragung der Angehörigen). Unterlässt das Gericht derartige
Bemühungen, so leidet das Urteil ebenfalls unter einem Mangel. Die persönlichen
Verhältnisse sind wesentlich für die Strafzumessung. Ein entsprechend **lückenhaf-
tes Urteil**, das nicht zumindest die Bemühungen des Gerichts erkennen lässt, kann
ebenfalls der Aufhebung unterliegen.[5]

3. Sachverhaltsfeststellung

In der Sachverhaltsschilderung hat das Gericht denjenigen Sachverhalt, den es seiner   17
Entscheidung zu Grunde legt, wiederzugeben. Hierin müssen gem. § 267 Abs. 1 S. 1
StPO, wie im konkreten Anklagesatz der Anklageschrift, alle **objektiven und subjektiven Tatbestandsmerkmale** subsumiert werden können. Die Tat muss insbesondere
deshalb als geschichtliches Ereignis genau festgestellt werden, weil hiervon auch in

---

2 Zum Gliederungserfordernis BGH NStZ 1994, 400.
3 BGH bei *Becker*, NStZ-RR 2003, 97, 99; OLG Hamm StraFo 2002, 132.
4 BGH NStZ-RR 1999, 45.
5 BGH NStZ-RR 1998, 17; BGH NStZ-RR 1999, 46.

einem eventuellen späteren Verfahren der Umfang des Strafklageverbrauchs bestimmt wird. Der durch das Gericht festgestellte Sachverhalt ist auch dann anzugeben, wenn es sich um ein freisprechendes Urteil handelt.[6] Der Leser des Urteils muss allein aufgrund der Sachverhaltsschilderung in der Lage sein, selbst festzustellen, ob dieser Sachverhalt den im Tenor angeführten Straftatbestand erfüllt oder den Freispruch trägt, weil kein Straftatbestand erfüllt ist.

18   Wurde ein **Sachverständigengutachten** eingeholt und werden Teile der Sachverhaltsschilderung hierauf gestützt, so hat das Gericht die Ausführungen des Sachverständigen zusammenfassend wiederzugeben und auch die Anknüpfungstatsachen darzulegen. Dies muss auch dann geschehen, wenn das Gericht letztlich dem Sachverständigen nicht gefolgt ist, damit das Revisionsgericht die Überlegungen des Tatrichters nachprüfen kann.[7]

19   Wird der Angeklagte im Rahmen einer **Wahlfeststellung** verurteilt, so müssen diejenigen Sachverhalte wiedergegeben werden, die als einzige in Betracht kommen, wobei der Angeklagte wiederum alle Merkmale des jeweiligen Tatbestands verwirklicht haben muss und diese auch dargestellt werden müssen.

20   Probleme treten häufig im Zusammenhang mit der Darstellung der **Schuldform** auf. So muss konkret dargetan werden, aufgrund welcher Umstände das Gericht davon ausgeht, dass der Angeklagte beispielsweise im Rahmen des § 316 StGB wusste, dass er nicht mehr in der Lage war, ein Fahrzeug sicher zu führen. Dies kann durch Schilderung der Tatumstände oder Verhaltensweisen des Angeklagten erfolgen.

> *Beispiel*
> Es ist wie folgt zu formulieren:
> „Der Angeklagte verließ am 14.4.2004 gegen 22.45 Uhr die Gaststätte Krone in Köln. Dort hatte er zuvor in erheblichem Maße alkoholische Getränke zu sich genommen. Er setzte sich in seinen Pkw Renault, amtl. Kennzeichen XXX, und fuhr eine Strecke von ca. 3,5 km nach Hause. Dort wurde er einer Verkehrskontrolle unterzogen. Die Untersuchung der bei ihm kurz nach der Kontrolle genommenen Blutprobe ergab eine BAK von 2,1 Promille. Dem Angeklagten war bekannt, dass er nicht mehr dazu in der Lage war, sein Fahrzeug zu beherrschen. Bereits nach Verlassen der Gaststätte war er mehrfach gestürzt und von den Zeugen X und Y auf seine Alkoholisierung angesprochen worden."

In diesem Beispiel wird durch die Tatsache, dass der Angeklagte nach Verlassen der Gaststätte gestürzt ist und auch durch Zeugen angesprochen wurde, deutlich, dass er sich seiner Fahruntüchtigkeit bewusst war.

21   Bei **Dauerstraftaten** (z.B. Versandhausbestellungen über einen längeren Zeitraum hinweg), ist es erforderlich, die Einzeltaten so zu **konkretisieren**, dass diese klar von anderen Fällen abgrenzbar werden. Hierzu kann es dienlich sein, zunächst in einem sog. Vorspann diejenigen Umstände zu benennen, die für alle Taten gleichermaßen Geltung haben, um dann die Taten beispielsweise nach Datum, Geschädigtem und Schadenshöhe zu differenzieren.

22   Steht zwar fest, dass der Angeklagte mehrere Taten begangen hat, lässt sich jedoch deren **Anzahl** nicht mehr feststellen, so ist, wie auch in der Anklageschrift, grundsätzlich zu Gunsten des Angeklagten von „mindestens einer Handlung" auszugehen. Eine

---

6 BayObLG NStZ-RR 2003, 178.
7 BGH NStZ 1985, 421, 422.

Hochrechnung der Zahl der Taten oder des entstandenen Schadens ist dann zulässig, wenn eine zuverlässige **Tatsachengrundlage** hierfür vorhanden ist, aus der heraus sich die vorgenommene Hochrechnung nachvollziehen lässt.[8]

4. Beweiswürdigung

Das Gericht hat im Rahmen der Beweiswürdigung darzustellen, wie es zu der **23** **Überzeugung** gelangt ist, dass der zuvor dargestellte Sachverhalt so zutreffend ist. Es ist gem. § 261 StPO eine freie Beweiswürdigung vorzunehmen. Dies bedeutet, dass derjenige Beweisstoff, der in der Hauptverhandlung in verwertbarer Weise gewonnen wurde, Eingang in die Beweiswürdigung des Gerichts finden muss, die Würdigung als solche (z.B. Glaubwürdigkeit von Zeugen oder der Einlassung des Angeklagten) jedoch keinen festen Regeln untersteht.

Es sind diejenigen Beweismittel zu benennen, die für die Überzeugungsbildung **24** des Gerichts relevant waren. Nicht erforderlich ist es, alle erhobenen Beweise aufzuzählen, um danach festzustellen, dass aufgrund dieser das Gericht seine Überzeugung erlangt habe. Dies ist auch insoweit nachvollziehbar, als es nicht Aufgabe des Urteils ist, die Beweisaufnahme nochmals in allen Einzelheiten wiederzugeben. Diese Aufgabe erfüllt vielmehr ausschließlich das Hauptverhandlungsprotokoll.[9]

> *Hinweis*
> Wird gegen diesen Grundsatz, wie es sich immer wieder, vor allem in amtsgerichtlichen Urteilen, findet, verstoßen, so besteht folgende Gefahr. Wird dort ein Beweismittel angegeben, das angeblich in die Hauptverhandlung eingeführt wurde, das Protokoll gibt hierauf jedoch keinen Hinweis, so unterliegt das Urteil, soweit es darauf beruht, was wahrscheinlich ist, in der Revisionsinstanz der Aufhebung. Ohne Aufzählung hätte nicht ausgeschlossen werden können, dass die Einführung in die Hauptverhandlung im Rahmen eines Vernehmungsbehelfs stattgefunden hat.

Die Beweiswürdigung ist dann revisionsrechtlich nicht zu beanstanden, wenn sie **25** **widerspruchsfrei, klar und lückenlos** ist, nicht gegen die **Denkgesetze** verstößt und das Gericht **keine überspannten Anforderungen** an seine Überzeugungsbildung gestellt hat.[10] Die Beweiswürdigung ist grundsätzlich Aufgabe des Tatrichters, so dass eine Überprüfung durch das Revisionsgericht nur innerhalb dieser Grenzen erfolgt. Die wesentlichen Beweisgrundlagen sowie diejenigen Umstände, die für die Überzeugungsbildung von Relevanz waren, sind wiederzugeben. Rein hypothetische Argumentationsmöglichkeiten müssen nicht dargelegt werden.[11]

Falls der Angeklagte eine **Einlassung** abgegeben hat, ist diese zunächst wiederzuge- **26** ben, unabhängig von der Frage, ob es sich um eine geständige Einlassung handelt oder nicht. Soweit ein Geständnis abgelegt wurde, muss weiterhin erörtert werden, ob es Anhaltspunkte dafür gibt, an den Angaben des Angeklagten zu zweifeln. Es kann durchaus vorkommen, wenn auch selten, dass sich ein Angeklagter zu Unrecht selbst belastet. Dies gilt auch für Geständnisse, die aufgrund von Absprachen abgegeben wurden (vgl. § 13 Rn 8).

---

8 BGH NStZ 1990, 197.
9 *Meyer-Goßner*, NStZ 1988, 529, 532.
10 BGH NStZ-RR 2003, 240.
11 BGH NStZ-RR 2003, 49 f.

27   Im Falle eines **bestreitenden Angeklagten** hat das Urteil sodann darauf einzugehen, warum die Einlassung des Angeklagten als widerlegt anzusehen ist. Hierfür müssen die Einlassungen von eventuellen Mitangeklagten, Aussagen der vernommenen Zeugen sowie die übrigen erhobenen Beweise einer Gesamtwürdigung unterzogen werden. Es ist ausreichend, aber auch erforderlich, das Ergebnis der Beweisaufnahme soweit wiederzugeben, dass deutlich wird, auf welche Umstände das Gericht seine Überzeugung stützt. So wird eine Aneinanderreihung der Beweismittel nicht diesen Anforderungen genügen, während beispielsweise eine wortgenaue Wiedergabe von Zeugenaussagen nicht erforderlich ist.[12] Das Gericht muss vielmehr erkennen lassen, dass es alle Beweise, die für die Schuld- und Strafzumessungsfrage von Bedeutung sind, in seine Abwägung einbezogen hat.

28   Das Gericht kann bereits dann von der Schuld des Angeklagten ausgehen und eine Verurteilung aussprechen, wenn es von ihr **überzeugt** ist. Dies bedeutet, dass an die Bildung dieser Überzeugung keine überspannten Anforderungen gestellt werden dürfen. Somit kommt eine Verurteilung auch dann in Betracht, wenn Sachverhaltsalternativen zwar denkbar und theoretisch möglich sind, aber ein nach der Lebenserfahrung ausreichendes Maß an Sicherheit vorhanden ist und vernünftige Zweifel an der Richtigkeit des von dem Gericht angenommenen Sachverhalts nicht mehr bestehen.[13] Bloße **abstrakt-theoretische Möglichkeiten** müssen hierbei außer Betracht bleiben.

29   In diesem Zusammenhang wird auch oft der Grundsatz **in dubio pro reo** verkannt. Dieser Grundsatz besagt zwar grundsätzlich, dass immer dann, wenn Zweifel bestehen, diese nicht zu Ungunsten des Angeklagten entschieden werden dürfen. Er ist aber erst dann verletzt, wenn das Gericht im Urteil mitteilt, dass es Zweifel an der Schuld des Angeklagten hatte, ihn aber dennoch verurteilt hat.[14] Dies bedeutet aber auch, dass im Urteil andere, nahe liegende Sachverhaltsalternativen angesprochen werden müssen und mitgeteilt werden muss, warum das Gericht von diesen nicht ausgeht. Rein hypothetische Fallgestaltungen sollten nicht erörtert werden.[15]

30   Eine Verurteilung kann auch dann erfolgen, wenn der Angeklagte die Tatbegehung bestreitet und lediglich das Tatopfer als Belastungszeuge zur Verfügung steht („**Aussage gegen Aussage**"). Jedoch muss, wenn allein auf dieser Grundlage eine Verurteilung erfolgen soll, durch das Gericht genau geprüft werden, ob der Zeuge als glaubwürdig angesehen werden kann.[16] Im Urteil sind daher Ausführungen zu diesem Punkt erforderlich.

31   Im Rahmen der Beweiswürdigung kann auch die Frage relevant werden, ob **Vorstrafen** des Angeklagten verwertet werden durften. Bei der Überzeugungsbildung des Gerichts kann namentlich auch die Tatsache verwertet werden, dass die abzuurteilende Tat dem Angeklagten nicht wesensfremd ist. Gem. §§ 51 Abs. 1, 63 Abs. 4 BZRG sind Eintragungen im Bundeszentralregister nach dort näher bestimmten Fristen zu tilgen. Liegt somit zum Zeitpunkt der Urteilsverkündung ein älterer Auszug vor, in dem sich Eintragungen befinden, die unter eine Tilgungsbestimmung des BZRG fällt, so darf diese nicht mehr berücksichtigt werden.

---

12 BGH NStZ-RR 1999, 272.
13 BGH NStZ-RR 2000, 171.
14 BVerfG NJW 2002, 3015.
15 BGH NStZ-RR 2003, 49 f.
16 BGH NStZ-RR 2003, 333, 334.

Unzulässig ist es, aus einem **Schweigen des Angeklagten** auf seine Täterschaft zu 32
schließen. Vielmehr stellt das Schweigen ein **zulässiges Verteidigungsverhalten** dar
und darf sich somit nicht nachteilig auswirken. Dies gilt auch, soweit der Angeklagte
Angaben gemacht hat, dafür, zu welchem Zeitpunkt er diese gemacht hat. Allein
die Tatsache, dass der Angeklagte im Ermittlungsverfahren geschwiegen hat, darf
sich nicht nachteilig für ihn auswirken. Dem Schweigen steht es dabei gleich, wenn
er pauschal die Tat abstreitet, ohne konkrete Angaben zu machen, er nur Angaben
zu seinen persönlichen und wirtschaftlichen Verhältnissen macht oder er nur zur
Rechtsfolgenseite Stellung nimmt.[17] Macht der Angeklagte dagegen zwar Angaben,
schweigt aber zu einzelnen Punkten, zu denen ebenfalls eine Einlassung zu erwarten
gewesen wäre, so kann dieses **Verschweigen**, wenn keine anderen, nachvollziehbaren
Gründe ersichtlich sind, zu Lasten des Angeklagte verwertet werden.[18] Es ist stets
genau zu prüfen, ob das Schweigen als solches verwertet wird, was nicht zulässig ist.
Zulässig wäre es jedoch den Umstand, dass teilweise Angaben gemacht werden, zu
verwerten. Insgesamt dürfen aus allen erlaubten Verteidigungshandlungen, z.B. dem
Stellen von Beweisanträgen, keine nachteiligen Schlüsse gezogen werden.

> *Beispiel 1*
> Beruft sich der Angeklagte im Rahmen seiner Einlassung auf ein Gespräch, das er
> mit seinem Rechtsanwalt geführt haben will, entbindet diesen dann allerdings, was
> nur konsequent wäre, nicht von dessen Schweigepflicht, kann das Gericht hieraus dem
> Angeklagten nachteilige Folgerungen ziehen. Der Angeklagte verhält sich in diesem Fall
> **widersprüchlich**.[19]

> *Beispiel 2*
> Stellt der im Übrigen schweigende Angeklagte einen Beweisantrag, in dem er bestimmte
> Tatsachen behauptet, dürfen diese Beweistatsachen nicht als Einlassung angesehen werden,
> da er seine prozessualen Rechte wahrnimmt. Eine Ausnahme gilt jedoch dann, wenn über
> den Umfang, der zum Verständnis des Antrags erforderlich wäre, **Täterwissen** bekannt
> gegeben wird.

> *Beispiel 3*
> Macht der Angeklagte erst zu einem späten Zeitpunkt in der Hauptverhandlung erstmals
> Angaben und benennt einen Entlastungszeugen, so darf der späte Zeitpunkt seiner Ein-
> lassung nicht verwertet werden, da dies eine Verwertung seines (früheren) Schweigens
> bedeuten würde. Für die Glaubwürdigkeit des benannten Entlastungszeugen kann jedoch
> seine späte Benennung berücksichtigt werden. Dies gilt auch dann, wenn er nur den Zeugen
> benennt und im Übrigen schweigt, denn gewertet wird nicht das Schweigen, sondern das
> **Prozessverhalten** des Angeklagten.[20]

Ist in der Hauptverhandlung ein Sachverständigengutachten erstattet worden, so sind 33
im Urteil auch die wesentlichen **Anknüpfungstatsachen** sowie der wesentliche **Inhalt** des Gutachtens wiederzugeben, damit die Grundlage der Urteilsfindung durch das
Revisionsgericht beurteilt werden kann.[21] Wird das Urteil auf Angaben zeugnisverweigerungsberechtigter Zeugen gestützt, so ist darauf zu achten, dass der **Zeitpunkt**,
zu dem erstmals Angaben gemacht werden, nicht nachteilig für den Angeklagten
gewertet wird. Es wäre eine Umgehung des Zeugnisverweigerungsrechts, wenn es

---

17 *Miebach*, NStZ 2000, 234, 235.
18 BGH NStZ 2003, 45.
19 BGHSt 20, 298.
20 BGH bei *Pfeiffer/Miebach*, NStZ 1987, 217, 218.
21 BGH StraFo 2003, 55.

als Indiz für die Täterschaft des Angeklagten gewertet würde, dass der Zeuge erst in der Hauptverhandlung eine Aussage gemacht hat. Der Zeuge wäre in diesem Fall nicht mehr völlig frei, über sein Zeugnisverweigerungsrecht zu entscheiden.[22] Sollen Erkenntnisse, die in **anderen Verfahren** gewonnen wurden, im Urteil verwertet werden, so kommt dies nur dann in Betracht, wenn diese Erkenntnisse in geeigneter Form in die Hauptverhandlung eingeführt wurden, da gem. § 261 StPO der Gegenstand der Urteilsfindung der Inbegriff der Hauptverhandlung ist.

> *Hinweis*
> Die Vorschrift, gegen die verstoßen wurde, wenn in dem Urteil Beweismittel herangezogen werden, die nicht im Rahmen der Hauptverhandlung erhoben wurden, ist § 261 StPO.

34   Allein aus der **Verfahrensstellung** können keine Schlüsse hinsichtlich der Glaubhaftigkeit der Aussage gezogen werden. So muss begründet werden, warum das Gericht von der Richtigkeit einer Zeugenaussage ausgeht, die im Widerspruch zur Einlassung des Angeklagten steht, obwohl der Zeuge im Gegensatz zum Angeklagten zur Wahrheit verpflichtet ist. Auch aus der Tatsache, dass es sich bei den Zeugen um dem Angeklagten nahe stehende Personen handelt, kann noch nicht der Schluss auf deren Unglaubwürdigkeit gezogen werden. Vielmehr müssen weitere Umstände hinzutreten, die diese Annahme rechtfertigen. Das Gericht ist nicht daran gehindert, der Aussage eines Zeugen teilweise Glauben zu schenken und sie teilweise für unglaubhaft zu halten. Da dies jedoch nur in Ausnahmefällen überhaupt möglich sein wird, ist das Gericht verpflichtet, besonders eingehend zu begründen, warum es die Aussage in Teilen für glaubhaft erachtet.[23]

5. Rechtliche Würdigung

35   Im Anschluss an die Sachverhaltsdarstellung und Beweiswürdigung wird im Urteil dargestellt, unter welche Vorschriften das Gericht diesen Sachverhalt fasst. Soweit die Sachrüge erhoben wurde (vgl. § 19 Rn 111 ff.), wird die rechtliche Würdigung umfassend durch das Revisionsgericht überprüft. Überflüssig ist es dabei, alle Tatbestandsmerkmale zu subsumieren. Ausreichend ist es vielmehr, nur auf die **Probleme** einzugehen, die der jeweilige Tatbestand ergibt. Erforderlich ist es jedoch, dass das Gericht die angewendete Strafvorschrift angibt, gegebenenfalls mit der entsprechenden Tatalternative. Bei versuchten Straftaten ist, soweit Anhaltspunkte dafür vorliegen, darauf einzugehen, ob möglicherweise ein **Rücktritt vom Versuch** in Betracht kommt. Auf die übrigen Punkte, insbesondere Rechtswidrigkeit und Schuld ist nur dann einzugehen, wenn sich Anhaltspunkte dafür ergeben, dass in diesem Bereich Probleme liegen.

> *Hinweis*
> In der **Revisionsklausur** werden an dieser Stelle die materiell-rechtlichen Probleme eingebaut. Es ist deshalb unabdingbar, das materielle Strafrecht neben dem Prozessrecht ebenfalls zu beherrschen. Wird in der Revisionsbegründung nur die Sachrüge erhoben, wird der Sachverhalt, so wie er im Urteil festgestellt wurde, der rechtlichen Prüfung unterzogen. Es ist in diesem Fall irrelevant, ob das zugrunde liegende Beweismittel unzulässig erhoben oder verwertet wurde. Die Rüge wird für sich allein, also isoliert von eventuellen Verfahrensmängeln, betrachtet.

22 BGH StraFo 2003, 171.
23 BGH NStZ-RR 2003, 332, 333.

Im Übrigen kann an dieser Stelle nicht das nachgeholt werden, was bei der Darstellung 36 des Sachverhalts versäumt wurde. Letztlich sind also Ausführungen zur rechtlichen Würdigung eher kurz zu halten, wenn sich keine Probleme stellen, während die Sachverhaltsdarstellung eher länger zu fassen sein wird.

6. Strafzumessung

a) Überblick

Im Rahmen des Abschnitts zur Strafzumessung hat das Gericht festzulegen und 37 zu begründen, wie die von dem Angeklagten begangene Tat zu sanktionieren ist. Die Strafzumessung ist zwar, wie auch die Beweiswürdigung, grundsätzlich nur eingeschränkt durch das Revisionsgericht nachprüfbar, da nur der Tatrichter sich aufgrund seines Eindrucks von der Person des Angeklagten ein umfassendes Bild verschaffen konnte. Dennoch sind die Fehler, die hierbei begangen werden können, vielfältig.

Gem. § 267 Abs. 3 S. 1 StPO müssen nicht alle Umstände, die möglicherweise 38 nur ganz am Rande für die Strafzumessung bestimmend waren, erörtert werden. Ausreichend ist es vielmehr, dass alle **wesentlichen Umstände** dargetan werden. Bei der Bestimmung des **Strafrahmens** muss zunächst geprüft werden, ob, soweit vom Gesetz vorgesehen, ein minder schwerer Fall gegeben ist, welcher Strafrahmen anzuwenden ist und wo innerhalb dieses Rahmens die tat- und schuldangemessene (**Einzel-**)**Strafe** anzusiedeln ist. Wenn möglich und zulässig, muss bereits im Urteil mit Vorstrafen des Angeklagten eine **Gesamtstrafe** gebildet werden.

b) Vorgehensweise bei der Strafzumessung

aa) Besonders und minder schwere Fälle

Zunächst ist zu prüfen, ob das Gesetz die Möglichkeit der Annahme eines besonders 39 oder minder schweren Falls vorsieht. Dies ist hinsichtlich besonders schwerer Fälle beispielsweise bei der Verwirklichung von Regelbeispielen in §§ 243, 253 Abs. 4, 263 Abs. 3 StGB, bezüglich minder schwerer Fälle z.B. bei § 213 StGB oder §§ 249 Abs. 2, 250 Abs. 3 StGB, § 29 a Abs. 2 BtMG der Fall. Das Urteil muss immer **erkennen lassen**, dass das Gericht die Annahme eines minder schweren Falles geprüft hat. Dies darf nur dann unterbleiben, wenn ein solcher ersichtlich und **unzweifelhaft ausscheidet**.[24]

Ein besonders oder minder schwerer Fall ist dann anzunehmen, wenn die Tat sowie 40 die Person des Täters vom **Durchschnitt** der gewöhnlich vorkommenden Taten positiv oder negativ derart abweichen, dass es unbillig wäre, den Normalstrafrahmen anzuwenden. Als Prüfungspunkte kommen beispielsweise die (fehlenden) Vorstrafen, (erstmals) verbüßte Untersuchungshaft, neue, geregelte persönliche Verhältnisse, die Folgen der Tat für Opfer und Angeklagten sowie das Maß der Schuld in Betracht.

Besteht grundsätzlich also die Möglichkeit der Annahme eines solchen Falls, ist 41 bei der Benennung eines Regelbeispiels regelmäßig bei dessen Vorliegen auch von

---

24 BGH NStZ 1988, 367.

einem besonders schweren Fall auszugehen. Weitergehende Erörterungen sind insoweit überflüssig. Kommt ein minder schwerer Fall in Betracht, sind zunächst die zu Gunsten des Angeklagten sprechenden Umstände, die keine **vertypten Milderungsgründe** darstellen, dahin gehend zu überprüfen, ob diese für die Annahme eines minder schweren Falles ausreichen.[25] Ein vertypter Milderungsgrund liegt vor, wenn das Gesetz ihn ausdrücklich als Milderungsgrund bezeichnet und auf die Vorschrift des § 49 StGB verweist. Dies ist beispielsweise bei §§ 17 S. 2, 21, 23 Abs. 2, 27 Abs. 2 S. 2, 46 a StGB, § 31 BtMG der Fall. Liegen keine nichtvertypten Milderungsgründe vor oder reichen diese zur Anwendung des minder schweren Falles nicht aus, so ist zu prüfen, ob vertypte Gründe vorliegen, die einen minder schweren Fall begründen.

bb) Strafrahmenbestimmung

42   Erst nachdem diese Frage geklärt wurde, kann der **konkrete Strafrahmen** bestimmt werden, innerhalb dessen die tat- und schuldangemessene Strafe für den Angeklagten zu finden ist. Soweit vertypte Milderungsgründe zur Bejahung eines minder schweren Falls berücksichtigt wurden, dürfen diese gem. § 50 StGB (**Verbot der Doppelverwertung**) nicht nochmals für eine Strafrahmenverschiebung gem. § 49 StGB verwendet werden, da eine Milderung bereits durch die Anwendung des minder schweren Falls bewirkt worden ist. Ist dies nicht der Fall, so ist nunmehr in einem weiteren Schritt gem. § 49 Abs. 1 StGB (bei zwingenden Milderungsvorschriften) oder kann gem. § 49 Abs. 2 StGB (bei fakultativen Milderungen) der Strafrahmen zu verschieben und die Ober- und Untergrenze zu bestimmen sein.

Übersicht: Aufbauschema Strafrahmenbestimmung

1. Bestimmt das Gesetz die Möglichkeit der Annahme eines besonders oder minder schweren Falls?

Nein:
Sieht das Gesetz eine Milderung nach § 49 Abs. 1 oder 2 StGB vor, so muss bzw. kann der Strafrahmen verschoben werden und der dadurch erhaltene wird angewendet.

Ja:
     a) Liegen Regelbeispiele eines besonders schweren Falles vor, ist dieser grundsätzlich ohne weitere Erörterung anzuwenden, ansonsten bleibt es beim Strafrahmen des Grundtatbestands und die Prüfung wird unter 2.) fortgesetzt.
     b) Die für den Angeklagten günstigen nicht vertypten Umstände sind auf ihre Tauglichkeit zu überprüfen, einen minder schweren Fall zu begründen.
     c) Soweit vertypte Milderungsgründe vorhanden sind und die nicht vertypten Gründe nicht ausgereicht haben, sind nun diese mit in die Prüfung einzubeziehen.
     d) Sind nunmehr die Voraussetzungen für die Annahme eines minder schweren Falles erfüllt, ist dessen Strafrahmen für die weitere Prüfung zugrunde zu legen und mit Punkt 2.) fortzufahren.
     e) Liegen auch nach dieser Prüfung die Voraussetzungen nicht vor, ist vom Strafrahmen des Grundtatbestands auszugehen und mit Punkt 2.) fortzufahren.

---

25 BGH NStZ 1999, 610.

2. Liegen Milderungsgründe gem. § 49 Abs. 1 oder Abs. 2 StGB vor?

Nein:

Es verbleibt bei dem bereits festgestellten Strafrahmen.

Ja:

a) Wenn der Milderungsgrund bereits für die Begründung eines minder schweren Falles verwendet worden, so darf er gem. § 50 StGB nicht nochmals für eine Strafrahmenverschiebung herangezogen werden (Verbot der Doppelverwertung) – es verbleibt somit bei dem bereits ermittelten Strafrahmen.

b) Wurde der Milderungsgrund nicht bereits verbraucht, so ist nunmehr der Strafrahmen gem. § 49 StGB zu verschieben und von diesem neuen Strafrahmen auszugehen.

c) Liegen mehrere Milderungsgründe gem. § 49 StGB vor, so ist auch eine mehrfache Milderung vorzunehmen.

Diese **Prüfungsreihenfolge**, dass zunächst das Vorliegen eines minder schweren   43
Falles geprüft wird, ist **immer einzuhalten**, da die Annahme eines solchen Falles für den Angeklagten immer günstiger ist als eine bloße Strafrahmenverschiebung. Wird die Reihenfolge nicht eingehalten, wird das Urteil regelmäßig auch darauf beruhen, da nicht ausgeschlossen werden kann, dass bei Beachtung der Reihenfolge die Strafe geringer ausgefallen wäre.[26]

cc) Eigentliche Strafzumessung

Gem. § 46 Abs. 1 S. 1 StGB ist Grundlage für die Zumessung der Strafe die **Schuld**   44
des Täters. Eine exakt bestimmbare und allein richtige Strafe existiert, jedenfalls soweit das Gesetz einen Strafrahmen vorsieht (anders beispielsweise bei § 211 StGB), nicht. Grundsätzlich können hierfür die in § 46 Abs. 2 StGB genannten Kriterien herangezogen werden, die zwar die bedeutsamsten, jedoch letztlich nicht abschließend sind.

Daneben müssen etwaige sonstige **Folgen der Tat** für den Angeklagten ebenfalls   45
berücksichtigt werden.

> *Beispiel*
> Disziplinarrechtliche Folgen bei Beamten.

Dies gilt auch, wenn es sich um Nebenstrafen, Nebenfolgen oder die Anordnung von Maßregeln der Besserung und Sicherung handelt.

> *Beispiele*
> ■ Entzug der Fahrerlaubnis und hierdurch bedingter Verlust des Arbeitsplatzes.
> ■ Einziehung eines wertvollen Vermögensgegenstandes.
> ■ Nicht jedoch ein angeordneter Verfall, da durch ihn lediglich ein unrechtmäßiger Vermögensvorteil abgeschöpft werden soll.[27]

---

26 BGH NStZ 1999, 610.
27 BGH NJW 2002, 3339.

Folgen der Tat für das Opfer sind ebenfalls in die Abwägung einzubeziehen.

Beispiele
- Art und Schwere einer Körperverletzung.
- Höhe des erlittenen Schadens bei Vermögensdelikten.
- Schadenswiedergutmachung durch den Täter.

46 Ebenfalls zu berücksichtigen ist die Art der **Tatausführung**. Hat der Angeklagte beispielsweise durch sein Handeln eine erhebliche Gefährdung auch anderer Rechtsgüter verursacht, ist dies zu seinen Lasten zu werten. Nur die der Tatbestandsverwirklichung generell anhaftende Gefahr darf nicht strafschärfend berücksichtigt werden (**Doppelverwertungsverbot**; § 46 Abs. 3 StGB).

47 Weiterhin muss der **Tatwille** des Täters bewertet werden. Es ist zu prüfen, aufgrund welcher Motivation der Angeklagte die Tat begangen hat. Ist es zu der Tat beispielsweise aufgrund einer Provokation durch das Tatopfer und daraus resultierendem Zorn des Täters gekommen, muss die Strafe sicherlich anders bemessen werden, als wenn die Tathandlung aus Langeweile und Freude an der Begehung von Straftaten begangen wurde. Jedoch ist hierbei besonders das Doppelverwertungsverbot des § 46 Abs. 3 StGB zu beachten. So darf dem Angeklagten nicht strafschärfend angelastet werden, er habe aus egoistischen Motiven heraus Drogen verkauft, um einen Gewinn zu erzielen. Die Gewinnerzielungsabsicht ist bereits Merkmal des Tatbestands des unerlaubten Handeltreibens mit Betäubungsmitteln (§ 29 Abs. 1 Nr. 1 BtMG). Ebenso wenig darf das Alter des Opfers bei einem Tötungsdelikt berücksichtigt werden, da das Gesetz Abstufungen von Lebenswert nicht zulässt.[28]

48 Das **Vor- und Nachtatverhalten** des Täters muss ebenfalls in die Strafzumessung einbezogen werden. So muss zu Gunsten eines nicht vorbestraften Angeklagten dieser Umstand berücksichtigt werden und darf nicht als Selbstverständlichkeit abgetan werden.[29] Hingegen werden Vorstrafen, insbesondere, wenn sie das gleiche Delikt betreffen, als strafschärfend bewertet. Das Ablegen eines Geständnisses ist ebenfalls als Nachtatverhalten strafmildernd zu berücksichtigen. Dies kann allerdings nur dann gelten, wenn es darauf schließen lässt, dass der Angeklagte das Unrecht seiner Tat eingesehen hat.[30] Es kommt jedoch einem Geständnis, das eine schwierige und umfangreiche Beweisaufnahme erspart eine größere Wirkung zu als einem solchen, das erst abgelegt wird, nachdem der Angeklagte durch die bereits durchgeführte Beweisaufnahme überführt ist.

49 Ein weiterer zu berücksichtigender Umstand ist gem. § 46 Abs. 1 S. 2 StGB die **Spezialprävention**, d.h. die Folgen der Strafe für das künftige Leben des Angeklagten. So kann die Verhängung einer besonders milden Strafe beispielsweise damit gerechtfertigt werden, dass es zu der Tat nur aufgrund einer besonderen Ausnahmesituation gekommen ist und deshalb nicht zu erwarten ist, dass der Angeklagte trotz der Verurteilung weitere Straftaten begehen wird. Auch Umstände, die bereits eine Verschiebung des Strafrahmens gem. § 49 StGB bewirkt haben, müssen hier erneut berücksichtigt werden. § 50 StGB steht dem nicht entgegen. Im Urteil empfiehlt es sich, genau danach zu trennen, was zu Gunsten und was zu Lasten des Angeklagten

---

28 BGH StV 1995, 634.
29 BGH NStZ 1988, 70.
30 Die Kriterien, wonach der Tatrichter dies zu beurteilen hat oder dies kann, bleiben hierbei allerdings offen.

berücksichtigt wurde, um anschließend unter Abwägung dieser Umstände die tat- und schuldangemessene Strafe zu bestimmen.

Beispiel

Es ist wie folgt zu formulieren:

„Für den Angeklagten sprach, dass er sich bereits im Ermittlungsverfahren geständig eingelassen hat, bislang nicht vorbestraft ist und das Opfer ihm die Begehung der Tat durch seine Leichtgläubigkeit wesentlich erleichtert hat. Zu seinen Lasten musste hingegen die Höhe des entstandenen Schadens sowie der Umstand, dass er mehrere Tatbestände, nämlich den des Betrugs und den der Urkundenfälschung tateinheitlich verwirklicht hat, berücksichtigt werden. Unter Berücksichtigung dieser Umstände erscheint es ausreichend, aber auch erforderlich, gegen den Angeklagten eine Geld-/Freiheitsstrafe von … zu verhängen."

dd) Häufige Fehler bei der Strafzumessung

In der Folge soll (ohne Anspruch auf Vollständigkeit) auf im **Examen** häufig vorkom- 50 mende Fehlerquellen im Rahmen der Strafzumessung eingegangen werden, die auch durch das Revisionsgericht auf die allgemeine Sachrüge hin berücksichtigt werden. Es ist unzulässig, das im **gesetzlichen Tatbestand** niedergelegte Unrecht nochmals strafschärfend zu werten. Dies wird ausdrücklich in § 46 Abs. 3 StGB bestimmt. Ein solcher Verstoß läge beispielsweise darin, bei einer Verurteilung wegen eines Tötungs- delikts darauf abzustellen, die Strafe sei zu erhöhen, da das Leben das höchste Rechts- gut darstelle. Dieser Gesichtspunkt wurde bereits bei der Rechtsfolgenbestimmung des Tatbestands berücksichtigt. Wird zu Lasten des Angeklagten gewertet, er habe die mehrfache Möglichkeit, die Tat aufzugeben, nicht genutzt, liegt ebenfalls ein Ver- stoß gegen das Doppelverwertungsverbot vor. Dem Angeklagten wird in diesem Fall der (strafschärfende) Vorwurf gemacht, dass er die Tat überhaupt begangen hat.[31] Es ist somit immer zu prüfen, was geschütztes Rechtsgut ist und ob dies nochmals bei der Strafzumessung Berücksichtigung gefunden hat. Dies gilt auch dann, wenn dem Angeklagten vorgeworfen wird, er habe mit **direktem Vorsatz** gehandelt, da das Gesetz davon ausgeht, dass grundsätzlich immer mit direktem Vorsatz gehandelt wird. Nur wenn die kriminelle Energie besonders hoch ist und besonders schwere Tatfolgen entstanden sind, dürfen solche berücksichtigt werden. Liegt ein **Rücktritt vom Versuch** vor, dann darf der ursprüngliche Tatvorsatz nicht mehr strafschärfend berücksichtigt werden.

Beispiel

Der Angeklagte hatte in Tötungsabsicht mit einem Messer auf das Opfer eingestochen, dann aber die weitere Tatausführung aufgegeben; er wird jetzt wegen gefährlicher Körper- verletzung bestraft.

Die **berufliche Stellung** des Angeklagten darf nur dann gegen ihn verwendet werden, 51 wenn ein Zusammenhang zwischen ihm und der Straftat besteht und Gegenstand der Berufsausübung gerade eine erhöhte Pflicht gegenüber dem geschützten Rechtsgut war. Auch die Tatsache, dass es sich bei dem Angeklagten um einen **Ausländer** handelt, rechtfertigt nicht eine höhere Strafe. Es darf nicht argumentiert werden, der

---

31 BGH NStZ-RR 2002, 106.

Angeklagte habe „das gewährte Gastrecht missbraucht."[32] Ausländerrechtliche Folgen müssen, soweit keine besonderen Umstände vorliegen, nicht dargelegt werden.[33]

52 **Erlaubtes Verteidigungsverhalten** darf nie zu Lasten des Angeklagten gewertet werden. So darf beispielsweise nicht berücksichtigt werden, dass der Angeklagte durch seine fehlende Einlassung dem Opfer eine Aussage vor Gericht nicht erspart hat.[34] Hat er jedoch durch ein Geständnis ermöglicht, dass das Opfer nicht aussagen muss, so muss dies strafmildernd berücksichtigt werden.

53 Bei einer **überlangen Verfahrensdauer** ist dies aufgrund der Bestimmung des Art. 6 EMRK ebenfalls strafmildernd zu berücksichtigen. Ein Verstoß gegen das Beschleunigungsgebot ist jedoch als Verfahrensrüge geltend zu machen.[35] Benannte und unbenannte Strafschärfungs- und Milderungsgründe müssen berücksichtigt werden. Deren Fehlen darf wiederum grundsätzlich nicht in das Gegenteil verkehrt werden.[36] So darf beispielsweise nicht strafschärfend berücksichtigt werden, dass der Angeklagte dem von ihm verletzten Opfer nicht geholfen hat. Hätte er dies nämlich getan, läge ein Milderungsgrund vor.

54 Da bei einer Vielzahl von Tatbeständen weite Strafrahmen zur Verfügung stehen, ist zu begründen, warum gerade die von dem Gericht bestimmte Strafe als tat- und schuldangemessen anzusehen ist. Je mehr sich die Strafe dem oberen oder unteren Rand des Strafrahmens nähert, desto höher sind die Anforderungen an die Strafzumessungserwägungen.[37]

55 Von hoher **Praxis-** und wohl auch **Examensrelevanz** ist der **Täter-Opfer-Ausgleich**. Die Vorschrift des § 46 a StGB bestimmt, dass wenn der Täter zumindest versucht, einen immateriellen Ausgleich mit dem Opfer zu erreichen (Nr. 1) oder er den durch die Tat verursachten Schaden materiell wiedergutmacht (Nr. 2) zunächst eine (fakultative) Strafrahmenverschiebung nach § 49 StGB zu prüfen ist. Wird diese abgelehnt, ist dies zumindest als normaler Milderungsgrund zu berücksichtigen. Die Voraussetzungen des Täter-Opfer-Ausgleichs gem. § 46 a StGB liegen dann vor, wenn es zu einem **„kommunikativen Prozess"**[38] gekommen ist, der einen umfassenden Ausgleich zwischen Täter und Opfer bezweckt hat. Die reine Leistung von Schadensersatz, ohne dass das Opfer einbezogen würde, ist nicht ausreichend. Der Täter muss durch seine Leistungen oder Bemühungen zu erkennen geben, dass er die **Verantwortung für die Tat** zu übernehmen bereit ist.[39] Macht er lediglich den verursachten materiellen Schaden wieder gut, kommt eine Milderung nur über § 46 StGB in Betracht.[40] Dasselbe gilt auch für das bloße Übersenden eines Entschuldigungsschreibens. Ist das Opfer nicht bereit, die Bemühungen oder Leistungen des Täters als friedensstiftenden Ausgleich zu akzeptieren, sind die Voraussetzungen des Täter-Opfer-Ausgleichs

---

32 OLG Düsseldorf NJW 1996, 66.
33 BGH Beschl. v. 22.9.2003 – 5 StR 268/03, n.v.
34 BGH StV 1987, 108.
35 BGH NStZ 1999, 181.
36 Dies stellt keinen allgemein gültigen Grundsatz dar, vgl. BGHSt 34, 350, wonach eine Einzelfallprüfung vorzunehmen ist.
37 BGH NStZ-RR 2003, 52, 53.
38 BGH NStZ 2000, 205; BGH bei *Detter* NStZ 2004, 134, 137.
39 BGH NStZ 2000, 205, 206.
40 Ablehnend *Dierlamm*, NStZ 2000, 536 f.

ebenfalls nicht erfüllt.[41] Ist eine juristische Person geschädigt, kann ebenfalls ein Täter-Opfer-Ausgleich durchgeführt werden.

Ein abgelegtes **Geständnis** muss zwar regelmäßig strafmildernd berücksichtigt wer-   56
den, dies jedoch nur dann, wenn es auf Reue und Einsicht beruht und nicht auf einer bereits vorliegenden Beweislast, wie sie nach Abschluss der Beweisaufnahme vorliegen kann.[42] **Vorverurteilungen**, die vor der jetzt abzuurteilenden Tat liegen, können auch soweit sie noch nicht rechtskräftig sind, strafschärfend berücksichtigt werden, da sie eine Warnfunktion auf den Angeklagten hatten.[43] Gleiches gilt für bereits verjährte Taten.

c) Bildung von Gesamtstrafen

aa) Regelungsgehalt

Stehen mehrere Taten zur Aburteilung an, so ist für jede eine **Einzelstrafe** zu   57
bilden. Aus diesen Einzelstrafen ist grundsätzlich gem. § 53 Abs. 1 StGB, bzw. im Falle einer vorangegangenen Verurteilung vor der jetzt abzuurteilenden Tat gem. § 55 StGB eine **Gesamtstrafe** zu bilden, wobei die Grundsätze des § 54 StGB zur Anwendung kommen. Danach wird die Gesamtstrafe durch angemessene Erhöhung der höchsten Einzelstrafe (sog. **Einsatzstrafe**) gebildet. Eine Ausnahme gilt nur für eine lebenslange Freiheitsstrafe, da diese nicht mehr erhöht werden kann (§ 54 Abs. 1 S. 1 StGB). Die Gesamtstrafe darf die Summe der Einzelstrafen nicht übersteigen und bei zeitigen Freiheitsstrafen darf die Gesamtfreiheitsstrafe nicht höher als 15 Jahre sein. Kriterien für die Bestimmung der angemessenen Höhe der Gesamtstrafe sind wiederum alle Umstände, die bereits für die Zumessung der Einzelstrafen relevant waren.

> *Hinweis*
> In der **Praxis** wird vielfach folgende Vorgehensweise angewendet. Die Einsatzstrafe wird für sich genommen. Die übrigen Einzelstrafen werden addiert und anschließend die Einsatzstrafe um die Hälfte dieser Summe erhöht. Dies darf nur als Anhaltspunkt verstanden und nicht schematisch angewendet werden. Insbesondere bei einer Vielzahl von Einzelstrafen kann dies nicht mehr funktionieren. Diese „Rechnung" darf auch nie im Urteil in dieser Art durchgeführt werden, da die Gesamtstrafe unter Berücksichtigung von Tat und Täter und nicht schematisch zu bilden ist. Würden diese Ausführungen Eingang in das Urteil finden, unterläge es der Aufhebung in der Revisionsinstanz.

Die Gesamtstrafe ist grundsätzlich für alle zum Zeitpunkt des Urteils abzuurteilenden   58
Taten des Angeklagten zu bilden. Wurde jedoch die Tat, die nunmehr zur Verurteilung ansteht, vor einem vorangegangenen Urteil begangen, so ist gem. § 55 Abs. 1 S. 1 StGB die in diesem Urteil verhängte Strafe in die neue Verurteilung einzubeziehen. Dies ist zwingend. Es besteht keine Möglichkeit für den Tatrichter, die Gesamtstrafenbildung auf einen späteren Zeitpunkt zu verschieben.[44]

---

41 BGH StV 2004, 72 = NStZ-RR 2003, 363.
42 *Detter*, JA 1997, 586, 588.
43 BGHSt 25, 64.
44 BGHSt 12, 1.

> *Beispiel*
> Gegen den Angeklagten soll am 23.2.2004 eine Freiheitsstrafe von vier Monaten verhängt werden. Die zugrunde liegende Tat wurde am 30.12.2003 begangen. Es liegt eine Vorverurteilung zu einer Freiheitsstrafe von sechs Monaten vom 14.1.2004 vor. Die entsprechende Tat wurde am 12.12.2003 begangen. Die beiden Strafen sind gesamtstrafenfähig. Das Gericht hätte am 14.1.2004 die Tat vom 30.12.2003 bereits mit aburteilen können, wenn sie bekannt und angeklagt gewesen wäre.

Sinn dieser Regelung ist es, denjenigen Angeklagten, dessen Taten erst nach und nach angeklagt und verhandelt werden, nicht schlechter zu stellen als den Angeklagten, dessen Taten in nur einem Verfahren abgeurteilt werden. Besteht die frühere Verurteilung ebenfalls aus einer Gesamtstrafe, so ist sie in ihre **Einzelstrafen aufzulösen** und diese sodann in die neue Gesamtstrafe einzubeziehen.

bb) Härteausgleich

59 Ist zwar aufgrund der Voraussetzungen des § 55 Abs. 1 S. 1 StGB eine Gesamtstrafe zu bilden, diese jedoch bereits vollständig vollstreckt (z.B. die Geldstrafe ist bereits bezahlt), so kann selbstverständlich eine Gesamtstrafe nicht mehr gebildet werden. In diesen Fällen ist durch das Gericht ein **Härteausgleich** vorzunehmen. Dies darf dazu führen, dass die Grundsätze des § 39 StGB nicht mehr beachtet werden.[45] Die Berücksichtigung dieses Härteausgleichs kann so durchgeführt werden, dass zunächst eine fiktive Gesamtstrafe gebildet wird, von der dann die vollstreckte Strafe abgezogen wird.[46] In diesem Fall ist sogar das Unterschreiten der gesetzlichen Mindeststrafe möglich.[47]

cc) Zäsurwirkung

60 Das StGB kennt die Zäsurwirkung von Urteilen nicht. In der Rechtsprechung ist jedoch anerkannt, dass alle Taten, die nach einer Vorverurteilung begangen wurden, weder in eine Gesamtstrafe dieser Vorverurteilung noch der einer neuen Verurteilung Eingang finden dürfen. Dies lässt sich damit begründen, dass jede Verurteilung eine **Warn- oder Appellfunktion** an den Angeklagten hat. Ihm sollen deshalb die Vorteile einer Gesamtstrafenbildung nicht zugute kommen. Demnach tritt die Zäsur mit der **frühesten unerledigten Verurteilung** ein und für danach begangene Taten sind selbständige Gesamt- oder Einzelstrafen zu bilden.[48] So kann es vorkommen, dass mehrere Gesamtstrafen zu bilden sind und neben einer oder mehreren Gesamtstrafen Einzelstrafen bestehen bleiben.

> *Beispiel*
> Das Gericht spricht am 23.11.2004 ein Urteil betreffend eine Tat vom 24.6.2004 sowie eine weitere Tat vom 15.5.2004. Am 4.6.2004 wurde der Angeklagte wegen zweier anderer Taten, nämlich vom 10.5.2004 und vom 23.4.2004 verurteilt. In diesem Fall stellt die Verurteilung vom 4.6.2004 eine Zäsur für danach begangene Straftaten dar. Der Angeklagte hätte sich dieses Urteil zur Warnung dienen lassen müssen. Somit ist die danach begangene Straftat vom 24.6.2004 nicht gesamtstrafenfähig mit den zuvor begangenen

---

45 BGH wistra 2002, 422.
46 BGHSt 33, 131.
47 BGHSt 31, 104.
48 BGHSt 32, 193.

Straftaten, jedoch ist aus den Strafen für die Taten vom 23.4., 10.5. und vom 15.5.2004 eine Gesamtstrafe zu bilden. Zu diesem Zweck ist die im Urteil vom 4.6.2004 gebildete Gesamtstrafe in ihre Einzelstrafen aufzulösen. Mit den jetzt vorhandenen Einzelstrafen für die Taten 23.4., 10. und 15.5.2004 ist eine Gesamtstrafe zu bilden. Die Einzelstrafe für die Tat vom 24.6.2004 bleibt gesondert bestehen.

d) Strafaussetzung zur Bewährung

Wird gegen den Angeklagten eine Freiheitsstrafe von nicht mehr als zwei Jahren 61 verhängt, ist zu prüfen, ob die Vollstreckung zur Bewährung auszusetzen ist. Diese Frage ist nach den Grundsätzen des § 56 StGB zu beantworten. Auch diese Frage ist nur einer eingeschränkten revisionsrechtlichen Überprüfung zugänglich. Entscheidend ist vielmehr der Eindruck, den der Tatrichter von der Person des Angeklagten gewonnen hat. Es ist daher ausreichend, wenn sich das Gericht mit den für die Frage der Strafaussetzung zur Bewährung ausschlaggebenden Aspekten auseinander setzt und dies auch im Urteil dokumentiert. Die Vollstreckung der Freiheitsstrafe kann dem Angeklagten dann zur Bewährung ausgesetzt werden, wenn zu erwarten ist, dass sich der Angeklagte die Verurteilung zur Warnung dienen lassen wird und zu erwarten ist, dass er zukünftig ein **straffreies Leben** führen wird. Grundsätzlich gilt, dass im Falle des Vorliegens einschlägiger Vorverurteilungen, möglicherweise sogar mehrfach, und bei bereits erfolgter Vollstreckung von Freiheitsstrafe eine günstige Sozialprognose nicht mehr gestellt werden kann.

Soll eine Freiheitsstrafe von mehr als einem Jahr verhängt werden, so sind gem. § 56 62 Absatz 2 S. 1 StGB neben den Voraussetzungen des Absatz 1 **besondere Umstände** erforderlich, um eine Strafaussetzung zu rechtfertigen. Diese müssen sich aus der abzuurteilenden Tat oder der Persönlichkeit des Angeklagten ergeben. Ausreichend ist es insoweit, wenn im Gegensatz zu den üblicherweise vorkommenden Straftaten auffällig viele Milderungsgründe zusammentreffen. Das Gericht darf jedenfalls eine Freiheitsstrafe, die zwei Jahre nicht übersteigt, nicht nur deshalb wählen, um eine Strafaussetzung zur Bewährung zu ermöglichen. Vielmehr muss zunächst die tat- und schuldangemessene Strafe bestimmt werden und anschließend, soweit noch Raum dafür ist, die Frage der Strafaussetzung zur Bewährung entschieden werden.

e) Maßregeln der Besserung und Sicherung

Im Urteil sind, soweit die Voraussetzungen dafür gegeben sind, auch Maßregeln der 63 Besserung und Sicherung auszusprechen.

Hinweis
Examensrelevant erscheint in diesem Zusammenhang lediglich die Entziehung der Fahrerlaubnis.

Die übrigen Maßregeln sollten jedoch durch Lektüre des Gesetzes zumindest bekannt sein. Voraussetzung für die Entziehung der Fahrerlaubnis ist gem. § 69 Abs. 1 S. 1 StGB, dass sich der Angeklagte als zum **Führen von Kraftfahrzeugen ungeeignet** erwiesen hat. Die bisherige Rechtsprechung geht davon aus, dass es ausreicht, wenn der Angeklagte, abgesehen von den Katalogtaten des § 69 Abs. 2 StGB, wenn die Benutzung des Fahrzeugs die Ausführung der Tat nur erleichtert hat bzw. aus Anlass der Tatbegehung stattgefunden hat.[49] Der 4. Strafsenat des BGH hat nunmehr in einem Anfragebeschluss an die übrigen Senate gem. § 132 GVG die Auffassung vertreten, erforderlich sei ein „**spezifischer Zusammenhang zwischen Tat und Verkehrssicherheit**.“[50] Dies bedeutet, der Täter muss durch seine Tat gezeigt haben, dass er bereit ist, die Sicherheit des Straßenverkehrs seinen eigenen kriminellen Interessen unterzuordnen. Da nicht alle Strafsenate ihre entgegenstehende Rechtsprechung aufgegeben haben, hat der 4. Strafsenat die Frage dem Großen Senat für Strafsachen zur Entscheidung vorgelegt.[51] Der 1. Strafsenat des BGH hat bislang einen derartigen spezifischen Zusammenhang für nicht erforderlich gehalten.[52] In jedem Fall ist die Ungeeignetheit jedoch bei Taten, die nicht in dem Katalog des § 69 Abs. 2 StGB aufgeführt sind, ausführlich zu begründen. Der bloße Hinweis darauf, dass der Täter ein Fahrzeug zur Tatausführung benutzt hat, wird nicht ausreichend sein. Je schwerwiegender der Tatvorwurf und somit dessen Indizwirkung für eine Ungeeignetheit, desto mehr tritt jedoch diese Begründungspflicht in den Hintergrund.

64   Daneben ist eine **Sperre für die Wiedererteilung** der Fahrerlaubnis gem. § 69 a StGB zu verhängen. Ist der Angeklagte nicht im Besitz einer Fahrerlaubnis, so kann gem. § 69 a Abs. 1 S. 3 StGB eine sog. **isolierte Sperre** für die Erteilung der Fahrerlaubnis angeordnet werden. Zu beachten ist, dass gem. § 69 a Abs. 3 StGB die Mindestsperre ein Jahr beträgt, wenn in den letzten drei Jahren vor der abzuurteilenden Tat bereits schon einmal eine Sperre angeordnet worden war. Als vom Gesetz allein vorgesehene Nebenstrafe ist insbesondere bei Verkehrsdelikten auch an die Verhängung eines Fahrverbots gem. § 44 StGB zu denken.

f)   Verhängung kurzer Freiheitsstrafen

65   Der Gesetzgeber geht davon aus, dass im Falle der Vollstreckung kurzer Freiheitsstrafen (unter sechs Monate) die möglichen Schäden des Vollzugs gegenüber der Notwendigkeit der Vollstreckung derart überwiegen, dass grundsätzlich keine kurzen Freiheitsstrafen verhängt werden sollen. Die Vorschrift des § 47 Abs. 1 StGB besagt deshalb, dass die Verhängung einer kurzen Freiheitsstrafe nur dann in Betracht kommt, wenn die dort genannten Voraussetzungen vorliegen. Dies kann beispielsweise bei einem Angeklagten, der bereits mehrfach wegen des gleichen Delikts zu Geldstrafen verteil wurde und wiederum straffällig geworden ist, zur Einwirkung auf den Angeklagten und zur Verteidigung der Rechtsordnung erforderlich sein. Im Urteil müssen zu den Voraussetzungen des § 47 Abs. 1 StGB jedenfalls auch in eindeutigen Fällen (z.B. mehrfach vorbestrafter Täter) Ausführungen gemacht werden,[53] da er eine Ausnahmeregelung darstellt. So sind beispielsweise die Vorverurteilungen in dem Urteil wiederzugeben, um eine Nachprüfbarkeit durch das Revisionsgericht zu ermöglichen.

---

49 BGH StraFo 2003, 388.
50 BGH StraFo 2003, 388.
51 Vorlagebeschluss vom 26.8.2004, NJW 2004, 3497 = StV 2004, 653; eine Entscheidung war bei Drucklegung noch nicht ergangen, der weitere Verlauf bleibt abzuwarten.
52 BGH StraFo 2003, 388.
53 OLG Köln NStZ 421, 422.

7. Beschlüsse neben dem Urteil

Einige Entscheidungen, die mit Urteilsverkündung ergehen, werden nicht in den **66** Tenor des Urteils aufgenommen, sondern in Form eines Beschlusses, der zusammen mit dem Urteil verkündet wird, erlassen. Wurde die Vollstreckung der im Urteil verhängten Freiheitsstrafe zur Bewährung ausgesetzt, so werden die Einzelheiten hierzu in einem **Beschluss** geregelt (§ 268 a Abs. 1 StPO). Der Inhalt selbst wird durch die §§ 56 a bis d StGB bestimmt. Mindestens muss bestimmt werden, wie lange die Bewährungszeit dauert. Darüber hinaus können auch Auflagen oder Weisungen erteilt werden (§ 56 b und § 56 c StGB).

Der **Bewährungsbeschluss** ist nicht mit der Berufung oder Revision, sondern nur **67** mit der **Beschwerde** anfechtbar. Dies ist im Falle der Einlegung von Berufung irrelevant, da das Berufungsgericht einen neuen Bewährungsbeschluss erlassen kann. Nur wenn bei zulässiger Berufung lediglich die Unrechtmäßigkeit einer im Bewährungsbeschluss getroffenen Regelung angefochten werden soll, nicht jedoch das Urteil selbst, muss dies mit der Beschwerde getan werden.

Gem. § 268 b StPO ist mit der Urteilsverkündung auch durch Beschluss über die **68** **Fortdauer der Untersuchungshaft** oder der **einstweiligen Unterbringung** (§ 126 a StPO) zu entscheiden. Diese Entscheidung hat von Amts wegen zu ergehen. Im Falle eines Freispruchs gilt § 120 Abs. 1 S. 2 StPO. Weiterhin kann, soweit dies nicht bereits früher der Fall war, mit Verkündung des Urteils die Fahrerlaubnis vorläufig gem. § 111 a StPO entzogen werden. Dies ist dann erforderlich, wenn der Zeitraum zwischen Verkündung des Urteils, in dem die Fahrerlaubnis entzogen wurde, und dessen Rechtskraft abgedeckt werden soll.

8. Unterschriften der Richter

Das Urteil ist gem. § 275 Abs. 2 S. 1 StPO durch die an der Entscheidung mitwir- **69** kenden Richter zu unterschreiben. Ausreichend sind jedoch die Unterschriften der **Berufsrichter**, die Schöffen müssen nicht unterschreiben (§ 275 Abs. 2 S. 3 StPO). Ist einer der Richter an der Unterschriftsleistung gehindert, so ist dies gem. § 275 Abs. 2 S. 2 StPO durch den Vorsitzenden, im Falle von dessen Verhinderung von dem dienstältesten Richter zu vermerken und dieser **Vermerk** zu unterschreiben.

Hinweis
Ist das Urteil nicht von allen Richtern unterschrieben oder der Verhinderungsvermerk nicht ordnungsgemäß, so ist das Urteil nicht ordnungsgemäß zur Akte gebracht im Sinne von § 275 Abs. 1 StPO. Dies stellt gem. § 338 Nr. 7 StPO einen absoluten Revisionsgrund dar.

§ 15 Rolle des Strafverteidigers im erstinstanzlichen Strafverfahren

A. Hauptverhandlung als zentraler Teil des erstinstanzlichen Strafverfahrens

1   Bei aller Bedeutsamkeit des Ermittlungsverfahrens für das Ergebnis des Strafprozesses insgesamt ist nach der Konzeption unserer Strafprozessordnung und (jedenfalls noch) nach der jetzigen Praxis die **Hauptverhandlung erster Instanz** das **entscheidende Stadium** für die Frage der **Schuldfeststellung**. Mögen auch eine Reihe von Ergebnissen aus den vorherigen Verfahrensstadien in die Hauptverhandlung „transportiert" werden können – etwa durch Verlesung von Urkunden gem. § 254 Abs. 1 StPO oder Vernehmung von Verhörspersonen, so findet doch in der Hauptverhandlung eine neue, eigene **Beweisaufnahme** statt, die allein Grundlage des Urteils ist. Dies definiert das Gesetz selbst mit wünschenswerter Klarheit:

„Über das Ergebnis der Beweisaufnahme entscheidet das Gericht nach seiner freien, aus dem Inbegriff der Verhandlung geschöpften Überzeugung" (§ 263 StPO).

2   Ist es nicht gelungen, das Verfahren vor einer Hauptverhandlung zu Gunsten des Mandanten zu beenden, so ist die **Hauptverhandlung** das Stadium, in dem der **Verteidiger** nicht nur präsent sein, sondern alle **Möglichkeiten zur günstigen Urteilsgestaltung** wahrnehmen muss, die ihm die Prozessordnung bietet. Anders als in vorgängigen Verfahrensabschnitten stellt die Strafprozessordnung dem Beschuldigten und seinem Verteidiger eine Fülle von derartigen Möglichkeiten der Einflussnahme auf die richterliche Überzeugungsbildung zur Verfügung. Sie in einer **kontradiktorischen Auseinandersetzung** nicht auszuschöpfen, sondern nur durch „stille Präsenz" zu glänzen, ist ein schweres Versäumnis des Verteidigers, das angesichts der äußerst ungewissen Chancen eines Rechtsmittelverfahrens, namentlich eines Revisionsverfahrens, kaum je wieder auszugleichen ist.

3   Dabei bedeutet die **Ausschöpfung von Verfahrensrechten** keineswegs einen sinnlosen Aktionismus, der nicht der Sache dient, sondern nur auf eine Verfahrensverzögerung hinarbeitet. Dies wird im Ergebnis wenig bringen und den Einfluss sinnvoller Anträge und Anregungen eher schmälern.

4   Die Wahrnehmung der vielfältigen Rechte in der Hauptverhandlung setzt allerdings eine profunde Kenntnis dieser **Gestaltungsmöglichkeiten** voraus. Es muss ein jederzeit abrufbares **Grundwissen** vorhanden sein, das – gestützt durch den Kurzkommentar *Meyer-Goßner* – sofortige Aktionen und Reaktionen ermöglicht. Denn nicht selten werden Rechte der Verteidigung präkludiert, wenn sie nicht unverzüglich wahrgenommen werden.

5   Angesichts des äußerst beschränkten Raums für eine Darstellung der vielfältigen **Verteidigungsmöglichkeiten** in einer **Hauptverhandlung** können hier nur rudimentär einige wenige Rechte herausgegriffen werden. Im Übrigen ist auf das **Handbuch „Strafverteidigung in der Praxis"**[1] zu verweisen. In dem Kapitel „Die Hauptver-

---

1 *Brüssow/Gatzweiler/Krekeler/Mehle*, 3. Auflage 2004.

handlung"[2] erfolgt eine an den **Bedürfnissen der Verteidigung** orientierte, dem Gang der Hauptverhandlung folgende Darstellung der Gestaltungsmöglichkeiten.

B. Verteidigungsrechte in der Hauptverhandlung

I. Recht auf den Verteidiger des Vertrauens

Die Rechtsprechung hat allgemein[3] anerkannt, dass jeder in einem Strafverfahren   6
Beschuldigte das **Recht** nicht nur auf einen Verteidiger allgemein, sondern auf den
Verteidiger seines persönlichen Vertrauens hat. Dies bedeutet u.a., dass auch die
Terminierung der Hauptverhandlung mit diesem Verteidiger durch den Vorsitzenden,
dem die Terminshoheit gem. § 213 StPO zusteht, abgestimmt werden muss. Unter-
bleibt eine solche Abstimmung und ist der Verteidiger auf Grund anderer beruflicher
Verpflichtungen (etwa anderer Verteidigungen – dies ist glaubhaft zu machen –)
verhindert, so hat der **Beschuldigte** (!) – nicht der Verteidiger – einen **Anspruch**
auf Aufhebung des Termins und dessen neue Anberaumung. Weigert sich der Vorsitzende, so gesteht die Rechtsprechung der Oberlandesgerichte dem Beschuldigten
(ausnahmsweise) ein **Beschwerderecht** gem. § 304 StPO (entgegen § 305 S. 1 StPO)
zu.[4] Hier muss also der **Verteidiger** für seinen Mandanten im Wege der Beschwerde
aktiv werden und kann dadurch einen Termin erreichen, an dem er seine Aufgaben
wahrnehmen kann.

Ist der Verteidiger unvorhergesehen verhindert – etwa wegen einer Verzögerung der   7
Anreise zum Termin oder wegen plötzlicher Erkrankung – so besteht ein **Anspruch
auf Aussetzung**. Dieser Anspruch wird aus der Fürsorgepflicht des Gerichts wegen
veränderter Verfahrenslage nach § 265 Abs. 4 StPO abgeleitet.[5] Das Gericht darf in
diesen Fällen nicht ohne diesen Verteidiger verhandeln. Handelt es sich um eine
notwendige Verteidigung, ist dies schon aus Rechtsgründen nicht möglich. Bei einer
nur kurzzeitigen Verspätung muss das Gericht warten, bis der Verteidiger erschienen
ist.

II. Anträge, die der Präklusion unterliegen

1. Grundsatz

Hier sind zu erwähnen   8
- die Ablehnung von Gerichtspersonen, §§ 24 ff. StPO und
- die sog. Besetzungsrügen, §§ 222 a ff. StPO.

---

2 Bearbeitet von *Gatzweiler/Mehle.*
3 BVerfG NJW 1984, 862; BGH StV 1989, 89; 1998, 414; OLG Hamburg StV 1995, 11; OLG Frankfurt/M.
  StV 1995, 11.
4 OLG München NStZ 1994, 451; OLG Frankfurt/M. StV 1997, 402; 1998, 13; 2001, 157.
5 OLG Hamm VRS 1974, 36.

2. Ablehnung von Gerichtspersonen

9 Ein **Richter** kann abgelehnt werden, wenn er nach dem Gesetz von der Mitwirkung am Verfahren ausgeschlossen ist. Er kann ferner abgelehnt werden wegen **Besorgnis der Befangenheit**. Diese findet statt, wenn ein Grund vorliegt, der geeignet ist, Misstrauen gegen die Unparteilichkeit eines Richters zu rechtfertigen, § 24 Abs. 2 StPO.

10 Das **Ablehnungsrecht** steht nicht dem Verteidiger, sondern dem **Angeklagten** persönlich zu. Der Antrag, wird er vom Verteidiger gestellt, muss dies deutlich machen, sonst wird er als unzulässig zurückgewiesen. Wichtig ist der **Zeitpunkt** der Ablehnung. Hier ist zu unterscheiden:

■ Wird das Ablehnungsgesuch auf einen Grund gestützt, der bereits vor Beginn der Hauptverhandlung dem Ablehnungsberechtigten (Angeklagten) bekannt geworden ist, so muss das Ablehnungsgesuch gem. § 25 Abs. 1 StPO vor Beginn der Vernehmung des ersten Angeklagten über seine persönlichen Verhältnisse erfolgen, also unmittelbar nach der Feststellung der Anwesenheit.

■ Wird der Antrag später angebracht, so wird er ebenfalls als unzulässig, weil verspätet, zurückgewiesen, ohne dass eine sachliche Prüfung erfolgt.

Hinweis
Es empfiehlt sich daher, dass der **Verteidiger** bei Eröffnung der Hauptverhandlung stehen bleibt und um das Wort bittet, um den Antrag zu verlesen.

11 Tritt ein Befangenheitsgrund erst später, also nach dem vorgenannten Zeitpunkt, ein (oder ist er zwar früher eingetreten, aber dem Angeklagten erst später bekannt geworden), muss die **Ablehnung unverzüglich** geltend gemacht werden, § 25 Abs. 2 S. 1 StPO. Dabei bedeutet unverzügliche Geltendmachung die Anbringung des Antrags **ohne schuldhaftes Zögern**. Wird das Ablehnungsgesuch auf einen Vorgang in der Hauptverhandlung gestützt, muss der Verteidiger Unterbrechung beantragen, um mit seinem Mandanten über die Anbringung eines solchen Gesuchs zu beraten. Danach ist der Ablehnungsantrag sofort zu stellen.[6]

3. Besetzungsrügen

12 Findet die **Hauptverhandlung** in erster Instanz vor der Großen Strafkammer des Landgerichts oder einem Strafsenat des Oberlandesgerichts statt, muss der **Einwand der vorschriftswidrigen Besetzung** spätestens bis zum Beginn der Vernehmung des ersten Angeklagten zur Sache erhoben werden, § 222 b StPO. Voraussetzung ist, dass die Besetzung zuvor (mindestens Wochenfrist) mitgeteilt worden ist. Wird der Antrag bis zu diesem Zeitpunkt nicht angebracht, tritt Präklusion ein.

13 Zu Form und Inhalt der Besetzungsrüge wird auf *Gatzweiler/Mehle*[7] verwiesen. Ist die **Rüge** rechtzeitig erhoben und zurückgewiesen worden, so kann im Revisionsverfahren der absolute Revisionsgrund des § 338 Nr. 1 StPO geltend gemacht werden (nicht vorschriftsmäßige Besetzung des Gerichts). Ist die Revisionsrüge erfolgreich,

---

6 Zu den Einzelheiten der Unverzüglichkeit sowie zum sonstigen Inhalt des Antrags vgl. *Brüssow/Gatzweiler/Krekeler/Mehle*, § 10 Rn 86 ff.

7 *Brüssow/Gatzweiler/Krekeler/Mehle*, § 10 Rn 106 ff.

wird das Urteil ohne Prüfung, ob sich dieser Mangel auf den Urteilsinhalt ausgewirkt haben kann – vgl. § 337 StPO – aufgehoben.

III. Vernehmung des Angeklagten zur Sache

Die Bedeutung der Entscheidung für oder gegen das **Schweigen des Mandanten** ist   14
bereits im Zusammenhang mit dem Ermittlungsverfahren angesprochen worden. In der **Hauptverhandlung** ist diese Entscheidung erneut zu treffen. Nicht selten steht der Verteidiger dabei allerdings vor der Situation, dass eine Aussage des Mandanten bereits vorliegt (häufig durch eine Vernehmung vor Einschaltung des Verteidigers). Ist diese Aussage in zulässiger Weise zustande gekommen, sind also insbesondere die **Belehrungspflichten** des § 136 Abs. 1 S. 2 StPO beachtet worden, so kann der Angeklagte durch sein Schweigen nicht verhindern, dass diese Aussage gegen ihn bei der Urteilsfindung verwertet wird. Die Aussage kann entweder durch Vernehmung der Verhörsperson

- Richter,
- Staatsanwalt,
- Polizeibeamter
- oder – in engen Grenzen – durch Verlesung in die Hauptverhandlung eingeführt werden (vgl. § 254 Abs. 1 StPO: Verlesung der richterlichen Vernehmung zum Zweck der Feststellung eines Geständnisses).

Will der **Verteidiger** verhindern, dass eine solche **Aussage**, die i.d.R. ein **Geständnis**   15
beinhaltet, in die Hauptverhandlung eingeführt wird, muss er sehr sorgfältig prüfen, ob die vorbezeichneten **Belehrungen** rechtzeitig und in ausreichender Form erfolgt sind. Der Beschuldigte ist über sein **Schweigerecht** zu belehren und über das Recht, jederzeit einen Verteidiger seiner Wahl zu beauftragen, § 136 Abs. 1 S. 2 StPO. Die Vorschrift ist für richterliche, staatsanwaltschaftliche sowie polizeiliche Vernehmungen anwendbar.

Schweigt der Angeklagte, so darf dieses **Schweigen** nicht zu seinem **Nachteil** verwer-   16
tet werden.[8] Allerdings muss er dann in vollem Umfang die Einlassung zur Sache verweigern. Das nur **teilweise Schweigen** darf jedenfalls nach ständiger Rechtsprechung des BGH als Beweisanzeichen gegen den Angeklagten verwertet werden.[9] Dabei liegt kein Teilschweigen in diesem Sinne vor bei einer Einlassung nur zu einem von mehreren gegenständlich abgrenzbaren Tatvorwürfen.[10] Das pauschale Bestreiten der Tat

Beispiel
„Ich bin unschuldig!"

gilt nicht als Teileinlassung, ist also für das Schweigen unschädlich.

Prozesstaktisch kann es geboten sein, jedenfalls zunächst die Aussage zu verweigern.   17
Eine Einlassung zur Sache kann in jedem Zeitpunkt der Hauptverhandlung erfolgen, also noch im Schlusswort des Angeklagten. Aus dem Zeitpunkt der Einlassung dürfen dabei keine nachteiligen Schlüsse gezogen werden.[11]

---

8 St. Rspr. BGHSt 20, 298; BGH StV 1981, 56.
9 BGHSt 20, 298.
10 BGHSt 32, 140, 145.
11 BGH NStZ 1986, 208; BGH StV 1994, 413.

18 Zu der **Abwägung**, ob bei einer Verteidigung gegen den Schuldspruch geschwiegen werden soll, vgl. *Gatzweiler/Mehle*.[12] Wichtig ist dabei, dass **tatsächliche Umstände**, die die Verteidigung zum Gegenstand der Hauptverhandlung machen will, weil sie den Mandanten entlasten, auch auf andere Weise als durch eine Aussage in die Hauptverhandlung eingebracht werden können.[13]

19 Das Beweisantragsrecht, §§ 244, 245 StPO, ist die mit Abstand **wirksamste Möglichkeit**, die Beweisaufnahme in der Hauptverhandlung zu Gunsten des Mandanten zu gestalten und damit entscheidend auf die Überzeugungsbildung des Gerichts einzuwirken.

20 Der Beweiserhebungsanspruch des Beschuldigten – und des für ihn tätigen Verteidigers – ist unabweisbare Konsequenz der im reformierten Strafprozess zu Anerkennung gekommenen Subjektrolle des Beschuldigten. Häufig hat es Versuche in der Vergangenheit gegeben, das **Beweisantragsrecht** zu beschneiden – sei es inhaltlich, sei es zeitlich in Form einer Präklusion. Die dabei immer wieder aufgestellte Behauptung, durch einen Beweisantrag werde nur das aktiviert, was nach dem Grundsatz der materiellen Wahrheitserforschung ohnehin die Amtspflicht des Gerichts sei, ist unzutreffend. Der BGH selbst stellt dies mit wünschenswerter Deutlichkeit fest:

„… Das Beweisantragsrecht ist gerade dazu bestimmt, das Gericht zu nötigen, über das von ihm zur Aufklärung des Sachverhalts erforderlich Gehaltene hinauszugehen.“[14]

21 Der **Verteidiger** muss sich daher um eine **profunde Kenntnis des Beweisantragsrechts** bemühen. Er muss vor allem wissen, was zur **Wirksamkeit eines Beweisantrags** unbedingt erforderlich ist. Der Beweisantrag ist das ernsthafte, unbedingte oder an eine Bedingung geknüpfte Verlangen eines Prozessbeteiligten, zur Schuld- oder Rechtsfolgenfrage mit bestimmten, nach der Strafprozessordnung zulässigen, Beweismitteln Beweis zu erheben.[15]

22 Demnach enthält der **Beweisantrag** zwei zwingende **Elemente**,
- zum einen die sog. Beweisbehauptung,
- zum anderen das sog. Beweismittel (Zeuge, Sachverständiger, Urkunde, Augenschein), mit Hilfe dessen die Beweisbehauptung bewiesen werden soll.

Dabei muss das **Beweisthema** (Beweisbehauptung) unbedingt in Form einer Behauptung aufgestellt werden, auch wenn sich der Antragsteller nicht sicher ist, ob die behauptete Tatsache tatsächlich zutrifft. Wird ein Sachverhalt, der unter Beweis gestellt werden soll, lediglich als möglich bezeichnet, verliert der Antrag seine Eigenschaft als Beweisantrag und wird zum sog. **Beweisermittlungsantrag**. Damit unterliegt er nur der Kontrolle über die Pflicht zur Aufklärung des Sachverhalts von Amts wegen, § 244 Abs. 2 StPO. Die sehr strengen Anforderungen an die Ablehnung eines Beweisantrags, § 244 Abs. 3 bis 5 StPO, gelten hier nicht. Zur Erhebung eines Beweises von Amts wegen ist das Gericht nur verpflichtet, wenn sich eine solche **Beweiserhebung „aufdrängt“**.[16]

---

12 *Brüssow/Gatzweiler/Krekeler/Mehle*, § 10 Rn 181 ff.
13 *Brüssow/Gatzweiler/Krekeler/Mehle*, § 10 Rn 192 ff.
14 BGHSt 21, 118, 124.
15 *Alsberg/Nüse/Meyer*, S. 36.
16 *Meyer-Goßner*, § 244 Rn 12 m.w.N.

Besondere Bedeutung kommt der **Pflicht des Gerichts** zu, den Beweisantrag in der   23
Hauptverhandlung – also vor Urteilsverkündung – durch Beschluss zu bescheiden,
§ 244 Abs. 6 StPO. Der Beschluss des Gerichts ist dabei zu begründen. Damit erhält
die Verteidigung die Möglichkeit zu erkennen, in welche **Richtung** sich die **Überzeugungsbildung des Gerichts** bewegt. Von dem Beweisantragsrecht ist daher umfassend Gebrauch zu machen. Zu weiteren Einzelheiten wird auch hier auf *Gatzweiler/
Mehle*[17] verwiesen.

IV. Fragerecht

Von ebenfalls überragender **Bedeutung** ist das Recht des Angeklagten und seines   24
Verteidigers, Zeugen und Sachverständige zu befragen, § 240 Abs. 2 StPO. Der
Verteidiger darf auch einen Mitangeklagten befragen; eine unmittelbare Befragung
eines Angeklagten durch einen anderen Angeklagten ist unzulässig, § 240 Abs. 2 S. 2
StPO.

Dieses **Fragerecht** ist auch besonders durch Art. 6 Abs. 3 d EMRK als **Mindestrecht**   25
eines Angeklagten geschützt. Wegen der nur beschränkten Teilnahme an Ermittlungshandlungen während des Ermittlungsverfahrens besteht hier zum ersten Mal die
Möglichkeit, insbesondere Zeugen zu befragen, die durch ihre Angaben den Angeklagten belasten. Von dieser Möglichkeit muss der Verteidiger ausgiebigst Gebrauch
machen. Er muss dabei insbesondere darauf hinwirken, dass Widersprüche in den
Aussagen des Zeugen vor Gericht zu Bekundungen im Ermittlungsverfahren aufgedeckt werden.

> *Hinweis*
> Dem **Verteidiger** darf das Fragerecht nicht entzogen werden.

Lediglich einzelne Fragen dürfen unter den Voraussetzungen des § 241 Abs. 2 StPO
zurückgewiesen werden. Auch insoweit muss zu den Einzelheiten auf die Ausführungen bei *Gatzweiler/Mehle*[18] verwiesen werden.

V. Erfordernis des Widerspruchs zur Wahrung von Rechten

Die Strafprozessordnung sieht – ausgenommen die bereits erwähnten ausdrücklichen   26
Fälle der Präklusion
■ Rüge der Gerichtsbesetzung,
■ Befangenheitsgesuch,
keinen Fall vor, der die Verteidigung anhält, eine in der Hauptverhandlung erfolgte
prozessuale Gesetzesverletzung sofort zu rügen, um eine Verwertung der zu beanstandenden Beweisgewinnung im Urteil zu verhindern und / oder die Rüge der unzulässigen Beweisgewinnung im Revisionsverfahren zu erhalten.

Es ist jedoch eine zunehmende Tendenz der Rechtsprechung des BGH festzustellen,   27
wonach die **Unverwertbarkeit** eines in der Hauptverhandlung erhobenen **Beweises**
(etwa die Einführung einer Aussage des Angeklagten oder eines Zeugen) voraussetzt, dass der Verwertung dieses Beweises ausdrücklich widersprochen wird. Der

---

17 *Brüssow/Gatzweiler/Krekeler/Mehle*, § 10 Rn 268 ff.
18 *Brüssow/Gatzweiler/Krekeler/Mehle*, § 10 Rn 302 ff.

Widerspruch selbst ist nach dieser Tendenz der Rechtsprechung zeitlich befristet. Er muss spätestens im Rahmen des Äußerungsrechts nach § 257 StPO, also nach der betroffenen Beweiserhebung, erklärt werden.[19]

Hinweis
Der **Verteidiger** muss also, um sich die vorbezeichnete Rügemöglichkeit zu erhalten, in jedem Fall spätestens nach dem vorgenannten Zeitpunkt diesen Widerspruch ausdrücklich und zu Protokoll (schriftlich oder mündlich) erheben.

Wird dies unterlassen, so darf das Gericht den Beweis verwerten. Eine entsprechende Rüge im Revisionsverfahren ist nicht mehr zulässig.

19 BGHSt 38, 214, 226; BGHSt 39, 349, 352; BGH StV 1996, 187, 189.

Kapitel 5: Berufung im Strafprozess

§ 16 Berufungsverfahren in der Klausur

Literatur: **Amelunxen**, Die Berufung in Strafsachen, 1982; **Hartwick**, Sprungrevision bei Nichtannahme der Berufung, NStZ 1997, 111; **Meyer-Goßner**, Annahmeberufung und Sprungrevision, NStZ 1998, 19; **Werle**, Die Annahmeberufung, JZ 1991, 792.

A. Bedeutung der Berufung

Statistisch gesehen kommt eine Revision auf zehn Berufungen. Das Alltagsgeschäft **1** des Strafverteidigers ist demnach die Berufung und nicht die Revision.

> *Hinweis*
> Im Zweiten Juristischen Staatsexamen für Rechtsreferendare ist die Fertigung eines Berufungsurteils eher selten zu erwarten.

Die Aufgabenstellung geht vielmehr dahin, dass ein Berufungsurteil mit der Revision überprüft wird. In einem ausführlichen Gutachten ist aus der Sicht des Verteidigers oder als Revisionsgericht die **Erfolgsaussicht des Rechtsmittels zu prüfen**.

> *Hinweis*
> Ein Berufungsurteil kann im **Examen** jedoch nur **kompetent überprüft** werden, wenn zuvor das **Wesen** und das **Verfahren der Berufung** in Strafsachen voll **verstanden** wurde.

Dem Prüfungsamt bieten sich im Verhältnis zur Revision gegen erstinstanzliche landgerichtliche Urteile **weitere Möglichkeiten Kenntnisse abzufragen**. Zu nennen sind hier insbesondere
- die Verfahrensverbindungen,
- die Beschränkungen des Rechtsmittels,
- reformatio in peius und
- die Besonderheiten in der Hauptverhandlung beim Ausbleiben des Anklagten und der Beweisaufnahme nach § 325 StPO.

B. Gang des Verfahrens

I. Berufungseinlegung

Die Berufung ist gem. § 314 StPO beim erstinstanzlichen Gericht einzulegen. Sie **2** bringt das Verfahren in die nächste Instanz (**Devolutiveffekt**) und verhindert den Eintritt der Rechtskraft (**Suspensiveffekt**).

II. Zuständigkeitswechsel durch den Devolutiveffekt

3   Die Wirkung des **Devolutiveffektes** tritt erst mit **Eingang der Akten** beim Berufungsgericht ein. Bis zu diesem Zeitpunkt hat das Ausgangsgericht über sämtliche Anträge zu entscheiden. Dies wird in der Praxis immer wieder bedeutsam, wenn Anträge auf Wegfall der vorläufigen Entziehung der Fahrerlaubnis gestellt werden. Hier kommt es auf das Datum des Eingangs bei Gericht an. Der **zuständige Richter** wird durch den **Tag des Eingangs der Akten** beim Berufungsgericht bestimmt. Ist der Antrag vor Abgabe an das Berufungsgericht beim Amtsgericht eingegangen, so hat der Amtsrichter zu entscheiden, andernfalls der Berufungsrichter.

III. Prüfungskompetenz des Tatgerichts

4   Der **erstinstanzliche Richter** prüft **nur**, ob die Berufung rechtzeitig innerhalb der einwöchigen Anfechtungsfrist eingegangen ist. Verspätet eingelegte Rechtsmittel verwirft das Gericht durch Beschluss. Alle anderen **Voraussetzungen der Zulässigkeit der Berufung** darf es nicht überprüfen, insbesondere nicht, ob die Form der Berufungseinlegung eingehalten wurde. Selbst wenn wirksam Rechtsmittelverzicht in der Hauptverhandlung erklärt und protokolliert worden ist, darf der erstinstanzliche Richter trotz klarer Erkennbarkeit der **Unzulässigkeit der Berufung** hierüber nicht entscheiden (§ 319 Abs. 1 StPO).

IV. Rechtsbehelf gegen Verwerfungsbeschlüsse der ersten Instanz

5   Gegen den Verwerfungsbeschluss des erstinstanzlichen Gerichts kann der Beschwerdeführer **binnen einer Woche nach Zustellung der Entscheidung die Überprüfung durch das Berufungsgericht** beantragen. Hier handelt es sich um einen **Rechtsbehelf**, der auf die Rechtskraft des Urteils keinerlei Auswirkung hat. Gegen die Entscheidung des Berufungsgerichts ist dann kein Rechtsmittel mehr möglich.

> *Beispiel*
> Der Angeklagte unternimmt nichts gegen den Verwerfungsbeschluss des AG gem. § 319 Abs. 1 StPO. Nach Ablauf der Wochenfrist bemerkt der Amtsrichter, dass dem in der Hauptverhandlung zulässigerweise nach § 232 Abs. 1 StPO abwesenden Angeklagten das Urteil nicht wirksam zugestellt worden ist und die Berufungseinlegungsfrist nach § 314 Abs. 2 StPO noch nicht zu laufen begonnen hat.
>
> Nach Zustellung des Urteils legt der Angeklagte Rechtsmittel ein.
>
> Welche Wirkung hat der bestandskräftige Verwerfungsbeschluss des Amtsgerichts?
>
> **Keine!**
>
> Der ergangene Verwerfungsbeschluss ist unwirksam, weil das erstinstanzliche Gericht nur über den verspäteten Eingang der Berufung entscheiden darf. Soweit das AG die Wirksamkeit der Zustellung überprüft hat, handelte es von vornherein außerhalb seiner sachlichen Zuständigkeit. Das Berufungsverfahren ist durchzuführen, da rechtzeitig ein zulässiges Rechtsmittel eingelegt wurde.

V. Berufung der Staatsanwaltschaft

Bei **rechtzeitiger Berufungseinlegung** legt die **Geschäftsstelle** des erstinstanzlichen 6
Gerichts die Akten der Staatsanwaltschaft vor. Hat die **Staatsanwaltschaft** selbst
Berufung eingelegt, so stellt sie nun dem Angeklagten die Schriftstücke über die
Einlegung und die Rechtfertigung der Berufung zu (§ 320 S. 2 StPO).

VI. Zuständiges Berufungsgericht

Berufungsgericht ist die **kleine Strafkammer** beim Landgericht für alle Berufungen 7
gegen Strafurteile des Amtsgerichts. Nach Eingang der Akten hat das Berufungsgericht gem. § 322 StPO die Vorschriften über die Einlegung der Berufung zu prüfen.
Der **Prüfungsumfang** ist nicht nur auf die **Rechtzeitigkeit** der Einlegung des Rechtsmittels **beschränkt**. Der Berufungsrichter hat **alle** in Betracht kommenden **Umstände**
zu überprüfen, die eine Berufung unzulässig machen können. Zu nennen ist hier
- die Statthaftigkeit der Berufung,
- die Überprüfung der Anfechtungsberechtigten (vgl. § 18 Rn 7 ff.),
- die Beschwer (vgl. § 18 Rn 14 ff.),
- die Bedingungsfreiheit der Rechtsmitteleinlegung (vgl. § 18 Rn 27),
- der Rechtsmittelverzicht und
- die Rechtsmittelrücknahme (vgl. § 18 Rn 31).

VII. Sofortige Beschwerde gegen Verwerfungsbeschlüsse des Berufungsgerichts

Der **Verwerfungsbeschluss** (bei Unzulässigkeit) des Berufungsgerichts ist mit der 8
sofortigen Beschwerde gem. §§ 322 Abs. 2, 311 StPO anfechtbar. Über die **sofortige
Beschwerde** entscheidet der Strafsenat des Oberlandesgerichts. Wegen der Einzelfragen zur Zulässigkeit der Berufung wird auf die Ausführungen zur Zulässigkeit der
Revision verwiesen (vgl. § 20 Rn 1).

VIII. Annahmeberufung nach § 313 StPO

Bei Bagatelldelikten ist die **Annahme der Berufung** eine besondere **Zulässigkeits-** 9
voraussetzung des Rechtsmittels. Geht die Geldstrafe über 15 Tagessätze nicht hinaus
oder wurde nur ein Bußgeld verhängt, so kann das Berufungsgericht durch einen
begründeten Beschluss die Zulassung der Berufung ablehnen, wenn für jeden Rechtskundigen klar ist, dass die Berufung am Ergebnis des Strafverfahrens nichts ändern
wird. Das Gleiche gilt, wenn der Angeklagte freigesprochen worden ist und die
Staatsanwaltschaft nicht mehr als 30 Tagessätze beantragt hatte. Bei einer Verurteilung
zur Geldbuße soll dem Betroffenen der Rechtsweg nicht verkürzt werden. Liegen die
Voraussetzungen des § 80 OWiG vor, so ist die Berufung zuzulassen.

Die Annahme der Berufung muss nicht begründet werden (§ 322 a S. 2 StPO). 10
Die Annahmeberufung wird in der **Literatur kritisiert**, weil sie dem Richter am
Amtsgericht durch Bestimmung der Strafhöhe Einfluss auf die Zulässigkeit des

Rechtsmittels eröffnet. Auch der Staatsanwalt kann durch die Wahl der beantragten Strafhöhe Einfluss auf die Zulässigkeit des Rechtsmittels nehmen.[1]

IX. Sprungrevision

11   Gegen Urteile des Amtsgerichts ist neben der Berufung auch die **Sprungrevision** an das Oberlandesgericht (übersprungen wird die Berufungsinstanz) möglich. Der **Beschwerdeführer** muss sich bis zum Ende der Revisionsbegründungsfrist nach § 345 StPO endgültig festlegen, mit welchem **Rechtsmittel** er das Urteil angreifen will. Bis zum Ablauf der Frist ist es ihm unbenommen, seine Entscheidung zu wechseln. Er kann also zunächst Berufung einlegen, dann zur Revision übergehen.

12   Legt der Anfechtungsberechtigte nur ein **unbestimmtes Rechtsmittel** ein, begründet seine Entscheidung nicht und stellt auch keine Revisionsanträge, so wird ohne sein Zutun das Berufungsverfahren durchgeführt. Hat er sich jedoch für die Durchführung der Revision entschieden, begründet diese nicht und stellt auch keine Revisionsanträge, so wird das Rechtsmittel vom erstinstanzlichen Gericht nach §§ 345, 346 StPO als unzulässig verworfen. Legt ein Verfahrensbeteiligter Revision und der andere Berufung ein, so entscheidet § 335 Abs. 3 StPO diesen Streit zu Gunsten des Berufungsverfahrens.

X. Kein Begründungszwang

13   Die Berufung kann binnen einer Woche gem. § 317 StPO begründet werden.

> *Hinweis*
> In der **Praxis** wird hiervon selten Gebrauch gemacht.

Etwas anderes kann für die Fälle der **Annahmeberufung** gelten. Nur wenn es dem Rechtsmittelführer gelingt, das Gericht von der Fehlerhaftigkeit der angegriffenen Entscheidung zu überzeugen, hat er eine Chance auf Annahme der Berufung.

XI. Verbindung des Berufungsverfahrens mit Verfahren erster Instanz

14   Kompliziert und umstritten war die **Verbindung** von **Berufungsverfahren** mit **erstinstanzlichen Sachen**. Übrig geblieben ist noch eine einzige **zulässige Fallkonstellation**. Die **kleine Strafkammer** kann statt die Berufung durchzuführen, die Sache an eine große Strafkammer **zum Zweck der Verbindung abgeben**, wenn in der großen Strafkammer gegen den gleichen Angeklagten ein erstinstanzliches Verfahren anhängig ist. In dem Fall kann die **große Strafkammer** nach § 4 StPO beide Verfahren miteinander verbinden und entscheiden. Dem **Angeklagten** wird kein Recht abgeschnitten, da die große Strafkammer auch die verbundene Sache neu verhandelt und ggf. in eine Gesamtstrafe mit einbezieht. Gegen die Entscheidung der großen Strafkammer bleibt dem Angeklagten die Revision beim Bundesgerichtshof. **Nicht zulässig** ist die Verbindung einer erstinstanzlichen Sache beim Amtsgericht mit einem

---

1 *Werle*, JZ 1991, 792.

Berufungsverfahren bei der kleinen Strafkammer. Dem Angeklagten wird auf diese Weise für die verbundene Sache eine Instanz genommen. Außerdem ist die kleine Strafkammer für ein erstinstanzliches Verfahren nicht mehr das zuständige Gericht.

XII. Ausnahmen im Jugendrecht

Die **Jugendkammer** beim Landgericht als große Strafkammer ist gem. § 41 Abs. 2 JGG zuständig für Verhandlungen und Entscheidungen über das Rechtsmittel der Berufung gegen Urteile des Jugendschöffengerichts. Erkennt die Jugendkammer im Laufe des Verfahrens, dass die Zuständigkeit des Amtsgerichts in erster Instanz nicht gegeben war (z.B. Mord statt Körperverletzung), so kann die Jugendkammer nach einem **Hinweis** als **erstinstanzliche Kammer** des Landgerichts die **Verhandlung fortsetzen.** Dies war auch bei allgemeinen Strafsachen vom BGH für zulässig gehalten worden in der Zeit, als die Berufungen gegen Urteile des Schöffengerichts noch von der großen Strafkammer verhandelt worden sind. Beim **Wechsel** der Jugendkammer ins erstinstanzliche Verfahren kann die **Besetzung,** die bei einer Verhandlung über eine Berufung des Jugendschöffengerichts i.d.R. mit zwei Berufsrichtern und zwei Schöffen erfolgt, Probleme bereiten. Verhandelt die Jugendkammer fortan als Schwurgericht, so muss eine Besetzung mit drei Berufsrichtern gewährleistet sein.

Beispiel
Das Jugendschöffengericht hat zwei Jugendliche wegen gemeinschaftlicher schwerer Körperverletzung zu einer Jugendstrafe von jeweils zwei Jahren verurteilt. Die Angeklagten und die Staatsanwaltschaft haben Berufung eingelegt, die vor der Jugendkammer als große Strafkammer verhandelt wird. Es stellt sich heraus, dass der Verletzte an den Folgen der Schlägerei gestorben ist. Bei Erwachsenen wäre nunmehr die Schwurgerichtskammer nach § 74 Abs. 2 Nr. 8 GVG zuständig mit der Folge, dass nach § 41 Abs. 1 Nr. 1 JGG die Jugendkammer als große Strafkammer zuständig ist.

Die Jugendkammer kann nach einem Hinweis gem. § 265 StPO als erstinstanzliche große Strafkammer – Jugendkammer – weiter verhandeln. Voraussetzung ist allerdings, dass die Jugendkammer mit drei Berufsrichtern und zwei Schöffen besetzt war, § 33 b Abs. 1 JGG. Falls die Besetzung der Jugendkammer nicht ausreicht, bleibt ihr nichts anderes übrig, als das Verfahren nach § 328 Abs. 2 StPO durch Urteil an die zuständige große Jugendkammer zu verweisen. Die Hauptverhandlung muss dann mit der richtigen Besetzung von vorn beginnen.

XIII. Beschränkung der Berufung

1. Überprüfung durch das Revisionsgericht von Amts wegen

Das **Revisionsgericht** hat **von Amts wegen (Prozessvoraussetzung)** die Wirksamkeit der **Berufungsbeschränkung** zu überprüfen. Dies bietet eine Reihe von **Fallgestaltungen,** die im Nachfolgenden besprochen werden sollen.

Hinweis
Hier liegt ein **Klausurschwerpunkt.**

Die **Beschränkung der Berufung** ist zulässig, soweit sie dem Berufungsgericht die Möglichkeit gibt, den angefochtenen Teil des Urteils, losgelöst vom übrigen

Urteilsinhalt, zu prüfen und rechtlich zu beurteilen.[2] Umgekehrt ausgedrückt ist die Beschränkung unzulässig, wenn der angefochtene Urteilsteil den Bestand und die Beurteilung eines anderen Urteilsteils irgendwie mitbeeinflusst und die beiden Urteilselemente zueinander in Wechselwirkung stehen. Dann fällt die Rechtsmittelbeschränkung weg und das ganze Urteil gilt insgesamt als angefochten.

17   Unproblematisch zulässig ist die Beschränkung auf den Rechtsfolgenausspruch und dort wieder auf einzelne Beschwerdepunkte. Regelmäßig kann begehrt werden, die Vollstreckung der ausgeurteilten Freiheitsstrafe zur Bewährung auszusetzen oder die Höhe der Strafe zu reduzieren. **Unzulässig** ist dagegen eine **Beschränkung** auf die Dauer der Sperrfrist für die Wiedererteilung der Fahrerlaubnis, ohne zugleich die Gründe und die Entziehung der Fahrerlaubnis selbst anzufechten.

2. Scheinbare Teilrechtskraft hindert die Überprüfung der Tatsachenfeststellungen nicht

18   Die **Feststellungen** des erstinstanzlichen Urteils bieten oftmals keine ausreichende **Grundlage** für den Rechtsfolgenausspruch.

> *Hinweis*
> In der **Praxis** ist die **Berufungsbeschränkung** auf den **Rechtsfolgenausspruch** in diesen Fällen deshalb unwirksam.

Stellt das erstinstanzliche Urteil nicht klar, ob die Tat vorsätzlich oder fahrlässig begangen worden ist, ob der Vorderrichter nur vom Versuch oder von der Vollendung ausgegangen ist und sind die Feststellungen zur Tat insgesamt verworren oder gar widersprüchlich, so bilden sie keine geeignete Grundlage für einen Schuldspruch. Eine **Beschränkung** ist in diesem Fall generell **unwirksam** und das ganze Urteil gilt als angefochten. Verkennt der Berufungsrichter diesen Umstand, so hat die **Revision** in vollem Umfang Erfolg.

> *Beispiel*
> Der Angeklagte wurde wegen Gefährdung des Straßenverkehrs nach § 315 c Abs. 1 StGB zu einer Freiheitsstrafe von einem Jahr verurteilt, deren Vollstreckung zur Bewährung ausgesetzt worden ist. Der Verurteilung lagen folgende Feststellungen zu Grunde:
> Am 1.4.2004 befuhr der Angeklagte die Burgstraße in Mainz. Zur Tatzeit um 23.15 Uhr betrug seine Blutalkoholkonzentration mindestens 1,2 Promille. Der Angeklagte rammte den PKW des Zeugen Kurz am rechten Kotflügel, der dort ordnungsgemäß geparkt war. Der Zeuge Kurz hat für die Reparatur seines Wagens 500 EUR gezahlt.
> Diese Feststellungen sind völlig unzureichend. Der Schuldumfang ist nicht ausreichend umschrieben. Unklar ist, ob der Angeklagte seine absolute Fahruntüchtigkeit vorsätzlich oder fahrlässig nicht gekannt hat und ob er die Gefahr vorsätzlich oder fahrlässig herbeigeführt hat. Auch sind die Feststellungen insoweit lückenhaft, da eine konkrete Gefahr für Sachen von bedeutendem Wert festzustellen ist. Hier wurde nur ein Schaden in Höhe von 500 EUR festgestellt. Vermutlich war das ganze Auto in Gefahr und hat einen weit höheren Wert als 500 EUR. Angesichts solcher Feststellungen ist die Beschränkung der Berufung auf das Strafmaß unwirksam. Das gesamte Urteil ist angefochten. Das Berufungsgericht hätte nicht nur über den Rechtsfolgenausspruch verhandeln dürfen. Die Revision ist erfolgreich.

---

2 BGHSt 27, 70 f.

Auch beim Vorliegen von **doppelt relevanten Tatsachen** ist eine Beschränkung 19
auf den Rechtsfolgenausspruch unwirksam. Doppelt relevant sind **Feststellungen**,
wenn sie sowohl Grundlage des Schuldspruchs als auch des Strafausspruchs sind.
Zu nennen ist hier insbesondere die Höhe der Blutalkoholkonzentration (wichtig für
den Tatbestand der §§ 316, 315 c StGB einerseits und für die Schuldfeststellungen
in §§ 20, 21 StGB andererseits). Auch dürfen die Feststellungen, die in Rechtskraft
erwachsen sind, später noch zu treffenden Feststellungen nicht widersprechen. Eine
Beschränkung auf materiell rechtlich selbständigen Taten (§ 53 StGB) ist möglich,
jedoch keine Beschränkung auf einzelne Teilakte, die gem. § 52 StGB verbunden
sind. Hier hat das **Revisionsgericht** auch die **Konkurrenzen** zu überprüfen. Ist
das **Berufungsgericht** zu Unrecht von Tatmehrheit ausgegangen, obwohl Tateinheit
vorliegt und hat es eine Beschränkung für wirksam gehalten, so ist die **Revision**
erfolgreich.

C. Berufungshauptverhandlung

I. Grundsatz

Gem. § 323 StPO läuft die **Vorbereitung** der **Berufungshauptverhandlung** und gem. 20
§ 324 Abs. 1 StPO die **Hauptverhandlung** selbst weitgehend nach den erstinstanzlichen Vorschriften. Es gibt allerdings einige **Unterschiede**.

II. Abwesenheit des Angeklagten

1. Nur der Angeklagte hat Berufung eingelegt

Hat der **Angeklagte** allein **Berufung** eingelegt und ist in der **Hauptverhandlung** trotz 21
ordnungsgemäßer Ladung ohne genügende Entschuldigung nicht erschienen und
auch nicht durch einen Rechtsanwalt (dort wo dies gesetzlich möglich ist) vertreten,
so **verwirft** das **Berufungsgericht** das Rechtsmittel durch **Urteil** gem. § 329 Abs. 1
StPO. Der Gesetzgeber geht in diesen Fällen davon aus, dass der unentschuldigt fern
bleibende Angeklagte an der Durchführung seines Rechtsmittels kein Interesse mehr
hat. Das **Merkmal genügender Entschuldigung** des Angeklagten ist vom **Gericht**
sorgfältig zu prüfen. Entscheidend ist nicht, ob sich der **Angeklagte** entschuldigt
hat, sondern ob er **tatsächlich entschuldigt** ist. Hier gilt der **Grundsatz**, dass der
Angeklagte **Entschuldigungsgründe** dem Gericht **mitzuteilen** hat. Die **amtliche**
Nachprüfungspflicht des Gerichts geht aber nur so weit, als Anhaltspunkte für ein
mögliches entschuldigtes Fernbleiben erkennbar sind.

Das **Ausbleiben** des Angeklagten gilt **als entschuldigt**, wenn ihm bei Abwägung 22
aller Umstände des Einzelfalls daraus billigerweise kein Vorwurf gemacht werden
darf. Die selbst verschuldete Trunkenheit entschuldigt nicht. Oftmals reicht der
Angeklagte eine **Arbeitsunfähigkeitsbescheinigung** des Arztes bei Gericht ein.
Das reicht nicht aus. Sie kann aber dem **Gericht** Anlass geben, im Rahmen des
Freibeweises Nachforschungen anzustellen. Entbindet der Angeklagte seinen Arzt
von der Schweigepflicht, so kann das Gericht mit dem Hausarzt telefonieren und
Einzelheiten der Erkrankung erfahren. Wer eine Handverletzung erlitten hat, mag
arbeitsunfähig sein, er ist jedoch nicht entschuldigt, der Hauptverhandlung fern

zu bleiben, da dem Angeklagten eine Teilnahme unter Abwägung aller Umstände zuzumuten ist.

2. Ausbleiben des Angeklagten bei der Berufung der Staatsanwaltschaft

23   Hat die **Staatsanwaltschaft** ebenfalls **Berufung** eingelegt und ist der Angeklagte unentschuldigt nicht erschienen, so kann die **Berufung des Angeklagten verworfen** werden und ohne den Angeklagten über die Berufung der Staatsanwaltschaft verhandelt werden. Hält der Staatsanwalt oder das Gericht eine Verhandlung ohne den Angeklagten nicht für geboten, so kann das **Gericht** die **Vorführung oder Verhaftung** des **Angeklagten** nach § 329 Abs. 4 StPO anordnen. Auf das Vorliegen eines Haftgrunds gem. §§ 112 ff. StPO kommt es nicht an. In allen Fällen muss das **Gericht** allerdings prüfen, ob die **allgemeinen Prozessvoraussetzungen** vorliegen. Fehlt die Zuständigkeit des erstinstanzlichen Gerichts oder eine sonstige Prozessvoraussetzung, so ist das Verfahren durch Urteil gem. § 260 Abs. 3 StPO (Verweisung gem. § 328 Abs. 2 StPO) oder außerhalb der Hauptverhandlung durch Beschluss nach § 206 a StPO vom Berufungsgericht einzustellen.

3. Rechtsmittel gegen das Verwerfungsurteil des Berufungsgerichts

24   Gegen das **Verwerfungsurteil** nach § 329 StPO kann der Angeklagte auf zweierlei Weise vorgehen,

- zum einen kann er nach den Vorschriften der §§ 44, 45 StPO **Wiedereinsetzung in den vorigen Stand** beantragen oder
- zum anderen nach den allgemeinen Vorschriften **Revision** gegen das Urteil einlegen.

Mit der Revision kann lediglich gerügt werden, dass das Berufungsgericht die **Rechtsbegriffe** des Ausbleibens und der nicht genügenden Entschuldigung des Angeklagten verkannt hat. Der Wiedereinsetzungsantrag kann nicht auf die **Entschuldigungsgründe** gestützt werden, die das Gericht in seinem Urteil bereits berücksichtigt hat. Die **Abgrenzung** zwischen beiden **Angriffsmitteln** ist umstritten. Mit der Revision können jedenfalls auch die Ablehnungsgründe des Berufungsgerichts überprüft werden, die das Gericht zur Rechtfertigung des Verwerfungsurteils bereits verarbeitet hat.

III. Berufungshauptverhandlung

1. Berichterstattung durch den Richter statt Verlesung der Anklage

25   Nach dem Aufruf der Sache, der Belehrung und der Entfernung der Zeugen ist die Identität des Angeklagten festzustellen. Danach erstattet ein **Berufsrichter** einen **Bericht über das bisherige Verfahren**. Der Bericht ersetzt die **Anklageverlesung** und unterrichtet die Verfahrensbeteiligten vom Gegenstand der Hauptverhandlung. Verlesen wird i.d.R. das gesamte erstinstanzliche Urteil, soweit die Beteiligten hierauf nicht verzichten. Von der Verlesung der Beweiswürdigung wird i.d.R. abgesehen, um die Schöffen in ihrer Entscheidung nicht zu beeinflussen. In der ersten Instanz wird das wesentliche Ergebnis der **Ermittlungen** der **Anklageschrift** aus dem gleichen

Grund nicht verlesen. Der Berichterstatter hat die Zulässigkeitsvoraussetzungen der Berufung darzutun und etwaige Berufungsbeschränkungen mitzuteilen.

> *Hinweis*
> Bei der **Klausurbearbeitung** ist zu beachten, dass die **Berichterstattung keine Beweisaufnahme** ist. Aus diesem Grund darf der Berichterstatter ohne Rücksicht auf §§ 249, 250 ff. StPO Vermerke und Urkunden seiner Wahl verlesen, ohne gegen das Gesetz zu verstoßen.

2. Verlesung des Vernehmungsprotokolls der ersten Instanz nach § 325 StPO

§ 325 StPO ergänzt die **Verlesungsmöglichkeiten** von **Urkunden** des erstinstanzli- 26
chen Verfahrens nach §§ 251, 253, 256 StPO. Der **Unterschied** besteht vom Verfahren her darin, dass eine Verlesung in der Hauptverhandlung nach § 251 Abs. 4 StPO durch das gesamte **Gericht** angeordnet werden muss, während die Verlesung nach § 325 StPO vom **Vorsitzenden** angeordnet werden kann. Hier ist jedoch **Voraussetzung**, dass die Zeugen zur Berufungshauptverhandlung nicht geladen worden sind und kein Verfahrensbeteiligter die Ladung beantragt hat. Die Verlesung kann dann auch ohne Zustimmung der übrigen Beteiligten erfolgen. Falls jedoch das Gericht einen Zeugen geladen hat oder einer der Verfahrensbeteiligten die Herbeischaffung des Zeugen beantragt hat, dem Verfahren nach § 325 StPO widersprochen hat, so gelten die **allgemeinen Vorschriften**. Wie in § 251 Abs. 1 Nr. 4 StPO ist dann die Verlesung nur noch zulässig, wenn alle Verfahrensbeteiligten einverstanden sind.

Da § 325 StPO eine weitere **Einschränkung des Unmittelbarkeitsgrundsatzes** dar- 27
stellt, ist die Norm **restriktiv auszulegen** und von der Rechtsprechung in der Anwendung stark eingeschränkt worden. Die **Vernehmung** von **Hauptbelastungszeugen** darf auf keinen Fall durch Verlesen des Protokolls ersetzt werden. Hier soll sich der Tatrichter ein eigenes Bild von der Person des Zeugen und der Aussagekraft machen. Wie bei § 251 StPO auch hat der Berufungsrichter darauf zu achten, dass die Vernehmung in der ersten Instanz rechtmäßig erfolgt ist. Hat der **Richter** Zweifel an der Glaubwürdigkeit des Zeugen oder an der Vollständigkeit der Protokollierung, so muss er in jedem Fall den **Zeugen selbst hören**.

> *Hinweis*
> In der **Praxis** wird nach § 325 StPO verfahren, wenn ein Geständnis überprüft werden soll oder wenn es um Motive der Tat geht.

3. Schlussvorträge im Berufungsverfahren

Mit dem **Plädoyer** beginnt der **Berufungsführer**. Dies ist in den meisten Fällen der 28
Verteidiger für den Angeklagten. Haben beide Seiten Rechtsmittel eingelegt, so gilt die alte **Regel**, wonach der Staatsanwalt zuerst plädiert und dann der Angeklagte bzw. sein Verteidiger. Dem **Angeklagten** gehört auf jeden Fall das **letzte Wort**.

D. Entscheidungen des Berufungsgerichts

I. Ende des Verfahrens ohne Sachentscheidung

29   Auch im **Berufungsverfahren** kann eine **Einstellung** gem. §§ 153 ff. StPO erfolgen. Falls ein **Prozesshindernis** vorliegt (außer der örtlichen und sachlichen Unzuständigkeit des Gerichts, hier gilt § 328 Abs. 2 StPO), wird das Berufungsgericht **außerhalb der Hauptverhandlung** ohne Schöffen durch Beschluss das Verfahren **nach § 206 a StPO einstellen**. Wird das Prozesshindernis erst in der **Hauptverhandlung** bemerkt, so erfolgt die **Einstellung durch Urteil** gem. § 260 Abs. 3 StPO. Dieses Prozessurteil führt nicht zum **Strafklageverbrauch** mit der Folge, dass bei einem behebbaren Prozesshindernis (z.B. Fehlen des Eröffnungsbeschlusses) die Staatsanwaltschaft **erneut Anklage** erheben kann. In diesem Fall gilt auch das Verschlechterungsverbot nicht, da ein neues Verfahren beginnt und reformatio in peius sich nur auf ein und denselben Rechtszug bezieht.

II. Unzulässige Berufung nach §§ 319, 322 StPO

30   Ist die Berufung bereits **unzulässig**, so tenoriert die kleine Strafkammer wie folgt.

> *Beispiel*
> **Tenor:**
> „Die Berufung des Angeklagten/der Staatsanwaltschaft wird verworfen.
>
> Er/Sie trägt die Kosten des Berufungsverfahrens."
>
> **Anmerkung:**
> Die Kostenentscheidung beruht auf § 473 Abs. 1 und Abs. 2 StPO.

Entschieden wird nur über die **Kosten der Berufung**. Hat die Staatsanwaltschaft die unzulässige Berufung eingelegt, so wird die **Kostenentscheidung** ergänzt um den Ausspruch, dass die Staatskasse auch die notwendigen Auslagen des Angeklagten im Berufungsverfahren zu tragen hat.

III. Unbegründete Berufung

31   Bei einer **unbegründeten** Berufung lautet der Tenor wie folgt.

> *Beispiel*
> **Tenor:**
> „Die Berufung des Angeklagten/der Staatsanwaltschaft wird als unbegründet verworfen."

Bezüglich der Kostenentscheidung gilt das oben Gesagte.

IV. Erfolgreiche Berufung

1. Erfolg des Angeklagten

Das **Berufungsgericht** hat das erstinstanzliche Urteil aufzuheben (§ 328 Abs. 1 StPO) **32**
und eine **eigene Entscheidung** zu formulieren. Hat der Angeklagte **Untersuchungshaft** erlitten oder wurde bei ihm durchsucht, so muss darüber hinaus nach dem
Strafrechtsentschädigungsgesetz eine **Entschädigungsgrundentscheidung** getroffen
werden.

> *Beispiel*
> Es ist wie folgt zu formulieren:
> **Tenor:**
> „Auf die Berufung des Angeklagten wird das Urteil des Amtsgerichts Koblenz vom
> 4.4.2004 aufgehoben. Der Angeklagte wird freigesprochen.
>
> Er ist für die erlittene Untersuchungshaft vom … bis … zu entschädigen.
>
> Die Entschädigung hat auch für die erlittene Durchsuchung zu erfolgen.
>
> Die Staatskasse trägt die Kosten beider Rechtszüge und die notwendigen Auslagen des
> Angeklagten insgesamt.“

2. Erfolg der Staatsanwaltschaft

Hatte die Staatsanwaltschaft mit ihrem Rechtsmittel vollen Erfolg, so ist wie folgt zu **33**
tenorieren.

> *Beispiel*
> **Tenor:**
> „Auf die Berufung der Staatsanwaltschaft wird das Urteil des Amtsgerichts Koblenz vom
> 4.4.2004 aufgehoben. Der Angeklagte wird wegen Diebstahls und Urkundenfälschung
> zu einer Gesamtfreiheitsstrafe von einem Jahr und sechs Monaten verurteilt, deren Voll-
> streckung zur Bewährung ausgesetzt wird.
>
> Der Angeklagte trägt die Kosten beider Rechtszüge.“

3. Teilerfolg

Ist die Berufung teilweise begründet, ist auch hier gem. § 328 Abs. 1 StPO das Urteil **34**
aufzuheben und eine eigene Entscheidung des Berufungsgerichts zu treffen.

> *Beispiel*
> In der **Praxis** ist folgende **Tenorierung** üblich:
> „Die Berufung des Angeklagten gegen das Urteil des Amtsgerichts Koblenz vom 4.4.2004
> wird mit der Maßgabe verworfen, dass er wegen Diebstahls und Urkundenfälschung zu
> einer Gesamtfreiheitsstrafe von einem Jahr und sechs Monaten verurteilt wird, deren
> Vollstreckung zur Bewährung ausgesetzt wird.“

Bei der Kostenentscheidung ist § 473 Abs. 4 StPO zu berücksichtigen. Sie könnte je **35**
nach Obsiegen und Unterliegen des Angeklagten wie folgt lauten.

> *Beispiel*
> „Der Angeklagte trägt die Kosten des Berufungsverfahrens. Jedoch wird die Berufungs-
> gebühr um 1/4 vermäßigt. In diesem Umfang trägt die Staatskasse auch die notwendigen
> Auslagen des Angeklagten im Berufungsverfahren."

36 Sollte auch die Staatsanwaltschaft teilweise mit ihrem Rechtsmittel obsiegt haben, so
ist nach dem Ausspruch über die Berufung des Angeklagten ein Ausspruch über die
Berufung der Staatsanwaltschaft zu fertigen. Der **Tenor** könnte dann lauten.

> *Beispiel*
> **Tenor:**
> „1. Auf die Berufung des Angeklagten … (vgl. Rn 34 ohne Straffolgenausspruch)
> 2. Auf die Berufung der Staatsanwaltschaft wird das Urteil im Straffolgenausspruch wie
> folgt geändert:
>
> Der Angeklagte wird zu einer Gesamtfreiheitsstrafe von einem Jahr und zehn Monaten
> verurteilt, deren Vollstreckung zur Bewährung ausgesetzt wird. Im Übrigen wird die
> Berufung der Staatsanwaltschaft verworfen."

Bei der Kostenentscheidung gilt das oben Gesagte. **Verfahrenskosten** und die **notwendigen Auslagen** des Angeklagten werden je nach Erfolg oder Unterliegen **gequo-
telt** (freie Schätzung).

V. Entscheidung nach § 328 Abs. 2 StPO

37 Erkennt der Berufungsrichter, dass die **erste Instanz** für die Entscheidung **nicht
zuständig** war (der Strafrichter verurteilt wegen eines Verbrechens) so hat er das
erstinstanzliche Urteil aufzuheben und die Sache an das **zuständige Gericht zu
verweisen** (§ 328 Abs. 2 StPO). Dieses Urteil hat keine Kostenentscheidung. Das
Verfahren wird durch die Verweisung nicht abgeschlossen.

> *Beispiel*
> Es ist wie folgt zu formulieren:
> **Tenor:**
> „Auf die Berufung des Angeklagten/der Staatsanwaltschaft wird das Urteil des Amtsge-
> richts Koblenz vom 4.4.2004 aufgehoben. Die Sache wird zur weiteren Verhandlung und
> Entscheidung an das zuständige Amtsgericht Koblenz – Schöffengericht – verwiesen."

Die Kostenentscheidung bleibt dem Amtsgericht vorbehalten.

E. Verschlechterungsverbot

I. Kein vollständiger Schutz

38 Kein **Angeklagter** soll durch die **Besorgnis einer höheren Bestrafung** nach der
Überprüfung seines Urteils von der **Einlegung** eines **Rechtsmittels** abgehalten werden. Dieser Satz gilt nicht ohne Einschränkung.

> *Beispiel*
> Ein wegen fahrlässiger Körperverletzung zu einer Geldstrafe verurteilter Angeklagter legt
> Berufung ein, obwohl der Strafrichter beim Amtsgericht fehlerhaft statt eines versuchten

Mordes nur eine fahrlässige Körperverletzung angenommen hat. Trotz des Rechtsfehlers ist das Berufungsgericht an einer Erhöhung der Strafe gehindert. Nur der Schuldspruch kann geändert werden (nach Verweisung an das Schwurgericht gem. § 328 Abs. 2 StPO).

Führt die **Überprüfung** des **Urteils** jedoch zu der Erkenntnis eines fehlenden Eröffnungs- oder Einbeziehungsbeschlusses (§ 266 StPO), so muss das Verfahren nach § 260 Abs. 3 StPO durch Urteil eingestellt werden. Dieses Prozessurteil führt nicht zum **Strafklageverbrauch**, da in der Sache keine Entscheidung ergangen ist. Die Staatsanwaltschaft ist nicht gehindert, eine **neue Anklage** (diesmal wegen versuchten Mordes) zu erheben. Das **Schwurgericht** ist an die alte **Verurteilung** wegen fahrlässiger Körperverletzung und an die Rechtsfolge der Geldstrafe **nicht gebunden**. Eine lebenslängliche Freiheitsstrafe kann nach §§ 211, 22, 23 StGB verhängt werden. Das **Verschlechterungsverbot** gilt nicht, da ein ganz **neues Verfahren** eröffnet wurde.[3]

II. Nur Urteile und deren Rechtsfolgenausspruch sind geschützt

Das **Verschlechterungsverbot** betrifft nur **Urteile** und dort nur die Art und die   39
Höhe der **Rechtsfolgen**. Die **Auflagen** (insbesondere Bußgeldauflagen) in einem **Bewährungsbeschluss** können verschärft werden. **Zahlungserleichterungen** nach § 42 StGB können wegfallen.[4] Für die Anwendung der Unterbringung in einer Entziehungsanstalt nach § 64 StGB oder in einem psychiatrischen Krankenhaus nach § 63 StGB gilt reformatio in peus ohnehin nicht (§ 331 Abs. 2 StPO).

III. Ausnahmen beim Dauerdelikt

Wird ein **Dauerdelikt** (unerlaubter Besitz von Rauschgift oder Waffen) zwischen   40
der Verurteilung in der ersten Instanz und dem Berufungsverfahren „fortgesetzt" verwirklicht, so kann die Strafe ohne Verstoß gegen das Verbot des § 331 StPO erhöht werden.[5]

IV. Änderung des Schuldspruchs ist möglich

Der **Schuldspruch** eines **Urteils** darf **verbösert** werden. Von der versuchten Tat   41
kann auf eine vollendetes Delikt übergegangen werden und von Körperverletzung auf Mord.

Hinweis
Wird in der **Klausur** nach dem Rat des Verteidigers für seinen Mandanten gefragt, so ist zu untersuchen, ob eine Schuldspruchänderung droht.

---

3 BGHSt 20, 80.
4 OLG Hamburg MDR 1986, 917.
5 *Meyer-Goßner*, § 331 Rn 10.

V. Ganzheitliche Betrachtung

42 Der **Strafausspruch** in einem **Urteil** darf zwar nicht erhöht, aber doch verändert werden. Ob dadurch eine **Verschärfung** der **Strafe** eingetreten ist, muss im Einzelfall durch eine „ganzheitliche Betrachtungsweise" beurteilt werden. Fällt z.B. das Fahrverbot weg, darf die Geldstrafe erhöht werden. Dabei ist zu berücksichtigen, dass unter wirtschaftlichen Gesichtspunkten das Fahrverbot für einen Handelsvertreter höher zu beurteilen ist als für eine Hausfrau.

43 Die **Gesamtstrafe** muss nicht **ermäßigt** werden, wenn im Berufungsverfahren eine Tat nach § 154 StPO wegfällt oder nun ein minderschwerer Fall angenommen wird. **Unzulässig** ist

- die Umwandlung einer Geldstrafe in eine Freiheitsstrafe, auch wenn deren Vollstreckung zur Bewährung ausgesetzt wird;
- der Wechsel von Jugendstrafe in eine gleich hohe Erwachsenenstrafe. Nach § 88 JGG kann der Rest einer Jugendstrafe bereits nach einem Drittel der Verbüßung zur Bewährung ausgesetzt werden, während dies im Erwachsenenrecht erst nach ein Halb oder zwei Dritteln der Verbüßung möglich ist (§ 57 StGB).
- Wurde in der Vorinstanz nur eine Sperre für die Wiedererteilung der Fahrerlaubnis ausgesprochen, so darf in der Berufungsinstanz keine Entziehung der inzwischen erworbenen Fahrerlaubnis erfolgen. Dagegen soll der Führerschein/das Dokument noch nachträglich eingezogen werden dürfen, wenn dies in erster Instanz vergessen wurde.[6]

44 Das folgende Beispiel aus der **Praxis** bringt **Rechtsreferendare** erfahrungsgemäß in Bedrängnis.

> *Beispiel*
> Der Angeklagte wird in erster Instanz wegen vorsätzlicher Trunkenheitsfahrt und wegen Fahrens ohne Fahrerlaubnis zu einer Geldstrafe verurteilt. Die Sperre für die Wiedererteilung der Fahrerlaubnis wird auf sechs Monate festgesetzt. Hiergegen legt der Angeklagte Berufung ein. In der Zwischenzeit hat er den Führerschein erworben und kommt auch mit dem Auto zur Berufungshauptverhandlung. In der Hauptverhandlung macht er auch keinen Hehl daraus, dass er stolzer Besitzer eines Führerscheins ist. Das Berufungsgericht verwirft die Berufung des Angeklagten mit der Maßgabe, dass ihm die Fahrerlaubnis entzogen und der Führerschein eingezogen wird. Die Sperre von sechs Monaten hält das Gericht aufrecht.

Der **Rechtsreferendar** wird unschwer erkennen, dass hier ein Verstoß gegen § 331 StPO vorliegt, da gegen den Angeklagten nicht nur eine Sperre zur Erteilung der Fahrerlaubnis verhängt worden ist, sondern die Fahrerlaubnis entzogen und der Führerschein eingezogen worden ist. Kann es aber richtig sein, dass ein möglicherweise jetzt rechtskräftig verurteilter Trunkenheitsfahrer seinen Führerschein behält und nach der Hauptverhandlung trotz angeordneter Sperre für die Erteilung der Fahrerlaubnis ungehindert am Straßenverkehr teilnehmen darf? Das **Problem** löst sich über § 3 Abs. 1 StVG. Danach hat die **Verwaltungsbehörde** die Fahrerlaubnis zu entziehen, wenn sich jemand nachträglich als ungeeignet oder nicht befähigt zum Führen von Kraftfahrzeugen erweist. Die Verwaltungsbehörde kann die **Verurteilung** wegen einer Trunkenheitsfahrt heranziehen, um die **Nichteignung** zu belegen. Sie erhält über die **Vorschriften der Mitteilungen in Strafsachen** automatisch Kenntnis vom Urteil.

---

6 *Meyer-Goßner*, § 331 Rn 4.

Allen Versuchen der Aushöhlung des Verschlechterungsverbots wird damit die Grundlage entzogen.

F. Aufbau eines Berufungsurteils

Das Berufungsurteil beginnt mit der Prozessgeschichte. **45**

> *Beispiel*
> Es ist wie folgt zu formulieren:
> „Das Schöffengericht bei dem Amtsgericht Mainz hat den Angeklagten wegen Diebstahls und Urkundenfälschung zu einer Gesamtfreiheitsstrafe von einem Jahr und zehn Monaten verurteilt, deren Vollstreckung zur Bewährung ausgesetzt worden ist. Hiergegen hat der Angeklagte rechtzeitig Berufung eingelegt mit dem Ziel, freigesprochen zu werden. Das zulässige Rechtsmittel hat in der Sache keinen Erfolg. Das Berufungsgericht hat in der erneuten Hauptverhandlung folgende Feststellungen getroffen: …"

Es folgt nun ein **Urteil** wie in der ersten Instanz auch, vgl. § 26 Rn 5.

Kapitel 6: Revision im Strafprozess

§ 17 Revisionsrechtliche Aufgabenstellung in der Klausur

Literatur: Blaese/Wielap, Die Förmlichkeiten der Revision, 1983; **Dahs/Dahs**, Revision im Strafprozess, 1993; **Geppert**, Das Beweisverbot § 252 StPO, Jura 1988, 363; **Krause/Thron**, Die Revision in Strafsachen, 1995; **Sarstedt/Hamm**, Die Revision in Strafsachen, 1998.

A. Bedeutung der Revision

Zahlenmäßig gibt es erheblich weniger **Revisionen** als **Berufungen**. Dennoch ist das **1** **Rechtsmittel** der Revision für den erfolgreichen **Strafverteidiger** ein bedeutsames **Instrument**, um sich auch vor dem **Tatrichter** Gehör und Respekt zu verschaffen. Bereits in der Hauptverhandlung vor dem Tatrichter muss ein Strafverteidiger die **Angriffsmöglichkeiten** in der Revision stets im Auge behalten. **Strafverteidiger** können durch das Stellen von Anträgen und das Beanstanden von Entscheidungen des Gerichts die **Chancen** für eine erfolgreiche Revision bedeutend erhöhen. Niemand kann sich allein auf die **Aufklärungsrüge** verlassen. Die Rechtsprechung hat wiederholt entschieden, dass die Aufklärungsrüge nicht dazu dienen kann, versäumte Prozesshandlungen vor dem Tatrichter in der Revision nachzuholen.[1]

Der Praktiker, der eine Revision einlegen und begründen will, hat sich die gleichen **2** Fragen zu stellen, wie der Rechtsreferendar beim Durchdenken der prozessrechtlichen Examensklausur. Beiden steht ein Protokoll der Hauptverhandlung und die schriftlichen Gründe eines Urteils als Beurteilungsgrundlage zur Verfügung. Nur anhand dieser Urkunden muss der Jurist die Erfolgsaussichten der Revision überprüfen.

Hinweis
Im **Assessorexamen** wird in den meisten Bundesländern wenigstens eine **revisionsrechtliche Klausur** gestellt. In einem Gutachten sind die Erfolgsaussichten der Revision aus der Sicht des Strafverteidigers zu beurteilen oder aus der Sicht des Revisionsgerichts. Der Tenor ist zu entwerfen. In der mündlichen Prüfung beinhaltet der Aktenvortrag regelmäßig revisionsrechtliche Fragen. Das Gleiche gilt für die mündliche Prüfung selbst.

Die **praktische Ausbildung** beim **Gericht** und beim **Rechtsanwalt** zwingen die **3** **Rechtsreferendare**, sich mit dem Revisionsrecht intensiv zu befassen. Da das **Rechtsmittel** der **Revision** stark **formalisiert** ist, hilft häufig nur ein gut durchdachtes **Prüfungsschema** zur sicheren Lösung.

---

1 BGH NStZ 1997, 296.

> *Hinweis*
> Vor allem in der Drucksituation des **Examens** soll mit dem Prüfungsraster die relevanten Gesichtspunkte aufgespürt und gelöst werden. Zu warnen ist jedoch vor einer allzu schematischen Anwendung des nachfolgend besprochenen Prüfungsschemas. Nicht jeder Prüfungspunkt muss in einer **Klausur** angesprochen werden.

Nur ein Fünftel aller Revisionsaufgaben beinhalten überhaupt Zulässigkeitsprobleme. Wer dennoch alle Prüfungspunkte der Zulässigkeit der Revision auch nur namentlich erwähnt, hat nur gezeigt, dass er ein Prüfungsschema auswendig kann, aber mit Sicherheit keinen Punkt für die Examensnote gewonnen. Die Schreibarbeit ist dann umsonst und führt zum Zeitverlust. Dies sollte man sich vor Augen halten, um **Prüfungsschemata sinnvoll zu nutzen.**

B. Gang des Revisionsverfahrens

4 Für den Rechtsreferendar ist es oft schwierig, den Gang der Akten und die Beteiligung der Entscheidungsträger im Einzelnen zu durchschauen. Zur Orientierung dient folgendes **Prüfungsschema**:

1. Das Gericht verkündet das Urteil (§§ 260 Abs. 1, 268 StPO)
2. Binnen der **Wochenfrist** des § 341 StPO können Verteidiger für den Angeklagten, die Staatsanwaltschaft, der Angeklagte selbst und sonstige Berechtigte, die Revision einlegen.
3. Innerhalb der Frist des § 275 Abs. 1 StPO (mindestens fünf Wochen) fertigt das Gericht die **schriftlichen Urteilsgründe** und bringt sie zur Akte. Das Urteil mit den erforderlichen Unterschriften wird auf der Geschäftsstelle des Gerichts abgegeben. Der Urkundsbeamte der Geschäftsstelle hält das Datum fest. Bevor die Akte weiter bearbeitet werden kann, muss das **Protokoll der Hauptverhandlung** fertig gestellt werden. Es muss vom **Protokollführer** und dem **Vorsitzenden des Gerichts unterschrieben** sein (§ 273 Abs. 4 StPO). Der Vorsitzende verfügt die **Zustellung** einer Urteilsausfertigung an den Verteidiger gem. § 145 a StPO und übersendet eine Ausfertigung an den Angeklagten formlos. Geschieht die Zustellung an den Verteidiger vor Fertigstellung des Protokolls, so ist diese unwirksam. Die **Revisionsbegründungsfrist** des § 345 Abs. 1 S. 2 StPO **läuft nicht.**

Die Akte wird dann der Staatsanwaltschaft zur Kenntnisnahme von Urteil und Revisionseinlegung übersandt.

4. Die Staatsanwaltschaft nimmt Kenntnis (Eingangsstempel der Staatsanwaltschaft genügt) und leitet die Akten zum Gericht zurück.
5. Verteidiger und Staatsanwalt begründen jeweils ihre Revision (§§ 344 ff. StPO, Frist § 345 StPO).
6. Das Gericht nimmt Kenntnis von den Revisionsbegründungen, überprüft die Rechtzeitigkeit der Revisionseinlegung und die Tatsache, ob überhaupt **Revisionsanträge** und eine **Revisionsbegründung** eingegangen sind. Ist dies der Fall, so leitet das Gericht die Akten der Staatsanwaltschaft gem. § 347 Abs. 1 StPO zu. Liegen die **Zulässigkeitsvoraussetzungen** nicht vor, so **verwirft das Gericht** die Revision gem. §§ 345, 346 StPO.
7. Die Staatsanwaltschaft nimmt Kenntnis und gibt evtl. eine Gegenerklärung zur

Revision des Verteidigers ab. Die Gegenerklärung wird der Gegenseite zugestellt und die Akten dem Gericht wieder zurückgeleitet.

8. Das Gericht nimmt Kenntnis von der Gegenerklärung und leitet die Akten der Staatsanwaltschaft gem. § 347 Abs. 2 StPO zurück.

9. Die Staatsanwaltschaft fertigt den **Revisionsübersendungsbericht** und schickt die Akten entweder an die Generalstaatsanwaltschaft (wenn Zielgericht das Oberlandesgericht ist) oder an den Generalbundesanwalt (wenn Zielgericht der Bundesgerichtshof ist).

10. Die Generalstaatsanwaltschaft bzw. der Generalbundesanwalt nehmen zur Revision sachlich Stellung und stellen Anträge. Der Verteidiger erhält hiervon Kenntnis und kann eine Erklärung gem. § 349 Abs. 3 Satz 2 StPO abgeben.

11. Die Generalstaatsanwaltschaft bzw. der Generalbundesanwalt legen dem **Strafsenat** des Oberlandesgerichts bzw. des Bundesgerichtshofs die Sache **zur Entscheidung** vor.

12. Der Strafsenat des Oberlandesgerichts oder des Bundesgerichtshofs entscheiden nach §§ 348 ff. StPO.

§ 18 Zulässigkeit und Begründetheit der Revision

A. Zulässigkeit der Revision

I. Statthaftigkeit nach §§ 333, 335 StPO

1. Mit der Revision anfechtbare Entscheidungen

1 Die **Revision** ist gegen alle **Strafurteile** des **Amtsgerichts** (Strafrichter und Schöffen-richter) sowie gegen alle **Strafurteile** des **Landgerichts** (kleine und große Strafkam-mer) und gegen **erstinstanzliche Urteile** des **Strafsenats** der **Oberlandesgerichte** (soweit die Generalbundesanwaltschaft zuständig ist, z.B. Landesverrat) statthaft. Lediglich **Ordnungswidrigkeitsurteile** können nicht mit der Revision angegriffen werden. Hier steht die **Rechtsbeschwerde** nach §§ 79 ff. OWiG zur Verfügung.

2 Die **Bezeichnung** der **Entscheidung** hat keinen Einfluss auf das zulässige Rechtsmit-tel. Auch wenn die Entscheidung mit Beschluss statt mit Urteil überschrieben ist, ist sie mit der Revision angreifbar, sofern **inhaltlich** ein **Urteil** vorliegt.

> *Hinweis*
> Die Qualität der Entscheidung ist in der **Klausur** herauszuarbeiten.

Schließt die Entscheidung die Instanz ab und ist sie auf Grund mündlicher Verhand-lung in einer öffentlichen **Hauptverhandlung** verkündet worden, so handelt es sich um ein **Urteil**, auch wenn die **Entscheidung als Beschluss** bezeichnet worden ist.[1]

> *Hinweis*
> In der **Klausur** werden häufig Einstellungsurteile nach § 260 Abs. 3 StPO, Verwerfungs-urteile nach § 329 StPO und Verweisungsurteile nach § 328 Abs. 2 StPO fehlerhaft als Beschluss bezeichnet. Die genannten Entscheidungen können jedoch nur als **Urteil** nach mündlicher Hauptverhandlung ergehen und sind mit der Revision angreifbar.

2. Nicht statthafte Anfechtung nach § 55 JGG

3 Die **Statthaftigkeit** wird durch § 55 Abs. 1 und Abs. 2 JGG für Verfahren gegen Jugendliche und Heranwachsende (§ 109 Abs. 2 JGG) ganz erheblich eingeschränkt. Der pädagogisch begründete **Beschleunigungsgrundsatz** im **Jugendrecht** (die Strafe soll der Tat auf dem Fuße folgen) gibt dem nach Jugendrecht verurteilten Angeklagten nur die Möglichkeit beschränkt Rechtsmittel einzulegen. Ziel ist die alsbaldige Voll-streckung der Entscheidung. § 55 Abs. 1 JGG hat vor allem in der **Praxis Bedeutung** und birgt eine **gewisse Falle** für den unaufmerksamen **Verteidiger**. Will er die Rechts-folge, die nicht auf Jugendstrafe lautet, für seinen Mandanten mildern, so muss er das ganze Urteil angreifen, selbst wenn der Schuldspruch auf einem Geständnis beruht. Die Beschränkung des Rechtsmittels auf den Straffolgenausspruch ist unzulässig.

> *Hinweis*
> Für **Klausuren** hat § 55 Abs. 1 JGG kaum eine Bedeutung.

4 Nach § 55 Abs. 2 JGG steht dem nach Jugendrecht verurteilten **Angeklagten** nur ent-weder die Berufung oder die Revision zu. Hat er eine **zulässige Berufung eingelegt**,

---

1 *Meyer-Goßner*, § 296 Rn 11 ff.

so ist gegen dieses Urteil die **Revision nicht statthaft**. Folgende **Konstellationen** sind allerdings zu beachten:

■ Wendet das Berufungsgericht statt Jugendrecht nunmehr allgemeines Strafrecht (Erwachsenenrecht) an, so ist gegen diese Entscheidung die Einlegung der Revision statthaft. § 55 Abs. 2 JGG ist nach der Weisung des § 109 Abs. 2 JGG dann nicht mehr anwendbar, wenn keine Verurteilung nach Jugendrecht erfolgt.

■ Wer gegen das **erstinstanzliche Urteil** „nach Jugendrecht" **Revision** eingelegt hat, behält die **Revisionsbefugnis** auch dann, wenn ein Rechtsmittel wegen § 335 Abs. 3 StPO als Berufung behandelt wird, weil ein anderer (Mittäter oder Staatsanwaltschaft) gegen das Urteil Berufung eingelegt hatte. Er hatte keine zulässige Berufung eingelegt und kann gegen das Berufungsurteil Revision einlegen.

■ Wer **kein Rechtsmittel** eingelegt hat, kann gegen ein Berufungsurteil, das die Staatsanwaltschaft erstritten hat, nunmehr Revision einlegen. Das gilt sogar dann, wenn der Angeklagte zunächst Berufung rechtmäßig eingelegt, dann aber zurückgenommen hat.[2]

■ Wurde ein Angeklagter wegen einer selbständigen Tat freigesprochen, wegen einer anderen selbständigen Tat verurteilt und hat er, soweit er verurteilt worden ist, Berufung eingelegt, so behält er seine Revisionsbefugnis jedoch insoweit, als er in der Berufungsinstanz auf Grund der Berufung der Staatsanwaltschaft nunmehr verurteilt worden ist. Man spricht hier von der **Teilbarkeit des Rechtsmittels**. Soweit er in erster Instanz freigesprochen worden ist, konnte und hat der Angeklagte kein Rechtsmittel eingelegt, so dass ihm die Revisionsbefugnis insoweit erhalten bleibt.

■ Die Revision ist nicht statthaft, wenn auf die zulässige Berufung des Angeklagten das Gericht nach § 329 StPO das Rechtsmittel verworfen hat. Es kommt nicht auf die **Durchführung** der Berufung, sondern nur auf die zulässige **Einlegung** an.

■ Wurde der Angeklagte in **erster Instanz** nach allgemeinem Strafrecht abgeurteilt und erst in der **Berufungsinstanz** erstmals nach Jugendstrafrecht verurteilt, so steht ihm eine **Revision** nicht mehr zu.

3. Nachverfahren nach § 441 StPO

Grundsätzlich ausgeschlossen ist die **Revision** auch bei der Entscheidung über die   5
Einziehung im **Nachverfahren** nach § 441 Abs. 3 StPO.

Hinweis
Die Entscheidung hat aber keine **Klausurbedeutung**.

4. Annahmerevision

Das Problem der **Annahmerevision** ist zwischenzeitlich höchstrichterlich entschie-   6
den. **Umstritten** ist die Frage, wie sich das Institut der **Annahmeberufung** § 313 StPO und die **Sprungrevision** § 335 StPO miteinander vereinbaren lassen. Ein Teil der Literatur[3] vertritt die Auffassung, das Wort „zulässig" könne in § 313 Abs. 1 StPO keine andere Bedeutung haben als in § 335 Abs. 1 StPO. Es sei widersinnig, in Bagatellsachen die Berufung einzuschränken, jedoch die Sprungrevision unbeschränkt

---

2 BGHSt 25, 321.
3 *Meyer-Goßner*, NStZ 1998, 19.

zuzulassen. Nach dieser Auffassung ist eine **Revision nur statthaft, soweit die Berufung zulässig ist.** Die **Rechtsprechung** vertritt jetzt wieder die Auffassung, die Einschränkung des § 313 StPO gelte **nur für die Berufungsinstanz und habe keine Wirkung für die Sprungrevision.** Danach ist die Sprungrevision gem. § 335 StPO stets auch in den Fällen der Annahmeberufung ohne weiteres zulässig.[4]

II. Revisionsberechtigter

1. Zustehende Befugnis

7   Jedem **Verfahrensbeteiligten**, der durch das Strafurteil betroffen ist, steht die **Rechtsmittelbefugnis** zu. Dem Verletzten einer Straftat steht die Befugnis zur Urteilsanfechtung nur zu, wenn er nach § 395 StPO zum Anschluss als Nebenkläger berechtigt ist und sich der öffentlichen Klage rechtswirksam angeschlossen hat.

2. Angeklagter

8   Der **Angeklagte** ist nach § 296 Abs. 1 StPO befugt, von allen **Rechtsmitteln** Gebrauch zu machen. Unabhängig vom Alter und der Geschäftsfähigkeit kann er das Rechtsmittel einlegen. Er ist vom Willen seines gesetzlichen Vertreters bzw. Betreuers nicht abhängig.

3. Staatsanwalt

9   Die **Staatsanwaltschaft** kann von den zulässigen Rechtsmitteln Gebrauch machen (§ 296 Abs. 1 StPO). Zu beachten ist, dass **Rechtsmittelerklärungen** der Staatsanwaltschaft, die beim Landgericht oder bei einem Gericht höherer Ordnung anzubringen sind, nur von einem Staatsanwalt abgegeben werden können. Die von einem **Amtsanwalt** unterzeichnete, an das Landgericht oder ein Gericht höherer Ordnung gerichtete Rechtsmittelerklärung ist **unwirksam**.[5] Amtsanwälte dürfen nur in solchen Fällen tätig werden, die noch beim Amtsgericht anhängig sind (§§ 142 Abs. 1 Nr. 3, 145 Abs. 2 GVG).

> *Hinweis*
> Für Rechtsreferendare gilt § 142 Abs. 3 GVG.

4. Verteidiger

10   Für den **Angeklagten** kann der **Verteidiger Rechtsmittel** einlegen (§ 297 StPO). Auch ein **Vertreter**, der nicht Verteidiger oder Rechtsanwalt ist, kann für den Angeklagten Rechtsmittel einlegen. Ein **Rechtsanwalt**, der weder vom Angeklagten als gewählter **Verteidiger** bevollmächtigt ist, noch ihm als **Pflichtverteidiger** vom Gericht beigeordnet worden ist, kann für den Angeklagten nicht rechtswirksam Revision einlegen. Das Gleiche gilt für den **Sozius eines Rechtsanwalts**, der vom Gericht dem Angeklagten nicht als Pflichtverteidiger zur Seite gestellt worden ist. Die fehlende **Vertretungsvollmacht** kann nicht durch nachträgliche Genehmigung des

---

4 *Hartwick*, NStZ 1997, 111 ff. m.w.N.
5 BayObLG NJW 1974, 761.

Angeklagten geheilt werden. Auf Rechtsmittelerklärungen im Strafverfahren finden die **BGB-Vorschriften** keine Anwendung.

Der **Wahlverteidiger** ist solange vertretungsbefugt, bis die Löschung des Mandats- 11 verhältnisses dem Gericht zur Kenntnis gelangt. Bei der **Bestellung eines Verteidigers** durch den **Vorsitzenden des Tatgerichts** gilt diese für das gesamte Verfahren einschließlich des Revisionsverfahrens. Sie erstreckt sich allerdings nicht auf die Hauptverhandlung vor dem Revisionsgericht. Hier bestellt der **Vorsitzende des Revisionsgerichts** den Verteidiger. Im Übrigen endet die Bestellung erst mit ihrer Rücknahme (§ 143 StPO). Der **Pflichtverteidiger** kann das **Mandat** nicht niederlegen. Der Angeklagte kann ihm die Vollmacht nicht entziehen. Die vom Rechtsanwalt erklärte Niederlegung oder die vom Angeklagten ausgesprochene Entziehung des Mandats haben keine Rechtswirkung. Der **Pflichtverteidiger** kann weiterhin rechtswirksam alle **erforderlichen Handlungen** vornehmen.

5. Gesetzlicher Vertreter

Der **gesetzliche Vertreter** kann unabhängig vom Willen des Angeklagten aus **eige-** 12 **nem Recht** von den zulässigen Rechtsmitteln Gebrauch machen (§ 67 JGG). Selbst wenn der Angeklagte auf **Rechtsmittel verzichtet** hat, kann der gesetzliche Vertreter sein Rechtsmittel weiter verfolgen.

6. Neben- und Privatkläger

Sowohl der **Nebenkläger** als auch der **Privatkläger** können Rechtsmittel unabhängig 13 von der Staatsanwaltschaft geltend machen, allerdings nur zu Lasten des Angeklagten. Eine zu Gunsten des Angeklagten eingelegte Revision ist unzulässig. Andererseits können die Revisionen von Neben- und Privatkläger das Urteil gegen den Angeklagten mildern (wie bei der Revision der Staatsanwaltschaft nach § 301 StPO).

III. Beschwer

1. Zustehende Befugnis

Nur der in seinen **rechtlichen Interessen** beeinträchtigte **Verfahrensbeteiligte** kann 14 Revision einlegen. Die **Beschwer** muss sich aus der Urteilsformel und nicht aus dem Inhalt der Urteilsgründe ergeben.[6] Der Angeklagte kann sich nicht dagegen beschweren, dass er lediglich aus Mangel an Beweisen freigesprochen worden ist und nicht wegen erwiesener Unschuld.

2. Beschwer des Angeklagten

Die **Beschwer** des **Angeklagten** ist bereits dann gegeben, wenn sich aus dem **Tenor** 15 des **Urteils** ein **Schuldspruch** ergibt. Auf die Anordnung eines bestimmten **Strafausspruchs** kommt es nicht an. Auch wenn **von Strafe abgesehen** worden ist, ist der Angeklagte beschwert. Wird das **Strafverfahren** gegen den Angeklagten durch

---

6 BGHSt 16, 374.

Urteil gem. § 260 Abs. 3 StPO **eingestellt**, so ist hinsichtlich der Beschwer zu diffe-renzieren. Handelt es sich um eine **endgültige Einstellung** (z.B. Verjährung), so ist der Strafanspruch des Staates beseitigt und der Angeklagte nicht beschwert. Kann das **Verfahrenshindernis** jedoch **behoben** werden (z.B. Nachholen des Eröffnungsbe-schlusses) so gilt der Angeklagte als beschwert. Er muss nämlich damit rechnen, dass **erneut Anklage** erhoben wird. Der Strafanspruch des Staates ist noch nicht endgültig erledigt und eine Verurteilung des Angeklagten kann noch erfolgen.

16   Eine **Beschwer** kann der Angeklagte auch dann geltend machen, wenn das Gericht das Verfahren eingestellt hat, statt den Angeklagten freizusprechen. Es gilt der **Grundsatz Freispruch vor Einstellung**.[7] Der Angeklagte ist auch dann beschwert, wenn das Berufungsgericht das Verfahren nach § 328 Abs. 2 StPO an ein anderes Gericht (z.B. das Schwurgericht) verweist. Die Beschwer in diesem Fall liegt nicht darin begründet, dass sich das Verfahren nunmehr in einer höheren Instanz befindet. Die **Beschwer** liegt in diesen Fällen darin, dass der Angeklagte grundsätzlich einen Anspruch auf Entscheidung in der Sache hat und nur ein Prozessurteil bekommen hat.

3.   Beschwer der Staatsanwaltschaft

17   Der **Staatsanwalt** ist zur Objektivität verpflichtet und hat sowohl die Belange der All-gemeinheit als auch die rechtlichen Interessen der am Verfahren beteiligten Personen zu wahren. Die **Staatsanwaltschaft** ist deshalb durch jede **Verletzung des materiel-len und des formellen Strafrechts** beschwert und zur Einlegung von Rechtsmitteln befugt.

> *Beispiel*
> Hat der Staatsanwalt wegen eines Einbruchsdiebstahls die Strafe von 30 Tagessätzen beantragt und das Gericht genau diese Strafe ausgesprochen, so ist der Staatsanwalt dennoch beschwert, weil das Gesetz in § 243 StGB eine solche Rechtsfolge nicht vorsieht.

Nach § 301 StPO kann auf die Revision der Staatsanwaltschaft das Urteil auch **zu Gunsten des Angeklagten** abgeändert werden. Die vom Staatsanwalt zu Gunsten des Angeklagten eingelegte Revision ist zulässig, wenn der Angeklagte durch das Urteil beschwert ist. Der **Staatsanwalt** kann seine Rechtsverletzung aber nicht auf solche **Normen** stützen, die lediglich **zu Gunsten des Angeklagten** gegeben sind. Nur zu Gunsten des Angeklagten sind z.B. folgende Normen gegeben: §§ 140, 145, 217, 247, 257, 258 Abs. 2 und Abs. 3 StPO sowie insbesondere § 265 StPO, wenn es um die Verteidigungsmöglichkeit des Angeklagten geht. Nicht mehr nur zu Gunsten des Angeklagten wirken Vorschriften, die für ihn nicht disponibel sind, weil sie zugleich öffentlichen Interessen dienen. Hierzu gehören: §§ 136 a, 230 Abs. 1, 246 a StPO und § 169 GVG. Durch die Verletzung dieser Normen ist auch der Staatsanwalt beschwert.

4.   Beschwer des Nebenklägers

18   Der **Nebenkläger** gilt nur dann als beschwert, wenn er geltend machen kann, dass die **Straftat**, die seinen **Anschluss** rechtfertigt, fehlerhaft behandelt worden ist. Er kann keine andere Rechtsfolge (eine höhere Strafe) für das Nebenklagedelikt fordern. Sein **Interesse** geht lediglich auf die Verurteilung des Angeklagten wegen

---

7 BGHSt 20, 333.

des **Nebenklagedelikts**. Wird der Angeklagte teilweise freigesprochen und betrifft der Freispruch kein Nebenklagedelikt, so ist der Nebenkläger nicht beschwert.

5. Beschwer des Privatklägers

Der **Privatkläger** ist durch jede Verletzung des materiellen und formellen Rechts 19 beschwert. Zu Gunsten des Angeklagten kann er jedoch kein **Rechtsmittel** einlegen. Er erstrebt Genugtuung für erlittenes Unrecht. Für die Beschwer des Privatklägers ist entscheidend, ob das tatrichterliche Urteil das **Sühnebedürfnis** nicht oder nicht vollständig befriedigt. Anders als der Nebenkläger kann er auch durch ein zu **mildes Urteil** beschwert sein.

IV. Revisionseinlegung

1. Frist

a) Beginn der Wochenfrist nach § 341 StPO

Die Revisionseinlegung hat bei dem Gericht zu erfolgen, dessen Urteil angefochten 20 wird, und zwar binnen **einer Woche nach Verkündung des Urteils**. Dies gilt, wenn der Angeklagte in der Hauptverhandlung anwesend war oder (neu) zwar abwesend war, jedoch zulässig durch einen Verteidiger in der Hauptverhandlung vertreten war (§§ 234, 411 Abs. 2 StPO). Fehlt der Angeklagte bei Verkündung des Urteils, so läuft die Frist erst ab Zustellung des Urteils.

> *Beispiel*
> Der Angeklagte bricht nach Verlesung der Urteilsformel im Gerichtssaal zusammen. Die Sitzung wird unterbrochen. Der Verteidiger legt für seinen Mandanten schriftlich Revision beim Gericht ein. Am nächsten Tag ist der Angeklagte wieder fit und nimmt die mündliche Begründung des Urteils entgegen. In der Folgezeit wird kein Rechtsmittel mehr eingelegt. Fraglich ist, ob die **Revision** wirksam sofort **nach Tenorverkündung** eingelegt werden kann.

Der **früheste Zeitpunkt** der Revisionseinlegung ist umstritten. Das Gesetz spricht von der Möglichkeit der **Rechtsmitteleinlegung nach Verkündung des Urteils**. Gem. § 268 Abs. 2 StPO gehört zur Urteilsverkündung neben der Verlesung der Urteilsformel auch die Eröffnung der Urteilsgründe. Mithin könnte man sich in dem vorliegenden Fall auf den Standpunkt stellen, das Urteil sei noch nicht verkündet und eine Rechtsmitteleinlegung nicht möglich. Für dieses Ergebnis spricht auch die Überlegung, dass das Gericht bis zum Schluss der mündlichen Verhandlung, also noch während der mündlichen Urteilsbegründung, wieder in die Hauptverhandlung eintreten kann. Der Urteilstenor kann noch geändert werden. Andererseits ist die mündliche Urteilsbegründung nicht einmal ein wesentlicher Teil der Hauptverhandlung und soll deshalb auch keine Wirksamkeitsvoraussetzung für das Urteil darstellen. Das Urteil ist daher wirksam und kann rechtskräftig werden, wenn nach Verlesung der Urteilsformel der Vorsitzende erkrankt oder stirbt.[8] Eine **rechtskraftfähige Entscheidung** des Gerichts muss deshalb auch mit der **Revision** anfechtbar sein, selbst wenn die Verkündung des Urteils noch nicht vollständig abgeschlossen ist.

---

8 BGHSt 8, 41.

> *Hinweis*
> In einer **Klausur** ist in solchen Fällen auf jeden Fall auf die Wiedereinsetzung in die schuldlos versäumte Revisionseinlegungsfrist einzugehen.

Zweifellos hatte der Strafverteidiger die Anweisung Rechtsmittel einzulegen und hat dies möglicherweise unrichtig bewirkt. Das Verschulden des Verteidigers wird hinsichtlich des Straf- und Schuldausspruchs dem Angeklagten nicht zugerechnet, so dass ihm sogar **von Amts wegen** ohne Antrag Wiedereinsetzung zu gewähren ist, falls die Revisionseinlegung nachgeholt wird (§ 45 Abs. 2 S. 3 StPO, vgl. § 21 Rn 5).

21   Ist der **Angeklagte** bei der **Urteilsverkündung nicht anwesend**, so beginnt die **Revisionseinlegungsfrist** mit der Zustellung des kompletten Urteils. Die Revisionseinlegungsfrist ist nicht verlängerbar. Eine vom Gericht gewährte **Verlängerung** ist unwirksam. Sie begründet allerdings die sichere Wiedereinsetzung in die versäumte Frist. Die Frist berechnet sich nach § 43 Abs. 2 StPO. Ein Urteil, das montags verkündet wird, wird am Montag eine Woche danach um 0.00 Uhr rechtskräftig, falls kein Rechtsmittel eingelegt worden ist. Der Fristablauf wird lediglich durch einen Feiertag um einen Tag verlängert.

> *Hinweis*
> Auch die Staatsanwaltschaft ist an die Frist des § 341 StPO gebunden, aus der speziellen Stellung des Staatsanwalts können sich in der **Klausur** besondere Fragen ergeben.

> *Beispiel*
> A ist durch Urteil des Landgerichts freigesprochen worden. Hiergegen legt die Staatsanwaltschaft Revision ein. Das Schriftstück, mit dem der Staatsanwalt sein Rechtsmittel eingelegt hat, trägt ein Datum zwei Tage vor Ablauf der Frist. Versehentlich versäumt aber die Geschäftsstelle des Landgerichts auf der Revisionsschrift den Eingang zu vermerken. Erst einen Tag nach Fristablauf wird die Revisionsschrift dem Vorsitzenden vorgelegt, der sie abzeichnet. Der Zeitpunkt des Eingangs des Schriftstückes lässt sich auch auf Nachforschungen hin nicht mehr ermitteln. Kann das Landgericht das Rechtsmittel der Staatsanwaltschaft als unzulässig verwerfen (§ 346 StPO)?
>
> **Nein!** Das Gericht kann die Voraussetzungen des § 346 StPO nicht sicher feststellen. Hierzu gehört der Nachweis einer verspäteten Rechtsmitteleinlegung.

b)   Verspätete Revisionseinlegung

22   Ist die **Revision verspätet** eingelegt, so verwirft der **Tatrichter** das Rechtsmittel gem. § 346 StPO als unzulässig. Unstreitig ist dies nicht möglich, wenn sich die **Fristversäumung** einer von dem Angeklagten oder der Staatsanwaltschaft zu Gunsten des Angeklagten eingelegten Revision **nicht beweisen lässt**. Vielmehr ist dann das Rechtsmittel als rechtzeitig zu behandeln.[9] Nach dem **Grundsatz in dubio pro reo** sollen der Angeklagte und die Staatsanwaltschaft in diesem Fall das Rechtsmittel nicht verlieren.

23   **Zweifelhaft** ist, ob dies auch für ein zu Ungunsten des Angeklagten eingelegtes **Rechtsmittel der Staatsanwaltschaft** gilt und wie zu entscheiden ist, wenn die Staatsanwaltschaft teilweise zu Gunsten und teilweise zu Ungunsten des Angeklagten Rechtsmittel eingelegt hat. Die Anwendung des Grundsatzes in dubio pro reo müsste dann zur Verspätung des Rechtsmittels insoweit kommen, als dieses zu Ungunsten

---

9 BGH NJW 1958, 1307; BGH NJW 1960, 2202 ff.

des Angeklagten eingelegt worden ist. Nach Auffassung der **Rechtsprechung** kann das Rechtsmittel der Staatsanwaltschaft in so einem Fall nur nach § 346 StPO als unzulässig verworfen werden, wenn die Voraussetzungen dieser Vorschrift von Amts wegen festgestellt werden können. Dies ist bei zweifelhaftem Eingang des Rechtsmittels bei Gericht gerade nicht der Fall. Das **Rechtsmittel** kann deshalb nicht verworfen werden und ist als **zulässig** zu behandeln.[10]

c) Erleichterungen für den Strafgefangenen

Für den **Strafgefangenen** macht § 299 StPO eine **erleichterte Rechtsmitteleinle-** **24** **gung** möglich. Der Gefangene kann beim Amtsgericht seines Verwahrungsorts zu Protokoll der Geschäftsstelle Rechtsmittel einlegen. Die **Rechtsmittelfrist** ist gewahrt, wenn die Erklärung rechtzeitig im Protokoll aufgenommen worden ist. Gleichgültig ist der Zugang des Protokolls beim judex a quo.

2. Form der Revisionseinlegung

a) Grundsatz

Die Revision ist **schriftlich** oder **zu Protokoll der Geschäftsstelle** einzulegen (§ 341 **25** StPO).

b) Unklare Erklärung

Eine **falsche Bezeichnung** des **Rechtsmittels** schadet nicht (§ 300 SPO). Die unklare **26** Erklärung ist auszulegen, wenn mehrere Rechtsmittel zulässig sind und völlig unklar bleibt, welches eingelegt werden soll. Im Zweifel gilt das Rechtsmittel als eingelegt, das die **umfassendste Nachprüfung** erlaubt.

c) Keine bedingte Rechtsmittelerklärung

Die Einlegung des Rechtsmittels ist **bedingungsfeindlich**. So darf die Revision nicht **27** eingelegt werden für den Fall, dass auch die Staatsanwaltschaft Revision einlegt. Andererseits handelt es sich nicht um eine Bedingung, wenn der Angeklagte Revision einlegt und zur Begründung hinzufügt, dass er von dem Rechtsmittel nur deshalb Gebrauch gemacht hat, weil er befürchten muss, dass auch die Staatsanwaltschaft ins Rechtsmittel geht. Im letzteren Fall hat der Angeklagte nur das **Motiv der Rechts-** **mittelerklärung** mitgeteilt, ohne die Einlegung der Revision jedoch von dem Eintritt der Handlung Dritter oder von der Revisionseinlegung durch die Staatsanwaltschaft abhängig zu machen.

d) Unbestimmtes Rechtsmittel

Erklärt der Angeklagte, er wolle gegen das Urteil des Amtsgerichts **Rechtsmittel** **28** einlegen, so besteht an der **Bestimmtheit** der Rechtsmitteleinlegung kein Zweifel.

---

10 OLG Karlsruhe NJW 1981, 138.

Grundsätze der Rechtssicherheit und der Rechtsklarheit sind nicht berührt. Unzweifelhaft ist das Urteil nicht rechtskräftig. Lediglich die **Art der Durchführung** des Rechtsmittels ist offen. Es kann sowohl als Berufung als auch als Revision fortgeführt werden. An der Zulässigkeit des Rechtsmittels ändert die Erklärung nichts.

e) Schriftliche Rechtsmitteleinlegung

29   Das **Schrifterfordernis** in § 341 Abs. 1 StPO bedeutet nicht, dass das Schriftstück auch unterzeichnet sein muss. Aus der **verkörperten Gedankenerklärung** des Schreibens muss sich der **Inhalt der Erklärung** ergeben und sich die **Person**, von der die Erklärung ausgeht, klar erkennen lassen. Zur **Identifizierung** genügt i.d.R. ein **Faksimilestempel** oder das mit Schreibmaschine geschriebene **Diktatzeichen** i.V.m. dem gedruckten **Briefkopf**. Nicht ausreichend ist der bloße **Fertigungsvermerk** eines Kanzleiangestellten. Ist das Schriftstück jedoch nicht unterschrieben, so ist es von einem bloßen **Entwurf** abzugrenzen. Hierzu sind die gesamten Umstände des Falls heranzuziehen. Erklärt der Verteidiger nach Ablauf der Rechtsmittelfrist, das Schreiben sei versehentlich nicht unterzeichnet worden und macht er diese Umstände glaubhaft, so ist nicht nur von einem Entwurf auszugehen. Die **telefonische Einlegung der Revision** ist auch dann unzulässig, wenn der Geschäftsstellenbeamte ein Protokoll oder einen Vermerk über die Erklärung aufnimmt.[11] Durch **Telegramm** oder durch **Telefax** kann unproblematisch die Schriftform gewahrt werden. Anders als bei den Revisionsanträgen und der Revisionsbegründung kann der **Angeklagte ohne Mithilfe** eines Rechtsanwalts schriftlich Revision einlegen.

f) Rechtsmitteleinlegung zu Protokoll der Geschäftsstelle

30   Gibt der Rechtsmittelführer seine Revision **zu Protokoll der Geschäftsstelle** des Gerichts, dessen Urteil angefochten werden soll, so muss er während der Dienststunden des Gerichts persönlich beim zuständigen **Rechtspfleger** erscheinen (§ 24 Abs. 1 Nr. 1 RpflG). Wird die Erklärung lediglich vor dem **Urkundsbeamten der Geschäftsstelle** abgegeben, so ist die Erklärung **unwirksam**. Hat der **Angeklagte** jedoch das **Protokoll des Geschäftsstellenbeamten** eigenhändig unterzeichnet, so kann die **Rechtsmitteleinlegung** in eine schriftliche umgedeutet werden und Wirksamkeit erlangen. Hat der Urkundsbeamte der Geschäftsstelle den Angeklagten auf seine Unzuständigkeit nicht hingewiesen und hat der Angeklagte das Protokoll auch nicht unterschrieben, so hilft ihm ein **Wiedereinsetzungsantrag**. Durch die unterlassene Aufklärungspflicht des Urkundsbeamten hat der Angeklagte unverschuldet die Frist versäumt.

3. Rechtsmittelverzicht und Rechtsmittelrücknahme

a) Unanfechtbare Prozesshandlung

31   Jeder **Rechtsmittelberechtigte** kann über sein **Rechtsmittel** frei disponieren. Er kann auf sein Recht ganz oder teilweise verzichten und ein bereits eingelegtes Rechtsmittel jederzeit zurücknehmen. **Rechtsmittelverzicht** und **Rechtsmittelrücknahme**

---

11 BGHSt 30, 64.

sind **Prozesshandlungen**, die nicht mehr angefochten und nicht mehr widerrufen werden können, sobald sie der zuständigen Stelle zugegangen sind. Solange die Prozesserklärungen dem Gericht noch nicht zugegangen sind, können sie, wie jede Willenserklärung, noch widerrufen werden. Sie haben ihre Wirkung noch nicht erlangt. Der **richtige Empfänger** für die Erklärungen ist grundsätzlich der judex a quo. Dies ändert sich allerdings, wenn die Sache bereits zur Durchführung der Revision an das **Revisionsgericht** abgegeben worden ist. Dann tritt die Rechtswirkung erst ein, wenn die Erklärung, z.B. Rechtsmittelrücknahme, dem Revisionsgericht zur Kenntnis gelangt.

> *Hinweis*
> In der **Praxis** und in **Examensklausuren** muss sorgfältig untersucht werden, ob der **Rechtsmittelverzicht** und die **Rechtsmittelrücknahme Wirksamkeit** erlangt haben. Nur dann tritt Rechtskraft ein und ein Antrag auf Wiedereinsetzung ist unzulässig. Ist die Verzichtserklärung jedoch unwirksam, so kann wegen der Fristversäumung (§ 345 Abs. 1 StPO) erfolgreich ein Wiedereinsetzungsantrag gestellt werden.

b) Voraussetzungen einer wirksamen Erklärung

Die Wirksamkeit des Rechtsmittelverzichts bzw. der Rechtsmittelrücknahme ist von **32** mehreren **Voraussetzungen** abhängig. Der Erklärende muss **verhandlungsfähig** sein. Geschäftsfähigkeit im bürgerlich-rechtlichen Sinne muss nicht gegeben sein. Der **früheste Zeitpunkt** für die Verzichtserklärung ist die **Verkündung des Urteils**. Dazu gehört auch die mündliche Urteilsbegründung. Schließlich soll der Verzichtende vollständig unterrichtet sein und die Tragweite seiner Erklärung erkennen. Ist der Angeklagte während der mündlichen Urteilsbegründung abwesend, so kann er den Verzicht erst erklären, wenn er die Möglichkeit hatte, zuvor Kenntnis von den Urteilsgründen zu erlangen. Es kommt nicht darauf an, ob er tatsächlich von den Urteilsgründen unterrichtet ist.

Die Verzichts-/Rücknahmeerklärung muss **eindeutig** sein. Der **wirkliche Wille** des **33** Erklärenden ist zu ermitteln. In Zweifelsfällen gilt der Verzicht als nicht abgegeben. In folgenden **Fällen** ist der **Verzicht** zweifelhaft und nicht zu bejahen:
- **Wenn der Angeklagte die Frage des Vorsitzenden, ob er die Strafe annehme, schlicht mit ja beantwortet.**
- Am Schluss der Hauptverhandlung erklärt der Angeklagte, er wolle die Strafe sofort antreten.
- Wenn er sofort nach der Hauptverhandlung an der Gerichtskasse die Geldstrafe einzahlt.
- Wenn der Angeklagte in der Hauptverhandlung die Frage des Vorsitzenden nach einem Rechtsmittel schlicht verneint.
- Kein Verzicht wird in der Äußerung des Angeklagten gesehen, „er müsse sich mit dem Urteil wohl abfinden" oder die Erklärung, „ein Rechtsmittel sei ja wohl sinnlos".

c) Form

Da der Rechtsmittelverzicht und die Rechtsmittelrücknahme für die Rechtskraft eines **34** Urteils genauso bedeutsam sind wie die Einlegung eines Rechtsmittels, müssen die

Prozesserklärungen die gleiche Form wie die Rechtsmitteleinlegung wahren. Die Prozesserklärung muss also schriftlich oder zu Protokoll der Geschäftsstelle erklärt werden. **Es gilt das oben zur Einlegung des Rechtsmittels Gesagte entsprechend.** Der Rechtsmittelverzicht gegenüber dem Vorsitzenden des Gerichts unmittelbar nach der Hauptverhandlung gilt als Erklärung zu Protokoll der Geschäftsstelle, wenn der Vorsitzende den Rechtsmittelverzicht dem Urkundsbeamten der Geschäftsstelle diktiert. Nach § 8 RpflG kann der **Richter** alle Geschäfte des **Rechtspflegers** wirksam vornehmen, dazu gehören auch die Erklärungen zur Einlegung und Rücknahme der Rechtsmittel gem. § 24 Abs. 1 Nr. 1 RpflG.

d) Unwirksame Prozesserklärung

35 Verzichts-/Rücknahmeerklärungen sind insbesondere dann unwirksam, wenn sie auf Grund **unfairen staatlichen Verhaltens** zustande gekommen sind. In diesen Fällen haben Gründe der Gerechtigkeit den Vorrang vor dem Gesichtspunkt der Rechtssicherheit.[12]

> *Beispiele*
> Der Angeklagte nimmt nach Erlass eines offensichtlich willkürlichen Haftbefehls sein Rechtsmittel zurück, um seine sofortige Freilassung zu erreichen.
>
> Die Aufhebung des Haftbefehls wurde dem Angeklagten für den Fall des Rechtsmittelverzichts versprochen.

36 Wird der **Angeklagte** mit **verbotenen Methoden** zur Rechtsmittelerklärung gezwungen, die unter § 136 a StPO fallen, so ist die Erklärung unwirksam. Wird der Angeklagte absichtlich über die **Folgen seiner Erklärungen getäuscht**, so sind sie unwirksam. Aber auch wenn Richter und Staatsanwaltschaft **falsche Auskünfte** geben, ohne absichtlich täuschen zu wollen, ist die Erklärung des Angeklagten unwirksam.

> *Beispiele*
> ■ Der Staatsanwalt verspricht die Vollstreckung der Freiheitsstrafe im offenen Vollzug oder die Einstellung eines anderen Verfahrens nach § 154 StPO.
> ■ Der Richter erklärt dem Angeklagten irrtümlich, der Widerruf der Bewährungsstrafe scheide sofort nach Ablauf der Bewährungsfrist rechtlich aus, obwohl noch bis zur Verwirkung die Bewährung widerrufen werden kann (ohne konkrete Zeitgrenze).

37 Andererseits haben **enttäuschte Erwartungen** des Angeklagten keine Auswirkung auf seine Prozesserklärungen. Die Hoffnung auf das Bestehenbleiben eines Haftverschonungsbeschlusses ist lediglich ein **unbeachtlicher Motivirrtum.** Auch die Ankündigung des Staatsanwalts, einen Haftbefehl beantragen zu wollen, ist keine **unlautere Drohung** und beeinflusst die Wirkung des Verzichts nicht. Selbst eine **unzulässige Absprache** über das Verfahrensergebnis berührt die Wirksamkeit des Rechtsmittelverzichts nicht (vgl. § 13 Rn 4 und Rn 10).[13] Demgegenüber ist die unzulässige Vereinbarung eines noch abzugebenden Rechtsmittelverzichts **vor der Urteilsverkündung** unwirksam.

38 Verkennt das Gericht das Vorliegen einer notwendigen Verteidigung (§ 140 StPO), so ist der Rechtsmittelverzicht des Angeklagten unwirksam. Das Gleiche gilt, wenn der

---

12 BGHSt 17, 14; BGHSt 18, 21.
13 BGH StraFo 2004, 57.

Angeklagte trotz fühlbarer Bestrafung die Verzichtserklärung **ohne Rücksprache mit seinem Verteidiger** dem Vorsitzenden gegenüber erklärt hat.

Den Verzicht auf Rechtsmittel kann der Verteidiger genauso wie die Rechtsmittelrück- 39
nahme wirksam nur erklären, wenn er vom Angeklagten hierzu **besonders ermächtigt** worden ist.

§ 302 Abs. 2 StPO gilt für den **Verzicht** entsprechend. Die Ermächtigung des Rechts-anwalts ist nicht formgebunden. Sie kann auch mündlich erfolgen und sogar durch konkludente Erklärung.

> *Beispiel*
> Bei Mandatserteilung hat der Angeklagte dem Verteidiger eine Vollmacht unterschrieben,
> die diesen auch zum Rechtsmittelverzicht und zur Rücknahme des Rechtsmittels ermächtigt
> hat. Zwei Tage nach Verkündung des Urteils legt der Angeklagte schriftlich Revision
> ein. Der Verteidiger, der von der Rechtshandlung seines Mandanten keine Kenntnis
> hatte, prüft das Urteil und erklärt drei Tage später Rechtsmittelverzicht. In diesem Fall
> ist aus der Rechtsmitteleinlegung durch den Angeklagten abzuleiten, dass er seinem
> Verteidiger konkludent das Recht auf Rechtsmittelverzicht entzogen hat. Die Revision ist
> durchzuführen.

Fraglich ist, wie weit der **Schutz** des § 302 Abs. 2 StPO reicht. Hierzu folgendes 40
Beispiel.

> *Beispiel*
> Bei Mandatserteilung unterschreibt der Angeklagte die Vollmacht seines Verteidigers und
> ermächtigt ihn zum Rechtsmittelverzicht und zur Rechtsmittelrücknahme. Bei der Urteils-
> verkündung in der Hauptverhandlung bricht der Angeklagte sofort nach Verlesung des
> Tenors zusammen. Die Verhandlung wird unterbrochen und zwei Tage später fortgesetzt.
> Bereits am Tage der Urteilsverkündung (der Mandant war noch bewusstlos) erklärte der
> Verteidiger schriftlich Rechtsmittelverzicht.

Bisher hat die **Rechtsprechung** aus Gründen der Rechtssicherheit und der Rechtsklar-heit die Ermächtigung zum Rechtsmittelverzicht und zur Rechtsmittelrücknahme bei Mandatserteilung ausreichen lassen und ist von der Wirksamkeit des Rechtsmittelver-zichts ausgegangen. Diese Entscheidung wurde heftig kritisiert, weil der Schutzzweck des § 302 Abs. 2 StPO dadurch unterlaufen wird. Gefordert wurde eine Zustimmung des Angeklagten zum Verzicht oder zumindest eine Vergewisserung des Verteidigers über den Fortbestand der besonderen Ermächtigung zum Rechtsmittelverzicht. Dem hat sich der BGH zwischenzeitlich angeschlossen.[14] Gefordert wird nunmehr die **Ermächtigung** des Verteidigers im Hinblick auf ein **bestimmtes Rechtsmittel**. Da zum Zeitpunkt der Mandatserteilung mehrere Rechtsmittel in Frage kommen (Ko-stenbeschwerde, Berufung und Revision) reicht die allgemeine Erklärung nicht aus.

V. Pflicht der Revisionsbegründung nach § 345 StPO

1. Prüfung durch den judex a quo

Zur Zulässigkeit der Revision gehört die frist- und formgerechte Anbringung der 41
Revisionsanträge und der Revisionsbegründung. Zwar spricht § 346 Abs. 1 StPO nur von Revisionsanträgen. Die Vorschrift wird jedoch so ausgelegt, dass der **Tatrichter**

---

14 BGH NStZ 2000, 665.

auch zu prüfen hat, ob überhaupt eine **Verfahrens- oder Sachrüge** erhoben worden ist. Dabei handelt es sich um eine rein formale und nicht um eine inhaltliche **Prüfung**. Der judex a quo hat die Frage der Substantiierung einer Verfahrensrüge nach § 344 Abs. 2 S. 2 StPO nicht zu beantworten. Auch darf er zweifelhafte Zustellungsfragen nicht überprüfen. Dies muss er dem Revisionsgericht überlassen.

2. Form und Frist der Revisionsbegründung

42 Die **Begründungsfrist und die Begründungsform** ergeben sich aus § 345 StPO. Nach § 345 Abs. 2 StPO kann der Angeklagte die Revisionsbegründung nur zu **Protokoll** der Geschäftsstelle erklären. Ansonsten muss er sich der **Mithilfe** eines zugelassenen Verteidigers bedienen, der die Revisionsbegründung mit seiner Unterschrift verantwortet. Geht aus der Revisionsbegründung hervor, dass der Verteidiger nur auf Weisung des Angeklagten die Revisionsbegründung gefertigt hat, so ist diese unwirksam. Das Rechtsmittel wird vom Revisionsgericht als unzulässig verworfen.

> *Hinweis*
> Hinsichtlich der Revisionsbegründungsfrist ist zwischen § 345 Abs. 1 S. 1 und S. 2 StPO zu unterscheiden, wobei Satz 1 kaum noch Bedeutung in der **Praxis** hat und gar keine Bedeutung in der **Klausur**. Der **Klausurbearbeiter** sollte deshalb direkt auf § 345 Abs. 1 S. 2 StPO abstellen.

Die **Monatsfrist** beginnt mit der Zustellung des Urteils.

3. Beginn der Monatsfrist

43 Die **Revisionsbegründungsfrist** wird nur durch eine **ordnungsgemäße Zustellung** des Urteils in Gang gesetzt. Wird nur der Tenor zugestellt oder fehlen einzelne Seiten der Begründung, so gilt die Zustellung nicht als bewirkt. Die Zustellung des Urteils **vor Fertigstellung des Protokolls der Hauptverhandlung** setzt die Frist nach § 345 Abs. 1 S. 2 StPO nicht in Gang. Dies wird aus § 373 Abs. 4 StPO abgeleitet, obwohl die Vorschrift nur davon spricht, dass ein Protokoll vor Fertigstellung nicht zugestellt werden darf. Fertig gestellt ist das Protokoll erst dann, wenn der Protokollführer und der Vorsitzende unterschrieben haben.

> *Hinweis*
> In **Klausuren** wird oft nur ein Auszug aus dem Protokoll der Hauptverhandlung mitgeliefert. Dann kann dieser Fehler nicht geprüft werden.

44 Die Zustellung des Urteils gilt als nicht bewirkt, wenn an einen **Wahlverteidiger** zugestellt worden ist, dessen Vollmacht sich nicht bei den Akten befindet (§ 145 a StPO). Die Bestellung des **Pflichtverteidigers** ergibt sich stets aus den Akten, da hierzu ein Beschluss des Vorsitzenden erforderlich ist. Beim **Wahlverteidiger** reicht die **bloße Versicherung** des Rechtsanwalts eine Vollmacht zu besitzen nicht aus. Vielmehr muss sich die **Vollmachtsurkunde** in den Akten befinden. Wird die **Vollmacht** in der Hauptverhandlung mündlich erteilt und dieser Vorgang im Sitzungsprotokoll beurkundet, so kann an den Wahlverteidiger wirksam zugestellt werden. Ist die **Beurkundung** im Protokoll jedoch unterblieben und aus der Sitzungsniederschrift nur zu ersehen, dass der Verteidiger aufgetreten ist, so kann anschließend nicht wirksam nach § 145 a StPO an den Verteidiger zugestellt werden.

Hat das Gericht das Urteil entgegen § 145 a StPO sowohl dem Angeklagten als auch dem Verteidiger zugestellt, so berechnet sich die Monatsfrist nach der **zuletzt bewirkten Zustellung** (§ 37 Abs. 2 StPO). Bestellt sich ein **Verteidiger** zum Zweck der Revisionsbegründung, so kann er beim Gericht die **Zustellung** des Urteils an sich beantragen. Einen **Anspruch** hierauf hat er jedoch nicht. Stellt ihm das Gericht das Urteil zu, so gilt § 37 Abs. 2 StPO und die Monatsfrist berechnet sich nach der letzten Zustellung. 45

B. Begründetheit der Revision

I. Verfahrensvoraussetzungen/Verfahrenshindernisse

Das Revisionsgericht prüft **von Amts wegen**, ob es für das Strafverfahren an einer **Verfahrensvoraussetzung** fehlt oder ob **Verfahrenshindernisse** vorliegen. Die Berücksichtigung von Verfahrenshindernissen, die vor Urteilserlass entstanden sind (das sind die meisten) setzt die **Zulässigkeit der Revision**, wie sie oben dargestellt worden ist, voraus. Dagegen sind **nach Urteilserlass** eingetretene Verfahrenshindernisse (Rücknahme des Strafantrags, Eintritt der Immunität) selbst dann zu berücksichtigen, wenn das Rechtsmittel zwar rechtzeitig eingelegt, aber nicht oder verspätet begründet worden ist. 46

Fehlt eine Verfahrensvoraussetzung oder liegt ein Verfahrenshindernis vor, so **stellt** das **Revisionsgericht** das Verfahren nach § 206 a StPO durch Beschluss oder nach § 260 Abs. 3 StPO **durch Urteil ein**. Durch die Verfahrenseinstellung ist **kein Strafklageverbrauch** entstanden. Rechtskräftig wird nur ein **Prozessurteil**, ohne dass in der Sache eine Entscheidung gefallen ist. Kann das Prozesshindernis beseitigt oder die Verfahrensvoraussetzung noch geschaffen werden, so kann die Staatsanwaltschaft **erneut Anklage** erheben. Für dieses neue Verfahren **gilt reformatio in peius nicht**, da dieser Grundsatz nur immer innerhalb ein und desselben Verfahrens gilt und nicht zwischen zwei unabhängigen Verfahren, auch wenn sie gegen die gleiche Person gerichtet sind und die gleiche Tat betreffen. 47

II. Klausurrelevante Verfahrensvoraussetzungen und Verfahrenshindernisse

1. Darstellungsumfang

Hier sollen nur die **klausurrelevanten Verfahrenshindernisse** und **Verfahrensvoraussetzungen** besprochen werden. Ohne Klausurbedeutung sind z.B. Prozessfähigkeit, Immunität oder Verfolgungsbeschränkungen nach Auslieferung. 48

2. Verjährung der Straftat

Die **Verjährungsfristen** ergeben sich aus § 78 StGB. Die Vorschrift sollte man zumindest einmal lesen. Sie erschließt sich nicht ohne weiteres. Diebstahl und Betrug verjähren nach § 78 Abs. 3 Nr. 4 StGB nach fünf Jahren. Im Einzelfall können der Beginn der Verjährungsfrist und insbesondere die Unterbrechungshandlungen problematisch sein. 49

Hinweis
Besonders ist darauf hinzuweisen, dass nur die Beschuldigtenvernehmung die Verjährung unterbricht, aber keine Unterbrechung eintritt, wenn der Täter als Zeuge vernommen wird.

3. Verbrauch der Strafklage

50 Die in der **Anklageschrift** umschriebene **Tat** i.S.d. § 264 Abs. 1 StPO darf nicht anderweitig rechtshängig oder rechtskräftig entschieden sein. Hier stellt sich die Frage nach der horizontalen oder vertikalen **Teilrechtskraft** oder der **Sperrwirkung bei Dauerstraftaten**.

Beispiel
Trotz einer Blutalkoholkonzentration von 1,1 Promille fährt der Beschuldigte mit seinem Auto. Obwohl die Ampel rot zeigt, fährt er in die Kreuzung ein und verursacht einen schweren Verkehrsunfall, bei dem mehrere Unfallgegner schwer verletzt werden. Der Beschuldigte kann unerkannt entkommen. Da sein Fahrzeug beim Überfahren des Rotlichtzeichens geblitzt und fotografiert wurde, erging gegen ihn ein Ordnungsgeld. Gegen den Bescheid legte der Betroffene Einspruch ein. Das Urteil des Bußgeldrichters wurde rechtskräftig. Erst danach entdeckte man den Beschuldigten als den Verursacher des schweren Unfalls. Er legt ein Geständnis ab und macht auch Angaben über die Menge des getrunkenen Alkohols. In erster Instanz wird der Angeklagte wegen Gefährdung des Straßenverkehrs (§ 315 c StGB) in Tatmehrheit zu Fahrerflucht (§ 142 StGB) und einer Trunkenheitsfahrt (§ 316 StGB) zu einer Geldstrafe verurteilt. Gegen diese Entscheidung legte der Angeklagte Revision ein.

Das **Revisionsgericht** wird das Verfahren einstellen. Nach § 84 Abs. 2 S. 1 OWiG steht das rechtskräftige Bußgeldurteil über die Tat als Ordnungswidrigkeit auch der Verfolgung als Straftat entgegen. **Tat** im Sinne dieser Vorschrift ist die prozessuale Tat gem. § 264 StPO. Dies ist der gesamte historische strafrechtlich relevante einheitliche Vorgang, dessen Aufspaltung unnatürlich wäre. Hierzu zählen das Missachten der Ampel, das Verursachen des Unfalls und die anschließende Flucht mit dem PKW. Durch das rechtskräftige **Bußgeldurteil** ist insgesamt **Strafklageverbrauch** eingetreten.

4. Wirksamer Strafantrag

51 **Verfolgungsvoraussetzung** für alle **Antragsdelikte** nach dem materiellen Strafrecht ist das Vorliegen eines **wirksamen Strafantrags**. **Probleme** ergeben sich oftmals in der Bestimmung
- der Verletzten-Eigenschaft nach § 77 StGB,
- der Einhaltung der Antragsfrist nach § 77 b StGB und
- auch der Antragsform (§ 158 Abs. 2 StPO beachten).

Die **Staatsanwaltschaft** kann das besondere öffentliche Interesse an der Strafverfolgung nach § 230 Abs. 1 StGB auch dadurch dokumentieren, dass sie Anklage erhebt. Eine besondere Kundgabe oder einen Aktenvermerk hinsichtlich des besonderen Interesses ist dann nicht erforderlich. Der Strafantrag kann jederzeit nach § 77 d StGB zurückgenommen werden.

5. Anklage und Eröffnungsbeschluss

Ob eine ordnungsgemäße funktionstaugliche **Anklage** i.S.d. § 200 StPO vorliegt, ist 52
von Amts wegen zu prüfen. Auf die Ausführungen in § 8 Rn 35 ff. wird verwiesen.

Hinweis
In **Klausuren** ist das Vorliegen eines ordnungsgemäßen Eröffnungsbeschlusses oftmals
nicht so einfach zu entdecken.

Solange noch kein Urteil in der Sache ergangen ist, kann der **Eröffnungsbeschluss**
vom erstinstanzlichen Tatrichter **nachgeholt werden**. In der Berufungsinstanz oder in
der Revision ist dies nicht mehr möglich. Das Revisionsgericht kann die Sache nicht
an den erstinstanzlichen Tatrichter zurückverweisen. Es muss das Verfahren einstellen
(§§ 206 a, 260 Abs. 3 StPO). Zur Verdeutlichung sei folgendes Beispiel genannt.

Beispiel
Der Angeklagte wurde beim Amtsgericht – Strafrichter – wegen Diebstahls geringwertiger
Sachen angeklagt. Nach der Vernehmung des Hausdetektivs des Kaufhauses entstand
der Verdacht, dass der Angeklagte sich nach dem Diebstahl mit Gewalt im Besitz der
Sache gehalten hat und deshalb einen räuberischen Diebstahl nach § 252 StGB begangen
haben könnte. Der Strafrichter, der für Verbrechen nicht zuständig ist (§ 25 Abs. 1 GVG),
erließ folgenden Beschluss:

Beschluss
1. Die Hauptverhandlung wird ausgesetzt.
2. Das Verfahren wird an das Schöffengericht beim Amtsgericht X verwiesen.

Gründe:
Nach den Angaben des Zeugen Schmidt besteht nunmehr der Verdacht, dass sich der
Angeklagte eines Verbrechens des räuberischen Diebstahls schuldig gemacht hat, da die von
dem Zeugen geschilderten Körperverletzungshandlungen in unmittelbarem Zusammenhang
mit der Sicherung des Diebesguts geschehen sind.

In der Hauptverhandlung vor dem Schöffengericht stellt der Richter nach der Verlesung
der Anklageschrift fest, dass die Sache vom Strafrichter an das Schöffengericht verwiesen
worden ist. Der Angeklagte wird wegen räuberischen Diebstahls zu einer Freiheitsstrafe
verurteilt. Hiergegen legt er Revision ein. Welche Entscheidung trifft das Revisionsgericht?

Lösung:
Der Strafrichter hat seine Unzuständigkeit gem. § 25 Abs. 1 GVG **nach Beginn der Hauptverhandlung** bemerkt und die Sache nach § 270 StPO an das zuständige **Schöffengericht**
verwiesen. Das Schöffengericht ist an die Entscheidung gebunden und kann nicht zurückverweisen. Nach § 270 Abs. 3 StPO hat der **Beschluss** die **Wirkung** eines das Hauptverfahren eröffnenden Beschlusses. Erforderlich ist deshalb nach § 270 Abs. 2 StPO, dass der
Beschluss neben dem Empfängergericht den Angeklagten und die Tat gem. § 200 Abs. 1
S. 1 StPO bezeichnet. Die Qualität des Verweisungsbeschlusses muss wie der konkrete
Anklagesatz die Tatbestandsmerkmale eines räuberischen Diebstahls beschreiben. Hieran
fehlt es. Der Verweisungsbeschluss sagt nichts darüber aus, ob der Angeklagte auf frischer
Tat betroffen wurde, welche Gewalthandlung gegen welche Person und wann erfolgt ist.
Unklar ist auch, ob der Angeklagte die Gewalt angewendet hat, um sich im Besitz der
Sache zu halten.

Bei ordnungsgemäßem Ablauf der Sache wird nach dem Anklagesatz in der höheren Instanz der Verweisungsbeschluss verlesen. Beide Dokumente bilden gemeinsam die Grundlage des Prozesses und erfüllen die Aufgaben einer Anklageschrift (**Umgrenzungs- und
Aufklärungsfunktion**). Daran mangelt es im vorliegenden Fall, so dass auch die Wirkung

des Eröffnungsbeschlusses nach § 270 Abs. 3 StGB nicht eintreten kann. Das **Verfahrens-hindernis** liegt vor. Das Revisionsgericht wird das Verfahren nach § 206 a StPO oder durch **Urteil** nach § 260 Abs. 3 StPO **einstellen.**

53   Auch der **Einbeziehungsbeschluss** des Gerichts (nicht nur des Vorsitzenden) nach § 266 Abs. 1 StPO hat die Wirkung eines **Eröffnungsbeschlusses.** Fehlt es an einem Einbeziehungsbeschluss, so liegt ein **Prozesshindernis** vor. Grundsätzlich muss der Angeklagte der Einbeziehung der neuen Tat ausdrücklich zustimmen. Wird in seiner Abwesenheit verhandelt, reicht die Zustimmung des Verteidigers nicht aus. Das **Fehlen der Zustimmung** des Angeklagten ist nach herrschender Meinung **kein** in jeder Lage des Verfahrens zu beachtendes **Prozesshindernis.**[15] Wird der Verfahrensfehler jedoch ordnungsgemäß gerügt, so stellt das Revisionsgericht das Verfahren ein.

6.   Sachliche Zuständigkeit des Gerichts

54   Gem. § 6 StPO hat das Gericht in jeder Lage des Verfahrens von Amts wegen seine **sachliche Zuständigkeit** zu prüfen. Bemerkt ein Gericht vor Eröffnung des Haupt-verfahrens seine **sachliche Unzuständigkeit**, so verfährt es nach §§ 209, 209 a StPO. Ist der **Eröffnungsbeschluss** bereits erlassen, so ist außerhalb der Hauptverhandlung nach § 225 a StPO die Akte durch Vermittlung der Staatsanwaltschaft dem höheren Gericht vorzulegen. Wird die sachliche Unzuständigkeit erst in der **Hauptverhand-lung** bemerkt, so ist die Sache durch Beschluss gem. §§ 269, 270 StPO an das höhere Gericht zu verweisen. Hält das Gericht einen niedrigeren Spruchkörper für zuständig, verhandelt aber die Sache trotzdem, so ist dies gem. § 269 StPO **unschädlich.** Wird das Fehlen der sachlichen Zuständigkeit (ein höheres Gericht ist zuständig) erst in der Revisionsinstanz bemerkt, so ist dieser Umstand als fehlende Verfahrensvoraus-setzung von Amts wegen zu berücksichtigen. Einer ausdrücklichen Rüge nach § 338 Nr. 4 StPO bedarf es nicht. Die Vorschrift ist insoweit überflüssig.

55   Die **örtliche** und die **funktionelle Zuständigkeit** wird von Amts wegen **nur bis zur Eröffnung des Hauptverfahrens** berücksichtigt. Eröffnet das Gericht trotz örtlicher oder funktioneller Unzuständigkeit das Verfahren, so wird dem Angeklagten eine **Rügemöglichkeit** eröffnet. Auch diese geht ihm verloren, wenn er die **Rüge** nicht bis zum Beginn seiner Vernehmung zur Sache erhoben hat (§ 6 a StPO). Hat der Angeklagte die Rüge rechtzeitig aber erfolglos geltend gemacht, so kann ein **absoluter Revisionsgrund** des § 338 Nr. 4 StPO vorliegen, der gerügt werden muss. Eine von Amts wegen zu berücksichtigende Verfahrensvoraussetzung liegt nicht vor.

7.   Überprüfung der Beschränkung der Berufung

56   Trotz Beschränkung der Berufung auf das Strafmaß tritt **keine Teilrechtskraft** ein, falls die Feststellungen der ersten Instanz unvollständig sind (vgl. § 16 Rn 18).

---

15 BGH NStZ-RR 1999, 303.

III. Sonstiges zum Thema Verfahrenshindernisse in der Klausur

Keine **Verfahrenshindernisse** bilden Verstöße staatlicher Stellen gegen das Rechts- 57
staatsprinzip und das Gebot eines fairen, rechtsstaatlichen Verfahrens. Die überlange
Verfahrensdauer, Verstöße gegen die Menschenrechtskonvention und die Tatprovoka-
tion durch staatliche oder staatlich gelenkte Lockspitzel stellen kein Verfahrenshindernis dar.

Hinweis
Solche Fehler sind aber regelmäßig bei der **Strafzumessung** angemessen zu berücksichtigen.

§ 19 Inhalt der Revisionsbegründung

A. Prüfung einzelner Verfahrensfehler

I. Zulässigkeit der Verfahrensrüge nach § 344 Abs. 2 S. 2 StPO

1. Substantiierungspflicht

1 Im Gegensatz zu den Verfahrenshindernissen müssen **Verfahrensfehler** substantiiert gerügt werden. Die **ordnungsgemäße Begründung** einer **Verfahrensrüge** gehört zur hohen Schule des Revisionsrechts.

> *Hinweis*
> Nur selten wird von den **Prüfungskandidaten** die Fertigung einer Revisionsbegründungs-schrift gefordert. Viel häufiger stehen sie vor der Aufgabe, eine vom Verteidiger einge-reichte **Revisionsbegründungsschrift** auf ihre **Zulässigkeit** hin zu überprüfen. Dies hat in **zwei Schritten** zu geschehen:
> - Im ersten Schritt ist die Substantiierung der erhobenen Verfahrensrüge zu überprüfen und
> - danach erst die inhaltliche Begründung.
>
> Wie in der **Praxis** so scheitern auch in **Klausuren** die weitaus meisten Verfahrensfehler bereits an der mangelnden **Substantiierung** der erhobenen Rügen.

2 § 344 Abs. 2 Satz 2 StPO verlangt vom **Beschwerdeführer** die **Angabe der Tatsa-chen**, die den **Verfahrensmangel** begründen. Wie in einer Schlüssigkeitsprüfung im Zivilrecht müssen die tatsächlichen Umstände, die den behaupteten Verfahrensman-gel ergeben, so vollständig und genau angegeben werden, dass das Revisionsgericht allein auf Grund der **Revisionsbegründungsschrift** erschöpfend prüfen kann, ob ein **Verfahrensfehler** vorliegt. Hintergrund dieser **strengen gesetzlichen Voraussetzung** ist der Umstand, dass das Revisionsgericht bei Sachrügen allein durch die **Lektüre des Urteils** sich die Grundlagen der Überprüfung des materiellen Rechts selbst ver-schaffen kann. Zur Prüfung von Verfahrensverstößen hat das Revisionsgericht jedoch tatsächliche Feststellungen zu treffen. Hierfür müssen ihm entsprechende Anhalts-punkte vom Revisionsführer geliefert werden.

> *Hinweis*
> In vielen **Prüfungsarbeiten** fehlt es bereits an den erschöpfenden Angaben bestimmter Tatsachen. Die Angaben des Beschwerdeführers sind viel zu ungenau. Behauptungen, wie ein Schöffe habe **vermutlich** geschlafen oder die Eingangspforte sei nach 19.00 Uhr **wohl** nicht besetzt gewesen, reichen keinesfalls aus.

Es gibt **keine allgemeine Verfahrensrüge**. Aus der Revisionsbegründung geht auch dann nicht alles Erforderliche hervor, wenn auf Aktenteile, Urteilsseiten oder gar auf die Begründungsschrift eines Mitangeklagten **Bezug genommen** wird. Das Revisions-gericht berücksichtigt solche **Bezugnahmen** nicht. Sie gelten als nicht geschrieben.

3 Bei einer **Protokollrüge** fehlt es an **behaupteten Tatsachen**, die einen Verfahrens-verstoß ausmachen.

> *Hinweis*
> In der **Prüfungsarbeit** sollte man die Unzulässigkeit der Protokollrüge begründen und nicht nur mit einem Etikett versehen.

Diese Rüge ist deshalb unzulässig, weil es ausgeschlossen ist, dass auf einem lückenhaften oder fehlerhaften **Protokoll**, das schließlich nach dem Schluss der Hauptverhandlung angefertigt wird, das Urteil beruhen kann. Die Behauptung des Beschwerdeführers, dass ausweislich des Protokolls die Anklageschrift nicht verlesen worden sei, beinhaltet nicht die Behauptung, die Anklageschrift sei in der Hauptverhandlung nicht verlesen worden. Nur Letzteres ist aber ein **Verfahrensfehler**.

Es bedarf oft sorgfältiger **Nachprüfung**, ob die **Tatsachenbehauptung vollständig** ist. **4**

> *Hinweis*
> Dies ist für einen Rechtsreferendar nicht ohne weiteres zu erkennen.

Soll die Verletzung des § 265 StPO gerügt werden, so reicht der **Vortrag**, es sei eine **5** **Überraschungsentscheidung** ergangen, nicht aus. Vorzutragen ist beispielsweise, dass die Anklage den Vorwurf einer schweren räuberischen Erpressung enthält und der Angeklagte im Urteil wegen Nötigung verurteilt worden ist. Das Urteil kann auf dem unterlassenen Hinweis auch beruhen, da nicht ausgeschlossen ist, dass der Angeklagte eine Nötigung eingeräumt hätte. Dies ist eine alternative Verteidigung. Durch das Geständnis der Nötigung hätte er sich einen Strafmilderungsgrund verdient. Zum Geständnis ist es jedoch nur deshalb nicht gekommen, weil der Angeklagte vom Vorwurf der schweren räuberischen Erpressung ausgegangen ist.

2. Aufklärungsrüge

Eine in **Examensarbeiten** häufig geprüfte **Verfahrensrüge** ist die **Aufklärungsrüge**. **6** Sie umfasst im Wesentlichen **fünf Prüfungspunkte**:
1. Eine Tatsache ist vorzutragen (nicht Werturteil oder Prognose), die das Gericht nicht aufgeklärt hat.
2. Das Beweismittel ist anzugeben, mit dem die Tatsache in der Hauptverhandlung hätte bewiesen werden können. Es ist darauf zu achten, dass auch die **Verbindung** zwischen dem **Beweismittel** und der **Beweistatsache** vorzutragen ist. Dies versteht sich nicht von selbst bei allen Zeugen. So ist der Leiter des Rechtsmedizinischen Instituts nicht wie selbstverständlich mit der Blutanalyse im Institut beschäftigt. Das Gleiche gilt für den Direktor des Arbeitsamts hinsichtlich eines Betrugsvorwurfs im Rahmen der Bearbeitung von Arbeitslosengeld.
3. **Sorgfältigst** ist vorzutragen, warum sich dem Gericht gerade diese Tatsachenaufklärung aufgedrängt hat. Hier kann auf den gesamten Akteninhalt und die Hauptverhandlung zurückgegriffen werden.
4. Wäre die unterlassene Tatsache in der Hauptverhandlung aufgeklärt worden, so muss ein anderes Ergebnis der Hauptverhandlung möglich sein. Dies scheidet z.B. aus, wenn durch Sachverständigengutachten (DNA-Analyse) das Verwechseln der Blutprobe objektiv ausgeschlossen ist. Selbst wenn die Vernehmung der medizinisch-technischen Assistenten die Verwechslung der Blutprobe in der Hauptverhandlung ergeben hätte, so hätte das Gericht auf Grund der DNA-Analyse allenfalls von einem Irrtum der Angestellten ausgehen können. Ein anderes Ergebnis der Hauptverhandlung scheidet aber aus.
5. Bei Aufklärungsrügen stellt der **Nachweis der unterlassenen Gerichtshandlung** oftmals ein besonderes **Problem** dar. Werden Verfahrensvorgänge behauptet, die sich nicht im Protokoll wiederfinden und auch nicht i.S.d. § 273 StPO proto-

kollpflichtig sind, so können sie nur im Rahmen des **Freibeweises** zur Überzeugung des Revisionsgerichts festgestellt werden. Die **Rechtsprechung** lehnt die auch teilweise notwendige Rekonstruktion der Hauptverhandlung durch dienstliche Äußerungen der Amtspersonen ab.[1] Steht im Protokoll der Hauptverhandlung lediglich, dass der Angeklagte sich zur Sache eingelassen hat, so kann durch dienstliche Äußerungen des Vorsitzenden nicht ermittelt werden, ob diese Einlassung inhaltlich ein Geständnis war oder nicht.

Zur Aufklärungsrüge sei noch folgendes Beispiel genannt.

Beispiel
In der Revisionsbegründungsschrift hat der Verteidiger ausgeführt:
Es wird die Aufklärungsrüge erhoben. Das Gericht hat es unterlassen aufzuklären, ob bei dem Angeklagten Müller die Voraussetzungen zumindest einer verminderten Einsichts- oder Steuerungsfähigkeit vorgelegen haben. Angesichts der Umstände und der Ausführung der Tat erscheint es möglich, dass der Angeklagte zur Zeit der Tat nicht oder nicht hinreichend in der Lage war, das Unrecht der Tat einzusehen oder nach dieser Einsicht zu handeln. Das war für das Gericht erkennbar. Deshalb wäre die Einholung eines Sachverständigengutachtens geboten gewesen.

Lösung:
Diese Aufklärungsrüge ist nicht substantiiert und damit unzulässig erhoben. Problematisch ist schon, ob eine aufklärungsfähige Tatsachenbehauptung vorgetragen worden ist. Die Behauptung, eine verminderte Einsichts- und Steuerungsfähigkeit habe vorgelegen, reicht hierfür nicht aus. Angegeben werden müssen vielmehr die Umstände und Tatsachen, die die Einsichts- und Steuerungsfähigkeit beeinträchtigt haben können. War der Angeklagte zur Tatzeit alkoholisiert, so sind die einzelnen Anknüpfungspunkte für ein späteres Gutachten darzulegen. Die Menge und die Art der getrunkenen alkoholischen Getränke sind mitzuteilen, genauso wie die Ausfallerscheinungen auf Grund des Rausches. Vorliegend wird jedoch nur die Vermutung geäußert, die Einsichts- und Steuerungsfähigkeit sei erheblich beeinträchtigt gewesen. Der Revisionsführer bittet um Überprüfung, ob eine bestimmte Tatsache vorgelegen hat. Dies genügt nicht den Anforderungen eines bestimmten Tatsachenvortrags. Überdies sind auch nicht die Tatsachen konkret bezeichnet, auf Grund deren sich dem Gericht hätte aufdrängen müssen, ein psychiatrisches Gutachten einzuholen. Der pauschale Hinweis auf die „Umstände" und die „Ausführungen der Tat" gibt keine konkreten Tatsachen wieder, anhand deren das Revisionsgericht nachprüfen kann, ob das Tatgericht seine Aufklärungspflicht verletzt hat.

Fehlt es bereits an einer bestimmten Tatsachenbehauptung, so verwundert es nicht, dass sich dem Gericht in der Hauptverhandlung keine weitere Aufklärung aufdrängen musste.

3. Rüge eines fehlerhaft abgelehnten Beweisantrags

7   Die **Aufklärungsrüge** kann nicht damit begründet werden, der Tatrichter habe ein **bestimmtes Beweismittel** (meistens Zeugen) nicht voll ausgeschöpft (befragt). Das Revisionsgericht kann nicht nachprüfen, welche Fragen an den Zeugen gestellt worden sind und ob der Tatrichter die unterlassene Tatsachenaufklärung nicht bereits vergeblich versucht hat. Die Aufklärungsrüge ist nicht dazu gedacht, in der Hauptverhandlung **unterlassene Fragen an Zeugen** durch Erhebung der Verfahrensrüge nachzuholen. Haben sich einzelne Fragen weder dem Angeklagten noch dem Verteidiger in der Hauptverhandlung aufgedrängt und sind deshalb unterblieben, so mussten

---

1 BGH NStZ 1997, 296; BGH StV 1993, 115.

sich diese Fragen dem Gericht ebenfalls nicht aufdrängen. Deshalb fehlt es auf jeden Fall an der dritten Voraussetzung der Aufklärungsrüge.

Weitere **Beispiele** für die Begründung einzelner Verfahrensrügen:
- Soll ein in der Hauptverhandlung zu Unrecht abgelehnter **Beweisantrag** gerügt werden, so muss der Beschwerdeführer den Inhalt seines in der Hauptverhandlung gestellten Beweisantrags **wörtlich** vortragen und ebenso wörtlich den gerichtlichen Ablehnungsbeschluss mitteilen. Darüber hinaus hat er die Tatsachen mitzuteilen, die die Fehlerhaftigkeit dieses Beschlusses ausmachen.
- Wird die fehlerhafte Behandlung eines **Hilfsbeweisantrags** gerügt, so genügt die wörtliche Wiedergabe des gestellten Hilfsbeweisantrags. Ist die Revision im Übrigen zulässig, so ergeben sich die Ablehnungsgründe des Hilfsbeweisantrags aus den Urteilsgründen. Diese können vom Revisionsgericht ergänzend herangezogen werden. Der Verfahrensfehler ist substantiiert gerügt, wenn darüber hinaus noch mitgeteilt wird, woraus sich die Fehlerhaftigkeit der Ablehnung des Hilfsbeweisantrags ergibt.

II. Beweis der Verfahrensrüge

Nur wenn **Verfahrensverstöße** zur vollen Überzeugung des Revisionsgerichts bewiesen sind, erlangen sie **Bedeutung**. Die **Beweislast** trägt nicht der Angeklagte. Vielmehr ist das Gericht verpflichtet, an der Aufklärung des Verfahrensfehlers mitzuwirken. Der Beweis des Verfahrensfehlers kann durch 8
- das Sitzungsprotokoll,
- das Urteil oder
- durch Freibeweis geführt werden.

Die positive und negative **Beweiskraft des Protokolls** der Hauptverhandlung ist eine absolute und kann nicht im Wege des Freibeweises widerlegt werden. Dabei ist zu beachten, dass der **Inhalt** einer Einlassung oder einer Zeugenaussage an der Beweiskraft nicht teilnehmen. Andernfalls würde der Protokollführer bestimmen, welche Tatsachen in der Hauptverhandlung bekundet worden sind. Diese Aufgabe hat jedoch das Gericht. Diskrepanzen zwischen Urteilsfeststellungen und dem Inhalt einer Zeugenaussage im Protokoll sind deshalb unbeachtlich. Es gibt keine **Rüge** der **Aktenwidrigkeit**.

Das Protokoll kann aber auch **berichtigt** werden. Zuständig sind der Protokollführer 9
und der Vorsitzende des Gerichts. Der Antrag auf **Protokollberichtigung** kann durch dienstliche Erklärungen glaubhaft gemacht werden. Auch ohne Antrag kann das Gericht von sich aus das Protokoll berichtigen, falls Protokollführer und Vorsitzender die Berichtigung verantworten. Für den Nachweis eines Verfahrensfehlers im Revisionsverfahren ist eine Protokollberichtigung allerdings dann **unbeachtlich**, wenn sie einer bereits erhobenen Verfahrensrüge den Boden entzieht. Man spricht hier von der unzulässigen **Rügeverkrümmung**.

Die Verletzung von Verfahrensvorschriften kann nur der **Verfahrensbeteiligte** rügen, 10
der dadurch **selbst beschwert** ist. Wird gegen einen **Mitangeklagten** verfahrenswidrig verhandelt, so kann hieraus der Beschwerdeführer keine eigene Beschwer ableiten. Es gibt einige **Verfahrensvorschriften**, auf die sich der Angeklagte schlichtweg **nicht berufen** kann, weil ihm die **besondere Beschwer** fehlt. Wird entgegen § 55 StPO der

Mittäter über sein Schweigerecht nicht belehrt, so kann sich der Angeklagte auf diesen Verfahrensverstoß nicht berufen. Die Vorschrift schützt nämlich nur die Interessen des Zeugen und berührt den Rechtskreis des Angeklagten nicht. Dasselbe gilt für einen Verstoß gegen § 54 StPO (fehlende Aussagegenehmigung schützt die Interessen der Behörde).

III. Verlust der Verfahrensrüge

11   Es gibt **Verfahrensrügen**, die **gesetzlich präkludiert** sind. Wurden im Laufe des Verfahrens keine Beanstandungen erhoben, so geht die **Rüge verloren**. Zu nennen sind hier

- §§ 6 a, 16 StPO hinsichtlich der funktionellen und örtlichen Zuständigkeit des Gerichts,
- § 25 StPO wenn die Befangenheit eines Richters gerügt werden soll,
- §§ 217 Abs. 3, 218 StPO hinsichtlich der Ladungsfristen,
- §§ 222 a und 222 b StPO hinsichtlich der Besetzung des Gerichts und schließlich
- § 246 Abs. 2 StPO hinsichtlich verspäteter Beweisanträge.

Der **Beschwerdeführer** kann auf die Einhaltung von **Verfahrensvorschriften ausdrücklich** oder **stillschweigend verzichtet** haben, soweit es sich nicht um unverzichtbare, für den Schutz des Angeklagten grundlegende Verfahrensrechte handelt. Hat der Angeklagte auf prozessleitende Verfügungen des Vorsitzenden hin das Gericht nicht angerufen, so können einzelne **Verfahrensrechte verwirkt** worden sein (§§ 238 Abs. 2, 338 Nr. 8 StPO). Das Gleiche gilt bei **arglistiger Herbeiführung** eines Verfahrensfehlers durch die Staatsanwaltschaft oder den Verteidiger.

12   Nach § 336 S. 2 StPO sind einige Entscheidungen des erkennenden Gerichts, die der Urteilsfällung vorausgehen, **der Revision nicht zugänglich**.

> *Hinweis*
> Für die **Klausurbearbeitung** sind die wichtigsten Entscheidungen, die im Zusammenhang mit der **Schöffenwahl** und **Schöffenheranziehung** stehen.

Wird ein **Schöffe** mit falscher Begründung von der Liste gestrichen oder ein Schöffe zu Unrecht vom Schöffendienst entbunden, so ist dieser Fehler des Vorsitzenden nach § 54 Abs. 3 GVG nicht anfechtbar und nicht revisibel. Auch die **Besetzungsrüge** kann auf die Heranziehung des falschen Schöffen nicht gestützt werden. Eine fehlerhafte Entscheidung über den Ausschluss der Öffentlichkeit bei der Erörterung von Umständen aus dem persönlichen Leben (§ 171 b Abs. 3 GVG) ist nicht revisibel. Allenfalls bei **Willkür** kann die Revision erfolgreich sein.

IV. Beschränkung der Revision der Staatsanwaltschaft nach § 339 StPO

13   Der Staatsanwalt kann seine Revision nicht auf Vorschriften stützen, die **nur zu Gunsten** des Angeklagten gegeben sind.

> *Hinweis*
> Ist in der **Prüfungsarbeit** die Revision der Staatsanwaltschaft zu begutachten, so ist § 339 StPO bei jedem Verfahrensfehler zu prüfen.

Dies ist auch logisch. Könnte der Staatsanwalt auf Grund einer Schutzvorschrift für den Angeklagten eine höhere Bestrafung erreichen, so würde die Schutzvorschrift ins Gegenteil verkehrt. Schutzvorschriften zu Gunsten des Angeklagten sind die §§ 140, 243 StPO und teilweise § 265 StPO.

B. Absolute Revisionsgründe nach § 338 StPO

I. Beruhen des Urteils auf einem Verfahrensfehler

Im Gegensatz zu den relativen Revisionsgründen muss bei den **absoluten Revisi-** 14
onsgründen nicht konkret festgestellt werden, dass das Urteil auf der Gesetzesverletzung beruht oder das Beruhen wenigstens nicht ausgeschlossen ist. Hier wird das **Beruhen** unwiderlegbar vermutet. Es kann dahinstehen, ob das gleiche Urteil nicht ohne den Fehler ebenso ergangen wäre.

> *Ausnahme*
> Falls eine Auswirkung des vorliegenden absoluten Revisionsgrunds auf das Urteil **absolut undenkbar** ist, so scheidet die Rüge aus.

Das ist z.B. der Fall, wenn ein notwendiger Verteidiger nach § 140 StPO nach Verkündung des Urteilstenors den Gerichtssaal verlässt und das Gericht in seiner Abwesenheit den Rest der Urteilsverkündung zu Ende bringt. Auf dieser Abwesenheit des Angeklagten und des Verteidigers bei einem Teil der Hauptverhandlung kann das Urteil niemals beruhen.

Zu den **absoluten Revisionsgründen** zählen die in § 338 Nr. 1 bis Nr. 7 StPO 15
aufgezählten Verfahrensverstöße. § 338 Nr. 8 StPO ist in Wirklichkeit ein **relativer Revisionsgrund**. Das Gesetz verlangt eine Beeinträchtigung der Verteidigung in einem für die Entscheidung wesentlichen Punkt. Dies kann aber nur der Fall sein, wenn die Gesetzesverletzung Auswirkung auf das Urteil gehabt hat. Die im Gesetz aufgeführten absoluten Revisionsgründe **enthalten selbst den Gesetzesverstoß nicht**. In jedem Fall ist gegen eine andere Vorschrift verstoßen worden, z.B. § 140 StPO oder § 230 StPO, wenn in der Hauptverhandlung der notwendige Verteidiger oder der Angeklagte abwesend waren.

> *Hinweis*
> Grob fehlerhaft ist die Formulierung in **Klausuren**, es könne ein Verstoß gegen § 338 StPO vorliegen, da diese Vorschrift nur die Prüfung der Beruhensfrage entbehrlich macht.

II. Absolute Revisionsgründe im Einzelnen

1. Vorschriftswidrige Gerichtsbesetzung nach § 338 Nr. 1 StPO

Zu ersehen ist die Mitwirkung der Richter aus dem Protokoll der Hauptverhandlung 16
für die Feststellung der richtigen Gerichtsbesetzung. **Der Strafrichter** entscheidet beim Amtsgericht **allein**. Nach § 29 GVG ist **das Schöffengericht mit einem Berufsrichter** und **zwei Schöffen** besetzt und das erweiterte Schöffengericht nach § 29 Abs. 2 GVG mit einem weiteren Berufsrichter. Die **große Strafkammer** beim Landgericht ist gem. § 76 GVG grundsätzlich mit **drei Berufsrichtern** und **zwei Schöffen** besetzt und die **kleine Strafkammer**, die über die Berufungen von Strafrichtern und

Schöffengericht entscheidet, ist mit **einem Berufsrichter** und **zwei Schöffen** besetzt (wie das Schöffengericht).

> *Hinweis*
> An dieser Stelle wird die Kenntnis des **Rechtsreferendars** von der richtigen Gerichtsbesetzung abgefragt.

17   Die große Strafkammer kann aber **ausnahmsweise** auch nur mit zwei Berufsrichtern und zwei Schöffen besetzt sein. **Voraussetzung** ist ein Kammerbeschluss bei Eröffnung des Verfahrens.

> *Hinweis*
> Die Besetzung des Strafsenats beim Oberlandesgericht nach § 122 GVG wird in **Klausuren** nicht abgefragt.

Für die **Besetzung** interessant ist noch ein Blick in die Vorschriften des Deutschen Richtergesetzes. In § 18 DRiG sind die Folgen der nichtigen Richterernennung umschrieben und in § 19 DRiG die Zurücknahme der Ernennung. Die §§ 28, 29 DRiG regeln die Besetzung der Gerichte mit Vorsitzenden, lebenszeiternannten Richtern und die Mitwirkung von Richtern auf Probe bzw. Richtern kraft Auftrags.

18   Wirkt ein nach § 45 Abs. 2 bis 5 DRiG **nicht vereidigter Schöffe** an der Hauptverhandlung mit, so ist der **Spruchkörper** unvorschriftsmäßig besetzt.[2] Die **Hauptverhandlung** muss in allen wesentlichen Teilen wiederholt werden, falls der Mangel der fehlenden Vereidigung des Schöffen noch in der Hauptverhandlung entdeckt wird.

19   Der Grundsatz, dass niemand seinem gesetzlichen Richter entzogen werden darf (Art. 101 Abs. 1 S. 2 GG), schützt nur gegen **Willkür**, nicht gegen **Irrtum**. Fehler bei der Aufstellung des Geschäftsverteilungsplans oder bei der Schöffenwahl führen deshalb nicht automatisch zur Aufhebung des Urteils. Zur Fehlbesetzung oder möglichen Fehlbesetzung des Gerichts muss die Feststellung einer **willkürlichen Handlung** hinzutreten. **Objektiv willkürlich** ist eine Maßnahme jedoch nur dann, wenn sie unter keinem Gesichtspunkt mehr zu rechtfertigen und offensichtlich unhaltbar ist. Dies ist dann der Fall, wenn eine Rechtsfrage über die Besetzung des Gerichts bereits höchstrichterlich entschieden ist und das Gerichtspräsidium diese Rechtsprechung missachtet.

20   Der **Rügepräklusion** nach §§ 222 a, 222 b StPO kommt besondere Bedeutung zu. Die Vorschriften **gelten nur in den erstinstanzlichen Hauptverhandlungen vor dem Landgericht oder dem Oberlandesgericht** und nicht beim Amtsgericht. Die Besetzung des Gerichts ist den Beteiligten spätestens bis zum Beginn der Hauptverhandlung mitzuteilen. Dies geschieht häufig auch mündlich ganz kurz vor Beginn der Hauptverhandlung. Liegt allerdings zwischen der Mitteilung und dem Beginn der Hauptverhandlung nicht mindestens eine Woche, so können Staatsanwalt oder Verteidiger eine Unterbrechung der Hauptverhandlung verlangen, um die Besetzung nachprüfen zu können. Der Einwand der vorschriftswidrigen Gerichtsbesetzung muss bis zum Beginn der Vernehmung des ersten Angeklagten zur Sache geschehen. Wird dies unterlassen, so ist die **Rüge ausgeschlossen.**

---

2 BGHSt 4, 158.

> *Beispiel*
> Kurz nach Beginn der Hauptverhandlung vor der großen Strafkammer des Landgerichts wird die Grippeerkrankung des Angeklagten festgestellt. Aus Fürsorgegründen bricht der Vorsitzende die Sitzung ab und bestimmt Termin zur Fortsetzung der Hauptverhandlung. Nach vier Wochen findet die Hauptverhandlung in der gleichen Besetzung statt. Die rechtswidrige Besetzung des Gerichts wird nicht gerügt. Fraglich ist, ob das Landgericht falsch besetzt ist.

Bei der **Schöffenauslosung** wird für jeden Sitzungstag ein bestimmtes Schöffen-   21 pärchen für den Sitzungsdienst gewählt. Erstreckt sich die Hauptverhandlung über **mehrere Sitzungstage**, so gilt dies als **einheitliche Hauptverhandlung** und die Schöffen sind an den weiteren Sitzungstagen die gesetzlichen Richter. Dies gilt jedoch nicht, wenn die Sitzung mehr als drei Wochen nach §§ 228, 229 StPO unterbrochen worden ist. Dann beginnt die Sitzung von neuem. So liegt der Fall hier. Es hätten die Schöffen zum Sitzungsdienst herangezogen werden müssen, die für den Tag der neuen Hauptverhandlung bestimmt waren. Nach dem Neubeginn der Hauptverhandlung war das **Gericht** also **falsch besetzt**.

Fraglich ist, ob diese **gesetzwidrige Besetzung** nach den §§ 222 a, 222 b StPO präklu-   22 diert ist. Ein **Ausschluss der Rüge** ist nur dann gegeben, wenn die Besetzung des Gerichts für die neue Hauptverhandlung ordnungsgemäß mitgeteilt worden ist. Diese Mitteilung könnte in der mündlichen Verhandlung zu dem neuen Termin zu sehen sein. Den Verfahrensbeteiligten war zum Zeitpunkt der Ladung klar, dass die alten Schöffen auch die neuen sein werden. Es ist vertretbar, in der mündlichen Ladung zur Hauptverhandlung eine ausreichende Mitteilung über die Gerichtsbesetzung zu sehen. Der Verteidiger hätte bis zum Beginn der Vernehmung des Angeklagten in der neuen Hauptverhandlung die Rüge erheben müssen. Dies ist nicht geschehen. Die Rüge kann nicht mehr geltend gemacht werden.

2. Mitwirkung eines ausgeschlossenen Richters nach § 338 Nr. 2 StPO

Wann ein **Richter kraft Gesetzes** ausgeschlossen ist, ergibt sich abschließend aus den   23 §§ 22, 23 StPO.

> *Hinweis*
> In der **Klausur** reicht meistens eine saubere Subsumtion unter den Gesetzestext zur Falllösung aus.

Ist ein erkennender Richter mit dem Staatsanwalt oder einem Schöffen in gerader Linie verwandt, so wird dieser Fall **nicht** von den §§ 22, 23 StPO erfasst. Erforderlich ist eine **Verwandtschaft** mit dem Verletzten oder dem Angeklagten.

Häufiger ist zu entscheiden, ob ein **Richter** kraft Gesetzes ausgeschlossen ist, weil   24 er in derselben Sache **als Staatsanwalt** tätig geworden ist. Hier genügt **jede Handlung** des früheren Staatsanwalts in der Sache, selbst eine Sachstandsanfrage in der Vertretung für einen Staatsanwaltskollegen in der gleichen Sache.[3] Nicht um dieselbe Sache handelt es sich dann, wenn eine bereits abgeurteilte Strafe nunmehr in eine **Gesamtfreiheitsstrafe** einbezogen wird und der Richter als Staatsanwalt in der bereits abgeschlossenen, nun einbezogenen Freiheitsstrafe als Staatsanwalt tätig war.

---

3 BGH NStZ 1982, 78.

Ebenso ist zu entscheiden, wenn der **jetzige Strafrichter** früher in einem **Zivilprozess** zwischen dem Angeklagten und dem Verletzten mitgewirkt hat.

25 Über § 31 StPO gelten die Vorschriften der §§ 22, 23 StPO auch für **Schöffen**. Ist ein Schöffe kraft Gesetzes ausgeschlossen, so bedarf es zur Erhaltung der Rüge keiner Geltendmachung durch den Beschwerdeführer. Für **Staatsanwälte** gelten die §§ 22 ff. StPO nach herrschender Meinung **nicht** entsprechend.[4] Danach liegt **kein Fall des gesetzlichen Ausschlusses** eines Staatsanwalts nach § 22 Abs. 1 Nr. 5 StPO vor, wenn der Staatsanwalt in der Sache als Zeuge vernommen wird.

> *Beispiel*
> In der Berufungshauptverhandlung vor der kleinen Strafkammer des Landgerichts wird der Staatsanwalt, der auch in der ersten Instanz bereits die Sitzungsvertretung inne hatte, als Zeuge darüber vernommen, welche Aussage ein Hauptbelastungszeuge in der ersten Instanz gemacht hatte.

Eine solche **Zeugenvernehmung** ist zulässig. Die §§ 58 Abs. 1, 243 Abs. 2 S. 1 StPO stehen dem nicht entgegen. Allerdings muss während der Zeugenvernehmung des Staatsanwalts ein anderer Kollege als Sitzungsvertreter anwesend sein. Andernfalls liegt ein absoluter Revisionsgrund nach § 338 Nr. 5 StPO vor, weil gegen die Vorschrift der **ununterbrochenen Anwesenheit** eines Staatsanwalts nach § 226 StPO verstoßen worden ist. Während einer Hauptverhandlung können sich **mehrere Staatsanwälte gegenseitig ablösen**.[5]

26 Problematisch ist aber, ob der **Staatsanwalt nach seiner Zeugenvernehmung weiter als Anklagevertreter tätig sein durfte**. Das Reichsgericht hat dies abgelehnt.[6] Es hat argumentiert, es sei ausgeschlossen, dass der als Zeuge vernommene Staatsanwalt in objektiv unbefangener Weise in der Schlussausführung die Schuldfrage, die Glaubwürdigkeit von Zeugen und das Gewicht ihrer Aussagen erörtern kann, wenn seine eigene Person und seine eigene Aussage in Frage steht. Dieser generelle Ausschluss des Staatsanwalts von der weiteren Hauptverhandlung führt dazu, dass es der Angeklagte in der Hand hat, mit geeigneten Beweisanträgen den eingearbeiteten Anklagevertreter aus dem Verfahren zu entfernen. Behauptungen des Angeklagten ins Blaue hinein, der Anklagevertreter sei beispielsweise Mittäter gewesen, führten zwingend zur Vernehmung des Staatsanwalts und nach der Rechtsprechung des Reichsgerichts anschließend zum Ausschluss aus dem weiteren Verfahren.

27 Deshalb hat der **BGH** in der Folgezeit eine **differenzierende Position** eingenommen. Danach ist das weitere Auftreten des als Zeuge vernommenen Staatsanwalts **ausnahmsweise zulässig**, wenn sich seine Vernehmung nur auf Wahrnehmungen bezogen hat, die nicht in unlösbarem Zusammenhang mit der Beweiswürdigung stehen oder Fragen der Verfahrensgestaltung, der Art und Weise seiner amtlichen Tätigkeit im Ermittlungsverfahren betreffen.[7] Durch diese Rechtsprechung wurde sichergestellt, dass nur der Staatsanwalt von dem weiteren Verfahren ausgeschlossen ist, der **in der Sache selbst etwas zu sagen hat**. So darf der betroffene Staatsanwalt im Schlussvortrag nicht in die peinliche Situation geraten, seine eigene Zeugenaussage würdigen zu müssen. Selbst wenn die Aussage des vernommenen Staatsanwalts für das Verfahren

---

4 BGH NJW 1980, 845.
5 BGHSt 21, 85.
6 RGSt 29, 236.
7 BGH NStZ 1989, 583.

ohne Bedeutung ist, so ist ein weiterer Staatsanwalt zum Plädoyer hinzuzuziehen, der diesen Part dann übernimmt.[8]

Im Beispielsfall betraf die Aussage des als Zeuge vernommenen Staatsanwalts den   28
Inhalt der Aussage, die der Hauptbelastungszeuge in einer früheren Hauptverhandlung (erste Instanz) gemacht hatte. Der **Staatsanwalt** darf an der Hauptverhandlung im Berufungsverfahren **nicht weiter als Anklagevertreter teilnehmen**,[9] da er zur Aufklärung der Sache beigetragen hat. Allerdings stellt dieser Verfahrensfehler **keinen absoluten Revisionsgrund**, sondern nur einen **relativen Revisionsgrund** dar.

Hinweis
Zu prüfen ist, ob im konkreten Fall das Urteil auf diesem Verfahrensfehler beruhen kann. Dies muss in der **Klausur** am Einzelfall gemessen werden.

3. Mitwirkung abgelehnter Richter nach § 338 Nr. 3 StPO

a) Kontrolldichte des Revisionsgerichts

Im Gegensatz zu den Fällen des § 338 Nr. 2 StPO muss der absolute Revisionsgrund   29
des § 338 Nr. 3 StPO **nicht nur vorliegen**. Er muss auch durch einen geeigneten **Befangenheitsantrag** geltend gemacht werden. Wird das Ablehnungsgesuch vom Gericht verworfen, so steht dem Beschwerdeführer grundsätzlich die **sofortige Beschwerde** nach § 28 Abs. 2 S. 1 StVO zur Verfügung. Die sofortige Beschwerde ist jedoch nur so lange das richtige Rechtsmittel, wie der **erkennende** Richter noch nicht fest steht. Mit dem **Eröffnungsbeschluss** werden die erkennenden Richter bestimmt. Von diesem Augenblick an scheidet die sofortige Beschwerde aus und ein Verfahrensfehler kann nur noch im Zusammenhang mit der Anfechtung des Urteils geltend gemacht werden (§ 28 Abs. 2 S. 2 StPO). Ist auf diese Weise der Ablehnungsbeschluss gem. § 28 Abs. 2 S. 2 StPO zusammen mit dem Urteil angefochten, so hat das **Revisionsgericht** zu klären, ob das Ablehnungsgesuch zu Unrecht verworfen worden ist. Für die Prüfung gelten die **Beschwerdegrundsätze**, d.h., dass das Revisionsgericht auch das Ermessen des Tatrichters überprüfen kann und eigene Aufklärungsarbeit leisten darf. Ist das Ablehnungsgesuch zu Unrecht irrtümlich als unzulässig oder von einem unzuständigen oder nicht vorschriftsmäßig besetzten Gericht verworfen worden, so ist die Revision nur dann erfolgreich, wenn tatsächlich **ein Befangenheitsgrund vorgelegen hat**. Das Revisionsgericht hat **vollumfänglich** in die **Überprüfung** einzutreten.

Hinweis
Für die Lösung in der **Klausur** bedeutet dies, dass auch die **Zulässigkeit des Antrags** mit zu überprüfen ist.

Von der Kontrolldichte her darf das **Ermessen des erstinstanzlichen Richters** voll überprüft werden.

b) Einzelheiten zum Befangenheitsantrag gegen Richter

Gibt der befangene Richter unzweideutig vor Abschluss der Beweisaufnahme zu   30
erkennen, dass er von der Schuld des Angeklagten bereits überzeugt ist, so liegt seine Befangenheit auf der Hand.

---

8 BGH StV 1989, 240.
9 BGH NStZ 1983, 135.

Hinweis
Wann im Einzelfall die Besorgnis der Befangenheit zu bejahen ist, muss in der Klausur lediglich sinnvoll diskutiert werden.

Umgekehrt darf es der Angeklagte nicht in der Hand haben, die **Befangenheit** des Gerichts zu **provozieren**. Deshalb führen Beschimpfungen des Gerichts durch den Angeklagten als Nazigericht oder Unrechtskammer nicht zur Befangenheit der Richter.

Beispielsfall
Nach dem Protokoll der Hauptverhandlung hat der Verteidiger die Vernehmung eines bereits gehörten Zeugen beantragt mit der Behauptung, der Zeuge werde nunmehr das Gegenteil bekunden und erklären, dass er bei seiner ersten Aussage gelogen habe.

Das Gericht hat diesen Beweisantrag zurückgewiesen. Daraufhin stellte der Verteidiger folgenden Antrag:

Namens und im Auftrag meines Mandanten lehne ich den Vorsitzenden Richter am Landgericht Müller wegen der Besorgnis der Befangenheit ab.

Gründe:
Der Verteidiger hat in der heutigen Hauptverhandlung den Beweisantrag gestellt, den Zeugen Schmitz erneut zu vernehmen. Zur Begründung wurde angeführt, der Zeuge werde bekunden, seine bisherigen in der Hauptverhandlung gemachten Angaben seien unwahr. Das Gericht hat diesen Beweisantrag zu Unrecht mit der folgenden Begründung abgelehnt:

Der Beweisantrag des Verteidigers auf erneute Vernehmung des Zeugen Schmitz wird abgelehnt, da keine Gründe dafür ersichtlich oder genannt sind, dass der Zeuge von seiner früheren Aussage abrücken wird.

Das Gericht hätte dem Beweisantrag stattgeben müssen, wenn es eine faire unbefangene Hauptverhandlung hätte durchführen wollen. Da die Ablehnung zu Unrecht erfolgte, hat der Angeklagte kein Vertrauen mehr in die Unparteilichkeit des Vorsitzenden. Auch wenn es sich um einen Gerichtsbeschluss handelt, ist der Angeklagte der Überzeugung, die Entscheidungsfindung wurde maßgeblich vom abgelehnten Richter beeinflusst, da die Schöffen nicht über Rechtskenntnisse verfügen.

Zur Glaubhaftmachung für das Vorstehende bezieht sich der Angeklagte auf die anwaltliche Versicherung seines Verteidigers und die dienstliche Erklärung des Vorsitzenden.

Die dienstliche Erklärung des Vorsitzenden wurde bekannt gegeben. Sie lautet:

„Ich fühle mich nicht befangen."

Das Gericht entschied ohne Mitwirkung des Vorsitzenden unter Heranziehung des nach dem Geschäftsverteilungsplan zuständigen Vertreters wie folgt:

Der Antrag des Angeklagten auf Ablehnung des Vorsitzenden Richters am Landgericht Müller wird als unbegründet zurückgewiesen. Die Ablehnung des Beweisantrags entspricht der Sach- und Rechtslage. Da die Entscheidung mithin korrekt ist, kann diese die Befangenheit nicht begründen.

Die Hauptverhandlung wurde sodann in der ursprünglichen Besetzung fortgesetzt.

Lösung:

a) Zulässigkeit des Ablehnungsantrags
Da es um die Ablehnung eines erkennenden Richters geht, ist der Beschluss gem. § 28 Abs. 2 S. 2 StPO mit der Revision gegen das Urteil anfechtbar. Der Ablehnungsantrag

wurde unmittelbar nach dem Eintritt der Umstände, auf die die Ablehnung gestützt wurde, gestellt, so dass er gem. § 25 Abs. 2 StPO rechtzeitig erfolgte.

Die anwaltliche Versicherung ist ebenso wie die dienstliche Erklärung des Vorsitzenden ein zulässiges Mittel der Glaubhaftmachung i.S.d. § 26 Abs. 2 S. 1 StPO. Die Zulässigkeitsvoraussetzungen liegen damit vor.

b) Begründetheit des Befangenheitsantrags

In Rechtsprechung und Schrifttum ist allgemein anerkannt, dass rechtsfehlerhafte Entscheidungen des Richters während der Hauptverhandlung i.d.R. die Besorgnis der Befangenheit nicht begründen.[10] Etwas anderes gilt nur dann, wenn es sich um völlig abwegige Rechtsmeinungen handelt, die massiv dem **Grundsatz des fairen Verfahrens** widersprechen oder wenn sogar der **Anschein der Willkür** erweckt wird. Darauf, ob die Ablehnung des Beweisantrags **tatsächlich fehlerhaft war oder nicht, kommt es nicht an**, da es sich jedenfalls um einen Fehler handeln würde, wie er jedem Richter unterlaufen könnte. Von abwegiger Rechtsauffassung oder gar Willkür kann keine Rede sein. Der absolute Revisionsgrund liegt nicht vor.

4. Unrichtige Annahme der Zuständigkeit nach § 338 Nr. 4 StPO

a) Sachliche Zuständigkeit

Die **sachliche Zuständigkeit** von   **31**
- Strafrichter,
- Schöffenrichter oder
- große Kammer des Landgerichts

ist eine **von Amts wegen** zu berücksichtigende Verfahrensvoraussetzung. Einer **ausdrücklichen Rüge** bedarf es nicht. § 338 Nr. 4 StPO ist insoweit entbehrlich. Wird vom **Tatsachengericht** gegen die sachliche Zuständigkeit verstoßen, so hebt das Revisionsgericht das Urteil auf und verweist die Sache gem. § 355 StPO an das zuständige Gericht.

b) Örtliche Zuständigkeit

Nach § 16 StPO prüft das Gericht seine **örtliche Zuständigkeit** bis **zur Eröffnung** **32** **des Hauptverfahrens von Amts wegen.** Danach prüft es nur noch auf Einwand des Angeklagten, der den Einwand bis zur Vernehmung des ersten Angeklagten zur Sache geltend machen kann. Lediglich wenn dieser **Einwand zu Unrecht** vom Gericht zurückgewiesen wird, kann die Rüge nach § 338 Nr. 4 StPO erhoben werden. **Von Amts** wegen berücksichtigt das Revisionsgericht die **Unzuständigkeit nicht.**

Hinweis
In der Revisionsbegründung ist deshalb sorgfältig darzulegen, wann der Einwand der örtlichen Unzuständigkeit beim Tatgericht erhoben worden ist. Der Wortlaut der ablehnenden Entscheidung ist mitzuteilen.

---

10 *Meyer-Goßner*, § 24 Rn 16 ff.

c) Funktionelle Zuständigkeit von Schwurgericht, Wirtschaftskammer, Staatsschutzkammer oder allgemeiner Strafkammer

33 Auch die **funktionelle Zuständigkeit** des jeweiligen Gerichts wird **von Amts wegen bis zur Eröffnung des Hauptverfahrens geprüft (§ 6 a StPO)**. Danach wird die funktionelle Unzuständigkeit **nur auf Einwand des Angeklagten** beachtet, der den Einwand nur bis zum Beginn seiner Vernehmung zur Sache in der Hauptverhandlung geltend machen kann. Wie bei der örtlichen Unzuständigkeit so hat das Revisionsgericht auch bei der funktionellen Unzuständigkeit bei zulässiger und begründeter Rüge das Urteil aufzuheben und die Sache an das funktionell zuständige Gericht zurückzuverweisen.

34 Die Verletzung der **geschäftsverteilungsplanmäßigen funktionellen Zuständigkeit** ist überhaupt **nicht revisibel**, auch nicht nach § 338 Nr. 4 StPO. Dies liegt daran, dass der Geschäftsverteilungsplan **kein Gesetz** ist und deshalb kein Gesetzesverstoß vorliegen kann. Ist der **Verstoß** gegen den Geschäftsverteilungsplan jedoch **willkürlich**, so kann der absolute Revisionsgrund des § 338 Nr. 1 StPO vorliegen, weil dem Angeklagten willkürlich der gesetzliche Richter entzogen worden ist.

35 Eine **Ausnahme** stellt dar, dass § 6 a StPO auf **Jugendgerichte** im Verhältnis zum Erwachsenengericht **nicht anwendbar** ist. Ein **Unzuständigkeitseinwand** bis zur Vernehmung des Angeklagten zur Sache ist deshalb nicht erforderlich. Diese funktionelle Zuständigkeit ist stets **von Amts wegen** zu beachten. Stellt sich erst in der Hauptverhandlung vor der allgemeinen Strafkammer heraus, dass die Jugendkammer zuständig ist, so hat die allgemeine Strafkammer an das Jugendgericht auch dann zurückzuverweisen, wenn die Jugendkammer selbst das Verfahren vor der allgemeinen Strafkammer eröffnet hat. Insoweit bindet der Eröffnungsbeschluss nicht.[11]

5. Vorschriftswidrige Abwesenheit in der Hauptverhandlung nach § 338 Nr. 5 StPO

a) Abwesenheit des Angeklagten

aa) Grundsatz

36 Nach der gesetzlichen Grundentscheidung in § 230 StPO findet die Hauptverhandlung nur in Anwesenheit des Angeklagten statt.

> *Hinweis*
> Hiervon gibt es gesetzliche Ausnahmen, die für die **Klausur** von besonderer Bedeutung sind.

bb) Verhandlungen ohne den Angeklagten nach §§ 231 bis 233 StPO

37 Der Angeklagte darf durch böswilliges Fernbleiben von der Hauptverhandlung nicht zum Herrn des Verfahrensablaufs werden. Das Gericht kann den Prozess in seiner Abwesenheit zu Ende führen.

---

11 BGH NJW 2002, 2483.

Beispiel

Am ersten Tag der Hauptverhandlung wird der Angeklagte zur Anklage vernommen und bereits ein Zeuge gehört. Vor der Fortsetzungsverhandlung ruft der Angeklagte den Vorsitzenden an und fragt, ob er am zweiten Verhandlungstag teilnehmen muss. Er gibt vor, erhebliche Schmerzen in der Magengegend zu haben. Der Vorsitzende erklärt ihm hieraufhin, er werde vom Gericht hören, falls man ihn in der Hauptverhandlung benötige. In der Hauptverhandlung beschließt das Gericht nach § 231 StPO ohne den Angeklagten die Sitzung fortzusetzen. Liegt ein Fall der Abwesenheit des Angeklagten vor?

Lösung:

Entgegen § 230 Abs. 1 StPO wurde ein wesentlicher Teil der Hauptverhandlung ohne den Angeklagten durchgeführt. Dies könnte durch § 231 StPO gerechtfertigt sein. § 231 StPO verlangt jedoch, dass der Angeklagte **eigenmächtig** der Hauptverhandlung ferngeblieben ist. Eigenmächtig bleibt der Angeklagte der Sitzung fern, wenn er sich **entgegen den Anweisungen des Vorsitzenden** unerlaubt entfernt hat. An diesem Merkmal fehlt es hier. Der Angeklagte durfte zu Recht davon ausgehen, dass er benachrichtigt wird, wenn er an der Fortsetzungshauptverhandlung teilnehmen soll. Da § 231 StPO als Rechtfertigung für das Ausbleiben des Angeklagten nicht eingreift, ist die Vorschrift des § 230 StPO verletzt und ein absoluter Revisionsgrund nach § 338 Nr. 5 StPO liegt vor.

Die **Anwesenheitspflicht** des Angeklagten ist für ihn **nicht disponibel**. Er kann 38 nicht freiwillig auf seine Teilnahme an der Verhandlung verzichten. Nimmt er im Einverständnis aller Beteiligten an einer **auswärtigen Ortsbesichtigung** nicht teil, so wird gegen § 230 Abs. 1 StPO verstoßen und der absolute Revisionsgrund liegt vor.

Verhandelt das Gericht nach § 231 c StPO in **Abwesenheit des Angeklagten**, so darf 39 das Gericht **Beweisanträge**, an denen auch der Angeklagte beteiligt ist, nicht bescheiden. Sind in Abwesenheit des Angeklagten gleichwohl Handlungen vorgenommen worden, die mit dem Gegenstand seiner späteren Verurteilung im Zusammenhang stehen können, so kann dieser Verfahrensfehler dadurch **geheilt werden**, dass die Verhandlungsabschnitte in seiner Anwesenheit wiederholt werden. Die **bloße Unterrichtung** des Angeklagten reicht in diesem Fall nicht aus. Anderenfalls hat das Gericht gegen § 230 StPO verstoßen.

Verfährt das Gericht nach den §§ 232, 233 StPO, so sind sorgfältig die **Grenzen** dieser 40 Vorschriften zu überprüfen.

Hinweis

In **Klausuren** wird der Angeklagte dann häufig durch einen Verteidiger vertreten, der den Antrag stellt, den Angeklagten zu einer bestimmten Frage zu hören.

Da der Angeklagte kein Beweismittel ist, handelt es sich nicht um einen **Beweisantrag**. Allgemein wird diesem Begehren des Verteidigers jedoch entnommen, dass der **Angeklagte** nunmehr nicht mehr auf seine **Abwesenheit** verzichten möchte. Das Gericht ist deshalb genötigt, die Sitzung zu unterbrechen und den Angeklagten herbeizuschaffen. Andernfalls wird unerlaubt in Abwesenheit des Angeklagten verhandelt.

cc) Abtreten des Angeklagten nach § 247 StPO

Durch **Gerichtsbeschluss** kann das **Abtreten des Angeklagten** während der Verneh- 41 mung eines Zeugen oder Mitangeklagten **angeordnet werden**, wenn zu befürchten ist, dass die Vernommenen in Gegenwart des Angeklagten die Wahrheit nicht sagen werden. Dieser Gerichtsbeschluss **deckt nur die Abwesenheit** des Angeklagten **während** der Vernehmung. **Nicht zur Vernehmung** gehören die **Verhandlungsabschnitte** über die Vereidigung des Zeugen und über dessen Entlassung. Gerade der Angeklagte kann Angaben über Gründe des Vereidigungsverbotes von Zeugen nach § 60 Nr. 2 StPO machen. Er ist deshalb zur Verhandlung über die Vereidigung des Zeugen wieder in den Sitzungssaal zu führen. Geschieht dies nicht, so ist er in einem wesentlichen Teil der Hauptverhandlung abwesend. Wird der Angeklagte erst nach Entlassung des Zeugen wieder in den Sitzungssaal geführt und von dem wesentlichen Geschehen bei der Zeugenvernehmung vom Vorsitzenden unterrichtet, so ist ihm darüber hinaus auch noch das Fragerecht nach § 240 StPO abgeschnitten worden, so dass noch ein relativer Revisionsgrund vorliegt.

dd)   Abwesenheit im Strafbefehlsverfahren nach § 411 Abs. 2 StPO

42   Findet die Hauptverhandlung gegen einen Angeklagten nach dem **Einspruch gegen einen Strafbefehl** statt, so kann er sich in der Hauptverhandlung durch einen mit schriftlicher Vollmacht versehenen **Verteidiger** vertreten lassen. Die Vertretungsmöglichkeit gilt auch im Berufungsrechtszug und nach Zurückverweisung. Die **Anordnung** des persönlichen Erscheinens des Angeklagten hebt sein Recht, sich in der Hauptverhandlung vertreten zu lassen, nicht auf. Ist der Angeklagte am Erscheinen in der Hauptverhandlung verhindert und hat er gegenüber dem Gericht **deutlich zum Ausdruck** gebracht, dass er an der Hauptverhandlung teilnehmen möchte, so kann nicht in seiner Abwesenheit verhandelt werden. Der mit einer schriftlichen Vertretungsvollmacht ausgestattete Verteidiger kann für den Angeklagten die Einlassung vortragen und das letzte Wort für den Angeklagten sprechen. Verlangt der Verteidiger die Herbeischaffung des Angeklagten, so kann nicht mehr ohne ihn verhandelt werden.

b)   Abwesenheit des Staatsanwalts

43   Die **ununterbrochene Anwesenheit** des **Staatsanwalts** wird durch § 226 StPO vorgeschrieben. Wird der Staatsanwalt als **Zeuge** vernommen, so muss ein Kollege während seiner Vernehmung die Funktion eines Staatsanwalts wahrnehmen. Ein Staatsanwalt kann nicht gleichzeitig die Rolle eines Zeugen und eines Staatsanwalts im gleichen Prozess begleiten. Nimmt ein **Amtsanwalt** die Geschäfte des Staatsanwalts beim Landgericht wahr, so wird er so behandelt, als sei er nicht anwesend. Das Gleiche gilt für einen nicht vertretungsberechtigten Referendar (§ 142 Abs. 2 und 3 GVG). Nimmt ein Staatsanwalt nach seiner Vernehmung als Zeuge unberechtigterweise den Sitzungsdienst wieder auf, so ist dies kein Fall des § 338 Nr. 5 StPO. Allenfalls kann ein relativer Revisionsgrund vorliegen (vgl. § 19 Rn 25 ff.).

c)   Abwesenheit des Protokollführers

44   § 226 StPO schreibt auch die ununterbrochene Anwesenheit des **Protokollführers** vor. Auch der schlafende Protokollführer ist abwesend. Der in Abwesenheit des Protokollführers stattgefundene Hauptverhandlungsteil muss wiederholt werden, um den Fehler zu heilen. Nur der Strafrichter am Amtsgericht kann beschließen, ohne Protokollführer zu verhandeln (§ 226 Abs. 2 StPO).

d) Abwesenheit des Verteidigers

Nur bei **notwendiger Verteidigung** nach § 140 StPO ist die **Abwesenheit des Wahl-** 45
verteidigers und des bereits bestellten **Pflichtverteidigers** ein zwingender Aufhebungsgrund nach § 338 Nr. 5 StPO. Das Fehlen eines Verteidigers eines Mitangeklagten kann nicht gerügt werden. Insoweit fehlt dem Beschwerdeführer die Beschwer.
Die Rüge kann in manchen Fällen auch verwirkt werden. Hat sich der Verteidiger
eigenmächtig von der Urteilsverkündung entfernt, ist die Rüge verwirkt.[12] Der notwendige Verteidiger muss bei einem **wesentlichen Teil** der Hauptverhandlung fehlen.
Dies ist nicht der Fall, wenn nur die Sache aufgerufen, die Identität des Angeklagten
und die Anwesenheit der Zeugen festgestellt werden (Zuspätkommen des Verteidigers
zur Hauptverhandlung).

e) Abwesenheit des Dolmetschers

Der **Dolmetscher** des Angeklagten muss nach § 185 GVG während der ganzen 46
Verhandlung zugegen sein. Unschädlich ist, wenn er zeitweilig als Zeuge vernommen
worden ist. Ob ein Dolmetscher hinzuzuziehen ist, entscheidet das Gericht nach
pflichtgemäßem Ermessen. Ist die Verständigung schwierig aber nicht unmöglich,
so ist auch die **zeitweilige Abwesenheit** des Dolmetschers unschädlich.[13]

f) Abwesenheit des Sachverständigen

Der **Sachverständige** muss nicht ständig anwesend sein. Allerdings kann ein relativer 47
Revisionsgrund vorliegen, wenn gegen § 246 a StPO verstoßen worden ist.

6. Ungesetzliche Beschränkung der Öffentlichkeit nach § 338 Nr. 6 StPO

Nur die **unerlaubte Einschränkung der Öffentlichkeit** fällt unter den absoluten 48
Revisionsgrund. Wird die Öffentlichkeit hingegen **erweitert** (z.B. durch Zulassung
von Rundfunk und Fernsehen), so liegt allenfalls **ein relativer Revisionsgrund** nach
§ 337 StPO vor. Diese Unterscheidung ergibt sich zwar nicht aus dem Gesetzestext,
ist aber historisch bedingt. Verhindert werden sollte die Geheimjustiz, die unter
Ausschluss der Öffentlichkeit Entscheidungen fällt. Die Gesetzesväter konnten 1898
den Einfluss von Rundfunk und Fernsehen noch nicht berücksichtigen.

> *Hinweis*
> In einer **Klausur** sind zunächst die **prozessualen Voraussetzungen** einer Ausschließung
> der Öffentlichkeit nach § 174 GVG zu überprüfen, danach wird die **inhaltliche**
> **Überprüfung** angeschlossen.

Zur wirksamen Ausschließung der Öffentlichkeit ist ein **Gerichtsbeschluss** erforder- 49
lich. Ordnet der **Vorsitzende** allein den Ausschluss der Öffentlichkeit an, so liegt der
absolute Revisionsgrund vor. Der Beschluss ist in der **öffentlichen Hauptverhand-**
lung zu verkünden und zu begründen. Wann die Öffentlichkeit entgegen § 169 S. 1
GVG beschränkt oder ausgeschlossen werden darf, ist in den §§ 171 a bis 173, 175

---

12 BGH NStZ 1998, 209.
13 BGH NStZ 2002, 275.

und 177 GVG bestimmt. Bei Verhandlungen gegen Jugendliche und Heranwachsende ist § 48 JGG zu beachten.

50 Die **Begründung der Ausschließung** der Öffentlichkeit muss den Ausschließungsgrund hinreichend klar angeben. Die Begründung muss aus sich selbst heraus verständlich sein. Hat eine Vorschrift wie § 172 GVG mehrere Varianten, so ist der vom Gericht angenommene Grund exakt mitzuteilen. Andererseits muss die Begründung nicht so weit gehen, dass z.B. das Betriebsgeheimnis in der öffentlichen Verkündung mitgeteilt werden muss. Die Ausschließungsbegründung wird vom Revisionsgericht **nur auf Ermessensfehler** hin überprüft.

51 Soweit es um den **Zugang der Öffentlichkeit zur Hauptverhandlung** geht, liegt eine **unzulässige Beschränkung** der Öffentlichkeit nur dann vor, wenn das Gericht den Fehler zu vertreten hat. Daran fehlt es, wenn ein Gerichtswachtmeister versehentlich das Gerichtsgebäude abschließt, obwohl die öffentliche Hauptverhandlung noch nicht beendet war. Kann die Tür zum Gericht von einem Besucher nicht mehr geöffnet werden, weil sie zufällig ins Schloss gefallen ist, so hat das Gericht diesen Ausschluss der Öffentlichkeit ebenfalls nicht zu vertreten. Kein Verstoß gegen § 169 S. 1 GVG liegt in der Entscheidung des Vorsitzenden, den kleineren von zwei Gerichtssälen für die Hauptverhandlung zu nutzen, auch wenn anschließend nicht alle Zuhörer im Saal Platz finden und teilweise draußen bleiben müssen. Die **Verkündung des Urteils in nichtöffentlicher Sitzung** stellt einen absoluten Revisionsgrund dar.

52 Ein Ausschluss der Öffentlichkeit kann auch dann vorliegen, wenn nur ein **einzelner Zeuge aus dem Sitzungssaal verwiesen wird.** Der Grundsatz der Öffentlichkeit ist nicht schrankenfrei. So kann insbesondere die **Pflicht des Gerichts zur Ermittlung der Wahrheit** Vorrang vor der uneingeschränkten Durchführung des Grundsatzes der Öffentlichkeit zugebilligt werden, dazu folgendes Beispiel.

Beispiel
Im Protokoll der Hauptverhandlung findet sich folgender Vermerk:
Der Zeuge Leber erklärte, er fühle sich durch die Anwesenheit des Bruders des Angeklagten Max A. im Zuhörerraum in seinem Aussageverhalten eingeschränkt, er habe Angst.

Verfügung des Vorsitzenden:
Der Zuhörer Max A. kommt als Zeuge in Betracht. Er hat daher bis zu seiner Vernehmung den Sitzungssaal zu verlassen.

Der Verteidiger, Rechtsanwalt R., widersprach dieser Verfügung und erklärte, es handele sich bei der Aufforderung an den Zuhörer, sich aus dem Sitzungssaal zu entfernen, um einen unzulässigen Ausschluss der Öffentlichkeit. Der Zuhörer käme unter keinem sinnvollen Gesichtspunkt als Zeuge in Betracht.

Nach Anhörung aller Verfahrensbeteiligten und geheimer Beratung verkündet das Gericht folgenden Beschluss:
Der Zuhörer Max A. hat sich aus dem Sitzungssaal zu entfernen, da er als Zeuge in Betracht kommt. Er soll dazu vernommen werden, ob er in irgendeiner Weise auf den Zeugen Leber Einfluss genommen hat.

Max A. verließ den Sitzungssaal.

Lösung:
Fraglich ist, ob in der Saalverweisung des Zuhörers Max A. ein unzulässiger Ausschluss der Öffentlichkeit gesehen werden kann.

Die Öffentlichkeit i.S.d. § 169 S. 1 GVG besteht darin, dass für **jedermann** ohne Rücksicht auf seine Gesinnung oder seine Zugehörigkeit zu einer bestimmten Bevölkerungsgruppe im Rahmen der **tatsächlichen Gegebenheiten** der Zugang zur Hauptverhandlung offen steht.[14] Hier wurde dem Zuhörer Max A. die Teilnahme an der Hauptverhandlung verboten. Die Voraussetzungen und die Verfahrensweise bei einem Ausschluss der Öffentlichkeit sind insbesondere in § 174 Abs. 1 GVG geregelt. Das Gericht hat diese Vorschrift jedoch nicht bemüht. Fraglich ist, ob es eine andere Rechtfertigung für den Ausschluss eines Teils der Öffentlichkeit gibt. Der Vorsitzende ist im Rahmen seiner Verhandlungsleitung gem. § 238 Abs. 1 i.V.m. § 58 Abs. 1 StPO befugt, den Zuhörer aufzufordern, bis zu seiner Vernehmung den Verhandlungssaal zu verlassen. Nach § 58 Abs. 1 StPO sind Zeugen einzeln und in Abwesenheit der später zu hörenden Zeugen zu vernehmen. Zweck dieser Vorschrift ist es, sicher zu stellen, dass Zeugen unbeeinflusst aussagen, nämlich ohne zu wissen, was der Angeklagte bzw. andere Zeugen bekundet haben.[15] Hieraus hat der **BGH** den **Grundsatz** abgeleitet, dass es mit Rücksicht auf die Bedeutung des § 58 Abs. 1 StPO zulässig ist, **Personen zum Verlassen des Sitzungssaals aufzufordern**, sobald mit der Möglichkeit zu rechnen ist, dass sie **als Zeugen in Betracht kommen** können. In der unbeeinflussten Aussage eines Zeugen liege eine höhere Gewähr für die Ermittlung der Wahrheit. Dieser habe Vorrang vor der uneingeschränkten Durchführung des Grundsatzes der Öffentlichkeit.[16] In diesem Zusammenhang ist es unerheblich, ob der aus dem Saal gewiesene Zuhörer später tatsächlich als Zeuge gehört wird bzw. von seinem Zeugnisverweigerungsrecht Gebrauch macht. Bei der Entscheidung der Frage, ob ein Zuhörer als Zeuge in Betracht kommt, steht dem Vorsitzenden ein **Beurteilungsspielraum** zu, der nur überschritten wird, wenn der Ausschluss auf **sachwidrigen Erwägungen** beruht. Sachwidrige Erwägungen, die etwa dann anzunehmen wären, wenn der Vorsitzende unliebsame oder kritische Zeugen allein unter dem Vorwand aus der Hauptverhandlung entfernt hat, sie später möglicherweise noch als Zeuge hören zu wollen, solches aber zu diesem Zeitpunkt tatsächlich nicht einmal in Betracht gezogen hat. Eine Willkürentscheidung ist unzulässig. Dies dürfte im Beispielsfall aber nicht gegeben sein. Der von dem Zeugen als Grund für seine Angst benannte Zuhörer Max A. sollte von dem Gericht dazu vernommen werden, ob er auf irgendeine Weise auf den Zeugen Leber Einfluss genommen hat. Da es sich bei dem Zuhörer Max A. um einen nahen Angehörigen des Angeklagten handelt, erscheint die Möglichkeit der Einflussnahme auf Zeugen nicht von vornherein fern liegend. Zum Beweisthema gehören auch Angaben, aus denen sich auf die Glaubwürdigkeit des Zeugen und auf die Glaubhaftigkeit der Aussage Rückschlüsse ziehen lassen. **Mangels Willkür** und **mangels sachwidriger Entscheidung des Vorsitzenden** wurde die Öffentlichkeit fehlerfrei beschränkt. Ein Verfahrensfehler liegt nicht vor. Der Vorschlag der Literatur in diesen Fällen nach § 172 Nr. 1 a GVG zu verfahren überzeugt nicht, da die Vorschrift nicht passt.[17]

---

14 H.M., vgl. *Meyer-Goßner*, § 169 GVG Rn 3.
15 *Meyer-Goßner*, § 58 Rn 2.
16 BGH StV 2002, 6.
17 *Reichert*, StV 2002, 6, 7.

7. Fehlende oder verspätete Urteilsbegründung nach § 338 Nr. 7 StPO

53   Die Vorschrift des § 338 Nr. 7 StPO greift nur ein, wenn das **Urteil völlig ohne Gründe** bleibt. Dürftige oder unvollständige Gründe fallen allenfalls unter §§ 267, 337 StPO. Dem völligen Fehlen von Urteilsgründen steht es gleich, wenn die Urteilsurkunde binnen der in § 275 StPO bestimmten Frist entweder überhaupt nicht oder nur unvollständig zu den Akten gebracht worden ist. Unvollständig ist das Urteil bei schwerwiegenden Mängeln. Das ist dann der Fall, wenn nur ein **Urteilsentwurf zu den Akten** gebracht worden ist und die Unterschriften fehlen. Fehlt dem Urteil der Tenor, so liegt kein schwerwiegender Mangel vor, wenn der Tenor im Protokoll der Hauptverhandlung enthalten ist.[18] Ist der Richter krank, so kann sich die Frist des § 275 StPO verlängern.

8. Unzulässige Beschränkung der Verteidigung durch Gerichtsbeschluss nach § 338 Nr. 8 StPO

54   Nur die **Beschränkung durch Gerichtsbeschluss in einem für die Entscheidung wesentlichen Punkt** führt zur Urteilsaufhebung. Deshalb kommen nur Verfahrensmängel in Betracht, auf denen das Urteil auch beruhen kann. Ein Unterschied zu § 337 StPO ist nicht erkennbar.

> *Hinweis*
> **Der Rechtsreferendar** sollte die Vorschrift des § 338 Nr. 8 StPO **besser nicht bemühen.** Für ihn ist die Norm überflüssig und kann in der Hektik der **Klausurlösung** zur Gefahr werden.

Die von der **Literatur** herauskristallisierten Ausnahmefälle der unzulässigen Beschränkung der Verteidigung lassen sich bei genauer Betrachtung als Verstöße gegen allgemeine Rechtsgrundsätze definieren. Unzulässige Fesselung des Angeklagten und auch die Zuweisung eines völlig ungeeigneten Gerichtsplatzes stellen Verletzungen der Fürsorgepflicht des Vorsitzenden oder zumindest Verstöße gegen das faire Verfahren dar. Eines direkten Rückgriffs auf § 338 Nr. 8 StPO bedarf es nicht. Kritiker sehen den Unterschied zwischen § 338 Nr. 8 StPO und § 337 StPO darin, dass es bei einem Verstoß gegen § 338 Nr. 8 StPO nur abstrakt auf eine Einschränkung der Verteidigung in einem wesentlichen Punkt ankommen soll.

> *Hinweis*
> Das ist jedoch nicht allgemein anerkannt und für **Klausurlösungen** so nicht brauchbar.

55   Die erheblichen Einschränkungen des § 338 Nr. 8 StPO sind besonders zu beachten.

> *Hinweis*
> Allzu häufig übersieht der **Prüfungskandidat** die erheblichen Einschränkungen des § 338 Nr. 8 StPO und wendet die Vorschrift leichtfertig an, obwohl die objektiven Tatbestandsvoraussetzungen keinesfalls gegeben sind.

Die Ablehnung eines Beweisbeschlusses durch den Vorsitzenden mag einen Verstoß gegen § 244 Abs. 6 StPO darstellen, jedenfalls fehlt es für § 338 Nr. 8 StPO an einem **Gerichtsbeschluss,** die Subsumtion unter § 338 Nr. 8 StPO ist grob fehlerhaft. Nur ein Gerichtsbeschluss in der Hauptverhandlung, der die Verteidigung unzulässig

---

18 OLG Köln MDR 1980, 252.

in einem für die Entscheidung wesentlichen Punkt beschränkt, eröffnet die Prüfung des § 338 Nr. 8 StPO. Entscheidungen des Vorsitzenden Richters allein scheiden aus der Prüfung ebenso aus, wie Gerichtsbeschlüsse außerhalb der Hauptverhandlung. Die Vorschrift des § 338 Nr. 8 StPO kann allenfalls zugebilligt werden, dass sie die gesetzlichen Rechte der Verteidigung besonders herausstellt (deklaratorische Bedeutung).

C. Relative Revisionsgründe nach § 337 StPO

I. Voraussetzungen

Zu den **relativen Revisionsgründen** gehören sämtliche Verstöße gegen das Verfahrensrecht und gegen das sachliche Recht. Der **Begriff Gesetz** in § 337 StPO ist im weitesten Sinne zu verstehen. Er umfasst neben dem in den Verfassungen, Gesetzen und Rechtsverordnungen des Bundes und der Länder niedergelegten Recht auch das ungeschriebene Recht, wie das Gewohnheitsrecht und allgemeine Rechtsgrundsätze, wie in dubio pro reo und das faire Verfahren. Die Revision ist erfolgreich, wenn das **Urteil** auf dem **Fehler** beruht. Dies ist bereits dann der Fall, wenn es als möglich erscheint oder wenn nicht auszuschließen ist, dass es ohne den **Rechtsfehler** anders ausgefallen wäre.[19]   56

II. Beispiele für relative Revisionsgründe

1. Klausurrelevanz

Die **klausurrelevantesten** relativen Revisionsgründe werden nachfolgend anhand   57
von **Beispielen** dargestellt.

2. Zeugnisverweigerungsrechte nach §§ 52, 53, 53 a und 252 StPO

a) Fall 1

aa) Sachverhalt

Frau F. hat eine sechsjährige Tochter aus erster Ehe. Bei der Scheidung ist ihr das   58
alleinige Sorgerecht zugesprochen worden. Sie heiratet St., der in der Folgezeit mit der nunmehr siebenjährigen Tochter schläft. In dem gegen St. eingeleiteten Strafverfahren erklärt sich F. auf Antrag der Staatsanwaltschaft mit der Vernehmung der Tochter nicht einverstanden. Dennoch besucht die Kriminalkommissarin K. die T. im Kinderheim und befragt sie nach den Vorfällen mit St., Tochter T. gibt bereitwillig Auskunft. Die Staatsanwaltschaft erhebt Anklage gegen St. wegen schweren sexuellen Missbrauchs von Kindern (§ 176 a StGB). In der Hauptverhandlung wiederholt F. nach Belehrung ihren Widerspruch gegen die Vernehmung der Tochter. Der Vorsitzende Richter hört die Tochter an. Sie ist grundsätzlich aussagebereit. In einem Gespräch mit dem Kind überzeugt sich der Vorsitzende von dessen fehlender Verstandesreife hinsichtlich des Zeugnisverweigerungsrechts. Auf Antrag des Gerichts bestellt das Amtsgericht – Vormundschaftsgericht – einen Ergänzungspfleger mit dem Wirkungskreis „Zustimmung

---

19 BGHSt 1, 350, seither st. Rspr.

zur Vernehmung" der minderjährigen T. und Entscheidung über das Einverständnis mit der psychologischen Untersuchung der T.

Mit Zustimmung der Tochter wird sie auf Antrag des Gerichts vom Sachverständigen S. hinsichtlich der Glaubwürdigkeit ihrer Person und der Glaubhaftigkeit ihrer Aussagen untersucht. Vor Beginn der Exploration wird T. von dem Sachverständigen über ihre Rechte aus § 52 StPO belehrt.

Im Protokoll der Hauptverhandlung findet sich nunmehr folgende Eintragung:

Die Zeugin T. wird in den Sitzungssaal gerufen, gem. § 57 StPO belehrt und sodann wie folgt vernommen:

Zur Person:

(Es folgen weitere Angaben zur Person)

Die Zeugin Blau wird hervorgerufen. Der Vorsitzende belehrte die Zeugin Blau als Ergänzungspflegerin für das Kind T. über das Zeugnisverweigerungsrecht des Kindes gem. § 52 StPO.

Die Zeugin Blau erklärt:

Als Ergänzungspflegerin für das Kind T. erkläre ich mich mit der Vernehmung einverstanden. Ich genehmige die psychiatrische Untersuchung des Kindes durch den Sachverständigen S.

vorgelesen und genehmigt.

Zur Sache:

(Es folgen Angaben zur Sache)

Anschließend wurde ordnungsgemäß über die Nichtvereidigung und Entlassung der Zeugin T. sowie der Zeugin Blau entschieden.

Nunmehr wird die Kriminalkommissarin K. über das Gespräch mit der T. im Kinderheim vernommen (die Formalien wie Belehrung / Vernehmung und Vereidigung sind in Ordnung).

Der Sachverständige erstattet sein Gutachten (Formalien wurden beachtet).

St. wird zu einer Gesamtfreiheitsstrafe von acht Jahren verurteilt.

Raten Sie dem Angeklagten als sein Verteidiger zur Einlegung der Revision?

bb) Lösung

(1) Vernehmung der Tochter

■ Zeugnisverweigerungsrecht der Tochter

59 Die Vernehmung der T. könnte gegen § 52 StPO verstoßen. Bei dem Angeklagten handelt es sich um den Stiefvater der siebenjährigen Zeugin. Durch die Eheschließung mit der Kindesmutter ist der Angeklagte nach § 1590 BGB mit der Zeugin in gerader Linie verschwägert. T. ist mit der Ehefrau des Angeklagten in gerader Linie verwandt. Dies berechtigt T. nach § 52 Abs. 1 Nr. 3 StPO, die Aussage zu verweigern.

■ **Fehlende Verstandesreife**

Da die Zeugin erst sieben Jahre alt ist, muss das Verfahren nach § 52 Abs. 2 StPO   **60**
eingehalten werden. Nach dieser Vorschrift dürfen Minderjährige, wenn sie wegen
mangelnder Verständnisreife von der Bedeutung des Zeugnisverweigerungsrechts
keine genügende Vorstellung haben, nur vernommen werden, wenn sie zur Aussage bereit sind **und** ihr gesetzlicher Vertreter der Vernehmung zustimmt. Die
notwendige Verstandesreife hat ein Zeuge, wenn er erkennen kann, dass der
Angeklagte etwas Unrechtes getan hat, ihm hierfür Strafe droht und dass die
Zeugenaussage möglicherweise zu dessen Bestrafung beitragen kann.[20] Eine feste
Altersgrenze gibt es nicht. Es kommt auf den Einzelfall an. Bestehen Zweifel
an der Einsichtsfähigkeit des Kindes, so ist von mangelnder Verstandesreife auszugehen.[21] Bei einem siebenjährigen Kind ist grundsätzlich von fehlender Einsichtsfähigkeit auszugehen.[22]

Der Vorsitzende hat sich durch Anhörung des Kindes davon überzeugt, dass der
T. die nötige Einsichtsfähigkeit bzgl. ihrer Konfliktlage fehlt. Außerdem hat das
Gericht festgestellt, dass die minderjährige T. aussagebereit ist. Mit der **Revision**
kann eine andere **Bewertung des Vorsitzenden** und auch die Feststellung der
Aussagebereitschaft der Zeugin nicht überprüft werden. Im Übrigen ist auch
das Vormundschaftsgericht an diese Vorgaben gebunden. In eigener Zuständigkeit
kann das Amtsgericht (Vormundschaftsgericht) weder die Aussagebereitschaft der
Zeugin, noch die Einsichtsfähigkeit oder das Vorliegen der Voraussetzungen des
§ 52 Abs. 2 StPO überprüfen.

■ **Zustimmung des gesetzlichen Vertreters**

Hier hätte die Vernehmung des Kindes nur mit Zustimmung des gesetzlichen   **61**
Vertreters erfolgen dürfen. Nach § 52 Abs. 2 S. 2 StPO ist der gesetzliche Vertreter
von dieser Zustimmung ausgeschlossen, wenn er selbst Beschuldigter ist. Für den
Fall, dass die gesetzliche Vertretung (die sich nach BGB-Vorschriften richtet) den
Eltern gemeinsam zusteht, kann auch der nicht beschuldigte Elternteil nicht über
die Ausübung des Zeugnisverweigerungsrechtes der Tochter entscheiden. Nach
der Scheidung der ersten Ehe war die F. allein vertretungsberechtigt für das
Kind. Nach dem Wortlaut des Gesetzes hätte es einer Ergänzungspflegschaft **nicht**
bedurft. Fraglich ist, ob § 52 Abs. 2 S. 1 StPO in solchen Fällen entsprechend
angewendet werden muss. Der BGH hat diese Frage bisher offen gelassen.[23] Der
Sinn und Zweck dieser Vorschrift und die absolut schützenswerten Rechte der
minderjährigen Zeugin sprechen für eine analoge Anwendung des § 52 Abs. 2
S. 2 StPO. Die Kindesmutter kann genauso wie im Normalfall der Ehe mit
einem gemeinsamen Kind aus emotionaler Verbundenheit mit dem Stiefvater zu
Lasten des Kindes entscheiden. Das Kind wäre gezwungen, weiterhin mit seinem
Peiniger in einer Familie zu leben. Hinzu kommen noch mögliche wirtschaftliche
Überlegungen der Kindesmutter, die den verdienenden Stiefvater nicht verlieren
möchte.

---

20 BGHSt 14, 159, 162.
21 BGH NJW 1979, 1722.
22 BGHSt 14, 159, 162.
23 BGH NStZ 1991, 398; BGH NJW 1996, 206.

Das Gericht hat im vorliegenden Fall die allein vertretungsberechtigte Mutter für nicht zustimmungsberechtigt gehalten. Eine solche **Sichtweise** ist **vertretbar** und **keineswegs willkürlich**. Augenscheinlich befindet sich die Kindesmutter in einem Interessenkonflikt gegenüber ihrem Ehemann, dem Angeklagten. Folgerichtig wurde beim zuständigen Vormundschaftsgericht eine Ergänzungspflegschaft beantragt. Das Vormundschaftsgericht bestellt in solchen Fällen regelmäßig das Jugendamt zum Ergänzungspfleger und ein Vertreter des Jugendamts gibt die Erklärung in der Hauptverhandlung ab. Hier hat sich die Ergänzungspflegerin mit der Vernehmung des Kindes einverstanden erklärt und darüber hinaus der psychiatrischen Untersuchung der T. zugestimmt.

Unabhängig davon, ob die Voraussetzungen für die Anordnung einer Ergänzungspflegschaft tatsächlich bestanden haben, ist das **Gericht an die Anordnung der Ergänzungspflegschaft** und an die **Entscheidungen des Ergänzungspflegers gebunden**.[24] Durch die Bestellung des Ergänzungspflegers ist die elterliche Sorge der Kindesmutter nach § 1630 Abs. 1 BGB eingeschränkt. Der entgegenstehende Wille der Kindesmutter ist fortan ohne Bedeutung. Es entscheidet der Ergänzungspfleger allein. Das Gericht kann keinen Rechtsfehler begehen, da es an die Zustimmung des Ergänzungspflegers gebunden ist, selbst dann, wenn die Voraussetzungen für die Einrichtung der Ergänzungspflegschaft nicht vorgelegen haben sollten. Das Verfahren nach § 52 Abs. 2 StPO ist nicht zu beanstanden.

■ **Belehrung trotz fehlender Verstandesreife**

62   Fraglich ist, ob gegen § 52 Abs. 3 S. 1 StPO verstoßen worden ist. Nach dieser Vorschrift sind die zur Verweigerung des Zeugnisses berechtigten Personen vor jeder Vernehmung über ihr Recht zu belehren. Die minderjährige T. wurde nicht über ihr Zeugnisverweigerungsrecht belehrt. Weder in der polizeilichen Anhörung noch in der Hauptverhandlung wurde die Zeugin **selbst** auf ihr Recht das Zeugnis zu verweigern hingewiesen. Dieser Fehler passiert auch in der Praxis recht häufig. Offensichtlich geschieht diese Auslassung deshalb, weil es objektiv unsinnig erscheint, einerseits die fehlende Verstandesreife festzustellen und andererseits den Verstandesunreifen über seine Rechte zu belehren. Nicht ausreichend ist die Belehrung des Ergänzungspflegers als gesetzlicher Vertreter des Kindes über dessen Zeugnisverweigerungsrecht. Das **Zeugnisverweigerungsrecht** ist ein **höchstpersönliches Recht**, das durch die Pflegschaftsanordnung nicht verloren geht. Die bloße Frage an die Zeugin, ob sie bereit sei auszusagen, genügt in keinem Fall[25] als Belehrung.

■ **Heilung des Verfahrensfehlers**

63   Solange die Hauptverhandlung noch andauert, kann der Fehler geheilt werden. Erklärt der minderjährige Zeuge nach Belehrung, er hätte auch im Falle einer früheren Belehrung ausgesagt, so ist der Verfahrensfehler geheilt, wenn im Übrigen die Zustimmungserklärung des gesetzlichen Vertreters bzw. Ergänzungspflegers vorliegt. Eine Heilung hat in der Hauptverhandlung jedoch nicht stattgefunden. Die Belehrung des minderjährigen Zeugen und des gesetzlichen Vertreters sind wesentliche Förmlichkeiten des Verfahrens, die protokollpflichtig sind. Die Unterlassung des Gerichts lässt sich im Revisionsverfahren auf Grund der Beweiskraft

---

24 BGH NStZ 1988, 17.
25 BGHSt 14, 24; BGH NStZ 1991, 398.

des Protokolls nach § 274 StPO leicht nachweisen. Die Belehrung durch den Sachverständigen geht ins Leere, da er zur Belehrung nicht befugt ist (Privatperson).

■ **Folgen des Verwertungsverbots**

Die Aussage der Zeugin darf auf Grund der unterlassenen Belehrung nicht verwertet werden. Nach allgemeiner Meinung besteht ein Verlesungs- und Verwertungsverbot im selben Umfang, wie dies bei der Verletzung des § 252 StPO der Fall ist.[26] Der Angeklagte kann die Nichtbelehrung eines Zeugen mit der Revision nach § 337 StPO rügen, weil sein Rechtskreis **unmittelbar berührt wird**, wenn sich der Zeuge infolge Rechtsunkenntnis nicht frei entscheiden kann, ob er aussagt oder nicht.[27]   64

■ **Beruhen des Urteils auf dem Verfahrensfehler**

Auf dieser unterbliebenen Belehrung **beruht das Urteil nur dann nicht**, wenn der Zeuge in **Kenntnis seines Verweigerungsrechtes aussagt** oder der **Mangel in der Hauptverhandlung**, wie oben beschrieben, **geheilt wird**. Beide Ausnahmefälle greifen im vorliegenden Fall nicht ein, da nicht davon ausgegangen werden kann, dass die siebenjährige verstandesunreife Zeugin sich ihres Rechts bewusst war. Die Belehrung durch den Sachverständigen vor der Exploration der Zeugin ist in diesem Zusammenhang ohne Bedeutung. Eine solche Sachverständigenbelehrung kann die richterliche Belehrung nicht ersetzen.[28] Bei der im Rahmen der Hauptverhandlung stattfindenden Beweisaufnahme hat der Tatrichter den Zeugen selbst zu belehren. Nur in diesem Falle kann das Gericht entscheiden, ob der Zeuge die Verstandesreife überhaupt besitzt, um die Bedeutung des Zeugnisverweigerungsrechts genügend zu erfassen. Die Belehrung obliegt grundsätzlich nur einem Richter, der Staatsanwaltschaft oder ihren Hilfsbeamten. Diese Befugnis kann vom Gericht nicht auf einen Sachverständigen delegiert werden. Die Revision wird allein wegen der unterlassenen Belehrung der Zeugin bereits erfolgreich sein. Es ist nicht ausgeschlossen, dass die Zeugin nach Belehrung geschwiegen hätte. Eine Begründung muss sie nicht angeben.   65

(2) Vernehmung der Kriminalkommissarin

■ **Verwertungsverbot nach § 252 StPO**

Die Vernehmung der Kriminalkommissarin könnte gegen § 252 StPO verstoßen. Nach übereinstimmender Auffassung in Rechtsprechung und Literatur untersagt diese Vorschrift über ihren Wortlaut hinaus nicht nur die Verlesung der früheren Aussage eines Zeugen, sondern auch jede andere Verwertung, insbesondere die Vernehmung der Verhörsperson.[29] Dies wird aus der Entstehungsgeschichte des § 252 StPO abgeleitet und aus dem Umstand, dass § 252 StPO keinen eigenen Regelungsgehalt im Verhältnis zu § 250 StPO hätte, wenn nur das Verlesen von früheren Vernehmungen untersagt wird. Der Zeuge soll umfassend davor geschützt werden, dass seine (möglicherweise voreilig) abgegebene Erklärung im Ermittlungsverfahren zur Überführung der ihm nahe stehenden Personen genutzt wird.   66

---

26 BGHSt 14, 159 ff.; BGH NStZ-RR 1996, 106.
27 BGHSt 11, 213, 216.
28 BGH StV 1989, 375.
29 BGHSt 21, 218.

Eine Ausnahme gilt nach der Rechtsprechung des BGH für **richterliche Verhörspersonen** nach ordnungsgemäßer Belehrung des Zeugen über das Zeugnisverweigerungsrecht. Die Rechtsprechung nimmt eine **Güterabwägung** zwischen den **schützwürdigen Belangen** des zeugnisverweigerungsberechtigten **Zeugen** auf der einen Seite und dem Strafverfolgungsanspruch des Staates auf der anderen Seite vor. **Hat ein Zeuge nach Belehrung in Kenntnis der Tragweite des Zeugnisverweigerungsrechtes freiwillig einmal auf sein Recht verzichtet**, so **tritt** fortan **sein Recht** im Verhältnis zur Wahrheitsfindung und zum Strafverfolgungsanspruch des Staates **zurück**.

■ **Zeugnisverweigerung in der Hauptverhandlung**

67 Unabdingbare Voraussetzung für das Vorliegen eines Verwertungsverbots aus § 252 StPO ist jedoch die **Geltendmachung** des Zeugnisverweigerungsrechts in der **Hauptverhandlung**. Hieran scheint es zu fehlen, da die T. vor Gericht ausgesagt hat. Zu bedenken ist jedoch, dass die Aussage der T. insgesamt prozesswidrig erfolgt ist. Der Angeklagte soll deshalb so gestellt werden, als hätte die Zeugin ihre Aussage berechtigterweise verweigert.[30]

■ **Frühere Vernehmung**

68 Weiterhin muss es sich um eine **frühere Aussage** eines vor der Hauptverhandlung vernommenen Zeugen handeln. Unter dem **Begriff Aussage** i.S.d. § 252 StPO fallen nicht nur Angaben bei einer förmlichen Vernehmung im Sinne von §§ 161 a, 163 a StPO, sondern auch Äußerungen im Rahmen einer so genannten informatorischen Anhörung.[31] Abzugrenzen ist die Aussage von der so genannten **Spontanäußerung** des zeugnisverweigerungsberechtigten Zeugen gegenüber Vernehmungspersonen. Hier soll es darauf ankommen, ob die Vernehmungsperson ihrerseits eine Frage gestellt hat oder ob der Zeuge von sich aus Erklärungen abgegeben hat. Hat der Zeuge seine Aussage der Vernehmungsperson quasi **aufgedrängt**, ohne dass eine Belehrungsmöglichkeit überhaupt bestanden hat, so handelt es sich um eine Spontanäußerung. Außerdem fallen alle Erklärungen des Zeugen gegenüber Nichtvernehmungspersonen (Personen, alle außer Gericht, Staatsanwaltschaft und ihre Hilfsbeamten) nicht unter den Begriff Aussage. Hierhin gehören Erklärungen gegenüber **Privatpersonen** oder **Behörden**. Im vorliegenden Fall kann es dahinstehen, ob die Kriminalkommissarin die minderjährige T. im Kinderheim förmlich vernommen hat oder ob es sich um eine so genannte informatorische Anhörung handelte. Entscheidend ist nur, dass die Auskunftsperson von einem staatlichen Organ in amtlicher Eigenschaft zu dem Gegenstand des Verfahrens gehört worden ist.[32] Das war hier sicher der Fall. Die Vernehmung der Kriminalkommissarin in der Hauptverhandlung als nichtrichterliche Vernehmungsperson stellt deshalb eine unzulässige Verwertung der vorprozessualen Aussage des Kindes dar und begründet einen relativen Revisionsgrund nach § 337 StPO. Auf diesem Verfahrensfehler kann das Urteil auch beruhen, da die Zeugenaussage der K. den Anklagevorwurf und die Verurteilung stützt.

---

30 KMR-*Paulus*, § 52 Rn 34.
31 BGHSt 29, 230.
32 *Geppert*, Jura 1988, 363 ff.

(3) Gutachtenerstattung durch den Sachverständigen

■ **Aufgaben des Sachverständigen**

Fraglich ist, ob das Gutachten des Sachverständigen S. ebenfalls vom Verwer- 69
tungsverbot des § 252 StPO erfasst wird. Bei den Angaben eines Sachverständigen,
der die Glaubhaftigkeit der Aussage des minderjährigen Zeugen untersucht hat, ist
zu unterscheiden zwischen den so genannten „Zusatztatsachen" und den „Befundtatsachen".[33] Die Befundtatsachen sind die **eigentlichen Grundlagen des
Gutachtens** und werden durch **Sachverständigenbeweis** in die Hauptverhandlung
eingeführt. Hierzu gehören Persönlichkeitstests, Intelligenztests und Erhebungen
über das Seelenleben des Zeugen. Das Gutachten beantwortet lediglich die Frage,
ob der Zeuge glaubwürdig und seine Aussage glaubhaft ist oder nicht. Durch das
Sachverständigengutachten wird der **Tatvorwurf nicht bewiesen** oder **widerlegt**.
Gelingt es dem Gericht nicht, die Aussage eines Zeugen in die Hauptverhandlung
einzuführen, so hängt das **Gutachten** quasi in der Luft und ist ohne Bedeutung.
Aus diesem Grund wird die reine Gutachtenerstattung vom Verwertungsverbot des
§ 252 StPO nicht erfasst. Die in dem Gutachten angeführten **Befundtatsachen**
durften ohne Rücksicht auf das Verwertungsverbot der Beweiswürdigung der Verurteilung zu Grunde gelegt werden.

■ **Sachverständiger als Zeuge**

Vom **Verwertungsverbot** erfasst wird die Einführung von **Zusatztatsachen**. Diese 70
Zusatztatsachen werden **durch Vernehmung** des Sachverständigen **als Zeuge** in
die Hauptverhandlung eingeführt. Der Sachverständige wird im Rahmen der Exploration mit dem Zeugen auch über den **Tatvorwurf** sprechen und Informationen
erhalten. Diese Wahrnehmungen des Sachverständigen bedürfen keiner besonderen
Sachkunde und stehen einer Aussage eines Zeugen gleich.[34]

Weitere Voraussetzung des § 252 StPO ist das Vorliegen einer **Aussage**. Hieran
könnte es deshalb scheitern, weil der Sachverständige keine Vernehmungsperson
ist und auch nicht als Behörde handelt. Eigentlich ist er eine **Privatperson**, deren Wahrnehmungen über den Zeugenbeweis in den Prozess eingeführt werden
könnten. Dies nimmt die **Rechtsprechung** aus gutem Grund jedoch nicht an.
Die Befragung durch einen Sachverständigen im Rahmen der Überprüfung der
Glaubwürdigkeit eines Zeugen wird einer **Vernehmung gleichgesetzt**. Der juri-
stisch nicht vorgebildete Zeuge, vor allem der minderjährige Zeuge, empfindet
es wie eine „offizielle" **Vernehmung**, wenn er von einem Sachverständigen über
Einzelheiten des Tatgeschehens befragt wird.

Im vorliegenden Fall wurde der Sachverständige S. nicht als Zeuge über die
ihm gegenüber gemachten Angaben des Kindes zum Tatgeschehen vernommen.
Der Sachverständige erstattete lediglich sein aussagepsychologisches Gutachten.
Hierin ist ein Verfahrensverstoß nicht zu sehen, da die Zustimmung zur Untersuchung der T. nachträglich von der Ergänzungspflegerin erteilt worden ist (Genehmigung).

Abschließend ist festzuhalten, dass mit der **Revision zwei Verfahrensverstöße**
geltend gemacht werden können. Zum einen kann die unterlassene Belehrung der

---

33 BGHSt 18, 107 ff.
34 BGHSt 13, 1 ff.

minderjährigen T. nach § 52 Abs. 3 S. 1 StPO gerügt werden und zum anderen wurde die Kriminalkommissarin als Verhörsperson entgegen dem bestehenden Verwertungsverbot nach § 252 StPO unzulässigerweise in der Hauptverhandlung gehört.

b) Fall 2

Ermittlungsrichter als Verhörsperson – Ausnahme vom Verbot nach § 252 StPO

aa) Sachverhalt

71   Der Angeklagte A. besuchte seine 20-jährige Tochter im Studentenwohnheim. Nach dem gemeinsamen Abendessen wurde der Vater zudringlich. Er nahm gegen den Widerstand der Tochter sexuelle Handlungen an ihr vor, um mit ihr geschlechtlich zu verkehren. Als A. kurz die Toilette aufsuchte, schüttete die Tochter, um sich weiterer Angriffe ihres Vaters zu erwehren, Schlaftabletten in das Bier des A., der dieses ahnungslos trank. Er brach zusammen. Die Tochter benachrichtigte sofort den Notarzt. A. wurde gerettet.

Gegen die Tochter wurde ein Verfahren wegen gefährlicher Körperverletzung gem. § 224 Abs. 1 Nr. 1 StGB (Giftbeibringung) eingeleitet. Vor der Polizei erzählte T. die ganze Wahrheit. Daraufhin beantragte die Staatsanwaltschaft eine Vernehmung der T. durch den Ermittlungsrichter. Der Richter vernahm T. als **Beschuldigte**. Er belehrte sie sowohl nach § 136 StPO über ihr **Schweigerecht**, als auch nach § 52 StPO über ihr **Zeugnisverweigerungsrecht**. T. hat trotzdem ausgesagt und dabei ihren Vater schwer belastet.

Gegen den Vater wurde ein Ermittlungsverfahren eingeleitet. In der Hauptverhandlung hat T. von ihrem Zeugnisverweigerungsrecht Gebrauch gemacht und nicht ausgesagt. Daraufhin hat das Gericht den Ermittlungsrichter E. über die damalige Aussage der T. bei ihrer Beschuldigtenvernehmung vernommen. Der Angeklagte ist wegen versuchter Vergewaltigung zu einer Freiheitsstrafe von drei Jahren verurteilt worden. In den Urteilsgründen wird ausgeführt, dass das Gericht auf Grund der Aussage des Ermittlungsrichters E. von dem Tathergang überzeugt sei.

Wird die Revision des Angeklagten erfolgreich sein?

bb) Lösung

■ **Verwertungsverbot aus § 252 StPO beim Richter**

72   Die frühere Aussage der Tochter beim Ermittlungsrichter wurde durch die Vernehmung des Richters in die Hauptverhandlung eingeführt. Hierin könnte ein Verstoß gegen das Verwertungsverbot aus § 252 StPO zu sehen sein.

Die Ableitung nicht nur eines Verlesungsverbots, sondern eines umfassenden Verwertungsverbots aus § 252 StPO wurde bereits oben dargelegt. Nach ständiger Rechtsprechung soll das Verwertungsverbot **nicht bei richterlichen Vernehmungen gelten**, weil das Gesetz ganz allgemein richterlichen Vernehmungen ein höheres Vertrauen entgegen bringe. So unterscheide § 251 StPO in seinen Voraussetzungen zwischen richterlichen und nichtrichterlichen Vernehmungen. Nach

§ 254 StPO könne nur sein richterliches Geständnisprotokoll verlesen werden. Sage der Zeuge vor einem Richter falsch aus, so greife § 153 StGB ein, während diese Vorschrift bei unrichtigen Angaben vor der Staatsanwaltschaft oder der Polizei nicht anwendbar sei. Dem ist zuzustimmen, weil richterliche Protokolle eine höhere Qualität für die Wahrheitsfindung bieten. Polizeiliche Protokolle werden oftmals am Anfang des Verfahrens erhoben. Zu diesem Zeitpunkt sind viele spätere Erkenntnisse überhaupt noch nicht vorhaltbar. Der Polizist kann jeden Zeugen ohne Beteiligung des Angeklagten oder des Staatsanwalts vernehmen. Wird ein Zeuge im Ermittlungsverfahren in einer so genannten **kleinen Hauptverhandlung** gem. § 168 c Abs. 5 StPO vernommen, so sind Verteidiger, Angeklagter und Staatsanwalt von der Vernehmung zu benachrichtigen. Alle Beteiligten können dem Zeugen Vorhalte machen und ihn befragen. Es ist augenscheinlich, dass eine solche Vernehmung die Qualität der Wahrheitsfindung steigert. Als Zwischenergebnis ist festzuhalten, dass **grundsätzlich** der Ermittlungsrichter als Verhörsperson über den Inhalt der Aussage der zeugnisverweigerungsberechtigten Tochter vor der Hauptverhandlung vernommen werden darf.

■ **Einschränkungen der Richtervernehmung**

Die Rechtsprechung lässt die Vernehmung eines Richters jedoch **nicht schrankenlos** zu. Sie nimmt eine **Abwägung** zwischen den **schutzwürdigen Belangen** der zeugnisverweigerungsberechtigten **Zeugen** und dem **Strafverfolgungsanspruch des Staates** sowie dem **Gebot die Wahrheit** zu erforschen, vor. Die schutzwürdigen **Interessen der Zeugen** sollen dann zurücktreten, wenn der zeugnisverweigerungsberechtigte Zeuge einmal in Kenntnis der Tragweite des Zeugnisverweigerungsrechts freiwillig vor einem Richter eine Aussage gemacht hat. Dabei wird unter Kenntnis der Tragweite des Zeugnisverweigerungsrechts verstanden, dass der Zeuge **über sein Recht ordnungsgemäß belehrt** worden ist. Steht einem Zeugen zum Zeitpunkt der richterlichen Vernehmung im Ermittlungsverfahren **noch kein Zeugnisverweigerungsrecht** zu, so kann eine ordnungsgemäße Belehrung nicht erfolgen und der Zeuge nicht freiwillig auf sein Recht verzichten. In diesem Fall geht das Recht des Zeugen vor und die Aussage im Ermittlungsverfahren darf nicht durch die Vernehmung eines Richters in die Hauptverhandlung eingeführt werden.

Das Gleiche gilt, wenn die **Belehrung unterblieben** oder **fehlerhaft** ist. Im vorliegenden Fall wurde die Tochter nicht wirksam als **Zeugin**, sondern als Beschuldigte belehrt und vernommen. Diese Konstellation lässt Zweifel aufkommen, ob die Tochter aus freien Stücken auf ihr Zeugnisverweigerungsrecht verzichtet hat. Zwar wurde die Zeugin neben der Beschuldigtenbelehrung nach § 136 StPO auch als Zeugin nach § 52 StPO belehrt. Die **zweite Belehrung geht** jedoch **ins Leere**. Aus dem Grundsatz der **Rollenklarheit** folgt, dass ein Beschuldigter nur als solcher belehrt werden kann und **nicht gleichzeitig** die Rolle eines Zeugen begleiten kann. Die zweite, vorsorgliche Belehrung geht deshalb ins Leere.[35] Mithin fehlt es im vorliegenden Fall an einer ordnungsgemäßen Belehrung, so dass die Vernehmung des Ermittlungsrichters in der Hauptverhandlung unzulässig war. Darüber hinaus konnte sich die Tochter **nicht freiwillig entscheiden**. Sie war gezwungen, in dem Ermittlungsverfahren gegen ihre eigene Person den Rechtfertigungsgrund (Angriff

73

---

35 OLG Koblenz NJW 1983, 2342.

ihres Vaters gegen ihre sexuelle Selbstbestimmung) darzulegen. Durch die Wahrnehmung ihrer berechtigten Verteidigungsinteressen hat sie notwendigerweise ihren Vater belastet. Die Aussage gegen ihren Vater erfolgte nicht auf Grund ihrer freien Entscheidung auf das Zeugnisverweigerungsrecht zu verzichten, sondern wurde aus der Not zur Selbstverteidigung geboren. Die Rechtsgüterabwägung muss hier zu Gunsten der Zeugin ausfallen. Der Anspruch des Staates auf die Strafverfolgung und die Aufklärung der Straftat müssen zurücktreten. Die Aussage des Ermittlungsrichters durfte somit nicht verwertet werden. Da sich das Urteil ausdrücklich auf die Aussage des Ermittlungsrichters und die auf diese Weise mitgeteilten Tatumstände stützt, beruht das Urteil auf dem Verfahrensfehler. Die Revision ist erfolgreich.

c) Fall 3

Zeugnisverweigerungsrecht im Zusammenhang mit dem Beschlagnahmeverbot nach § 97 StPO und dem Untersuchungsverbot nach § 81 c StPO

aa) Grundsatz

74   Der **Beschlagnahmeschutz** nach §§ 97 ff. StPO und das **Recht des Staates zur körperlichen Untersuchung** von zeugnisverweigerungsberechtigten Personen nach § 81 c Abs. 3 StPO ergänzen das **Zeugnisverweigerungsrecht** der §§ 52 ff., 252 StPO. Die Benutzung beschlagnahmter Gegenstände kann durch ein Beweisverbot ausgeschlossen sein. Das Gleiche gilt für die Vernehmung von Zeugen zur Umgehung des Beschlagnahmeverbots.

bb) Sachverhalt

75   Die Beschuldigten A. und B. beraubten einen Juwelier. Der Ladeninhaber wurde bei der Tatausführung erschossen. Beiden Tätern gelang zunächst die Flucht. B. konnte alsbald ermittelt und festgenommen werden. Da A. unbekannten Aufenthalts war, wurde das Verfahren gegen ihn abgetrennt und Anklage gegen B. erhoben. Im Rahmen der Ermittlungen gegen den flüchtigen A. wurde eine Durchsuchung bei dem Hausarzt des A. vorgenommen. Dabei wurden die Krankenblätter des A. gegen den Widerstand des behandelnden Arztes von der Polizei vorläufig beschlagnahmt und später gem. § 98 StPO richterlich bestätigt. Auf dem Krankenblatt hatte Dr. D. vermerkt, dass A. einen Tag nach dem Überfall zu ihm gekommen sei, ein depressives, teils apathisches Verhalten gezeigt und auf Nachfrage erklärt, zusammen mit B. den Juwelier J. beraubt und diesen dabei erschossen zu haben.

In der Hauptverhandlung gegen B. wurden die Krankenblätter des A. gegen den Protest des Verteidigers in der Hauptverhandlung verlesen. Die Richter stützen ihre Überzeugung im Urteil im Wesentlichen auf die Krankenunterlagen, da der Angeklagte B. eine Einlassung zur Sache in der Hauptverhandlung abgelehnt hat. B. wird wegen Mordes in Tateinheit mit schwerem Raub zu einer lebenslangen Freiheitsstrafe verurteilt.

Hat seine Revision Aussicht auf Erfolg?

cc) Lösung

- **Beschlagnahme von Beweisgegenständen nach §§ 94, 98 StPO**

Die Verlesung der beschlagnahmten Krankenunterlagen des flüchtigen A. könnte   76
einen Verfahrensverstoß begründen, wenn das Beschlagnahmen der Krankenunterlagen durch ein Verwertungsverbot untersagt ist. Die **angeordnete Beschlagnahme** findet ihre **Rechtsgrundlage** in §§ 94, 98 StPO. Nach diesen Vorschriften können Gegenstände, die nicht freiwillig herausgegeben werden, die aber als
Beweismittel für das Strafverfahren von Bedeutung sind, beschlagnahmt werden.
Diese Voraussetzungen lagen vor.

- **Beschlagnahmeverbot aus § 97 StPO**

Fraglich ist, ob der Verwertung der Krankenunterlagen das **Beschlagnahmever-**   77
bot des § 97 Abs. 1 Nr. 2 StPO entgegensteht. Die Beschlagnahmeverbote des
§ 97 StPO **ergänzen die Zeugnisverweigerungsrechte** nach den §§ 52, 53, 53 a
StPO. Das Zeugnisverweigerungsrecht des behandelnden Arztes **läuft ins Leere,**
wenn Krankenunterlagen beschlagnahmt und in der **Hauptverhandlung verlesen**
werden dürfen. Dieser gesetzgeberische Zweck ist bei der Auslegung des § 97
StPO stets im Auge zu behalten.

Im vorliegenden Fall wurden die Krankenunterlagen des Mittäters jedoch nicht bei
dem Arzt des B. beschlagnahmt. Hinzu kommt, dass das Verfahren gegen A. bereits
vor der Beschlagnahme abgetrennt worden ist. Zum Zeitpunkt der Beschlagnahme
war A. formal **kein Mittäter** mehr, sondern nunmehr **Zeuge.** Fraglich ist, ob die
Krankenblätter des A. in dem Verfahren gegen B. verwertet werden dürfen.

Wären A. und B. in einem **gemeinsamen Verfahren abgeurteilt** worden, so hätten
die Krankenunterlagen des A. wegen des Verwertungsverbots aus § 97 Abs. 1
Nr. 2 StPO **nicht** in die Hauptverhandlung eingeführt werden dürfen. Zwar hat die
Staatsanwaltschaft das Verfahren gegen A. vor Beschlagnahme der Krankenunterlagen abgetrennt, so dass A. in diesem Verfahren seit der Verfahrenstrennung nicht
mehr Mitbeschuldigter, sondern Zeuge ist. Jedoch darf der formelle Rollentausch
die **Stellung des B. nicht verschlechtern,** weil eine den Beschuldigten schützende
Verfahrensregel nicht durch den **formalen Akt** einer **Verfahrenstrennung** beseitigt werden kann.

Zu dem gleichen Ergebnis führt ein Vergleich zwischen den §§ 97 Abs. 1 Nr. 1 und
52, 252 StPO. Nach der Rechtsprechung kann sich ein **Mitangeklagter immer auf**
die Verletzung dieser Vorschrift berufen, auch wenn sein Verfahren zwischenzeitlich abgetrennt worden ist.[36] Führt aber die prozessuale Gemeinsamkeit, die
in einem Verfahrensabschnitt wie hier bei Einleitung des Ermittlungsverfahrens
bestanden hat, zur **Unteilbarkeit des Zeugnisverweigerungsrechts,** so muss dies
im Hinblick auf den Zweck des Beschlagnahmeverbots nach § 97 Abs. 1 StPO
ebenfalls dort gelten.

Es gilt hier die **Umgehung des Beschlagnahmeverbots** nach § 97 Abs. 1 Nr. 2
StPO zu verhindern.[37] Ungeachtet der Unterschiede zwischen den Zeugnisver-
weigerungsrechten aus § 52 StPO und §§ 53, 53 a StPO ergäbe sich aber ein

---

36 BGH MDR 1979, 952 ff.
37 BGH NJW 1998, 840.

Wertungswiderspruch, wenn nach einer Verfahrenstrennung in dem Verfahren gegen den früheren Mitbeschuldigten das **Beschlagnahmeverbot** nach § 97 Abs. 1 Nr. 2 StPO **entfallen würde**. Daher muss auch in dem Verfahren gegen den früheren Mitbeschuldigten, der nicht in dem das Zeugnisverweigerungsrecht nach § 53 StPO begründenden Verhältnis zum Arzt steht, das daran anknüpfende Beschlagnahmeverbot jedenfalls dann bestehen bleiben, wenn der durch § 53 StPO unmittelbar geschützte Patient weiterhin Beschuldigter i.S.d. § 97 Abs. 1 Nr. 2 StPO in einem Verfahren ist, in dem ihm dieselbe Tat zur Last gelegt wird.

dd) Ergebnis

78 Demnach durften die Krankenblätter des A. im Verfahren gegen B. **nicht verwertet** werden. Die Revision kann auf diesen Verfahrensverstoß gestützt werden, da das Urteil wesentlich auf dem Inhalt der verlesenen Krankenblätter beruht.

ee) Zur Vertiefung

79 Abschließend ist noch darauf hinzuweisen, dass die frühere Rechtsprechung[38] den Schutzbereich des § 97 Abs. 1 Nr. 2 StPO **nur im Verhältnis des Arztes zu seinem Patienten** gelten lassen will. Der Arzt solle nicht gezwungen sein, in einem Verfahren gegen seinen Patienten Beweismaterial zu liefern. Der BGH hat in seiner Entscheidung[39] die Vorschrift des § 97 Abs. 1 Nr. 2 StPO **nicht direkt für anwendbar erklärt**, sondern eine Umgehung dieser Vorschrift angenommen. Die Rechtsprechung kommt hier mit der **Rechtskreistheorie** erheblich in Bedrängnis. In der Tat soll § 97 Abs. 1 Nr. 2 StPO das Verhältnis zwischen dem Arzt und dem Patienten schützen. Genau genommen ist der Rechtskreis zu einem Mitangeklagten, der durch Verfahrenstrennung auch noch zum Zeugen wird, schwer herzustellen. Im Ergebnis ist der BGH-Entscheidung jedoch zuzustimmen. Wird der abgetrennte ehemalige Mitbeschuldigte auf Grund der Krankenkartei des Flüchtigen verurteilt, so ist nicht auszuschließen, dass in einem späteren Verfahren gegen den Flüchtigen der nunmehr bereits rechtskräftig verurteilte früher gefasste Angeklagte eine belastende Aussage macht. Die Wahrscheinlichkeit einer belastenden Aussage wäre jedenfalls erheblich geringer, wenn der zuerst gefasste Täter mangels Beweisen freigesprochen werden müsste. Diese mittelbare Auswirkungen zu Lasten des unzweifelhaft durch § 97 Abs. 1 Nr. 2 StPO geschützten Patienten sprechen eindeutig für ein Verwertungsverbot. Nur so behält der durch § 97 StPO Geschützte sein Recht in vollem Umfang.

ff) Verwertungsverbote außerhalb der StPO

80 Diskutiert wird ein **Verwertungsverbot** aus Art. 1 Abs. 1, Art. 2 Abs. 1 GG zum Schutz der **Persönlichkeitssphäre**. Wird wegen der Eigenart des Beweisthemas in grundrechtlich geschützte Bereiche unter Verstoß gegen den Grundsatz der Verhältnismäßigkeit eingegriffen, so kann sich ein **Beschlagnahmeverbot** ergeben. Unverhältnismäßig ist der mit einer Beschlagnahme zu Beweiszwecken verbundene Eingriff in das Persönlichkeitsrecht des Betroffenen aber nur dann, wenn diesem

---

38 OLG Celle NJW 1965, 362 ff.
39 BGH NJW 1998, 840.

gegenüber den Bedürfnissen einer nach dem **Rechtsstaatsprinzip** gebotenen wirksamen **Strafverfolgung** und **Verbrechensbekämpfung** das **größere Gewicht** zukommt.[40] Bei der Abwägung ist auch die Schwere der Tat zu berücksichtigen, so dass in Fällen **schwerer Kriminalität** die Beschlagnahme von Krankenakten Dritter zulässig sein kann.[41] Mit Rücksicht auf den gegen den Angeklagten erhobenen Vorwurf des Mordes dürften den Belangen einer funktionsfähigen Rechtspflege Vorrang gebühren. Bisher hat der BGH eine solche Abwägung nicht vorgenommen. Das BVerfG hat eine solche Abwägung jedoch vorgezeichnet.[42]

3. Vereidigungsverbote aus § 60 StPO

a) Fall 4

aa) Sachverhalt

Die Staatsanwaltschaft wirft A. einen Einbruchsdiebstahl vor. In der Hauptverhand- 81
lung lässt sich A. dahin ein, er könne den Einbruch nicht begangen haben, weil er den fraglichen Abend und die anschließende Nacht bei seiner Freundin F. verbracht habe. Die Freundin F. hat diese Angaben in der Hauptverhandlung als Zeugin bestätigt. Das Gericht hat die Aussage der F. als unwahr gewertet und davon abgesehen, die Zeugin zu vereidigen. Im Sitzungsprotokoll heißt es: „Die Zeugin F. bleibt gem. § 60 Nr. 2 StPO unvereidigt, weil der Verdacht der versuchten Strafvereitelung besteht." A. wurde wegen Einbruchdiebstahls verurteilt.

Hat seine Revision Aussicht auf Erfolg?

bb) Lösung

Die Zeugin F. wurde **nicht vereidigt**. Das Gericht hat zur Begründung der Nicht- 82
vereidigung § 60 Nr. 2 StPO herangezogen, weil es die Aussage der F. für unwahr hielt und den Verdacht einer versuchten Strafvereitelung für gegeben gehalten hat. Die Entscheidung könnte falsch sein und das Ergebnis des Urteils beeinflussen.

■ **Vereidigungsverbot aus § 60 Nr. 2 StPO**

Fraglich ist, ob § 60 Nr. 2 StPO die Nichtvereidigung rechtfertigt. Subsumiert 83
man den Sachverhalt unter § 60 Nr. 2 StPO, so **scheint** die Nichtvereidigung rechtens. Allenfalls fällt auf, dass § 60 Nr. 2 StPO eine enumerative abschließende Aufzählung der Fälle des Vereidigungsverbots enthält und die versuchte Strafvereitelung nicht aufgeführt ist.

■ **Einschränkende Auslegung**

Fragt man jedoch nach dem Sinn und Zweck der Vorschrift, so wird deutlich, dass 84
der Gesetzgeber den vorliegenden Fall nicht unter § 60 Nr. 2 StPO aufnehmen wollte. Andernfalls greift das Vereidigungsverbot immer dann ein, wenn das Gericht die Vereidigung zur Wahrheitserzwingung am Nötigsten braucht. Die Erfahrung in der Praxis zeigt, dass viele Zeugen zur Wahrheit zurückfinden, wenn das Gericht den Vereidigungsvorgang einleitet.

---

40 BGHSt 34, 397, 401.
41 LG Fulda NJW 1990, 2946.
42 BVerfGE 80, 367.

■ **Konflikt des Zeugen als ungeschriebene Voraussetzung des § 60 Nr. 2 StPO**

85   Nach dem Sinn und Zweck der Vorschrift soll der Zeuge aus einer **Konfliktsitua-tion** befreit werden. Hat der Zeuge bereits vor der Hauptverhandlung (z.B. bei der Polizei) ein falsches Alibi bekundet, so befindet er sich in der Hauptverhandlung insofern in einer Zwangslage, als er entweder seine frühere Straftat (Strafvereite-lung § 258 StGB) zugeben und die Aussage richtig stellen muss oder bei seiner falschen Aussage bleiben und eine Falschaussage begehen bzw. einen Meineid schwören muss. § 60 Nr. 2 StPO wird deshalb von der Rechtsprechung ergänzend dahin gehend ausgelegt, dass die Begünstigungs- bzw. Strafvereitelungshandlung oder deren Versuch bereits **vor** der Hauptverhandlung begangen worden sein muss.[43] Andernfalls befindet sich der Zeuge bei seiner Aussageentscheidung nicht in einer Zwangslage.

■ **Verfolgbarkeit vor der Hauptverhandlung**

86   Fraglich ist, ob F. im vorliegenden Fall in einer solchen Konfliktlage gewesen ist. Da die versuchte Strafvereitelung auch mit Strafe bedroht ist (§ 258 Abs. 2 StGB) scheitert die **Anwendung der Vorschrift nicht an dem Umstand**, dass die Strafvereitelung **nur versucht** worden ist. Entscheidend ist, **ab wann** der Versuch der Strafvereitelung **mit Strafe bedroht ist.** Liegt dieser Zeitpunkt **vor** der Haupt-verhandlung, so musste nach § 60 Nr. 2 StPO von der Vereidigung abgesehen werden. Das unmittelbare Ansetzen zur Strafvereitelung beginnt jedoch erst **in der Hauptverhandlung** mit der Falschaussage. Durch eine wahrheitsgemäße Aussage hätte sich F. der Zwangslage entziehen können. Mithin hat das Gericht § 60 Nr. 2 StPO fehlerhaft angewendet.

■ **Beruhen des Urteils auf dem Verfahrensfehler**

87   Da das Gericht der Zeugin ohnehin nicht geglaubt hat, ist die Begründung der Beruhensfrage in einer Klausur deutlich auszuführen. Das Urteil kann auf der falschen Anwendung des § 60 Nr. 2 StPO deshalb beruhen, weil das Gericht einer vereidigten Aussage der Freundin möglicherweise geglaubt und den Angeklagten freigesprochen hätte.

■ **Rügeverlust nach § 238 Abs. 2 StPO**

88   Der Beschluss des Vorsitzenden nach § 60 Nr. 2 StPO muss vom Angeklagten nicht gerügt werden. Ein Rügeverlust nach § 238 Abs. 2 StPO greift deshalb nicht ein, weil die Gesetzesbestimmung dem Vorsitzenden keinerlei Ermessens-spielraum einräumt. Von einer Vereidigung **ist** abzusehen. Die Rüge des § 238 Abs. 2 StPO muss in diesen Fällen **zur Erhaltung des Verfahrensverstoßes nicht bemüht werden**, weil der Verteidiger nicht gezwungen ist, das Gericht zu überwachen.

■ **Hand des Gerichts zum Meineid des Zeugen**

89   Da die Wahrheitserforschung in einer Hauptverhandlung absoluten Vorrang hat, muss das Gericht dem Zeugen ggf. die Hand zum Meineid reichen. Letztlich ist es eine Entscheidung des Zeugen und nicht des Gerichts, ob ein Meineid geschworen wird oder nicht.

---

43 BGH MDR 1979, 108.

b) Variante

Kein anderes Ergebnis wäre gegeben, wenn F. und A. **vor** der Hauptverhandlung 90
neben der Falschaussage auch einen **Meineid verabredet** hätten. Zwar ist das Ver-
abreden eines Meineids nach § 30 StGB strafbar und auch vor der Hauptverhandlung bereits begangen. Die Zeugin ist in der Hauptverhandlung jedoch nicht in der
erforderlichen Konfliktlage. Sagt sie die Wahrheit, so tritt sie nach § 31 StGB von
der Verabredung des Meineids strafbefreiend zurück und begeht auch keine Strafvereitelungshandlung. Anders kann der Fall liegen, wenn der Zeuge einer sachlichen
Begünstigung nach § 257 StGB verdächtig ist, weil er dem Angeklagten schon vor
der Hauptverhandlung eine Begünstigungserklärung zur Sicherung der Tatbeute zugedacht hat.

4. Beweis durch Urkunden nach §§ 249, 250, 251, 253, 254, 256 StPO

a) Fall 5

aa) Sachverhalt

Die Brüder A. und B. sitzen wegen Raubes in Untersuchungshaft. B. gesteht die Tat 91
zusammen mit A. ausgeführt zu haben und bekundet dies nach ordnungsgemäßer
Belehrung auch gegenüber dem Ermittlungsrichter. Sodann wird B. gem. § 116 StPO
vom Vollzug der Untersuchungshaft verschont. Entgegen den ihm in der Haftverschonung erteilten Auflagen entzieht sich B. dem Verfahren und taucht unter. Vor der Anklage wird das Verfahren gegen den Flüchtigen gem. § 205 StPO vorläufig eingestellt
und gegen den noch inhaftierten Bruder Anklage erhoben. In der Hauptverhandlung
gegen A. macht dieser von seinem Schweigerecht Gebrauch. Das Gericht verliest die
frühere Vernehmung des B. vor dem Ermittlungsrichter. Hat die Revision Aussicht
auf Erfolg?

bb) Lösung

■ **Einführung der Urkunde in die Hauptverhandlung**

Möglicherweise wurde das Vernehmungsprotokoll des Ermittlungsrichters entge- 92
gen § 250 S. 2 StPO durch Verlesen in die Hauptverhandlung eingeführt. § 249
StPO bestimmt die Art und Weise, **wie** eine Urkunde in die Hauptverhandlung
eingeführt wird. Sie wird in der Hauptverhandlung **vorgelesen**. Dies ist vorliegend
erfolgt.

■ **Verlesungsverbot aus § 250 S. 2 StPO**

Das Verlesen könnte jedoch nach § 250 Abs. 2 StPO **verboten** sein. Die Vorschrift 93
verbietet das **Ersetzen** einer Vernehmung in der Hauptverhandlung durch das
Verlesen eines Protokolls über eine frühere Vernehmung, sofern der Beweis einer
Tatsache auf der Wahrnehmung einer Person beruht. Fraglich ist, ob § 250 StPO
nicht schon deswegen ausscheidet, weil A. zum Zeitpunkt der Aussage noch
Mitbeschuldigter war und § 250 StPO nur die Zeugenaussage meint. Dem ist
entgegen zu halten, dass es auf den **Zeitpunkt der Hauptverhandlung** ankommt.
Da die beiden Verfahren vor der Hauptverhandlung getrennt wurden, hat der

Flüchtige nunmehr die **Stellung eines Zeugen**. Seine Aussage darf deshalb nicht durch das Verlesen der Erklärung ersetzt werden.

■ **Ausnahmen vom Verlesungsverbot**

94   Die §§ 251 bis 256 StPO beinhalten **Ausnahmen vom Verlesungsverbot** des § 250 StPO. In einer Klausur ist in einem Zwischenschritt zunächst festzustellen, ob ein Verlesungsverbot nach § 250 S. 2 StPO besteht. **Danach sind die Ausnahmen zu prüfen.** Im Berufungsverfahren stellt § 325 StPO eine weitere Durchbrechung des Unmittelbarkeitsgrundsatzes dar. Wegen der Besonderheiten des Berufungsverfahrens dürfen durch Verlesung nach § 325 StPO jedoch **keine Hauptbelastungszeugen** ersetzt werden. Die praktische Bedeutung dieser Vorschrift ist daher gering.

■ **§ 254 StPO gilt nicht für Zeugen**

95   Fraglich ist, ob das Geständnisprotokoll des flüchtigen ehemaligen Mitangeklagten nach § 254 StPO durch Verlesen in die Hauptverhandlung eingeführt werden darf. Nach dieser Vorschrift können **richterliche Geständnisprotokolle** durch Verlesen in die Hauptverhandlung eingeführt werden. Wie bereits dargelegt, hat der flüchtige A. durch die Abtrennung des Verfahrens die formelle Stellung eines Zeugen erlangt. § 254 StPO ist deshalb **nicht anwendbar**, da zum Zeitpunkt der Hauptverhandlung die Angeschuldigten keine Mittäterstellung (mehr) hatten.

■ **Verlesen der Aussage nach § 251 Abs. 1 StPO**

96   Fraglich ist, ob das Geständnisprotokoll nach § 251 Abs. 1 Nr. 1 StPO verlesen werden durfte, da der Aufenthalt des ehemaligen Mitbeschuldigten nicht ermittelt werden kann. In einer **Klausur** beginnt die **Prüfung** des § 251 StPO **immer im Absatz 4** der Vorschrift. Zunächst ist zu prüfen, ob die Verlesung der Urkunde durch einen **Gerichtsbeschluss** (Vorsitzender reicht nicht aus) angeordnet worden ist. Außerdem muss sich aus dem Protokoll eine **Begründung** für die Verlesung ersehen lassen. Enthält das Hauptverhandlungsprotokoll keine Angaben zu § 251 Abs. 4 StPO, so wollte das Gericht entweder nicht nach dieser Vorschrift verfahren oder hat einen Verfahrensfehler verursacht. Auf diesem Rechtsfehler beruht regelmäßig auch das Urteil, da die Verteidigung möglicherweise in die Irre geführt und wichtige Verteidigungsinitiativen unterlassen hat. Im vorliegenden Fall ist unklar, ob das Gericht nach § 251 StPO verfahren wollte. Das Protokoll der Hauptverhandlung enthält keine Angaben dazu.

■ **Richterliche und sonstige Protokolle i.S.v. § 251 Abs. 2 und Abs. 1 StPO**

97   Die weitere Prüfung des § 251 StPO hängt davon ab, ob ein richterliches oder ein sonstiges (staatsanwaltschaftliches oder polizeiliches) Protokoll verlesen worden ist. Die **Voraussetzungen** der Verlesung eines richterlichen Protokolls richten sich nach § 251 Abs. 2 StPO, die übrigen Protokolle können nach § 251 Abs. 1 StPO verlesen werden. Vorliegend greift § 251 Abs. 2 Nr. 1 StPO unproblematisch ein, da der Flüchtige unbekannten Aufenthalts ist und seine Aussage vor dem Richter gemacht hat.

■ **Weitere Prüfung**

98   Ist das Gericht nach § 251 Abs. 2 StPO verfahren und handelt es sich um ein richterliches Protokoll, so hat das Gericht am Ende der Verlesung festzustellen,

ob der Zeuge bei seiner früheren Vernehmung vereidigt worden ist oder nicht. Hält das Gericht eine Vereidigung des Zeugen für erforderlich, so ist diese ggf. nachzuholen. Fehlt eine **Entscheidung über die Vereidigung des Zeugen**, so liegt ein weiterer Rechtsfehler vor.

■ **Verwertungsverbot nach § 251 StPO**

Selbst wenn alle Voraussetzungen des § 251 Abs. 2 Nr. 1 und Abs. 4 StPO gege- 99
ben sind, ist weiterhin ein **Verwertungsverbot nach § 252 StPO** zu prüfen. Der BGH hält im vorliegenden Fall ein Verwertungsverbot nicht für gegeben.[44] Dies ist inkonsequent. Erhält der Flüchtige durch die Verfahrenstrennung die Stellung eines Zeugen, so fehlt ihm bei der Beschuldigtenvernehmung die ordnungsgemäße Belehrung nach § 52 StPO. Eine Belehrung nach § 136 StPO macht die Konflikt-lage des Angehörigen nicht deutlich. **Im Ergebnis** ist die Entscheidung des BGH jedoch richtig und gerecht. Wäre der mitbeschuldigte Bruder nicht geflüchtet, so hätte in einem gemeinsamen Verfahren gegen A. und B. das Geständnisprotokoll nach § 254 StPO verlesen werden können. Ein Fall des § 252 StPO liegt dann mangels Zeugenstellung des geständigen Angeklagten nicht vor. Nach Auffassung des BGH kann sich der flüchtige Angeklagte nicht zum **Herrn des Verfahrens** ma-chen. Er stellt diesen Fall der Fallvariante gleich, in dem eine ordnungsgemäß be-lehrte Ehefrau belastende Aussagen gemacht hat und anschließend untergetaucht ist. Auch in diesem Fall fehlte in der Hauptverhandlung die Verweigerung des zeugnisverweigerungsberechtigten Zeugen, da dieser untergetaucht war. In beiden Fällen hat der BGH das Verlesen der früheren Vernehmung zugelassen. Im vor-liegenden Fall kann ein Verfahrensfehler allenfalls deswegen vorliegen, weil das Procedere des § 251 Abs. 4 StPO nicht eingehalten worden ist. Der **Mandant** ist **darauf hinzuweisen**, dass in einer erneuten Hauptverhandlung dieser Verfahrens-fehler beseitigt werden kann. Eine Revision bringt nur einen vorläufigen Erfolg.

cc) Exkurs: Formfreier Vorhalt

Streng zu unterscheiden von der Beweisführung durch Einführung einer Urkunde in 100
die Hauptverhandlung, ist der so genannte **formfreie Vorhalt**. Der formfreie Vorhalt ist ein **Vernehmungsbehelf**, der **nicht protokollpflichtig** ist. Der formfreie Vorhalt einer Urkunde dient dazu, das Gedächtnis des Zeugen in Gang zu bringen. Kann sich ein Zeuge trotz einzelner Stichworte nicht mehr an die früheren Wahrnehmungen erinnern, so kann ihm ggf. die ganze Urkunde vorgelesen werden.

> *Hinweis*
> **Klausurbedeutsam** ist, dass durch dieses **Verlesen der Urkunde nichts** in die Hauptver-handlung eingeführt worden ist. Im **Urteil** verarbeitet werden darf nur die **Aussage des Zeugen**, die er auf Grund des Vorhalts gemacht hat.

Häufig werden Zeugen Bilder oder Skizzen vorgehalten bzw. ganze Urkunden vor-gelesen. Erklärt der Zeuge daraufhin lediglich, dass er sich nicht mehr erinnere, aber damals wohl wahrheitsgemäß ausgesagt habe, so ist vom Beweisthema nichts in die Hauptverhandlung gelangt. Verarbeitet das Gericht im späteren Urteil gleichwohl Skizzen, Bilder oder Einzelheiten der **früheren Zeugenaussage** (nicht die in der

---

44 BGHSt 27, 139.

Hauptverhandlung), so liegt ein **Verstoß gegen § 261 StPO** vor. Die Erkenntnisse sind **nicht aus dem Inbegriff der Hauptverhandlung** geschöpft worden.

dd) Beweisantrag

■ **Bestandteile des Beweisantrags**

101 Zahlreiche Verfahrensfehler werden bei der Behandlung des **Beweisantrags**, des **Beweisermittlungsantrags** und des **Hilfsbeweisantrags** verursacht. Wer als Verteidiger oder Staatsanwalt keine Anträge stellen kann, kann an der **Prozessgestaltung jedoch nicht sinnvoll mitwirken.** Beweisanträge sind in der Hauptverhandlung zu verlesen. Sie müssen Beweistatsachen und Beweismittel exakt bezeichnen. Zwischen Beweismittel und Beweistatsache muss eine kausale Verbindung bestehen.

■ **Ablehnung des Antrags nach § 244 Abs. 6 StPO**

102 Will das Gericht einen Beweisantrag ablehnen, muss es nach § 244 Abs. 6 StPO einen Beschluss fassen (Beschluss des **Vorsitzenden** reicht nicht aus). Beweisanträge können bis zum **Schluss der Hauptverhandlung** (§ 268 StPO) gestellt werden. Durch Gerichtsbeschluss muss jedoch nur bis zum **Beginn der Tenorverkündung** entschieden werden. Hat das Gericht bereits mit der Tenorverkündung begonnen, so müssen Beweisanträge trotzdem entgegen genommen werden und können das Gericht zur Vermeidung einer Aufklärungsrüge nach § 244 Abs. 2 StPO zum Wiedereintritt in die Beweisaufnahme zwingen.

b) Fall 6

aa) Sachverhalt

103 Dem Angeklagten wird eine schwere Körperverletzung nach § 226 StGB am 1.3. vorgeworfen. Im Laufe der Beweisaufnahme kommt das Gericht intern zu der Überzeugung, dass die Tat wohl nicht am 1.3. (so die Anklage) aber am 25.2. ausgeführt worden ist. Ein Hinweis nach § 265 StPO wird vorerst nicht erteilt. Der Verteidiger stellt nunmehr folgenden

Beweisantrag

Zum Beweis der Tatsache, dass der Angeklagte die Tat am 1.3. nicht begangen haben kann, weil er mit seiner Freundin zu diesem Zeitpunkt im Urlaub in St. Ulrich/ Grötnertal im Hotel Seiser Alm war:
a) Zeugnis der Freundin (mit Adresse)
b) Zeugnis der Zimmerwirtin (mit Adresse)

Nach Beratung wird folgender **Kammerbeschluss** verkündet:

Der Beweisantrag wird abgelehnt.

Die Freundin des Angeklagten ist als **Beweismittel** absolut ungeeignet. Sie wird sagen, was der Angeklagte von ihr hören will. Außerdem wird die Tatsache, die in ihr Wissen gestellt ist, so behandelt, als sei sie wahr.

Rechtshilfe nach Italien dauert bekanntlich Monate. Die Vernehmung der Zimmerwirtin wird deshalb abgelehnt. Die Zeugin ist **nicht erreichbar.**

Liegt ein Verfahrensfehler vor?

bb) Lösung

Bei dem gestellten Antrag des Verteidigers handelt es sich um einen **echten Beweis-** 104
antrag. Die Behauptung, der Angeklagte sei am Tattag in Südtirol gewesen, stellt
eine Tatsachenbehauptung dar und die beiden Zeuginnen sind grundsätzlich **geeignete**
Beweismittel. Die erforderliche Verbindung zwischen Beweisthema und Beweismittel
ist ebenfalls gegeben, da die Zeuginnen zusammen mit dem Angeklagten im Hotel in
St. Ulrich gewesen sein sollen.

■ **Ungeeignete Beweismittel nach § 244 Abs. 3 StPO**

Einem Beweisantrag ist grundsätzlich nachzugehen, es sei denn, einer der **enume-** 105
rativ aufgezählten Ablehnungsgründe in den §§ 244, 245 oder 246 StPO liegt
vor. In der Klausur ist immer zuerst der Ablehnungsgrund zu prüfen, den das
Gericht in der Hauptverhandlung oder in seinem Urteil bemüht hat. Fraglich ist, ob
die Freundin ein **ungeeignetes Beweismittel** ist. Der Ablehnungsgrund des ungeeigneten Beweismittels ist in § 244 Abs. 3 StPO vorgesehen. Hierunter sind jedoch
nur Beweismittel zu verstehen, die aus sich selbst heraus zur Beweisführung ungeeignet sind. So kann der Blinde nichts über die Farbe und der Taube nichts über
ein mitgehörtes Gespräch aussagen. Soll der Zeuge über eine **negative Tatsache**
Bekundungen abgeben, so kann er ebenfalls ungeeignet sein. Wird beispielsweise
die Freundin als Beweismittel für die Tatsache benannt, der Freund sei in seinem
ganzen Leben noch nie am Tatort gewesen, so ist die Freundin ein ungeeignetes
Beweismittel. Sie könnte die Beweisfrage nur beantworten, wenn sie ein Leben
lang wie ein siamesischer Zwilling mit ihrem Freund zusammen gewesen wäre.
Die Freundin wird nicht zum ungeeigneten Beweismittel, weil sie möglicherweise
die Unwahrheit sagt. Der Ablehnungsgrund ungeeignetes Beweismittel ist vom
Gericht **fehlerhaft angewendet** worden.

■ **Wahrunterstellung nach § 244 Abs. 3 StPO**

Als weiterer Ablehnungsgrund hat das Gericht den **Ablehnungsgrund** der **Wahr-** 106
unterstellung bemüht. Auch diesen Ablehnungsgrund sieht das Gesetz in § 244
Abs. 3 StPO vor. Als wahr unterstellt werden dürfen nur **erhebliche Tatsachen**,
die den **Angeklagten entlasten**. Könnte man belastende Tatsachen als wahr unterstellen, so bräuchte man keine Beweisaufnahme. Im vorliegenden Fall geht das
Gericht intern davon aus, dass die Tat nicht, wie in der Anklage, am 1.3., sondern
am 25.2. begangen worden ist. Wo sich der Angeklagte am 1.3. aufgehalten hat,
ist für den Tatnachweis deshalb **ohne Bedeutung**. Bedeutungslose Tatsachen **entlasten nicht** und dürfen deshalb nicht **als wahr unterstellt** werden. Das Gericht
hat den Ablehnungsgrund somit **zu Unrecht** bemüht.

■ **Austausch der Ablehnungsgründe**

Das Gericht hätte den Ablehnungsgrund der **Bedeutungslosigkeit der Tatsa-** 107
che für das Verfahren bemühen können. Auch dieser Ablehnungsgrund ist in
§ 244 Abs. 3 StPO vorgesehen. Fraglich ist, ob das Revisionsgericht die **Ableh-**
nungsgründe austauschen kann. Das ist **abzulehnen**. Die Verteidigung würde
durch die falschen Ablehnungsgründe in die Irre geführt und könnte im Revisionsverfahren durch geeignete Beweisantritte ihre Verteidigungsstrategie nicht mehr

anpassen. Hätte das Gericht den Ablehnungsgrund der Bedeutungslosigkeit der Tatsache in seinem Beschluss festgeschrieben, so hätte der Verteidiger einen Freispruch erwarten dürfen. Bei konsequenter Anwendung der Wahrunterstellung hätte der Angeklagte freigesprochen werden müssen, da er am 1.3. nicht gleichzeitig in Deutschland eine Straftat begehen und in Südtirol Urlaub machen kann.

Ausnahme
Bei einem in den **Urteilsgründen** abgelehnten **Hilfsbeweisantrag** kann der Ablehnungsgrund ausgetauscht werden, da niemand mehr in die Irre geführt werden kann. Ein Ablehnungsgrund muss dann nur objektiv gegeben sein.

■ Unerreichbarer Zeuge

108   Die Ablehnung der Vernehmung der Zimmerwirtin ist ebenfalls fehlerhaft. Hier wurde der Ablehnungsgrund der **Unerreichbarkeit** bemüht. Will das Gericht den Ablehnungsgrund der Unerreichbarkeit bemühen, so muss es darlegen, welche fruchtlosen Maßnahmen es bisher unternommen hat. Allein ein nicht zügig funktionierendes Rechtshilfeverfahren führt nicht zur Unerreichbarkeit eines Zeugen. Auch dieser Ablehnungsgrund wurde verkannt und zu Unrecht bemüht. Eine Ermessensentscheidung nach § 244 Abs. 5 S. 2 StPO fehlt. Auf der fehlerhaften Ablehnung des Beweisantrags kann das Urteil beruhen, da nicht ausgeschlossen werden kann, dass die Verteidigung bei ordnungsgemäßer Entscheidung des Gerichts weitere Beweisanträge gestellt hätte und insgesamt ein anderes Ergebnis herausgekommen wäre.

■ Bedeutungslosigkeit der Beweisbehauptung

109   Erfahrungsgemäß macht der Ablehnungsgrund der **Bedeutungslosigkeit** den Referendaren in der Klausur große Schwierigkeiten. Deswegen noch folgender Ergänzungsfall.

cc) Ergänzungsfall

110 ■ **Sachverhalt**
Die Verteidigung beantragt in einem Verfahren wegen Vergewaltigung die Vernehmung von zahlreichen Zeugen. Die Zeugen sollen bekunden, dass das Tatopfer im Umfeld einer bestimmten Diskothek ständig der Prostitution nachgegangen ist und häufig einvernehmlichen Geschlechtsverkehr mit verschiedenen Männern hatte. Außerdem wird behauptet, das Tatopfer habe bereits mehrere Männer zu Unrecht wegen Vergewaltigung angezeigt. Das Gericht hat den Beweisantrag wegen Bedeutungslosigkeit abgelehnt.

■ **Lösung**
Die Behauptungen der Verteidigung sind **nur Indizien**. Auch eine Hure kann vergewaltigt werden und ein notorischer Lügner kann im vorliegenden Fall die Wahrheit sagen. Erweisen sich nach langer Beweisaufnahme die behaupteten Indizien als wahr, so **kann** das Gericht das Vorliegen der Straftat verneinen, **zwingend** ist dieser Schluss jedoch nicht. In diesen Situationen, wo nur **Indizien unter Beweis gestellt werden**, darf das Gericht den Beweisantrag **wegen Bedeutungslosigkeit** ablehnen, wenn es auf der **Grundlage des bisherigen Beweisergebnisses** den Schluss vom Nichtvorliegen der Straftat (hier einvernehmlicher Geschlechtsverkehr oder Fortsetzung der Lügen) **nicht ziehen will**.

Die Richter müssen in ihrem ablehnenden Beschluss darlegen, dass sie die Entscheidungsvarianten gesehen haben und den möglichen, aber nicht zwingenden Schluss von den Indizien auf den fehlenden Strafvorwurf nicht ziehen wollen.

D. Sachrüge

I. Zulässigkeit der Sachrüge

1. Keine Substantiierungspflicht bei der Sachrüge

Die Prüfung der **Zulässigkeit der Sachrüge** bereitet im Allgemeinen keine Probleme. **111** Im Umkehrschluss aus § 344 Abs. 2 S. 2 StPO folgt, dass die Rüge der Verletzung materiellen Rechts **keiner näheren Begründung** bedarf. Die Substantiierungspflicht (vgl. § 19 Rn 1 ff.) gilt nur für die Verfahrensrüge. Die Sachrüge ist bereits zulässig erhoben, wenn die Verletzung materiellen (sachlichen) Rechts gerügt wird. Einer weiteren Begründung durch den Angeklagten bedarf es nicht. Der **Staatsanwalt** ist allerdings nach Nr. 156 Abs. 2 RiStBV gehalten, auch die Sachrüge auszuführen. In der **Praxis** sollte jedoch jeder Rechtsanwalt, der etwas auf sich hält, seine Auffassung von der fehlerhaften Rechtsanwendung durch das Gericht qualifiziert darlegen. Die Begründung gilt für das Revisionsgericht jedoch nur als Anregung. Noch bis zur **Entscheidung in der Sache** können **Sachbegründungen nachgeliefert** werden.

2. Überflüssiger Vortrag kann die Sachrüge unzulässig machen

Mancher Rechtsanwalt tut des Guten zu viel und bewirkt durch seinen unqualifizierten **112** Vortrag die **Unzulässigkeit der Sachrüge**. Erschöpfen sich die Ausführungen des Beschwerdeführers zur Sachrüge ausschließlich auf **revisionsrechtlich unbeachtliche Angriffe** gegen das **Ergebnis der Beweiswürdigung** oder gegen die inhaltliche **Richtigkeit der Urteilsfeststellungen**, so zeigt er, dass er eigentlich **keine** Überprüfung der **Rechtsanwendung** fordert.

> *Hinweis*
> Aus den Einzelausführungen zur Sachrüge können sich **besondere Klausurprobleme** ergeben.

Wie später zu zeigen ist, kann das Revisionsgericht die Feststellungen der Tatsacheninstanz nicht unbeschränkt überprüfen und ist grundsätzlich an die Ausführungen des Tatrichters gebunden. Das gilt auch für die Beweiswürdigung.

> *Hinweis*
> In einer **Klausur** ist die Zulässigkeit der Sachrüge immer dann zu problematisieren, wenn der Revisionsführer vom Gericht eine revisionsrechtlich unmögliche Überprüfung verlangt.

Wann das im Einzelfall gegeben ist, ergibt sich aus den nachfolgenden Ausführungen.

II. Begründetheit der Sachrüge

1. Subsumtion der Feststellungen

Ist die Sachrüge wirksam erhoben, so wird geprüft, ob die **Tatsachenfeststellungen** **113** die **Rechtsanwendung** und damit die erfolgte Verurteilung **tragen**.

> *Hinweis*
> Bei der nun folgenden Subsumtion in der **Klausur** ist gänzlich außer Acht zu lassen, ob die Tatbestandsfeststellungen auf Verfahrensfehlern beruhen. Es stellt eine unzulässige Verkürzung der Aufgabenstellung dar, wenn die Prüfung mit der Behauptung abgebrochen wird, einzelne Tatbestandsmerkmale seien verfahrensfehlerhaft festgestellt worden. Alle objektiven und subjektiven Tatbestandsmerkmale eines Tatbestands sind zu überprüfen, wobei an die **Feststellungen** des **subjektiven Tatbestands** eher **geringere Anforderungen** zu stellen sind. Wenn das **Vorliegen des subjektiven Tatbestands** auf der Hand liegt, bedarf es im Urteil keiner besonderen Ausführungen.

114 Ist ein **Tatbestand** (z.B. § 316 StGB) sowohl fahrlässig als auch vorsätzlich begehbar, so sind **klarstellende Ausführungen im Urteil unerlässlich**. Das Gleiche gilt für § 315 c StGB, wo klargestellt werden muss, ob der Angeklagte seine Trunkenheit vorsätzlich in Kauf genommen hat oder sie fahrlässig unbeachtet gelassen hat. Auch ist klarzustellen, ob die konkrete Gefahr für Leib oder Leben vorsätzlich oder fahrlässig herbeigeführt worden ist. Die **objektiven Tatbestandsmerkmale** sind zunächst nur auf ihre **Vollständigkeit** hin zu überprüfen. Wird bei der konkreten Gefährdung von fremden Sachen von bedeutendem Wert lediglich festgestellt, dass ein Schaden von 300 EUR entstanden ist, so tragen die Feststellungen die Verurteilung wegen eines Verstoßes gegen § 315 c StGB nicht, weil es nicht auf die Höhe des Schadens, sondern auf den **Wert** des **gefährdeten Rechtsguts** ankommt.

2. Darstellungsrüge

a) Verstoß gegen die Denkgesetze

115 Im nächsten Schritt ist zu prüfen, ob das Tatgericht die Feststellungen in zulässigerweise getroffen hat. Grundsätzlich ist das Revisionsgericht an die **Feststellungen des Tatrichters gebunden**. Diese **Bindung** hat jedoch dort ihre **Grenzen**,
- wo der Tatrichter **widersprüchliche Feststellungen** trifft,
- gegen die **Denkgesetze** verstößt,
- **allgemein anerkannte Erfahrungssätze** missachtet oder
- diese Erfahrungssätze **falsch anwendet**.

Das Revisionsgericht muss sich nicht mit den tatrichterlichen Feststellungen abfinden, wenn dort beispielsweise zu lesen ist, dass ein 34 PS-Volkswagen eine Geschwindigkeit von 720 km/h erreicht. Ebenso angreifbar ist die Feststellung, dass ein Zeuge trotz dunkler Nacht im Schein der Straßenlaterne auf eine Entfernung von 100 m das nur 2 cm große Tattoo des Täters erkannt haben will. Solche Feststellungen können schlichtweg nicht wahr sein und können mit der Sachrüge erfolgreich bekämpft werden.

b) Keine Überprüfung der festgestellten Inhalte

aa) Prüfungsumfang

116 Das Revisionsgericht darf **nicht überprüfen**, ob die Tatsachenfeststellungen des angegriffenen Urteils **inhaltlich richtig** oder **falsch** sind. Logischerweise wäre hierfür eine **weitere Tatsacheninstanz** erforderlich. Prüfungsgrundlage des Revisionsgerichts ist jedoch nur die **Urteilsurkunde**. Selbst der Akteninhalt oder das Protokoll der

Hauptverhandlung dürfen bei der Sachrüge nicht herangezogen werden. Im Einzelnen können folgende Punkte geprüft werden.

bb) Geschlossene Sachdarstellung

In den Urteilsgründen darf nicht auf ein **anderes Urteil** oder auf **Urkunden in der**   117
Akte bezug genommen werden. Die Bezugnahme auf die Anklageschrift oder auf die Feststellungen eines aufgehobenen Urteils verhilft der Sachrüge zu einem sicheren Erfolg. **Bezugnahmen** sind nur **in Ausnahmefällen** gestattet. In **Berufungsurteilen** darf auf das Urteil der ersten Instanz Bezug genommen werden, wenn dadurch keine Unklarheiten entstehen. Nach teilweise erfolgreicher Revision darf in dem **Urteil des zweiten Durchgangs** auf den bereits rechtskräftigen Teil des ersten Urteils Bezug genommen werden. Mit Vorsicht ist § 267 Abs. 1 S. 3 StPO anzuwenden, wonach wegen der Einzelheiten auf Skizzen, Fotos und Abbildungen Bezug genommen werden darf. Diese Vorschrift macht eine Beschreibung der Abbildung usw. **nicht** entbehrlich.

cc) Auflösung der Tatbestandsmerkmale in Handlungen und Tatsachen

Werden in dem Urteil lediglich **Rechtsbegriffe** wiedergegeben, so ersetzen sie **keine**   118
Feststellungen. Nicht ausreichend ist die Angabe „E. habe den Gewahrsam des O. gebrochen." Die Rechtsbegriffe sind vielmehr in Handlungen und Tatsachen aufzulösen und festzustellen. Nicht überprüfbar für das Revisionsgericht und deshalb unzulässig ist die Verwendung von **unbestimmten Umschreibungen** und **Wertungen**. Das Revisionsgericht kann Begriffe, wie überhöhte Geschwindigkeit oder unübersichtliche Straße nicht überprüfen oder nachvollziehen.

3. Überprüfung der Beweiswürdigung

a) Umfang

Auch hier gilt der Satz, dass das Revisionsgericht **das Ergebnis** einer Beweiswürdi-   119
gung nicht überprüfen kann, wohl aber den **Weg** dorthin. Das Revisionsgericht darf nicht überprüfen, ob der Zeuge A. oder der Zeuge B. die Wahrheit gesagt hat. Dies zu entscheiden ist die Aufgabe des Tatrichters, der die Zeugen **persönlich gesehen** und **vernommen** hat. Das Revisionsgericht kann aber sehr wohl beanstanden, wenn der Tatrichter nur die Aussage des Belastungszeugen in sein Urteil aufgenommen hat und keine Ausführungen zum Alibizeugen gemacht hat. Im Einzelnen gilt Folgendes. Eine **Beweiswürdigung** ist **fehlerhaft**, wenn sie
- lückenhaft,
- widersprüchlich,
- unklar ist oder
- gegen Denk- und Erfahrungssätze verstößt.[45]

---

45 LR-*Hanack*, § 337 Rn 148.

b) Auseinandersetzung der Gerichte mit der Einlassung

120   Die **Beweiswürdigung beginnt** mit der **Wiedergabe der Einlassung** des Angeklagten. Fehlt eine Auseinandersetzung mit den Angaben des Angeklagten, so ist die Beweiswürdigung **lückenhaft**. Handelt es sich um einen Indizienbeweis, so muss die Beweiskette lückenlos sein. Allein der Umstand, dass Lackspuren des Autos des Angeklagten am Tatort gefunden worden sind, reicht nicht für eine lückenlose Indizienkette. Das Auto kann schließlich auch von einer dritten Person gefahren worden sein. Der Richter darf seine **Überzeugung** nur auf **erwiesene Tatsachen** stützen. Bloße Vermutungen reichen nicht aus. Ein Verstoß gegen den **Grundsatz in dubio pro reo** liegt vor, wenn der Richter im Urteil unüberwindliche Zweifel an der Täterschaft des Angeklagten feststellt und gleichwohl verurteilt.

c) Verstoß gegen die Denkgesetze

121   Es bedeutet einen Verstoß gegen die allgemeine Logik, wenn die Beweisführung auf einem **Kreis- oder Zirkelschluss** beruht. Soll durch Ortsbesichtigung die Lüge eines Zeugen nachgewiesen werden, so liegt ein Zirkelschluss vor, wenn das Tatgericht den Beweisantrag nach § 244 Abs. 5 StPO mit der Begründung ablehnt, genau der zu überprüfende Zeuge habe ausreichende Angaben zur Örtlichkeit gemacht, so dass sich das Gericht ein Bild vom Tatort machen könne. Hält das Gericht zwei widersprüchliche Zeugenaussagen für problemlos vereinbar, so verstößt dies gegen die Denkgesetze.

d) Verstoß gegen Erfahrungssätze

122   Erfindet das Gericht **nicht bestehende Erfahrungssätze**, so ist das Urteil auf die **Sachrüge** hin aufzuheben.

> *Hinweis*
> In **Klausuren** findet sich immer wieder folgende **unzulässige Abhandlung**: Der Richter glaubt einem Zeugen, weil Zeugenaussagen grundsätzlich eher der Wahrheit entsprechen, als die Einlassung des Angeklagten. Dies wird damit begründet, dass sich der Zeuge strafbar macht, wenn er falsch aussagt und der Angeklagte nicht.

Da es einen solchen **Erfahrungssatz** nicht gibt, ist das Urteil auf die Sachrüge hin aufzuheben. Genauso wenig gilt ein **Erfahrungssatz** der besagen soll, dass Ehefrauen oder Lebensgefährtinnen immer zu Gunsten ihres Partners lügen. Hält der Tatrichter einen nicht zwingenden Erfahrungssatz für zwingend, so liegt hierin ein **sachlich rechtlicher Fehler**. Wird in einem Urteil festgestellt, dass ein Mensch ohne ärztliche Hilfe wegen einer Blutalkoholkonzentration von mehr als 3 Promille nicht überleben könne und wird diese Aussage für zwingend gehalten, so ist ein **nicht zwingender Erfahrungssatz** fehlerhaft gewertet worden. Andererseits darf das Gericht **nicht ohne Grund von allgemeinen Erfahrungssätzen abweichen**. Hat ein Autofahrer eine Blutalkoholkonzentration von mindestens 1,1 Promille, so gilt er als absolut fahruntüchtig. Hiervon darf ein Tatrichter nicht ohne weiteres abweichen.

e) Verstoß bei der Überzeugungsbildung des Richters

Bei freisprechenden Urteilen ist auf die Revision der Staatsanwaltschaft hin zu 123 überprüfen, ob der Tatrichter **übertriebene Anforderungen** an die **Überzeugungsbildung** gestellt hat. Hat er eine Vielzahl von schwachen Indizien festgestellt, so muss er die **Summe der schwachen Indizien** gesondert würdigen. Fehlt eine solche **Gesamtschau**, so ist die Beweiswürdigung lückenhaft und das Urteil ist aufzuheben.

f) Unzulässige Rückschlüsse des Gerichts

Schweigt der Angeklagte zu den Vorwürfen, so kann das Gericht daraus nicht den 124 Schluss ziehen, er schweige nur deshalb, weil er **der Täter** sei. Auch aus dem Aussageverhalten des Angeklagten darf kein negativer Schluss gezogen werden. Nicht zulässig ist die Wertung, der Angeklagte sei der Tat überführt, weil er bis kurz vor Schluss der Beweisaufnahme keine entlastenden Angaben gemacht habe. Schweigt der Angeklagte teilweise, so darf das Gericht daraus negative Schlüsse zu Lasten des Angeklagten ziehen. Aber auch hier gibt es Ausnahmen, die feinfühlig erspürt werden müssen. Das Gericht hat sich auch mit den **Gründen** und **Motiven** für die Teileinlassung auseinander zu setzen.

Macht ein **zeugnisverweigerungsberechtigter Zeuge** von seinem Recht Gebrauch, 125 so darf das Gericht daraus **keinerlei Schlüsse** ziehen. Macht ein zeugnisverweigerungsberechtigter Zeuge von seinem Recht erst dann Gebrauch, wenn das Gericht Fragen zur Überprüfung seiner Aussage stellt, so darf das Gericht dies durchaus bei seiner Beweiswürdigung werten und die Zeugenaussage insgesamt für unglaubhaft halten.

4. Fehlerhafte Strafzumessung

Wegen der Einzelheiten zur Problematik der fehlerhaften Strafzumessung wird auf 126 die Ausführungen in § 14 Rn 50 ff. verwiesen.

> *Hinweis*
> Eine sorgfältige Überprüfung der Strafzumessung in **Klausururteilen** ist empfehlenswert. Hier liegen regelmäßig Verstöße vor.

§ 20 Entscheidung über die Revision

A. Entscheidung des Tatgerichts nach §§ 345, 346 StPO

1 Das Gericht, das das Urteil gesprochen hat und bei dem die Revision und die Begründung einzureichen sind, prüft in **beschränktem Umfang** die **Zulässigkeit der Revision**. Das Tatgericht darf lediglich überprüfen, ob die Revision in der **rechten Form** und **innerhalb der Frist eingelegt** und **begründet** worden ist. Andere Voraussetzungen der Zulässigkeit, wie beispielsweise Wirksamkeit der Revisionsrücknahme unterliegen nicht seiner Prüfung. Fehlen Revisionsanträge oder ist die Revisionsbegründung nach der Monatsfrist des § 345 Abs. 1 Alt. 2 StPO eingegangen, so **verwirft das Tatgericht durch Beschluss** die Revision als unzulässig. Gegen diesen Beschluss ist nach § 346 Abs. 2 StPO ein **besonderer Rechtsbehelf** eröffnet. Der Revisionsführer kann binnen **einer Woche** nach § 346 Abs. 2 StPO den Antrag auf Entscheidung des Revisionsgerichts stellen. Bei zulässigem Antrag tritt das Revisionsgericht in eine **umfassende Prüfung** der **Zulässigkeit des Rechtsmittels** ein. Alle Voraussetzungen der Zulässigkeit der Revision werden überprüft. Gegen die Entscheidung des Revisionsgerichts ist kein Rechtsmittel gegeben.

B. Verwerfung der unzulässigen Revision durch Beschluss des Revisionsgerichts nach § 349 Abs. 1 StPO

2 Sobald die Akten dem Revisionsgericht vorliegen, erfolgt eine umfassende Überprüfung der Zulässigkeit der Revision. Stellt sich die Unzulässigkeit des Rechtsmittels heraus, so verwirft das Gericht die Revision durch Beschluss nach § 349 Abs. 1 StPO. Der Verwerfungsbeschluss ist unanfechtbar nach § 304 Abs. 4 S. 1 StPO.

> *Formulierungsbeispiel*
> Der **Tenor** lautet: „Die Revision des Angeklagten/der Staatsanwaltschaft wird verworfen. Der Rechtsmittelführer trägt die Kosten des Revisionsverfahrens."

Hat die Staatsanwaltschaft eine unzulässige Revision eingelegt, so sind dem Angeklagten die notwendigen Kosten seiner Verteidigung zu ersetzen.

3 Durch das am 1.9.2004 in Kraft getretene erste Justizmodernisierungsgesetz sind die Prüfungsmöglichkeiten des Revisionsgerichts erheblich verändert worden. Fehler bei der Strafzumessung führen jetzt nicht mehr zwingend zur Teilaufhebung des Urteils. Das Revisionsgericht kann das Urteil trotz des Fehlers bestehen lassen, wenn es die Rechtsfolge für angemessen hält, oder auf Antrag der Staatsanwaltschaft die Rechtsfolge selbst herabsetzen (§ 354 Abs. 1 a StPO). Liegt der Urteilsfehler in der Gesamtstrafenbildung, so kann unter Aufrechterhaltung des Urteils im Übrigen das Tatgericht ohne mündliche Verhandlung diesen Fehler durch Beschluss nach § 460 StPO selbst berichtigen (§ 354 Abs. 1 b StPO). Gegen diesen Beschluss kann sofortige Beschwerde eingelegt werden (§ 462 Abs. 3 StPO), über die dann das Revisionsgericht entscheidet.

C. Verwerfung der Revision nach § 349 Abs. 2 StPO durch Beschluss

Erachtet das Revisionsgericht das Rechtsmittel **einstimmig für offensichtlich un-** 4
begründet, so verwirft es die Revision durch Beschluss.

> *Formulierungsbeispiel*
> Der **Tenor** lautet: „Die Revision des Angeklagten/der Staatsanwaltschaft wird wegen
> offensichtlicher Unbegründetheit verworfen. Der Revisionsführer trägt die Kosten seines
> Rechtsmittels."

Hat die Staatsanwaltschaft Revision eingelegt, sind durch die Kostenentscheidung
dem Angeklagten die notwendigen Auslagen seiner Verteidigung im Revisionsverfahren zu erstatten.

> *Formulierungsbeispiel*
> Der **Tenor** lautet dann: „Die notwendigen Auslagen des Angeklagten im Revisionsverfah-
> ren trägt die Staatskasse."

D. Aufhebung des Urteils nach § 349 Abs. 4 StPO durch Beschluss des Revisionsgerichts

Kommt das Revisionsgericht **einstimmig** zu der Auffassung, dass das **Urteil feh-** 5
lerhaft ist, so wird das Urteil aufgehoben. Der Inhalt des Tenors richtet sich nach
§§ 353 ff. StPO. Das Urteil kann ganz oder teilweise (nur Strafausspruch) aufgehoben
werden. Sollten die **Feststellungen** des Urteils von einem **Verfahrensfehler** betroffen
sein, so sind die Feststellungen ebenfalls aufzuheben.

> *Formulierungsbeispiel*
> Der **Tenor** lautet dann wie folgt: „Auf die Revision des Angeklagten wird das Urteil des
> Schöffen-/Landgerichts, Datum, einschließlich der getroffenen Feststellungen aufgehoben.
> Die Sache wird zur weiteren Verhandlung und Entscheidung auch über die Kosten des
> Rechtsmittels an eine andere Abteilung/Strafkammer des jeweiligen Gerichts zurückver-
> wiesen."

Nur wenn die **Staatsanwaltschaft Revision zu Gunsten des Angeklagten** eingelegt
hat, kann über ihr Rechtsmittel nach § 349 Abs. 4 StPO entschieden werden.

E. Entscheidung durch Revisionsurteil

I. Urteilsberichtigung

Ein großer Teil der Revisionen führt lediglich zur **Berichtigung** oder **Ergänzung** des 6
Urteilstenors, ohne dass damit eine sachliche Änderung der Entscheidung erfolgt. So
kann beispielsweise das Strafmaß reduziert werden, wenn im Tenor eine Gesamtstrafe
von drei Jahren und neun Monaten ausgeurteilt worden ist, während sich aus den
Urteilsgründen eine Gesamtstrafe von drei Jahren und sechs Monaten ergibt. In
solchen Fällen wird die Revision mit der Maßgabe verworfen, dass der Angeklagte
zu einer Gesamtfreiheitsstrafe von drei Jahren und sechs Monaten verurteilt wird.

II. Eigene Entscheidung des Revisionsgerichts

7 In engen Grenzen kann das Revisionsgericht **in der Sache selbst entscheiden**. Fehlen **Prozessvoraussetzungen**, so ist von Amts wegen die **Einstellung des Verfahrens** auszusprechen. Immer dann, wenn eine **Entscheidung ohne weitere Tatsachenerörterungen** möglich ist, kann das Revisionsgericht auf

- Freispruch,
- Verurteilung oder
- Berichtigung des Schuld- und Strafausspruchs erkennen.

Hat der Tatrichter lediglich auf Totschlag erkannt, in den Urteilsgründen aber Mordmerkmale eindeutig festgestellt, so ist es dem Revisionsgericht auf das Rechtsmittel der Staatsanwaltschaft erlaubt, den Angeklagten wegen Mordes zu einer lebenslänglichen Freiheitsstrafe zu verurteilen, da eine andere Entscheidung auch dem erstinstanzlichen Richter nach dem Gesetz nicht möglich ist.

III. Zurückverweisung an ein Tatgericht

8 Die Zurückverweisung erfolgt immer dann, wenn eine **weitere Sachaufklärung** vom Revisionsgericht für **möglich** und für **erforderlich** gehalten wird.

§ 21 Wiedereinsetzung in den vorigen Stand

A. Grundsatz

Gegen die Versäumung einer **gesetzlichen** oder **richterlichen Frist** kann nach §§ 44   1
bis 47 StPO Wiedereinsetzung in den vorigen Stand beansprucht werden, falls der
Säumige ohne Verschulden an der Einhaltung der Frist verhindert war.

B. Fristversäumung

Die Fristversäumung ist immer sorgfältigst zu überprüfen. Beginnt für den Beschwer-   2
deführer **keine Frist** zu laufen, so kann er diese auch **nicht versäumen**. Schließt
sich z.b. ein Nebenkläger dem Verfahren nach Rechtskraft des Urteils an und beantragt er die Wiedereinsetzung wegen Versäumung der Rechtsmittelfrist, so ist dieser
Antrag unzulässig. Nach § 395 Abs. 4 StPO kann sich der **Nebenkläger „in jeder
Lage des Verfahrens"** anschließen. Nach Rechtskraft des Urteils besteht eine solche
Lage des Verfahrens nicht mehr. Für den Nebenkläger, der sich nicht dem Verfahren
angeschlossen hatte, **beginnt die Rechtsmittelfrist** (Berufung oder Revision) **nicht
zu laufen**. Eine Fristversäumung kann es deshalb nicht geben.

Auch bei der **Nachholung einzelner Revisionsrügen** ist oftmals **keine Frist**-   3
versäumung gegeben. Rügt der Beschwerdeführer mit der **Einlegung** der Revision
die Verletzung materiellen Rechts und schiebt **nach Fristablauf** des § 345 Abs. 1
Alt. 2 StPO **Verfahrensrügen** hinterher, so fehlt es bereits an der **Fristversäumung**.
Durch Erhebung und Begründung der Sachrüge ist die Frist gewahrt. Die gleiche
Problematik stellt sich, wenn nach Fristablauf förmlich **mangelhafte Verfah**-
rensrügen ausgebessert werden sollen. Die Revisionsbegründungsfrist wird auch
durch mangelhafte und unzulängliche Begründungen gewahrt.

Dennoch hat die Rechtsprechung immer wieder **nachgeschobene Verfahrensrügen**   4
zum Zweck der Herstellung der materiellen Gerechtigkeit zugelassen. Zu nennen sind
hier insbesondere die Fälle, in denen weitere Verfahrensrügen deshalb nicht bei Gericht angekommen sind, weil die Postbeförderung überlang gedauert hat.[1] Bestellt das
Gericht unter Verletzung der Fürsorgepflicht dem Angeklagten bei völliger Untätigkeit
des bestellten Pflichtverteidigers keinen neuen Pflichtverteidiger, so hat der **BGH
nachgeschobene Rügen zugelassen**, weil die besonders gelagerte Fallstruktur dies
erforderlich gemacht hat.[2]

C. Antrag

Der Wiedereinsetzungsantrag ist **nicht an eine bestimmte Form** gebunden. Jedoch   5
muss die **Justizverwaltung** Kenntnis von der Fristversäumung erhalten. Dies wird

---

1 BGH NStZ 1981, 110.
2 BGH StV 1983, 225.

regelmäßig schriftlich vorgetragen. Holt der Beschwerdeführer die versäumte Handlung nach, so kann über die Wiedereinsetzung nach § 45 Abs. 2 S. 3 StPO **von Amts wegen** entschieden werden (ohne ausdrücklichen Antrag).

D.   Fehlendes Verschulden

6   Der Antragsteller muss **ohne Verschulden** an der Einhaltung der Frist gehindert gewesen sein. Hat der **Säumige** trotz ihm zuzumutender und in vernünftiger Weise zu erwartender Sorgfalt die Frist versäumt, so fehlt das Verschulden. Die **Anforderungen** hieran dürfen nicht überspannt werden. Das Verschulden des Verteidigers im Strafverfahren wird dem Beschuldigten regelmäßig nicht zugerechnet, falls ihn kein Mitverschulden trifft. **Anders** ist dies bei den Fällen der
- Nebenklage,
- der Privatklage und
- bei Kostenfragen.

E.   Nachholung der versäumten Handlung

7   Die **versäumte Handlung** muss innerhalb **einer Woche nach Wegfall des Hindernisses** nachgeholt werden. Das Hindernis fällt i.d.R. weg, wenn der Säumige **Kenntnis von seiner Säumnis** hat. Auch diese Frist kann schuldlos versäumt werden und ist durch einen weiteren Wiedereinsetzungsantrag zu heilen. Hat der gerichtlichen Entscheidung keine Rechtsmittelbelehrung beigelegen, so wird gesetzlich vermutet, dass ein Wiedereinsetzungsgrund vorliegt (§ 44 S. 2 StPO).

F.   Glaubhaftmachung

8   Im Übrigen sind **sämtliche Voraussetzungen** der Wiedereinsetzung **glaubhaft** zu machen. Die **eidesstattliche Versicherung** des Beschuldigten ist nicht geeignet, da der Beschuldigte im Strafverfahren kein Beweismittel ist.

G.   Entscheidung über den Antrag

9   Nach § 46 StPO entscheidet über den Antrag das Gericht, das bei rechtzeitiger Handlung zur **Entscheidung in der Sache** selbst berufen gewesen wäre. Bei Versäumung einer Rechtsmittelfrist ist dies das jeweilige Rechtsmittelgericht als
- Beschwerde-,
- Berufungs- oder
- Revisionsgericht.

Wird Wiedereinsetzung **gewährt**, so ist die Entscheidung **unanfechtbar** (§ 46 Abs. 2 StPO), selbst wenn das unzuständige Gericht entschieden und kein Wiedereinsetzungsgrund vorgelegen hat. Bei **Ablehnung** der Wiedereinsetzung ist **sofortige Beschwerde** zulässig.

Kapitel 7: Nebenklage

§ 22 Nebenklage

Die Nebenklage ist in **§§ 395 bis 402 StPO** geregelt. Sie eröffnet dem durch eine der 1
in § 395 Abs. 1 StPO genannten Taten Verletzten die Möglichkeit, sich der von der
Staatsanwaltschaft erhobenen öffentlichen Klage als Nebenkläger anzuschließen. Die
Initiierung des Nebenklageverfahrens ist davon abhängig, dass die Staatsanwaltschaft
öffentliche Klage erhoben hat. Die Nebenklage ist somit **akzessorisch** zur Anklage
der Staatsanwaltschaft. Wird die öffentliche Anklage der Staatsanwaltschaft durch
Beschluss zurückgewiesen, so erlischt hiermit auch die Möglichkeit der Beteiligung
an einem Strafverfahren im Wege der Nebenklage. Gegen den Beschluss, durch den
die Eröffnung des Hauptverfahrens abgelehnt wird, hat der Nebenkläger deshalb auch
das Recht der sofortigen Beschwerde, § 400 Abs. 2 StPO.

Wird das Verfahren gem. §§ 153 ff. StPO eingestellt, so fällt die Voraussetzung für 2
einen Anschluss weg. Hatte der Nebenkläger zu dieser Zeit bereits einen Antrag auf
Zulassung der Nebenklage gestellt, so ist die Einstellung des Verfahrens aber erst
nach Entscheidung über die Zulassung der Nebenklage zulässig. Hiermit soll dem
Nebenkläger ermöglicht werden, seine Rechte wahrzunehmen, insbesondere zu der
Einstellung Stellung zu nehmen.[1]

Die Nebenklage ist **höchstpersönlich**. Sie steht nur dem Verletzen, § 395 Abs. 1 StPO 3
und einzeln aufgezählten nahen Angehörigen sowie einzeln aufgezählten berechtigten
Personen zu, § 395 Abs. 2 StPO. Stirbt der zur Nebenklage Berechtigte, so verliert die
Anschlusserklärung ihre Wirkung, § 402 StPO.

Die Berechtigung zur Nebenklage ist weiterhin daran gekoppelt, dass der Verletzte 4
Opfer ganz bestimmter, in § 395 Abs. 1 StPO enumerativ aufgezählter Straftaten ist.
Hierzu gehören
- die Körperverletzungsdelikte, §§ 223 bis 226 StGB,
- die Beleidigung,
- Straftaten gegen die sexuelle Selbstbestimmung
- sowie Opfer von versuchten Tötungsdelikten.

Eine Besonderheit gilt gem. § 395 Abs. 1 Nr. 3 StPO. Hiernach hat derjenige, der
erfolgreich ein Klageerzwingungsverfahren nach § 172 StPO durchgeführt hat, ebenfalls das Recht, sich der Klage als Nebenkläger anzuschließen.

Der Anschluss ist in **jeder Lage des Verfahrens** zulässig, auch noch im Rechtsmit- 5
telverfahren, § 395 Abs. 4 StPO. Wird der Anschluss bereits im Vorverfahren erklärt,
so wird er erst wirksam, wenn die Anklage erhoben ist, § 396 Abs. 1 S. 2 StPO.
Ist das Urteil in Rechtskraft erwachsen, so besteht kein Recht mehr, den Anschluss
zu erklären. Die **Anschlusserklärung** ist gem. § 396 Abs. 1 S. 1 StPO bei dem mit
der Sache befassten Gericht schriftlich einzureichen. Die Erklärung muss schriftlich

---

1 BVerfGE 14, 320.

abgegeben werden, wobei entgegen der Schriftform des § 126 BGB die handschriftliche Unterzeichnung nicht notwendig ist. Notwendig ist lediglich, dass sich aus dem Schriftstück der Inhalt der Erklärung, die abgegeben werden soll und die Person, von der sie ausgeht, eindeutig ergibt. Weiterhin muss feststehen, dass es sich nicht um einen Entwurf handelt, sondern dass das Schriftstück mit Wissen und Willen des Berechtigten dem Gericht zugeleitet worden ist.[2] Zulässig ist darüber hinaus auch die Erklärung zu Protokoll der Geschäftsstelle oder die Erklärung im Hauptsacheverfahren, die protokolliert wird.[3] Die Zulassung erfolgt durch **Zulassungsbeschluss** des Gerichts, § 396 Abs. 2 StPO. Die Entscheidung hat durch das Gericht, nicht den Vorsitzenden allein zu ergehen.[4]

Hinweis
Die durch den Vorsitzenden allein getroffene Entscheidung ist nicht nichtig, sondern nur anfechtbar.[5]

Gegen den Nichtzulassungsbeschluss stehen dem Antragsteller und der Staatsanwaltschaft die Beschwerde nach § 304 Abs. 1 StPO zu. Gegen den Zulassungsbeschluss können die Staatsanwaltschaft und der Angeschuldigte Beschwerde einlegen.

6   Die **Rechte des Nebenklägers** bestimmen sich nach § 397 StPO. Insbesondere hat der Nebenkläger ein Recht auf Anwesenheit in der Hauptverhandlung, das gem. § 397 Abs. 1 S. 1 StPO auch dann gilt, wenn der Nebenkläger selber als Zeuge vernommen werden soll. Der Nebenkläger hat das Recht zur Akteneinsicht, §§ 397 Abs. 1, 385 Abs. 3 StPO. Darüber hinaus hat der Nebenkläger bestimmte Rechte, die in § 397 Abs. 1 S. 3 StPO aufgezählt sind. Hierzu gehören das Recht zur Ablehnung eines Richters, das Fragerecht, das Beweisantragsrecht sowie das Recht zur Abgabe von Erklärungen.

7   Durch den Anschluss als Nebenkläger kann der Nebenkläger bereits nach § 154 StPO eingestellte abtrennbare Teile einer Tat oder einzelne von mehreren Gesetzesverletzungen, die durch dieselbe Tat begangen worden sind, wieder in das Verfahren bringen. Wird die Nebenklage zum Verfahren zugelassen, so entfällt die Beschränkung nach § 154 a Abs. 1 oder 2 StPO soweit sie die Nebenklage betrifft, § 397 Abs. 2 StPO.

8   Auf Antrag des Nebenklägers ist diesem **ein Rechtsanwalt als Beistand** zu bestellen, wenn die zum Anschluss berechtigende Tat ein Verbrechen ist, es sei denn, die Berechtigung des Nebenklägers leitet sich durch das erfolgreich geführte Klageerzwingungsverfahren her. Ungeachtet dieser Voraussetzungen darf der Nebenkläger sich jederzeit durch einen Rechtsanwalt vertreten oder begleiten lassen. Ist gem. § 397 a Abs. 1 StPO kein Beistand zu bestellen, so kann dem Nebenkläger aber gem. § 397 a Abs. 2 StPO **Prozesskostenhilfe** gewährt werden.

9   Durch den Antrag auf Zulassung zur Nebenklage wird das Verfahren gem. § 398 StPO nicht aufgehalten. Termine, die bereits anberaumt sind, haben stattzufinden, selbst dann, wenn der Nebenkläger wegen der Kürze der Zeit nicht mehr geladen oder benachrichtigt werden kann. Frühere Entscheidungen, die vor dem Anschluss in

---

2 *Meyer-Goßner*, Einl. Rn 128.
3 OLG Stuttgart NJW 1995, 1369; *Meyer-Goßner*, § 396 Rn 2.
4 *Meyer-Goßner*, § 396 Rn 8.
5 BGH MDR 1969, 360.

dem Verfahren ergangen sind und der Staatsanwaltschaft bekannt zu machen waren, bedürfen keiner Bekanntmachung an den Nebenkläger, es sei denn, es handelt sich um ein Urteil, das gem. § 401 Abs. 1 S. 2 StPO zur Einlegung eines Rechtsmittels berechtigt. Ist für die Staatsanwaltschaft die Frist für die Anfechtung von früheren Entscheidungen abgelaufen, so steht die Anfechtung auch dem Nebenkläger nicht mehr zu, § 399 Abs. 2 StPO.

Dem Nebenkläger steht grundsätzlich ein **Rechtmittelrecht** zu. Rechtsmittel darf der   10
Nebenkläger auch unabhängig von der Staatsanwaltschaft einlegen, § 401 StPO. Die Fristen für die Einlegung von Rechtsmitteln bestimmen sich für den Nebenkläger nach § 401 Abs. 2 StPO i.V.m. den Vorschriften zu den sonstigen Rechtsmittelfristen. § 400 StPO stellt weitere Voraussetzungen für das Einlegen von Rechtsmitteln durch den Nebenkläger auf. Der Nebenkläger kann das Urteil nicht mit dem Ziel anfechten, dass eine andere Rechtsfolge der Tat verhängt wird oder dass der Angeklagte wegen einer Gesetzesverletzung verurteilt wird, die nicht zum Anschluss des Nebenklägers berechtigt.

> *Hinweis*
> Vom Revisionsgericht zu überprüfen ist zum einen, ob der Nebenkläger anschlussbefugt war sowie weiterhin, ob er den Anschluss nach § 396 Abs. 1 StPO ordnungsgemäß erklärt hat. Beide Voraussetzungen sind Zulässigkeitsvoraussetzungen für die Nebenklägerrevision.

Weitere Anforderungen für die Zulässigkeit der Nebenklägerrevision ergeben sich aus § 401 Abs. 1 S. 3, Abs. 2 StPO hinsichtlich der Fristen.

Inhaltlich kann der Nebenkläger mit seiner Revision nur die Fehlerhaftigkeit des   11
Schuldspruchs wegen eines Nebenklagedelikts geltend machen, nicht die Unrichtigkeit des Schuldspruchs wegen anderer Delikte und auch nicht die Unrichtigkeit des Rechtsfolgenausspruchs insgesamt. Hieraus resultiert, dass das Rechtsmittel des Nebenklägers unzulässig ist, wenn er lediglich die allgemeine Sachrüge erhoben hat. Hierbei wird nämlich nicht deutlich, welche Rüge er konkret erhebt und welches Ziel er verfolgt.[6]

---

6 BGH NStZ 1997, 97; *Mutzbauer*, Rn 322.

§ 23 Anwaltliche Tätigkeit für den Nebenkläger

1   Zur anwaltlichen Tätigkeit für den Nebenkläger ist nach der Darstellung der Neben-klage nur wenig Ergänzendes auszuführen. Das **Institut der Nebenklage** erscheint unter Berücksichtigung des Legalitätsprinzips, das die Staatsanwaltschaft gem. § 152 Abs. 2 StPO verpflichtet, wegen aller verfolgbaren Straftaten einzuschreiten, so-fern zureichende tatsächliche Anhaltspunkte vorliegen, ohnehin in weiten Teilen überholt. Dem hat der Gesetzgeber schon im Ansatz durch die Neufassung des § 395 Abs. 3 StPO Rechnung getragen, wonach bei fahrlässiger Körperverletzung besondere Gründe zur Wahrnehmung der Interessen des Verletzten hinzutreten müssen, um einen Anschluss zu rechtfertigen.[1] Zeitgemäß erscheint die Nebenklage nur in den **Fällen**, bei denen Beschuldigter ein Amtsträger oder Richter oder für den öffent-lichen Dienst besonders Verpflichteter i.S.v. § 11 Abs. 1 Nr. 2 bis 4 StGB ist. Hier ist einzuräumen, dass aus der Sicht des Verletzten oder der genannten Angehörigen eines Getöteten **grundsätzlich Mitwirkungsbedarf** besteht, wenn der Verdächtige Teil der Staatsgewalt ist, die über diesen Verdacht in einem geordneten Strafverfahren zu entscheiden hat.

2   Vertritt der **Rechtsanwalt** einen Nebenkläger, so muss ihm stets bewusst sein, dass seine **Rechte** im Hinblick auf die Mitwirkung an der Erforschung der materiellen Wahrheit im Interesse des von ihm Vertretenen zugleich **Pflichten** bedingen, die für seine Funktion als Verteidiger nicht gelten. Zwar wird man auch dem Nebenkla-gevertreter – wie dem Verteidiger – zubilligen müssen, er dürfe jeden Sachverhalt vortragen, dessen Richtigkeit er lediglich für möglich hält; denn andernfalls würde der Nebenklagevertreter die Interessen des Nebenklägers nicht hinreichend wahrnehmen können. Er darf aber – anders als der Verteidiger im umgekehrten Fall – nichts zurückhalten, von dem er weiß, dass es die angestrebte Verurteilung des Angeklagten aus tatsächlichen Gründen verhindern würde. Geht der Verteidiger auf Grund eines glaubhaften Geständnisses seines Mandanten als sicher davon aus, dieser habe die ihm zur Last gelegte Tat begangen, darf er gleichwohl Freispruch beantragen mit der Begründung, die Tat sei dem Mandanten nicht nachgewiesen. Weiß hingegen der Nebenklagevertreter, etwa auf Grund eines „Geständnisses" seines Mandanten, dieser habe sich die Verletzung, die dem Angeklagten als Strafbarkeit nach §§ 223 ff. StGB angelastet wird, bei gänzlich anderer Gelegenheit zugezogen, so darf er nicht auf Verurteilung des Angeklagten hinwirken.

> *Hinweis*
> Hier bleibt dem **Rechtsanwalt** nur möglich, entweder seinen Mandanten zu einer Korrektur der Darstellung zu veranlassen oder aber das Mandat niederzulegen.

---

1 BT-Drucks 10/5305, S. 12.

Kapitel 8: Privatklage

§ 24 Privatklage

Wesentlich für das Privatklageverfahren nach §§ 374 ff. StPO ist, dass die Staats- **1** anwaltschaft an dem eigentlichen Strafverfahren nicht (mehr) beteiligt ist. Abgesehen davon, dass das Verfahren durch eine Privatperson (nicht die Staatsanwaltschaft) geführt wird, ist das Privatklageverfahren ein **normales Strafverfahren**, dessen Zweck nicht etwa die zivilrechtliche Befriedigung von Schadensersatzansprüchen, sondern die Verhängung von Strafe ist. Es gelten im Privatklageverfahren die allgemeinen Vorschriften der StPO, soweit in den §§ 374 ff. StPO nichts anderes bestimmt ist.[1]

> *Hinweis*
> Das Privatklageverfahren nach §§ 374 ff. StPO ist für das **Examen** von nur **geringer Bedeutung**.

Die Privatklage ist eine Ausnahme vom **Legalitätsprinzip** und damit Gegenstand des **2** **Opportunitätsprinzips**. Die Staatsanwaltschaft verfolgt Privatklagedelikte nur dann, wenn an der Erhebung der öffentlichen Klage ein **öffentliches Interesse** besteht, § 376 StPO. Die Prüfung, ob ein öffentliches Interesse besteht, hat die Staatsanwaltschaft von Amts wegen vorzunehmen, Nr. 86 Abs. 1 RiStBV. Die Privatklagedelikte (vgl. die enumerative Aufzählung in § 374 Abs. 1 StPO, z.B. Hausfriedensbruch, Beleidigung, einfache Körperverletzung etc.) sind solche Delikte, die typischerweise nur den Rechtskreis des Opfers und nicht den öffentlichen Frieden betreffen. Demgemäß liegt ein öffentliches Interesse i.d.R. vor, wenn der Rechtsfrieden über den Lebenskreis des Verletzten hinaus gestört und die Strafverfolgung ein gegenwärtiges Anliegen der Allgemeinheit ist, Nr. 86 Abs. 2 RiStBV. Dies ist z.B. der Fall, wenn das Ausmaß der Rechtsverletzung groß ist, die Tat roh oder gefährlich geführt wurde, der Täter aus besonders niedrigen Beweggründen handelte oder der Verletzte eine Stellung im öffentlichen Leben einnimmt.

> *Beispiel*
> Wird der Bundeskanzler mit rohen Eiern beworfen, so liegt hierin bestenfalls eine einfache Körperverletzung (§ 223 Abs. 1 StGB) und eine Beleidigung (§ 185 StGB). Hierbei handelt es sich um Privatklagedelikte gem. § 374 Abs. 1 StPO. Gleichwohl wird die Staatsanwaltschaft öffentliche Klage erheben, da die Tat infolge der Stellung des Opfers im öffentlichen Leben den Rechtsfrieden über den Lebenskreis des Verletzten hinaus stört.

Ein öffentliches Interesse kann darüber hinaus dann vorliegen, wenn dem Verletzten wegen seiner persönlichen Beziehung zum Täter nicht zugemutet werden kann, die Privatklage zu erheben und die Strafverfolgung ein gegenwärtiges Anliegen der Allgemeinheit ist, Nr. 86 Abs. 2 RiStBV.

Die Privatklage ist **unzulässig** gegen (zur Tatzeit) Jugendliche nach § 80 Abs. 1 JGG. **3** **Sachlich zuständig** für das Privatklageverfahren ist ausschließlich der Strafrichter,

---

1 *Meyer-Goßner*, vor § 374 Rn 1.

§ 25 Nr. 1 GVG. Der Privatkläger muss gem. § 374 Abs. 3 StPO **prozessfähig** sein. Die Prozessfähigkeit ist Prozessvoraussetzung. Sind durch ein und dieselbe Tat **mehrere Personen** verletzt, so steht grundsätzlich jedem das Recht zu, Privatklage zu erheben, solange dies kein anderer Verletzter getan hat, § 375 Abs. 1 StPO. Ist allerdings Privatklage erhoben, so besteht für die anderen Verletzten nur noch die Möglichkeiten des **Beitritts**, § 375 Abs. 2 StPO. Der Privatkläger hat die Möglichkeit, sich eines **Rechtsanwalts** als Beistand zu bedienen. Andere Beistände sind nicht zugelassen.

> *Hinweis*
> Die Verfolgung von Privatklagedelikten wird für den jungen **Rechtsanwalt** häufiger vorkommen. Es empfiehlt sich deshalb, sich mit den Rahmenvorschriften der Privatklage vertraut zu machen.

Zu beachten ist im Fall der Vertretung durch einen Rechtsanwalt, dass nach § 378 S. 2 StPO die **Zustellungen** an den Rechtsanwalt erfolgen können, jedoch nicht müssen.

4   Nach § 67 Abs. 1 S. 1 GKG hat der Privatkläger für die Kosten des Verfahrens einen **Gerichtskosten- und Gebührenvorschuss** in Höhe der Hälfte der bei Freispruch oder Straffreierklärung des Beschuldigten zu erhebenden Gebühren zu zahlen. Dies sind nach Nr. 6540 KV GKG 30 EUR. Nach § 379 a StPO hat das Gericht den Kläger zur Zahlung dieses Gebührenvorschusses aufzufordern und hierzu eine Frist zu bestimmen. Vor Zahlung des Vorschusses soll keine gerichtliche Handlung vorgenommen werden, es sei denn, dass der Privatkläger glaubhaft machen kann, dass die Verzögerung einen nicht oder nur schwer zu ersetzenden Nachteil bringen würde. Dies kann z.B. bei der Gefahr der Wiederholung der gegen ihn gerichteten Straftat der Fall sein.[2] Wird die Frist versäumt, so wird die Privatklage durch einen mit Gründen versehenen Gerichtsbeschluss zurückgewiesen, §§ 379 a Abs. 3, 34 StPO. Der entsprechende Beschluss ist durch die sofortige Beschwerde anfechtbar.

5   Der Privatkläger hat die Möglichkeit, **Prozesskostenhilfe** zu erhalten, § 379 Abs. 3 StPO. Der Beschuldigte kann hingegen nur dann Prozesskostenhilfe erhalten, wenn er zugleich Widerkläger ist.[3] Ist der Privatkläger ein Ausländer oder Staatenloser, so kann der Beschuldigte verlangen, dass der Privatkläger **Sicherheit leistet**. Die Notwendigkeit und Höhe der Sicherheitsleistung ergibt sich aus § 379 Abs. 1 StPO, §§ 108 bis 113 ZPO. Der Privatkläger kann in jeder Lage des Verfahrens die Privatklage **zurücknehmen**, § 391 Abs. 1 StPO. Eine zurückgenommene Privatklage kann nicht mehr neu erhoben werden, § 392 StPO. Stirbt der Privatkläger während des Verfahrens, so wird das Verfahren eingestellt, § 393 Abs. 1 StPO. Sowohl die Zurücknahme der Privatklage als auch der Tod des Privatklägers sind dem Beschuldigten bekannt zu machen, § 394 StPO.

6   Für bestimmte Delikte, nämlich
- Hausfriedensbruch,
- Beleidigung,
- Verletzung des Briefgeheimnisses,
- Körperverletzung,
- Bedrohung und

---

2 *Meyer-Goßner*, § 380 Rn 6.
3 OLG Düsseldorf NStZ 1989, 92.

■ Sachbeschädigung,

ist die Erhebung einer Privatklage erst zulässig, nachdem vor einer durch die Justizverwaltung zu bezeichnenden Vergleichsbehörde ein **Sühneversuch** erfolglos geblieben ist. Die Vergleichsbehörden ergeben sich aus Ländervorschriften. Eine Übersicht findet sich bei *Meyer-Goßner*.[4]

Die Erhebung der Privatklage erfolgt durch eine Anklageerhebung durch die Privatperson, § 381 StPO. Die Anklageschrift muss den Erfordernissen des § 200 StPO entsprechen.   7

> *Hinweis*
> Es ist aus diesem Grunde durchaus denkbar, dass eine **Examensaufgabe** im Rahmen einer **Rechtsanwaltsklausur** lautet, eine Klage im Privatklageverfahren zu fertigen.

Ist die Klage erhoben, so teilt das Gericht dem Beschuldigten dies mit und bestimmt eine Frist, innerhalb derer der Beschuldigte sich zu äußern hat, § 382 StPO. Danach entscheidet das Gericht darüber, ob das Hauptverfahren eröffnet wird oder die Klage zurückgewiesen wird. Die Entscheidung erfolgt nach Maßgabe des § 203 StPO. Das Verfahren wird also eröffnet, wenn nach der Anklageschrift der Angeschuldigte einer Straftat hinreichend verdächtig erscheint.   8

> *Hinweis*
> In der Anklageschrift im Privatklageverfahren muss also ein **hinreichender Tatverdacht** deutlich gemacht werden. Es gilt insoweit nichts anderes als für eine staatsanwaltschaftliche Anklageschrift.

Das Gericht kann das Verfahren gem. § 383 Abs. 2 StPO wegen **Geringfügigkeit** einstellen. Die Vorschrift des § 383 Abs. 2 StPO entspricht insoweit § 153 StPO. Demgegenüber wird die Einstellung bei geringer Schuld (§ 153 a StPO) ersetzt durch die Möglichkeit eines **gerichtlichen Vergleichs**. Aus einem solchen Vergleich müssen sich dieselben Rechtsfolgen wie bei einer Einstellung nach § 153 a StPO ergeben. Insbesondere muss in dem Vergleich die Zurücknahme der Privatklage und einer etwaigen Widerklage sowie des denkbaren Strafantrags enthalten sein.   9

> *Hinweis*
> Der gerichtliche Vergleich ist ein probates Mittel, ein Privatklageverfahren zu beenden. Gegenleistung des Angeklagten ist typischerweise eine Ehrenerklärung, die Bereitschaft Schadensersatz zu leisten oder die Bereitschaft zur Zahlung einer Geldbuße an eine gemeinnützige Einrichtung. Weiterhin kann auch geregelt werden, dass der Angeklagte die Kosten des Verfahrens übernimmt. Der junge **Rechtsanwalt** sollte darauf gefasst sein, dass das Gericht versuchen wird, einen entsprechenden Vergleich zu moderieren.

Das **gerichtliche Verfahren** richtet sich gem. § 384 StPO nach den Vorschriften für das Strafverfahren mit geringen Modifikationen. So verliest nicht etwa der Privatkläger den Anklagesatz, sondern gem. § 384 Abs. 2 StPO der Vorsitzende den Beschluss über die Eröffnung des Hauptverfahrens. Der Privatkläger nimmt im Wesentlichen die Rolle der Staatsanwaltschaft ein. Wäre in einem „normalen Verfahren" die Staatsanwaltschaft zu hören, so ist auch der Privatkläger zu hören. Die **Beweismittel** sind durch den Privatkläger zu benennen. Der Vorsitzende bestimmt dann, welche Zeugen zur Hauptverhandlung geladen werden können, § 368 Abs. 1 StPO. Auch dem   10

---

4 *Meyer-Goßner*, § 380 Rn 3.

Privatkläger und dem Anklagten steht allerdings die Möglichkeit offen, Zeugen zu laden, § 386 Abs. 2 StPO.

11   Der Angeklagte kann sich in der Hauptverhandlung durch einen Rechtsanwalt vertreten lassen oder zusammen mit einem Rechtsanwalt erscheinen. Die **persönliche Anwesenheit des Angeklagten** ist somit **nicht notwendig**. Sie kann aber gem. § 387 Abs. 3 StPO durch das Gericht angeordnet werden. Ist sie nicht angeordnet, muss der Angeklagte selber nicht vor Gericht erscheinen. In diesem Falle muss er sich allerdings durch einen Rechtsanwalt vertreten lassen, will er nicht das Risiko eingehen, gem. § 387 Abs. 3 StPO vorgeführt zu werden. Das Gericht hat darüber hinaus die Möglichkeit, einen Vorführungsbefehl zu erlassen. Bleibt der Privatkläger in der Hauptverhandlung aus, so gilt gem. § 391 Abs. 2 und Abs. 3 StPO eine **Rücknahmefiktion**.

12   Der Angeklagte kann bis zum letzten Wort (vgl. § 258 Abs. 2 StPO) **Widerklage** erheben. Gegenstand der Widerklage darf nur ein Privatklagedelikt sein, durch das der Angeklagte vom Privatkläger betroffen ist. Weitere Voraussetzung ist, dass das Delikt der Widerklage mit dem Gegenstand der Klage im Zusammenhang steht, § 388 Abs. 1 StPO. Das Gericht hat über Klage und Widerklage gleichzeitig zu erkennen, § 388 Abs. 3 StPO. Wird die Klage zurückgenommen, so bleibt die Widerklage gleichwohl rechtshängig.

13   Stellt sich während des Verfahrens heraus, dass das Delikt in Wirklichkeit kein Privatklagedelikt ist, so hat das Gericht das Verfahren mit einem **Einstellungsurteil** einzustellen und Mitteilung an die Staatsanwaltschaft zu machen, § 389 StPO. Die **Rechtsmittel** richten sich nach den Rechtsmitteln, die der Staatsanwaltschaft bzw. dem Angeklagten im Falle eines Offizialdelikts zugestanden hätten, § 390 StPO. Demgemäß kann im Privatklageverfahren sowohl eine **Berufung** als auch eine **Revision** geführt werden.

Kapitel 9: Aufgabenstellungen in Ausbildung und Examen

§ 25 Sitzungsdienst der Staatsanwaltschaft

Literatur: **Brögelmann**, Methodik der Strafzumessung, JuS 2002, 903 und 1005.

A. Grundsätze

I. Rechtsreferendar als Sitzungsvertreter

Die Möglichkeit, Rechtsreferendare als Sitzungsvertreter der Staatsanwaltschaft ein- 1
zusetzen, ergibt sich aus § 142 Abs. 3 GVG. Danach kann der Rechtsreferendar
Tätigkeiten eines **Amtsanwalts** oder unter **Aufsicht des Staatsanwalts** auch dessen Tätigkeiten wahrnehmen. Dies bedeutet, dass der Rechtsreferendar regelmäßig
Sitzungsdienst bei dem Strafrichter am Amtsgericht verrichten wird. Der Rechtsreferendar kann als Sitzungsvertreter Erklärungen abgeben, die die Staatsanwaltschaft
vollumfänglich binden (z.B. Zustimmung zur Verfahrenseinstellung und Rechtsmittelverzicht), jedoch sollte er vor der Abgabe derartiger Erklärungen mit dem zuständigen
Dezernenten oder dessen Vertreter **Rücksprache** halten.

Die StPO enthält kaum Regelungen für die Wahrnehmung des Sitzungsdienstes. 2
Ausführlicher wird die Tätigkeit in den RiStBV thematisiert.

> *Hinweis*
> Nr. 123 und Nr. 127 RiStBV **lesen!**

Danach ist wesentliche Aufgabe des Sitzungsvertreters der Staatsanwaltschaft, auf die
Einhaltung des gesetzlichen Verfahrens in der Hauptverhandlung zu achten und an der
Aufklärung des Sachverhalts mitzuwirken. Die folgenden Ausführungen können nur
eine Orientierung geben und diejenigen Punkte ansprechen, die dem Rechtsreferendar
am häufigsten begegnen werden.

II. Vorbereitung der Hauptverhandlung

Grundsätzlich steht dem Sitzungsvertreter lediglich die **Handakte** zur Vorbereitung 3
auf die Hauptverhandlung zur Verfügung. Darin sind nur Aktenauszüge und die
Anklageschrift enthalten. Da in Strafsachen, die in den Zuständigkeitsbereich des
Strafrichters fallen, meist keine komplexeren Sachverhalte gegeben sind, reicht dies
in der Mehrzahl der Fälle auch aus. In den übrigen Fällen wird sich bei den Handakten
noch eine Zweitschrift der Akte (Zweitakte) befinden.

Die **Anklageschrift** in Verbindung mit dem **Eröffnungsbeschluss** sagt aus, über wel- 4
chen Sachverhalt verhandelt wird (§§ 200 Abs. 1, 264 StPO). Zu überprüfen ist auch,
ob möglicherweise mehrere Verfahren durch das Gericht verbunden worden sind, da
in diesen Fällen mehrere Anklageschriften vorliegen. Sollte das Gericht abweichend

von der Anklage eröffnet haben, ist die Anklage neu zu formulieren (§§ 207 Abs. 2 und 3, 243 Abs. 3 StPO). Hierbei kann es hilfreich sein, die vorliegende Anklage schriftlich für die spätere Verlesung bereits zu ändern.

5 Der Sitzungsvertreter sollte sich Gedanken darüber machen, was geschieht, wenn bestimmte Situationen eintreten. So kann es beispielsweise passieren, dass der Angeklagte, der bislang geständig war, nunmehr von seinem Schweigerecht Gebrauch macht oder dass ein wichtiger Zeuge nicht erscheint oder abweichend von seiner früheren Aussage bekundet. In diesen Fällen muss der Referendar wissen, ob und ggf. wie die frühere Aussage (z.B. bei der Polizei) in die Hauptverhandlung eingeführt werden kann. Möglicherweise muss ein Beweisantrag gestellt werden, wenn das Gericht nicht von sich aus den erforderlichen Beweis erheben will. Dies kommt jedoch selten vor, da das Gericht gem. § 244 Abs. 2 StPO von Amts wegen die Beweisaufnahme auf alle relevanten Umstände erstrecken muss.

6 Weiterhin müssen Überlegungen zu den in Betracht kommenden Sanktionen und die Strafzumessung angestellt werden. Die Grundsätze hierfür sind dieselben, wie sie der Richter in der Urteilsbegründung anwenden muss. Zur besseren Übersichtlichkeit ist es auch hilfreich, sich eine kleine **Skizze** über die Beteiligten der Tat und die Stellung der jeweiligen Zeugen anzufertigen, auf die im Rahmen der Hauptverhandlung zurückgegriffen werden kann.

7 Schließlich empfiehlt es sich, sich bei dem zuständigen Richter spätestens am Tag der Hauptverhandlung kurz **vorzustellen**. Dort erhält man auch Hinweise zu möglichen Änderungen im Ablauf, wie beispielsweise Terminsaufhebungen. Bei Unklarheiten kann dort auch Einsicht in die Sachakte genommen werden.

B. Aufgaben in der Hauptverhandlung

I. Ausbleiben des Angeklagten

8 Sollte der **Angeklagte nicht erschienen** sein und kann ohne ihn, was die Regel ist, nicht verhandelt werden, so gibt es die Möglichkeit (bei erstinstanzlichen Hauptverhandlungen),

- Strafbefehl nach § 408 a Abs. 1 StPO,
- einen Vorführungsbefehl nach § 230 Abs. 2 Alt. 1 StPO oder
- einen Haftbefehl nach § 230 Abs. 2. Alt. 2 StPO

zu beantragen, es sei denn, es handelt sich um eine Verhandlung wegen **Einspruchs** gegen einen Strafbefehl, da dann die Verwerfung des Einspruchs gem. §§ 412 S. 1, 329 Abs. 1 S. 1 StPO beantragt werden kann, wenn keine ordnungsgemäße Entschuldigung des Angeklagten vorliegt und er auch nicht in zulässiger Weise durch einen Verteidiger vertreten ist. In diesen Fällen muss sich eine schriftliche Vollmacht des Verteidigers bei den Akten befinden (§ 234 StPO). Bei der Beantragung eines **Haftbefehls** muss kein Haftgrund nach §§ 112 ff. StPO vorliegen, sondern Haftgrund ist das Ausbleiben des Angeklagten trotz ordnungsgemäßer Ladung.

II. Verlesung des Anklagesatzes

Nach Aufruf der Sache und Feststellung der Anwesenheiten, verliest der Sitzungs- **9** vertreter der Staatsanwaltschaft zunächst den Anklagesatz (§ 243 Abs. 3 S. 1 StPO). Hierbei reicht der **Anklagesatz** von Beginn der Anklageschrift bis zu den anzuwendenden Strafvorschriften bzw. der Angabe zu Strafantrag oder besonderem öffentlichen Interesse an der Strafverfolgung. Der Begriff „Angeschuldigter" ist durch „Angeklagter" zu ersetzen. Zur Sicherheit ist es ratsam, dies vor der Hauptverhandlung bereits im Text entsprechend zu ändern. Bei Verhandlungen aufgrund Einspruchs gegen einen Strafbefehl ist der **Strafbefehl** zu verlesen, wobei jedoch der Angeklagte nicht wie im Strafbefehl angesprochen werden, sondern die dritte Person verwendet wird (statt „Sie" „er" bzw. „der Angeklagte").

III. Vernehmung des Angeklagten und der Zeugen

Grundsätzlich können dem Angeklagten sowie den Zeugen nach Beendigung der Ver- **10** nehmung durch das Gericht **ergänzende Fragen** gestellt werden, wobei grundsätzlich zunächst der Staatsanwaltschaft und anschließend der Verteidigung das Fragerecht eingeräumt wird. Der Sitzungsvertreter sollte hierbei immer im Blick haben, welche Umstände für die Beweisführung und den Nachweis der gesetzlichen Tatbestandsmerkmale relevant sind. Insbesondere wenn eine Geldstrafe beantragt werden soll, ist das monatliche Einkommen zur Bestimmung der Tagessatzhöhe wichtig (vgl. Rn 15). Aus der Fragestellung der Verteidigung kann möglicherweise auf die **Verteidigungsstrategie** geschlossen werden, so dass hierauf im Rahmen des Plädoyers eingegangen werden kann.

Sollte sich im Rahmen der Beweisaufnahme ein Hinweis auf eine andere Straftat (z.B. **11** Falschaussage durch einen Zeugen) oder andere Beteiligte (z.B. Mittäter) ergeben, so ist hierüber ein **Vermerk** zu fertigen, damit ein Ermittlungsverfahren eingeleitet werden kann. Der Referendar unterliegt insoweit ebenfalls dem **Legalitätsprinzip**. Werden durch die Verteidigung oder andere Verfahrensbeteiligte Anträge gestellt, hat der Sitzungsvertreter Gelegenheit zur Stellungnahme hierzu. Insoweit kann auf die Ausführungen in dem Kapitel zur Hauptverhandlung (vgl. § 12 Rn 31 ff.) verwiesen werden.

IV. Absprachen

Sollte seitens des Gerichts oder der Verteidigung eine **verfahrensbeendende Ab- 12 sprache** angestrebt werden, muss unbedingt **Rücksprache** mit dem zuständigen Dezernenten oder dessen Vertreter gehalten werden. Oft wird durch das Gericht nach Urteilsverkündung ein Rechtsmittelverzicht erwartet (vgl. zur Frage der Zulässigkeit § 13 Rn 10). Jedenfalls wird durch eine Verständigung eine Instanz genommen, so dass auf jeden Fall eine Abklärung mit dem Ausbilder oder Anklageverfasser vorgenommen werden muss. Weiterhin ist darauf zu achten, dass die Absprache prozessual ordnungsgemäß zustande kommt. Diese Grundsätze haben Geltung, obwohl letztlich eine Zustimmung, wie bereits im Rahmen der Absprache im Strafprozess erörtert (vgl. § 13 Rn 1 ff.), seitens der Staatsanwaltschaft nicht erforderlich ist, sondern lediglich eine Strafobergrenze im Hinblick auf das Ablegen eines Geständnisses zugesagt wird. Diese Grundsätze gelten auch, soweit eine Einstellung des Verfahrens oder eine Beschränkung der Strafverfolgung in Betracht gezogen wird.

C. Schlussvortrag

I. Grundsätze

13   Auf Wunsch wird der Vorsitzende nach Schließen der Beweisaufnahme dem Sitzungsvertreter eine kurze Unterbrechung zur Vorbereitung des **Plädoyers** einräumen. Der Schlussvortrag ist grundsätzlich in **freier Rede** zu halten, wobei es sich jedoch gerade nach einer umfangreichen Beweisaufnahme empfiehlt, schriftliche Notizen zu machen, um nichts zu vergessen.

14   Der Aufbau des Plädoyers entspricht im Wesentlichen den Bestandteilen eines Urteils. Zunächst wird festgestellt, von welchem **Sachverhalt** nach Ende der Beweisaufnahme auszugehen ist. Hieran schließt sich die Wiedergabe der **Einlassung** des Angeklagten (Ist von dieser auszugehen oder wird sie widerlegt?) sowie die **Beweiswürdigung** an (Warum ist von diesem Sachverhalt auszugehen?). Nachdem der Sachverhalt auch rechtlich eingeordnet wurde, ist die Frage der **Sanktionsart** sowie der **Strafzumessung** zu erörtern und schließlich ein zusammenfassender **Antrag** zu stellen. Die Anträge entsprechen den Rechtsfolgen, die im Urteil oder mit urteilsbegleitenden Beschlüssen ausgesprochen werden sollen (vgl. § 14 Rn 66 ff.), also beispielsweise auch die Länge der Bewährungszeit.

15   Der **Rechtsreferendar** wird regelmäßig mit seinem Ausbilder oder einem anderen Dezernenten vor der Hauptverhandlung über die Strafzumessung im einzelnen Fall gesprochen haben. Hierbei muss jedoch notwendigerweise im Fall der Beantragung einer Geldstrafe die Höhe des Tagessatzes offen bleiben, da die Einkommensverhältnisse des Angeklagten nur in seltenen Fällen zuvor genau bekannt sind. Vielmehr muss während oder nach der Beweisaufnahme überlegt werden, welche Tagessatzhöhe angemessen ist. Da ein **Tagessatz** dem Geldbetrag entspricht, der dem Angeklagten für einen Tag zur Verfügung steht, ist zunächst von dem monatlichen Nettoeinkommen auszugehen. Von diesem Betrag werden zunächst Beträge für evtl. bestehende Unterhaltspflichten abgezogen (20 v.H. für den Ehegatten und jeweils 10 v.H. für Kinder). Die dann erhaltene Summe wird durch 30 dividiert, was dann die Tagessatzhöhe ergibt.

16   Folgende **Übersicht** soll dazu dienen, alle erforderlichen Punkte anzusprechen, wobei das Schema auch als Notizzettel verwendet werden kann, wenn die Punkte in Form einer Tabelle auf ein Blatt Papier übertragen werden:
- Welcher Sachverhalt steht nach der Beweisaufnahme fest?
- Warum steht dieser Sachverhalt fest?
  - Einlassung des Angeklagten
  - Bestätigt durch welche anderen Beweismittel?
  oder
  - Widerlegt durch welche Beweismittel?
  - Beweiswürdigung
- Wie ist der Sachverhalt rechtlich zu bewerten?

- Welcher Strafrahmen ergibt sich?
- Welche Strafe ist innerhalb dieses Strafrahmens angemessen (Strafzumessung)?
  - Für den Angeklagten spricht: …
  - Gegen den Angeklagten spricht: …
- Anträge.

Die Länge, insbesondere der Sachverhaltsdarstellung, hat sich am Einzelfall zu   17
orientieren. Bei einem einfach gelagerten Sachverhalt, der noch dazu unstreitig ist,
wäre es für alle Zuhörer langweilig, wenn zunächst minutenlang der Sachverhalt
in allen Details wiedergegeben würde. In diesen Fällen ist er vielmehr nur kurz
und knapp darzustellen. Wenn Wertungen im Schlussvortrag vorgenommen werden,
dann erst im Rahmen der Beweiswürdigung. Der Sachverhalt selbst ist objektiv
vorzutragen, da er, jedenfalls nach Ansicht des Sitzungsvertreters, die tatsächlichen
Feststellungen für das Urteil darstellen soll. Hinsichtlich der Ausführungen zum
Strafmaß ergeben sich die erforderlichen Hinweise aus Nr. 138 Abs. 2 bis 7 RiStBV.

Hinweis
Es bleibt festzuhalten, dass das Plädoyer letztlich einen grundsätzlich identischen Aufbau
wie die Anklageschrift (dort vor allem das wesentliche Ergebnis der Ermittlungen) sowie
das schriftliche Urteil hat. In allen drei **Aufgabenstellungen** ist die Person des Angeschuldigten bzw. Angeklagten darzustellen, der Sachverhalt darzustellen, eine Beweiswürdigung
vorzunehmen und sodann zu begründen, warum eine bestimmte Rechtsfolge zu verhängen
ist (Letzteres nicht in der Anklageschrift).

II. Formulierungsbeispiele

Die **Anrede** des Gerichts zu Beginn des Schlussvortrags hängt von den örtlichen   18
Gewohnheiten ab. Hier kann entweder jedes Mitglied des Gerichts einzeln oder das
Gericht als Gesamtheit angesprochen werden.

Beispiel
Es ist wie folgt zu formulieren:
„Herr Vorsitzender, meine Herren Schöffen …"

„Hohes Gericht, …"

Nachdem auch die übrigen Verfahrensbeteiligten kurz angesprochen wurden, beginnt   19
der Schlussvortrag mit einer kurzen Überleitung zur **Sachverhaltsdarstellung**, die
grundsätzlich für jedes Plädoyer übernommen werden kann.

Beispiel
Es ist wie folgt zu formulieren:
„Nach dem Ergebnis der durchgeführten Beweisaufnahme stellt sich der Sachverhalt wie
folgt dar:"

Danach schließt sich der nach Ansicht des Sitzungsvertreters feststehende Sachverhalt   20
an. Dieser ist in Form einer „Geschichte" wiederzugeben, ohne dass bereits an
dieser Stelle auf eine etwaige abweichende Einlassung oder hiervon divergierende
Zeugenaussagen einzugehen wäre.

Formulierungsbeispiel

„Der Angeklagte begab sich am 3.4.2004 gegen 22 Uhr zu dem Haus des Zeugen Müller in der Kirchgasse in Mainz. Dort brach er unter Zuhilfenahme eines Brecheisens ein Fenster im Erdgeschoss auf und gelangte so in das Innere des Hauses. Dort schaute er sich zunächst nach stehlenswertem Gut um. Noch bevor er Gegenstände an sich nehmen konnte, wurde er durch den Zeugen Müller entdeckt, als er bereits hinter einem Bild einen Tresor entdeckt hatte. Daraufhin versetzte der Angeklagte dem Zeugen einen Faustschlag in das Gesicht und verließ fluchtartig das Haus. Kurze Zeit später konnte er durch die Polizei festgenommen werden, nachdem er zuvor versucht hatte, sich durch heftige Gegenwehr durch wiederholtes Fallenlassen der Festnahme zu entziehen. Bei seiner Festnahme führte er eine leere Tasche mit sich.“

Auch hierbei ist, wie bei Anklageschrift und Urteil, darauf zu achten, dass der vorgetragene Sachverhalt sämtliche gesetzlichen Tatbestandsmerkmale enthält.

21   Nach der Schilderung des feststehenden Sachverhalts wird eine **Beweiswürdigung** vorgenommen.

Hinweis

Woraus ergibt sich dieser Sachverhalt?

Dabei wird zunächst mit der **Einlassung** des Angeklagten begonnen. Anschließend wird dargestellt, ob der Einlassung gefolgt werden kann oder ob diese durch andere **Beweismittel** widerlegt werden kann. Diese sind dann auch zu nennen und zu würdigen. Ist die Verwertung von Aussagen problematisch oder gar gerügt worden, so ist darauf einzugehen, warum eine **Verwertbarkeit** gegeben ist oder ausscheidet.

Formulierungsbeispiel

„Der Angeklagte hat sich dahin gehend eingelassen, er habe in dem Haus des Zeugen Müller nichts stehlen wollen, sondern er sei davon ausgegangen, dass in dieser Nacht niemand zu Hause sei und er habe deshalb dort übernachten wollen. Hinsichtlich der Widerstandshandlung hat der Angeklagte den Tatvorwurf eingeräumt.

Diese Einlassung des Angeklagten hinsichtlich seiner Diebstahlsabsicht ist jedoch aufgrund der durchgeführten Beweisaufnahme als widerlegt anzusehen.

Der Zeuge Müller, der den Angeklagten in seinem Haus überrascht hat, hat bekundet, der Angeklagte habe bereits das Bild, hinter dem sein Tresor versteckt sei, abgehängt gehabt. Außerdem habe er dunkle Kleidung sowie eine schwarze Mütze getragen. Der vernommene Polizeibeamte, der die Festnahme des Angeklagten durchgeführt hat, hat weiterhin ausgesagt, die von dem Angeklagten mitgeführte Tasche sei leer gewesen.

Hieraus lässt sich folgern, dass der Angeklagte den Tresor öffnen wollte, um die darin enthaltenen Gegenstände an sich zu bringen. Wäre er in der bloßen Absicht in das Haus eingedrungen, darin zu übernachten, so wäre ein Abhängen des Bildes nicht erforderlich gewesen. Auch die dunkle Kleidung spricht dafür, dass es dem Angeklagten darauf ankam, unbeobachtet das Haus betreten und wieder verlassen zu können. Er hat sich offensichtlich für diese Tat bewusst so gekleidet. Auch die Tatsache, dass der Angeklagte eine leere Tasche mit sich führte, spricht dafür, dass er in Diebstahlsabsicht gehandelt hat. Es ist davon auszugehen, dass er in der Tasche die Beute abtransportieren wollte.“

22   Nach diesem Teil ist auf die **rechtliche Würdigung** der Tat einzugehen. Es ist dazu Stellung zu nehmen, welche Tatbestände als erfüllt anzusehen sind und in welchem Konkurrenzverhältnis diese zueinander stehen. Auch hier dürfen keine umfangreichen Ausführungen gemacht werden, wenn auf der Hand liegt, welche Vorschriften Anwendung finden werden.

Formulierungsbeispiel

„Diese Tat des Angeklagten ist als versuchter Wohnungseinbruchdiebstahl gem. §§ 244 Abs. 1 Nr. 3, Abs. 2, 22, 23 StGB zu werten. Ein räuberischer Diebstahl scheidet bereits deshalb aus, weil sich der Angeklagte nicht in Besitz der Beute befand, so dass Beutesicherungsabsicht nicht vorliegen kann. Da er sich gegen seine Festnahme zur Wehr gesetzt hat, hat er tatmehrheitlich hierzu den Tatbestand des Widerstands gegen Vollstreckungsbeamte gem. § 113 Abs. 1 StGB erfüllt."

Nachdem also feststeht, wie die von dem Angeklagten begangene Tat rechtlich einzuordnen ist, muss das dieser Tat und der Schuld des Angeklagten angemessen **Strafmaß** gefunden werden. Zu diesem Zweck ist zunächst der richtige **Strafrahmen** festzulegen, aus dem die Strafe zu bilden ist, wobei besonders schwere Fälle, minder schwere Fälle als auch etwaige Milderungsgründe nach § 49 Abs. 1 StGB zu berücksichtigen sind. Innerhalb des so gefundenen Strafrahmens sind alle für und alle gegen den Angeklagten sprechenden Umstände anzusprechen und gegeneinander **abzuwägen**, um die tat- und schuldangemessene Strafe zu finden. Soll eine Freiheitsstrafe von zwei Jahren oder weniger festgesetzt werden, so ist auch zur Frage der **Strafaussetzung zur Bewährung** Stellung zu nehmen. Hierbei muss bewertet werden, ob erwartet werden kann, dass der Angeklagte ohne Strafvollzug in Zukunft straffrei leben wird. Dies wird man i.d.R. bei Ersttätern annehmen können, während bei Tatbegehung unter laufender Bewährung, noch dazu, wenn eine einschlägige Tat vorliegt, diese Sozialprognose grundsätzlich negativ ausfallen wird.

Formulierungsbeispiel

„§ 244 Abs. 1 Nr. 3 StGB sieht als Strafrahmen Freiheitsstrafe von sechs Monaten bis zu zehn Jahren vor. Da die Tat jedoch im Versuchsstadium stecken geblieben ist, kann der Strafrahmen gem. §§ 23 Abs. 2, 49 Abs. 1 StGB auf von vier Monaten zwei Wochen bis zu sieben Jahren sechs Monaten verschoben werden. Der Widerstand gegen Vollstreckungsbeamte ist mit Freiheitsstrafe bis zu zwei Jahren oder Geldstrafe bedroht.

Für den Angeklagten spricht, dass er sich hinsichtlich der Widerstandshandlung geständig eingelassen hat und er den Widerruf der Strafaussetzung zur Bewährung hinsichtlich der Vorverurteilung wegen Wohnungseinbruchsdiebstahls zu erwarten hat. Zu seinen Lasten muss jedoch gewertet werden, dass er bereits erheblich vorbestraft ist und zum Tatzeitpunkt unter einschlägiger laufender Bewährung wegen eines Wohnungseinbruchsdiebstahls stand.

Ich beantrage deshalb, gegen den Angeklagten als tat- und schuldangemessene Strafe hinsichtlich des Einbruchsdiebstahls eine Freiheitsstrafe von einem Jahr und sechs Monaten und wegen des Widerstandes eine solche von zwei Monaten zu verhängen. Da aus diesen Einzelstrafen eine Gesamtstrafe zu bilden ist, ist die höchste Einzelstrafe als Einsatzstrafe angemessen zu erhöhen. Ich beantrage daher, eine Gesamtfreiheitsstrafe von einem Jahren und sieben Monaten zu verhängen.

Die Vollstreckung der Strafe kann dem Angeklagten nicht zur Bewährung ausgesetzt werden. Er hat durch die erneute Straffälligkeit gezeigt, dass ihn Bewährungsstrafen nicht beeindrucken, so dass die Vollstreckung der Freiheitsstrafe geboten ist."

Wird eine Bewährungsstrafe beantragt, so ist auch zur Frage der Bewährungszeit und eventueller Bewährungsauflagen Stellung zu nehmen. Soll ein Entzug der Fahrerlaubnis erfolgen, so sind neben dem Entzug der Fahrerlaubnis die Einziehung des Führerscheins sowie die Verhängung einer Sperrfrist für die Neuerteilung der Fahrerlaubnis zu beantragen. Besitzt der Angeklagte keine Fahrerlaubnis, kommt die Verhängung einer isolierten Sperre (§ 69 a Abs. 1 S. 3 StGB) in Betracht.

Formulierungsbeispiel 1

„Da der Angeklagte zwischenzeitlich aufgrund seiner Eheschließung eine feste soziale Bindung und er auch konkrete Aussichten auf einen Arbeitsplatz hat, kann davon ausgegangen werden, dass die Verurteilung dem Angeklagten zur Warnung dienen wird und er in Zukunft keine Straftaten mehr begehen wird. Ich beantrage daher, den Vollzug der Freiheitsstrafe zur Bewährung auszusetzen und die Bewährungszeit mit drei Jahren zu bemessen. Als Bewährungsauflage beantrage ich, dem Angeklagten eine Geldbuße von 500 EUR zugunsten der Staatskasse aufzuerlegen."

Formulierungsbeispiel 2

„Durch seine Trunkenheitsfahrt hat der Angeklagte gezeigt, dass er zum Führen von Kraftfahrzeugen ungeeignet ist. Ich beantrage daher, dem Angeklagten die Fahrerlaubnis zu entziehen, seinen Führerschein einzuziehen sowie, da es sich um die zweite Entziehung innerhalb von zwei Jahren handelt, die Verwaltungsbehörde anzuweisen, dem Angeklagten vor Ablauf von einem Jahr keine neue Fahrerlaubnis zu erteilen."

D. Nach Verkündung des Urteils

25 Nach Verkündung des Urteils erteilt der Vorsitzende, soweit kein Freispruch erfolgt ist, dem Angeklagten eine **Rechtsmittelbelehrung**. Es besteht nun die Möglichkeit, auf die Einlegung eines Rechtsmittels sowohl seitens des Angeklagten/der Verteidigung als auch seitens der Staatsanwaltschaft zu verzichten. Der Rechtsreferendar als Sitzungsvertreter ist nicht dazu berechtigt, derartige Erklärungen abzugeben, obwohl diese im Außenverhältnis wirksam wären. Dies ist auch den Richtern bekannt, so dass regelmäßig eine derartige Erklärung auch nicht verlangt wird. Sollte dennoch von dem Gericht ein **Rechtsmittelverzicht** erwartet werden, so ist unbedingt Rücksprache mit dem zuständigen Dezernenten oder dessen Vertreter zu halten.

26 Wird die Einlegung eines Rechtsmittels für erforderlich gehalten oder bestehen Zweifel daran, so muss die Handakte schnellstmöglich dem zuständigen Dezernenten bzw. Abteilungsleiter vorgelegt werden, damit über diese Frage entschieden werden kann. Auch an dieser Stelle soll nochmals darauf hingewiesen werden, dass der Rechtsreferendar die Staatsanwaltschaft vertritt und eventuelle Erklärungen oder Versäumnisse ihr voll zugerechnet werden. So gibt es keinen Anspruch auf Wiedereinsetzung in den vorigen Stand, wenn ein Rechtsmittel aufgrund verspäteter Vorlage der Handakten verfristet ist.

§ 26 Strafrechtlicher Aktenvortrag in der Ausbildung

A. Überblick

Der **Aktenvortrag** im **Zweiten Juristischen Staatsexamen** ist für die **Endnote** von 1
erheblicher Bedeutung. Die **Prüfer** gewinnen einen **ersten Eindruck vom Prüfling**,
der sich auch auf die folgenden Stationsprüfungen auswirkt. Der Aktenvortrag betrifft
weitgehend die Wahlfachgruppe des Rechtsreferendars und bedarf deshalb an dieser
Stelle keiner vertiefenden Erörterung. In den meisten Justizprüfungsordnungen der
Länder soll der Aktenvortrag **frei gehalten** werden und nicht länger als **acht bis zehn
Minuten** dauern. In der **Praxis** wird die Dauer des Aktenvortrages sehr unterschiedlich gehandhabt. Es gibt Prüfungsämter, die sich strikt und sklavisch an die Zehnmi-
nutenregelung halten. In den meisten Prüfungen wird jedoch auch ein Aktenvortrag
mit einer Länge bis zu 13 Minuten durchaus hingenommen. **Erfahrungsgemäß** wirkt
ein Aktenvortrag voller und tiefgehender, wenn er zwölf statt acht Minuten dauert.

> *Hinweis*
> Den **Prüflingen** ist anzuraten, sich über die **Praxis des Prüfungsamts** zu unterrichten und
> wenn möglich, die Dauer des Vortrages etwas zu dehnen.

Sowohl in der praktischen Ausbildung als auch in der Arbeitsgemeinschaft des Pflicht- 2
fachbereichs Strafrecht wird der Aktenvortrag als Ausbildungsmittel eingesetzt. Die
nachfolgenden Ausführungen orientieren sich an diesen Anforderungen und dienen
zugleich als Grundlage für diejenigen Rechtsreferendare, die später die Wahlfachgruppe Strafrecht wählen.

> *Hinweis*
> Der **Aufbau des Aktenvortrags** richtet sich im Wesentlichen nach der **Fragestellung**.
> Am häufigsten wird nach der **Entschließung der Staatsanwaltschaft** oder nach der
> **Entscheidung des Revisionsgerichts** bzw. nach den Erfolgsaussichten einer Revision aus
> der **Sicht des Verteidigers** gefragt.

B. Aufbau, wenn nach der Entschließung der Staatsanwaltschaft gefragt wird

Der Aufbau lautet in diesem Fall wie folgt: 3

I. Einleitungssatz

Die Entschließung der Staatsanwaltschaft ist zu entwerfen.

II. Angaben zur Person des Beschuldigten

Die Angaben sind kurz zu halten und richten sich im Wesentlichen nach den erforderlichen Nebenentscheidungen (Haftbefehl). Hierher gehören auch die Eintragungen aus dem Bundeszentralregister.

III. Es folgt die Schilderung des Sachverhalts, so wie ihn der Staatsanwalt in der Hauptverhandlung für beweisbar hält

Eine **Beweiswürdigung** ist hier **nicht einzubringen**. Dieser Teil der Sachverhaltsdarstellung entspricht dem **konkreten Anklagesatz** und den Feststellungen eines Urteils. Ist der Beschuldigte glaubhaft geständig, so ist nur dieser Umstand vorzutragen.

IV. Beweiswürdigung

■ Die Beweiswürdigung beim **nicht geständigen Beschuldigten** beginnt mit der Wiedergabe der Einlassung. Zwischen der Einlassung des Beschuldigten und der Beweisführung sollte folgender **Satz** gebraucht werden:
„Die Einlassung des Beschuldigten ist nicht glaubhaft (nicht Schutzbehauptung) und wird durch die aufgeführten Beweismittel in der Hauptverhandlung widerlegt werden."

■ Es folgt nun die Beweiswürdigung, die überzeugend belegen muss, dass der soeben vorgetragene Sachverhalt in der Hauptverhandlung auch bewiesen werden kann. An dieser Stelle sind **Beweisgewinnungs- und Beweisverwertungsverbote** abzuhandeln. Es ist darauf zu achten, dass das **Beweismittel**
  ▨ Zeuge,
  ▨ Urkunde,
  ▨ Sachverständige oder
  ▨ Augenschein
konkret benannt wird. Die Ergiebigkeit des einzelnen Beweismittels ist ebenfalls auszulegen und zu unterbreiten. Hier liegt oft ein Schwerpunkt des Aktenvortrags.

V. Allgemeiner Entscheidungsvorschlag

Es folgt der allgemeine Entscheidungsvorschlag, z.B.: „Ich schlage vor,
■ Anklage zu erheben,
■ Haftbefehl zu erlassen,
■ Strafbefehl zu beantragen oder
■ das Verfahren insgesamt einzustellen."

VI. Rechtliche Würdigung

Dieser Teil entspricht dem **materiellen Gutachten** in der **Klausur**.
- Der Urteilsstil überwiegt. Dies ist auch aus **Zeitersparnisgründen** ratsam.
- Die Nebenentscheidungen dürfen nicht unbegründet bleiben. So sind Ausführungen erforderlich, bei welchem Gericht Anklage oder Strafbefehl anzubringen sind.
- Ausführungen zu Nebenentscheidungen, wie Haftbefehl, Entziehung der Fahrerlaubnis und Einziehung von bestimmten Gegenständen müssen hier angebracht werden.

VII. Konkreter Entscheidungsvorschlag

- Es folgt der konkrete Vorschlag, der da lauten kann:
  „Ich schlage vor, Anklage beim Amtsgericht Koblenz – Jugendschöffengericht – wegen Körperverletzung und Nötigung zu erheben."
- Soll der Erlass eines Strafbefehles beantragt werden, so sind auch die Anzahl und die Höhe der Tagessätze mitzuteilen.

C. Aufbau, wenn nach der Entscheidung des Revisionsgerichts oder den Erfolgsaussichten der Revision eines Rechtsmittelführers gefragt wird

Der Aufbau lautet in diesem Fall wie folgt: 4

I. Einleitungssatz

Formulierungsbeispiel
„Die Entscheidung des Oberlandesgerichts/Bundesgerichtshofs über die Revision des Angeklagten A gegen das Urteil des Landgerichts Koblenz ist zu entwerfen oder die Erfolgsaussichten einer Revision des Angeklagten/Staatsanwaltschaft ist zu untersuchen."

II. Mitteilung des Ergebnisses der ersten Instanz

Formulierungsbeispiel
„Das Landgericht Koblenz – Schwurgerichtskammer – hat den Angeklagten wegen Mordes in Tateinheit mit gefährlicher Körperverletzung zu einer lebenslangen Freiheitsstrafe und zu den Kosten des Verfahrens verurteilt."

III. Es folgen die Feststellungen der ersten Instanz

Die Feststellungen der ersten Instanz müssen möglichst exakt wiedergegeben werden, und zwar mit allen Auslassungen und Fehlern. Dieser Sachvortrag ist später die

Grundlage des Gutachtens. Die Beweiswürdigung ist nur dann vorzutragen, wenn sie fehlerhaft ist und nur insoweit als sie vom Revisionsgericht überprüft werden kann.

IV. Nunmehr ist mitzuteilen, wer Revision eingelegt hat und wann und wie dies erfolgt ist

Hier sind möglichst keine genauen Daten zu nennen, weil diese beim Aktenvortrag verwirren.

Hinweis
Ein **Aktenvortrag** hört sich für einen **Prüfer** klarer an, wenn er die Fristen nicht selbst nachrechnen muss.

Formulierungsbeispiel
„Gegen dieses Urteil hat der Angeklagte drei Tage nach Verkündung der Entscheidung schriftlich zu Protokoll der Geschäftsstelle Revision eingelegt."

V. Begründung der Revision

■ Hier sind Form und Zeitpunkt der Revisionseinlegung sowie der Umfang des Rechtsmittels darzulegen.

Beispiel
Der Angeklagte rügt durch Schriftsatz seines Verteidigers zwei Wochen nach Zustellung des Urteils die Verletzung materiellen Rechts.

■ Werden formelle Verfahrensfehler gerügt, so sind die einzelnen Rügen möglichst exakt, wie sie vom Verteidiger vorgetragen wurden, wiederzugeben. Auch hier dürfen Fehler nicht berichtigt werden. Sie sollen später aufgezeigt und begutachtet werden.

VI. Allgemeiner Vorschlag

■ Es beginnt nun das Gutachten mit der Zulässigkeit der Revision. Hier sind die Punkte so zu prüfen, wie sie in dem Kapitel Revision, vgl. § 18 Rn 1 ff. im Einzelnen beschrieben sind. Nach der Zulässigkeitsprüfung folgt die Begründetheit der Revision. Diese beginnt mit der Überprüfung der Prozesshindernisse. Auch wegen der Einzelheiten der Prozesshindernisse wird auf die Ausführungen in der Revision vgl. § 18 Rn 46 ff. verwiesen.

Formulierungsbeispiel
„Ich schlage vor, die Revision des Angeklagten zu verwerfen."

Der Vorschlag kann auch dahin gehen, die Revision teilweise zu verwerfen und ihr teilweise stattzugeben. An dieser Stelle wird noch nicht gesagt, welcher Teil erfolgreich ist.

■ Es folgt nunmehr die materielle und formelle Begründung der Revision.
■ Es ist ratsam, mit der **Überprüfung** der **materiellen Strafvorschriften** wie in einer **Klausur** zu beginnen.

Hinweis

Häufig versteht ein **Prüfer** die Ausführungen zu einem unterlassenen Hinweis nach § 265 StPO oder zur Ablehnung eines Beweisantrags wesentlich einfacher, wenn er den materiellen Hintergrund kennt.

■ Die **Überprüfung der Verfahrensrügen** erfolgt in **zwei Schritten**:
- Zuerst ist die Substantiierungspflicht des § 344 StPO zu überprüfen und
- dann erst der Verfahrensverstoß selbst.

Wegen beider Elemente wird auf die Ausführungen in dem Kapitel Revision § 19 Rn 1 ff. verwiesen.

VII. Es folgt nunmehr der konkrete Vorschlag und ggf. der Tenor des Revisionsgerichts

Hinweis

Soll in der Rolle des Verteidigers der Erfolg der Revision geprüft werden, so ist der Aufbau genau so wie oben zu handhaben. Der allgemeine Vorschlag lautet dann lediglich Revision einzulegen oder das Urteil rechtskräftig werden zu lassen. Der konkrete Vorschlag fasst noch einmal die zu erhebenden Rügen zusammen.

Formulierungsbeispiel

„Ich schlage vor, die Verletzung materiellen Rechts zu rügen und darüber hinaus die Verfahrensrügen nach §§ 265 und 244 Abs. 2 StPO anzubringen."

Je nach **Aufgabenstellung** müssen die Rügen substantiiert ausgeführt werden. Hierzu siehe Kapitel Revision § 19 Rn 1 ff.

D. Aufbau eines Urteils in erster Instanz, Plädoyer und des wesentlichen Ergebnisses der Ermittlungen in der Anklageschrift

I. Grundsatz

Der Aufbau für die genannten drei Aufgabenstellungen ist nahezu identisch.   5

II. Angaben zur Person

1. Urteil

Die Angaben zur Person müssen im Urteil sehr ausführlich dargelegt werden. Es ist der Werdegang des Angeklagten im Einzelnen nachzuzeichnen. Die persönliche und die finanzielle Situation sind klarzulegen. Am Schluss der persönlichen Verhältnisse sind die **Eintragungen im Bundeszentralregister** mitzuteilen. Bei einschlägigen Verurteilungen sind ggf. die Feststellungen der alten Urteile wiederzugeben.

2. Plädoyer und wesentliches Ergebnis der Ermittlungen

Die **Angaben zur Person** sind hier eher **knapp gehalten**. Sie verhalten sich meistens nur über den Beruf, den Familienstand, das Einkommen und abgekürzt die Vorstrafen.

III. Feststellungen zum Tatgeschehen

Die Feststellungen der Tat im Urteil, im Plädoyer und im wesentlichen Ergebnis der Ermittlungen sind identisch. Die objektiven und subjektiven Tatbestandsmerkmale müssen im Einzelnen wiedergegeben werden. Im wesentlichen Ergebnis der Ermittlungen kann auf den konkreten Anklagesatz Bezug genommen werden. Der konkrete Anklagesatz muss aber genauso sorgfältig und ausführlich dargelegt werden, wie die Feststellungen im Urteil.

IV. Beweiswürdigung

Bei allen drei Aufgabenstellungen beginnt die Beweiswürdigung mit der Einlassung des Angeklagten zur Sache. Danach wird das Ergebnis der Beweisaufnahme in allen Einzelheiten wiedergegeben. Im Obersatz ist darzulegen, welche Tatsache bewiesen werden soll. Sodann erfolgt die Aussage des Zeugen oder der Inhalt der Urkunde usw. Die Ergiebigkeit wird überprüft und es wird gesagt, welche Schlüsse das Gericht / die Staatsanwaltschaft hieraus zieht. Anschließend hat das Gericht / die Staatsanwaltschaft zu erklären, ob und warum es einem Zeugen folgt und seine Aussage für glaubhaft hält.

V. Rechtliche Ausführungen

Die rechtlichen Ausführungen im Urteil haben eine **geringe Bedeutung** für den Erfolg der Revision. Angeblich soll selbst das Vaterunser anstelle der rechtlichen Ausführungen die Revision nicht begründen. Im Plädoyer interessiert sich der Angeklagte nicht dafür. Das wesentliche Ergebnis der Ermittlungen enthält nur kurze Rechtsausführungen (Zusammenfassung).

VI. Strafzumessung

- Im wesentlichen Ergebnis der Ermittlungen finden sich keine Angaben zur Strafzumessung.
- Im Urteil und im Plädoyer bildet die **Strafzumessung** neben den Feststellungen und der Beweiswürdigung **eine Hauptsäule**. Wegen der Einzelheiten zur Strafzumessung wird auf die Ausführungen unter § 14 Rn 50 ff. verwiesen.

VII. Kostenentscheidung

Nur im Urteil ist eine Kostenentscheidung zu treffen und zu begründen. Es genügt das Zitat der entsprechenden Vorschrift aus der StPO (§§ 464 ff. StPO).

§ 27 Allgemeine Hinweise zur Klausurvorbereitung und -bearbeitung

Rechtsreferendare in der Strafrechtsstation haben sich erfahrungsgemäß die letzten 1
neun bis zwölf Monate nicht mehr mit dem materiellen Strafrecht und möglicherweise
noch nie vertieft mit Strafprozessrecht befasst. Hier gilt es mit Hilfe der alten
Unterlagen **verschüttetes Wissen** wieder aufzufrischen und **Lücken zu schließen.**

Bei der **Wiederholung des materiellen Strafrechts** ist **unbedingt darauf zu achten,** 2
mit welchem Ergebnis und welchen Argumenten die **Rechtsprechung** die Fallpro-
bleme löst.

> *Hinweis*
> Die Aufgabenstellung im **Zweiten Juristischen Staatsexamen** verhält sich über Ent-
> scheidungen des Staatsanwalts (Anklage, Haftbefehle usw.) oder des Richters (Urteile,
> Beschlüsse usw.).

Beide Amtspersonen sind an **Gesetz und höchstrichterliche Rechtsprechung** gebunden.[1] und nicht an Literaturmeinungen. Auch der **Rechtsanwalt** wird mit seinen
Angriffsmitteln nur Erfolg haben, wenn er weiß, was die Richter entschieden haben.

> *Hinweis*
> Für die Vorbereitung des **Rechtsreferendars** auf das **Zweite Juristische Staatsexamen**
> heißt das **konkret: Er muss jeden Fall im Lichte der aktuellen höchstrichterlichen
> Rechtsprechung lösen können.**

Kritische **Literaturmeinungen** dienen lediglich der Veranschaulichung des Rechts-
problems in der Klausur und machen eine Arbeit facettenreich und anschaulich.

Ziel der Vorbereitung ist es, ein ausgeprägtes **Problembewusstsein** für die aktuelle 3
höchstrichterliche Rechtsprechung zu entwickeln und eine **praxisbezogene Lösung**
zu suchen.

> *Hinweis*
> Wer ein **Problem nicht erkennt, kann es nicht lösen,** selbst wenn er das Wissen dafür
> parat hat.

Andererseits können Fakten, Wissen und Definitionen während der Klausurbearbei-
tung den Handkommentaren entnommen werden, die das Prüfungsamt während des
Klausurenschreibens zur Benutzung gestattet.

Um sich das **nötige Problembewusstsein** gezielt zu verschaffen, sollte man re- 4
gelmäßig die aktuellen Entscheidungen in der **Zeitschrift Strafverteidiger Forum**
(**StraFo**) des Deutschen Anwaltsverlags, die Rechtsprechungsübersichten in der NStZ
oder in der MDR sowie die Besprechung von Strafrechtsentscheidungen in der JuS
und der JA durcharbeiten.

Die Strafrechtsklausur sollte in **folgenden Schritten durchdacht** und **bearbeitet** 5
werden:

---

1 BGHSt 17, 155.

- Zuerst werden der **Bearbeitervermerk** (häufig am Ende der Klausur) und die genaue Aufgabenstellung im Gedächtnis gespeichert.
- Oftmals ist die Begutachtung nicht aller Tatbeteiligten gefragt und andererseits kommt es vor, dass Tathandlungen von Getöteten trotzdem begutachtet werden müssen.
- In manchen **Klausuren** wird die **Prüfung ganzer Deliktsgruppen**, wie z.B. Straftaten des 13. Abschnitts des StGB oder OWiG-Tatbestände bzw. Delikte nach dem Waffenrecht **erlassen.**
- **Unbedingt sollte darauf geachtet werden**, ob von den §§ 154, 154 a StPO Gebrauch gemacht werden darf. **Die Anklage lässt sich erheblich straffen.**
- Beim **ersten Lesen des Aufgabentextes** sollte man sich die Beschuldigten, die Tatorte und die Tatzeiten farblich markieren und sich die einschlägigen Vorschriften der Strafverstöße an den Rand schreiben.
- Sobald der Sachverhalt sorgfältig aufgenommen ist, kann man zum **Aufspüren seltener Tatbestände** kurz das **Inhaltsverzeichnis des Strafgesetzbuchs** überfliegen. Meistens wird die Liste der Tatbestände dann noch ergänzt. Das bringt Zusatzpunkte.
- Die **Gliederung** muss **nicht sehr detailliert** ausfallen. Das kostet zu viel Zeit.
- Beim **Durchdenken des Falls** gewinnt man automatisch den Überblick über die Schwerpunkte und den voraussichtlichen **Umfang der Klausur.**
- Es gibt **sog. Rennerklausuren**, die die Prüfung von bis zu 80 Tatbeständen des StGB vorsehen und solche, wo nur ein halbes Dutzend an Tatbeständen zu prüfen sind. Diese Erkenntnis ist für die Zeiteinteilung und den Schreibstil von entscheidender Bedeutung.
- Mit Hilfe der zugelassenen **Kurzkommentare** sollte eine Lösung für die **schwierigeren Probleme des Falls** gefunden werden.
- Gezielt müssen Fakten und Argumente zusammengestellt werden.
- Fundstellen sind nicht anzugeben in einer Klausur.
- Spätestens nach der **Hälfte der gesamten Bearbeitungszeit** muss mit der **Niederschrift der Klausur** begonnen werden.
- Vom Umfang her muss man damit rechnen, **ca. 20 DIN A4 Seiten** voll zu schreiben.
- Jeder kann seine Schreibgeschwindigkeit selber stoppen und seine Schreibzeit exakt bestimmen.
- Sinnvoll ist es, einfach mit dem **Beschuldigten zu beginnen**, der nach Möglichkeit eigenhändig alle Tatbestandsmerkmale verwirklicht hat.
- Selten ist es ratsam, mehrere Beschuldigte gemeinsam zu prüfen.
- Übereinstimmende Tatbestandsverwirklichungen können kurz durch Bezugnahme abgehandelt werden. Besonderheiten in dem Verhalten eines jeden Beschuldigten, wie Rücktritt oder Rechtfertigungsgründe kommen dann in jedem Fall klarer zum Ausdruck.
- Zwar gibt es den **Grundsatz klotzen und nicht kleckern**, was die Reihenfolge der zu prüfenden Tatbestände anbelangt. Dies darf **nicht dazu führen, dass Tatbestände vergessen oder übersehen werden. Grundsätze, wie Täter vor Teilnehmer, sind auf jeden Fall zu beachten.**
- Der **Aufbau einer Klausur ist besser zu verstehen**, wenn die Straftaten so geprüft werden, wie sie in der Klausur von den Beschuldigten verwirklicht worden sind. Das **Hin- und Herspringen macht** nicht nur dem Prüfer **Probleme.**

- **Klausurlösungen** dürfen **nicht** wie ein Schneemann gestaltet werden.
- Am Anfang werden die simpelsten Probleme breit erörtert und gegen Ende wichtige Abhandlungen gegen Null gekürzt. **Das kostet am Anfang der Klausur wertvolle Zeit und am Ende Punkte.**
- **Nur der Obersatz** und die **Einleitung der Schwerpunkte** sollten im **Gutachtenteil** erfolgen. Ansonsten sollten alle Tatbestandsmerkmale zwar festgestellt und mit Sachverhaltsteilen unterlegt werden, dies geschieht jedoch im **Urteilsstil.**
- Die **zweifelhaften Tatbestandsmerkmale** müssen sorgfältig untersucht, abgewogen und dargestellt werden. Hier gibt es Punkte und an dieser Stelle darf man Zeit investieren.
- Bei der **Zeiteinteilung** ist daran zu denken, dass **am Ende der materiellen Prüfung** noch ganz kurz angesprochen werden sollte, welches **Gericht** für die Anklage **zuständig** ist, ob **Haftbefehle** zu erlassen oder aufzuheben sind.
- Der **Staatsanwalt** hat zum Zwecke der Beweissicherung oder zum Schutz der Allgemeinheit an **vorläufige Maßnahmen** zu denken. Beute ist zu sichern, Tatwerkzeuge zu beschlagnahmen. Beute auf einem Girokonto ist gem. §§ 111 c und 111 e StPO vor der unberechtigten Verfügung durch Dritte zu schützen.
- **Ohne zwingenden Grund** sollte man auf die Fertigung der Anklage oder des Urteils **nicht verzichten. Viele Prüfer sind in diesem Fall der Auffassung, dass die Aufgabe nicht gelöst wurde.** Sie weigern sich, eine Prädikatsnote zu vergeben, obwohl das materielle Gutachten viel Substanz hat. In jedem Fall verliert man wertvolle Punkte.
- Sollte man am Ende einer Klausur mit dem **Fertigen der Anklage** oder **des Urteils** in Zeitdruck geraten, so ist der Anklagevorwurf – falls im Bearbeitervermerk nicht untersagt – **mit Hilfe der §§ 154 a, 154 StPO auf die schwersten Vorwürfe zu kürzen.**
- Bei der Anklage sollte ggf. beim **abstrakten Klagesatz** auf den Gesetzestext Bezug genommen werden. **Für den konkreten Anklagesatz gibt es die meisten Punkte.**
- Beim Urteil können die Feststellungen zur Person, die Einlassung des Angeklagten und die rechtliche Beurteilung kurz gehalten werden.
- **Punkte gibt es** für die **Feststellungen der Taten**, die **Beweiswürdigung** und für eine **überzeugende Strafzumessung.**
- Bei **großer Zeitnot** kann ohne großen Punktverlust auf die Schlussverfügung verzichtet werden, sofern hier keine Anträge nach §§ 112 ff. StPO und §§ 111 a ff. StPO erwartet werden.
- Eine **gute Zeiteinteilung** kann man durch Schreiben möglichst vieler Klausuren trainieren. Sie ist Erfahrungssache.

§ 28 Musterklausur: Anklage

1 Tagebuchnummer K 1 61/04   Polizeipräsidium Koblenz, 30.4.2004

Strafanzeige

Tatort: 56068 Koblenz, Bahnhofstraße 11
Bezirk der Staatsanwaltschaft: Koblenz
Tatzeit: Freitag, 30.4.2004, 12.57 Uhr
Strafbare Handlung: Banküberfall
§§ 249 ff. StGB

Strafantrag: nicht erforderlich

Geschädigt: Sparkasse Koblenz

Gegenstand: Bargeld
Wert (Höhe des Schadens): 52.100 EUR

Beschuldigt (Täter und Beteiligte):

1. Alfred Scheidt, geb. 18.5.1962 in Mainz, Kellner, wohnhaft: Burgstraße 55, 56179
   Koblenz

   Eintragungen im BZR:
   5.12.1995, Az.: 1/94, LG Freiburg, Raub §§ 249, 250 Abs. 2 StGB, fünf Jahre
   Freiheitsstrafe, verbüßt bis 21.3.1999, Strafrest zur Bewährung ausgesetzt bis
   21.9.2003, Strafrest erlassen durch Beschluss der Strafvollstreckungskammer, Az.:
   2/03 vom 15.10.2003

2. Berta Alles geb. Neu, geb. 6.10.1972 in Koblenz, Kellnerin, wohnhaft: Festungsstraße 4, 56070 Koblenz,
   Vorstrafen: keine

3. Konrad Alles, geb. 15.12.1962 in Köln, Gastwirt, wohnhaft wie oben 2.
   Vorstrafen: keine

gez. Mük, POM   gez. Jost, POM

Vermerk:
Am 30.4.2004 u. 12.58 Uhr erhielten wir als Besatzung des Funkstreifenwagens
Peter 31/1 folgenden Einsatz: Bahnhofstraße 11, Sparkasse Koblenz, Banküberfall
mit Geiselnahme.

Nach kurzer Zeit erreichten wir unter Inanspruchnahme von Sonderrechten den
Einsatzort. Mit eingesetzt waren die Funkstreifenwagen Peter 31/3 und 32/1. In der
Bank erfuhren wir, dass der Täter die Bank maskiert und bewaffnet betreten hatte.
Er war an die Kassenbox getreten und hatte von der Kassiererin die Herausgabe von
Geld gefordert. Weil diese aber zögerte, bedrohte er eine Kundin, indem er die Waffe
aus ca. zwei Meter Entfernung auf sie richtete. Der Täter steckte das Geld ein und
flüchtete ohne die Geisel mit einem grünen VW Polo. Das Kennzeichen konnte nicht
erkannt werden.

Sofortige Fahndung wurde eingeleitet. Um 16.50 Uhr teilte die Zivilstreife des Polizeipräsidiums Koblenz mit, dass drei Täter in der Festungsstraße 4 in Koblenz-Ehrenbreitstein festgenommen worden seien.

gez. Becht, PM   gez. Flott, Polizeikommissar

K1:61/04   Koblenz, 30.4.2004

Eingangsbericht:

Hiesige Dienststelle erhielt gegen 13.10 Uhr von der Funkeinsatzzentrale die Mitteilung vom bewaffneten Überfall auf die Sparkasse Koblenz in der Bahnhofstraße 11. Um 13.30 Uhr traf Unterzeichner mit KOK Groß am Tatort ein. Wir wurden von Polizeikommissar Flott über den Tatablauf und die Flucht des Täters informiert.

Maßnahmen:
1. Tatort Spurensuche und Vernehmung von Zeugen.
2. Fahndung nach grünen VW Polo, Kennzeichen unbekannt. Vorsicht, Täter ist bewaffnet.
3. Geisel nach Entlassung observieren. Zivilstreifen des Polizeipräsidiums Koblenz POM Mük und POM Jost beauftragen.

Besonderer Vermerk:
Nach Aussage der Kassiererin verhielt sich die Geisel insofern auffällig, als sie zwar nervös aber nicht veräangstigt wirkte (Verdacht auf Beihilfe).

gez. Hafer, KOK

K1.61/04   Koblenz, den 30.4.2004

Am Tatort aufgesucht, machte die Bankkassiererin,

Heidi Rübenach geb. Bubenheim, geb. am 4.8.1952 in Mayen,

wohnhaft: 56072 Koblenz-Güls, In der Lah 15,

zur Wahrheit ermahnt, zum Sachverhalt folgende Angaben:

Ich befand mich heute in der Zeit zwischen 9.00 Uhr und 13.30 Uhr in der Kassenbox unseres Instituts. Am Schalter war eine Kundin, die ich vom Sehen her kannte. Ich bemerkte im Aufschauen, dass durch die Tür, auf die ich direkt sehe, eine männliche Person eintrat. Mir fiel sofort auf, dass der Mann eine weiße Wollmütze mit Sehschlitzen über das Gesicht gezogen trug. Diese Person kam sofort zum Schalter und sagte, „Überfall, Geld her." Eine Pistole habe ich zu diesem Zeitpunkt nicht gesehen. Vorsichtshalber drückte ich den Alarmknopf. Ich ging zur Geldtheke und habe langsam das registrierte Bargeld herausgenommen (ca. 5.000 EUR) und es auf die Seite vor der Panzerglasscheibe gelegt. Der Täter hätte, um an das Geld zu gelangen, mit der Hand durch die Durchreiche reichen müssen. Das war ihm wohl zu gefährlich. Weil ich ihm auch zu langsam war, rief er „schneller" und zielte dann mit seiner Pistole aus etwa zwei Meter Entfernung auf die mir bekannte Kundin, die ich vorher bedient hatte. Ich schob ihm dann die ganzen Geldscheine durch die Öffnung der Panzerglasbox. Er verlangte auch noch die 50 EUR und 100 EUR Geldscheine aus der Schublade. Auch die schob ich ihm rüber. Er packte das Geld in eine Plastiktüte der Firma Bauhaus und lief ohne die Geisel nach draußen. In der Kasse fehlen mir 52.100 EUR.

Auf Frage:

Nachdem ich die Kundin bedient hatte, stand sie rechts am Schalter und hat ein Formular oder etwas ähnliches ausgefüllt. Jetzt im Nachhinein kann ich den Eindruck nicht loswerden, als habe die Kundin regelrecht auf den Überfall gewartet. Sie stand ziemlich lange da. Bei dem Vorfall schien sie mir nervös, aber seltsamerweise gar nicht ängstlich.

gez. Groß, KOK

Vermerk:

Sofort zu veranlassende Maßnahme:

Adresse der Zeugin Berta Alles durch Zivilfunkstreifen observieren lassen.

Auf Berta Alles ist kein PKW zugelassen. Auf den Ehemann Konrad Alles ist der PKW KO-M 200 gemeldet.
Obiger PKW zur Fahndung ausschreiben.
Nachricht an POM Mük und POM Jost.

K1.61/04

Zivilstreife des Polizeipräsidiums Koblenz, 30.4.2004

Festnahmebericht:

Nach dem Verlassen der Sparkasse ging die Geisel zu Fuß zum Hauptbahnhof in Koblenz. Mit der Linie 8 fuhr sie nach Koblenz-Ehrenbreitstand und begab sich in ihre Wohnung in der Festungstrasse 4.

Bis 16.30 Uhr sind keine besonderen Vorkommnisse zu melden.
Dann fuhr ein grüner VW Polo vor, der zur Fahndung ausgeschrieben ist. Eine unbekannte männliche Person verließ den Wagen und betrat die Wohnung der Geisel.
Er hatte eine weiß-rote Plastiktüte der Firma Bauhaus dabei.
Unterzeichner forderte über Funk sofort Verstärkung an.
Bei einer Überprüfung des Fahrzeuges konnte im Innenraum eine helle Wollmütze erkannt werden, wie sie bei dem Überfall getragen worden sein soll.
Nach Eintreffen der Verstärkung trafen wir in der Wohnung neben der Geisel zwei männliche Personen an. Nach kurzer Nachschau konnten wir unter dem Sofa die Bauhaus Plastiktüte finden. In der Tüte fanden sich Bündel mit Bargeld, die vermutlich aus dem Banküberfall stammen. Allen drei Personen wurde die vorläufige Festnahme erklärt.

gez. Mük, POM   gez. Jost, POM

K1.61/04   Koblenz, den 30.4.2004

Verantwortliche Vernehmung

Zur Person:
Berta Alles, weitere Personalien bekannt.

Ich bin darüber belehrt worden, dass es mir frei steht, mich zu den Beschuldigungen zu äußern oder nicht auszusagen, und dass ich jederzeit einen Verteidiger befragen und zu meiner Entlastung Beweiserhebungen beantragen kann.

Ich möchte aussagen.

Alles fing damit an, dass die Hausbank meines Mannes den Betriebsmittelkredit für die Gastwirtschaft gekündigt hat. Die Gastwirtschaft lief schlecht. Bis zum Montag, dem 3.5.2004, soll mein Mann ca. 30.000 EUR an die Bank zahlen. Das war uns nicht möglich. Den Brief erhielten wir vor ca. einem Monat. In der Verzweiflung schlug mein Mann dann vor, eine Bank zu überfallen. Anfangs war ich von der Idee nicht begeistert. Konrad hat dann aber sehr sorgfältig den Plan für einen Banküberfall ausgearbeitet und richtig professionelle Ermittlungen angestellt. Er hat verschiedene Bankfilialen ins Auge gefasst und schließlich die Sparkasse Koblenz in der Bahnhofstraße ausgewählt. Die Bank liegt günstig zum Bahnhof. Die Fluchtmöglichkeiten sind wegen der Einbahnstraßen sehr günstig, außerdem hat die Filiale sehr viel Bargeld in der Kassenbox.

Nachdem ich meine Unterstützung zugesagt hatte, hielt Konrad die Plandurchführung nur mit einer Frau für zu gefährlich. Er sprach den Alfred Scheidt, unseren Kellner, auf die Tat an und erklärte ihm, dass er andernfalls ab Mai 2004 arbeitslos werde. Von Scheidt wussten wir, dass er bereits wegen Banküberfalls vorbestraft ist.

Alfred Scheidt schlug vor, in der Bank eine Geisel zu nehmen, und ihr die Pistole an den Kopf zu halten, um auf diese Weise Geld von der Kassiererin zu erpressen. Mein Mann lehnte diese Vorgehensweise jedoch ab. Er rechnete damit, dass die Geisel sich wehren oder durch den Schreck einen Herzanfall erleiden könnte. Konrad meinte, es sei doch viel wirkungsvoller, wenn ich die Scheingeisel spiele. Ich sei sehr klein und zierlich. Meine Bedrohung werde sicher sehr ernst genommen. Die Pistole sollte mit Schreckschusshülsen geladen werden und das Geld wollten wir nach dem Überfall zwischen Scheidt und uns je zur Hälfte aufteilen.

Der Überfall sollte eigentlich gestern am Donnerstag, den 29.4.2004 stattfinden. Mein Mann brachte mich mit dem Wagen zur Sparkasse und wartete im Fahrzeug, das als Fluchtauto vorgesehen war. Ich betrat die Bank und wartete eine gewisse Zeit lang. Als aber nichts geschah, verlor ich die Nerven und rannte raus. Ich setzte mich in den VW Polo und mein Mann fuhr sofort los. Im Eingangsbereich traf ich auf Scheidt, der gerade die Bank betreten wollte. Auch der ist dann weggelaufen. An dem Tag ist nichts passiert. Nach dem Vorfall trafen wir uns in unserer Wohnung. Unsere Nerven lagen blank. Zunächst haben wir die Sache aufgegeben, weil mein Mann meinte, dass er nicht fähig sei mitzumachen. Nach langem Hin und Her entschlossen wir uns dennoch, die geplante Tat am nächsten Tag durchzuführen.

Mein Mann hat die ganze Nacht nicht geschlafen und ständig Bier getrunken. Als Alfred Scheidt heute Morgen zur Vorbereitung der Tat in unsere Wohnung kam, war mein Mann nicht mehr einsatzfähig. Er redete auf uns ein, wir sollten den Plan aufgeben. Er hatte sich extra betrunken, um uns einen Strich durch die Rechnung zu machen. Um ihn zu beruhigen, haben Alfred und ich ihm versprochen, die Sache aufzugeben. Er legte sich daraufhin ins Bett und schlief sofort ein.

Alfred Scheidt war sauer. Auch er begann Bier und Schnaps zu trinken. Nach ca. zwei Stunden sagte er zu mir, wir haben doch überhaupt keine Wahl. Ich habe keine Lust vom Arbeitslosengeld zu leben. Er schlug vor, die Kneipe und unsere Arbeitsplätze durch den Banküberfall zu retten. Ich meinte sofort, dass das heute klappen werde und war bereit, den Überfall nur mit zwei Personen auszuführen. Wir haben nur den Fluchtweg geändert. Den VW Polo ließen wir mit laufendem Motor und nicht abgeschlossen in der Nähe der Sparkasse stehen. Alfred sollte nach dem Überfall das Fluchtfahrzeug selber fahren. Alfred nahm den mit Schreckschussmunition geladenen Gasrevolver, die mit Sehschlitzen präparierte Wollmütze und die Plastiktüte mit. Wir verabredeten uns für 13.00 Uhr in der Bank. Dann ist der Überfall so gelaufen, wie ihn die Kassiererin, deren Aussage mir vorgehalten wurde, geschildert hat.

Das Geld sollte kurz vor der Festnahme hälftig geteilt werden. Herr Scheidt sollte die Hälfte kriegen und mein Mann und ich die andere. Dazu ist es leider nicht mehr gekommen.

geschlossen:	selbst gelesen und genehmigt
Groß, KOK	Berta Alles

K1.61/04	Koblenz, 30.4.2004

Verantwortliche Vernehmung

Zur Person:
Alfred Scheidt, Personalien bekannt.

Der Beschuldigte erklärt nach Belehrung gem. §§ 136, 163 a StPO:

Alles was die Berta ausgesagt hat, ist richtig. Gestern ist ja Gott sei Dank nichts passiert. Als ich mir gerade vor der Bank die Wollmütze über den Kopf und das Gesicht gezogen hatte und den Türgriff schon in der Hand hielt, um in die Bank zu gehen, kam Berta Alles aus der Bank herausgestürmt. Sie rannte zum Wagen ihres Mannes, der sofort weg fuhr. Ich war wütend, denn wenn ich nur einige Sekunden früher gewesen wäre, hätte ich ohne meine Scheingeisel mit Revolver und Wollmütze in der Bank gestanden. Ich habe die Bank dann nicht betreten. Keiner hat etwas gemerkt. Als wir festgenommen wurden, waren wir gerade dabei das Geld zu teilen. Vor dem heutigen Überfall habe ich aus Verärgerung über das Verhalten des Konrad Alles Alkohol zu mir genommen. Ich fühle mich ziemlich betrunken. Ich konnte kaum Auto fahren. Es ist ein Wunder, dass alles geklappt hat. Der Plan von Konrad war einfach genial.

gez. Groß, KOK	selbst gelesen und genehmigt
	Alfred Scheidt

K1.61/04	Koblenz, 30.4.2004

Verantwortliche Vernehmung

Zur Person:
Konrad Alles, Personalien bekannt.

Ich bin über meine Rechte belehrt worden und möchte nur so viel zu der ganzen Sache sagen:

Es ist richtig, dass der Plan von mir stammt. Auch war es unser Revolver, der mit Platzpatronen geladen war. Ich bin jedoch nicht fähig, einen solchen Überfall durchzuführen. Gestern sollte ich das Fluchtfahrzeug fahren und vor der Bank warten, bis Alfred Scheidt mit der Beute aus der Bank kommt. Da ist aber nichts passiert. Meine Frau hat wohl die Nerven verloren.

An dem Überfall vom heutigen Tage bin ich nicht beteiligt. Ich habe im Bett gelegen und geschlafen. Meine Frau und Alfred haben mir versprochen, den Plan aufzugeben. Darauf habe ich mich verlassen. Mehr habe ich nicht zu sagen.

geschlossen: selbst gelesen und genehmigt
Groß, KOK   Konrad Alles

Auf Anweisung des KOK Groß wurde bei dem Beschuldigten Alfred Scheidt eine Blutprobe entnommen.

Ergebnis: Blutentnahme 30.4.2004, 19.00 Uhr, Dr. med. Glatz, Mittelwert 0,6 Promille.

Es ist davon auszugehen, dass die Blutprobe ordnungsgemäß gewonnen wurde.

Vermerk für den Bearbeiter:
1. Der Sachverhalt ist hinsichtlich aller drei Beschuldigten zu begutachten. Die Entschließungen der Staatsanwaltschaft sind zu entwerfen.
2. Sollte der Bearbeiter weitere Ermittlungen für notwendig halten, so hat er die Gründe hierfür zu erörtern, sodann aber davon auszugehen, dass sie durchgeführt und ohne Ergebnis geblieben sind.
3. Von den §§ 154 a, 154 StPO ist kein Gebrauch zu machen. Straftatbestände außerhalb des Strafgesetzbuches und Ordnungswidrigkeiten sind nicht zu prüfen.
4. Vermerke die sie auf ihrem Aufgabentext vornehmen, werden dem Prüfer nicht vorgelegt.
5. Zeitpunkt der Bearbeitung 14.5.2004. Es ist davon auszugehen, dass gegen alle drei Beschuldigten vom Ermittlungsrichter Haftbefehl erlassen wurde und diese in Untersuchungshaft genommen worden sind.

■ **Vorüberlegungen zur Lösung der Klausur**

■ Das strafrechtliche Verhalten von drei Beschuldigten ist zu begutachten. Das Tatgeschehen gestaltet sich in zwei Komplexe. Entgegen dem Normalfall ist es hier nicht ratsam, die Prüfung mit der zeitlich vorrangigen versuchten Tat am 29.4.2004 zu beginnen. Die Prüfung gestaltet sich einfacher, wenn der Tatkomplex zunächst gelöst wird, der die vollendete Tat beschreibt.

■ Selten ist es geschickt, alle Täter gemeinsam zu prüfen. Sinnvoller ist es, mit dem Beschuldigten zu beginnen, der augenscheinlich alle Tatbestandsmerkmale eigenhändig verwirklicht hat. Danach ist bei den übrigen Beschuldigten nur noch abzugrenzen, ob sie Täter oder nur Teilnehmer der Tat sind.

■ **Lösung:**

I.
Der Beschuldigte Alfred Scheidt könnte sich folgender Straftaten hinreichend verdächtig gemacht haben:

1.
In Betracht kommt ein Raub, § 249 StGB oder eine räuberische Erpressung, §§ 253, 255 StGB, indem er von der Kassiererin am 30.4.2004 unter Bedrohung der Berta Alles mit der geladenen Schreckschusswaffe Geld verlangt hat.

Nach der Rechtsprechung ist die Abgrenzung anhand des äußeren Erscheinungsbildes des Tatgeschehens vorzunehmen. Bei Herausgabe der Sache durch das Opfer soll eine Wegnahme ausgeschlossen sein. Die Kassiererin hat die Geldscheine nach anfänglichem Zögern durch die Öffnung der Kassenbox hindurch in die Reichweite des Beschuldigten Scheidt geschoben. Dieses Geschehen stellt sich vom äußeren Erscheinungsbild her mehr als Herausgabe und weniger als Wegnahme der dann in die Plastiktüte verstauten Geldscheine dar.

Die Literatur, die in der Erpressung ein dem Betrug gleich konstruiertes Vermögensdelikt sieht, stellt für die Abgrenzung beider Tatbestände auf das Vorliegen einer Vermögensverfügung ab, mit welcher der Erpresste willentlich auf sein Vermögen oder das eines anderen, über das er verfügen kann, einwirkt. Nach dieser Auffassung scheidet eine willentliche Vermögensverfügung nur dann aus, wenn sich der Verfügende etwa durch Vorhalt einer scharfen Waffe in einer Zwangslage befindet, in der er keine freie Wahl hat. Hier steht die Kassiererin in einer mit Panzerglas gesicherten Kassenbox, so dass der Taterfolg von ihrem freien Entschluss abhing. Die Literaturmeinung kommt deshalb zum gleichen Ergebnis wie die Rechtsprechung.

Zu prüfen ist eine räuberische Erpressung gem. §§ 253 Abs. 1, 255 StGB.

Nötigungsmittel sind Gewalt gegen eine Person oder Drohung mit einer gegenwärtiger Gefahr für Leib und Leben. Der Genötigte und derjenige, der zur vermögensschädigenden Handlung, Duldung oder Unterlassung veranlasst werden soll, müssen identisch sein, während der vom Zwang unmittelbar Betroffene durchaus auch eine andere Person sein kann. Scheidt hat keinen körperlichen Zwang auf die Kassiererin ausgeübt. Zwar ist keine körperliche Berührung erforderlich, jedoch muss die Zwangseinwirkung zu einer körperlichen Reaktion beim Genötigten führen. Der Sachverhalt gibt keine Hinweise darauf, dass die Kassiererin geschwitzt, gezittert oder sonst wie körperlich auf das Geschehen reagiert hätte. Sie hat die Alarmanlage gedrückt und das registrierte Geld zunächst nur in die Nähe der Durchreiche gelegt, um Zeit zu gewinnen. Aus dem besonnenen Verhalten der Kassiererin lässt sich keine Gewalteinwirkung bei ihr feststellen.

Fraglich ist, ob Scheidt gegenüber der Kassiererin mit gegenwärtiger Gefahr für Leib und Leben gedroht hat. Dabei ist unerheblich, dass Scheidt die Drohung nicht verwirklichen wollte und konnte. Es genügt, wenn die Drohung objektiv den Eindruck der Ernstlichkeit erweckt und dem Bedrohten auch als ernsthaft erscheint. Danach dürfte unzweifelhaft sein, dass Scheidt einer „Geisel" mit einer gegenwärtigen Gefahr für Leib und Leben gedroht hat.

Fraglich ist, ob die Kassiererin mit dieser Drohung genötigt wurde, weil ihr Leben, gesichert durch das Panzerglas, zu keinem Zeitpunkt in Gefahr war. Eine Drohung erfordert nicht, dass dem Bedrohten das angekündigte Übel selbst drohen muss. Es genügt, wenn das Übel einer anderen Person in Aussicht gestellt wird, solange der Genötigte es auch für sich selbst als Übel empfindet. Falls das Übel für eine dem Bedrohten nahe stehende Person angekündigt wird (einem Verwandten), liegt darin unschwer auch ein Übel für den Bedrohten selbst. Zwischen der Kassiererin und Berta Alles gab es hingegen keine nähere persönliche Beziehung. Allerdings ist die Drohung mit der Erschießung eines Menschen auch ohne besondere persönliche Beziehung geeignet, auf einen verantwortungsbewussten, normalen Menschen Druck auszuüben. So war es auch hier. Die Kassiererin schob das Geld erst dann durch die Kassenöffnung hindurch, als Scheidt die Geisel mit der Waffe bedrohte. Bis zu diesem Zeitpunkt verhielt sich die Kassiererin eher verhalten und abwartend.

Die Kausalität zwischen Nötigung und Erfolg ist unzweifelhaft gegeben.

Fraglich ist, ob Scheidt die Qualifikation des § 250 Abs. 2 Nr. 1 StGB erfüllt hat. Es müsste sich bei der mit Platzpatronen geladenen Schreckschusswaffe um eine „Waffe" oder um ein anderes gefährliches Werkzeug i.S.d. Vorschrift handeln. Unter Waffen sind bewegliche Sachen zu verstehen, die ihrer bestimmungsgemäßen Art nach zur Verursachung erheblicher Verletzungen von Personen generell geeignet sind. Ein gefährliches Werkzeug i.S.d. § 250 Abs. 2 Nr. 1 StGB ist dagegen dann gegeben, wenn der verwendete Gegenstand nach seiner Art und seiner konkreten Verwendung im Einzelfall geeignet ist, erhebliche Verletzungen zu verursachen. Die Auslegung orientiert sich an § 224 Abs. 1 Nr. 2 StGB. Hiervon ausgehend wurde eine lediglich mit Platzpatronen geladene Schreckschusswaffe bisher nicht als Waffe i.S.d. § 250 Abs. 2 Nr. 1 StGB angesehen und als ein anderes gefährliches Werkzeug nur dann, wenn sie unmittelbar am Körper des Opfers zum Einsatz gebracht werden sollte, also insbesondere bei einem „aufgesetzten Schuss". In solchen Fällen kann es auch bei einer Schreckschusspistole, wenn der Schall nach vorne austritt, zu erheblichen Verletzungen am Trommelfell, in den Augen oder gar zum Tod beim Aufsetzen auf die Schläfen führen. Nach der bisherigen Rechtsprechung wäre § 250 Abs. 2 Nr. 1 StGB vorliegend zu verneinen, da Berta Alles rund zwei Meter entfernt stand.

Stimmen in der Literatur haben hierzu kritisch angemerkt, dass es einen unauflösbaren Wertungswiderspruch zwischen der Rechtsprechung zum Messereinsatz und solchen Gaspistolen führt. Schon immer hat der BGH den Einsatz eines Messers als gefährliches Werkzeug ausreichen lassen, auch wenn die bedrohte Person mehrere Meter vom Täter entfernt stand. Die Literatur hat zu Recht darauf hingewiesen, dass auch ein Messer für den Bedrohten erst dann gefährlich wird, wenn es am Körper zum Einsatz kommt. Nicht anders ist es bei einer geladenen Schreckschusswaffe.

Der große Senat hat zwischenzeitlich den Wertungswiderspruch gelöst. Danach verwendet eine Waffe und erfüllt damit den Tatbestand des § 250 Abs. 2 Nr. 1 StGB, wer bei einer Raubtat das Opfer mit einer geladenen Schreckschusswaffe bedroht, sofern der Explosionsdruck nach vorne austritt. Nach Ansicht des großen Senats spricht für diese Auslegung auch die neue Regelung des Waffenrechts von April 2003. Der strafrechtliche Waffenbegriff ist zwar eigenständig, jedoch auch im Einklang mit dem allgemeinen Sprachgebrauch und in Anlehnung an die im Waffengesetz enthaltenen Grundvorstellungen über eine Schusswaffe zu bestimmen. Die Schreckschusswaffen werden aber nunmehr i.S.d. Waffengesetzes als Waffe im technischen Sinne angesehen. Zum Führen solcher Waffen bedarf es eines kleinen Waffenscheins. Durch diese neue Regelung soll der missbräuchliche Umgang mit Schreckschusswaffen eingedämmt werden.

Da Herr Scheidt ohne große Probleme wegen der kurzen Distanz zu seiner Geisel die Waffe auch am Körper der Geisel zum Einsatz hätte bringen können, hat er nach der neueren Rechtsprechung die Qualifikation des § 250 Abs. 2 Nr. 1 StGB erfüllt.

Fraglich ist, ob ein minderschwerer Fall nach § 250 Abs. 3 StGB anzunehmen ist. Die Strafrahmenverschiebung ist anzunehmen, wenn die Tat im Ganzen unter Berücksichtigung auch der Täterpersönlichkeit, der Schwere des angerichteten Schadens, die Hartnäckigkeit und Stärke des verbrecherischen Willens und die besondere Gefährlichkeit der angewendeten Mittel so sehr von den erfahrungsgemäß gewöhnlich vorkommen und deshalb vom Gesetz für den Spielraum des ordentlichen Strafrahmens schon bedachten Fällen, an Strafwürdigkeit nach unten abweicht, dass der ordentliche Strafrahmen unangemessen erscheint. Für die Annahme des minderschweren Falles spricht die Überlegung der Beschuldigten, eine Scheingeisel statt einer echten Geisel einzusetzen, um jedwede Gefährdung Dritter auszuschließen. Dadurch ist die objektive Gefährlichkeit der Tat für andere erheblich heruntergesetzt worden. Die Festnahme verlief ohne Gegenwehr und schon bei der ersten Vernehmung haben alle ein volles Geständnis abgelegt. Die Tatbeute ist ohne Abstriche an die geschädigte Sparkasse zurückgelangt. Auf der anderen Seite steht jedoch eine erhebliche kriminelle Energie der Beschuldigten. Trotz des Fehlschlags am 29.4.2004 haben sie sich entschlossen weiter zu machen und ihr Ziel hartnäckig verfolgt. Die Tat wurde mit großem Erfolg und hohem Schaden zu Ende geführt. Die Schadensverhinderung hing allein von der guten Arbeit der Polizei ab. Unter Abwägung aller Gesichtspunkte spricht mehr dafür, den minderschweren Fall zu verneinen als dafür, ihn zu bejahen.

Fraglich ist, ob Scheidt auf Grund des genossenen Alkohols in seiner Schuldfähigkeit gem. §§ 20, 21 StGB erheblich eingeschränkt war. Zum Zeitpunkt der Blutentnahme am 30.4.2004 um 19.00 Uhr betrug die Blutalkoholkonzentration 0,6 Promille. Nach ständiger Rechtsprechung kann eine erhebliche Verminderung der Schuldfähigkeit ab einer Blutalkoholkonzentration von 2,0 Promille angenommen werden. Vorliegend ist vom Zeitpunkt der Blutentnahme auf den Tatzeitpunkt zurückzurechnen. Nach der Rechtsprechung erfolgt die Rückrechnung zu Gunsten des Beschuldigten durch die Annahme eines maximalen Abbauwertes von 0,2 Promille pro Stunde und einem einmaligen Sicherheitszuschlag von 0,2 Promille. Zwischen 13.00 Uhr und 19.00 Uhr hat Scheidt in dubio pro reo ohne Berücksichtigung einer Anflutungsphase sechs Stunden lang fortwährend Alkohol abgebaut. Zu rechnen sind deshalb für sechs Stunden à 0,2 Promille und einen Sicherheitszuschlag von nochmals 0,2 Promille, eine Blutalkoholkonzentration von 1,4 Promille, die dem gefundenen Wert von 0,6 Promille hinzuzuzählen ist. Mithin ist nicht auszuschließen, dass Scheidt zur Tatzeit eine Blutalkoholkonzentration von 2,0 Promille im Körper hatte. Bei Scheidt ist zur Tatzeit von einer stark verminderten Schuldfähigkeit i.S.d. § 21 StGB auszugehen.

Scheidt hat sich wegen einer schweren räuberischen Erpressung nach §§ 253, 255, 250 Abs. 2 Nr. 1, 21, 25 Abs. 2 StGB hinreichend verdächtig gemacht.

2.
Weiterhin kommt ein Betrug in Betracht, weil die Drohung auf einer Täuschung beruht hat. Die Kassiererin befand sich in einem Irrtum, weil sie nicht wusste, dass Scheidt nur eine Scheingeisel mit einer Scheinwaffe bedroht hat. Auch ein Kausalzusammenhang zwischen Irrtum und Vermögensverfügung kann hier nicht verneint werden, weil der Irrtum der Kassiererin nicht hinweggedacht werden kann, ohne dass der Taterfolg entfiele. Auch die übrigen Tatbestandsmerkmale des Betrugs sind zu bejahen.

Nach der Rechtsprechung soll die Täuschung jedoch keine eigenständige tatbestandliche Bedeutung haben, wenn sie sich lediglich auf die Ausführbarkeit der angedrohten Gewalt bezieht. Scheidt hat sich im Ergebnis nicht wegen Betrugs hinreichend verdächtig gemacht. Die Literatur kommt zum gleichen Ergebnis, auch wenn sie auf der Konkurrenzebene annimmt, dass der Betrug von der schweren räuberischen Erpressung konsumiert wird.

3.
Scheidt könnte sich noch wegen erpresserischen Menschenraubes nach § 239 a StGB hinreichend verdächtig gemacht haben. Dann müsste er sich der Berta Alles

bemächtigt haben. Sich bemächtigen bedeutet, die Begründung eigener Herrschaft über den Körper eines anderen. Sie liegt ganz sicher dann vor, wenn ein Täter eine Person festhält und mit einer Waffe bedroht. Hier war Berta Alles mit der Bedrohung durch die Scheinwaffe jedoch einverstanden. Sie hat sich freiwillig zur Verfügung gestellt. Ein Bemächtigen liegt nicht vor. Die Gegenmeinung, welche auch eine Scheingeisel als taugliches Opfer ansieht, ist nicht überzeugend. § 239 a StGB schützt einerseits die Freiheit von Personen und andererseits das Vermögen. Da es bei der Scheingeisel zumindest an der Beeinträchtigung der Freiheit und der Unversehrtheit des Opfers fehlt, kann der Tatbestand des erpresserischen Menschenraubes mit einer Scheingeisel nicht erfüllt werden. Scheidt ist nicht gem. § 239 a StGB hinreichend verdächtig.

4.
Scheidt könnte sich wegen Vortäuschens einer Straftat gem. § 145 d Abs. 1 Nr. 1 StGB hinreichend verdächtig gemacht haben, indem er eine Geiselnahme vorgetäuscht hat. Nach ständiger Rechtsprechung reicht das bloße Aufbauschen einer tatsächlich begangenen Straftat nicht aus. Vielmehr muss durch Weglassen oder Hinzudichten von Tatumständen die tatsächlich begangene Tat in ihrem Charakter völlig verändert worden sein. Eine Bestrafung kommt nur in Betracht, wenn das Täterverhalten geeignet war, ein ungerechtfertigtes Einschreiten von Strafverfolgungsbehörden hervorzurufen. Wegen der angeblichen Geiselnahme war am Tatort kein Einschreiten der Polizei erforderlich, weil die Polizisten nach Ankunft in der Bank sofort feststellen konnten, dass Scheidt flüchtig war und die Geisel zurückgelassen wurde. Die Ermittlungen der Polizei konnten auch nicht in eine falsche Richtung laufen und dadurch Arbeitskraft unnötig binden. Der Sachverhalt gibt nichts für die Annahme her, dass weniger Streifenwagen eingesetzt worden wären, wenn die Einsatzmeldung statt Banküberfall mit Geiselnahme nur auf Banküberfall gelautet hätte. Ein hinreichender Tatverdacht nach § 145 d Abs. 1 Nr. 1 StGB ist Scheidt nicht nachzuweisen.

5.
Eine Verfolgung wegen Hausfriedensbruches gem. § 123 StGB scheidet wegen eines fehlenden Strafantrags aus.

6.
Scheidt könnte sich wegen zweier Trunkenheitsfahrten nach § 316 StGB hinreichend verdächtig gemacht haben, indem er in alkoholisiertem Zustand mit dem PKW der Familie Alles zur Bank hingefahren ist und nach der Tat mit dem PKW geflüchtet ist.

Fraglich ist, ob Scheidt infolge des Genusses alkoholischer Getränke nicht in der Lage war, das Fahrzeug sicher zu führen. Die absolute Fahruntüchtigkeit nimmt die Rechtsprechung bei einer Blutalkoholkonzentration von 1,1 Promille an. Die Blutentnahme am 30.4.2004 um 19.00 Uhr erbrachte für Scheidt eine Blutalkoholkonzentration von 0,6 Promille. Fraglich ist, wie hoch die Blutalkoholkonzentration zur Tatzeit um ca. 13.00 Uhr gewesen ist. Dem Wert der Blutalkoholkonzentration um 19.00 Uhr darf der Alkoholwert zugerechnet werden, der sicher im Körper des Herrn Scheidt in der Zeit von 13.00 Uhr bis 19.00 Uhr abgebaut worden ist. Als Trinkende kann sicher der Zeitpunkt des Tatbeginns um 13.00 Uhr festgestellt werden. Zu Gunsten des Herrn Scheidt ist von einer Anflutungsphase von zwei Stunden auszugehen, während der kein Alkohol abgebaut worden ist. Danach ist für jede Stunde ein Abbauwert von 0,1 Promille als sicher anzunehmen. Nach dieser Vorgabe hat Scheidt bis 15.00 Uhr keinen Alkohol abgebaut und in der Zeit von 15.00 Uhr bis 19.00 Uhr jeweils stündlich 0,1 Promille, also insgesamt 0,4 Promille in vier Stunden. Die Addition von 0,4 Promille und den 0,6 Promille aus der Blutalkoholkonzentration bei der Blutentnahme ergeben einen Gesamtwert von 1,0 Promille. Damit ist eine absolute Fahruntüchtigkeit nicht nachweisbar. Um dennoch eine Trunkenheitsfahrt annehmen zu können, bedarf es der Feststellung von Ausfallerscheinungen während der Tatzeit. Der Sachverhalt bietet dafür jedoch keine Anhaltspunkte. Im Ergebnis wird man Scheidt nur eine Ordnungswidrigkeit nachweisen können, die laut Bearbeiterhinweis jedoch nicht zu prüfen ist. Scheidt hat sich nicht nach § 316 StGB hinreichend verdächtig gemacht.

II.

Hinreichender Tatverdacht der Beschuldigten Berta Alles:

Berta Alles kann sich als Mittäterin oder als Gehilfin an der von Scheidt begangenen Tat hinreichend verdächtig gemacht haben. Wenn der Tatbeitrag vom Willen getragen ist, die Straftat als eigene zu wollen, so liegt nach der Rechtsprechung eine Mittäterschaft vor. Nach Auffassung der Literatur muss der Mittäter Tatherrschaft haben, welche durch ein in den Händen halten des Tatgeschehens gekennzeichnet ist. Für die Mittäterschaft spricht die Beteiligung der Berta Alles an der Tatvorbereitung und ihr aktives Mitwirken am Tatort. Sie hatte auch die Tatherrschaft. Dies wird beeindruckend durch ihr Verhalten am Vortag belegt. Als sie aus der Bank herausstürmte, konnten auch die anderen Tatbeteiligten das geplante Vorhaben nicht mehr umsetzen. Auch war sie gemeinsam mit ihrem Ehemann zur Hälfte an dem Taterfolg beteiligt. Für eine bloße Beihilfehandlung spricht nichts. Nach alledem kann der Tatbeitrag des Alfred Scheidt über § 25 Abs. 2 StGB Berta Alles voll zugerechnet werden. Ihre Schuldfähigkeit ist jedoch unbeeinträchtigt, da der Sachverhalt hierfür keine Anhaltspunkte bietet.

III.

Hinreichender Tatverdacht des Beschuldigten Konrad Alles:

Fraglich ist, ob die Tathandlungen des Scheidt über § 25 Abs. 2 StGB dem Beschuldigten Konrad Alles zugerechnet werden können, obwohl er zu diesem Zeitpunkt den Tatplan aufgegeben hatte und die beiden anderen ihm auch versprochen hatten, ihrerseits von der Tat Abstand zu nehmen.

Ein Rücktritt von der Tat nach § 24 Abs. 2 StGB liegt nicht vor. Als Konrad Alles die Tat nicht mehr begehen wollte und versuchte, die beiden anderen von der Tatverwirklichung abzubringen, war das Stadium der Vorbereitung noch nicht überschritten.

Konrad Alles war der Initiator der Straftat. Zum Zeitpunkt der Planung wollte er zusammen mit seinen Mittätern einen arbeitsteiligen Banküberfall durchführen. Er wählte die zu überfallende Sparkasse aus und schmiedete den Plan für die Durchführung mit Scheinwaffe und Scheingeisel, die Flucht und die Beuteteilung. Auf seine Initiative geht die Gewinnung der beiden Mittäter zurück. All diese Beiträge haben sich in der schließlich verwirklichten Tat auch noch ausgewirkt. Konrad Alles sollte zusammen mit seiner Frau auch die Hälfte der Beute erhalten. Dies hat grundsätzlich zur Folge, dass Konrad Alles nach allgemeinen Beteiligungsregeln wegen Beteiligung an der vollendeten Tat zu bestrafen ist, obgleich er weitere ihm zugedachte Tatbeiträge (Fahren des Fluchtfahrzeuges) nicht mehr erbracht hat. Für die ständige Rechtsprechung ist in solchen Fällen entscheidend, dass sich der im Vorbereitungsstadium geleistete Tatbeitrag letztlich voll in der Verwirklichung der geplanten Tat durch die anderen Beteiligten niedergeschlagen hat. Unerheblich ist dagegen, dass die beiden Mittäter Konrad Alles getäuscht haben und ihm versprochen hatten, von ihrer Tat Abstand zu nehmen. Konrad Alles hat das Risiko für seinen einmal erbrachten Tatbeitrag voll zu tragen. Er hätte durch einen rechtzeitigen Anruf bei der Polizei oder der Sparkasse die Tat auch verhindern können. Als er sich durch Alkohol außer Gefecht gesetzt hat, musste er damit rechnen, dass die beiden anderen Beschuldigten die von ihm gut vorbereitete und geplante Tat allein durchführen. Von daher ist es gerechtfertigt, ihm das Verhalten seiner Frau und Alfred Scheidt zuzurechnen.

Nach teilweise vertretener Ansicht scheidet in dieser Konstellation Mittäterschaft generell wegen Fehlens der Tatherrschaft aus, und es bleibt für den Beteiligten folglich bei einer Strafbarkeit wegen Anstiftung bzw. Beihilfe. Diese Auffassung scheint nicht sachgerecht. Konrad Alles hat mehr zum Gelingen der Tat beigetragen, als der bloße Tippgeber, der zu Recht wegen Beihilfe belangt wird. Ohne seinen erheblichen Tatbeitrag wäre es nie zu dem Banküberfall gekommen. Deshalb ist der Rechtsprechung zu folgen. Vergleichbar ist die Stellung des Konrad Alles mit einem Tatbeteiligten, der nach Versuchsbeginn durch die Mittäter vom Tatplan Abstand nimmt und dem die Tatverhinderung nicht mehr gelingt. Auch dann trägt der Tatbeteiligte das volle Risiko für die Tatvollendung, auch wenn er den Taterfolg nicht mehr will. Zum Zeitpunkt seiner maßgeblichen Tathandlung handelte Konrad Alles auch vorsätzlich und mit der Absicht rechtswidriger Bereicherung. Er ist wegen schwerer räuberischer Erpressung nach §§ 253, 255, 250 Abs. 2 Nr. 1, 25 Abs. 2 StGB hinreichend verdächtig.

IV.
Das Tatgeschehen am 29.4.2004:

Scheidt könnte sich bereits am 29.4.2004 wegen einer versuchten schweren räuberischen Erpressung nach §§ 253, 255, 250 Abs. 2 Nr. 1, 22, 23 StGB hinreichend verdächtig gemacht haben. Das hängt davon ab, ob er nach seiner Vorstellung von der Tat zur Verwirklichung des Tatbestands unmittelbar angesetzt hat. Für den Fall der Mittäterschaft gilt, dass alle Beteiligten in das Versuchsstadium eintreten, sobald ein Tatbeteiligter zur Tatbestandsverwirklichung unmittelbar ansetzt.

Das Ansetzen zur Tat gilt als unmittelbar, wenn Handlungen ausgeführt werden, die im ungestörten Fortgang ohne Zwischenakte oder jedenfalls im engen zeitlichen Zusammenhang in die Tatbestandsverwirklichung einmünden sollen. Hier hat Berta Alles bereits in der Bank auf Scheidt gewartet. Dieser hatte bereits die Wollmütze über sein Gesicht gezogen und stand mit der geladenen Waffe unmittelbar vor der Eingangstür. Eine Hand hatte er schon zum Zwecke der Öffnung der Eingangstür am Türgriff. Nach dem Tatplan hätte Scheidt in der nächsten Sekunde die Tür zur Bank aufgestoßen. Sobald ein Bankräuber maskiert mit Waffe den Schalterraum betritt, liegt bereits die Vollendung des ersten Tatbestandsmerkmales vor. Wertet man alle genannten Umstände, so ist von einem unmittelbaren Ansetzen auszugehen, da Scheidt bei ungestörtem Fortgang des Tatablaufs wenige Sekunden später bereits ein Tatbestandsmerkmal verwirklicht hätte.

Wegen der übrigen Tatbestandsmerkmale und der Qualifikation des § 250 Abs. 2 Nr. 1 StGB wird auf die Ausführungen oben im Gutachten verwiesen.

Fraglich ist, ob Scheidt gem. § 24 Abs. 1 StGB strafbefreiend zurückgetreten ist. Dies ist jedenfalls dann nicht der Fall, wenn ein fehlgeschlagener Versuch festgestellt werden kann. In dem Augenblick, als Berta Alles aus der Bank herauslief und zusammen mit ihrem Ehemann im PKW davon fuhr, konnte Alfred Scheidt die Tat nicht mehr wie geplant zu Ende führen, selbst wenn er dies gewollt hätte. Zwar hätte er alleine in die Bank gehen können. Diese Tat hätte dann aber auf einem neuen Tatentschluss beruht und wäre von Scheidt unabhängig von der geplanten Tat ausgeführt worden. Hierauf kommt es für den Rücktritt nicht an.

Scheidt hat sich deshalb wegen versuchter schwerer räuberischer Erpressung hinreichend verdächtig gemacht.

V.

Berta Alles hat arbeitsteilig mit Scheidt zusammengearbeitet. Sie ist einer schweren räuberischen Erpressung hinreichend verdächtig.

Fraglich ist, ob Berta Alles gem. § 24 StGB strafbefreiend vom Versuch der schweren räuberischen Erpressung zurückgetreten ist. Für sie lag kein fehlgeschlagener Versuch vor. Bis zu ihrem Entschluss aus der Bank herauszulaufen, lief schließlich alles nach Plan. Zweifel könnten allenfalls an ihrer Freiwilligkeit des Rücktritts gegeben sein. An der Freiwilligkeit könnte es aber allenfalls dann fehlen, wenn sie auf Grund ihrer Nervenschwäche überhaupt nicht mehr an der Tatausführung hätte mitwirken können. Dies lässt sich aus dem Sachverhalt nicht entnehmen. Berta Alles ist deshalb freiwillig strafbefreit von der versuchten schweren räuberischen Erpressung zurückgetreten.

VI.

Konrad Alles hat am 29.4.2004 das Fluchtfahrzeug gefahren. Er hatte den Tatplan im Wesentlichen geschmiedet und bei der arbeitsteiligen Ausführung mitgewirkt. Ihm war ein wesentlicher Teil der Beute zugedacht. Er ist deshalb als Mittäter anzusehen. Hinsichtlich der übrigen Tatbestandsmerkmale der versuchten schweren räuberischen Erpressung gilt das bei dem Mitbeschuldigten Scheidt Gesagte. Dies gilt auch hinsichtlich des Rücktritts. Als Berta Alles fluchtartig die Bank verließ, war der Versuch für Konrad Alles fehlgeschlagen. Er konnte nichts mehr tun.

VII. Konkurrenzen

Fraglich ist, wie die beiden Taten am 29.4. und am 30.4.2004 konkurrenzmäßig zu einander stehen. Im Verhältnis von Versuch und Vollendung könnte man an das Vorliegen einer mitbestraften Vortat denken. Dadurch würde der Versuch straflos bleiben. Dies soll nach ständiger Rechtsprechung aber nur dann der Fall sein, wenn der Unrechtsgehalt der Versuchstat durch die spätere Vollendung voll erfasst und deshalb durch deren Bestrafung mitabgegolten wäre. Der BGH hat dies nur angenommen, wenn Versuch und Vollendung eine einheitliche Tat bilden. Setzt dagegen der Täter auf Grund eines neuen Tatentschlusses zu einer weiteren Handlung an und vollendet dabei die Straftat, welche vorher im Versuchsstadium steckengeblieben war, so liegt ein Fall der mitbestraften Vortat nicht mehr vor. So liegt der Fall hier. Nach dem Fehlschlag des ersten Versuchs hatten alle drei Mittäter zunächst insgesamt den Tatplan aufgegeben. Erst nach längerer Diskussion haben sich Berta Alles und Alfred Scheidt entschlossen, den Tatplan ohne die Ausführungshandlungen des Konrad Alles doch noch auszuführen. Dazu musste der gesamte Tatablauf leicht angepasst werden. Deshalb ist von Tatmehrheit auszugehen.

VIII.

Zusatzüberlegungen der Staatsanwaltschaft vor der Anklageschrift:

1.

Die Anklage ist bei einer großen Strafkammer des Landgerichts Koblenz gem. §§ 24 Abs. 1, 74 Abs. 1 GVG zu erheben. Nach § 250 Abs. 2 StGB beginnt der Strafrahmen bei einer Freiheitsstrafe von fünf Jahren. Auch wenn dieser Strafrahmen über §§ 21, 49 StGB gemildert werden kann (nicht muss), ist zu bedenken, dass zusätzlich ein versuchtes Verbrechen vorliegt und eine Gesamtstrafe zu erwarten ist, die weit über vier Jahren liegen wird. Dies gilt besonders für Scheidt, der einschlägig vorbestraft ist.

2.

Der grüne VW Polo, die Waffe und die Wollmütze werden nach § 74 Abs. 1 StGB als Tatwerkzeuge eingezogen. Einzuziehende Gegenstände sind am Schluss des konkreten Anklagesatzes in die Anklageschrift aufzunehmen.

3.

Für alle drei Beschuldigten ist gem. §§ 140 Abs. 1 Nr. 1, 141 Abs. 3 StPO ein Pflichtverteidiger zu bestellen. Dies hat der Staatsanwalt zu beantragen.

4.

Fraglich ist, ob gem. § 207 Abs. 4 StPO in der Anklageschrift die Fortdauer der Untersuchungshaft für alle drei Beschuldigten beantragt werden muss.

Dies hängt davon ab, ob ein dringender Tatverdacht bejaht werden kann und zumindest ein Haftgrund nach §§ 112, 112 a StPO vorliegt. Der dringende Tatverdacht ergibt sich aus dem oben erstellten Gutachten. Aus dem hinreichenden Tatverdacht wird ein dringender Tatverdacht dadurch, dass alle drei Beschuldigten die Tat eingeräumt haben. Legt der Beschuldigte ein Geständnis ab, so erübrigen sich weitere Ausführungen zum dringenden Tatverdacht. Anhaltspunkte für ein Scheingeständnis liefert der Sachverhalt nicht.

Es könnte der Haftgrund der Fluchtgefahr nach § 112 Abs. 2 Nr. 2 StPO vorliegen. Dann müsste bei Würdigung aller Umstände des Einzelfalls die Gefahr bestehen, dass sich die Beschuldigten eher dem Strafverfahren entziehen, als sich ihm zu stellen.

In Anbetracht der hohen zu erwartenden Gesamtfreiheitsstrafe ist der Fluchtanreiz für alle drei Beschuldigten sehr hoch. Dies ist ihnen auch bewusst und bekannt. Gegenindikatoren, die eine Fluchtgefahr ausräumen könnten, gibt der Sachverhalt nicht her. Im Gegenteil haben alle drei Beschuldigten erhebliche Schulden und sind nach der Kreditkündigung der Hausbank des Beschuldigten Alles und nach Schließung der Gaststätte arbeitslos. Eine familiäre Bindung weist keiner der Beschuldigten auf. Sie könnten problemlos untertauchen, ohne auf nahe Angehörige Rücksicht nehmen zu müssen. Nach Abwägung aller Umstände ist die Fluchtgefahr zu bejahen.

Der Verhältnismäßigkeitsgrundsatz ist in Anbetracht der hohen Strafe ebenfalls gewahrt. Der Staatsanwalt hat in der Anklageschrift gem. § 207 Abs. 4 StPO für alle drei Beschuldigten die Fortdauer der Untersuchungshaft zu beantragen.

5.

Weiterhin ist zu überlegen, ob dem Beschuldigten Scheidt gem. § 111 a StPO vorläufig die Fahrerlaubnis entzogen werden sollte. Auch wenn keine Trunkenheitsfahrt vorliegt, so ist er gem. § 69 Abs. 1 StGB charakterlich ungeeignet zur Teilnahme am Straßenverkehr. Er hat seine Fahrerlaubnis missbraucht, um eine Straftat zu fördern. Andererseits kann Scheidt in der Untersuchungshaft ohnehin von seiner

Fahrerlaubnis keinen Gebrauch machen. Für den Fall der unerwarteten Haftentlassung (etwa bei einer Haftprüfung durch das Oberlandesgericht) könnte eine vorläufige Entziehung der Fahrerlaubnis nach § 111 a StPO jederzeit nachgeholt werden. Derzeit ist ein solcher Antrag nicht nötig. Das Gleiche gilt auch für den Mitbeschuldigten Konrad Alles, der bei der Versuchstat am 29.4.2004 das Fluchtfahrzeug gesteuert hat.

An das
Landgericht
– große Strafkammer –
56068 Koblenz   **Haft**

Anklageschrift

A.
I. Alfred Scheidt, geb. am 18.5.1962 in Mainz, wohnhaft: Burgstraße 55, 56179 Koblenz,
ledig, Deutscher

II. Berta Alles, geb. am 6.10.1972 in Koblenz, wohnhaft: Festungsstraße 4, 56068 Koblenz,
verheiratet, Deutsche

III. Konrad Alles, geb. am 15.12.1962 in Köln, wohnhaft: Festungsstraße 4, 56068 Koblenz,
verheiratet, Deutscher
in dieser Sache vorläufig festgenommen am 30.4.2004 und seit dieser Zeit in Untersuchungshaft in der Justizvollzugsanstalt Koblenz.

Haftprüfungstermin nach   § 117 Abs. 5 StPO: 30.7.2004
                                         § 121 Abs. 2 StPO: 30.10.2004
werden angeklagt,

am 29. und 30.4.2004

in Koblenz

B.
Die Angeschuldigten Scheidt und Konrad Alles gemeinschaftlich durch zwei Handlungen, die Angeschuldigte Berta Alles gemeinschaftlich durch eine Handlung wie B.2.
1. versucht zu haben, rechtswidrig einen Menschen durch Drohung mit gegenwärtiger Gefahr für Leib oder Leben zu einer Handlung genötigt zu haben und dadurch dem Vermögen des Genötigten oder eines anderen Nachteil zugefügt zu haben, um sich oder einen Dritten zu Unrecht zu bereichern, wobei zur Ausführung der Tat eine Schusswaffe verwendet wurde;
2. einen Menschen rechtswidrig durch Drohung mit gegenwärtiger Gefahr für Leib oder Leben zu einer Handlung genötigt zu haben und dadurch dem Vermögen des Genötigten oder eines anderen Nachteil zugefügt zu haben, um sich oder einen Dritten zu Unrecht zu bereichern, wobei zur Ausführung der Tat eine Schusswaffe verwendet wurde.

C.
Als im April 2004 die Hausbank des Konrad Alles diesem den Betriebsmittelkredit für seine Gastwirtschaft gekündigt hat, entschloss er sich, eine Bank zu überfallen.

Er untersuchte mehrere Kreditinstitute auf ihre Eignung zum Überfall und wählte schließlich die Sparkasse Koblenz in der Bahnhofstraße aus, weil diese günstig zum Bahnhof hin gelegen war und, wie er beobachtet hatte, immer einen hohen Bargeldbestand führte. Er gewann seine Ehefrau, die Angeschuldigte zu II. Berta Alles und den Angeschuldigten zu I. Alfred Scheidt für sein Vorhaben.

Am 29.4.2004 in der Mittagszeit begaben sich alle drei Angeschuldigten zur Sparkasse Koblenz in die Bahnhofstraße. Scheidt sollte mit einer Wollmütze maskiert die Schalterhalle betreten und mit der Erschießung der Scheingeisel Berta Alles drohen, um die Kassiererin zur Herausgabe von Bargeld zu nötigen. Frau Alles war mit ihrer Geiselnahme einverstanden. Zur Ausführung der Tat sollte eine mit Schreckschusspatronen geladene Waffe zum Einsatz kommen. Zur Vollendung der Tat kam es nicht. Berta Alles hatte sich schon in der Bank postiert, Konrad Alles wartete mit dem Fluchtauto vor dem Kreditinstitut. Alfred Scheidt hatte die Wollmütze bereits über sein Gesicht gezogen und wollte gerade die Schalterhalle betreten, als die Angeschuldigte Berta Alles die Nerven verlor und aus der Bank herauslief. Sie fuhr zusammen mit dem Angeschuldigten zu III. unmittelbar davon. Alfred Scheidt war es nicht mehr möglich, die Tat zu vollenden. Er nahm von der weiteren Ausführung des Vorhabens Abstand.

Zu 2:
Nach dem fehlgeschlagenen Überfall am 29.4.2004 gaben die Angeschuldigten ihren Tatplan vorübergehend auf. Wenige Stunden später entschlossen sich Alfred Scheidt und Berta Alles, die Tat am 30.4.2004 ohne Konrad Alles durchzuführen. Konrad Alles hat den Tatplan aufgegeben und sich zum weiteren Mitmachen nicht mehr bereit erklärt. Er versuchte, die beiden Angeschuldigten von der Durchführung des Überfalls abzuhalten. Die Angeschuldigten Scheidt und Berta Alles versprachen Konrad Alles, von der Tat Abstand zu nehmen. Dennoch führten sie den Banküberfall am 30.4.2004 so durch, wie ihn Konrad Alles ursprünglich geplant hatte. Lediglich musste Alfred Scheidt das Fluchtauto selbst steuern.

Zum Zeitpunkt der Tatausführung wies die Blutalkoholkonzentration des Alfred Scheidt mindestens 2,0 Promille auf. Berta Alles und Alfred Scheidt erbeuteten 52.100 EUR. Das Geld sollte je zur Hälfte zwischen Scheidt und den Eheleuten Alles aufgeteilt werden. Das erbeutete Bargeld konnte noch am gleichen Tage sichergestellt und der Bank zurückgegeben werden.

Die Fahrerlaubnis des Angeschuldigten Konrad Alles und die Fahrerlaubnis des Angeschuldigten Alfred Scheidt sind nach § 69 Abs. 1 StGB zu entziehen. Die Führerscheine sind einzuziehen. Beide haben ihre Fahrerlaubnis zur Förderung einer Straftat missbraucht und sind damit charakterlich ungeeignet zur Teilnahme am Straßenverkehr.

Als Tatwerkzeuge sind im Urteil der grüne VW Polo mit der Fahrgestell-Nr. XYZ, die Schreckschusswaffe nebst Munition mit der Nr. 123 und die hellfarbene Wollmütze mit Sehschlitzen einzuziehen.

Strafbar nach: §§ 253, 255, 250 Abs. 2 Nr. 1, 25 Abs. 2, 74 StGB,
bzgl. Alfred Scheidt zusätzlich nach: §§ 20, 21, 22, 23, 53, 69, 69 a StGB,
bzgl. Konrad Alles zusätzlich nach: §§ 22, 23, 53, 69, 69 a StGB.

D.

Beweismittel:

1. Geständnisse der Angeschuldigten
2. Zeugen
   a) Heidi Rübenach, In der Lah 15, 56072 Koblenz-Güls
   b) KOK Hafer
   c) POM Groß
   d) POM Mük
   e) POM Jost
   die Polizeibeamten sind über das Polizeipräsidium in Koblenz zu laden
3. Überführungsstück
   a) Schreckschusswaffe mit der Nr. 123 nebst Munition
   b) helle Wollmütze
   c) Quittung der Sparkasse Koblenz über das zurückerhaltene Bargeld über 52.100 EUR

Wesentliches Ergebnis der Ermittlungen:

Der Angeschuldigte Alfred Scheidt ist von Beruf Kellner und hat zuletzt 1.200 EUR netto im Monat verdient. Er war bei dem Angeschuldigten Konrad Alles beschäftigt.

Der Bundeszentralregisterauszug weist für seine Person eine Eintragung auf. Durch Urteil des Landgerichts Freiburg vom 5.12.1995 wurde er wegen schweren Raubes gem. §§ 249, 250 Abs. 2 Nr. 1 StGB zu einer Freiheitsstrafe von fünf Jahren verurteilt. Diese hat er bis zum 21.3.1999 verbüßt. Die Strafvollstreckungskammer des Landgerichts Freiburg setzte den Strafrest bis zum 21.9.2003 zur Bewährung aus. Die Strafe wurde durch Beschluss des Landgerichts Freiburg vom 15.10.2003 erlassen.

Scheidt ist nicht verheiratet und hat keine Kinder. Durch die Inhaftierung seines Arbeitgebers Konrad Alles und die Schließung der Gaststätte ist Scheidt arbeitslos geworden. Seine Schulden belaufen sich auf mehrere 1.000 EUR.

Die Angeschuldigten zu 2. Berta Alles und der Angeschuldigte zu 3. Konrad Alles sind verheiratet. Sie betrieben gemeinsam eine Gaststätte in Koblenz. Aus der Ehe sind keine Kinder hervorgegangen. Beide haben erhebliche Schulden bei der Bank. Das Bundeszentralregister weist für ihre Person keine Eintragung auf.

Wegen der Tatplanung und der Tatausführung wird auf den konkreten Anklagesatz verwiesen. Die Angeschuldigten räumen die Vorwürfe ein. Die Angeschuldigten Scheidt und Konrad Alles haben sich wegen versuchter schwerer räuberischer Erpressung und wegen schwerer räuberischer Erpressung in Tatmehrheit zu verantworten, während Berta Alles lediglich eine schwere räuberische Erpressung begangen hat.

Es wird beantragt,

1. die Anklage zur Hauptverhandlung zuzulassen und das Verfahren vor der großen Strafkammer des Landgerichts Koblenz zu eröffnen,
2. bzgl. aller drei Angeschuldigten die Fortdauer der Untersuchungshaft anzuordnen.

Unterschrift (StA)

Schlussverfügung:

1. Die Ermittlungen sind abgeschlossen.
2. Es wird beantragt, allen drei Angeschuldigten jeweils einen Pflichtverteidiger beizuordnen.

3. Tonband zum Schreibdienst.
4. Kopie der Anklage zur Handakte nehmen.
5. Urschriftlich mit Akte

An das
Landgericht Koblenz
– 2. große Strafkammer – übersenden mit den Anträgen aus der Anklageschrift

6. Wiedervorlage 15.7.2004 (Haftprüfung § 117 StPO)

Koblenz, den 14.5.2004

Unterschrift Staatsanwalt

§ 29 Musterklausur: Revision

1 Geschäftsnummer 3 Js 79/04 – 2 Ls

Protokoll über die öffentliche Hauptverhandlung

vor dem Amtsgericht – Schöffengericht – in Koblenz vom 1.4.2004

Dauer der Hauptverhandlung: 9.00 Uhr bis 12.00 Uhr
gez. Bach, Justizangestellte

In der Strafsache
gegen den Maurer Rolf Sauer, geb. am 1.3.1977 in Koblenz, Bertstraße 8, 56068 Koblenz

wegen Diebstahls u.a.

Gegenwärtig:
Richter am Amtsgericht Koch
– als Vorsitzender Richter
– Christa Aal und Helga Eul
– als Schöffen vereidigt nach § 45 DRiG
– als Vertreter der Staatsanwaltschaft: Staatsanwalt Reet

als Urkundsbeamter der Geschäftsstelle:
Frau Bach

Bei Aufruf der Sache erschien der Angeklagte und sein Verteidiger Rechtsanwalt Pingelich
außerdem erschienen die Zeugen Fritz Argus, Elvira Esser und Eva Sauer.

Nach Belehrung der Zeugen verließen diese den Sitzungssaal.

Zur Person vernommen erklärt der Angeklagte:
Wie oben.

Der Staatsanwalt verlas unter Beachtung des § 243 Abs. 3 StPO die Anklageschrift.

Es wurde festgestellt, dass die Anklage der Staatsanwaltschaft Koblenz durch Beschluss des Gerichts vom 9.3.2004 unter Eröffnung des Hauptverfahrens vor dem Amtsgericht Koblenz – Schöffengericht – zur Hauptverhandlung zugelassen wurde.

Der Angeklagte wurde darauf hingewiesen, dass es ihm frei stehe, sich zur Anklage zu äußern oder nicht zur Sache auszusagen. Er erklärte:
Ich bin aussagebereit.

Sodann wurde der Angeklagte nach Maßgabe des § 136 Abs. 2 StPO zur Sache wie folgt vernommen:
Ich bin am 4.2.2004 in das Kaufhaus Alleskauf in Koblenz gegangen. Dort habe ich ein Körbchen Küchenkräuter in meinen Einkaufswagen gelegt. Danach habe ich mir die Auslagen des Geschäfts angeschaut. Als ich durch die Kasse gegangen war, wo ich lediglich meine Küchenkräuter bezahlt habe, hat mich ein grober Hausdetektiv beschimpft und beschuldigt, Schmuck gestohlen zu haben. Tatsächlich hat er aus meinem Körbchen Küchenkräuter zwei goldene Ringe herausgezogen. Wie der Schmuck

in mein Körbchen gekommen ist, kann ich mir nicht erklären. Mit der Rückgabe der Ringe an das Kaufhaus bin ich einverstanden.

Auf Nachfrage:
Der Kaufhausdetektiv hat mich erst auf der Straße festgehalten, als ich gerade dabei war, mein Auto zu besteigen.
Mit dem Vorwurf an der Tankstelle habe ich überhaupt nichts zu tun. Ich war in meinem ganzen Leben noch nie an dieser Tankstelle. Das Ganze beruht wahrscheinlich auf der Verwechslung meines Autokennzeichens.

Sodann wurden die Zeugen nacheinander und in Abwesenheit der später zu hörenden Zeugen wie folgt vernommen:

1. Zeuge
Zur Person:
Ich heiße Fritz Argus, bin 30 Jahre alt und als Kaufhausdetektiv im Warenhaus Alleskauf in Koblenz beschäftigt, wohnhaft: Waldstraße 4, 56170 Bendorf.
Mit dem Angeklagten bin ich nicht verwandt und nicht verschwägert.

Zur Sache:
Ich kam gerade von der Toilette, als mein Blick auf den Angeklagten fiel. Er stand in etwa 30 m Entfernung am Schmuckstand. Nachdem er sich kurz umgeschaut hatte und sich offensichtlich unbeobachtet fühlte, griff er in die Schmuckauslagen.

Der Angeklagte fiel dem Zeugen ins Wort und drohte, ihn krankenhausreif zu schlagen, falls er seine Lügen nicht zurückziehe.

Der Vorsitzende ermahnt den Angeklagten zu schweigen und bat den Zeugen mit der Schilderung fortzufahren.

Der Zeuge erklärt:
Ich will nicht mehr aussagen. Ich fühle mich ernsthaft bedroht. Ich halte den Angeklagten für einen gefährlichen Burschen. Außerdem kann ich mich jetzt nicht mehr erinnern. In Anwesenheit des Angeklagten sage ich kein Wort mehr.

Die Sitzung wurde unterbrochen.

Kammerbeschluss:
Der Angeklagte wird gem. § 247 StPO für die Dauer der Vernehmung des Zeugen Argus von der Sitzung ausgeschlossen. Der Angeklagte hat die Wahrheitserforschung massiv durch die Bedrohung des Zeugen Argus gestört. Weitere Störungen sind zu erwarten. Der Zeuge wird aus Furcht vor dem Angeklagten keine wahrheitsgemäße Aussage mehr machen.

Der Angeklagte wurde aus dem Sitzungssaal geführt und der Zeuge weiter vernommen.

Ich habe gesehen, dass der Angeklagte zwei Goldringe aus der Auslage genommen hat und sie in seinem Körbchen mit Küchenkräutern hat verschwinden lassen. Danach habe ich den Angeklagten im Menschengetümmel verloren. Ich eilte zum Ausgang und konnte dort sehen, dass der Angeklagte das Körbchen mit Küchenkräutern auf das Laufband stellte, bezahlte und sodann das Kaufhaus verließ. Ich eilte ihm hinterher und hielt ihn fest, bevor er mit dem Auto davonfahren konnte. Auf meine Bitte hin ist er mit ins Büro gegangen. Dort haben wir die Küchenkräuter auf den Schreibtisch gekippt. Dabei fielen die oben Erwähnten zwei Goldringe im Wert von ca. 530 EUR aus dem Körbchen. Der Angeklagte hat keinen Widerstand geleistet und war mit der Rückgabe der Ringe einverstanden.

Der Zeuge Argus bleibt gem. § 61 Abs. 5 StPO unvereidigt und wurde im allseitigen Einverständnis entlassen.

Nunmehr wird der Angeklagte wieder in den Sitzungssaal geführt. Der Vorsitzende unterrichtet ihn über die Aussage des Zeugen Argus.

Der Verteidiger verlas folgenden Beweisantrag:
Es wird beantragt, eine Ortsbesichtigung im Kaufhaus Alleskauf durchzuführen. Die Ortsbesichtigung wird ergeben, dass der Zeuge Argus von der Herrentoilette aus wegen eines dicken Betonpfeilers, der ihm die Sicht versperrt hat, gar nicht in der Lage war, den Verkaufstisch der Schmuckabteilung zu beobachten.

Nach Beratung:
Kammerbeschluss:
beschlossen und verkündet:
Der Beweisantrag des Angeklagten wird abgelehnt. Das Gericht kann sich ein ausreichendes Bild über die Örtlichkeit des Kaufhauses machen, da der Zeuge Argus hierzu detaillierte Angaben gemacht hat. Die Ortsbesichtigung ist daher zur Erforschung der Wahrheit nicht erforderlich.

2. Zeugin
Zur Person:
Ich heiße Elvira Esser, bin 31 Jahre alt, bei der Tankstelle als Kassiererin beschäftigt und wohne in der Knappstraße in Koblenz.
Mit dem Angeklagten bin ich nicht verwandt und nicht verschwägert.

Zur Sache:
Ich habe am 6.2.2004 abends gegen 20.00 Uhr in der Tankstelle die Kasse bedient. Den Tankvorgang selbst habe ich nicht gesehen. Wenn ein Kunde nach einer gewissen Zeit das Kassenhäuschen nicht betritt, so leuchtet auf dem Display der Kasse eine Alarmlampe auf. So war es auch hier. Daraufhin bin ich schnell nach draußen geeilt um nachzusehen. Wegen der Dunkelheit konnte ich nur eine männliche Person sehen, die in einen Opel Corsa einstieg. Ein Kennzeichen konnte ich nicht ablesen. Ich stellte mich dem anfahrenden PKW in den Weg und gab dem Fahrer zu verstehen, dass er anhalten möge. Der PKW-Fahrer stoppte kurz. Er hat mein Zeichen offensichtlich verstanden. Dann gab er jedoch Gas und fuhr direkt auf mich zu. Im letzten Augenblick bin ich zur Seite gesprungen, um nicht überfahren zu werden. Das war alles sehr knapp. Wegen der Dunkelheit und der Spiegelung auf den Autofenstern konnte ich ein Gesicht nicht erkennen. Auch das Kennzeichen konnte ich nicht ablesen.

Der Zeugin wird nunmehr das Videoband der Tankstelle vorgespielt.

Sie erklärt hierauf:
Nach dem Vorfall habe ich das Videoband zu Beweiszwecken direkt gesichert und die Polizei alarmiert. Dies führte schließlich zum Angeklagten hin.

Die Zeugin blieb gem. § 61 Nr. 5 StPO unvereidigt und wurde im allseitigen Einverständnis entlassen.

Der Verteidiger verliest sodann folgenden Beweisantrag:

Zum Beweis dafür, dass der Angeklagte nicht der Täter an der Esso-Tankstelle gewesen sein kann, wird beantragt die Vernehmung der Freundin Karla Zweck, Koblenz, Rauentaler Straße 5. Die Freundin wird bekunden, dass der Angeklagte niemals an der Esso-Tankstelle in Koblenz-Bubenheim gewesen ist.

Der Vorsitzende gibt bekannt, dass er nicht beabsichtige, auf diesen unsinnigen Antrag einzugehen.

3. Zeugin
Zur Person:
Ich heiße Eva Sauer geb. Rasch, bin 60 Jahre alt und wohne dort, wo der Angeklagte wohnt. Von Beruf bin ich Hausfrau und die Mutter des Angeklagten.

Die Zeugin wird gem. § 52 StPO über ihr Zeugnisverweigerungsrecht belehrt.

Sie erklärt:

Ich werde keine Aussage machen.

Mit der Verlesung meiner Aussage vor dem Verteidiger meines Sohnes bin ich einverstanden.

Die Zeugin wurde gem. § 61 Nr. 5 StPO im allseitigen Einverständnis entlassen.

Die Vernehmung der Zeugin durch den Verteidiger des Angeklagten vom 12.2.2004 wird verlesen und als Anlage zu Protokoll genommen.

Der Verteidiger widerspricht der Verlesung im Hinblick auf § 252 StPO.

Die Kammer erwägt den Vorwurf des Betrugs zu Lasten der Tankstelle gem. § 154 Abs. 2 StPO vorläufig einzustellen.

Der Verteidiger widerspricht der Einstellung.

Der Staatsanwalt stellt den Antrag nach § 154 Abs. 2 StPO zur Einstellung des Betrugs zu Lasten der Tankstelle.

Nach Beratung:
Kammerbeschluss:
beschlossen und verkündet:
Der Betrug zu Lasten der Tankstelle wird gem. §§ 154 a Abs. 2, 154 Abs. 2 StPO vorläufig eingestellt, da er im Verhältnis zu den übrigen Taten nicht wesentlich ins Gewicht fällt.

Die Beweisaufnahme wird geschlossen.

Nach der Vernehmung eines jeden Zeugen sowie nach der Verlesung eines jeden Schriftstücks wurde der Angeklagte befragt, ob er etwas zu erklären habe.

Soweit der Vertreter der Staatsanwaltschaft es verlangte, wurde ihm Gelegenheit zur Abgabe von Erklärungen gegeben.

Auf ausdrückliches Befragen wurden keine Beweise oder Beweisermittlungsanträge mehr gestellt.

Die Beweisaufnahme wird geschlossen.

Der Staatsanwalt und sodann der Verteidiger plädierten.

Der Vertreter der Staatsanwaltschaft hat beantragt, den Angeklagten wegen Diebstahls (Geldstrafe 90 Tagessätze à 20 EUR) und wegen schwerer räuberischer Erpressung im minderschweren Fall (Freiheitsstrafe von zwei Jahren und fünf Monaten) zu einer Gesamtfreiheitsstrafe von zwei Jahren und sechs Monaten zu verurteilen.

Der Verteidiger hat beantragt:
Freispruch.

Der Angeklagte hat das letzte Wort.

Er hat erklärt:
Der Staatsanwalt will mich fertig machen.

Daraufhin erklärt der Staatsanwalt:
Bei so wenig Einsicht muss ich dringend über den Erlass eines Haftbefehls nachdenken.

Das Urteil wurde nach geheimer Beratung durch Verlesung der Urteilsformel und durch mündliche Mitteilung des wesentlichen Inhalts der Urteilsgründe dahin gehend verkündet:

Im Namen des Volkes

Der Angeklagte wird wegen Diebstahls und wegen schwerer räuberischer Erpressung zu einer Gesamtfreiheitsstrafe von zwei Jahren und sechs Monaten verurteilt.
Der Angeklagte trägt die Kosten des Verfahrens.
§§ 242, 253, 255, 250 Abs. 2 Nr. 1 und Abs. 3 StGB.

Rechtsmittelbelehrung wurde ordnungsgemäß erteilt.

Nach Beratung mit seinem Verteidiger erklärt der Angeklagte:
Ich lege gegen das soeben erlassene Urteil Revision ein.

Das Protokoll wurde fertig gestellt am: Montag, 3.5.2004.

gez. Koch, Richter am Amtsgericht   Bach, Urkundsbeamtin der Geschäftsstelle

Anlage 1 zum Protokoll vom 1.4.2004

Klein und Pingelich
Rechtsanwälte   Koblenz, 11.2.2004

Vernehmung einer Zeugin

Es erschien vor dem unterzeichnenden Rechtsanwalt
die Hausfrau Eva Sauer, geb. am 1.5.1954 in Koblenz,
und erklärt mit dem Gegenstand der Untersuchung vertraut gemacht und zur Wahrheit ermahnt:
Ich bin die Mutter des Beschuldigten Rolf Sauer und aus eigenem Anlass freiwillig hier erschienen. Mir ist – worüber ich aber soeben nochmals belehrt worden bin und was mir auch näher erläutert worden ist – auch bekannt, dass mir ein Zeugnisverweigerungsrecht zusteht, ich daher befugt bin, Angaben zur Sache abzulehnen, ohne dass gegenüber meinem Sohn daraus nachteilige Schlüsse gezogen werden können.

Mir ist auch gesagt worden, dass ich unbedingt die Wahrheit sagen muss.

Ich habe das verstanden und möchte hier Angaben machen, will jedoch auf keinen Fall vor einem Gericht, der Polizei oder gar der Staatsanwaltschaft aussagen. Dazu lasse ich mich nicht zwingen. Ich werde mich dann auf mein Zeugnisverweigerungsrecht berufen.

Wegen mir kann meine Aussage im Verfahren gegen meinen Sohn verlesen werden.

Mein Sohn hat mir gestern in einem Gespräch erklärt, dass er vor einigen Tagen im Kaufhaus Alleskauf von einem Kaufhausdetektiv erwischt worden sei. Er habe zwei Goldringe für seine Freundin in einen Korb mit Küchenkräutern gesteckt und durch die Kasse gebracht. Dabei sei er offensichtlich vom Kaufhausdetektiv beobachtet und später festgehalten worden.

Am vergangenen Freitag habe er versucht, kostenfrei an der Esso-Tankstelle in Koblenz-Bubenheim zu tanken. Es sei auch alles glatt gegangen. Wegen der Dunkelheit habe wohl niemand etwas bemerkt. Als er jedoch gerade mit dem Auto wegfahren wollte, sei eine Frau auf seine Fahrbahn gestürzt und habe ihm Zeichen gegeben, anzuhalten. Einen Augenblick lang habe er nicht gewusst, was er nun machen solle. Dann habe er sich jedoch entschlossen, die Frau mit dem Auto zur Seite zu drängen und wegzufahren. Er habe gehofft, dass niemand sein Autokennzeichen ablesen kann. Auf das Benzin sei es ihm ebenso angekommen, wie auf ein unerkanntes Entkommen.

Ich habe meinem Sohn sofort geraten, einen Verteidiger aufzusuchen, weil ich weiß, dass so etwas nicht gut geht.

Mehr kann ich nicht sagen, aber das alles könnte ich beschwören.

geschlossen: Pingelich selbst gelesen, genehmigt und unterschrieben

Rechtsanwalt gez. Eva Sauer

Aktenzeichen: 3 Js 79/04–2 Ls

Amtsgericht Koblenz
– Schöffengericht –

Vermerk:
Heute erschien auf der Geschäftsstelle des Amtsgerichts Koblenz, Schöffengericht, der Rolf Sauer und erklärte:

Meine Revision gegen das Urteil des Schöffengerichts vom 1.4.2004, in dem ich zu einer Gesamtfreiheitsstrafe von zwei Jahren und sechs Monaten verurteilt worden bin, nehme ich zurück. Ich bin nunmehr bereit, das Urteil anzunehmen.

Koblenz, 20.5.2004

gez. Bach, Justizangestellte
als Urkundsbeamtin der Geschäftsstelle
Koblenz, 22.5.2004

Rolf Sauer

An das
Amtsgericht
– Schöffengericht –

Aktenzeichen: Eingang 22.5.2004

Sehr geehrte Damen und Herren,

in meiner Strafsache fechte ich die am 20.5.2004 zurückgenommene Revision wegen Irrtums an. Ich war der Meinung, dass ich bis zum Strafantritt auf freiem Fuß bleiben könne. Heute habe ich erfahren, dass ein Haftbefehl gegen mich erlassen wurde und die Anordnung der Untersuchungshaft vom Gericht ausgesprochen worden ist. Ich hätte den Rechtsmittelverzicht bei Kenntnis der wahren Rechtslage niemals abgegeben. Außerdem habe ich den Rechtsmittelverzicht nicht mit meinem Rechtsanwalt abgesprochen.

gez. Rolf Sauer

Auszug aus dem Strafurteil des Amtsgerichts – Schöffengericht – Koblenz

Gründe:

I.

Es folgen Ausführungen zu den persönlichen Verhältnissen des Angeklagten.

II.

Am 4.2.2004 suchte der Angeklagte, in der Absicht Schmuck für seine Freundin zu stehlen, das Kaufhaus Alleskauf in Koblenz auf. Er legte ein Spankörbchen mit Küchenkräutern in seinen Einkaufswagen. Danach begab er sich in die Schmuckabteilung. Dort entwendete er in einem unbemerkten Augenblick zwei Goldringe im Wert von 530 EUR aus der Auslage und versteckte sie zwischen den Küchenkräutern, die er bereits im Einkaufswagen liegen hatte. An der Kasse stellte er das Körbchen auf das Laufband. Die Kassiererin verlangte von ihm 4,90 EUR. Sie bemerkte die Ringe in dem Körbchen nicht. Der Angeklagte konnte vom Hausdetektiv, der ihn beobachtet hatte, draußen auf der Straße festgehalten werden. Eine Nachschau des Kräuterkorbes im Büro des Kaufhauses brachte die zwei Goldringe zu Tage. Die Ringe wurden dem Kaufhaus zurückgegeben.

Am 6.2.2004 entschloss sich der Angeklagte, kostenlos an der Selbstbedienungs-Tankstelle in Koblenz-Bubenheim zu tanken. Er suchte sich eine dunkle Ecke der Tankstelle, die Tanksäule Nr. 2, aus. Seinen PKW betankte er mit Normalbenzin im Werte von 45 EUR. Er rechnete damit, gesehen zu werden, hoffte aber, nicht erkannt zu werden. Als er gerade dabei war, das Tankstellengelände ohne zu bezahlen zu verlassen, stellte sich die Kassiererin der Tankstelle Elvira Esser ihm in den Weg und gab ihm Handzeichen anzuhalten. Der Angeklagte zögerte einen Augenblick, entschloss sich dann jedoch Gas zu geben, auf die Zeugin zuzufahren, um sie zur Freigabe des Weges zu zwingen. Sauer wollte sich zu Unrecht am Benzin bereichern und nicht bezahlen. Die Zeugin sprang im letzten Augenblick vor dem PKW zur Seite. Sauer war sich sicher, dass die Zeugin seinem Fahrzeug ausweicht und den Weg freigibt. Auf keinen Fall wollte er die Frau überfahren. Der Angeklagte entkam zusammen mit dem Benzin.

III.

Der Angeklagte hat sich dahin gehend eingelassen, er habe die Ringe nicht entwendet, er könne sich nicht erklären, wie die Ringe in seinen Einkaufswagen gekommen seien. Den Vorfall an der Tankstelle bestreitet er insgesamt. Er hat hierzu erklärt, er sei in seinem ganzen Leben noch niemals an dieser Tankstelle gewesen.

IV.
Die Einlassungen des Angeklagten sind nicht glaubhaft. Der Angeklagte hat beide Straftaten seiner Mutter gebeichtet und Einzelheiten hierzu erklärt. Die Mutter hat sich dem Verteidiger des Angeklagten anvertraut. Sie hat erklärt, ihr Sohn habe ihr den Diebstahl der beiden Ringe im Kaufhaus Alleskauf mitgeteilt. Die Ringe habe er für seine Freundin haben wollen. Bei dem Vorfall an der Tankstelle sei alles gut gegangen, bis plötzlich eine Frau in seine Fahrbahn gelaufen sei. Er habe sich entschlossen, mit dem Benzin unerkannt zu entkommen. Er habe Gas gegeben und sei auf die Frau zugefahren in der Hoffnung, dass sie zur Seite springt. Dies sei dann auch geglückt und er habe davonfahren können.

Ergänzt werden diese Angaben durch die Aussage der Zeugin Elvira Esser. Sie hat das Betanken des Fahrzeuges zwar nicht selbst gesehen, hat jedoch sofort den Film der Überwachungskamera in dem Tankstellengebäude gesichert. Der Videofilm zeigt eindeutig, wie der Angeklagte sein Fahrzeug, einen grünen Opel Corsa, an der Zapfsäule Nr. 2 betankt und wie er sofort nach Ende des Tankvorgangs das Tankstellengelände verlässt, ohne zu bezahlen.

Weiter hat die Zeugin Esser glaubhaft erklärt, sie habe sich dem davonfahrenden Opel Corsa an der Zapfsäule Nr. 2 in den Weg gestellt und Zeichen zum Anhalten gegeben. Der Fahrer des PKW habe daraufhin erst richtig Gas gegeben und sei schnurgerade auf sie losgefahren. Im letzten Augenblick sei sie zur Seite gesprungen, um ihr Leben zu retten.

Die Aussage der Zeugin ist glaubhaft. Sie hat kein Interesse am Ausgang des Verfahrens. Ihre Angaben sind nachvollziehbar und frei von jedem Widerspruch.

Den Vorgang im Kaufhaus Alleskauf hält das Gericht auf Grund der Aussage des Detektivs Fritz Argus für erwiesen. Der Zeuge hat widerspruchsfrei und glaubhaft ausgesagt. Er hat gesehen, wie der Angeklagte zwei Ringe aus der Schmuckauslage genommen und in das mitgeführte Kräuterkörbchen gesteckt hat. Der Zeuge konnte auch beobachten, wie der Angeklagte das Körbchen mit den Küchenkräutern auf das Band der Kasse stellte und nur 4,90 EUR für die Kräuter entrichtete.

Der Angeklagte hat eingeräumt, dass zwei Goldringe aus dem von ihm gekauften Körbchen herausfielen. Nicht glaubhaft ist seine Erklärung, er wisse nicht, wie die Goldringe in den Kräuterkorb gekommen seien.

V.
Es folgen revisionsrechtliche nicht zu beanstandende Ausführungen zu den rechtlichen Verhältnissen der Taten.

VI.
Bei der Strafzumessung hat sich das Gericht von folgenden Erwägungen leiten lassen … (unter Berücksichtigung des minderschweren Falles wurde der Strafrahmen reduziert. Es ist von einer fehlerfreien Strafzumessung auszugehen).

Die Entscheidung über die Kosten ergibt sich aus § 465 Abs. 1 StPO.

Koch, Richter am Amtsgericht

■ **Vermerk für die Sachbearbeitung:**

1.

Gehen sie davon aus, dass der Verteidiger ihnen als Rechtsreferendar/in den Fall zur Begutachtung übertragen hat. Dabei ist auf alle aufgeworfenen Rechtsfragen – ggf. hilfsgutachterlich – einzugehen.

2.

Das schriftliche Urteil und die Gründe wurden dem Verteidiger am Mittwoch, dem 1.4.2004, per EB zugestellt.

3.

Der Beurteilungszeitpunkt ist der 28.5.2004.

4.

Die nicht abgedruckten Aktenteile sind für die Bearbeitung ohne Bedeutung.

5.

Formalien (Zustellungen, Vollmachten, Unterschriften usw.) sind, soweit sich aus dem mitgeteilten Akteninhalt nichts anderes ergibt, in Ordnung.

6.

Ihr Aufgabentext wird dem Prüfer nicht vorgelegt.

■ **Lösung:**

A. Zulässigkeit der Revision

Gem. §§ 312, 335 StPO ist die Revision gegen Strafurteil des Schöffengerichtes als Sprungrevision zulässig, wenn sie form- und fristgerecht eingelegt und begründet worden ist. Dem könnte entgegenstehen, dass der Angeklagte auf der Geschäftsstelle des Schöffengerichts seine nach der Sitzung eingelegte Revision zurückgenommen hat. Möglicherweise ist das Urteil bereits rechtskräftig.

Für die Revisionseinlegung im Anschluss an die Hauptverhandlung, protokolliert durch den Richter und nachzuweisen durch das Hauptverhandlungsprotokoll erfolgte ordnungsgemäß nach § 341 Abs. 1 StPO. Die Wochenfrist ist eingehalten und die Erklärung wurde gegenüber dem Gericht abgegeben, dessen Urteil angefochten wird. Auch die Einlegungsform ist gewahrt. Die Revision wurde hier zu Protokoll der Geschäftsstelle eingelegt. Nach § 24 Abs. 1 Nr. 1 b RPflG ist grundsätzlich der Rechtspfleger zuständig. Ihm gegenüber muss die Revisionseinlegung abgegeben werden. Nach § 8 RPflG kann der Richter alle Handlungen vornehmen, die ein Rechtspfleger vornehmen darf. Hat nämlich ein Richter ein Geschäft wahrgenommen, das dem Rechtspfleger übertragen ist, so wird die Wirksamkeit des Geschäfts hierdurch nicht berührt.

Fraglich ist, ob die Erklärung über die Revisionsrücknahme wirksam erfolgt ist. Über die Frage, in welcher Form eine Rechtsmittelrücknahme abzugeben ist, enthält die Strafprozessordnung keine Regelung. Wegen der weit reichenden Folgen einer Revisionsrücknahme und aus Gründen der Rechtssicherheit fordert die Rechtsprechung, dass die Rechtsmittelrücknahme der gleichen Form bedarf, wie sie für die Einlegung des Rechtsmittels vom Gesetz gefordert wird. Die Rechtsmittelrücknahme muss also gem. § 341 Abs. 1 StPO schriftlich oder zu Protokoll der Geschäftsstelle erfolgen. Schriftlich ist die Revisionsrücknahme hier nicht erfolgt. Dies wäre nur dann gegeben, wenn der Angeklagte den Vermerk des Urkundsbeamten der Geschäftsstelle unterzeichnet hätte. Hier wurde jedoch nur ein Vermerk über die Erklärung des Angeklagten vom Urkundsbeamten der Geschäftsstelle aufgenommen.

Fraglich ist, ob die Erklärung zu Protokoll der Geschäftsstelle erfolgt ist. Nach § 24 Abs. 1 b RPflG ist für die Entgegennahme von Rechtsmittelerklärungen in Strafsachen der Rechtspfleger zuständig. Nur ihm gegenüber können die Erklärungen wirksam abgegeben werden. Dies hat seinen Grund darin, dass der Rechtspfleger auf Grund seiner Ausbildung den Rechtssuchenden beraten kann. Er kann ihm die Tragweite seiner Erklärungen verdeutlichen. Hier erfolgte die Erklärung jedoch gegenüber dem Urkundsbeamten der Geschäftsstelle, der kein Rechtspfleger ist und keine dahin gehende qualifizierte Ausbildung hat. Deshalb ist die Erklärung gegenüber dem Urkundsbeamten der Geschäftsstelle wirkungslos. Die Revision wurde vom Angeklagten nicht wirksam zurückgenommen mit der Folge, dass es eines Wiedereinsetzungsantrags oder einer Entscheidung über die ohnehin unzulässige Anfechtung der Rechtsmittelrücknahme nicht bedarf.

Weitere Voraussetzung für die Zulässigkeit der Revision ist die rechtzeitige Begründung des Rechtsmittels nach § 345 Abs. 1 Alt. 2 StPO innerhalb eines Monats nach Zustellung der schriftlichen Urteilsgründe. Nach dem Bearbeitervermerk wurde das Urteil am Mittwoch, dem 21.4.2004, gem. § 145 a StPO dem Verteidiger zugestellt. Die Monatsfrist läuft demnach am 21.5.2004, einem Freitag, ab. Da dem Rechtsreferendar die Sache erst am 28.5.2004 übergeben worden ist, wäre an sich die Frist des § 345 Abs. 1 Nr. 2 StPO abgelaufen.

Etwas anderes könnte sich aus § 273 Abs. 4 StPO ergeben, wonach das Urteil nicht zugestellt werden darf, bevor das Protokoll fertig gestellt worden ist. Wird das Urteil dem Beteiligten zugestellt, obwohl das Protokoll noch nicht vom Protokollführer und dem Vorsitzenden Richter unterzeichnet worden ist, so folgt nach ständiger Rechtsprechung hieraus die Unwirksamkeit der Zustellung des Urteils. Ohne ordnungsgemäße Zustellung des Strafurteils beginnt die Frist des § 345 Abs. 1 Alt. 2 StPO nicht zu laufen. Hier wurde das Protokoll erst am 3.5.2004 fertig gestellt. Das Urteil wurde dem Verteidiger jedoch schon am 21.4.2004 zugestellt und erfolgte somit nach § 273 Abs. 4 StPO vor Fertigstellung des Protokolls. Die Zustellung des Urteils war für den Fristablauf ohne Wirkung. Die Revisionsbegründungsfrist hat noch nicht zu laufen begonnen. Das Rechtsmittel kann noch fristgemäß begründet werden.

B. Begründetheit der Revision

1. Prozesshindernisse sind nicht ersichtlich.

2.
Möglicherweise liegt ein absoluter Revisionsgrund nach §§ 230 Abs. 1, 247 i.V.m. § 338 Nr. 5 StPO vor, weil der Zeuge Fritz Argus teilweise in Abwesenheit des Angeklagten vernommen worden ist.

Gem. § 247 S. 2 StPO kann das Gericht anordnen, dass sich der Angeklagte während der Vernehmung aus dem Sitzungszimmer entfernt, wenn zu befürchten ist, dass ein Zeuge bei seiner Vernehmung in Gegenwart des Angeklagten die Wahrheit nicht sagen werde.

Der knapp aber ausreichend begründete Beschluss des Gerichts, schließt den Angeklagten nur für die Dauer der Vernehmung des Zeugen Fritz Argus von der Verhandlung aus. Zur Vernehmung des Zeugen gehören aber nicht der Verhandlungsabschnitt über die Vereidigung des Zeugen und auch nicht der Verhandlungsabschnitt über die Entlassung des Zeugen. Beide Abschnitte sind wesentliche Teile der Hauptverhandlung. Nach ständiger Rechtsprechung des BGH muss der gem. § 247 StPO entfernte Angeklagte für die Verhandlung über die Vereidigung des Zeugen wieder vorgelassen werden. Gerade der Angeklagte kann an dieser Stelle sein überlegenes Wissen um eine etwaige Mittäterschaft des Zeugen bekannt geben und auf diese Weise die Vereidigung nach § 60 Nr. 2 StPO verhindern. Diese Wahrnehmung seiner Interessen darf dem Angeklagten nicht abgeschnitten werden. Der absolute Revisionsgrund der §§ 230, 338 Nr. 5 StPO liegt vor.

Auch stellt die Verhandlung über die Entlassung des Zeugen gem. § 248 S. 2 StPO einen wesentlichen Teil der Hauptverhandlung dar. Eine Abwesenheit des Angeklagten ohne rechtfertigenden Beschluss nach § 247 StPO führt zum absoluten Revisionsgrund des § 338 Nr. 5 StPO. Während der Verhandlung über die Entlassung des Zeugen war der Angeklagte nicht im Sitzungssaal. Zwar hält ein Teil der Literatur die Vorschrift des § 248 StPO für eine bloße Ordnungsvorschrift. Dem ist der BGH jedoch entgegen getreten. Er hat die Revision für begründet erachtet, wenn der Angeklagte ohne rechtfertigenden Beschluss während der Verhandlung über die Entlassung des Zeugen nicht im Gerichtssaal anwesend ist.

Außerdem könnte noch ein relativer Revisionsgrund nach § 247 S. 4 StPO vorliegen. Danach hat der Vorsitzende den Angeklagten, sobald dieser wieder anwesend ist, von dem wesentlichen Inhalt dessen zu unterrichten, was während seiner Abwesenheit ausgesagt oder sonst verhandelt worden ist. Eine Unterrichtung des Angeklagten hat nach seiner Wiederzulassung stattgefunden.

Ein Verfahrensfehler ist hier darin zu erblicken, dass der Angeklagte erst nach der Entlassung des Zeugen über den wesentlichen Inhalt von dessen Zeugenaussage unterrichtet wurde. Diese Unterrichtung hätte jedenfalls vor der Verhandlung über die Entlassung gem. § 248 StPO aber auch vor der Vereidigung des Zeugen erfolgen müssen. Auf dieser verspäteten Unterrichtung allein wird das Urteil nicht beruhen, denn immerhin ist die Unterrichtung vor Urteilsverkündung erfolgt.

Ein weiterer relativer Revisionsgrund nach §§ 240 S. 2, 337 StPO könnte in der Verletzung des Fragerechts des Angeklagten liegen. Ihm wurde keine Gelegenheit gegeben, dem Zeugen Vorhaltungen zu machen oder Fragen zu stellen. Als der Angeklagte wieder in den Sitzungssaal geführt worden ist, war der Zeuge bereits entlassen.

Problematisch ist, ob der Angeklagte sein Rügerecht nicht dadurch verloren hat, dass er nicht rechtzeitig nach § 238 Abs. 2 StPO über die Nichtgewährung des Fragerechts einen Gerichtsbeschluss herbeigeführt hat. Da er jedoch nicht im Sitzungssaal anwesend war, ist es ihm technisch nicht möglich gewesen, sein Fragerecht zu wahren. Als er erkennen konnte, dass ihm das Fragerecht nicht gewährt werden wird, war es schon zu spät. Konsequenterweise kann er deshalb sein Recht nicht verwirkt haben. Ein Teil der Literatur kommt zum gleichen Ergebnis. Sie weist darauf hin, dass der Vorsitzende nach § 240 Abs. 2 StPO kein Ermessen bei der Fragerechtsgewährung hat und deshalb § 238 Abs. 2 StPO unanwendbar ist. Anders sei zu urteilen, wenn das Fragerecht entzogen werde (§ 241 StPO). Das Urteil beruht auch möglicherweise auf diesem Verfahrensverstoß, da Vorhaltungen und Fragen des Angeklagten zu neuen Erkenntnissen hätten führen können.

3.

Fraglich ist, ob das Gericht den Beweisantrag auf Einholung einer Ortsbesichtigung rechtsfehlerhaft übergangen hat. In Betracht kommt eine Verletzung der §§ 244 Abs. 5, 337 StPO. Nach dieser Bestimmung kann ein Beweisantrag auf Einnahme eines Augenscheins abgelehnt werden, wenn der Augenschein nach dem pflichtgemäßen Ermessen des Gerichts zur Erforschung der Wahrheit nicht erforderlich ist. Durch diese gesetzliche Regelung ist der Tatrichter im Gegensatz zu anderen Beweisanträgen in seiner Ermessensentscheidung freier gestellt. Er hat die Möglichkeit den Antrag mit der Begründung zurückzuweisen, es bedürfe eines gerichtlichen Augenscheins im Hinblick auf das Ergebnis der bisherigen Beweisaufnahme zur Erforschung der Wahrheit nicht mehr. Damit ist grundsätzlich auch die ansonsten unzulässige Vorwegnahme der Beweiswürdigung statthaft. Dem Gericht ist es also gestattet, durch Inaugenscheinnahme von Fotos sich eine ausreichende Kenntnis über die Örtlichkeit zu verschaffen oder sich durch Vernehmung eines Polizeibeamten zu informieren, der sich vor Ort umgesehen hat (Augenscheinsgehilfe). Der Grundsatz von der Unstatthaftigkeit der Vorwegnahme des Beweisergebnisses ist jedoch auch für die Fälle des § 244 Abs. 5 StPO nicht schrankenlos. Die Durchbrechung gilt ganz sicher nicht, wenn durch den Augenschein die Unrichtigkeit der Aussage eines Zeugen bewiesen werden soll und dieser Zeuge das einzige Beweismittel für die in Betracht kommende Tatsache über die Örtlichkeit ist. Die Glaubhaftigkeit der Aussage eines Zeugen kann nicht durch die Aussage des gleichen Zeugen selbst überprüft werden. Lügt der Zeuge im Hinblick auf die erste Tatsache, so kann das Gericht durch eine weitere Aussage nicht überprüfen, ob er nicht auch ein zweites Mal lügt. Deshalb entspricht es der Aufklärungspflicht des Tatrichters, dass er sich nicht mit der beanstandeten Bekundung des zu überprüfenden Zeugen begnügen darf. Anderenfalls liegt ein echter Zirkelschluss vor. Die Ablehnung des Beweisantrags erfolgte deshalb fehlerhaft. Die Rüge hat somit Erfolg, da das angefochtene Urteil auch auf der Aussage des Zeugen Argus beruht.

4.

Fraglich ist, ob die Verlesung der Vernehmung der Mutter durch den Rechtsanwalt gegen § 252 StPO verstößt.

Die Aussage der Mutter ist nicht schon deshalb unverwertbar, weil sie lediglich mit einer Verlesung des „Vernehmungsprotokolls" einverstanden ist, sich im Falle ihrer Vernehmung durch die Staatsorgane jedoch auf ihr Zeugnisverweigerungsrecht gem. § 52 Abs. 1 Nr. 3 StPO berufen will.

Zwar verbietet § 252 StPO grundsätzlich jede andere auch mittelbare Verwertung, der bei einer nichtrichterlichen Vernehmung gemachten Aussage des Zeugen, wenn dieser nachträglich von seinem Zeugnisverweigerungsrecht nach §§ 52 ff. StPO Gebrauch gemacht hat. Zu bedenken ist jedoch, dass § 252 StPO nur vorangegangene amtliche Vernehmungen durch die Staatsorgane, betrifft. Zum Begriff der Vernehmung in der StPO gehört es, dass der Vernehmende dem Beschuldigten oder Zeugen in amtlicher Funktion gegenübertritt. Die Anhörung eines Zeugen durch den Verteidiger fällt sicherlich nicht hierunter. Dem Verteidiger ist es nicht verwehrt, eigene Ermittlungen zu führen, insbesondere Zeugen oder Mitbeschuldigte vor und außerhalb der Hauptverhandlung zu befragen. Amtlich vernehmen i.S.d. §§ 161 a, 163a, 168, 168 a bis c StPO kann ein Rechtsanwalt jedoch nicht.

Als Zwischenergebnis ist festzuhalten, dass die schriftliche Erklärung nach § 249 StPO grundsätzlich verlesbar ist, da kein Verwertungsverbot besteht.

Es kommt hinzu, dass selbst dann, wenn man die Anwendung des § 252 StPO annimmt, die Geltendmachung des Zeugnisverweigerungsrechts den Zeugen grundsätzlich nicht hindert, die Verwertung der bei einer nichtrichterlichen Vernehmung gemachten Aussage zu gestatten und damit auf das in § 252 StPO enthaltene Verwertungsverbot zu verzichten. Schließlich schützt § 252 StPO die Familie. Der Schutz ist für den geschützten Zeugen disponibel.

Fraglich ist jedoch, ob der Rechtsgedanke des § 252 StPO im vorliegenden Fall die Verwertung der „Vernehmung" durch den Rechtsanwalt nicht doch verbietet. Die Befragung des Zeugen durch den Rechtsanwalt geschieht frei von allen formellen Vorschriften. Durch die Verwertung dieser Aussage wird ein großer Teil der Verhandlungsführung dem Verantwortungsbereich des Gerichts entzogen und in die Hände eines anderen Verfahrensbeteiligten (hier des Verteidigers) gelegt. Der Verteidiger hat es dann seinerseits in der Hand, zunächst eine Zeugenaussage zu protokollieren und den Zeugen dann auf sein Zeugnisverweigerungsrecht hinzuweisen, von dem dieser in der Hauptverhandlung Gebrauch macht. Problematisch ist insbesondere, dass der Verteidiger bei einer solchen Anhörung einseitig die Interessen des Angeklagten wahrzunehmen hat, während die Strafverfolgungsorgane nach § 166 Abs. 2 StPO sowohl die belastenden als auch die entlastenden Umstände zu ermitteln haben. Der Verteidiger hat es in der Hand, Fragen zu stellen oder wegzulassen. Er formuliert die Antworten im Protokoll. Der BGH hält deshalb die Verwertung solcher Aufzeichnungen und Zeugenbefragungen durch den Verteidiger für unverwertbar. Kritisch ist hierzu jedoch anzumerken, dass die §§ 252, 52 StPO dem Schutz der Familie und des Zeugen dienen und durch diese Auslegung, wie sie der BGH nunmehr vornimmt, ausgedehnt wird auf den Schutz der Wahrheitsfindung. Im Ergebnis ist der Rechtsprechung jedoch zuzustimmen. Die Begründung muss aber dahin erfolgen, dass ein Gericht sich von Dritten geschaffene Beweise nicht aufdrängen lassen muss.

5.

Es könnte ein Verstoß gegen § 265 StPO vorliegen, weil das Schöffengericht im Rahmen der Beweiswürdigung zur schweren räuberischen Erpressung seine Überzeugung von der Täterschaft des Angeklagten unter anderem auch auf den nach §§ 154 a Abs. 2, 154 Abs. 2 StPO vorläufig eingestellten Verfahrensteil des Betrugs an der Tankstelle gestützt hat. Das Gericht hat den Angeklagten auf dem Video, dass ihn beim Betanken des PKW zeigt, erkannt und geschlossen, dass die nachfolgende schwere räuberische Erpressung von der Person verwirklicht worden ist, die zuvor getankt hatte. Es ist fraglich, ob es überhaupt zulässig war, die Angaben der Zeugin Esser und die Teile des Videobands zu diesem nunmehr eingestellten Tatvorwurf im Rahmen der Beweiswürdigung zu einem anderen Anklagepunkt (§§ 253, 255 StGB) zu Lasten des Angeklagten zu verwerten.

Nach ständiger Rechtsprechung kann der ausgeschiedene Verfahrensstoff nach einem Hinweis gem. § 265 StPO dann verwertet werden, wenn der unter die Beschränkung fallende Tatkomplex prozessordnungsgemäß festgestellt worden ist. Grundsätzlich bewirkt die Einstellung gem. § 154 Abs. 2 StPO zunächst eine Einschränkung des Prozessgegenstands mit der Folge, dass der Angeklagte nicht mehr damit rechnen muss, mit Rechtsfolgen belastet zu werden, die sich aus dem ausgeschiedenen Sachverhalt ergeben. Daraus folgt zwangsläufig, dass dieser Sachverhaltsteil auch nicht im Rahmen der Beweiswürdigung gegen den Angeklagten verwendet werden darf. Denn ein Angeklagter, der nicht damit rechnet und auch nicht damit rechnen muss, mit Feststellungen aus dem ausgeschiedenen Sachverhalt belastet zu werden, wird sich hiergegen auch regelmäßig nicht mehr verteidigen. Dies kann sich bei einer Verwertung des ausgeschiedenen Sachverhalts im Rahmen der Beweiswürdigung auf das Beweisergebnis jedoch auswirken. Zur Vermeidung einer Überraschungsentscheidung des Gerichts ist deshalb ein Hinweis nach § 265 StPO unbedingt erforderlich.

Fraglich ist, ob das Urteil auf dem Verfahrensverstoß beruht. Dies wäre dann nicht der Fall, wenn der Angeklagte nicht das Vertrauen gehabt hat, dass der ausgeschiedene Verfahrensteil nicht mehr zu seinem Nachteil berücksichtigt wird, bzw. der Angeklagte ausreichende Verteidigungsmöglichkeiten hatte. Dafür könnte im vorliegenden Fall sprechen, dass der Angeklagte und sein Verteidiger im Rahmen der Beweisaufnahme vor der Einstellung gem. § 154 Abs. 2 StPO Fragen an die Zeugin Elvira Esser stellen konnten und so eine Verteidigungsmöglichkeit gegeben war. Allerdings muss auch bedacht werden, dass der Verteidiger der Einstellung des Verfahrens insoweit widersprochen hat. Das Ziel des Verteidigers war erkennbar die Erzielung eines Freispruchs auch im Hinblick auf den Tankbetrug. Das Gericht hat sich dieser Auseinandersetzung durch Einstellung des Verfahrensteils entzogen. In diesem Fall folgt aus dem Grundsatz des fehlenden Verfahrens, dass dieser Stoff der Verhandlung dem Gericht bei der Beweiswürdigung des verbliebenen Verfahrensteils nicht mehr zur Verfügung steht.

Hinzu kommt hier, dass die Feststellungen zum Tankbetrug durch Inaugenscheinnahme des Videobandes (wie unten noch zu zeigen sein wird) verfahrensfehlerhaft entgegen § 261 StPO gewonnen worden sind und deshalb ohnehin nicht verwertbar sind. Dies soll jedoch unten abgehandelt werden.

Nach alledem hätte das Gericht einen Hinweis nach § 265 StPO geben müssen, wenn es beabsichtigt, den ausgeschiedenen Verfahrensstoff bei der Beweiswürdigung des Urteils zu verarbeiten.

6.

Möglicherweise liegt ein relativer Revisionsgrund in der Übergehung des Antrags des Verteidigers, die Freundin des Angeklagten zu der Frage zu hören, ob der Angeklagte niemals an der Tankstelle gewesen ist.

Ein relativer Revisionsgrund nach §§ 244 Abs. 6, 337 StPO liegt dann vor, wenn ein echter Beweisantrag vom Gericht unerledigt geblieben ist. Der Angeklagte hat einen Anspruch auf Gerichtsbeschluss nach § 244 Abs. 6 StPO, sofern es sich bei dem Antrag um einen echten Beweisantrag handelt. Ein echter Beweisantrag liegt vor, wenn der Antragsteller ein Beweisthema (Tatsachenbehauptung) und ein Beweismittel benennt. Zum Beweisthema gehört allerdings, dass eine Verbindung zwischen dem Beweismittel und dem Beweisthema dargetan wird. Im vorliegenden Fall beim Zeugenbeweis muss der Antragsteller angeben, warum gerade der Zeuge die behauptete Tatsache bekunden soll. Daran könnte es vorliegend fehlen. Die Freundin ist nicht ohne weiteres in der Lage, diese negative Tatsache „der Angeklagte sei nie an der Tankstelle gewesen" zu bezeugen. Erforderlich wäre dafür, dass die Freundin 24 Stunden am Tag – und das ein Leben lang – wie ein siamesischer Zwilling mit dem Angeklagten zusammen gewesen wäre. Dies ist jedoch unwahrscheinlich. Die Rechtsprechung geht deshalb davon aus, dass ein Beweisthema nicht ausreichend dargetan ist. Darüber hinaus ist die Zeugin ungeeignet nach § 244 Abs. 3 StPO, so dass selbst beim Vorliegen eines Beweisantrags dieser zurückgewiesen werden könnte. Ein Beweisantrag liegt nicht vor. Einen Beweisermittlungsantrag muss das Gericht nicht bescheiden. Es genügt, dass der Vorsitzende konkludent erklärt, dass er eine Beweiserhebung in dieser Richtung nicht vornehmen wird. Ein Verfahrensfehler liegt insoweit nicht vor. Zu weiteren Ermittlungen des Gerichts nach § 244 Abs. 2 StPO gibt der Antrag keine Veranlassung. Auch war eine Auslegung des Antrags nicht erforderlich.

7.
Möglicherweise liegt ein Verstoß gegen § 258 Abs. 3 StPO vor, weil nach dem letzten Wort des Angeklagten der Staatsanwalt nochmals Stellung genommen hat.

§ 258 Abs. 3 StPO sichert dem Angeklagten zu, als letzter vor dem Urteilsspruch Erklärungen abgeben zu dürfen.

Hier hat der Verteidiger nach dem „vorerst" letzten Wort des Angeklagten, den Antrag auf Erlass eines Haftbefehls in Aussicht gestellt. Dem Angeklagten hätte nochmals das letzte Wort erteilt werden müssen.

Das Urteil kann auch auf der Nichterteilung des letzten Wortes beruhen. Der Angeklagte hätte beeindruckt von den Worten des Staatsanwalts nun Reue zeigen und ein volles Geständnis ablegen können. Dadurch hätte er einen anerkannten Milderungsgrad geschaffen und das Urteil wäre möglicherweise milder ausgefallen.

C. Rüge der Verletzung materiellen Rechts

1.
Durch Verwertung der Videoaufnahme könnte das Gericht gegen § 261 StPO verstoßen haben. Nach dieser Vorschrift entscheidet das Gericht auf Grund seiner freien, aus dem Inbegriff der Hauptverhandlung geschöpften Überzeugung, über das Ergebnis der Beweisaufnahme. Ein Verstoß gegen diese Verfahrensvorschrift liegt vor, wenn das Urteil auf Tatsachen und Indizien gestützt wird, die nicht in die Hauptverhandlung eingeführt worden sind, bzw. nicht durch die in der Hauptverhandlung verwendeten Beweismittel gewonnen wurden. Der Verstoß muss sich aber ohne eine Rekonstruktion der Beweisaufnahme aus dem Urteil selbst ergeben oder durch einen Vergleich zwischen Hauptverhandlungsprotokoll und Urteil belegbar sein.

2.
Der Verteidiger hätte nach der Bemerkung des Vorsitzenden seinen Antrag berichtigen müssen. Er konnte die Zeugin für die Frage stellen, dass sich der Angeklagte am Tattag gegen 20.00 Uhr nicht an der Tankstelle, sondern bei ihr zu Hause aufgehalten habe.

Das Gericht ist nach § 244 Abs. 2 StPO zum Zwecke der Aufklärung nicht gehalten, von sich aus den Beweisermittlungsantrag in diesem Sinne auszulegen. Ein relativer Revisionsgrund liegt nicht vor.

Das Schöffengericht hat seiner Beweiswürdigung den Inhalt der Videoaufnahme zu Grunde gelegt, ohne dass die Videoaufnahmen durch Augenscheinseinnahme in die Hauptverhandlung eingeführt worden wären. Dies ergibt sich aus dem Protokoll der Hauptverhandlung. Die Videobilder wurden im Wege des formfreien Vorhalts der Zeugin Elvira Esser vorgehalten. In die Hauptverhandlung wird auf diese Weise nur eingeführt, was die Zeugin erklärt. Da die Zeugin den Tankvorgang selbst nicht beobachtet hat, konnte sie lediglich zur Sicherung des Videofilmes Aussagen treffen. Die Wiedererkennung des Angeklagten auf dem Videofilm beruht deshalb nicht auf der Aussage der Zeugin, sondern auf den Erkenntnissen des Gerichts, die gelegentlich des formfreien Vorhalts erfolgt sind.

Auf diesem Verfahrensverstoß beruht auch das Urteil. Das Gericht hat den Angeklagten auf dem Videoband wieder erkannt und diesen Umstand als Indiz für seine Überzeugungsbildung genutzt.

Fraglich ist, ob die Feststellungen des Urteils den Schuldspruch tragen.

Der Diebstahl an den beiden Ringen ist unproblematisch gegeben. Die Tat war auch beendet. Der Angeklagte befand sich bereits außerhalb des Kaufhauses und war gerade im Begriff, mit seinem PKW wegzufahren. Ein Betrug durch Täuschen der Kassiererin zu Lasten des Kaufhauses lag nicht vor. Es fehlt an einer Vermögensverfügung. Die Kassiererin wusste nichts von den Ringen im Körbchen und hatte kein Verfügungsbewusstsein.

Auch die Verurteilung wegen schwerer räuberischer Erpressung dürfte im Ergebnis zu Recht erfolgt sein. Zu einer anderen Auffassung kommt die Meinung, die das Geschehen an der Tankstelle als Diebstahl wertet. In diesem Fall wäre ein räuberischer Diebstahl mit dem gleichen Strafrahmen des § 250 Abs. 2 Nr. 1 StGB gegeben.

Nach ständiger Rechtsprechung hat sich der Angeklagte wegen des Geschehens beim Tanken eines versuchten Betrugs strafbar gemacht. Entgegen seiner Erwartung ist er bei seiner Handlung nicht beobachtet worden, so dass eine Täuschung tatsächlich nicht stattgefunden hat. Der Vorsatz des Angeklagten erfüllt jedoch alle Tatbestandsmerkmale des Betrugs. Er täuschte konkludent über seine Zahlungsbereitschaft nach dem Tankvorgang, er wollte auch, dass der Tankwart sein Verhalten so versteht und sich darüber irrt. Die Verfügung des Tankwarts ist darin zu sehen, dass er jedem Benutzer der Selbstbedienungstankstelle gestattet, das Benzin wegzunehmen und sich Besitz zu verschaffen. Unabhängig von der Frage, wie das Eigentum am Benzin auf den Kunden übergeht, verfügt der Tankwart jedenfalls über den Besitz am Benzin. Der Angeklagte wollte sich auch rechtswidrig bereichern, indem er, ohne den Kraftstoff zu bezahlen, wegfahren wollte.

Durch das Zufahren mit dem PKW auf die Zeugin Elvira Esser, um einer Inanspruchnahme bzgl. der Tankkosten zu entgehen und unerkannt entkommen zu können, hat sich der Angeklagte einer schweren räuberischen Erpressung nach §§ 253, 255, 250 Abs. 1 Nr. 2 StGB strafbar gemacht. Frau Esser wurde gezwungen, den Angeklagten ohne Geltendmachung ihrer Forderung wegfahren zu lassen. Darin liegt die Verfügung.

Durch den Einsatz des PKW gegen die Zeugin Esser ist die Qualifikation des § 250 Abs. 2 Nr. 1 StGB erfüllt, da der PKW ein anderes gefährliches Werkzeug darstellt, das der Angeklagte verwendet hat. Die Annahme des minderschweren Falls beschwert den Angeklagten nicht. Eine Überprüfung ist insoweit entbehrlich.

Weiterhin hat der Angeklagte tateinheitlich zu der schweren räuberischen Erpressung den Tatbestand des gefährlichen Eingriffs in den Straßenverkehr gem. § 315 b Abs. 1 Nr. 3 StGB erfüllt. Bei dem Tankstellengelände handelt es sich um öffentlichen Verkehrsraum, da das Gelände einer allgemeinen Gruppe von Benutzern zur Verfügung steht. Die Straßenverkehrsordnung ist auf dem gesamten Tankstellengelände anwendbar.

Beim gezielten Zufahren mit einem PKW auf einen Menschen wird das Fahrzeug nach ständiger Rechtsprechung als Waffe missbraucht und es liegt ein gefährlicher Eingriff i.S.d. § 315 b Abs. 1 Nr. 3 StGB vor. Außerdem bestand auch eine konkrete Gefahr für Leib und Leben der Zeugin Elvira Esser.

Der Angeklagte handelte darüber hinaus unter den Voraussetzungen des §§ 315 Abs. 3 Nr. 2 StGB, da er unerkannt entkommen wollte, um so einer möglichen Strafverfolgung zu entgehen. Er hat somit zusätzlich einen Verbrechenstatbestand erfüllt.

Abschließend ist festzustellen, dass die Revision zulässig und auch erfolgreich sein wird. Allerdings ist der Mandant darauf hinzuweisen, dass in einer neuen Hauptverhandlung sämtliche Verfahrensfehler durch fehlerfreies Wiederholen beseitigt werden können und darüber hinaus die Gefahr besteht, dass er wegen eines gefährlichen Eingriffs in den Straßenverkehr verurteilt wird. Der Schuldspruch kann um den gefährlichen Eingriff in den Straßenverkehr erweitert werden. Das Verschlechterungsverbot nach § 358 StPO gilt nur für die Art und Höhe der Strafe, verhindert aber nicht die Erweiterung des Schuldspruchs. Der Rechtsanwalt kann seinem Mandanten dennoch zur Durchführung der Revision raten, weil der Angeklagte erst später (wenn überhaupt) die Haft antreten muss und eine längere Zeitspanne zwischen Tat und Urteil ein Milderungsgrund darstellt, der möglicherweise zur Reduzierung der Freiheitsstrafe führen kann.

Die Revision sollte auf den Rechtsfolgenausspruch beschränkt werden. Der Schuldspruch wird damit rechtskräftig und eine Ergänzung um den gefährlichen Eingriff in den Straßenverkehr scheidet aus.

Zu rügen ist die Verletzung materiellen Rechts (wegen des Verstoßes gegen § 261 StPO).

Folgende Verfahrensverstöße sind substantiiert nach § 344 StPO darzulegen:
a) §§ 230, 338 Nr. 5 StPO, Vernehmung des Zeugen Argus in Abwesenheit des Angeklagten.
b) §§ 240, 337 StPO, Verletzung des Fragerechts.
c) Fehlerhafte Ablehnung des Beweisantrags auf Einholung einer Ortsbesichtigung im Kaufhaus.
d) Verstoß gegen § 252 StPO durch Verwertung der schriftlichen Aussage der Mutter des Angeklagten.
e) Verletzung der Hinweispflicht, § 265 StPO.
f) Nichtgewährung des letzten Worts, § 258 Abs. 3 StPO.

Stichwortverzeichnis

Fette Zahlen = §§, magere Zahlen = Rn